¿HABLA ESPAÑOL?

AN INTRODUCTORY COURSE
THIRD EDITION

Edward David Allen The Ohio State University

Ronald A. Freeman California State University, Fresno

Teresa Méndez-Faith Brandeis University

Luis González del Valle University of Nebraska

Instructor's Annotated Edition by DOUGLAS MORGENSTERN, Massachusetts Institute of Technology

Holt, Rinehart and Winston New York · Chicago · San Francisco · Philadelphia · Montreal · Toronto · London · Sydney · Tokyo · Mexico City · Rio de Janeiro · Madrid

CONTRIBUTORS:
Nancy E. Anderson
Naldo Lombardi
Donna Reseigh Long
Noêl Ortega

DRAWINGS:
Axelle Fortier

COVER ART:
Mola from the San Blas Islands, Panama.
Courtesy: Tianguis Folk Art, New York, N.Y.

PHOTOGRAPHIC CREDITS appear on pp. vi-viii.

Publisher   Nedah Abbott
Acquisitions Editor   Vincent Duggan
Photo Research   Rona Tuccillo
Project management   Editing, Design & Production, Inc.
Composition and camera work   The Clarinda Company

Student Edition:
Library of Congress Cataloging in Publication Data
Main entry under title:

¿Habla español? : an introductory course.

English and Spanish.
Rev. ed. of: ¿Habla español? / Edward David Allen, Lynn A. Sandstedt, Brenda Wegmann, 1976.
Includes index.
1. Spanish language—Text-books for foreign speakers—English.   I. Allen, Edward David, date.   II. Allen, David, date. ¿Habla español?.
PC4112.H26   1985   468.2′421   83-25323

ISBN 0-03-070422-7

Instructor's Annotated Edition:
Library of Congress Cataloging in Publication Data
Main entry under title:

¿Habla español? : an introductory course.

English and Spanish.
Rev. ed. of : ¿Habla español? / Edward David Allen, Lynn A. Sandstedt, Brenda Wegmann, 1976.
Includes index.
1. Spanish language—Text-books for foreign speakers—English.   I. Allen, Edward David, date.   II. Morgenstern, Douglas.   III. Allen, Edward David, date. ¿Habla español?
PC4112.H26   1985b   468.2′421   84-25330

ISBN 0-03-070423-5

Copyright © 1985 by CBS College Publishing
Copyright © 1981, 1976 by Holt, Rinehart and Winston

Address correspondence to:
383 Madison Avenue
New York, NY 10017

All Rights Reserved
Printed in the United States of America
Published simultaneously in Canada

5 6 7 8 9   016   9 8 7 6 5 4 3 2 1

CBS COLLEGE PUBLISHING
Holt, Rinehart and Winston
The Dryden Press
Saunders College Publishing

Prefacio

This is the Third Edition of *¿Habla español? An Introductory Course,* a widely used program for first-year college Spanish. As in previous editions, it describes the basic grammar of Spanish, introduces the culture of the contemporary Hispanic world, and provides for the development of listening, speaking, reading, and writing skills with a range of communicative activities for the classroom. The textbook and related materials have been thoroughly revised in response to a comprehensive survey of users and the advice and suggestions of reviewers. Hispanic culture and communicative purpose are now better integrated into every segment of the program. Each cycle of activities begins with the acquisition of information and skill-building and concludes with personalized communicative activities.

- **SPECIAL FEATURES OF THE TEXTBOOK**

    The chapters in the Third Edition each focus on a theme and a particular Hispanic country or region, often one of the Hispanic communities of the United States.
    An illustrated presentation of thematic vocabulary opens every chapter; simple exercises invite the students to use the chapter vocabulary before encountering new grammatical structures.
    Three to five grammar presentations follow, each introduced by a brief minidialog showing the structure in a natural context.
    Grammar explanations are accurate but phrased in simple language and thoroughly illustrated with example sentences.
    Broad spectrums of activities put each new structure to immediate use. First the student is given a low-risk opportunity to manipulate the structure. Then contextualized exercises introduce the structure's functional use. Personalized questions, interviews, and small-group activities at the end of the sequence encourage students to internalize the structure and take the step from simulation to genuine communication.
    In every chapter, a section of study hints suggests ways that students may improve the efficiency of their learning and acquire useful new communication strategies not usually described by traditional grammar.
    After the separate cycles of grammar presentation, a pronunciation section in chapters 1 through 10 draws student attention to important Spanish sounds and presents practical exercises and jingles meant to fix the sounds in memory.
    A main dialog supported by comprehension questions uses the new structures of the chapter to present further insight into Hispanic daily life; cultural notes in English elucidate customs and points of interest.
    A final series of activities involving role playing and interviews gives students an opportunity to use their new language skills to explore familiar realities. The chapter concludes with a thematic listing of active vocabulary.
    The dialogs, cultural notes, illustrative example sentences, contextualized exercises, and communicative activities in a chapter all focus on the chapter's theme, country or

region, and vocabulary domain, leading to a highly integrated, memorable language experience. Optional *lecturas* following every second chapter survey cultural and historical matters spanning the entire Hispanic world.

• NEW TO THIS EDITION

Users of previous editions of *¿Habla español?* will note a few major changes and many minor ones.

The number of chapters has been reduced to 20. The sequence of grammatical structures is revised; the subjunctive is presented earlier, following extensive practice with the commands.

More advice to the beginning student has been included in the preliminary chapter, which has been divided into five *pasos* covering introductions, classroom expressions, the numbers 1 to 101, and other elementary language matters; brief new exercises have been added. The main business of the preliminary chapter, as in earlier editions, is to present a survey of the Spanish sound and writing system; students will not master every detail but may return to the tables later as a reference.

The presentation of vocabulary domains at the start of each chapter has been greatly expanded and is supported with numerous illustrations to help the student's memory. The vocabulary presented is related to the chapter content theme and is used throughout the chapter, in recognition of the overriding importance in beginning language study of "getting the words in." Active vocabulary lists at chapter end have been redesigned to encourage students to look for cognates; non-cognate words are presented with English equivalents in a separate column so that students may cover either column to test their memories.

The book's numerous minidialogs, language touchstones for learners who have few memories of their own involving Spanish, are mostly new and emphasize daily life in particular Hispanic communities. English translations of the minidialogs are given, as in earlier editions, to help students grasp them as whole experiences and encourage analysis rather than decoding. Possibly unfamiliar aspects of Hispanic culture are sometimes explained in short notes, so that language acquisition activities may occasionally be graced by a sense of cultural discovery similar to that continuously felt by students learning Spanish in a Spanish-speaking country.

Grammatical explanations have been almost entirely rewritten to achieve greater clarity and accuracy. New illustrative examples have been provided for each point discussed, linking the grammar to the chapter country and theme.

The most important change in the Third Edition is the provision of new exercises. Where practicable, they are contextualized, imbued with Hispanic culture, and encouraging of genuine communication. Traditional pattern exercises are still used, especially in the earlier chapters, as low-risk introductions to the use of structures, but communicative and personalized activities quickly follow, weaving together abstract understanding and meaningful experience. Exercise instructions switch to Spanish once command forms have been studied. Finally, the total number and variety of exercises have been increased; individual classes will use what they need.

All twenty chapters of the Third Edition include study hints, and the first ten chapters include pronunciation sections, as described above.

Many of the main dialogs have been replaced with new ones. The interchapter *lecturas* have been shortened and lightly updated. Most of the photographs and all of the drawings are new.

The four *Repaso* chapters have been replaced by review sections in the *Cuaderno de ejercicios*. They now feature self-testing exercises for students use at home.

The verb tables at the back of the book have been expanded to include model verbs for all the spelling and stem changes studied. Verb entries in the end-vocabularies refer to these charts by number, as in bilingual dictionaries.

• SUPPLEMENTARY MATERIALS

This textbook is supported by a wide variety of supplementary materials. The program of laboratory tape recordings, student laboratory manual, and instructor's annotated edition of the textbook are by Douglas Morgenstern, Massachusetts Institute of Technology. The workbook of writing exercises and grammatical review is by Nancy E. Anderson, Education Testing Service. The *Instructor's Manual* is by Douglas Morgenstern and by Dona Reseigh Long of Ohio State University. Two coordinated readers have also been prepared as supplements to the program.

The *Laboratory Tape Program*, on reels or cassettes, is available for purchase or on loan for copying by institutions adopting the text. A complete tapescript for use by the laboratory director and by classroom instructors accompanies the recordings. The tape for each chapter includes a pronunciation section, one or more of the text's minidialogs, new structural and vocabulary exercises, a dictation, and a condensed version of the long chapter dialog. New to this edition is a series of listening comprehension exercises; the tasks involved are appropriate in difficulty for the chapters in which the passages appear, but density is sufficient for students to find them challenging if the exercises are recycled subsequently in the course.

The student *Manual de laboratorio*, coordinated with the tape program, includes all exercise instructions and visual elements related to particular listening comprehension tasks.

Each chapter of the *Cuaderno de ejercicios* corresponds to the respective chapter of the text; it provides writing practice and additional opportunities to use the vocabulary and grammatical structures introduced in class. After every fifth chapter, a *Repaso* reviews key grammar points and provides sections of self-testing for student use at home.

The *Instructor's Annotated Edition* of the student textbook includes numerous marginal annotations throughout the text presenting practical suggestions, additional grammatical observations, and supplementary oral exercises.

The *Instructor's Manual* includes an introduction providing a general orientation to the use of the text, sample lesson plans and advice about managing classroom activities, and answer keys to the laboratory manual and workbook.

Readers. Two coordinated readers are available to give students additional reading practice and the opportunity to strengthen comprehension skills. They may be introduced midway through the course.
• *Lecturas básicas: A Literary Reader, Third Edition,* by Guillermo I. Castillo-Feliú, contains nine easy-to-read stories by Spanish-speaking writers of Spain, Hispanic America, and the United States. Three of the stories are new in this edition.

Prefacio v

- *Lecturas básicas: A Civilization and Cultural Reader, Third Edition,* by Joaquín Valdés, contains thirteen original essays describing the historical, geographical, and social characteristics of Hispanic culture and civilization in the different Spanish-speaking countries and regions of the world. A new chapter on the unity and diversity of the Hispanic world has been included.

ACKNOWLEDGMENTS

We would like to thank Karen Davy for her careful editing of the manuscript and Nancy Perry for her management of the computerized program of vocabulary control. We also gratefully acknowledge the help of the consultants and teachers who participated in the survey of users of the previous edition.

Special thanks are due to the following reviewers whose comments, both positive and critical, were instrumental to the revision of this text:

Ernest Allen, *Texas Christian University;*
Richard Beym, *California State University, Dominguez Hills;*
Stephen S. Corbett, *Texas Tech University;*
Roger H. Gilmore, *Colorado State University;*
John R. Kelly, *North Carolina State University, Raleigh;*
Carol A. Klee, *University of Illinois, Urbana;*
Veronica LoCoco, *The University of Santa Clara;*
Michael Reider, *West Virginia University;*
Seymour Resnick, *Queens College of the City University of New York;*
Samuel G. Saldívar, *U.S. Military Academy;*
Jorge Santana; *California State University, Sacramento;*
John J. Staczek, *Georgetown University;*
Alain Swietlicki, *The University of Missouri, Columbia;* and
Leslie N. Wilson, *The Florida State University.*

PHOTO CREDITS

Capítulo preliminar: (Mexico City), Peter Menzel. 5 (Madrid), Beryl Goldberg. 10 (Las Cruces, New Mexico), Mimi Forsyth / Monkmeyer.
Capítulo 1:   16 (Madrid), Renate Hiller / Monkmeyer. 28, Victor Englebert / Photo Researchers. 33, M. Deluc / Viva / Woodfin Camp and Associates. 42, Wilhelm Braga / Photo Researchers. 46, United Press International.
Capítulo 2:   52 (Buenos Aires), Elliott Erwitt / Magnum. 57, Peter Menzel. 64, René Burri / Magnum. 70, Dieter F. Grabitzky / Monkmeyer. 76, René Burri / Magnum.
Lectura I: 79, Carl Frank / Photo Researchers. 80 left, American Airlines. 80 right, Peter Menzel.
Capítulo 3:   81 (University of Mexico) and 83, Owen Franken. 85, Beryl Goldberg. 92, Owen Franken. 96, Peter Menzel. 104, Owen Franken.
Capítulo 4:   107 (Viña del Mar, Chile), Fujihira / Monkmeyer. 112 (Universidad Católica, Santiago) and 117, Katherine A. Lambert. 123, Arthur Sirdofsky / Editorial Photocolor Archives. 126, Carl Frank / Photo Researchers.
Lectura II: 131, Owen Franken. 132 left, Katherine A. Lambert. 132 right, Beryl Goldberg.

Capítulo 5: 133 (New York), Mark Antman / The Image Works. 139 and 143, Beryl Goldberg. 149, Peter Menzel. 151, American Airlines Photo.

Capítulo 6: 159 (Olvera Street, Los Angeles), Tom McHugh / Photo Researchers. 162, Joel Gordon. 172 and 173, Mimi Forsyth / Monkmeyer. 179, Alex Webb / Magnum.

Lectura III: 183, Peter Menzel. 184 left, Elizabeth Hibbs / Monkmeyer. 184 right, Peter Menzel.

Capítulo 7: 185 (Guadalajara, Mexico: el jarabe tapatío) and 191 (Tepozotlán), Peter Menzel. 193, New York Public Library Picture Collection. 198 (Mexico City), Bernard G. Silberstein / Monkmeyer. 200, Martin Litton / Photo Researchers.

Capítulo 8: 211 (Barcelona), Nat Norman / Photo Researchers. 218, 221, 226, and 232, Peter Menzel.

Lectura IV: 236 left, Beryl Goldberg. 236 right and 237, Peter Menzel.

Capítulo 9: 238 (Chicago; Pedro Guerrero), Wide World Photos. 241, Peter Menzel. 248, Hal Brown / United Press International. 258 left and right, Steve Sutton / Duomo, courtesy International Management Group.

Capítulo 10: 261 (Lago Atitlán, Guatemala), Peter Menzel. 265, N. H. (Dan) Cheatham / Photo Researchers. 271, Organization of American States. 273, Susan Meiselas / Magnum. 279, Alon Reininger / Contact Stock Images.

Lectura V: 281, La Nación / The New York Times. 282, Editorial Abril / Magnum. 283, Alon Reininger / Contact Press Images / Woodfin Camp and Associates.

Capítulo 11: 285 (Puebla, Mexico; Popocatépetl), Georg Gerster / Rapho / Photo Researchers. 293, Edna Douthat / Photo Researchers. 299, Sybil Shelton / Monkmeyer. 303, George Holton / Photo Researchers. 309, Michael C. Hayman / Photo Researchers.

Capítulo 12: 312 (Aránjuez Gardens, Madrid), Renate Hiller / Monkmeyer. 321, Owen Franken. 322, Mark Antman / The Image Works. 326, Peter Menzel. 329, J. Allan Cash / Photo Researchers. 332, Owen Franken.

Lectura VI: 339, Spanish National Tourist Office. 340 left, Mark Antman / The Image Works. 340 right and 341, Spanish National Tourist Office.

Capítulo 13: 342 (Madrid, el Prado), Peter Menzel. 343 top, Sotheby Parke-Bernet / Editorial Photocolor Archives. 343 bottom, Museum of Modern Art. 345, Organization of American States. 348 (Madrid), M. Dellus / Viva / Woodfin Camp and Associates. 353, Mark Antman / The Image Works. 359, Christian Steiner / Columbia Artists Management, Inc. 363, Beryl Goldberg.

Capítulo 14: 369 (Mexico City), Beryl Goldberg. 372 (Oaxaca), Hazel Hankin. 378 (Patzcuaro, Mexico), George Holton / Photo Researchers. 386 (Mexico), Marilu Pease / Monkmeyer. 390 (Lago Chapala, Mexico), Bernard G. Silberstein / Monkmeyer.

Lectura VII: 395, Kay Reese and Associates. 396, Beryl Goldberg. 397 left, George Holton / Photo Researchers. 397 right, Alfredo Linares / Monkmeyer.

Capítulo 15: 398 (La Paz, Bolivia), Alain Keler / Sygma. 405, Mann / Monkmeyer. 408, Carl Frank / Photo Researchers. 411, Bernard P. Wolff / Photo Researchers. 416 (La Paz), Bernard P. Wolff.

Capítulo 16: 421 (Granada, el Alhambra), David J. Kupferschmid. 427, Paolo Koch / Photo Researchers. 432, The Bettmann Archive. 434, Mary N. Thacher / Photo Researchers. 441, Britton-Logan / Photo Researchers.

Lectura VIII: 445, Marilu Pease / Monkmeyer. 446 left (Sachsahuaman), Fujihira / Monkmeyer. 446 right, Courtesy of the Hispanic Society of America. 447, Robert Rapelye / Editorial Photocolor Archives.

Capítulo 17: 448 (Caracas), Inge Morath / Magnum. 454, Georg Gerster / Photo Researchers. 460, New York Public Library Picture Collection. 465, Mimi Forsyth / Monkmeyer. 468, Carl Frank / Photo Researchers.

Capítulo 18: 472 (Lima, el Palacio de Torre Tagle), left, Peter Menzel; right, Nat Norman / World Wide Photography Photo. 475, Georg Gerster / Photo Researchers. 480, Alfredo Linares / Monkmeyer. 488, Paul Conklin / Monkmeyer. 492, Beryl Goldberg.

Photo Credits vii

Lectura IX: 497, Hazel Hankin. 498 left, Peter Menzel. 498 right, Wilhelm Braga / Photo Researchers. 499 (Mexico City), David J. Kupferschmid.
Capítulo 19: 500 (Guayaquil, Ecuador), Bernard P. Wolff / Photo Researchers. 506 and 512, Beryl Goldberg. 515, Grabitzky / Monkmeyer. 519, Paul Conklin / Monkmeyer.
Capítulo 20: 522 (Bogotá, Colombia), Paul Conklin / Monkmeyer. 526, Will McIntyre / Photo Researchers. 528, Carl Frank / Photo Researchers. 531 and 537, Rick Merron / Magnum. 539, David Mangurian.
Lectura X: 547, Mimi Forsyth / Monkmeyer. 548, Owen Franken. 549, Beryl Goldberg.

Índice general

Prefacio iii

Capítulo preliminar PRIMEROS PASOS 1

PASO 1. Introductions 2
Pronunciation: vowels 3
Pronunciation: diphthongs 4
STUDY HINT: Getting organized 5
PASO 2. In the classroom 6
The Spanish alphabet 7
Pronunciation: consonants 8
PASO 3. The numbers from 1 to 30 11
The expression **hay** 12
Cognates 12
Pronunciation: linking 14
PASO 4. Useful expressions 15
Pronunciation: syllabication, stress, and written accent marks 17
Capitalization 20
PASO 5. The numbers from 31 to 101 20

Capítulo 1 LA FAMILIA 24

AMBIENTE: Madrid, Spain
I. Subject pronouns and the present tense of **estar** 27
II. Word order and intonation 33
III. Present tense of regular **-ar** verbs 35
STUDY HINT: Learning vocabulary 39
IV. Gender and number: nouns and articles 40
Pronunciation: Vowels and diphthongs 44
Dialog: En Madrid, la capital de España 47

Capítulo 2 LOS PAÍSES Y LA GENTE 52

AMBIENTE: Buenos Aires, Argentina
I. Contractions **al** and **del** 56
II. Interrogative words 58
III. Present tense of **ser** 62
STUDY HINT: Studying verbs 64

    IV. Adjectives 65
    V. **Ser** versus **estar** 70
       Pronunciation: **b** and **v** 73
       Dialog: En Buenos Aires, el París de Sudamérica 74

Lectura I: El mundo hispánico 79

Capítulo 3   ESTUDIOS UNIVERSITARIOS 81

    AMBIENTE: Mexico City, Mexico
    I. Present tense of regular **-er** and **-ir** verbs 83
    II. Demonstrative adjectives and pronouns 87
       STUDY HINT: Utilizing study time 90
    III. Present tense of **tener** 91
    IV. Cardinal numbers 101-1,000,000 93
    V. Prepositions **a** and **de**, and personal **a** 97
       Pronunciation: **r** and **rr** 101
       Dialog: La Ciudad Universitaria de México 102

Capítulo 4   LAS ESTACIONES, EL CLIMA Y EL CALENDARIO 107

    AMBIENTE: Chile
    I. Present tense of **hacer**, and weather expressions with **hacer** 110
    II. Present tense of **ir**, and **ir a** + infinitive 113
    III. Idiomatic expressions with **tener** 115
       STUDY HINT: Learning grammar structures 117
    IV. Ordinal numbers first to tenth 119
    V. Days of the week, and dates 122
       Pronunciation: **d**; **g** and **j** 125
       Dialog: Chile, un país de inmigrantes 127

Lectura II: La gente 131

Capítulo 5   LA CIUDAD Y SUS PROBLEMAS 133

    AMBIENTE: The Puerto Rican community of New York
    I. Present tense of stem-changing verbs **e** to **ie**, and of **venir** 136
    II. Possessive adjectives 140
       STUDY HINT: Making the most of classroom activities 141
    III. Direct-object pronouns 143
    IV. Expressions of obligation 147
    V. Telling time 149
       Pronunciation: **p** and **t** 153
       Dialog: Los puertorriqueños en Nueva York 154

Capítulo 6 LA COMIDA 159

AMBIENTE: The Mexican-American communities of California, New Mexico, Texas, and Illinois
- I. Present tense of stem-changing verbs **o** to **ue** 163
  STUDY HINT: Reviewing for exams 166
- II. Prepositional-object pronouns 166
- III. Indirect-object pronouns 169
- IV. Present tense of **gustar** and similar verbs 173
  Pronunciation: **ñ**; **ll** and **y** 177
  Dialog: ¡Más vale rodear que rodar! 178

Lectura III: Los hispanos de los Estados Unidos 183

Capítulo 7 LAS DIVERSIONES 185

AMBIENTE: Guadalajara, Mexico
- I. Present tense of stem-changing **-ir** verbs, **e** to **i** 188
- II. Present tense of irregular verbs 191
- III. **Saber** versus **conocer** 195
- IV. **Pedir** versus **preguntar** 199
- V. Direct- and indirect-object pronouns in the same sentence 201
  STUDY HINT: Recognizing cognates 202
  Pronunciation: **h** and **ch** 206
  Dialog: Guadalajara 206

Capítulo 8 LA ROPA, LOS COLORES Y LA RUTINA DIARIA 211

AMBIENTE: Barcelona, Spain
- I. Reflexive constructions 215
- II. Reciprocal constructions 222
- III. Idiomatic constructions to express *to become*, *to get* 224
- IV. Relative pronouns 227
  STUDY HINT: Listening for comprehension 228
  Pronunciation: **s** and **z**; **c**; and **qu** 230
  Dialog: En la Ciudad Condal y Real 231

Lectura IV: La música 236

Capítulo 9 LOS DEPORTISTAS Y LOS DEPORTES 238

AMBIENTE: Miami, New York, Los Angeles, Tampa, and Boston
- I. Preterit tense of regular verbs 241
- II. Preterit tense of stem-changing verbs 246
- III. Preterit tense of irregular verbs 250
- IV. Special meanings of certain verbs in the preterit 254
  Pronunciation: **m** and **n**; **x** 256
  Dialog: Después de la carrera 257
  STUDY HINT: Listening to radio and television 259

Índice general xi

Capítulo 10   LAS NOTICIAS   261

AMBIENTE: Costa Rica and Guatemala
  I. Imperfect tense   265
  II. Imperfect versus preterit   270
     STUDY HINT: Reading for comprehension   275
     Pronunciation: Rhythm and intonation   276
     Dialog: Primero, las malas noticias   277

Lectura V   Hispanoamérica en el siglo veinte   281

Capítulo 11   LOS VIAJES Y LOS PASEOS   285

AMBIENTE: Mexico
  I. Past participles used as adjectives   289
  II. Present- and past-perfect tenses   293
  III. Contrasts among past indicative tenses   298
     STUDY HINT: Reading magazines and newspapers   302
  IV. Time expressions with **hacer**   303
     Dialog: En la antigua capital azteca   307

Capítulo 12   LA SALUD Y EL CUERPO   312

AMBIENTE: Northern Spain
  I. Formal **usted** commands   315
  II. Object pronouns with commands   319
  III. Informal **tú** commands   322
  IV. Comparisons of equality   326
  V. Comparisons of inequality and the superlative   329
     STUDY HINT: Improving your pronunciation   332
     Dialog: ¿Está grave?   334

Lectura VI: La España del pasado   339

Capítulo 13   LAS BELLAS ARTES Y LAS LETRAS   342

AMBIENTE: Madrid
  I. Subjunctive mood   346
  II. Present subjunctive of regular verbs   350
  III. Present subjunctive of irregular, stem-changing, and spelling-changing verbs   354
  IV. Other command forms in the subjunctive   360
     Dialog: ¿Sirena ahogada?   364
     STUDY HINT: Conversing with others   365

xii   *Índice general*

Capítulo 14 LAS FIESTAS Y LAS CELEBRACIONES 369

AMBIENTE: Mexico
  I. Subjunctive in noun clauses 372
  II. Subjunctive versus indicative in noun clauses 377
  III. Affirmative and negative words 383
  IV. Adverbs ending in **-mente** 386
      STUDY HINT: Using a bilingual dictionary 388
      Dialog: Las Posadas 390

Lectura VII: Las fiestas 395

Capítulo 15 LOS SENTIMIENTOS Y LAS EMOCIONES 398

AMBIENTE: Bolivia
  I. Subjunctive in adjective clauses 400
      STUDY HINT: Writing Spanish 404
  II. Subjunctive with adverbial conjunctions 405
  III. Subjunctive versus indicative after conjunctions 408
  IV. Uses of the infinitive 411
      Dialog: La sección femenina 415

Capítulo 16 LOS NOVIOS Y LOS AMIGOS 421

AMBIENTE: Southern Spain
  I. Future tense 425
  II. Conditional tense 430
  III. **Por** versus **para** 435
      STUDY HINT: Increasing your vocabulary 438
      Dialog: El amor a primera vista 441

Lectura VIII: Hispanoamérica antes y después de la conquista 445

Capítulo 17 DE COMPRAS 448

AMBIENTE: Venezuela
  I. Imperfect subjunctive 452
  II. *If*-clauses 458
      STUDY HINT: Nonverbal communication 460
  III. Change of conjunctions **y** to **e** and **o** to **u** 463
  IV. Diminutives 465
      Dialog: Los sueños postergados 467

Índice general xiii

Capítulo 18   LAS PROFESIONES Y LOS OFICIOS   472

AMBIENTE: Peru
- I. Present-perfect and past-perfect subjunctive   476
- II. Other uses of se   481
- III. Long-form possessives   484
  STUDY HINT: Visiting a Spanish-speaking country   485
- IV. Adjectives as nouns   489
  Dialog: Machu Picchu, la sagrada ciudad de los incas   491

Lectura IX: La vida cotidiana   497

Capítulo 19   EN CASA   500

AMBIENTE: Ecuador
- I. Present participle and progressive tenses   503
  STUDY HINT: Retain what you have learned—listening and speaking   508
- II. Neuter article lo   509
- III. Special uses of the definite article   512
- IV. Omission of the definite article   516
  Dialog: Una nueva casa—¿una nueva vida también?   518

Capítulo 20   LA COMUNICACIÓN Y LA CORTESÍA   522

AMBIENTE: Colombia
- I. Future-perfect and conditional-perfect tenses   526
- II. Sequence of tenses with the subjunctive   530
- III. Passive voice   535
- IV. Idioms with acabar   539
  STUDY HINT: Retaining what you have learned—reading and writing   541
  Dialog: La que se va, los que se quedan   542

Lectura X El final: un principio   547

Verbos   I
Vocabulario español-inglés   XXIII
English-Spanish Vocabulary   LIX
Glossary of Grammatical Terms   LXXXI
Índice gramatical   LXXXV

CAPÍTULO PRELIMINAR

PRIMEROS PASOS

This preliminary chapter will start you speaking Spanish. Learning to pronounce Spanish should be your first objective; listen carefully to your instructor and mimic what you hear. You probably will be able to guess the meaning of most words; the rest you can look up in the list at the end of the chapter or the back of the book.

The **primeros pasos,** or *first steps*, in the chapter are as follows.

1. *Introductions*. Saying hello, how are you, what's your name, my name is, and so forth. Understanding and answering simple questions—be sure to listen to the intonation pattern, or music, of the questions, as well as to the words. How to pronounce Spanish vowels (**a, e, i, o, u**) and vowel combinations.

2. *In the classroom*. Asking what is this?, what's the name for this?, and answering with the name of classroom objects like the door or the instructor's chair. Learning Spanish letter names, and pronouncing consonants.

3. *The numbers 1–30.* How to say *there is, there are.* Recognizing cognates—the thousands of Spanish words that look and mean the same as English words, despite their different pronunciation. Learning to run words together naturally so that you sound like a human, not an obsolete computer.

4. *Useful expressions.* Hello, good-bye, please, thanks. Open your books, read aloud, repeat. Learning how to stress the right syllable in Spanish words. *The numbers 31–101,* so you can ask about your grades and understand what page of the text you are going to study.

As you make your way through these important **sobras y picos,** *odds and ends,* think pronunciation, hear the music of Spanish speech. Spanish-speakers the world over welcome any sincere attempt to speak their language. If you try to pronounce the way they do, they will see that your heart is in the right place, an assumption that is vital to the success of communication in any language.

Paso uno. Las presentaciones

Buenos días. Me llamo Elvira García. ¿Cómo se llama usted, señorita?

Me llamo Elena Ramírez.

Mucho gusto, señorita.

Igualmente, señora García.

Y usted, señor, ¿cómo se llama?

Me llamo Miguel Guzmán.

Buenos días, señor Guzmán.

Capítulo preliminar

PREGUNTAS First model the questions yourself. Then have students ask them of each other.

In Spanish, **preguntas,** or *questions,* begin with an inverted question mark that signals that a question will follow. Similarly, Spanish exclamations begin with an inverted exclamation point: **¡Salud!** *Cheers!* The following **preguntas** are based on the dialog of introductions you have just read between **la profesora** *the teacher* and **la señorita.**

1. ¿Cómo se llama la profesora? (Se llama Elvira . . .)   2. ¿Cómo se llama la señorita? (Se llama Elena . . .)   3. ¿Cómo se llama el señor? (Se llama Miguel . . .)   4. ¿Cómo se llama usted? (Me llamo . . .)   5. ¿Se llama Miguel Hidalgo el señor? (No, se llama Miguel . . .)   6. ¿Se llama Elena Ramírez la señorita? (Sí, se llama . . .)

PRONUNCIACIÓN. LAS VOCALES

Spanish has five simple vowels, represented in writing by the letters **a, e, i** (or **y**), **o,** and **u.** Their pronunciation is short, clear, and tense.

a   Similar in sound to the *a* in the English word *father,* but more open, tense, and short.[1]
   Ana, pa**pá**, ma**má**, **Cl**a**r**a, ba**na**na, **h**asta ma**ña**na

e   Similar in sound to the *e* of English *met.*
   me, E**le**na, **Pe**pe, Te**re**sa, **le**che, el ele**fan**te es ele**gan**te

i (y)   Pronounced like the *i* of English *police.*
   y, **Li**li, di**fí**cil, Misi**si**pi, mi, sí, Cris**ti**na, a**sí**, cafete**rí**a

o   Similar in sound to the *o* of English *cord* or *cole.*
   no, **so**lo, An**to**nio, ofi**ci**na, o**lor**, dos, **to**co, yo, **co**mo

u   Pronounced like the *oo* in English *cool* or *fool* (never the sound of *oo* in English *book* or of *u* in English *cute* or *university*).
   tú, Ra**úl**, **Úr**sula, Pe**rú**, **ú**nico, univer**sal**, us**ted** **u**sa **mu**chas **u**vas

EJERCICIO

El loro.   In both the Hispanic and Anglo-Saxon worlds, folk wisdom credits **el loro,** *the parrot,* with magical powers of speech. Try pronouncing the following words—if you do well, someone may exclaim **¡Habla como un loro!** *You speak like a parrot!*

1. ocho
2. Catalina
3. Felipe
4. café
5. teléfono
6. repita
7. mesa
8. Susana
9. Panamá
10. Unamuno
11. imposible
12. tonto
13. oficina
14. nene
15. somos
16. loco
17. cine
18. octubre
19. agosto
20. cafetería

[1] Listen to the sound of the example words as your instructor says them. The meaning of many will be obvious. Try not to worry about the meaning of the others—singers often perform entire operas without knowing the language. In these pronunciation sections, the stressed syllable in each example word—the syllable that is most forcefully pronounced—is printed in bold type.

Primeros pasos

ACTIVIDAD. MÁS PRESENTACIONES

LA PROFESORA Elena, le presento a Miguel.
ELENA Mucho gusto, Miguel.
MIGUEL Igualmente, Elena.

Ask two persons sitting near you what their names are. (**Señor (señora, señorita), ¿cómo se llama usted? Y usted, señorita** (etc.), **¿cómo . . . ?**). Then introduce them to each other.

PRONUNCIACIÓN. LOS DIPTONGOS

Nearly every stressed vowel in English is pronounced as a diphthong, a gliding from one vowel position to another. Spanish vowels, pronounced in isolation, are never diphthongs, but when two of them occur side by side, partial fusions sometimes result, and a diphthong is produced. Of the five Spanish vowels, **i** and **u** are classified as *weak;* **a, e,** and **o** are *strong.* Two strong vowels next to each other remain as two separate sounds, or syllables: **leal, creo.** Two weak vowels, or a weak plus a strong vowel, form a diphthong, that is, a single syllable with a glide from one sound to the other. Listen to the following examples, and repeat each one.

ia	Patr**i**cia, Al**i**cia, Sant**i**ago, grac**i**as	iu	tri**u**nfo, ci**u**dad, vi**u**da
ua	J**u**an, E**u**ardo, c**u**atro, G**u**atemala	ui (uy)	L**u**is, m**u**y, r**u**ina
		ai (ay)	h**a**y, **a**ire, b**ai**lan, J**ai**me
ie	Gabr**ie**l, D**ie**go, emp**ie**za, c**ie**n	au	P**au**la, **au**la, c**au**sa, **Au**relio
ue	Cons**ue**lo, Man**ue**l, p**ue**do, p**ue**s	ei (ey)	r**e**y, s**ei**s, tr**ei**nta, v**ei**nte, l**e**y, r**ei**na
io	M**a**rio, r**a**dio, ad**ió**s, Ant**o**nio	eu	f**eu**dal, **Eu**ropa
uo	ant**i**guo, c**uo**ta	oi (oy)	h**o**y, s**o**y, **oi**go, est**oi**co

LOS TRIPTONGOS

Three vowels sometimes appear together. If the sequence is weak–strong–weak, the three vowels form one syllable, a triphthong. Listen and repeat.
estud**iái**s, Ur**u**g**u**ay

EJERCICIO

Pronunciación. Say the following words, focusing your attention on the sounds of the vowels, diphthongs, and triphthongs.

1. Rusia
2. Europa
3. restaurante
4. radio
5. béisbol
6. Paraguay
7. Ecuador
8. Guatemala
9. Venezuela
10. Uruguay
11. Monterrey
12. Eduardo
13. Ruiz
14. Juana
15. Luisa

Capítulo preliminar

—¿Cómo estás, Juan?
—¡Muy bien!

GETTING ORGANIZED

So you've decided to learn Spanish. **¡Felicitaciones!** Knowing a second language can be very valuable. It may help you meet people, prepare for a profession, travel with more confidence and pleasure, deepen your knowledge of other cultures, and gain a broader perspective on your own culture and language. Realizing these rewards, however, requires a great deal of effort. You need to be constantly attentive in the classroom and willing to study and practice outside of class. Good organization can help. Here are a few suggestions for getting yourself organized to learn Spanish.

1. Start with the basic supplies—textbook, workbook, laboratory manual, and notebook. Add new components to your system as soon as you see that they can help you learn: index cards (or time on a computer) to make up your own lists and memory aids, a cassette recorder and cassettes to work on your pronunciation, and perhaps a Spanish-English or all-Spanish dictionary.

2. Become familiar with the format of your textbook. Learn how to use the table of contents, the index, the glossary of grammatical terms, the appendix, and the vocabulary sections.

3. Organize your study materials by chapter in a looseleaf binder or other notebook. Include your class notes, handouts, workbook exercises, and other written materials.

4. Make charts, lists, and flashcards to help you organize the materials you are studying. Categorize similar items whenever possible—vocabulary, verbs of the same type, and so forth. Index cards can be carried around easily and studied when you have a few minutes to spare.

5. Study every day. Spend part of your study time learning the current material and part of the time reviewing previous lessons. Make up a system, such as beginning with the oldest material and working toward the current chapter. Frequent review is a good way to learn and retain a second language.

6. Work with someone else if you can. A classmate or friend, even someone who doesn't know Spanish, can help you review vocabulary. If you know any native speakers or advanced students of Spanish, one of them may be willing to meet with you on a regular basis to help you practice listening and speaking skills. If your college or university has a program of English for speakers of other languages, you may be able to arrange a conversation exchange with a student from a Spanish-speaking country—trading English conversation for equal time in Spanish. Try to line someone up right away—talking out loud in Spanish from the very beginning will speed your learning.

Primeros pasos

Paso dos. En la sala de clase

[Illustration: la pared, la puerta, la ventana, la pizarra, la estudiante, el estudiante, la tiza, el profesor, la mesa, la silla, el escritorio; el lápiz, la pluma, el libro, la página, el cuaderno, el papel]

EL PROFESOR	Buenas tardes, estudiantes.
LA CLASE	Buenas tardes, profesor.
EL PROFESOR	Repitan, por favor: la ventana.
LA CLASE	La ventana.
EL PROFESOR	¿Qué es esto?
LA CLASE	Es la ventana.
EL PROFESOR	Y esto, ¿qué es?
LA CLASE	Es el libro.
EL PROFESOR	¡Muy bien!
CARLOS	Perdón, profesor, ¿cómo se dice en español *wall*?
EL PROFESOR	¿Clase?
LA CLASE	Se dice "pared".
EL PROFESOR	La pared, sí. ¡Excelente!

Capítulo preliminar

EJERCICIOS

A ¿Qué es?

MODELO 🖼️ → **el escritorio**

Variant: Bring different objects to class and teach names. The objects may be colorful instead of classroom-oriented: toy animals; tools; photos of actors, politicians, sports figures; eating utensils, etc.

1. 2. 3. 4. 5.
6. 7. 8. 9. 10.

B ¿Qué es esto? Working in pairs, one classmate points out an object and the other answers.

MODELO	TOMÁS	¿Qué es esto?
	JULIA	Es una pluma.
	TOMÁS	Y, ¿qué es esto?
	JULIA	Es una ventana.

EL ABECEDARIO

a	(a)	f	(efe)	l	(ele)	p	(pe)	u	(u)
b	(be, be larga)	g	(ge)	ll	(elle)	q	(cu)	v	(ve, ve corta)
c	(ce)	h	(hache)	m	(eme)	r	(ere)	w	(doble ve)
ch	(che)	i	(i)	n	(ene)	[rr	(erre)]	x	(equis)
d	(de)	j	(jota)	ñ	(eñe)	s	(ese)	y	(i griega)
e	(e)	k	(ka)	o	(o)	t	(te)	z	(zeta)

EJERCICIOS

A ¿Cómo se llama usted? Ask a classmate his or her name. Your classmate will give it, then spell it out using Spanish letter names.

MODELO ¿Cómo se llama usted? →
Me llamo Juan Garza, jota-u-a-ene, ge-a-ere-zeta-a.

B ¿Cómo se escribe? Say each word, then say how it's spelled (**se escribe**) using Spanish letter names.

1. ventana
2. pizarra
3. escritorio
4. lápiz
5. página
6. pared
7. cuaderno
8. se llama
9. puerta
10. silla

Primeros pasos

PRONUNCIACIÓN. LAS CONSONANTES

Many consonants are pronounced similarly in Spanish and English. Others are pronounced very differently.   *The occlusive pronunciation occurring after **n** and **m** produces an **mb** combination, as in **un vaso**.*

b,v In Spanish, the letters **b** and **v** are pronounced precisely the same. At the beginning of a word, either one sounds much like an English *b*, whereas in the middle of a word it has a sound somewhere between *b* and *v* in English.
Bogotá, Valencia, Verónica, burro, ventana, Eva, Sebastián

c,z In Spanish America the letters **c** (before **e** and **i**) and **z** are pronounced like an English *s*.[1]
Alicia, Galicia, Cecilia, Zaragoza, La Paz, pizarra, lápiz
A **c** before **a, o, u**, or any consonant other than **h**, is pronounced like a *k*.
inca, coca, costa, Cuzco, secreto, clase

ch The combination of **c** and **h**, **ch**, is a separate Spanish letter, with its own file in word lists and dictionaries. It is pronounced like the same letter combination in English.
chocolate, Chile, cha-cha-chá   *Intervocalic **d** and final **d** are sometimes inaudible, as in **pasado** [pasao] and **ciudad** [ciudá].*

d The letter **d** has two sounds. At the beginning of a word or after an **n** or **l**, it is somewhat like a *d* in English, but softer, with the tongue touching the upper front teeth.
día, don, Diego, Miranda, Matilde
In all other positions, it is similar to the *th* in the English word *then*.
Felicidad, Eduardo, Ricardo, pared, estudiante

g, j The **g** before **i** or **e**, and the **j**, are both pronounced approximately like an English *h*.   *In Spain this sound is noticeably stronger and more guttural than the English h.*
Jorge, Josefina, geología, Jalisco, ingeniería, región, página
The **g** before **a, o,** or **u** is pronounced approximately like the English *g* of *gate*. In the combinations **gue** and **gui** the **u** is not pronounced, and the **g** has the same sound as English *g*.   *The fricative **g** is very apparent intervocalically, as in **agua**.*
amigo, amiga, gusto, Miguel, guitarra
In the combinations **gua** and **guo**, the **u** is pronounced like a *w* in English.
antiguo, Guatemala

*Example: **hay** there is, there are, pronounced the same as **ay**, expression of surprise, pain.*

h Spanish **h** is silent.
La Habana, Honduras, Hernández, hotel, Hugo, habla (*speaks*)

ll The **ll** is a separate Spanish letter, with its own file in word lists and dictionaries. Its sound is much like that of *y* in English *yes*.
llama, Vallejo, Sevilla, Murillo, silla   *Peninsular Spanish does distinguish **ll** and **y**.*

ñ The sound of **ñ** is roughly equivalent to the sound of *ny* in English *canyon*.
señor, mañana, español

q A **q** is always followed in Spanish by a silent **u**; the **qu** combination represents the sound *k*.
Quito, Enrique

---

[1] In most parts of Spain a **c** before **e** or **i**, a **z** before **a, e, i, o,** or **u**, and a final **z** are pronounced like a *th* in the English word *thin*. This is a characteristic feature of the Peninsular accent.

Capítulo preliminar

r   The letter **r** is used to represent two different sounds. At the beginning of a word or after **l, n,** or **s,** it has the same sound as **rr** (see below). Elsewhere, it represents an r-sound so soft that it is close to the *tt* in American English *kitty, Betty*. Pat**r**icia, Elvi**r**a, to**r**tilla, Pila**r**, profeso**r**, la ca**r**ta *(letter)*

rr   The letter sequence **rr**, while not a separate letter, and alphabetized in Spanish as in English, represents a special trilled sound, like a Scottish burr or a child imitating the sound of a motor. The same sound is represented by a single **r**, not **rr**, at the beginning of a word or after **l, n,** or **s**.
a**rr**oz *(rice)*, e**rr**or, ho**rr**or, ho**rr**ible   The single letter **r** is usually the **rr** sound (with
Rosa, **R**ita, **R**oberto, **r**adio   varying degrees of trill) at the end of a word, as in
En**r**ique, Is**r**ael, al**r**ededo**r** *(around)*   **habla**r.
Listen to the difference between **pe**rr**o** *(dog)* and **pe**r**o** *(but)*.
pe**rr**o, pe**r**o   pe**rr**o, pe**r**o

x   The letter **x** represents several different sounds in Spanish. Before a consonant, it is pronounced like an English *s*.   Some speakers pronounce a *ks* for **x** before a
e**x**terno, te**x**to   consonant.
Before a vowel it is like a **gs**.
e**x**amen, e**x**istencia
In many words **x** used to have the sound of the Spanish **j**. In most of these words the spelling has been changed, but a few words can be spelled either way (with **x** or **j**): Mé**x**ico (Mé**j**ico), Qui**x**ote (Qui**j**ote).

Students can use pronunciation material as a reference guide throughout the entire course and should not be expected to master the details at the beginning.

Don't forget that **ch** and **ll** are separate Spanish letters. When you are searching in a dictionary or vocabulary list for a word beginning with either letter, remember that they follow **c** and **l**, respectively.

clase   libro
coco   Lupe
chocolate   llama

The same principle of alphabetization holds when the letter occurs in the middle of a word.

lección   silogismo
lectura   silueta
leche   silla

EJERCICIOS

A   **Lea en voz alta.**   In pairs, read the following words to each other.

1. silla   5. Rita   9. alcohol   13. jota   17. guitarra
2. Murillo   6. radio   10. Honduras   14. página   18. geologíia
3. Sevilla   7. Israel   11. Josefina   15. Enrique   19. Eduardo
4. Rosa   8. hotel   12. región   16. Miguel   20. Diego

Primeros pasos

"Enrique, quiero hacerte unas preguntas."

B **Dictado.** In pairs, ask each other to spell these words. One partner takes 1–8 and the other takes 9–16. Then switch. The partner who is writing should do so with the textbook closed.

1. leche
2. silla
3. escritorio
4. Muy bien.
5. chico
6. profesora
7. libro
8. ventana
9. Buenas tardes.
10. estudiante
11. Mucho gusto.
12. Buenos días.
13. Perdón.
14. pared
15. el chocolate
16. lección

C **Diálogo.** In pairs, read the following dialog aloud. One of you take the role of Joaquín, the other the role of Felicidad.

JOAQUÍN Buenos días. Me llamo Joaquín Mendoza. ¿Cómo se llama usted, señorita?
FELICIDAD Me llamo Felicidad Contreras.
JOAQUÍN Mucho gusto, Felicidad.
FELICIDAD Igualmente, Joaquín.

If afternoon class, have them substitute **Buenas tardes.** Variant for **Mucho gusto:** Joaquín says **Encantado** to Felicidad.

Now recreate the scene, substituting your own names for those of Felicidad and Joaquín.

Capítulo preliminar

Paso tres. Los números 1–30

0	cero	11	once	21	veintiuno (ún, una)
1	uno (un, una)	12	doce	22	veintidós
2	dos	13	trece	23	veintitrés
3	tres	14	catorce	24	veinticuatro
4	cuatro	15	quince	25	veinticinco
5	cinco	16	dieciséis	26	veintiséis
6	seis	17	diecisiete	27	veintisiete
7	siete	18	dieciocho	28	veintiocho
8	ocho	19	diecinueve	29	veintinueve
9	nueve	20	viente	30	treinta
10	diez				

A An accent is written on **dieciséis**, **veintidós**, **veintitrés**, and **veintiséis**, all of which end in **-s**.

These sections might be saved for later assimilation.

B The number 1—by itself, or when included in 21, 31, etc.—has different forms, depending on the gender classification of what is being counted. The concept of gender will be taken up in the next chapter; for the rest of this chapter, use **una** before words that end in **-a**, like **mesa** or **silla**, and use **un** before words that end in **-o** or **-or**, like **escritorio** or **profesor**.[1] The form **uno** is used when counting up: 0, 1, 2, 3, etc.

una silla   ocho señoritas
un profesor   veintiuna señoritas
una profesora   veintiún escritorios

[1] In the compound **veintiún**, the **un** takes a written accent.

Primeros pasos

EJERCICIOS
Use **pupitre** for classroom chairs with arm for writing or similar student desks.

A Cero, uno, dos, tres . . . Count to thirty, each student taking a turn. Then count to thirty by twos, by threes, by fives, by sixes, and by tens. Use the same patterns to count down from thirty to zero.

B El inventario. Read the following numbers.

1. 4 profesores
2. 1 libro
3. 7 días
4. 28 sillas
5. 15 ventanas
6. 13 puertas
7. 1 página
8. 25 mesas
9. 1 escritorio
10. 21 páginas
11. 22 clases
12. 17 ventanas
13. 3 paredes
14. 29 libros
15. 30 estudiantes

LA EXPRESIÓN HAY

Hay means *there is* or *there are*. The same form is used for one or for many persons or things.

Hay una profesora en la clase.   *There's a professor in the class.*
Hay veintidós estudiantes.   *There are twenty-two students.*

EJERCICIO

¿Cierto o falso? If the statement is true, say **Cierto**. If it is false, say **No** or **Falso**, and restate it giving the correct number. (If the correct number is more than 30, get over the difficulty for now by saying, **No, hay más.** *No, there are more.*)

MODELO   Hay quince estudiantes en la clase. →
              No, hay veintinueve estudiantes en la clase.

1. Hay tres profesores en la clase.
2. Hay 30 sillas en la clase.
3. Hay una ventana en la sala de clase.
4. Hay dos puertas en la clase.
5. Hay tres pizarras en la clase.
6. Hay diez mesas y cinco escritorios en la clase.

LOS COGNADOS

Cognates are words that are similar in spelling and meaning in two languages. Spanish and English share a very large number.

A Sometimes the words are identical in the two languages.

    chocolate   final   capital   doctor   horrible   lunar

B Sometimes the words differ only in minor or easily predictable ways.

1. Except for **cc, rr, ll,** and **nn,** double consonants are never used in Spanish.

    oficial *official*   materia *matter*   profesor *professor*

2. No word in Spanish can begin with **s-** plus a consonant. English words that begin that way often have cognates beginning with **es-**.

    especial *special*   español *Spanish*   estatua *statue*
    esquí *ski*   escándalo *scandal*

3. The endings **-ción** and **-sión** in Spanish correspond to the English endings *-tion* or *-sion*.

    constitución   nación   televisión

4. The Spanish ending **-dad** corresponds to the English ending *-ty*.
   Also -tad, as in libertad.

    actividad   realidad   universidad

5. The Spanish endings **-ente** and **-ante** generally correspond to the English endings *-ent* and *-ant*.

    presidente   accidente   restaurante   importante

6. The Spanish ending **-mente** generally corresponds to the English ending *-ly*.

    finalmente   rápidamente   prácticamente

C Sometimes words in the two languages are spelled alike but have come to mean something very different. Such pairs are called *false cognates*.

actualmente	*at the present time*	éxito	*success*
asistir	*to attend* (class, etc.)	librería	*bookstore*
atender	*to assist, attend to* (someone)	lectura	*reading*
		nota	*grade; musical note*
aviso	*warning*	suceso	*event, happening*
bravo	*wild, fierce*		

> Despite the hazards posed by false cognates, the existence of so many cognates in Spanish and English is a great resource to the language learner. Look for cognates in every new sentence and text you encounter.

Primeros pasos

EJERCICIO

Repita. Listen, look, then repeat the following cognates, using your best Spanish pronunciation.

1. hospital
2. oficina
3. chocolate
4. actividad
5. televisión
6. cruel
7. alcohol
8. octubre
9. trágico
10. doctor
11. terrible
12. liberal
13. calculadora
14. pasaporte
15. civilización
16. capital
17. accidente
18. silueta
19. existencia
20. profesor

Watch for pronunciation problems in this exercise: (1) English-like, shortened, unstressed vowels in words like **oficina** (second syllable) and **actividad** (third syllable). Let students know that vowels are not reduced in Spanish. (2) For the **-sión** in **televisión,** the English sound as in the end of the word *rouge;* likewise, English *shun* for the end of **civilización.** (3) English-like *-l* in **hospital, cruel, alcohol, liberal.** (4) For students who have studied French: excessive nasalization in **televisión, civilización;** French-like reduced final vowel in **octubre, terrible, pasaporte.**

PRONUNCIACIÓN. EL ENLACE

Linking—the running together of words—occurs in every spoken language. In American English, *Do you want an orange?* becomes approximately "D'ya wan' a norange?" Anyone who attempts to speak English only as it is written is sure to sound like a computerized toy. Linking in Spanish is influenced by the following considerations.

A The final vowel of a word links with the initial vowel of the next word.

Mi abuela se llama Amalia.   *My grandmother's name is Amalia.*
Mi hermana ama a Andrés[2].   *My sister loves Andrés.*

B Two identical consonants are pronounced as one.

el loco   *the crazy one*   los señores   *the gentlemen*

C A final consonant usually links with the initial vowel of the next word.

Es un estudiante.   *He's a student.*
Son amigos.   *They are friends.*

EJERCICIO

Ask students to generate—and pronounce correctly—any other Spanish words they may know, such as foods **(taco, enchilada),** borrowed words **(préstamos)** like **patio** and **rancho,** and place names in the southwest (Los Ángeles, San Francisco, Santa Rosa, Soledad).

Repita. Listen and repeat.

1. Ana va a hablar a Antonia.
2. Enrique es estudiante.
3. ¿Qué es esto?
4. La estudiante se llama Ana.
5. Se llama Esteban Núñez.
6. Pepe es serio.
7. Y esto, ¿qué es?
8. Es el libro.

---

[2]Spanish **h** is silent; **hermana** is pronounced as if written "**ermana.**"

Paso cuatro. Expresiones útiles

—Adiós. *Good-bye.*
—Hasta luego. *See you later.*

—Por favor. *Please.*
—Quiero hacerle una pregunta. *I want to ask you a question.*

—Con permiso. *Excuse me.*
—Cómo no. *Certainly.*
—Adelante.
—Pase. } *Come in; go right ahead.*

—Perdón. *Sorry; I beg your pardon.*

—No comprendo. *I don't understand.*
—No sé. *I don't know.*
—¿Quién sabe? *Who knows?*

—¡Felicidades! *Congratulations!*
—Gracias. *Thanks.*

—Muchas gracias. *Thanks.*

—De nada.
—No hay de qué. } *You're welcome.*

Primeros pasos

OTRAS EXPRESIONES ÚTILES

Otra vez.	*Again* (Another time).
¡Hola! ¿Qué tal?	*Hi! How are things?*
¿Cómo? ⎫	
¿Mande[1]? ⎭	*What? How's that? Come again?*

To talk about what they like or don't like, Spanish-speakers use the form **gusta(n)**.

¿Le gusta el café?	*Do you like coffee?*
Sí, me gusta.	*Yes, I like it.*
¿Le gustan las bananas?	*Do you like bananas?*
No, no me gustan.	*No, I don't like them.*

The form ends in **-a** when just one thing is liked. It ends in **-n** when more than one is liked.

In the following commands, the form ending in **-a** or **-e** is used when speaking to one person. The form ending in **-n** is used when addressing two or more.

Levante(n) la mano.	*Raise your hand(s).*
Abra(n) el libro.	*Open your book(s).*
Cierre(n) el libro.	*Close your book(s).*
Venga(n) a la pizarra.	*Come to the board.*
Escriba(n).	*Write.*
Lea(n) en voz alta.	*Read aloud.*
Repita(n).	*Repeat.*

EJERCICIOS

If feasible, break down inhibitions by having students respond *en masse* to calisthenics and/or marching commands: **Levántense, Formen un círculo, Caminen, Caminen más rápido, Caminen en puntapié[N], Paren, Den la vuelta[N], Toquen la nariz, Levanten la mano derecha,** etc. If you are willing to model actions for them, they will appreciate the change of pace.

A Mandatos. Commands direct you to act. Do what your instructor tells you.

MODELOS Abran el libro. → *(students open their books)*
Lean en voz alta en la página 3. → *(all read aloud on page 3)*
Señorita Equis, venga usted a la pizarra. → *(Miss X goes to the board)*
Escriban "pizarra". → *(all write* **pizarra***)*

SUPERAPRENDIZAJE
INGLES - FRANCES
EN SOLO 33 DIAS
LOZANOV CENTER
TELFS.: 284.20.06   284.74.86

---

[1] **¿Mande?** is used in Mexico and the U.S. Southwest.

16 *Capítulo preliminar*

B La expresión apropiada.   Tell what the people in each drawing might be saying in Spanish. Use any of the expressions or sentences from the previous pages, as you see fit.

MODELO

—Mucho gusto.
—Igualmente.

1.    2.    3.    4.

5.    6.    7.    8.

C Respuestas.   What replies might you give to the following statements?

MODELO   Teresa, le presento a Alfredo. → **Mucho gusto, Alfredo.**

1. Adiós.
2. Muchas gracias.
3. Mucho gusto.
4. ¡Hola!
5. ¿Cómo se llama el profesor (la profesora)?
6. Buenos días.
7. Con permiso.
8. ¡Felicidades!
9. Adelante.
10. Hasta luego.

PRONUNCIACIÓN. LAS SÍLABAS, LA ACENTUACIÓN Y LOS ACENTOS ESCRITOS
Optional for beginning of course. You may want students to use sections on syllabification and accents for future reference.

Spanish words of more than one syllable always have a syllable that is accentuated—spoken more forcefully than the others. Here is how to recognize the syllables in Spanish words.

Primeros pasos

A Every Spanish syllable contains one, and only one, vowel, diphthong, or triphthong. Diphthongs and triphthongs are not divided; two strong vowels in a row always are.

cre-o   le-al   a-diós   lim-piáis

B A single consonant (including **ch** and **ll**) between two vowels begins a new syllable.

co-mo   mu-cho   fe-li-ci-da-des
cla-se   gra-cias
Te-re-sa

C When two consonants occur between vowels, they are usually divided.

ex-ce-len-te   cua-der-no   Ca-li-for-nia
es-pa-ñol   u-ni-ver-si-dad   Jor-ge

D However, most consonants, when followed by **l** or **r**, form a cluster with the **l** or **r**; such clusters are not divided.

ha-blar   es-cri-to-rio
in-glés   pi-za-rra

EJERCICIO

Las sílabas.   Divide the following words into syllables.

MODELO   escriban → **es-cri-ban**

1. todos   3. estamos   5. América   7. lección   9. escritorio
2. familia   4. señorita   6. Sevilla   8. guerrilla   10. cuaderno

Dos reglas de pronunciación

A few short rules describe the way most Spanish words are accentuated, or stressed.

A Most words ending in a vowel, **-n**, or **-s** are stressed on the next-to-last syllable.

cla-ses   **co**-mo   re-**pi**-tan   his-**to**-ria   **bue**-nos   e-le-**fan**-te

B Most words ending in a consonant other than **-n** or **-s** are stressed on the last syllable.

es-pa-**ñol**   fa-**vor**   a-**rroz** *rice*   se-**ñor**   us-**ted**   pre-li-mi-**nar**

C Words that are stressed in any other way carry a written accent on the vowel of the syllable that is stressed.

ca-**fé**   a-**quí**   Gon-**zá**-lez   in-**glés**   **lá**-piz   a-**diós**

D Written accent marks are also used to mark the difference between pairs of words spelled the same, and also on all question words.

el *the*   él *he*   si *if*   sí *yes*   como *as*   ¿cómo? *how?*

EJERCICIOS

A The vowel in the syllable that is stressed has been underlined in the following words. Read each word aloud, then say whether an accent mark must be written above that vowel.

MODELOS   leccion—Accent written on the **o: lección**. The word ends in **-n** but does not follow the pattern described in rule A. (Needs an accent because it violates a rule.)

Isabel—No accent. The word ends in a consonant other than **-n** or **-s**, and it follows the pattern of accentuation described in rule 2. (Doesn't need an accent because it follows a rule.)

1. popular
2. lapiz
3. profesor
4. Jose
5. Trinidad
6. pared
7. America
8. usted
9. telefono
10. Mexico
11. Guzman
12. señorita
13. Miguel
14. pagina
15. excelente

B Read each word and say which vowel is stressed.

1. silla
2. ventana
3. lápiz
4. pared
5. motor
6. Hernández
7. guitarra
8. geología
9. Sebastián
10. dieciséis
11. cuaderno
12. quince
13. alcohol
14. escritorio
15. hospital

C Listen carefully as your instructor reads each word, and note which syllable is stressed. If the word is stressed as either of the two rules would lead you to expect, no accent mark is needed. But if the word is an exception to the rules, an accent mark must be written—name the vowel that receives the mark.

1. Francisco
2. presentacion
3. veintitres
4. felicitaciones
5. Ramon
6. adios
7. igualmente
8. Hernandez
9. Malaga
10. Madrid

LETRAS MAYÚSCULAS

Capital letters are used in Spanish, as in English, to begin names and the first word in a sentence. But Spanish does not use capital letters in the following cases.

Words used to address someone (except abbreviations).

Perdón, profesor.	Excuse me, Teacher.
Perdón, señorita.	Excuse me, Miss.
Perdón, señor Robles.	Excuse me, Mr. Robles.
Perdón, Sr. Robles.	

Book titles—except for the first letter and names.

¿Habla español?	Do You Speak Spanish?
Historia universal de la infamia	*Universal History of Infamy*
El informe de Brodie	*Dr. Brodie's Report*

The last two book titles are by Jorge Luis Borges. Other examples: *La muerte de Artemio Cruz* = *The Death of Artemio Cruz* by Carlos Fuentes; *Cien años de soledad* = *One Hundred Years of Solitude* by Gabriel García Márquez.

The names of languages.

el español	Spanish
el inglés	English

Nouns and adjectives of nationality.

los mexicanos	the Mexicans
la bandera argentina	the Argentine flag

Days, months, and seasons of the year.

lunes	Monday
julio	July
primavera	Spring

Paso cinco. Los números 31–101

treinta
cuarenta
cincuenta
sesenta   y
setenta
ochenta
noventa

uno (un, una)
dos
tres
cuatro
cinco
seis
siete
ocho
nueve

cien
ciento uno (un, una)

20 *Capítulo preliminar*

A The tens from 30 to 90 are spelled with a final **-a**. Digits are written as separate words after **y**, though they are run together naturally in speech.

Treinta, treinta y uno, treinta y dos . . .
Treinta y un escritorios
Noventa y ocho sillas

B **Cien**, meaning *one hundred*, is used in counting, before nouns, and before larger numbers (such as 1000, 1000000, etc.). **Ciento** is used before smaller numbers; no **y** intervenes.

Noventa y nueve, cien, ciento uno . . .
Cien sillas y ciento un escritorios
Cien escritorios y ciento una sillas

Two activities for practice with numbers: (1) **Caracol**, *literally* seashell, *but the English version is called* Buzz. *Students recite numbers in sequence (you call on them, or sequence is determined by seating pattern), from 1 to 100. Each time a number with 7 as a digit, or a number which is a multiple of 7, is reached,* **caracol** *is substituted. The game is challenging if played rapidly. Example: . . . 20,* **caracol**, *22, 23, 24, 25, 26,* **caracol**, **caracol**, *29 . . . (2)* **¡Bingo!** *Duplicate and distribute grids with 16 squares. Tell the students to write any number from 1 to 30 in each of the 16 squares at random. Have a student call out numbers at random from 1 to 30, keeping track of each number so that it is not called twice. Students cross out any number called that appears on their cards. The first student with four numbers in a row (across, down, or diagonal) wins—and perhaps gets to call out numbers for another round, this time 31–60 or 71–100.*

EJERCICIO

Las matemáticas. Here's a chance to demonstrate your mathematical skills. Review the numbers from **cero** to **ciento uno** and then complete the following problems. You will need to know the terms **más** *plus*, **menos** *minus*, and **son** *are*[1].

MODELOS   19 + 32 = → Diecinueve más treinta y dos son cincuenta y uno.
          59 − 15 = → Cincuenta y nueve menos quince son cuarenta y cuatro.

1. 13 + 13   3. 88 + 6   5. 25 + 35   7. 64 + 16   9. 70 − 37
2. 100 − 75   4. 40 + 30   6. 31 − 1   8. 39 + 49   10. 52 + 48

---

[1] For graduate students only: 2 × 2 = 4, **dos por dos son cuatro**. 11 ÷ 3 = 3 with 2 remaining, **once dividido entre tres son tres y quedan dos**.

Primeros pasos 21

DIÁLOGO

TITO   Ahora, al laboratorio de lenguas. ¡Hasta luego!
CARMENCITA   Yo, a la computadora. Adiosito, chico.

TITO: Now, to the language laboratory. See you later! CARMENCITA: Me, to the computer. Bye-bye, Chico.

Vocabulario activo

- **Cognados** *cognates*

el accidente	la computadora	el esquí	horrible	octubre	rápidamente
la actividad	la constitución	la estatua	el hospital	oficial	la realidad
el alcohol	cruel	el, la estudiante	importante	el pasaporte	el restaurante
la banana	el chocolate	estupendo	el laboratorio	prácticamente	la silueta
el café	el doctor,	excelente	liberal	el presidente, la	la televisión
la calculadora	la doctora	la existencia	lunar	presidenta	terrible
la capital	el escándalo	falso	la materia	el profesor, la	trágico
la civilización	el español	final	la nación	profesora	la universidad
la clase	especial	finalmente	no		

- **Sustantivos** *nouns*

		el lápiz	pencil	más	more, plus; most
		el libro	book	menos	minus, less
el aviso	warning	la mesa	table	mucho	adj *a lot (of), much;*
la carta	letter, card	la página	page		pl *many;*
el chico	boy, guy	la palabra	word		adv *a lot, very much*
la chica	girl	el papel	paper		
el día	day	la pared	wall	muy	very
el laboratorio de lenguas	language laboratory	la pizarra	chalkboard	son	(you, they) are
la mano	hand	la pluma	pen	un, una	a, an, one
la noche	night	la puerta	door	usted	you
la oficina	office	la silla	chair	y	and
el señor	man, gentleman, Mr., Sir	la tiza	chalk	yo	I
		la ventana	window		
la señora	woman, lady, Mrs., Ma'am				
la señorita	young lady, Miss				
la tarde	afternoon				

- **Otras palabras y expresiones** *other words and expressions*

ahora	now
al	to the
bien	well, OK
cierto	true; certain, sure
el, la	the
es	is
hasta	until; even
hay	there is, there are

- **Expresiones útiles** *useful expressions*

Adelante.	Come in.
Adiós.	Good-bye.
Adiosito.	Bye-bye.
Buenas noches.	Good night.
Buenas tardes.	Good afternoon.
Buenos días.	Good morning; Hello.

- **La sala de clase** *classroom*

el cuaderno	notebook, workbook
el escritorio	desk

22   **Capítulo preliminar**

¿Cómo?	What?, Come again?	Me gusta(n) ...	I like . . .
Cómo no.	Certainly.	Me llamo ...	My name is . . .
¿Cómo se dice . . . ?	How do you say. . . ?	Muchas gracias.	Thank you very much.
¿Cómo se llama?	What is your name?	Mucho gusto.	Glad to meet you.
Con permiso.	Excuse me.	¡Muy bien!	Very good!
De nada.	You're welcome.	No comprendo.	I don't understand.
en español	in Spanish	No hay de qué.	You're welcome.
¡Felicidades!	Congratulations!	No sé.	I don't know.
¡Gracias!	Thanks!, Thank you!	Otra vez.	Again.
Hasta luego.	See you later.	Pase.	Come in.
¡Hola!	Hi!	Perdón.	Pardon me.
Igualmente.	Likewise.	Por favor.	Please.
¿Le gusta(n) . . . ?	Do you like . . . ?	¿Qué es esto?	What is this?
Le presento a ...	I'd like to introduce you to . . .	¿Qué tal?	How are you doing?
¿Mande?	What? Come again?	¿Quién sabe?	Who knows?
		Quiero hacerle una pregunta.	I want to ask you a question.
Sí.	Yes.		

• **Cognados falsos**
false cognates

actualmente	at the present time, nowadays
asistir	to attend (class)
atender (ie)	to assist, to attend to (someone)
bravo	wild, fierce
el éxito	success
la librería	bookstore
la nota	grade; musical note
el suceso	event, happening

• **Números**

> Don't forget the numbers presented on pages 11 and 20.

> Pollito — *chicken*
> gallina — *hen*
> lápiz — *pencil* y
> pluma — *pen.*
> Ventana — *window*
> puerta — *door*
> maestra — *teacher* y
> piso — *floor.*
>
> Rhyme used to teach children English in Puerto Rico.

Primeros pasos 23

CAPÍTULO UNO

LA FAMILIA

Vocabulario. In this chapter you will talk about family relationships and family life.

Gramática. You will discuss and use:
1. Subject pronouns (corresponding to *I, you,* etc. in English) and the present tense of **estar,** an irregular verb meaning *to be*
2. The order of words in Spanish sentences: negative sentences, questions that must be answered yes or no, and tag questions
3. The present tense of regular verbs that end in **-ar**
4. The gender and number of nouns and articles

Pronunciación. You will practice vowels and diphthongs.

Cultura. The dialogs take place in Madrid, the capital of Spain.

· La familia de Juan ·

Family tree diagram:
- Teresa — José
- Their children: Alicia (married to Rafael), Antonio (married to Ana)
- Rafael & Alicia's children: Eduardo, Amalia
- Antonio & Ana's children: Carlos, Carmen, Juan

· Las personas ·

hombre	*man*
mujer	*woman*
niño	*boy*
niña	*girl*
parientes	*relatives*

· Teresa y José ·

esposos	*spouses* (**esposo** *husband*, **esposa** *wife*)
padres	*parents* (**padre** *father*, **madre** *mother*)
abuelos	*grandparents* (**abuelo** *grandfather*, **abuela** *grandmother*)
suegros	*mother- and father-in-law* (**suegro** *father-in-law*, **suegra** *mother-in-law*)

· Ana y Rafael ·

cuñados	*sister- and brother-in-law* (**cuñado** *brother-in-law*, **cuñada** *sister-in-law*)
tíos	*aunt and uncle* (**tío** *uncle*, **tía** *aunt*)

· Juan y Amalia ·

hijos	*children* (**hijo** *son*, **hija** *daughter*)
nietos	*grandchildren* (**nieto** *grandson*, **nieta** *granddaughter*)
sobrinos	*nephews and nieces* (**sobrino** *nephew*, **sobrina** *niece*)
hermanos	*brothers and sisters* (**hermano** *brother*, **hermana** *sister*)
primos	*cousins* (**primo** *male cousin*, **prima** *female cousin*)

La familia

Los parientes. Supply the correct answer.

MODELO ¿La esposa de Rafael? → **Alicia.**

1. ¿Los hijos de Rafael y Alicia?
2. ¿La hija de Ana y Antonio?
3. ¿Los suegros de Alicia?
4. ¿Los primos de Carlos?
5. ¿Los abuelos de Amalia?
6. ¿La hermana de Juan?
7. ¿Los hijos de Teresa y José?
8. ¿El esposo de Ana?

¿Quiénes son? Who are they? Choose the correct answer.

1. Teresa **es** (*is*) la (esposa, abuela, tía) de Juan.
2. Carlos y Carmen **son** (*are*) los (tíos, hermanos, primos) de Juan.
3. Carmen es la (hermana, tía, prima) de Eduardo.
4. Antonio es el (padre, primo, cuñado) de Rafael.
5. Rafael es el (padre, tío, abuelo) de Eduardo y Amalia.
6. Rafael y Alicia son los (tíos, abuelos, primos) de Juan.
7. Eduardo es el (primo, tío, nieto) de José.

El árbol genealógico. Look at Juan's family tree and explain who each person is by choosing the correct term from the list.

MODELO hermana, hija, nieta, sobrina
    Carmen es la **hermana** de Juan y la **sobrina** de Alicia.

Mujeres y niñas. abuela, cuñada, esposa, hermana, hija, madre, nieta, prima, sobrina, suegra, tía

1. Carmen es la ____ de Juan, la ____ de Ana y Antonio, la ____ de José y Teresa y la ____ de Alicia.
2. Teresa es la ____ de José y la ____ de Eduardo.
3. Ana es la ____ de Eduardo, la ____ de Alicia y la ____ de Antonio.
4. Amalia es la ____ de Eduardo, la ____ de Juan y la ____ de José.
5. Alicia es la ____ de Antonio, la ____ de Teresa y la ____ de Amalia.

Hombres y niños. abuelo, cuñado, esposo, hermano, hijo, nieto, padre, primo, sobrino, suegro, tío

6. José es el ____ de Antonio y Alicia y el ____ de Carlos y Carmen.
7. Carlos es el ____ de Rafael, el ____ de Ana y el ____ de Amalia.
8. Eduardo es el ____ de Teresa, el ____ de Amalia y el ____ de Juan.
9. Juan es el ____ de Carmen y Carlos y el ____ de Alicia y Rafael.
10. Rafael es el ____ de Antonio, el ____ de Alicia y el ____ de Eduardo.

Preguntas

1. Ana y Antonio son los padres de Juan. ¿Cómo se llaman los padres de Amalia?
2. Teresa es la esposa de José. ¿Cómo se llama el esposo de Alicia?   3. ¿Cómo se llaman los primos de Carmen?   4. ¿Cómo se llama la madre de Antonio y Alicia?
5. Eduardo y Amalia son los hijos de Rafael y Alicia. ¿Cómo se llaman los hijos de Ana y Antonio?   6. Eduardo y Amalia son los sobrinos de Ana y Antonio. ¿Cómo se llaman los sobrinos de Rafael y Alicia?

Variants: María could preface her leave-taking with **Con permiso. Hasta la vista**[N] or **Hasta luego** might replace **Adiós.** You may also include **Saludos a la familia.** Aural comprehension: **Cierto o Falso:** 1. María y el sr. Gómez están en España. 2. El tío Carlos está bien. 3. La hija de doña Lola está en Madrid. 4. El sr. Gómez está enfermo.

I. Los pronombres usados como sujetos; el presente de indicativo del verbo **estar**

- *En la Plaza de España, Madrid.*

SR. GÓMEZ	¡María! ¿Tú aquí? ¿Cómo estás?
MARÍA	Estoy bien, gracias, señor Gómez.
SR. GÓMEZ	Y la familia, ¿cómo está?
MARÍA	Papá y mamá están bien, pero el tío Carlos está enfermo. Y ustedes, ¿cómo están?
SR. GÓMEZ	Nosotros estamos bien, gracias.
MARÍA	¡Qué suerte! Y el hijo de doña Lola[1], ¿está aquí en Madrid o está en Ávila[2]?
SR. GÓMEZ	Está en Ávila, con el abuelo.
MARÍA	Ah, ¡qué bien! Bueno, adiós, señor Gómez.
SR. GÓMEZ	Adiós, María.

1. ¿Cómo está María?   2. ¿Cómo están los padres de María?   3. ¿Cómo está el tío Carlos?   4. ¿Está el hijo de doña Lola en Ávila?

In the Plaza de España, Madrid. SR. GÓMEZ: María! You here? How are you? MARÍA: I'm fine, thank you, Mr. Gómez. SR. GÓMEZ: And how's the family? MARÍA: Dad and Mom are fine, but Uncle Carlos is sick. And how are all of you? SR. GÓMEZ: We are well, thank you. MARÍA: That's great (What luck)! And Doña Lola's son, is he here in Madrid or is he in Ávila? SR. GÓMEZ: He's in Ávila, with his grandfather. MARÍA: Oh, how nice! Well, goodbye, Mr. Gómez. SR. GÓMEZ: Goodbye, María.

[1] **Doña,** used with a woman's first name, is a title of respect. **Don** is the corresponding title for men.
[2] **Ávila** is an ancient, walled city in central Spain.

La familia

La Plaza de España.

A English-speakers regularly match the forms of a verb with the verb's subject—for example, they say *I am* and *she is* (not *she am* or *I is*). Subject-verb agreement is a basic feature of Spanish also. Here is a review of a few basic grammatical terms; if you know them already, skip ahead to point B to see the Spanish subject pronouns and the forms of the verb **estar** *to be*.

        VERBO   A verb is a word that reports an action (for example, *sing, ran*) or the existence of something (*is*). The subject of a verb tells who or what does the action, or who or what is in the condition described. When a verb's subject is named by a separate word, that word may be a noun or a pronoun.

        SUSTANTIVO   A noun is the name of a person, place, thing or idea—for example, Carlos, Madrid, airplane, democracy.

Capítulo uno

PRONOMBRE   A pronoun—for example, *I, you, he, she, it, we, they*—is a word that takes the place of a noun. Notice how the pronoun takes the place of the noun in the following sentence.

	SUBJECT	VERB
Noun subject	*The grandfather*	*is here.*
Pronoun subject	*He*	*is here.*

SUJETO   Verb subjects are classified in terms of person (first, second, or third) and number (singular or plural). Here are some typical verb subjects in English.

	SINGULAR	PLURAL
1st person	*I*	*we, Sara and I, we three*
2nd person	*you*	*you, you two, you nuns*
3rd person	*he, she, it, Lola, Ávila, truth, the computer*	*they, Ann and Jim, small towns, the Canaries, lies*

Which verb form to use with a subject is determined by the subject's person-number classification.

INFINITIVO   The infinitive of a verb is the **-r** form: **estar, comer, vivir.** In dictionaries and word lists, verbs are listed in the infinitive form—infinitives are actually names, or nouns. In English, infinitives begin with *to*, as in *to be, to eat, to live.*

FORMAS Y TIEMPOS   Verbs have, besides a name, many conjugated (or particular) forms, arranged in sets called tenses (**tiempos**). The most important sets are the present tense and the past tense. Here are some forms of the English verb *to be.*

Infinitive	*to be*
Present-tense forms	*am, is, are*
Past-tense forms	*was, were*

CONCORDANCIA
(Agreement)   A speaker decides which tense to use according to the time he or she wants to talk about—present, past, or future. From the set of forms for that tense, the speaker chooses a particular form to agree in person and number with the subject he or she wants to tell about. For example, in the present tense, to say something about the subject *we,* the English-speaker chooses the form *are,* as in the sentence *We are here.* The subject pronoun *we* and the verb *are* agree—both are first-person plural. Spanish verb forms are selected to agree with subjects in the same way.

La familia

B **Estar** is the infinitive of a Spanish verb meaning *to be*. To produce the present-tense forms of **estar,** drop the infinitive ending **-ar** and add new endings to the **est-** stem, as shown in the chart. The forms are displayed beside the subject pronouns which help explain when each of the six forms is to be used.

	estar	to be		
yo[3]	estoy	*I am*	nosotros(-as)	estamos	*we are*
tú	estás	*you are*	vosotros(-as)	estáis	*you are*
usted él, ella	está	*you are* *he, she is*	ustedes ellos(-as)	están	*you are* *they are*

C A Spanish-speaker uses different words to say *you*, depending on the number of people being addressed and the nature of the relationship between the speaker and the person or persons addressed.

1. In general, **tú,** the familiar singular form, is used in speaking to a friend, young child, or family member. It corresponds to "first-name basis" in English. Students usually address each other as **tú.**
2. The word **usted,** the formal singular form, is used in more formal situations, as with an older person or a person in authority. Students usually address their instructor as **usted.**
3. When addressing two or more people, **ustedes** is the word used in both formal and informal situations in Latin America.
4. In much of Spain, **ustedes** is used only as a formal plural form. As the plural form of the familiar **tú,** the words **vosotros** (masculine) and **vosotras** (feminine) are used.[4]

Y tú, Paquito, ¿cómo estás?	*And you, Paquito, how are you?*
¡Doctor Arenas! ¿Cómo está usted?	*Doctor Arenas! How are you?*
Y ustedes, Teresita y Paquito, ¿cómo están?	*And you, Teresita and Paquito, how are you?*
Buenos días, doctor. Buenos días, profesor. ¿Cómo están ustedes?	*Good morning, Doctor. Good morning, Teacher. How are you?*

D Some subject pronouns have different forms depending on the gender (male or female) of the person to whom they refer.

MASCULINE		FEMININE	
él	he	ella	she
nosotros	we	nosotras	we
vosotros	you	vosotras	you
ellos	they	ellas	they

---

[3]Notice that **yo,** the subject pronoun equivalent to English *I,* is not capitalized except when it begins a sentence.

[4]In written Spanish, **usted** and **ustedes** are frequently abbreviated as **Ud.** and **Uds.** or as **Vd.** and **Vds.** The **vosotros** forms are not extensively practiced in this book.

The feminine forms are used when everyone referred to is female; otherwise, the masculine form is used.

María	+	Carmen	+	Josefina	→	ellas
María	+	Carmen	+	José	→	ellos
Manolo	+	Carlos	+	José	→	ellos

¿Juan y María? Ellos están en Madrid.   *Juan and María? They are in Madrid.*
¿Rita y Carmen? Ellas están en Toledo.   *Rita and Carmen? They are in Toledo.*
Nosotros (Elena, Ricardo y yo) estamos en Barcelona con los niños.   *We (Elena, Ricardo, and I) are in Barcelona with the children.*
Nosotras (Concha y yo, Andrea) estamos en Salamanca con mamá y papá.   *We (Concha and I, Andrea) are in Salamanca with Mom and Dad.*

Usted and **ustedes,** when not omitted, convey added courtesy. Also in Hispanic American usage, pronouns, especially **yo** and **tú,** are often used without intending to clarify or emphasize.

E   Because the ending of a Spanish verb gives some indication of the verb's subject, subject pronouns are often not used. They are added to a sentence mainly to avoid confusion or for the sake of emphasis.

Estoy bien.   *I'm fine.*   (statement of fact)
Yo estoy bien.   *I'm fine.*   (emphatic, or to point up a contrast with someone else who is sick)
Ella está aquí.   *She's here.*   (clarification: we're talking about her, not the other people mentioned)

EJERCICIOS

A   **Los pronombres.**   Say each phrase and then say the subject pronoun that could refer to the people mentioned.

MODELO   María y Carmen → **María y Carmen, ellas**
                 tú y el profesor → **tú y el profesor, ustedes**

1. Josefina
2. Carlos
3. Juan y Elena
4. Eduardo y yo
5. Elena y yo
6. Víctor y el señor Gómez
7. Rafael, Amalia y Alicia
8. la señorita Alfonsín
9. tú y yo
10. ustedes y ellos

B   **¿Tú, usted o ustedes?**   Indicate which subject pronoun should be used when speaking to the following persons.

MODELO   las primas → **ustedes**   In Spain, **vosotras** would be used.

1. el profesor
2. el hermano
3. tres señoras
4. la profesora
5. el primo
6. los tíos

La familia   31

C La sustitución. Restate each sentence, using the new subjects suggested in parentheses, and changing the verb as necessary to match the subject.

MODELO   Roberto está bien. (yo) → **Yo estoy bien.**

1. Yo estoy bien. (Papá, Teresa, María y José, tú, nosotros, ellas)
2. Sí, Juan está aquí. (Carlos y Antonio, tú, nosotras, usted, yo)

La vida es una tómbola.

D La tómbola. Each subject on the left is a grammatical match for one and only one of the sentences on the right. Connect them and say the resulting sentences.

Papá y yo	están en Ávila.
Cecilia y mamá	estoy bien.
Tú	estamos muy bien.
Yo	estás enfermo.
Rafael	está aquí en la sala de clase.

E La curiosidad. La señora Ramos is famous for her curiosity about where and how everyone is. Answer her questions with **sí** and a subject pronoun.

MODELO   ¿Está Joaquín en Madrid? → **Sí, él está en Madrid.**

1. ¿Y los primos? ¿Están aquí?
2. ¿Está enfermo el profesor?
3. ¿Están los abuelos en Madrid?
4. ¿Y tú? ¿Estás bien?
5. ¿Están ustedes en la clase?
6. ¿Está el hijo de doña Lola en Ávila?
7. ¿Están bien los niños?
8. ¿Está usted en la Plaza de España?

Repeat all or part of the exercise; this time students should omit the subject pronouns when answering.

• **CUESTIONARIO**

If you decide to place these questions in a truth-value context (instead of treating them abstractly), identify the **profesor/profesora** in questions 3, 6, and 8 by elaborating (**la profesora de matemáticas, el profesor de español,** etc.). Additional questions: **¿Está San Diego en Florida? ¿Está Las Vegas en Nevada? ¿Están San Antonio y El Paso en Tejas o en California?** Allow students to use **No sé** when answering questions.

1. ¿Cómo está usted? ¿Y la familia?   2. ¿Está usted en la clase o en Madrid?
3. ¿Está la profesora en la clase?   4. ¿Están las preguntas en el libro?
5. ¿Están bien ustedes?   6. ¿Cómo está el profesor?   7. ¿Está Madrid en España o en México?   8. ¿Está enferma la profesora?

La Castellana es una elegante avenida residencial de Madrid.

II. El orden de las palabras y la entonación

- *El piso[1] de Pablo en la Avenida de la Castellana, Madrid.*

CAMILO Por favor, ¿está Pablo en casa?
LUISA No, Pablo no está aquí. Está en la universidad. Usted se llama Camilo, ¿no?
CAMILO Sí, me llamo Camilo. Y usted se llama Ana, ¿verdad?
LUISA No, no me llamo Ana. Me llamo Luisa.
CAMILO ¡Ah, la hermana de Pablo! Mucho gusto, Luisa.
LUISA Igualmente, Camilo.

1. ¿Está Pablo en casa?   2. ¿Está Pablo en la universidad?   3. ¿Está Camilo con Ana?   4. La señorita se llama Ana, ¿verdad?   5. Luisa está en casa, ¿no?

Pablo's house on la Avenida de la Castellana, Madrid. CAMILO: Excuse me (Please), is Pablo home? LUISA: No, Pablo isn't here. He's at the university. You're Camilo, right? CAMILO: Yes, I'm Camilo. And you're Ana, aren't you? LUISA: No, my name isn't Ana. I'm Luisa. CAMILO: Ah, Pablo's sister! Glad to meet you, Luisa. LUISA: Likewise, Camilo.

[1]The literal meaning of **piso** is *floor*, but in Madrid and other cities it is used to mean *apartment* or *house*.

Student adaptation: Instead of **piso,** conversation takes place in dormitory **(residencia estudiantil).** Instead of **hermana,** relationship is that of roommate **(compañera de cuarto).** Camilo is looking for **Paula** (instead of Pablo).

La familia

Changes in the order of words within a sentence, changes in sentence intonation, and the addition of particles and tags to the sentence can all radically alter sentence meaning.

A A common way to make a Spanish sentence negative is to place the word **no** in front of the verb.

Edmundo está aquí.	*Edmundo is here.*
Edmundo no está aquí.	*Edmundo isn't here.*

B Yes/no questions are questions that can be answered with a simple **sí** or **no**. A simple way to pose such questions is to make a statement but with the voice rising toward the end of the sentence.

Habla español.	*You speak Spanish.*
¿Habla español?	*Do you speak Spanish?*
Artemio y Luisa están aquí.	*Artemio and Luisa are here.*
¿Artemio y Luisa están aquí?	*Artemio and Luisa are here?*

Another way to ask yes/no questions is to put the subject after the verb. If the subject is a noun, it sometimes goes at the end of the question.

¿Está Marta en Salamanca?	*Is Marta in Salamanca?*
¿Está aquí el abuelo de María Patrona?	*Is María Patrona's grandfather here?*
¿Está enfermo Pablo?	*Is Pablo sick?*

In negative questions the word **no** precedes the verb.

¿Alfonso no está en Madrid?	
¿No está Alfonso en Madrid?	*Isn't Alfonso in Madrid?*
¿No está en Madrid Alfonso?	

C A statement can be made into a question by adding a "confirmation tag" at the end to ask a person to confirm or deny the information just stated. Three common tags in Spanish are ¿**de acuerdo**?, ¿**verdad**?, and ¿**no**? (The tag ¿**no**? is never used after a negative sentence.) Ask these kinds of questions directly to students, having them respond truthfully, e.g., **No, me llamo Scott.**

Usted se llama Rodolfo, ¿verdad?	*Your name is Rodolfo, right?*
Los estudiantes están aquí, ¿no?	*The students are here, aren't they?*
Tú no estás en casa, ¿verdad?	*You're not at home, are you?*
Cierren los libros, ¿de acuerdo?	*Close your books, okay?*

Notice that ¿**de acuerdo**? is used when some kind of action is proposed.

Capítulo uno

EJERCICIOS

A **¿Cómo?** You can't believe that you heard correctly. Ask questions in three ways to obtain confirmation of the information.

MODELO El profesor se llama Antonio García. → **¿El profesor se llama Antonio García? (or) ¿Se llama Antonio García el profesor? (or) ¿Se llama el profesor Antonio García?**

1. Carmen está en España.
2. Alfredo está bien.
3. Veinte menos once son nueve.
4. El señor no se llama Raúl García.
5. Valencia está en España.

B **La información.** You are preparing for a test and are a little unsure about the following information. Ask for confirmation by adding ¿no?, ¿verdad?, or ¿de acuerdo?

MODELO Santa Mónica está en Los Ángeles. → **Santa Mónica está en Los Ángeles, ¿verdad?**

1. Veintiséis y quince son cuarenta y uno.
2. Ávila está en España.
3. El libro se llama ¿*Habla español?*.
4. No hay ocho ventanas en la clase.
5. La Plaza de España está en Madrid.
6. El padre de Clara Vega se llama José.

III. Presente de indicativo de los verbos terminados en -ar

• *En la Universidad de Madrid.*

TERESA Tú estudias sociología, ¿verdad?
MARIO Sí, ahora estudiamos la familia italiana. Por eso busco un libro sobre Italia.
TERESA ¡Qué interesante! ¿Hablan ustedes también de las costumbres y la cultura?
MARIO Sí, el esposo de la profesora Ortega, un italiano de Milán, enseña algunas clases de cultura.
TERESA ¡Estupendo! Deseo viajar a Italia en agosto y necesito información. ¿Visito la clase mañana?
MARIO Por supuesto. No hay problema.

At the University of Madrid. TERESA: You're studying sociology, right? MARIO: Yes, now we're studying the Italian family. That is why I'm looking for a book on Italy. TERESA: How interesting! Do you also talk about customs and culture? MARIO: Yes, Professor Ortega's husband, an Italian from Milan, teaches some culture classes. TERESA: Wonderful! I want to travel to Italy in August and I need information. Shall I visit the class tomorrow? MARIO: Sure. There's no problem.

La familia

A Spanish infinitives all end in **-ar, -er,** or **-ir. Hablar** to speak is a regular **-ar** verb—all its forms follow a regular pattern. To produce the present-tense forms of **hablar** or any other regular **-ar** verb, drop the infinitive ending **-ar** and add the present-tense ending **-o, -as, -a, -amos, -áis,** or **-an.**

hablar	to speak, to talk		
yo	hablo	nosotros(-as)	hablamos
tú	hablas	vosotros(-as)	habláis
usted, él, ella	habla	ustedes, ellos (-as)	hablan

Point out that verbs whose infinitives end in **-ar** are called first-conjugation verbs, and that **estar** is highly irregular.

¿Hablas español?   Do you speak Spanish?

The tinted "shoe" is a reminder that the four forms in it are stressed on the stem syllable **ha-**. In the other two forms, stress falls on an ending syllable: **-bla-, -bláis.** The shifting of stress between stem and ending is an important feature of nearly every Spanish verb.

B Here are several other regular **-ar** verbs.

bailar	to dance	estudiar	to study	pagar	to pay
buscar	to look for	llamar	to call	prestar	to lend
cantar	to sing	llegar	to arrive	regresar	to return
celebrar	to celebrate	llevar	to carry,	terminar	to finish,
cenar	to eat supper		to take		to end
comprar	to buy	mandar	to send	tomar	to take,
contestar	to answer	mirar	to look at,		to drink
desear	to want		to watch	tabajar	to work
enseñar	to teach	necesitar	to need	viajar	to travel

¿Bailas salsa²?   Do you dance the salsa?
¿Enriqueta? No desea viajar a Toledo.   Enriqueta? She doesn't want to travel to Toledo.
Graciela y Miguel necesitan el libro de español.   Graciela and Miguel need the Spanish book.

C The present tense in Spanish corresponds to several structures in English.

Hablo español.   I speak Spanish.
    I do speak Spanish.
    I'm speaking Spanish.
¿Estudias español?   Do you study Spanish?
    Are you studying Spanish?

Remind students of the dialog line, **¿Visito la clase mañana?** where the English equivalent is *Shall I visit . . .?* Point out that context makes clear the difference between *Do we speak Spanish?* (Do we know how?) and *Shall we speak Spanish?* for **¿Hablamos español?**

[2] **La salsa,** a form of dance music strongly influenced by rock, originated by Puerto Rican musicians in New York.

Capítulo uno

D Present-tense verbs usually describe actions as if they were happening in the present time. But the present tense may also be used to imply that an action will take place in the immediate future.

Lola lleva el libro. *Lola's taking (will take) the book.*
Estudian con nosotros. *They're studying (will study) with us.*

EJERCICIOS In number 2, **deseamos viajar,** remind students that the infinitive is used in the second verb. Watch out for ***deseamos viajamos** and similar errors.

A La sustitución. Create new sentences, each with a new subject as suggested by the cue.

MODELO Patricia busca el libro. (los estudiantes) → **Los estudiantes buscan el libro.**

1. Yo estudio español. (Antonio y yo, tú, los abuelos de Pedro, yo, usted)
2. Nosotros deseamos viajar a España. (él, ustedes, yo, tú)
3. Él baila bien. (nosotros, ellas, tú, yo, la hermana de Miguel)

B Nosotros dos. Francisco frequently forgets to include his twin brother Alejandro in his plans. Take the part of Alejandro and correct Francisco's statements.

MODELO Llevo los libros a la universidad. → **Llevamos los libros a la universidad.**

1. Necesito comprar un cuaderno.
2. Pago el cuaderno.
3. Busco la clase de español.
4. Llego a la clase de español.
5. Contesto las preguntas de la profesora.
6. Estudio la cultura de España.
7. Deseo viajar a España.
8. Regreso a la casa ahora.

C La tómbola. Take one word or phrase from each column to form original sentences. Be sure to use the correct form of the verb in the second column. Use the phrases as many times as you wish.

MODELO **Las estudiantes compran café.**
Las estudiantes desean viajar a México.

Las estudiantes				
Yo no	compr-			
El profesor	bail-	o		
Nosotros	lleg-	as		español bien.
El presidente	viaj-	a		a México.
Los abuelos no	habl-	amos		café.
Papá y mamá		an	viajar	bien.
Tú	necesit-		hablar	los libros y los cuadernos.
	dese-		tomar	a la clase mañana.
			comprar	
			pagar	
			regresar	

La familia

D Día de fiesta. Today is a holiday and school is closed. Give affirmative answers to these questions.

MODELO   Miro televisión. ¿Y Roberto? → **Roberto mira televisión también.**

1. Trabajo en la casa. ¿Y los hijos de Carmen?
2. Bailo salsa y canto. ¿Y usted?
3. Tomo café con la tía Lolita. ¿Y el profesor Vega?
4. Visito a los abuelos. ¿Y tú?
5. Estudio el Capítulo 1. ¿Y ellos?

E En acción. Describe to a classmate what the following people are doing.

MODELO

El profesor y los estudiantes . . . → **El profesor enseña y los estudiantes trabajan en la clase.**

1. El estudiante ___
2. Los señores García ___ 
3. Roberto ___ 
4. Ella ___ 
5. Los amigos ___ 
6. El niño ___ 

F La traducción. Give the Spanish equivalent of the following sentences.

1. We want to travel to Spain.
2. Tomás and Marisol are looking for the book.
3. Do you speak English or Spanish, don Julio?
4. How are you, Mrs. Vega?
5. Doesn't Clara drink coffee?
6. The González family is in Madrid.

- **ENTREVISTA**

Interview a classmate using the following questions. Possible answers are given on the right. The person asking the questions may want to glance at the answers. The person answering the questions should have his or her book closed.

1. ¿Estudias en casa? Sí, estudio en casa.
2. ¿Deseas hablar español bien? Sí, deseo hablar español bien.
3. ¿Llevas los libros a clase? Sí, llevo los libros a clase.
4. ¿Compras cuadernos aquí? Sí, compro cuadernos aquí.
5. ¿Trabaja bien la clase? Sí, la clase trabaja bien.
6. ¿Bailas bien? Sí, bailo bien.
7. ¿Tomas café? Sí, tomo café.
8. ¿Viajas mucho? Sí, viajo mucho.
9. ¿Viajan mucho Teresita y Paquito? Sí, ellos viajan mucho.
10. ¿Desean viajar a España? Sí, desean viajar a España.

> Engage students in short exchanges with **-ar** verbs just learned. Use tag questions: **Buscas un libro, ¿verdad? Tomas café, ¿no? Miras televisión, ¿no es cierto? Ustedes estudian español, ¿verdad?** Ask questions designed to elicit responses that correct the misinformation: **¿Eseña Ud. español?** to elicit **No, (yo) estudio español, ¿Enseño yo sociología?** to elicit **No, usted enseña español.**

LEARNING VOCABULARY

Many words in Spanish are similar in form and meaning to English words. Such word pairs in the two languages are called *cognates*. You will learn more about them later. When you encounter the Spanish cognate of an English word, look carefully at any minor differences in spelling.

Learning vocabulary is a good exercise for your memory. Have you developed any trusty strategies for remembering names or scattered facts? Try the same strategies with Spanish words. Some people remember words by associating them with concrete images. They might remember **dinero**—one of the Spanish words for *money*—by thinking of the cost of a dinner in an elegant restaurant. The association of **dinero** with the English word *dinner* is phony, but puns are part of our mental life, so use them if they help. The association of **dinero** with a big restaurant check is genuine enough and should linger in your memory longer.

Some phrases and idiomatic expressions may be learned as single units rather than individual words. Greetings, everyday expressions, and classroom phrases are good examples.

Other vocabulary items can be learned in meaningful pairs—*tall / short, leave / arrive, pretty / beautiful, beautiful / ugly*—or as arranged in grammatical categories such as the conjunctions *(and, or, nor, but, for)*.

Many people find flash cards helpful, especially when they make them themselves. Write Spanish on one side, using your favorite color ink, and the English equivalent on the other side, in another color. It often helps to include the Spanish item in a sample sentence, as a reminder of its use.

Whenever possible, put vocabulary items into context when learning them. By using new words in a phrase or sentence, you will be simulating their use in a real-life situation. Often Spanish and English do not correspond word for word. You may have to use more or fewer words in Spanish to express the *idea* that you wish to convey.

Use as many skills as you can when learning new vocabulary. Look at the words, say them aloud, write them, record them on a cassette, listen to them. Think about what the words mean—imagine performing the action or seeing, hearing, tasting, smelling, or touching the item or quality named. Make Spanish words part of your imaginative life. Try it—it works!

IV. Género y número de sustantivos y artículos

- *Una casa en la Calle del Bosque, Madrid.*

TÍA PEPA   ¿Qué guardas en el cuarto, Juanito?
JUANITO   Bueno . . . guardo la bicicleta, la calculadora, los libros, un diccionario, la mochila, unas raquetas de tenis, el televisor . . .
TÍA PEPA   ¿Guardas un elefante allí también?
JUANITO   ¿Un elefante? ¡Qué ridículo! El elefante está en la sala.

1. ¿Qué guarda Juanito en el cuarto?   2. ¿Está el elefante en el cuarto?
3. ¿Está el televisor en la sala?

A house in the Calle del Bosque, Madrid. TÍA PEPA: What do you keep in your room, Juanito? JUANITO: Well . . . I keep the bicycle, the calculator, the books, a dictionary, the backpack, some tennis rackets, the television set . . . TÍA PEPA: Do you keep an elephant there also? JUANITO: An elephant? How ridiculous! The elephant is in the living room.

A   All nouns in Spanish are classified as either masculine or feminine in gender.

MASCULINE		FEMININE	
árbol	*tree*	flor	*flower*
cerro	*hill*	montaña	*mountain*
hombre	*man*	mujer	*woman*

Anticipate confusion on the part of students with no experience with any foreign language. Explain that in most cases gender given to a noun is unrelated to any inherent characteristics, e.g., there is nothing "female" about **mesa** or "male" about **escritorio.**

Nouns may be singular or plural in number.

SINGULAR		PLURAL	
hombre	*man*	hombres	*men*

B   Any article (equivalent to *a, an, the*) that accompanies a Spanish noun changes its form to reflect the noun's gender and number.

1. The Spanish definite article (*the*) has four forms: **el, la, los, las.**

	SINGULAR		PLURAL	
masculine	el cuarto	*the room*	los cuartos	*the rooms*
feminine	la sala	*the living room*	las salas	*the living rooms*

2. The Spanish indefinite article (*a, an,* and—in the plural—*some*) also has four forms: **un, una, unos, unas.**

	SINGULAR		PLURAL	
masculine	un diccionario	*a dictionary*	unos diccionarios	*some dictionaries*
feminine	una familia	*a family*	unas familias	*some families*

The indefinite article in the plural (**unos, unas**) can mean either *some* or *a few*.

Capítulo uno

C No rule can predict the gender of every Spanish noun, but several rules of thumb are helpful.

1. Most nouns that end in **-o** in the singular are masculine. Most nouns that end in **-a** in the singular are feminine.

el aeropuerto	*the airport*	la farmacia	*the drugstore*
el abuelo	*the grandfather*	la abuela	*the grandmother*

   El día *the day*, **el problema** *the problem*, and **la mano** *the hand* are exceptions.

2. Most nouns ending in **-ma**, **-pa**, or **-ta** that have a cognate in English are masculine. (These words entered both Spanish and English from Greek.)

   Also: **el problema**

el drama		el mapa
el tema		el poeta
el sistema		el programa

3. Most nouns ending in **-dad**, **-ción**, or **-sión** are feminine.

la ciudad	*the city*	la verdad	*the truth*
la pronunciación	*pronunciation*	la televisión	*television*

4. Nouns that refer to people have the gender appropriate to the sex of the persons named. Such nouns usually occur in pairs, one for each gender. Occasionally the words in the pair are completely different.

el hombre		la mujer

   Very often the words are the same except for the ending.

el primo	*the cousin* (male)	la prima	*the cousin* (female)
el señor	*the gentleman*	la señora	*the lady*
un hijo	*a son*	una hija	*a daughter*
un amigo	*a friend* (male)	una amiga	*a friend* (female)

   Sometimes the same word is used for both genders. The accompanying article (and sometimes another word) shows which is meant.

un turista	*a tourist* (male)	una turista	*a tourist* (female)
un artista	*an artist* (male)	una artista	*an artist* (female)
un policía	*a police officer* (male)	una policía	*a police officer* (female)

   The gender of many other nouns must simply be memorized. Learn the definite article with each new noun you meet, as an indication of its gender.

el hotel	*the hotel*	la calle	*the street*
el viaje	*the trip*	la tarde	*the afternoon*
el inglés	*English* (language)	la costumbre	*the custom*

La Puerta del Sol, en Madrid.

D The plural of most nouns ending in a vowel is formed by adding **-s: libro, libros; mesa, mesas; viaje, viajes.** The plural of most nouns ending in a consonant is formed by adding **-es: hotel, hoteles; ciudad, ciudades; región, regiones.**[3] A final **z** must be changed to a **c** before adding **-es: lápiz, lápices.** The masculine plural of nouns referring to people may include both genders.

el niño	*the boy*	los niños	*the boys* or *the boys and girls*
el Sr. González	*Mr. González*	los Sres. González	*Mr. and Mrs. González*
el tío	*the uncle*	los tíos	*the uncles* or *the aunt and uncle*

E Spanish usage of articles differs from English usage in certain respects. For example, the definite article is used before titles such as **señor, doctor,** or **profesor** when you are talking or asking about an individual.

Un artista habla con el Sr. Martínez.   *An artist is talking to Mr. Martínez.*
La Dra. Vallejo está en la farmacia.   *Dr. Vallejo is in the drugstore.*
Es el profesor Obregón.   *It's Professor Obregón.*

But the definite article is not used with titles when you are speaking to the person directly.

Buenos días, Sr. Martínez.   *Good morning, Mr. Martínez.*
¿Cómo está usted, Dra. Vallejo?   *How are you, Dr. Vallejo?*
Quiero hacerle una pregunta, profesor Obregón.   *I want to ask you a question, Professor Obregón.*

---

[3] **Regiones** has no written accent because the stressed syllable is now next-to-last: **re-gio-nes.**

Capítulo uno

EJERCICIOS

¿Buscan un escritorio? could refer to ustedes: to remind students of this, ask if Buscamos is possible as an answer.

A Preguntas y respuestas. With a classmate, create new questions and answers by replacing the nouns with the cues suggested.

¿Está la mochila en el cuarto? No, pero el televisor está en el cuarto.
   libros   cuadernos
   pluma   calculadora
   sillas   escritorios
¿Buscan un escritorio?   No, buscan una silla.
     cuaderno   libro
     lápiz   pluma
     bicicletas   raquetas de tenis

B De compras. Miguel and Marta are shopping. He buys one of a kind and she buys in quantity. Tell what they are buying, as shown in the model.

MODELO   mesa → **Miguel compra una mesa. Marta compra unas mesas.**

1. mochila   3. calculadora   5. mapa   7. silla   9. televisor
2. cuaderno   4. raqueta   6. diccionario 8. lápiz   10. papel

C La invención. Make up sentences using the following words. Use the appropriate forms of the definite article (**el, la, los, las**), as shown in the model.

MODELO   esposa de Ernesto / bailar / con / señor Gómez → **La esposa de Ernesto baila con el señor Gómez.**

1. niños / buscar / diccionario
2. mamá de Anita / desear viajar a / Universidad de Madrid
3. hermano de Pedro / necesitar / sillas de la sala
4. señor / llevar / libros
5. profesora / enseñar / capítulo 2

D Yo deseo . . . You want to buy certain things, travel to certain countries, and visit certain cities. Put the items shown in order of your personal preference.

1. Yo deseo comprar   a. un televisor.
                                          b. una calculadora.
                                          c. una bicicleta.

2. Yo deseo viajar a   a. España.
                                          b. México.
                                          c. Italia.

3. Yo deseo trabajar en   a. Los Ángeles.
                                          b. San Francisco.
                                          c. San Diego.
                                          d. San Antonio.

La familia

E La interrogación. Sara is studying with a friend when her mother calls. In pairs, complete the following exercise. One of you take the role of Sara's mother and ask the questions. The other, with the book closed, will answer the questions.

MODELO ¿Estás con un amigo o con una amiga? → **Estoy con un amigo.**

1. ¿Enseña la clase de español un hombre o una mujer?
2. ¿Trabajan ustedes en el capítulo 1 o en el capítulo 2?
3. ¿Hablan ustedes en inglés o en español?
4. ¿Contesta las preguntas el amigo con un lápiz o con una pluma?
5. ¿Están ustedes en el cuarto o en la sala?
6. Sara, ¿mañana deseas visitar a los abuelos o a las tías?

• **CUESTIONARIO**

Ask a classmate the following questions. Your classmate should answer according to the correct number of objects or persons in the classroom.

MODELO ¿Hay una pared en el cuarto? → **No, hay cuatro paredes en el cuarto.**

1. ¿Hay un libro en la mesa?   2. ¿Hay una silla en la clase?   3. ¿Hay cinco estudiantes en la clase?   4. ¿Hay dos lápices en la mesa?   5. ¿Hay veinte señoritas aquí?   6. ¿Hay tres profesores aquí?   7. ¿Hay dieciocho capítulos en el libro?   8. ¿Hay una tiza en la pizarra?

For classes where Mexican Spanish is important, **el gis** replaces **la tiza.**

· Pronunciación ·

LAS VOCALES A, E, I, O, U

Spanish vowels differ from English vowels in that they each have just one basic sound. No Spanish sound is exactly the same as any English sound, but here are some approximations as a starting point.

SPANISH		ENGLISH
a	is pronounced like	*Ah!*
e	is pronounced like the *a* in	*any*
i (y)	is pronounced like the *e* in	*be*
o	is pronounced like	*Oh!*
u	is pronounced like the *o* in	*to*

Capítulo uno

Even when a Spanish vowel is unstressed, its sound remains the same.

～ Listen as your instructor pronounces the following pairs of English and Spanish words. Notice the variety of sounds that a single vowel can have within the English word. Contrast this with the single sound of the Spanish vowel.

English	*banana*	*elephant*	*itinerary*	*hormone*	*culture*
Spanish	banana	elefante	itinerario	hormona[1]	cultura

Spanish vowels are pronounced in a short, tense, and precise manner and do not have the long glide sound that English vowels have. Be careful to avoid this long glide when you speak Spanish.

～ Now listen as your instructor pronounces the following words in English and Spanish. Note the difference in pronunciation. Repeat the Spanish word after you hear it.

ENGLISH	SPANISH	ENGLISH	SPANISH
Anna	Ana	horrible	horrible
Helena	Elena	photo	foto
elegant	elegante	Orlando	Orlando
Africa	África	Mexico	México
principal	principal	Russia	Rusia
Virginia	Virginia	Peru	Perú

～ Memorize the following first-grade jingle honoring Américo Vespucio, for whom the Americas are named.[2] Say it out loud over and over again, using the short, clear sounds of a native speaker.

> A, E, I, O, U
> Américo y tú.

LOS DIPTONGOS

Diphthongs are merged vowels pronounced as a single syllable. Only some of the possible vowel sequences in Spanish result in a diphthong. Spanish vowels are classified as either strong or weak: **a**, **e**, and **o** are *strong;* **u** and **i** are *weak*.

a. Two strong vowels together or a strong vowel and an accented weak vowel are separate sounds and syllables. They do not form a diphthong.

veo, había

---

[1] Remember that in Spanish, the letter **h** has no sound whatsoever; **hormona** is pronounced as if it were written "ormona."

[2] At recess, the jingle is likely to change: **A, E, I, O, U, más sabe el burro que tú** *A, E, I, O, U, the donkey knows more than you.*

La familia

Los reyes de España, don Juan Carlos (*i.*) y su esposa, doña Sofía, saludan al presidente del gobierno Felipe González.

    b. An unaccented weak vowel plus any other vowel (strong or weak) is pronounced as a diphthong.

~ Listen as your instructor pronounces each of the following words. Then repeat it aloud as you pay attention to the diphthong.

strong + unaccented weak

bailar   viajar   veinte   bien   auto   cuaderno
estoy   Dios   Europa   luego   cuota

two weak vowels

ciudad   Luisa   muy

~ Now repeat the following phrases aloud. Write down the diphthongs that you find.

1. ¿Deseas bailar o viajar?
2. Juan guarda los cuadernos en el cuarto.
3. No estoy bien hoy, Raúl.
4. El abuelo y el suegro buscan el aeropuerto.
5. ¿Hay un rey en Uruguay?
6. Deseamos visitar el museo.

· En Madrid, la capital de España ·

Janet and her cousin Susan have just arrived in Madrid from **los Estados Unidos** *the United States. They are in* **La Puerta del Sol,** *an important square in the heart of the old part of the city.*

JANET	Perdone, señor, deseamos visitar el Museo del Prado[1]. ¿Qué autobús tomamos?
SEÑOR RODA	¡Qué lástima! Hoy es lunes y los museos están cerrados.
SUSAN	Pues, entonces mañana. ¿Visitamos la casa del presidente de España hoy, Janet?
SEÑOR RODA	Perdón. En España el jefe de estado es el rey.
SUSAN	Entonces, ¿qué tipo de gobierno hay en España?
SEÑOR RODA	Hay una monarquía.
JANET	Ah, sí, y el rey se llama Juan Carlos, ¿verdad?
SEÑOR RODA	Exactamente, y la esposa del rey se llama Sofía. Hoy están en Toledo[2] porque hay una celebración importante.
JANET	En la monarquía aquí en España, ¿hay también un parlamento[3]?
SEÑOR RODA	Por supuesto. Hay un parlamento con senadores y diputados, y hay un presidente del gobierno.

* * *

SUSAN	¿Usted trabaja en Madrid, señor?
SEÑOR RODA	No, yo no trabajo en Madrid, señorita. Trabajo en la Universidad de Salamanca[4]. Enseño filosofía.
JANET	¡Qué interesante! A propósito, nosotras deseamos visitar la ciudad de Salamanca.
SUSAN	Yo necesito comprar unos mapas de España. También deseo comprar unos libros en español. ¿Hay una librería cerca?
SEÑOR RODA	En la Calle Mayor hay una librería importante. Yo también deseo comprar un texto. ¿Caminamos juntos?
JANET	¡Cómo no!

---

el autobús *bus*   **¡Qué lástima!** *What a shame!*   **hoy** *today*   **el lunes** *Monday*   **cerrado** *closed*   **pues** *well*   **entonces** *then*   **mañana** *tomorrow*   **el rey** *king*   **el tipo** *type*   **el gobierno** *government*   **porque** *because*   **el senador, la senadora** *senator*   **el diputado, la diputada** *deputy*   **¡Qué interesante!** *How interesting!*   **a propósito** *by the way*   **cerca** *nearby*   **el texto** *text, textbook*   **caminar** *to walk*   **juntos(as)** *together*

La familia 47

PREGUNTAS

1. ¿Qué museo desean visitar Janet y Susan?   2. ¿Qué día están cerrados los museos?   3. ¿Hay rey en España? ¿Hay presidente?   4. ¿Qué tipo de gobierno hay en España?   5. ¿Cómo se llama el rey de España? ¿Cómo se llama la esposa del rey?   6. ¿Hay un parlamento en España?   7. ¿Trabaja el señor en Madrid? ¿En qué universidad trabaja? ¿Qué enseña?   8. ¿Qué necesita Janet? ¿Qué desea comprar el señor Roda?   9. ¿Hay una monarquía en los Estados Unidos? ¿Qué hay?   10. ¿Cómo se llama el presidente de los Estados Unidos? ¿Cómo se llama la esposa del presidente? Y los hijos, ¿cómo se llaman?

> Aural Comprehension: **Cierto o falso:** 1. La Puerta del Sol está en Salamanca. 2. Janet y Susan están en un autobús. 3. Hoy Juan Carlos y Sofía están en Toledo. 4. Susan, Janet y el sr. Rodán están cerca de una librería. 5. Susan necesita unos libros en inglés.

Notas culturales

1. El Museo del Prado is an art museum in Madrid that houses the world's richest and most comprehensive collection of Spanish painting. The most important works of Velázquez are there, as well as major works by El Greco and Goya. The Prado also contains an impressive selection of other schools of European painting, especially Italian and Flemish art.

2. The city of Toledo lies 67 kilometers (42 miles) southwest of Madrid. It is considered one of Spain's most historically and architecturally important cities.

3. The Spanish parliament, called **las Cortes,** is the national legislative body of the country. **Las Cortes** has two chambers, **el Senado** and **la Cámara de Diputados.** Spain is divided into 17 autonomous regions, divisions that correspond to historic provinces plus a separate region for metropolitan Madrid. All of the autonomous regions have representatives in **las Cortes.**

4. La Universidad de Salamanca, located in the city of Salamanca in western Spain, is one of Spain's leading universities. From its founding in 1218 until the end of the 16th century, the university was a leading center of learning in Europe, ranking with the universities of Paris and Oxford.

· Actividades ·

> This activity may also be conducted in several groups of four to six. You may also let students select their own successors for the role of victim.

¡Rápido!   Select someone to be **la víctima.** Using questions found anywhere in this chapter or the **Capítulo preliminar,** the rest of the class will ask questions as rapidly as possible, and the victim will answer as many as he or she can. New victims should be selected from those who are slow to ask questions. In case you've forgotten everything, here are some questions to use as starters.

1. ¿Hablas español? ¿Francés?   2. En la clase de español, ¿necesitas estudiar mucho?   3. ¿Viajas mucho?   4. ¿Deseas viajar a España?   5. ¿Cómo se dice *window* en español? ¿Y *door*?   6. ¿Cómo se llaman los hijos de los tíos de una persona?   7. ¿Está el profesor en casa?   8. ¿Cómo estas?   9. ¿Trabajas en la cafetería?   10. ¿Regresas a clase mañana?

> Supply **biblioteca** as a likely alternative to **cafetería** where students would work.

Capítulo uno

La Familia Sánchez: Tres generaciones

LUZ   ANDRÉS    IRENE   JULIO    SUSY   TOÑO

Guided by the labeled portraits of the Sánchez family, fill in the blanks with the appropriate Spanish words. You may wish to consult the **Vocabulario activo** at the end of the chapter.

1. ¿Cómo se llama la esposa de Julio? Se llama ____.
2. ¿Cómo se llaman los hijos de Julio? Se llaman ____ y ____.
3. Toño, el ____ de Susy, habla mucho.
4. Luz y Andrés, los ____ de Susy y Toño, llegan a la casa con unos amigos.
5. Irene y Julio, los ____ de Susy y Toño, buscan el café.

Summary activity, which also allows students to learn each other's names better: Address a student by an obviously wrong name and ask a question with an **-ar** verb or **estar**. The student will supply his or her correct name and answer the question. Example:

INSTRUCTOR   (to student named Kevin) **Ernesto, ¿hablas japonés?**
KEVIN   **Me llamo Kevin y no, no hablo japonés. Hablo inglés.**

A student might take the role of the instructor and formulate questions.

Vocabulario activo

- Cognados

el aeropuerto	la cultura	la farmacia	la mamá	la plaza	el senador,
el, la artista	el diccionario	la filosofía	el mapa	el, la poeta	la senadora
el autobús	el drama	la información	México	la poetista	la sociología
la avenida	el elefante	interesante	la monarquía	el problema	el tenis
la bicicleta	España	Italia	el papá	el programa	el texto
la celebración	estudiar	italiano	el parlamento	la raqueta de tenis	el tipo
celebrar	¡Estupendo!	el italiano,	la persona	la región	el, la turista
	exactamente	la italiana		ridículo	visitar

La familia

Sustantivos

agosto	August
el árbol	tree
el capítulo	chapter
la casa	house
en casa	at home
la calle	street
el cerro	hill
la ciudad	city
la costumbre	custom
el cuarto	room; bedroom
el diputado, la diputada	representative, delegate, deputy
los Estados Unidos	United States
la flor	flower
el gobierno	government
el inglés	English (language); Englishman
la inglesa	Englishwoman
la lástima	pity
lunes	Monday
la mochila	backpack
la montaña	mountain
el museo	museum
el piso	floor, apartment
el policía, la mujer policía	police officer
la reina	queen
el rey	king
la sala	room, living room
la suerte	luck
el televisor	television set
la verdad	truth
¿Verdad?	Right? True?
el viaje	trip

La familia

el abuelo	grandfather
la abuela	grandmother
los abuelos	grandparents
el cuñado	brother-in-law
la cuñada	sister-in-law
los cuñados	brother(s)- and sister(s)-in-law
don, doña	titles of respect used before first names
el esposo	husband
la esposa	wife
los esposos	husband and wife; married couples(s); spouses
el hermano	brother
la hermana	sister
los hermanos	brother(s) and sister(s); siblings
el hijo	son
la hija	daughter
los hijos	children; offspring
el hombre	man
la madre	mother
la mujer	woman; wife
el nieto	grandson
la nieta	granddaughter
los nietos	grandchildren
el niño	boy
la niña	girl
los niños	children
el padre	father
los padres	parents; fathers
el,la pariente	relative
el primo	cousin (male)
la prima	cousin (female)
los primos	cousins
los señores	Mr. and Mrs.
el sobrino	nephew
la sobrina	niece
los sobrinos	niece(s) and nephew(s); nephews
el suegro	father-in-law
la suegra	mother-in-law
los suegros	parents-in-law
el tío	uncle
la tía	aunt
los tíos	aunt(s) and uncle(s); uncles

Verbos *verbs*

bailar	to dance
buscar (qu)	to look for
caminar	to walk
cantar	to sing
cenar	to eat supper
comprar	to buy
contestar	to answer
desear	to want, to wish
enseñar	to teach; to show
estar	to be
¿Cómo está(s)?	How are you?
guardar	to keep; to put away
hablar	to talk; to speak
llamar	to call
llegar (gu)	to arrive
llevar	to carry; to take (along); to wear
mandar	to send
mirar	to look (at); to watch
necesitar	to need
pagar (gu)	to pay (for)
prestar	to lend
regresar	to return, to go back
terminar (con)	to end, to finish
tomar	to take; to drink; to eat
trabajar	to work
viajar	to travel

Otras palabras y expresiones

a	to	¿De acuerdo?	OK? Do you agree?	Por supuesto.	Of course.
A propósito	By the way	en	in, on; at	porque	because
alguno	some, any	enfermo	sick	pues	well; then; for, because
allí	there	entonces	then	¿Qué?	What?
aquí	here	hoy	today	¡Qué...!	How...!
bien	well, fine, OK; good	juntos	together	¡Qué bien!	How nice!
Bueno.	Good; OK; Well...	los, las	the	¡Qué lástima!	What a shame!
cerca (de)	near (to), nearby	mañana	tomorrow	¡Qué suerte!	What luck!
cerrado	closed	¿No?	Right? True?	sobre	about; over, on, upon
con	with	No hay problema.	(There's) no problem.	también	also
de	of; from; about; made of	nuevo	new	unos, unas	some
		o	or		
		Perdone.	Pardon me.		
		pero	but		
		Por eso.	That's why.		

Pronombres

> Don't forget the pronouns presented on page 30.

La familia 51

CAPÍTULO DOS

LOS PAÍSES Y LA GENTE

Vocabulario.   In this chapter you will describe people, places, and things.

Gramática.   You will discuss and use:
1. The contractions **al** and **del**
2. Question words corresponding to *who, what, when, where, why,* and *how*
3. The present tense of **ser,** a second verb corresponding to *to be*
4. Adjectives
5. **Ser** versus **estar**—when to use each verb

Pronunciación.   You will practice the sounds represented by the letter **b** or **v.**

Cultura.   The dialogs take place in Buenos Aires, the capital of Argentina.

---

el país (plural, los países) *country*   la gente *people*

La América del Sur[1]

Variant for estar in model sentences: quedar.[N] **Colombia queda cerca de Venezuela,** etc.

1. Buenos Aires está **en** la Argentina. — *in*
2. La Argentina está **al este de** Chile. — *east of*
3. Chile está **al sur de** Bolivia. — *south of*
4. El Perú está **al norte de** Chile. — *north of*
5. El Perú está **al oeste del** Brasil. — *west of*
6. Bolivia está **entre** el Perú y el Paraguay. — *between*
7. Venezuela está **lejos de** la Argentina. — *far from*
8. Colombia está **cerca de** Venezuela. — *near*
9. Córdoba está **en el centro de** la Argentina. — *in the center of*
10. Mendoza está **en** las montañas. — *in*

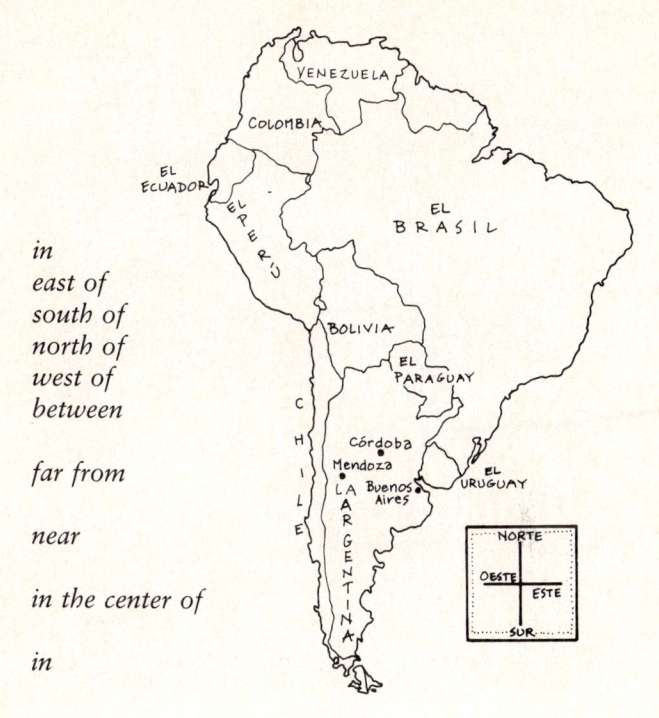

¿Cierto o falso?   If the statement is false, tell why.

MODELO   Colombia está al norte de Venezuela. → **Falso, Colombia está al oeste y al sur de Venezuela.**

1. El Uruguay está al sur de Venezuela.
2. El Ecuador está al este del Brasil.
3. Chile está al norte de Colombia.
4. En Chile hay montañas.
5. Venezuela está cerca de la América Central y la América del Norte.
6. La Argentina está entre el Uruguay y Chile.
7. Bolivia está al este del Paraguay.
8. Venezuela está lejos del Uruguay.
9. Buenos Aires está en Colombia.
10. El Uruguay está al este de la Argentina.

---

[1] Certain names of countries and continents are accompanied by a definite article. The article is not capitalized except at the beginning of a sentence.
Usage often varies as to the inclusions of articles.

la América del Sur / Central / del Norte	el Perú	el Paraguay
la Argentina	el Ecuador	el Brasil
los Estados Unidos	el Uruguay	el Japón

La América del Sur = Sudamérica (no article), La América del Norte = Norteamérica.
The contractions **al** (a + el) and **del** (de + el) are discussed on page 56.

Los países y la gente

¿Dónde estamos?

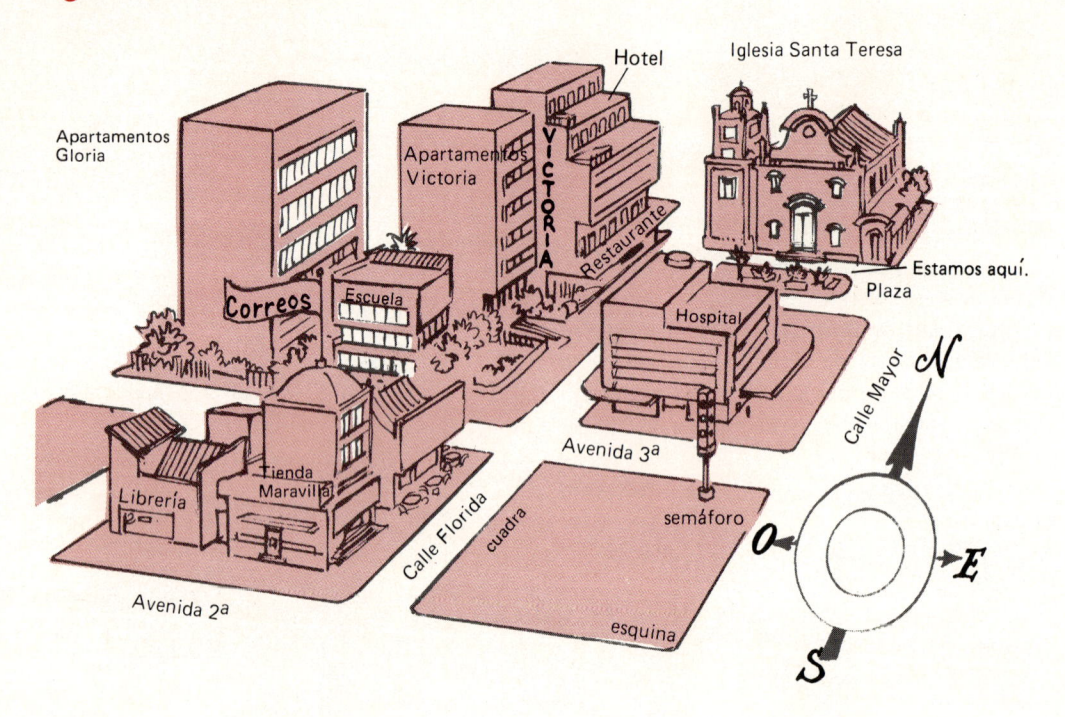

Estamos en la plaza, **debajo de** un árbol. *beneath*
La iglesia está **detrás de** nosotros. *behind*
El hospital está **enfrente de** nosotros. *in front of, opposite*
Hay un semáforo **delante del** hospital. *in front of*
Los Apartamentos Gloria están **a la izquierda de** la escuela. *to the left of*
La oficina de correos está **a la derecha de** la Tienda Maravilla. *to the right of*
La escuela está **al lado de** los Apartamentos Gloria. *beside, next to*
Hay una cruz **encima de** la iglesia. *on top of*
Hay un restaurante **dentro del** hotel. *inside*

Perdone. ¿Dónde está . . .?   Indicate the correct location.

1. La plaza está en (la Calle Mayor / la Segunda Avenida).
2. La escuela está (a la derecha / a la izquierda) de los Apartamentos Gloria.
3. Estamos (delante de / detrás de) la iglesia.
4. La oficina de correos está (encima / al lado) de la Tienda Maravilla.
5. Estamos (encima / debajo) de un árbol.
6. La iglesia está (enfrente / detrás) de nosotros.

Have students pinpoint locations of well-known places, using vocabulary just learned. **La cafetería está al lado de Johnson Hall, ¿verdad?—No, está enfrente de Johnson Hall. ¿Dónde está Chester Corners? ¿Al sur de la universidad?—No, está al oeste de aquí.**

¿dónde? *where?*   la iglesia *church*   la escuela *school*   la tienda *store*   la oficina de correos *post office*   el correo *mail*   la plaza *plaza, square*   el semáforo *traffic light*   la cuadra *block*   la esquina *corner*   la Calle Mayor *Main Street*   3ª Avenida *3rd Avenue*   la cruz *cross*

54   *Capítulo dos*

• **¿Dónde está el mapa?** *Where's the map?* •
By pointing and miming, make the differences vivid.

aquí }	*here, by me or us*
acá }	
ahí	*there, by you*
allí }	*there, away from us*
allá }	
por acá	*around here*

¿Está allá en la Argentina?
—¡No, señores!

¿Está por acá?
—Sí, señores.

Está aquí.

Está ahí, al lado de usted.

Está allí.

¿Ahora qué? *Now what?* Something else is lost. If you know exactly where it is, answer using **aquí, ahí,** or **allí.** If you have only a vague idea, answer using **acá** or **allá.** If you don't know at all, say **Che**[1], **no sé** *Hey, I don't know.*

1. la calculadora
2. la bicicleta
3. el cuaderno
4. la puerta
5. el autobús
6. la profesora de español

[1]The use of the interjection **che** is characteristic of many Argentines.

Los países y la gente

I. Las contracciones **al** y **del**

• *Enfrente de la Catedral de Buenos Aires.*

SR. LUCAS   Por favor, señora, busco la oficina de correos. ¿Está lejos de aquí?
SRA. PAZ   No, está cerca. Está allí al lado del hospital.
SR. LUCAS   ¿Y la biblioteca?
SRA. PAZ   La biblioteca está dentro del edificio Sierra, al sur de la Plaza Veinticinco de Mayo[1].

1. ¿Está lejos la oficina de correos?   2. ¿Está al lado del hotel o al lado del hospital?   3. ¿Está la biblioteca dentro del edificio Sierra?   4. Y el edificio Sierra, ¿está al norte o al sur de la plaza?

In front of the Cathedral of Buenos Aires. SR. LUCAS: Excuse me, ma'am, I'm looking for the post office. Is it far from here? SRA. PAZ: No, it's close. It's there, next to the hospital. SR. LUCAS: And the library? SRA. PAZ: The library is in the Sierra building, south of the Plaza Veinticinco de Mayo.

---

[1] In 1808 Napoleon invaded Spain, seized King Fernando VII, and imposed a puppet regime on the country. On May 25, 1810, a band of patriots in Buenos Aires overthrew the Spanish viceroy and proclaimed their loyalty to Fernando. Thus began a long process that eventually resulted in Argentina's independence from the Spanish motherland.

A When the preposition **a** and the definite article **el** occur together, they combine to form **al**.

Bolivia está al norte de Chile.	Bolivia is north of Chile.
La familia Soto llega al restaurante.	The Soto family arrives at the restaurante.

B When **de** and **el** occur together, they combine to form **del**.

Estamos en la capital del país.	We're in the capital of the country.
El libro está cerca del cuaderno.	The book is near the notebook.

C These contractions regularly occur in expressions of location. **A** and **de** are the only prepositions that contract with **el**. They do not contract with the pronoun **él**, only with the article.

La mujer está cerca del niño.	The woman is near the child.
Está cerca de él.	She's near him.
Está con el niño.	She's with the child.

Capítulo dos

Los argentinos compran muchas cosas en un gran centro comercial.

EJERCICIOS

A **La sustitución.** Replace the italicized words with the cues in parentheses.

1. La escuela está cerca del *hospital*. (iglesia, hotel, restaurante, oficina de correos)
2. Llevo los libros al *profesor*. (profesora, señor Gómez, abuelos, Julio)

B **La tómbola.** Make sentences by combining elements from each column.

1. Carlos y Marisa . . .

Carlos y Marisa viajan	al / a / a la / a los	Paraguay. / Argentina. / Uruguay. / Estados Unidos. / Chile. / Venezuela. / Perú. / Japón. / América Central.

2. Nosotros . . .

Estamos	debajo / a la izquierda / enfrente / encima / detrás / al lado / a la derecha	de / de los / de la / del	Tienda Maravilla. / plaza. / iglesia. / Apartamentos Gloria. / un árbol. / restaurante. / hotel. / hospital. / escuela. / oficina de correos.

Los países y la gente

C ¿De, del, de la, a, al, a la?

La familia Gutiérrez viaja (1)____ Argentina. La Argentina está (2)____ sur (3)____ Paraguay. Está cerca (4)____ Chile y (5)____ Uruguay.

Los Gutiérrez llegan (6)____ hotel. El hotel está (7)____ lado (8)____ oficina de correos. (9)____ derecha está la plaza. ¿Hay un restaurante dentro (10)____ hotel? No, pero enfrente (11)____ plaza (12)____ izquierda está el Restaurante San Martín.

Aural Comprehension: Cierto o falso: 1. Pedro y Sofía están en Tucumán. 2. Sofía desea viajar con Rosario. 3. Tucumán no está muy cerca de ellos. 4. Pedro, Sofía y Teresa viajan en avión.

Adaptation: Students alter the dialog with different people and places. Give alternative modes of transportation for comic results: **barco, helicóptero, caballo, burro.**

II. Las palabras interrogativas

• *En la biblioteca de la Universidad de Buenos Aires.*

PEDRO ¿Por qué miras el mapa de la Argentina, Sofía?
SOFÍA Porque deseo viajar.
PEDRO ¿Adónde deseas viajar? ¿Y con quién?
SOFÍA Deseo visitar Rosario[1]. Viajo con una amiga, Teresa. Ella desea visitar San Miguel de Tucumán pero, ¡está muy lejos!
PEDRO ¿Cuándo viajan ustedes?
SOFÍA Hoy. Llegamos a Tucumán mañana.
PEDRO ¿Y cómo viajan ustedes, en tren o en avión?
SOFÍA En avión.
PEDRO Pues, ¡feliz viaje! Hasta pronto.
SOFÍA Ciao, Pedrito. Ciao[2].

1. ¿Qué mira Sofía? ¿Por qué?   2. ¿Con quién viaja Sofía?   3. ¿Adónde viajan ellas?   4. ¿Cuándo llegan a Tucumán?   5. ¿Cómo viajan Sofía y Teresa?

In the library of the University of Buenos Aires. PEDRO: *Why are you looking at the map of Argentina, Sofía?* SOFÍA: *Because I want to travel.* PEDRO: *Where do you want to travel to? And with whom?* SOFÍA: *I want to visit Rosario. I'm traveling with a friend, Teresa. She wants to visit San Miguel de Tucumán, but it's very far!* PEDRO: *When do you travel?* SOFÍA: *Today. We arrive in Tucumán tomorrow.* PEDRO: *And how are you traveling, by train or by plane?* SOFÍA: *By plane.* PEDRO: *Well, happy trip! See you soon.* SOFÍA: *Bye, Pedrito. Bye.*

[1] **Rosario** is a major industrial and agricultural center. **San Miguel,** located at the foot of the spectacular Sierra de Aconquija, is capital of Tucumán province, famous for its sugar cane.

[2] The Italian word **ciao,** sometimes spelled **chao** or **chau,** is widely used in Argentina and Uruguay to mean both *hello* and *good-bye.* Over half the population of the two countries is of Italian descent.

Capítulo dos

A Information questions, unlike the *yes/no* questions discussed in chapter 1, invite the listener to respond with specific information. Such questions usually begin with one of the following question words.

¿qué?	*what?*	¿dónde?	*where?*	¿quién(es)?	*who?*
¿por qué?	*why?*	¿adónde?	*(to) where?*	¿cuál(es)?	*which?*
¿cómo?	*how?*	¿de dónde?	*(from) where?*		
¿cuándo?	*when?*	¿cuánto(-a, -os, -as)?	*how much, how many?*		

B Notice that question words always have a written accent. **Quién** and **cuál** have plural forms; **cuánto** has four forms: masculine, feminine, singular, and plural.

C Normally, the question word is immediately followed by a verb. The speaker's voice falls at the end of the question.

¿Qué buscan los hermanos?	*What are the brothers looking for?*
¿Por qué viajas a los Andes?	*Why are you traveling to the Andes?*
¿Cómo regresas a Buenos Aires?	*How are you returning to Buenos Aires?*
¿Cuándo llegas a la ciudad?	*When do you arrive in the city?*

D **¿Por qué?**, meaning *why?*, is written as two words and has a written accent mark. Contrast **porque**, meaning *because*, written as one word and with no accent mark.

¿Por qué no regresas a Mendoza[3]?	*Why don't you return to Mendoza?*
Porque trabajo aquí en Buenos Aires.	*Because I work here in Buenos Aires.*

E **¿Dónde?** asks about the location of a person, place, or thing. The word combines with the preposition **a** to ask where someone or something is going: **adónde**. To ask where someone or something is coming from, **de dónde** is used.

¿Dónde está el tren?	*Where's the train?*
¿Adónde viaja Sofía?	*Where's Sofía traveling to?*
¿De dónde regresan los estudiantes?	*Where are the students returning from?*

F **¿Quién?**, a pronoun, has the plural form **¿quiénes?** when the speaker is asking about more than one person. Like other pronouns, it is often used with prepositions.

Por favor, ¿quién es la profesora aquí?	*Who's the professor here, please?*
¿Quiénes estudian español?	*Who studies Spanish?*
¿A quién hablas?	*Who are you speaking to?*
¿Con quiénes estudias?	*Who are you studying with?*
¿El libro? ¿De quién es?	*The book? Whose is it?*

[3]**Mendoza** is a lovely colonial town in the Andes, famous for its vineyards.

G ¿Qué? and ¿cuál(es)? both mean *what?* or *which?*

1. **Qué,** the word most often used, has just one form. As a pronoun, it indicates that the questioner does not clearly visualize a specific answer. The answerer responds with an explanation. (As an adjective, **qué** is used in every context whereas **cuál(es)** is not.)

¿Qué es? —Es una bicicleta.	*What is it? —It's a bicycle.*
¿Qué es la filosofía? —Pues, no sé.	*What is philosophy? —Well, I don't know.*
¿Qué quieres? —Quiero viajar.	*What do you want? —I want to travel.*
¿Qué ciudad es? —Es Mendoza.	*What city is it? —It's Mendoza.*

2. **¿Cuál(es)?** is often used as a pronoun instead of **¿qué?** when the questioner visualizes the answer as a selection from a list of possibilities. If a singular answer is expected, **¿cuál?** is used; if a plural answer is expected, **¿cuáles?** is used.

¿Cuál es el avión a Mendoza?	*Which is the plane to Mendoza?*
¿Cuáles llegan mañana?	*Which ones arrive tomorrow?*

   With the verb **ser,** as in the first example, **¿Cuál (es)?** *must* be used. **¿Que es el problema?** for instance, is strange because it indicates that the speaker does not understand the very concept of **problema.**

H **¿Cuánto(-a, -os, -as)?,** used as an adjective and as a pronoun, agrees in gender and number with the noun it describes or to which it refers.

¿Cuanto hay en el cuaderno?	*How much is there in the notebook?* (pronoun referring to **el papel**)
¿Cuántas hay en Tucumán?	*How many are there in Tucumán?* (pronoun referring to **las personas**)
¿Cuántos libros hay?	*How many books are there?* (adjective)

EJERCICIOS

A **Quiero hacerle una pregunta . . .** Using the question word indicated, ask questions to elicit the answers shown.

MODELO ¿Qué?
Pablo busca el laboratorio de lenguas. → ¿Qué busca Pablo?

1. ¿Qué?
   a. Sofía y Teresa visitan la iglesia.
   b. Pedro estudia español.
   c. Sofía necesita una mochila.
2. ¿Quién? ¿Quiénes?
   a. Sofía y Teresa visitan Rosario.
   b. Teresa desea visitar Tucumán.
   c. Sofía y Pedro están en Buenos Aires.
3. ¿Con quién? ¿Con quiénes?
   a. Pedro habla con Sofía.
   b. Sofía está con Teresa.
   c. El profesor trabaja con los estudiantes.
4. ¿Dónde? ¿Adónde?
   a. La catedral está lejos de la escuela.
   b. Sofía y Teresa viajan a Rosario.
   c. La biblioteca está dentro de la universidad.

5. ¿Cuándo? ¿Cómo?
   a. Pedro regresa mañana a la oficina de correos.
   b. Sofía y Teresa viajan en avión.
   c. La amiga de Sofía se llama Teresa.
6. ¿Cuánto(-a, -os, -as)?
   a. Sofía desea visitar cinco plazas interesantes.
   b. Hay quince estudiantes en la clase de Pedro.
   c. Hay seis ciudades importantes en la Argentina.
7. ¿Por qué?
   a. Teresa no está aquí porque está en Rosario.
   b. Sofía mira el mapa porque desea viajar.
   c. Pedro busca un diccionario porque necesita estudiar.

B ¿Otra vez, por favor? *Once again, please?* As a tour leader, you're besieged with problems. To be sure you understand the problem of each person, ask a question that will cause the person to repeat the key information.

MODELO —Deseo viajar a Mendoza.
—**¿Adónde desea viajar usted?**
—A Mendoza.

1. —Regreso a Buenos Aires hoy.
   —¿____?
   —Hoy.
2. —Hay cuatro señores en el cuarto.
   —¿____?
   —Cuatro.
3. —La señora Costa no está aquí porque está en San Antonio.
   —¿____?
   —Porque está en San Antonio.
4. —Deseo viajar a Rosario.
   —¿____?
   —A Rosario.
5. —Llevo una mochila.
   —¿____?
   —Una mochila.
6. —Las hermanas Alfonsín desean viajar en tren.
   —¿____?
   —En tren.

C Una charla. Complete the following dialog between Pedro and Miguel with the appropriate question words.

MIGUEL   Hola, Pedro, (1)¿____ estás?
PEDRO   No muy bien, Miguel. (2)¿____ es la clase de español?
MIGUEL   Mañana. (3)¿____ no estás muy bien?
PEDRO   Pues, porque estoy enfermo. (4)¿____ capítulos necesitamos estudiar?
MIGUEL   Ocho. ¿Deseas estudiar con nosotros?
PEDRO   ¿Con (5)____ estudias?
MIGUEL   Con Teresa y Adela.
PEDRO   (6)¿____ desean estudiar hoy?
MIGUEL   Hoy deseamos estudiar la Argentina, el Paraguay y el Uruguay.
PEDRO   El Paraguay . . . (7)¿____ está el Paraguay?
MIGUEL   Está cerca de la Argentina, al norte.
PEDRO   Y (8)¿____ se llama la capital del Paraguay?
MIGUEL   Asunción. Pedro, tú necesitas estudiar mucho.

• ENTREVISTA

Ask your neighbor the following questions. Then report the information to the class.

1. ¿Adónde deseas viajar, a la Argentina o al Perú?   2. ¿Cómo deseas viajar, en tren, en avión o en autobús?   3. ¿Qué ciudad deseas visitar, San Francisco o Los Ángeles?   4. ¿Qué estudias, matemáticas? ¿Literatura? ¿Filosofía?   5. ¿Dónde estudias, en la biblioteca o en casa?   6. ¿Cuándo necesitas estudiar, hoy o mañana?

JOCKEY CLUB
EXPOSICION DE OBRAS DE
CARLOS E. PELLEGRINI
En el SALON ANASAGASTI, Cerrito 1466.
Desde el 9 al 29 del corriente
en el horario de 17 a 21.

Flashback to chapter 1: Point out Julito's use of **usted** when addressing the older people in the dialog, vs. their use of **tú** with him. Also be prepared for alert students to notice the inclusion of the article in **habla bien el español** (because of modifier **bien**) vs. simple **habla español**.

III. Presente de indicativo del verbo *ser*

• *En el Café de Italia en Buenos Aires.*

JULITO	¿De dónde son ustedes, señor Larkin?
SR. LARKIN	La doctora Silva y yo somos de los Estados Unidos. Yo soy de Texas. Estamos aquí para una conferencia.
JULITO	Usted habla bien el español.
SR. LARKIN	Gracias, eres muy amable.
JULITO	¿Y usted, doctora Silva?
DRA. SILVA	Mis padres son de España y yo soy de California. Tú eres de aquí, ¿no?
JULITO	Sí, soy de Buenos Aires pero mis padres son de la ciudad de Córdoba[1].

In the Café de Italia in Buenos Aires. JULITO: Where are you (two) from, Mr. Larkin? MR. LARKIN: Dr. Silva and I are from the United States. I'm from Texas. We're here for a conference. JULITO: You speak Spanish well. MR. LARKIN: Thank you, you're very nice. JULITO: And you, Dr. Silva? DR. SILVA: My parents are from Spain and I'm from California. You're from here, aren't you? JULITO: Yes, I'm from Buenos Aires, but my parents are from the city of Córdoba.

[1] *Córdoba* is Argentina's second city, a center of heavy industry, union activity, and political action.

62   *Capítulo dos*

Ser, another verb meaning *to be*, is highly irregular; its forms must be memorized.

	ser	to be	
yo	**soy**	nosotros(-as)	**somos**
tú	**eres**	vosotros(-as)	**sois**
usted, él, ella	**es**	ustedes, ellos(-as)	**son**

Note the omission of article with profession, nationality, and religion (unless modified by adjective, or emphasized) in the second example. See footnote on p. 71.

Soy yo.	*It's me.*
Eres estudiante, ¿no?	*You're a student, right?*
Usted es muy amable.	*You're very kind.*
Susana es la hermana de Camilo.	*Susana is Camilo's sister.*
Somos los Sres. Llorente.	*We're Mr. and Mrs. Llorente.*
Perdone. Ellos no son de Tucumán.	*Excuse me. They're not from Tucumán.*

EJERCICIOS

A **Preguntas y respuestas.** In a dialog with a classmate, create new questions or answers as suggested by the cues.

1. ¿De dónde es Sergio? Es de la Argentina. (ellos, nosotras, tú, usted, Sofía y Teresa)
2. ¿Quiénes son estudiantes? Nosotros somos estudiantes. (yo, usted, tú, Clara, ustedes)

B **A que eres de Chile . . .** *I'll bet you're from Chile . . .* La profesora Benítez de Mena is a specialist in regional accents. Every time she hears someone speak, she guesses where the speaker is from. Following the pattern of the model, formulate the questions she would ask about the persons mentioned.

MODELO   Muñoz / el Paraguay → ¿De dónde es Muñoz? ¿Es del Paraguay?

1. Marta / Mendoza
2. los señores Larkin / los Estados Unidos
3. tú / el Ecuador
4. usted / Colombia
5. los estudiantes / Chile
6. ustedes / el Brasil

• **CUESTIONARIO**   Number 2: If the students don't know, tell them **Es de la Argentina.** Vary with other figures such as Guillermo Villas. Also elicit profession or nationality with **¿Qué es usted?**

1. ¿De dónde es el rey Juan Carlos?   2. ¿De dónde es Jorge Luis Borges?
3. ¿Es amable el primo de usted?   4. ¿Son ustedes de Chile?   5. ¿Cuántos son 15 más 20?   6. ¿De dónde es usted?   7. Son estudiantes ustedes, ¿verdad?
8. ¿De quiénes son los libros de español?   9. ¿Quién es usted?   10. ¿Son ustedes estudiantes o profesores?   11. ¿Quién es el profesor de la clase?
12. ¿De dónde es el profesor o la profesora?

Los países y la gente

Gauchos típicos de las pampas argentinas.

- **¿QUIÉN SOY? PUES, . . .**

Tell a group of three or four classmates about yourself. Feel free to invent to make the story more interesting or to talk your way around things you don't yet know how to say.

MODELO   Soy Teresa. Soy estudiante. Soy de San Luis, Missouri. ¿Quién eres tú?

STUDYING VERBS

Spanish verbs have many endings, or inflections. One way to study them is to make charts on flash cards like the chart for the verb **ser** above. You may find it unnecessary to chart every new verb, but it is a good idea to do it for irregular verbs like **ser** and **estar** and for model regular verbs. Use your charts to help memorize the endings that are used with different subjects. Then practice the various forms by writing them in sentences. The following is an example based on the verb **trabajar** *to work*.

   Yo trabajo en la cafetería de estudiantes. Mi hermana trabaja en el hospital. Nosotros trabajamos mucho. Mis padres trabajan en el restaurante. ¿Dónde trabajas tú?

Another good strategy for learning verbs is to make up questions using them. Think of some *yes/no* questions and some information questions *(who, what, when, where, why, how)*. Then practice with a partner, taking turns asking and answering. Be sure not to limit yourself to questions directed to "you." Use the questions on pages 59 to 60 as a model, but include different vocabulary. Even if you prefer to study alone, you can ask yourself the questions you make up by recording them on a cassette or reading them aloud.

IV. Los adjetivos

*Engage students in conversation about local eating places. Try for satiric comments on school cafeteria, dorm food, **criollo** fast food places, etc.*

• *En una esquina de la Avenida 9 de Julio, una calle ancha de Buenos Aires*[1].

CLARA Un amigo norteamericano busca un buen restaurante criollo[2].
ISABEL Pues, enfrente del Congreso está "La Casa Argentina". Es un restaurante lindo y los precios no son caros.
CLARA ¿Preparan buena comida típica allí?
ISABEL Sí, preparan empanadas sabrosas y carne asada excelente. Y allí tomas un vino tinto argentino que es delicioso.
CLARA ¿Es grande el restaurante?
ISABEL No, es pequeño pero muy cómodo.

1. ¿Qué busca el amigo de Clara?   2. ¿Cómo es "La Casa Argentina"?
3. ¿Qué preparan en el restaurante?   4. ¿Cómo es el vino?   5. ¿Es "La Casa Argentina" un restaurante grande? ¿Cómo es?

On a corner of Avenida 9 de Julio, a wide street in Buenos Aires. CLARA: An American friend is looking for a good creole restaurant. ISABEL: Well, opposite the Congress is La Casa Argentina (the Argentine House). It's a pretty restaurant and the prices aren't expensive. CLARA: Do they prepare good typical food there? ISABEL: Yes, they prepare delicious meatpies and excellent roast beef. And there you (can) drink an Argentine red wine that is delicious. CLARA: Is the restaurant large? ISABEL: No, it's small but very comfortable.

---

[1] On July 9, 1816, Argentina formally declared its independence. Troops led by General José de San Martín defeated the Spanish forces first in Argentina, then in Chile and Peru.

[2] *Criollo* means *native to this place*—and specifically, *not from Spain*. The nearest equivalent is often *home*, as in *home cooking*.

If you go over adjective sets in class, supply and then elicit (with interrogative words) simple statements with various adjectives. For example: Address Lance's buddy, Juan: **Juan, Lance es simpático, ¿no?** *Juan may answer:* **Sí, pero es perezoso.** *Give Lance a chance to reply:* **No es cierto. Soy trabajador. Juan es antipático.** *Or:* **¿Cómo soy yo? Bajo(a)?** *Reply:* **No, profesor(a), usted es alto(a). Y es muy joven.** *You come back with:* **Gracias, eres muy inteligente.**

A Here are some common sets of Spanish adjectives.

simpático, agradable, amable—antipático, desagradable	*nice, pleasant, likeable—unpleasant*
inteligente—tonto, lento	*intelligent—dumb, slow*
grande—pequeño, chico	*large, great—small*
perezoso—trabajador, diligente	*lazy—hardworking*
interesante—aburrido	*interesting—boring*
alegre, feliz, contento—triste	*happy—sad*
guapo, bonito, bello, lindo, hermoso—feo	*handsome, pretty, beautiful—ugly*

joven, nuevo—viejo	*young, new—old*	bueno—malo	*good—bad*
casado—soltero	*married—single*	rico—pobre	*rich—poor*
fácil—difícil	*easy—difficult*	fuerte—débil	*strong—weak*
caro—barato	*expensive—cheap*	corto—largo	*short—long*
alto—bajo	*tall—short*	delgado—gordo	*slender—fat*

Los países y la gente

B Agreement of adjectives

1. Adjectives describe nouns.

El restaurante es grande.	*The restaurant is big.*
El restaurante grande está aquí.	*The big restaurant is here.*
Elena es alta.	*Elena is tall.*
Usted es alta (usted = Elena).	*You're tall.*
Usted es alto (usted = Eduardo).	

2. Spanish adjectives usually change form to show their agreement in gender and number with the noun they describe. The most common singular adjective endings are **-o** (masculine) and **-a** (feminine).

el niño bueno	*the good boy*
la niña buena	*the good girl*
un doctor latinoamericano	*a Latin American doctor*
una doctora latinoamericana[3]	

3. Adjectives of nationality whose masculine singular ends in a consonant form the feminine by adding **-a**.

el profesor portugués[4]	*the Portuguese professor*
la profesora portuguesa[4]	

   Adjectives whose masculine singular ends in **-dor** also add **-a** for the feminine.

un hombre trabajador	*a hardworking man*
una mujer trabajadora	*a hardworking woman*

Can you guess what these nationalities are?

inglés(a)	boliviano(a)	español(a)
italiano(a)	brasileño(a)	mexicano(a)
francés(a)	colombiano(a)	panameño(a)
alemán(a)	cubano(a)	paraguayo(a)
japonés(a)	chileno(a)	peruano(a)
norteamericano(a)	ecuatoriano(a)	puertorriqueño(a)

And these countries?   Francia   Inglaterra

---

[3] In Spanish the names of nationalities are not capitalized.
[4] Notice that no written accent is needed for **portuguesa**. It obeys the stress rule that words ending in a vowel, **-n**, or **-s** are stressed on the next-to-last syllable. When a word is following a stress rule, no accent mark is written: **inglés, inglesa; francés, francesa; alemán, alemana; japonés, japonesa;** etc.

4. Other adjectives have the same form in the feminine as the masculine singular.

una persona interesante	*an interesting person*
un gobierno comunista	*a Communist government*
una lección fácil	*an easy lesson*
una clase difícil	*a difficult class*

5. To form the plural of an adjective that ends in a vowel, add **-s**. To form the plural of an adjective that ends in a consonant, add **-es**.

los hoteles caros	*the expensive hotels*
unas lecciones aburridas	*some boring lessons*
las ciudades grandes	*the big cities*
unos exámenes difíciles	*some difficult exams*

C Position of adjectives

1. Most adjectives are descriptive—that is, they specify size, shape, color, type, nationality, and so forth. Descriptive adjectives usually follow the nouns they modify.

la ciudad argentina	*the Argentine city*
unos señores amables	*several nice ladies and gentlemen*

2. However, adjectives that specify quantity usually precede the nouns they modify.

dos días	*two days*
muchas páginas	*many pages*

3. **Bueno(a)** *good* and **malo(a)** *bad* may be placed before or after a noun.

una buena profesora } una profesora buena }	*a good professor*
una mala bicicleta } una bicicleta mala }	*a bad bicycle*

4. Before a masculine singular noun, **bueno** is shortened to **buen** and **malo** to **mal**.

un buen viaje	*a good trip*
un mal hombre	*a bad man*

Grande becomes **gran** before a singular noun of either gender; it normally means *great* when it precedes a noun and *big* or *large* when it follows a noun.

un gran libro	*a great book*
una gran ciudad	*a great city*
una ciudad grande	*a big city*

Los países y la gente

EJERCICIOS

A Las invitadas. Sonia's friends are giving her a surprise party—for females only! Who will be the guests?

MODELO   un señor joven y guapo → **No, una señorita joven y guapa.**

1. un amigo inglés
2. el primo argentino
3. un señor español
4. un buen estudiante
5. un hombre viejo y trabajador
6. un niño inteligente y simpático
7. un hermano alto y guapo
8. un cuñado joven y panameño

B La sustitución. Give new answers to each question as suggested by the cues. Make sure that your adjectives and nouns agree in gender and number.

1. ¿Cómo es la universidad?
   —La universidad es grande. (difícil, interesante, viejo)
2. ¿Qué hay en la clase?
   —Hay un profesor interesante. (estudiantes, señorita, libros, diccionario)
3. ¿Qué compra Enrique?
   —Enrique compra unos libros caros. (calculadora, textos, escritorio, sillas)
4. ¿De dónde es?
   —Toña es española. (Bernardo, los hermanos Gómez Manrique, el profesor, Carla y Carlos)
5. ¿De qué habla Marta?
   —Habla de una clase aburrida. (amigos, profesor, tía, personas, viaje)

C A quien corresponda . . . Complete each sentence with any of the adjectives suggested that grammatically correspond to the person or thing indicated.

MODELO   La universidad es (cara, difíciles, grande, viejo, aburrido, fácil) → **La universidad es cara, grande y fácil.**

1. La señorita Gil es (viejo, joven, gordo, delgada, rica, soltera, casado)
2. El Hotel Martín Fierro es (nuevo, cara, interesante, simpática, agradable, barata, bueno)
3. Las calculadoras son (pequeñas, interesantes, fácil, caras, bueno)
4. Los diccionarios de español son (caros, barato, grande, pequeños, nuevas, fáciles)

*After this exercise, have students concentrate on meaning instead of form while creating sentences, e.g., **La universidad es . . .** to elicit **grande** or **pequeña, vieja** or **nueva,** etc.*

D Los opuestos se atraen. *Opposites attract.* Mr. and Mrs. Padilla are an interesting couple. Tell what each of them is like.

MODELO   El señor Padilla es alto. → **La señora Padilla es baja.**

1. El señor Padilla es perezoso.
2. La señora Padilla es simpática.
3. El señor Padilla es feo.
4. La señora Padilla es inteligente.
5. El señor Padilla es viejo.
6. La señora Padilla es gorda.
7. El señor Padilla es interesante.
8. La señora Padilla es grande.

E **¿De dónde son?**   Tell each person's nationality by the language spoken.

MODELO   Marie habla francés. → **Es francesa.**

1. Federico habla español y es del Panamá.
2. Zé y Fátima hablan portugués.
3. Charles habla inglés.
4. La señora Tanaka habla japonés.
5. Sofía habla italiano.
6. Rosalía y Ruperto hablan español y son de Chile.
7. Don Raúl Alfonsín habla español y es de la Argentina.
8. Olga y Carmen hablan español y son de Madrid.

F **La descripción.**   Describe the people and objects in the drawings. Use as many adjectives as you can.

• **CUESTIONARIO**   Ask students to use one of the questions as a springboard for a topic; elaborate, using **ser** with adjectives. Examples: Spanish and Spanish class (questions 1, 2, 3, possibly 10); traveling, cities (4-8).

1. ¿Es difícil o fácil el español?   2. ¿Es bueno o malo el libro?   3. ¿Y la clase?
4. ¿Viaja usted a ciudades interesantes o aburridas?   5. ¿Viaja usted a ciudades grandes o pequeñas?   6. Cuando usted viaja, ¿busca hoteles caros o baratos?
7. ¿Es Nueva York una ciudad grande? ¿Es una gran ciudad también?   8. ¿Hay muchas ciudades grandes en los Estados Unidos? ¿Cuáles son?   9. ¿Cómo es Frankenstein?   10. ¿Cómo es el profesor o la profesora?

Los países y la gente

La Catedral de Córdoba es de estilo colonial.

V. Ser y estar

Aural Comprehension: **Cierto o Falso:** 1. Roberto busca el Hotel Colón. 2. El Hotel Colón es moderno. 3. Roberto es de Buenos Aires. 4. Darío es turista. 5. Darío habla del Hotel Colón. 6. Darío es antipático.

- *En la Calle Florida[1] de Buenos Aires.*

ROBERTO   Por favor, señor. ¿Dónde está el Hotel Continental?
DARÍO   Está cerca de la Avenida Colón.
ROBERTO   ¿Es un hotel moderno, con cuartos grandes?
DARÍO   No, es viejo, de estilo colonial. . . . Ustedes no son de aquí, ¿verdad?
ROBERTO   No, somos turistas. Somos de Córdoba. Estamos perdidos.
DARÍO   Pues, el Hotel Continental no está lejos. Es fácil llegar allá. Es el hotel favorito de los turistas, y es barato.
ROBERTO   Muchas gracias por la información. Adiós, señor.
DARÍO   De nada, señor. Adiós.

1. ¿Dónde está el Hotel Continental?   2. ¿Cómo es el Hotel Continental?
3. ¿Qué es Roberto?   4. ¿De dónde son Roberto y los amigos de él?

In Buenos Aires' Calle Florida. ROBERTO: Excuse me, sir. Where's the Hotel Continental? DARÍO: It's near Avenida Colón. ROBERTO: Is it a modern hotel with large rooms? DARÍO: No, it's old, (of) colonial style. You (three) aren't from here, right? ROBERTO: No, we're tourists. We're from Córdoba. We're lost. DARÍO: Well, the Hotel Continental isn't far away. It's easy to get there. It's the favorite hotel of tourists and it's cheap. ROBERTO: Thanks for the information. Good-bye, sir. DARÍO: You're welcome, sir. Good-bye.

[1] **Calle Florida** is an elegant shopping street in the heart of Buenos Aires.

Capítulo dos

A Ser and estar both mean *to be*. **Ser** is used:

1. To link the subject to a noun.

Silvia es italiana.	*Silvia is an Italian.*
Somos turistas.	*We are tourists.*
El señor García es profesor[2].	*Sr. García is a professor.*

2. With **de** to indicate place of origin, what something is made of, or possession— who owns it.

Soy de México.	*I'm from Mexico.*
Las páginas son de papel.	*The pages are of paper.*
El cuaderno es de Ricardo.	*The notebook is Ricardo's.*

   Remind students that there is no apostrophe for possession in Spanish.

3. To indicate where an event takes place.

La conferencia es en la universidad.	*The conference is at the university.*

4. With equations or arithmetic.

Dos más dos son cuatro.	*Two plus two are four.*
Ocho menos siete es uno.	*Eight minus seven is one.*

5. With adjectives to express qualities or characteristics that are considered normal for the subject.

Teresa es alta.	*Teresa is tall.*
Los argentinos son amables.	*Argentines are nice.*

B Estar is used:

Stress the **estar** cannot be used with nouns as objects. Also, give an example to show the contrast with adjectives: **El agua del Canadá es fría** Canadian water is cold vs. **El agua está fría** (**buena, caliente,** etc.) The water (I am drinking) is cold (tastes good, seems hot, etc.)

1. To indicate location or position.

El hotel está cerca de la Avenida Colón.	*The hotel is near Avenida Colón.*
Estamos enfrente de la biblioteca.	*We are in front of the library.*
El hotel está a la izquierda, ¿verdad?	*The hotel is on the left, isn't it?*
—No, está a la derecha.	*—No, it's on the right.*

2. With adjectives to indicate the condition of a person or thing at a particular time, often the result of a change.

¿Cómo estás? —Estoy bien, gracias.	*How are you? —I'm fine, thank you.*
¿Por qué estás triste, Adela?	*Why are you sad, Adela?*

---

[2]When **ser** links the subject to a noun indicating a profession, nationality, or religion, the indefinite article is not used unless the noun is modified by an adjective or adjective phrase.

EJERCICIOS

A Preguntas y respuestas. Give new questions and answers as suggested by the cues.

1. ¿De dónde es Diego?
   —Diego es de Buenos Aires pero está en Córdoba ahora.
   (mi profesora, yo, ellos, nosotros, tú)
2. ¿Cómo es usted?
   —No soy rico pero estoy contento.
   (el profesor, tú, Juan Carlos, los tíos)

B En las nubes. When Rubén daydreams, he misses half of what is said. He asks questions seeking to confirm everything. Respond to his questions as in the models.

MODELOS ¿Los viajes? ¿Caros? → **Sí, los viajes son caros.**
         ¿Tomás? ¿Triste? → **Sí, Tomás está triste.**

1. ¿La clase? ¿Mala?
2. ¿El libro? ¿De España?
3. ¿Buenos Aires? ¿En la Argentina?
4. ¿El profesor? ¿Norteamericano?
5. ¿Los amigos? ¿Bien?
6. ¿Julia? ¿Enferma?
7. ¿Julio Iglesias? ¿Joven?
8. ¿Chile? ¿Al oeste de la Argentina?
9. ¿Ustedes? ¿Aquí?
10. ¿Madrid? ¿Grande?
11. ¿El español? ¿Fácil?
12. ¿El hotel? ¿A la izquierda?
13. ¿Los cuartos? ¿Modernos?
14. ¿Los señores Bartoli? ¿De Mendoza?
15. ¿Bolivia? ¿En las montañas?
16. ¿La capital? ¿Moderna?

C ¿*Ser* o *estar*? Complete the following paragraph using the appropriate forms of **ser** and **estar**.

Ahora yo (1)_____ en la clase de español. Pepito (2)_____ en casa porque no (3)_____ bien. Él y yo (4)_____ hermanos pero no (5)_____ con mamá y papá ahora. Ellos (6)_____ en Buenos Aires. Ellos (7)_____ en un hotel grande. Mamá (8)_____ muy feliz allá. La ciudad (9)_____ bonita y el hotel (10)_____ de estilo colonial. Se llama el Hotel Continental y (11)_____ cerca de las grandes tiendas. Papá y mamá (12)_____ contentos en Buenos Aires. (13)_____ un viaje interesante, ¿verdad?

D La traducción. Translate the following selection into Spanish.

Magda is in Buenos Aires. She's not Argentine, she's from Colombia. She's in a hotel. She's very comfortable because the hotel is very modern. The hotel is to the right of the post office.

Magda is happy today because Buenos Aires is a pretty city. She wants to visit San Miguel de Tucumán tomorrow.

• CUESTIONARIO

1. ¿Es usted norteamericano(a)?   2. ¿De dónde es usted?   3. ¿Cómo es usted? ¿Bueno(a)? ¿Inteligente?   4. ¿Está la universidad cerca de los hoteles y las tiendas?   5. ¿Cómo está usted hoy? ¿Y la familia?   6. ¿Está feo el día?   7. ¿Son trabajadores los profesores o los estudiantes?   8. ¿Qué capítulo es fácil, el capítulo 1 o el capítulo 2?   9. ¿Cuántas personas hay en la clase? ¿Cuántas están aquí hoy?   10. ¿Dónde están los estudiantes que no están aquí?

To answer number 10 that they are at home, students will need to note the omission of the article with **en casa.**

· Pronunciación ·

b AND v

Spanish **b** and **v** represent the same sounds. If either letter begins a word or a phrase or follows **m** or **n,** it is pronounced like English *b* in *bat* or *beat*. The sound is called a *stop* because you stop the flow of air as you pronounce it.

Listen as your instructor pronounces each of the following words. Then repeat it aloud.

| baile | bueno | bien | busco | bonito | Benítez | bicicleta | Barcelona |
| viaje | viejo | veinte | visito | volumen | Venezuela | Valencia | Víctor |

Spanish **b** or **v** in any other position is pronounced by allowing the air to escape between the lips, creating friction. The sound that results is known as a *fricative*. No sound in English is equivalent to this important Spanish sound.

Listen again as your instructor pronounces each of the following words. Then repeat it aloud.

| Bolivia | Córdoba | autobús | avión | nuevo | ambición |
| envidia | universidad | Cuba | abuela | nueve | Colombia |

Because **b** and **v** represent the same sounds in Spanish, it is sometimes difficult for even native speakers to tell whether a word is spelled with **b** or with **v**. If you're unsure which letter to use, ask the speaker: —¿*b* de burro o *v* de vaca? (burro *donkey*, vaca *cow*). This is particularly useful when you wish to find out the spelling of a name or word someone is telling you over the telephone.

Listen to your instructor pronounce the following tongue twister. Then repeat it aloud.

Busco un viejo viudo que baile bien el vals.   *I'm looking for an old widower who waltzes well.*

· En Buenos Aires, el París de Sudamérica ·

En un autobús. Los señores Soria son turistas y están de vacaciones en Buenos Aires. La señora Roca es otra pasajera.

SR. SORIA	¡Ay, Dios mío! El tráfico está horrible y hay mucho ruido.
SRA. ROCA	Es el precio del progreso en una ciudad grande.
SRA. SORIA	Pero es hermosa, de todos modos.
SRA. ROCA	Sí, es "el París de Sudamérica". ¿Ustedes no son de aquí[1]?
SR. SORIA	No, mi esposa es peruana y yo soy cubano. Y usted, ¿de dónde es?
SRA. ROCA	Soy argentina, pero no soy de Buenos Aires. Soy de Córdoba, al norte.
SRA. SORIA	Una pregunta: ¿cuántos kilómetros hay a la ciudad de La Plata? Deseamos visitar el Museo de Historia Natural[2].
SR. TORRE	Perdón. Hay sesenta y cinco kilómetros a la ciudad de La Plata. Yo trabajo en una agencia de viajes y organizamos viajes a Mar del Plata, que es una ciudad cerca del mar. ¿Cuándo desean visitar Mar del Plata?
SRA. ROCA	Señor, ¡los señores hablan del Museo de La Plata, no de Mar del Plata!
SR. TORRE	Bueno, pero si cambian de idea . . . *(El Sr. Torre baja.)*

El autobús para frente a la Plaza de Mayo.

SR. SORIA	El edificio rosado, ¿es la casa de gobierno?
SRA. ROCA	Exactamente. Se llama la Casa Rosada[3]. Y atrás está el Río de la Plata.
SRA. SORIA	La ciudad de La Plata, la ciudad de Mar del Plata, el Río de la Plata. ¿Hay mucha plata en la Argentina?
SRA. ROCA	Hay muchas cosas interesantes, como en todo el mundo, pero no, no hay plata[4].
SR. SORIA	Ah, estamos frente al Hotel Plaza. Nosotros bajamos aquí.
SRA. ROCA	Bueno, ¡feliz viaje!
SRA. SORIA	Gracias, igualmente.

---

otro *another*   el pasajero, la pasajera *passenger*   Dios *God*   el ruido *noise*   de todos modos *anyway*   el kilómetro *kilometer*   la agencia de viajes *travel agency*   el mar *sea*   cambiar (de) *to change*   parar *to stop*   frente a = enfrente de   rosado *pink*   atrás *behind*   la plata *silver*   en todo el mundo *throughout the world*   bajar *to get out, off* (transportation)

PREGUNTAS

1. ¿De dónde es el señor Soria? ¿De dónde es la señora Soria?   2. ¿De qué ciudad es la señora Roca? ¿Dónde está la ciudad?   3. ¿En qué ciudad está el Museo de Historia Natural?   4. ¿Cuántos kilómetros hay a la ciudad de La Plata?   5. ¿Quién contesta la pregunta?   6. ¿Adónde organiza viajes el señor Torre?   7. ¿Desean los señores Soria visitar Mar del Plata? ¿Qué desean visitar?   8. ¿Qué hay detrás de la Casa Rosada?   9. ¿Hay mucha plata en la Argentina?   10. ¿Quién está delante de la clase? ¿Quién está detrás?

Notas culturales

1. Some 20 nations have Spanish as their principal language, and Spanish-speakers are accustomed to hearing a wide variety of accents. Many recognize almost immediately when the person they are speaking to is from their own country or somewhere else. Even within the same country, accents differ from one region to another. Only rarely do differences of accent cause misunderstandings, however; on the contrary, they may account for the Spanish-speaker's easy acceptance of the sometimes feeble efforts of foreigners to speak Spanish.

2. The **Museo de Historia Natural,** known also as the **Museo de La Plata,** is in the city of La Plata, about 40 miles from Buenos Aires. It is a famous museum of natural history, science, anthropology, and ethnology.

3. **La Casa Rosada** *Pink House* is Argentina's executive mansion. The structure is a combination of three different buildings, each with its own style. In 1869 President Domingo Faustino Sarmiento painted the architecturally heterogeneous complex a dark pink color to impose a kind of visual uniformity.

4. The first Spaniards to visit the area now called Argentina reputedly expected to find silver (**plata**), and the noun shows up in many Argentine place names. The name Argentina itself is derived from the Latin word for silver, *argentum*. Rumors of precious metals, climatic conditions certain to cure tuberculosis, and other marvels were similarly launched in various frontier regions of the United States by promoters eager to draw new settlers. The real "precious metal" in Argentina is dirt; the country has the richest agricultural land on earth in its enormous **pampas** (tall-grass prairies) and especially in the delta of the mighty **Río de la Plata.**

· Actividades ·

¿Cómo es la mujer?   ¿Es vieja o joven? ¿Es fea o guapa? ¿Es rica o pobre? ¿Es gorda o delgada? ¿Hay dos mujeres?

¿Cómo se llama?   Describe any of the following people and places to your classmates, without revealing the name. From your description, the others must guess the person or place you have in mind.

MODELO   **Es grande. Hablan español allí. Está al lado de los Estados Unidos. ¿Cómo se llama?** → **México.**

1. Frankenstein
2. el profesor o la profesora
3. la universidad
4. el presidente
5. la Argentina
6. (choose a personality or place yourself)

Divide the class into two teams. Each team will have a few minutes to invent *responses*. During play, the opposing team will have to come up with *questions* that could have brought about the responses—within a time limit you determine. Example: **Al norte de aquí.** Possible question: **¿Dónde está el Hotel Colón?** Example: **Es muy bueno. Es simpático.** Possible question: **¿Cómo es el profesor de sociología?**

Los países y la gente

Una entrevista. Interview a classmate, using the following questions. Then report the information to the class. (Your classmate is allowed to fib.)

1. ¿Quién eres tú?
2. ¿De dónde eres?
3. ¿Cómo es el hombre ideal?
4. ¿Cómo es la mujer ideal?
5. ¿Cómo eres tú?
6. ¿Cómo es la clase?
7. ¿Hablas otras lenguas? ¿Cuáles?
8. ¿Adónde deseas viajar?
9. ¿Con quién estudias?
10. ¿Con cuántas personas hablas español?

Una situación. With a classmate, invent a dialog, beginning with the lines shown. One of you is a tourist visiting Argentina, the other an Argentine from Buenos Aires. The visitor should ask questions about Argentina, the other should try to answer, using information from this chapter. (Don't forget the handy **Pues, no sé** *Well, I don't know*.)

TURISTA	Perdón, deseo llegar a Buenos Aires. ¿Está cerca o lejos?
ARGENTINO	. . . .
TURISTA	¿Cómo es Buenos Aires?
ARGENTINO	. . . .
TURISTA	¿Por qué se llama "el París de Sudamérica"?
ARGENTINO	. . . .

Bariloche está en el sur de la Argentina y es un lugar para vacaciones agradables.

Capítulo dos

Vocabulario activo

Cognados

el apartamento	delicioso	favorito	el kilómetro	natural	el progreso
colonial	difícil	el hotel	la lección	organizar	típico
comunista	el estilo	inteligente	moderno	preparar	el tráfico
el Congreso					

Sustantivos

el amigo, la amiga	friend
el avión	plane
en avión	by plane
la carne asada	roast beef
la comida	food; meal; lunch (Mexico, U.S. Southwest)
la conferencia	conference; lecture
la cosa	thing
Dios	God
¡Dios mío!	My goodness!, My God!
la empanada	meatpie
la gente	people
el mar	sea
el pasajero, la pasajera	passenger
la plata	silver; money (colloquial)
el precio	price
el río	river
el ruido	noise
el santo, la santa	saint
el tren	train
en tren	by train
el vino (tinto)	(red) wine

La ciudad *city*

la agencia de viajes	travel agency
la biblioteca	library
la calle mayor	main street
la catedral	cathedral
la cruz	cross
la cuadra	city block
el edificio	building
la escuela	school
la esquina	corner
la iglesia	church
la oficina de correos	post office
el correo	mail
el semáforo	traffic light
la tienda	store, shop

Verbos

bajar (de)	to get out, off (transportation)
cambiar	to change
parar	to stop
ser	to be

Otras palabras y expresiones

cambiar de idea	to change one's mind
che (regionalism)	hey
Ciao (Chao, Chau).	Bye.
como	like; how; as
del	of the
de todos modos	anyway, in any case
en todo el mundo	in the whole world
estar de vacaciones	to be on vacation
estar de viaje	to be on a trip
¡Feliz viaje!	Have a good trip!
mi	my
por	for, by; through; times (math)
todo el mundo	everybody

Adjetivos

aburrido	bored, boring
agradable	pleasant, nice
alegre	happy
alto	tall, high
amable	pleasant, nice, kind
ancho	wide
antipático	unpleasant
bajo	short, low
barato	cheap, inexpensive
bello	beautiful
bonito	pretty, beautiful
bueno	good
caro	expensive, dear
casado	married
cómodo	comfortable
contento	happy
corto	short
criollo	creole
chico	small, little
débil	weak
delgado	thin
desagradable	unpleasant
fácil	easy
feliz	happy

Los países y la gente

feo	ugly			al lado de	next to, beside
fuerte	strong			allá	there, over there
gordo	fat				
grande	big			atrás (de)	behind
guapo	handsome, beautiful			en el centro (de)	in the center (of)
hermoso	beautiful, pretty			debajo (de)	under, below
joven	young			delante (de)	in front (of)
largo	long			dentro (de)	in, inside (of)
lento	slow			derecho	straight ahead; right
lindo	pretty				
malo	bad			detrás (de)	behind
otro	another; other			encima (de)	over, above, on top (of)
pequeño	small				
perdido	lost			enfrente (de)	in front (of), before
perezoso	lazy				
pobre	poor			entre	between
rico	rich			frente a	in front of
rosado	pink			lejos (de)	far (from)
simpático	pleasant, nice			a la derecha	to the right
soltero	single, unmarried			a la izquierda	to the left
				al este	to the east
tonto	silly, foolish, stupid			al norte	to the north
				al oeste	to the west
trabajador	hardworking			al sur	to the south
viejo	old				
triste	sad				

· **Palabras interrogativas**
question words

¿Cuál(es)?	Which? Which one(s)?
¿Cuándo?	When?
¿Cuánto (-a, -os, -as)?	How much? How many?
¿Dónde?	Where?
¿Adónde?	Where? To where?
¿De dónde?	From where?
¿Por qué?	Why?
¿Quién(es)?	Who?
¿A quién?	To whom? Whom?
¿Con quién?	With whom?
¿De quién?	Whose?

· **Expresiones de lugar**
location words

acá	here, over here
por acá	around here
ahí	there

· **Países y nacionalidades**

Don't forget the countries and nationalities presented on pages 53 and 66.

Lectura I

El mundo° hispánico

¿Desea usted hablar español y pasar° unas semanas° estupendas? Bueno, un viaje a tierras° hispánicas es una idea excelente. Siempre° es posible viajar con la imaginación, ¿verdad?

 Primero llegamos a México, al sur de los Estados Unidos. En el centro hay una meseta° donde está la capital, México, una ciudad grande, moderna, con muchos parques° y museos. En los pueblos° hallamos° tradiciones antiguas° y comida deliciosa.

 ¿Visitamos ahora el Caribe? En tres de las islas° del Caribe la gente habla español: los cubanos en Cuba, los puertorriqueños en Puerto Rico y los dominicanos en la República Dominicana hablan esa lengua°.

 Al sur de México está la América Central. Es una región tropical con muchas montañas° y volcanes activos. En seis de las pequeñas repúblicas (Guatemala, El Salvador, Honduras, Nicaragua, Costa Rica y el Panamá), hablan español. En Belice hablan inglés.

 Llegamos luego° a los nueve países hispanos de la América del Sur: Venezuela, Colombia y el Ecuador al norte; el Perú, Bolivia y el Paraguay en el centro; Chile, la Argentina y el Uruguay al sur. El Brasil y las Guyanas no son países hispanos.

 Sudamérica es un mundo de contrastes geográficos donde es posible visitar ruinas de civilizaciones muy antiguas y también ciudades muy modernas y cosmopolitas.

 Finalmente, cruzamos el Océano Atlántico y llegamos a España, un país de regiones muy diferentes. En la costa del Mediterráneo, el clima es ideal. La capital, Madrid, está en la meseta central donde las temperaturas son

world

to spend / weeks
lands, countries /
always

plateau
parks / towns / we find
ancient

islands

that language

mountains

then

Iztaccihuatl, un volcán en la Sierra Nevada de México.

extremas. Andalucía, al sur, es famosa por las ciudades históricas y la música.

Y ahora, ¿cuál de los países del mundo hispánico desea usted visitar?

PREGUNTAS

1. ¿Cómo se llama la nación al sur de los Estados Unidos?
2. ¿Cómo es la capital de la nación? ¿Cómo es la comida?
3. ¿Cuáles son las tres islas del Caribe donde hablan español?
4. ¿Cuántas repúblicas hispanas forman la América Central?
5. ¿Qué países hispanos están en el norte de la América del Sur? ¿En el centro? ¿Y en el sur?
6. ¿Por qué no son países hispanos el Brasil y las Guyanas?
7. ¿Qué es posible visitar en Sudamérica?
8. ¿Cómo es España?
9. ¿Cuál es la capital de España? ¿Dónde está?
10. ¿Por qué es famosa Andalucía?

Casas coloniales restauradas en el Viejo San Juan de Puerto Rico.

La playa de Lloret de Mar en el Mediterráneo, la Costa Brava de España.

CAPÍTULO TRES

ESTUDIOS UNIVERSITARIOS

Vocabulario.   In this chapter you will talk about university life and the subjects studied at the university level.

Gramática.   You will discuss and use:
1 The present tense of verbs that end in **-er** and **-ir**
2 Demonstrative adjectives and pronouns (corresponding to *this, that* . . .)
3 The present tense of **tener** *to have*
4 Cardinal numbers from 101 to 1 million
5 The prepositions **a** and **de,** and personal **a**

Pronunciación.   You will practice the sounds represented by **r** and **rr.**

Cultura.   The dialogs take place in Mexico City, the capital of Mexico.

LIBRERÍA UNIVERSITARIA

FILA	ASIGNATURA	FILA	ASIGNATURA
1	Antropología	11	Informática
2	Artes y drama	12	Ingeniería
3	Baile	13	Lenguas
4	Biología	14	Literatura
5	Ciencias naturales	15	Matemáticas
6	Ciencias políticas	16	Medicina
7	Ciencias sociales	17	Pintura
8	Filosofía	18	Psicología
9	Física	19	Química
10	Historia	20	Sociología

la asignatura *course, subject*   **la fila** *aisle, row*   **la informática** *computer science*   **la química** *chemistry* (The course names in the directory are all feminine—**la, las**—except **el drama** and **el baile** *dance*.)

La Pensión Hamburgo. In the Hamburgo Boarding House, students from the Universidad Nacional Autónoma de México (UNAM) are studying or practicing in **el patio** *the courtyard*. Say what field each is studying.

MODELO   Consuelo estudia las civilizaciones de Sudamérica. → **Consuelo estudia antropología.**

1. Lola estudia alemán y francés.
2. Sofía estudia los libros de Cervantes y de Shakespeare.
3. Chepa estudia los libros de Freud.
4. Maruja estudia los gobiernos de Sudamérica.
5. En el patio, Toña baila.
6. Rosalía estudia el problema $24x - 6y = 150$.

- **CUESTIONARIO**

1. ¿Qué estudia usted?   2. ¿Es aburrida o interesante la química? ¿Es fácil o difícil?   3. ¿Qué estudian las personas que (*who, that*) desean ser ingenieros?   4. Muchas personas estudian la informática, ¿verdad?   5. ¿Desea usted estudiar las civilizaciones de México?   6. ¿Dónde compramos los libros de las ciencias naturales?

Follow up questions 2 and 6 with **¿Por qué?** to create a mini-exchange.
Additional questions for oral presentation: **7. ¿Dónde estudia Ud.? ¿En la biblioteca? 8. ¿Qué otras clases hay aquí en** (name of college)? (Offer Spanish equivalents to help students express themselves, e.g., **administración de empresas** *business administration;* **derecho** o **leyes** *law,* etc.)

82   *Capítulo tres*

En la biblioteca.
Aural Comprehension: Cierto o falso: 1. Felipe y Adela están en la librería. 2. Adela lee un libro de psicología. 3. Benigno espera a Adela. 4. Felipe cree que la filosofía no es práctica. 5. Adela insiste en estudiar comercio ahora. 6. Adela desea escribir obras de arte.

I. Presente de indicativo de los verbos terminados en -er y en -ir

- *En la biblioteca del Instituto Politécnico Nacional de México[1].*

FELIPE   Hola, Adela. ¿Qué lees?
ADELA   Leo una historia de la filosofía en México. Espero a Benigno.
FELIPE   ¡Viva la filosofía, y viva México! Pero Adela, en el mismo Poli, ¿no crees que debes aprender cosas más prácticas?
ADELA   Prometo estudiar comercio más tarde. Ahora insisto en las artes. Deseo estudiar literatura, y escribir dramas.

1. ¿Qué lee Adela?   2. ¿Cree Felipe que Adela debe aprender cosas más prácticas?
3. ¿Qué promete estudiar Adela más tarde?   4. ¿En qué insiste ahora?
5. ¿Qué desea escribir?

In the library of the Instituto Politécnico Nacional de México. FELIPE: Hi, Adela. What are you reading? ADELA: I'm reading a history of philosophy in Mexico. I'm waiting for Benigno. FELIPE: Long live philosophy, and long live Mexico! But Adela, in the Poli itself, don't you think that you ought to learn more practical things? ADELA: I promise to study business later. Now I insist on the arts. I want to study literature, and write plays.

[1]The National Polytechnic Institute in Mexico City is the country's leading school of engineering, technology, and business science.

Estudios universitarios

A To form the present tense of a regular verb whose infinitive ends in **-er**, drop the infinitive ending **-er** and add the endings **-o, -es, -e, -emos, -éis, -en**.

comer *to eat*		
yo como	nosotros (-as)	comemos
tú comes	vosotros (-as)	coméis
usted, él, ella come	ustedes, ellos, ellas	comen

¿Qué comes? *What are you eating?*
Como unas tortillas[2]. *I'm eating some tortillas.*

The four forms in the tinted shoe are stressed on the stem syllable **co-**; the other two forms are stressed on an ending syllable (**-me-, -méis**).

B Here are some other regular **-er** verbs.

aprender	to learn	deber	to owe; should,
beber	to drink		ought to (+ infintive)
comprender	to understand	leer	to read
correr	to run	prometer	to promise
creer	to believe	responder	to respond
		vender	to sell

Marcelo bebe mucho vino. *Marcelo drinks a lot of wine.*
Laura y yo creemos que la clase es aburrida. *Laura and I think the class is boring.*
Debo leer un libro de ciencias políticas hoy pero no está en la biblioteca. *I should read a book on political science today, but it's not in the library.*

C To form the present tense of a regular verb whose infinitive ends in **-ir**, drop the infinitive ending **-ir** and add the endings **-o, -es, -e, -imos, -ís, -en**.

vivir *to live*		
yo vivo	nosotros(-as)	vivimos
tú vives	vosotros(-as)	vivís
usted, él, ella vive	ustedes, ellos, ellas	viven

¿Dónde viven ustedes?—Vivimos en la Calle Cabrillo. *Where do you live?— We live on Calle Cabrillo.*

The **-ir** verb endings are the same as the **-er** verb endings except in the **nosotros** and **vosotros** forms, the two forms stressed on an ending syllable.

[2]**Tortillas** are flat corncakes that are eaten in Mexico as bread.

Estas señoras preparan tortillas.

D Here are some other regular **-ir** verbs.

abrir	to open	existir	to exist
asistir (a)	to attend	insistir (en)	to insist
decidir	to decide	ocurrir	to occur
describir	to describe	recibir	to receive, to get
escribir	to write	sufrir	to suffer

¿Abres la ventana?
Escribe un libro. Describe Michoacán[3].
¿Reciben ustedes muchas cosas de México?

Are you opening the window?
She's writing a book. It describes Michoacán.
Do you get many things from Mexico?

Certain verbs are normally linked to anything following them by particular prepositions. In vocabulary lists, such prepositions are shown in parentheses: **asistir (a), insistir (en)**. Learn the customary preposition with the verb.

Mercedes asiste a la universidad.
Carlitos insiste en hablar español.

Mercedes attends the university.
Carlitos insists on speaking Spanish.

---

[3]**Michoacán** is a large agricultural state west of Mexico City. It was the scene of important actions in the Mexican Revolution (1910–1938).

Estudios universitarios

EJERCICIOS If more practice is needed, recycle these sentences, changing the object nouns: 1. geología 2. otra composición 3. la conferencia 4. la filosofía

A La sustitución.   Restate each sentence, changing the subject as suggested by the cues.

1. Rolando aprende matemáticas. (usted, tú, yo, Mario y yo, ustedes, ellas)
2. Los estudiantes escriben dos páginas. (tú, nosotros, ellos, yo, Luis)
3. El profesor asiste a clase. (los estudiantes, yo, tú, ustedes, nosotros)
4. Los padres no creen en el gobierno. (los abuelos, el presidente, yo, tú, nosotros, Lupe)

B La tómbola.   Assemble sentences from the three columns to tell what people do.

MODELO   **Los hombres corren a la clase.**

Los hombres	leer	las preguntas
Yo	creer	Coca Cola en casa
Mi amiga y yo	insistir en	la lección todos los días
¿Quiénes	prometer	que son muy guapos
El presidente	correr	en el gobierno
El profesor de química	abrir	que debemos estudiar mucho
El presidente de México	beber	las preguntas de los profesores
Nosotros	aprender	estudiar más
Muchas personas	existir	en Dios
Los estudiantes	responder a	los libros y cuadernos en clase
	deber	a la clase

C En acción.   Say what these people seem to be doing.

1. Los hombres . . .

2. El señor García . . .

3. Juana . . .

4. Los estudiantes . . .

5. El niño . . .

6. La estudiante . . .

Capítulo tres

• **¡RÁPIDO!**

Select someone to be **la víctima.** To be fair about it, you may want to draw cards (**robar cartas**). Everyone else will ask the lucky winner the following questions, in rapid succession, and the **víctima** will give complete-sentence answers to as many as he or she can. After a minute or two, select someone else for the same treatment.

1. ¿Corres a las clases?   2. ¿Debes asistir a clase mañana?   3. ¿Aprendes mucho en la clase?   4. ¿Lees bien en español?   5. ¿Qué lees en la clase?   6. ¿Recibes buenas notas en la clase de español?   7. ¿Debes estudiar más?   8. ¿Prometes estudiar más?   9. ¿Abres la ventana? ¿Abres la puerta?   10. ¿Qué venden en la librería?   11. ¿De quiénes recibes cartas?   12. ¿En qué ciudad vives?   13. ¿Vives cerca o lejos de aquí?   14. ¿Vives con los padres?   15. ¿Comes en casa o en la universidad?

Additional exercise: Association with **-er** *and* **-ir** *verbs. One element is changed each time; students volunteer new links in the chain. Example:* **Abro el libro. Lee el libro. Vendo el libro. Vendo los tacos. Como los tacos. Espero los tacos.** *(Chain ends when students run out of ideas.)*

II. Los adjetivos y pronombres demostrativos

• *El profesor Dávila de la Universidad de Madrid visita la Facultad[1] de Humanidades de la Universidad Nacional Autónoma de México.*

DÁVILA Y aquel edificio allá, ¿qué es?
LÓPEZ Ese es el estadio de esta universidad. Ese mosaico es de Diego Rivera[2].
DÁVILA Ah, sí, aquel pintor mexicano tan famoso.
LÓPEZ A propósito, ¿desea comer algo?
DÁVILA Sí, gracias. Creo que aquel restaurante en San Ángel Inn[3] es muy bueno.
LÓPEZ En esta ciudad hay muchos restaurantes buenos. Pero, sí, vamos a ése. Éste es mi auto.

1. ¿De qué edificio pregunta el profesor Dávila?   2. ¿Quién es Diego Rivera?   3. ¿Qué restaurante es muy bueno?   4. ¿En qué restaurante comen los dos profesores?

Professor Dávila from the University of Madrid is visiting the School of Humanities of the **Universidad Nacional Autónoma de México.** DÁVILA: *And that building (over) there, what is it?* LÓPEZ: *That is the stadium of this university. That mosaic is by Diego Rivera.* DÁVILA: *Oh, yes, that (so) very famous Mexican painter.* LÓPEZ: *By the way, do you want to eat something?* DÁVILA: *Yes, thank you. I think that restaurant in San Ángel Inn is very good.* LÓPEZ: *In this city there are many good restaurants. But yes, let's go to that one. This is my car.*

---

[1] **Facultad** means school or division within a university. The word for *faculty* is **el profesorado.**
[2] **Diego Rivera** (1886–1957), Mexican painter. Large murals by him decorate the stadium on the campus of the University of Mexico.
[3] **San Ángel** is a section of Mexico City, formerly a suburb, adjacent to the university. The **Villa San Ángel,** also called **San Ángel Inn,** today houses a restaurant and numerous shops selling the work of Mexican artists and craftsmen.

Aural Comprehension: Cierto o falso: 1. El profesor Dávila está cerca del estadio. 2. López es el pintor del mosaico. 3. El profesor Dávila no es de México. 4. Comen en el auto de López.

Estudios universitarios

A Demonstrative adjectives

1. Demonstrative adjectives are used to point out a particular person or object. They precede the nouns they modify and agree with them in gender and number.

DEMONSTRATIVE ADJECTIVES				
SINGULAR				**PLURAL**
masculine	**este** } this		**estos** } these	
feminine	**esta**		**estas**	
masculine	**ese** } that		**esos** } those	
feminine	**esa**		**esas**	
masculine	**aquel** } that (over there)		**aquellos** } those (over there)	
feminine	**aquella**		**aquellas**	

¿Comes en este restaurante?	Do you eat in this restaurant?
¡Esta conferencia es excelente!	This conference is excellent!
La física, la biología y la química— estas tres asignaturas son difíciles.	Physics, biology, and chemistry— these three courses are difficult.
¿Ese libro? Es muy caro.	That book? It's very expensive.
Esos señores son mexicanos.	Those men are Mexican.
Deseo aquel lápiz, por favor.	I want that pencil, please.
Aquella señora no es española.	That woman (over there) isn't Spanish.

2. Both **ese** and **aquel** correspond to *that* in English. **Ese** may be used in most contexts. **Aquel** is used less frequently in the New World than in Spain.[4]

B Demonstrative pronouns

1. Demonstrative pronouns in Spanish have the same form as demonstrative adjectives, except that the pronouns have written accents.[5] They agree in gender and number with the noun they replace.

¿Cuál es éste? Es el libro de Ana.	Which one is this? It's Ana's book.
Ésta es la prima de Paco.	This is Paco's cousin.
Éstos son precios muy altos.	These are very high prices.
¿Es ése un estudiante argentino?—Sí, y ésa es chilena.	Is that one an Argentine student?— Yes, and that one is Chilean.
¿Qué son ésos?—Son tortillas.	What are those?—They're tortillas.

Aquél is commonly used in Spain.

¿Hablas de aquél o de aquélla?	Are you talking about that one (masculine) or that one (feminine)?
¿Quiénes son aquellas chicas?— ¿Aquéllas? Son amigas de Pilar.	Who are those girls?—Those (over there)? They're friends of Pilar.

[4]For Spaniards, the forms **ese, esa, esos, esas** indicate persons or objects located fairly close to the person named. **Aquel, aquella, aquellos, aquellas** are used to indicate persons or objects that are remote in time or space from both the speaker and the person spoken to.

[5]Accents are often not printed over capital letters, so when a demonstrative pronoun is the first word of a sentence, the accent may be missing.

88 *Capítulo tres*

2. The difference between a demonstrative adjective and a demonstrative pronoun is whether or not the noun is present.

    ADJECTIVE NOUN   PRONOUN

Quiero este libro. *I want this book.*   Quiero éste. *I want this one.*

3. Spanish also has three neuter pronouns: **esto** *this,* **eso** *that,* and—in Spain—**aquello** *that* (distant). They have no plural forms and do not take a written accent. They are used to refer to statements, abstract ideas, or something that has not been identified.

    ¿Qué aprendemos de todo esto?   *What do we learn from all this?*
    ¿Qué es eso?   *What's that (thing, situation, etc.)?*
    Todo aquello ocurre en un país lejos de aquí.   *All that occurs in a country far from here.*

EJERCICIOS

Exercise C, Alternative: Have students give sentences that specify what classmates do, using **-ar** and **-er** verbs. Example: **Ese señor lee mucho. Esas dos señoritas siempre llegan temprano.**

A La sustitución. Restate each sentence as suggested by the cues.

1. Los estudiantes comen en esa <u>cafetería</u>. (restaurantes, casa, edificio, mesas)
2. Hablan con estos <u>amigos</u>. (profesora, señores mexicanos, primas, pasajero)
3. Aquellos <u>hoteles</u> son buenos. (universidad, museos, librerías, precios, plaza)

B La transformación. Switch the subject of each sentence from feminine to masculine and make related changes.

MODELO   Aquellas profesoras son buenas. → **Aquellos profesores son buenos.**

1. Esta mujer es muy trabajadora.
2. Esa niña es muy buena.
3. Esas señoras son de Puebla.
4. Aquella señorita es estudiante.
5. Estas mexicanas son amables.
6. Esas turistas inglesas están en Veracruz.

C Los sospechosos identificados. *The suspects identified.* Using adjectives from the list given or others you know, describe your classmates. Use demonstrative adjectives and pronouns to indicate who you mean.

simpático, delgado, inteligente, joven, viejo, casado, soltero, alto, bajo, perezoso, trabajador, triste, guapo

MODELO   Ese señor es alto pero esta señorita es baja. Esas señoras no son perezosas, son trabajadoras.

D Al grano. *To the point.* Restate, using a pronoun to improve sentence style.

MODELO   Compro este libro y aquel libro. → **Compro este libro y aquél.**

1. Necesito vender ese libro y estos libros.
2. Deseo comer en este restaurante o en aquel restaurante.
3. ¿Debo abrir aquellas ventanas o estas ventanas?
4. Trabajo en este edificio y en esos edificios también.
5. Necesito comprar esta calculadora y aquellas calculadoras.

E   La interrogación.   Answer each question with one word, as in the model, pointing with your finger to the object as you respond.

   MODELO   ¿Cuál es el libro de usted? → **Éste.**

   1. ¿Cuáles son los papeles del profesor?
   2. ¿Cuáles son las ventanas?
   3. ¿Cuáles son las cosas de usted?
   4. ¿Cuál es la pizarra de la clase?
   5. ¿Cuál es la silla de usted?
   6. ¿Cuál es el escritorio del profesor?

● **CUESTIONARIO**

1. ¿Cómo es esta ciudad?   2. ¿Hay un hotel bueno en esta ciudad? ¿Cómo se llama?   3. ¿Es moderno ese hotel?   4. ¿Hay un hospital en esta ciudad? ¿Cómo se llama?   5. ¿Cómo es ese hospital?   6. ¿Hay una universidad en esta ciudad? ¿Comó se llama?   7. ¿Es grande esa universidad?   8. ¿Hay dos restaurantes en esta ciudad? ¿Cómo se llaman?   9. ¿Es cara la comida en esos restaurantes?

Assignment: Students bring in unusual objects, photos, etc. and describe them whimsically to rest of the class, using **este, esta, estos,** etc.

UTILIZING STUDY TIME

Learning a second language requires daily study and practice. Previously learned vocabulary and structures must be reviewed frequently so that they will be retained and form the building blocks for further language acquisition.

   In order to maximize your study time (at least one hour each day), make sure that you first understand your assignments. Analyze the learning tasks to determine what previous knowledge is required, what new concepts must be learned, and what the expected outcomes are. Sometimes you may have to review before you can begin learning new material. Other structures may be similar to ones in English and very easy for you to learn. Study the models, examples, and charts provided by the text and your instructor before trying to do the assignment—you may save yourself frustration and wasted study time.

   Make use of short blocks of study time by working with your flashcards, lists, and charts. Carry them with you or tape them up in study and work areas—over the sink, for example. Save larger blocks of time for work with new material and in-depth review.

   Some people study more efficiently and retain information better at certain times of day. Find out if you have an ideal time—just before going to sleep, right after getting up, just before or after class, or whenever. Some aspects of Spanish are learned best if you can study undisturbed for a period of time.

   Whenever possible, try to personalize your study of Spanish. Think of realistic ways in which you might use Spanish. Use the vocabulary and structures in each chapter to talk about your family, friends, and activities. Write about things that interest you. Read the dialogs and readings in your text and think of how you might describe your own country to someone in a Spanish-speaking country. Try to combine your language study with other subjects that interest you—in other words, try to think how Spanish can help you now and throughout your life. Learning a second language has many practical advantages— if you are ready to grasp them.

III. El presente de indicativo de **tener**

• *En el Zócalo[1] de la ciudad de México. Hablan dos compañeras de cuarto.*

BÁRBARA ¿Tienes tiempo de asistir a la conferencia esta tarde?
DORA ¿En el Colegio de México[2]? No, no tengo tiempo, Bárbara. Roberto y yo tenemos otros planes para hoy: visitar el Museo de Antropología[3].
BÁRBARA ¿Y el examen de historia de los aztecas que tenemos mañana?
DORA No tiene importancia. Además, en el museo con Roberto aprendo mucho.
BÁRBARA Comprendo, Dora. La escuela de la vida, ¿no?

1. ¿Tiene Dora tiempo para asistir a la conferencia con Bárbara?   2. ¿Qué planes tienen Dora y Roberto?   3. ¿Cree Dora que el examen tiene importancia?

In the **Zócalo** *of Mexico City. Two roommates are talking.* BÁRBARA: Do you have time to attend the lecture this afternoon? DORA: At the Colegio de México? No, I don't have time, Bárbara. Roberto and I have other plans for today: to visit the Museum of Anthropology. BÁRBARA: And the Aztec history exam that we have tomorrow? DORA: It's not important. Besides, in the Museum with Roberto I learn a lot. BÁRBARA: I understand, Dora. The school of life, right?

[1] Mexico City's huge central square, **el Zócalo**, was also the center of the Aztec city, **Tenochtitlán**.
[2] The **Colegio de México** is an institute of higher political and historical studies.
[3] Mexico City's Museum of Anthropology contains the world's most important collection of artifacts from New World cultures.

Aural Comprehension: Cierto o Falso: 1. El Zócalo es una plaza muy antigua. 2. Dora no está muy ocupada. 3. Hay una conferencia esta tarde en el Colegio de México. 4. Bárbara no tiene tiempo para Roberto. 5. Dora también tiene un examen de historia mañana.

The verb **tener** is irregular.

tener *to have*	
tengo	tenemos
tienes	tenéis
tiene	tienen

Notice that the **yo**-form ends in **-go**. The other three forms stressed on the stem change their stem vowel **e** to **ie**.

No tengo mucho tiempo.	I don't have much time.
¿Tenemos tiempo de comer?	Do we have time to eat?
¿Qué tienes allí?	What do you have there?
Arnaldo tiene otros planes.	Arnaldo has other plans.
Los señores Salazar tienen muchos libros sobre la medicina azteca.	Mr. and Mrs. Salazar have a lot of books about Aztec medicine.

Estudios universitarios

En la librería hay libros para todos.

EJERCICIOS

A La sustitución

1. Roberto tiene planes para mañana. (la profesora, los turistas, nosotros, yo)
2. No tengo clase mañana. (ellas, nosotros, Dora, los estudiantes)

B Una charla.   Complete the dialog with the correct form of **tener**.

DELIA   Ernesto, ¿(1)____ tú tiempo de visitar al tío Pedro?
ERNESTO   Sí, mamá. (2)____ tiempo. Y Conchita y yo (3)____ un libro para él.
DELIA   Pero Conchita (4)____ examen hoy.
ERNESTO   Es verdad. Y creo que ella (5)____ otros planes. Pues, yo (6)____ el auto de papá. Hasta luego.

C La tómbola.   Create ten sentences using the following sentence elements. Use each subject pronoun twice.

Note that **tiempo de llamar** would be translated *time to call*.

él	tenemos	un examen de filosofía hoy
yo	tienen	una amiga estupenda
ustedes	tiene	un libro de historia de América
tú	tengo	una casa muy grande
nosotros	tienes	dos clases de psicología
		tiempo de llamar a Susana
		muchas ideas aburridas
		abuelos mexicanos
		una hermana doctora

Capítulo tres

D La traducción

1. Does Uncle Luis have time to eat?
2. I have two expensive biology books.
3. The children don't have class tomorrow.
4. Mexico has an important university.
5. Do you have plans today?
6. Why doesn't that hotel have a restaurant?
7. Do we have time to talk?
8. No, I don't have other plans.

• **CUESTIONARIO**

1. ¿Tiene la universidad una buena biblioteca?   2. ¿Tienen programas en español en la televisión aquí?   3. ¿Tiene usted una clase de francés? ¿De matemáticas? ¿De biología? ¿De literatura? ¿Son fáciles o difíciles?   4. ¿Tiene usted amigos suramericanos? ¿Españoles?   5. ¿Tenemos muchos estudiantes guapos en la clase? ¿En esta universidad?   6. ¿Tiene usted una familia grande o pequeña?   7. ¿Tiene usted ideas estupendas? ¿Tontas?
Additional oral questions: **8. ¿Los estudiantes de esta universidad tienen tiempo de mirar televisión? 9. ¿Tiene** (name of Spanish-speaking country currently in news) **un gobierno bueno?**

IV. Los números cardinales 101 a 1.000.000

• *En la Librería Porrúa en la Calle San Juan de Letrán.*

RAMOS	Señorita, necesito un libro sobre la civilización azteca[1].
SRTA. CASTILLO	Aquí tiene éste. ¿Es usted estudiante?
RAMOS	Sí. ¿Y el precio, por favor?
SRTA. CASTILLO	Mil trescientos cincuenta pesos.
RAMOS	¿Y el precio en dólares?
SRTA. CASTILLO	No aceptamos dólares aquí, señor.
RAMOS	Comprendo. Es el año de la inflación. ¿Y aquél que está allí?
SRTA. CASTILLO	Novecientos treinta pesos, señor.
RAMOS	Bueno, gracias. No tengo tanto dinero para ése.

1. ¿Dónde está el estudiante?   2. ¿Qué necesita el estudiante?   3. ¿Qué precio tiene el libro que lleva?   4. ¿Tiene mucho dinero el estudiante?

In the Porrúa Bookstore in San Juan de Letrán Street. RAMOS: Miss, I need a book on Aztec civilization. MISS CASTILLO: Here's this one. Are you a student? RAMOS: Yes. And the price, please? MISS CASTILLO: $1350 pesos. RAMOS: And the price in dollars? MISS CASTILLO: We don't accept dollars here, sir. RAMOS: I understand. It's the year of inflation. And that one that's over there? MISS CASTILLO: $930 pesos, sir. RAMOS: O.K., thank you. I don't have enough money for that one.

---

[1] On the eve of the Spanish Conquest in 1519, the Aztec Empire, ruled by Emperor Moctezuma II, had spread over most of modern Mexico and held sway over some 10 million subjects. One of the world's larger nations, its achievements in art, medicine, engineering, and especially botany were extraordinary. Nearly every Mexican is at least partly of Indian descent; some Indian languages are still regularly spoken in various parts of the republic.

Student adaptation: Ramos identifies himself as a student and inquires about possible discount: **Soy estudiante. ¿Hay descuento[n]?**

Estudios universitarios

101 ciento uno	201 doscientos uno	1000 mil
102 ciento dos	300 trescientos	1001 mil uno
111 ciento once	400 cuatrocientos	1010 mil diez
120 ciento veinte	500 quinientos	1100 mil cien
121 ciento veintiuno	600 seiscientos	1101 mil ciento uno
130 ciento treinta	700 setecientos	1200 mil doscientos
131 ciento treinta y uno	800 ochocientos	1.000.000 un millón (de)
200 doscientos	900 novecientos	

Point out deviation from pattern in quinientos, setecientos, and novecientos.

A Remember that **cien** is used before **mil** and **millón,** before a noun, and in counting (**noventa y nueve, cien, ciento uno . . .**). **Ciento** is used before a smaller number. It does not have a feminine singular form.

ciento nueve calles	*109 streets*
ciento cincuenta niñas	*150 girls*
ciento noventa niños	*190 boys*

B The hundreds from 200 to 900 do agree in gender with the nouns they modify.

doscientos ocho niños	*208 boys*
doscientas ocho niñas	*208 girls*
setecientas cuatro calles	*704 streets*

C **Uno** becomes **un** before a masculine noun, **una** before a feminine noun.

trescientas una escuelas	*301 schools*
ciento ochenta y un libros	*181 books*

D The word **y** is used between tens and units but not between hundreds and tens or between hundreds and units.

treinta y uno	*31*
ciento veinte	*120*
ciento uno	*101*

Give plural: miles, as in Hay miles de estudiantes. The mistake to be expected: *un mil.

E **Mil** is used to express the number 1,000.

mil novecientos ochenta y ocho	*1988*
mil sesenta y seis	*1066*
dos mil uno	*2001*
dos mil treinta y tres	*2033*
doscientos mil cuatrocientos veintiuno	*200,421*

Capítulo tres

F **Un millón** *one million* is followed by **de** before a noun. The plural is **millones**.

El precio es un millón de pesos.
Ahora ella tiene tres millones de dólares.

The price is one million pesos.
Now she has three million dollars.

G In writing numerals and decimals, Spanish and English follow opposite practices in the use of the period and the comma.

SPANISH
1.000.000
13,6

ENGLISH
1,000,000
13.6

EJERCICIOS

A **El dictado.** Read the following sequences of numbers to a classmate, who will jot them down. Then check to see that the numbers as written are correct.

1. 1, 100, 1.000, 1.000.000
2. 3, 13, 33, 333, 333.333
3. 6, 16, 66, 666, 1.666, 66.000
4. 5, 15, 55, 500, 1.500, 500.00, 5.000.000
5. 7, 77, 700, 1776, 17.000, 70.000, 70.000.000

B **Los datos y las cifras.** Looking for a clue to tomorrow's lottery, Sr. Roque de la Huerta circled the following numbers in his copy of *Excelsior*, one of Mexico's great newspapers. Read the items to the class.

1. 1985
2. la página 161
3. 550.000 personas
4. 120.000 estudiantes en la Universidad Nacional
5. 201 señoras
6. 100 pesos
7. 179 hoteles modernos
8. 999 pasajeros
9. precio: $1.000.000 (pesos)
10. 301 escuelas

C **La inflación.** In 1983 Mexico twice devalued its peso by substantial amounts. Argentina devalued its currency by a factor of 10,000. Convert the prices shown. One person will read the old price, another will give the new price in current **pesos argentinos**. (If you don't have your calculator **encima** *on you*, you can do the math in your head; just drop four zeros.)

MODELO $100.000 pesos → **10 pesos**

1. 5.000.000
2. 10.000
3. 2.000.000
4. 800.000
5. 200.000.000
6. 80.000
7. 500.000.000
8. 880.000

Estudios universitarios 95

Una vista de la Ciudad de México, bella, moderna y cosmopolita.

D **El examen de historia.** One person will read the events listed, and another will select the correct date for each event from the choices given.

MODELO   Cristóbal Colón llega a las Américas. → 1492 (**Mil cuatrocientos noventa y dos**)

1. Los norteamericanos escriben la Declaración de Independencia.
2. Miguel de Cervantes escribe *Don Quijote*.
3. México tiene una revolución.
4. Ronald Reagan es presidente de los Estados Unidos.
5. Los astronautas llegan a la luna *(moon)*.
6. John F. Kennedy es el presidente norteamericano.

a. 1980
b. 1910
c. 1960
ch. 1776
d. 1969
e. 1605
f. 1492

• **CUESTIONARIO**

1. ¿Cuántas personas viven en esta ciudad?   2. ¿Cuántos estudiantes hay en esta universidad?   3. ¿Qué precio tiene un Mercedes Benz?   4. ¿Cuántas personas viven en Nueva York? ¿En California?   5. ¿Cuánto gana *(earns)* un profesor? ¿$10.000? ¿$20.000? ¿Más?   6. Si hay 150 pesos en un dólar, ¿cuántos pesos hay en $10? ¿$100?   7. ¿Cuántos son quinientos y quinientos cinco?   8. ¿Qué precio debe tener una casa buena de ocho cuartos?   9. ¿Cuántas mujeres crees que hay en los Estados Unidos?   10. ¿Cuántas personas viven en la capital de México?

96   *Capítulo tres*

V. Las preposiciones **a** y **de**; **a** personal

- *En el restaurante Los Panchos en la Avenida Insurgentes[1].*

JULIA Buenos días, Óscar. Busco a Guadalupe.
ÓSCAR Buenos días, Julia. ¿A quién buscas?
JULIA A la chica que trabaja de mesera, Guadalupe, la cuñada de Clarita.
ÓSCAR Ah, sí, Lupita. Pues no trabaja todos los días. Hoy visita al tío de Clarita y esta tarde visita las pirámides de Teotihuacán[2].
JULIA ¿Regresa esta noche?
ÓSCAR Creo que sí. Tiene la clase de inglés mañana.

1. ¿A quién busca Julia? 2. ¿Quién es Lupita? 3. ¿A quién visita Lupita?
¿Qué visita esta tarde? 4. ¿Por qué debe regresar Lupita esta noche?

At the Los Panchos Restaurant on Avenida Insurgentes. JULIA: Good morning, Óscar. I'm looking for Guadalupe. ÓSCAR: Good morning, Julia. Who are you looking for? JULIA: The girl who works as a waitress, Guadalupe, Clarita's sister-in-law. ÓSCAR: Oh, yes, Lupita. Well, she doesn't work every day. Today she's visiting Clarita's uncle and this afternoon she's visiting the pyramids of Teotihuacán. JULIA: Is she coming back tonight? ÓSCAR: I think so. She has English class tomorrow.

---

[1]This avenue in Mexico City is named for the insurgents who in 1810 responded to the call of Father Hidalgo for the independence of Mexico.
[2]**Teotihuacán**, near Mexico City, was the ceremonial center of a culture which preceded that of the Aztecs. Its two pyramids of the Sun and Moon are equal in mass to the great pyramids of Egypt.

Aural Comprehension: Cierto o falso: 1. El restaurante está en una avenida importante. 2. Guadalupe es pariente de Clarita. 3. El tío de Clarita vive en las pirámides. 4. Hay clase de inglés esta noche.

A Very generally, **a** means *to*, and **de** means *from* or *of*.

Viaja a Acapulco.   *She's traveling to Acapulco.*
Regresan de Puebla.   *They're returning from Puebla.*

Other English equivalents are possible in specific contexts. Sometimes no equivalent word at all is used in English.

La hermana de Benigno está aquí.   *Benigno's sister is here.*
Asisto a la UNAM.   *I attend UNAM.*

Use **en**, not **a**, to express location: **en casa** *at home*.

Estudios universitarios

B **De** is used to indicate possession, place of origin, and material out of which something is made.

Anita es la hermana de Orlando.	Anita is Orlando's sister.
Adalberto es de Cuba.	Adalberto is from Cuba.
El cuaderno es de papel.	The notebook is made of paper.
El cuaderno de papel está allí.	The paper notebook is over there.

C **De** also means *as* when used with occupations. Note that the article is omitted.

¿De qué trabaja Lupita?	What does Lupita do for a living (work as)?
Trabaja de mesera.	She works as a waitress.

D Both **a** and **de** are used with **dónde**. Usually **a** and **dónde** contract: **adónde**.

¿Adónde viajas?	Where are you traveling (to)?
¿De dónde regresas?	Where are you returning from?

E Remember that when **a** or **de** precedes the definite article **el**, the preposition and the article contract: **al, del. A** and **de** do not contract with the other articles: **la, los, las.** No other prepositions contract with **el**.

Germán llega al Parque Chapultepec[3].	Germán arrives at Chapultepec Park.
Adelita viaja a la ciudad.	Adelita travels to the city.
La avenida está lejos del edificio Panamericano.	The avenue is far from the Panamerican building.
Domingo vive lejos de la ciudad.	Domingo lives far from the city.
Concha regresa con el jefe.	Concha returns with the boss.

A and **de** do not contract with the **El** that is capitalized as part of a name, or with the pronoun **él.**

Enrique viaja al Perú[4].	Enrique travels to Peru.
Enriqueta viaja a El Salvador[5].	Enriqueta travels to El Salvador.
Son de El Greco[6].	They're by El Greco.
Son de él.	They're his.

[3]Chapultepec Park, located in some hills (**lomas**) on the edge of Mexico City, is the site of a palace once occupied by the ill-fated Emperor Maximilian (arrived in Mexico, 1864; shot, 1867) and Empress Carlota, now the **Museo Nacional de Historia.**
[4]The **el** in **el Perú** is not capitalized and is sometimes omitted altogether.
[5]The **El** in **El Salvador** is capitalized; it is never omitted.
[6]Doménico Theotocópulos (1548–1625), Spanish painter born in the Greek isle of Crete, universally known as **El Greco.**

F The preposition **a** also serves as a grammatical marker; in this use it is called *personal* **a**. In sentences, the *direct object* is the word that indicates the person or thing that gets acted upon. In *I read the newspaper, newspaper* is what gets read—it's the direct object. In *I see Jim, Jim* is the person who gets seen—he's the direct object. In Spanish sentences, direct objects that refer to specific, known persons must be preceded by **a**.

Victoriano mira a la doctora.	*Victoriano looks at the doctor.*
La tía Fela visita a los señores Navarro.	*Aunt Fela is visiting Mr. and Mrs. Navarro.*
Nacha llama a un amigo.	*Nacha calls a friend.*
But: Venustiano mira la pizarra.	*Venustiano is looking at the board.* (Direct object is a thing, not a person: no **a**)

The personal **a** is omitted in most uses of the verb **tener**.
   It would not be omitted in cases like **Tengo al hermano de Rosa aquí con nosotros.**

Tengo un hermano.	*I have a brother.*

Note that with third-person singular forms of **-ar** verbs, the preposition **a** is not usually heard: **Regresa a casa.**

El hombre mira a la mujer.

El hombre mira los precios.

Elena busca al hombre.

Elena busca el Hotel Nacional en el mapa.

Estudios universitarios

EJERCICIOS

A **La sustitución.** Don't forget to use the contractions **al** and **del** where necessary.

1. Es la calculadora del profesor. (Reynaldo, la señora Gutiérrez, los estudiantes, el hermano)
2. Miro a las amigas. (el esposo, los cuñados, los padres, Carmen, la mesera, el pasajero)
3. Buscamos las mochilas. (una silla, el ministro, los diputados, la sala)
4. Elena viaja a Oaxaca. (Chiapas, El Salvador, la Argentina, el Ecuador, México)
5. Domingo vive lejos de la universidad. (la ciudad, el río, la avenida, el hotel)

B **Llene los espacios en blanco.** Fill the blanks with **a, al, de,** or **del** if needed.

1. Buscamos _____ los turistas.
2. El aeropuerto está cerca _____ río.
3. Ellas miran _____ señor guapo.
4. ¿Por qué no llamas _____ amigo de Chucha?
5. Es el dinero _____ turista mexicano.

C **El detective.** Alfonso is an amateur detective. Tell what (or whom) he's looking for, using the cues.

MODELO   el hotel / los turistas → **Alfonso busca el hotel y también a los turistas.**

1. la casa de Luis / Luis
2. los estudiantes / la universidad
3. la bicicleta / el señor Méndez
4. las señoritas / los señores
5. el laboratorio / el profesor de química
6. la tía María / el tío Ramón

• **CUESTIONARIO**   Oral exercise: You give responses in order to elicit possible questions from students. Examples: **1.** (response) **De vendedor de libros.** (question) **¿De qué trabaja Luis? 2. De Tejas.—¿De dónde es Susana? 3. Al señor Gómez.—¿A quién llamas?**

1. ¿Visita usted a unos amigos esta tarde?   2. ¿Busca al profesor en la clase o en la biblioteca?   3. ¿Está México lejos o cerca del Perú? ¿Y de El Salvador?   4. ¿Qué clase de amigos busca usted?   5. ¿Llama usted mucho al profesor?   6. ¿Necesita usted más dinero? ¿De qué desea trabajar usted?   7. ¿De dónde es usted?   8. ¿De quién son los papeles que están en la mesa?   9. ¿Está México al norte o al sur de los Estados Unidos?   10. ¿Es ésta una página del libro o del cuaderno de ejercicios?

100 *Capítulo tres*

· Pronunciación ·

r AND rr

The Spanish letter **r** represents two sounds. When the letter **r** begins a word, occurs after **l, n,** or **s,** or forms part of the digraph **rr,** it represents a trilled sound. No sound in English is equivalent to this Spanish sound.

~ Listen as your instructor pronounces each of the following words. Then repeat it aloud.

Rosa	Raúl	restaurante	Enrique	rico	rey
correr	aburrida	cerro	Porrúa	pizarra	

The letter **r** in any other position represents a *flap* sound. It tends to sound like English *dd* or *tt* in *ladder* or *butter*.

~ Listen and repeat.

para	Cervantes	Maruja	interesante	abrir	Mercedes
padre	trabajador	moderno	americano		
Perú	Alberto	camarera			

It is important to distinguish between the two **r** sounds because using the wrong one changes one word into another.

~ Listen and repeat.

cerro	perra	carro	barra	parra	carreta
cero	pera	caro	vara	para	careta

~ Now read the following tongue twister aloud. Exaggerate the trilled *r* sound until it becomes a natural part of your new vocabulary of Spanish sounds.

Erre con erre, cigarro;   R with r for cigar;
Erre con erre, barril.   R with r for barrel.
Rápido corren los carros   Rapidly run the cars
Sobre los rieles del ferrocarril. Upon the rails of the railway.

Estudios universitarios

La Ciudad Universitaria de México

En la Oficina de Inscripciones en la Ciudad Universitaria[1] de la ciudad de México.

RAMÓN ¿Cuándo abren esta oficina?
JUANITA Según el letrero, debemos esperar quince minutos todavía. ¿Tú vives aquí, en el Distrito Federal[2]?
RAMÓN No, soy de Manzanillo, pero deseo asistir a la Universidad Nacional. De hecho, busco un cuarto por aquí.
JUANITA No es fácil hallar un cuarto en esta ciudad. Hay muchas personas que no tienen casa y todos los días cambian de lugar[3].
RAMÓN Sí, esas personas sufren mucho.
JUANITA Estudio sociología y la estadística que leo es terrible. Y tú, ¿qué deseas estudiar?
RAMÓN Creo que ingeniería, o quizás arquitectura. ¿Existen asignaturas combinadas?
JUANITA Creo que no. La Facultad de Arquitectura está en ese edificio blanco, y la Facultad de Ingeniería en aquél gris. Son dos lugares diferentes.

Llega un joven egoísta.

AQUILES Perdón, yo deseo estudiar ciencias políticas y necesito información. ¿Es ésta la Oficina de Inscripciones?
RAMÓN Claro que sí, hombre. Pero no tengo la menor idea sobre esa carrera. ¿Por qué deseas estudiar ciencias políticas?
AQUILES Porque tengo una mamá que es médica, un padre que es físico, un hermano que estudia teatro, una hermana que estudia química, un tío que es biólogo, una prima que . . .
RAMÓN Bueno, bueno. Mil razones que no comprendo.

La señorita María Vega, jefa de la Oficina de Inscripciones, abre la puerta.

MARÍA Buenos días. ¿Para inscripciones?
JUANITA Sí, por favor. Deseo estudiar historia de la civilización, lingüística general y geografía del hombre.
MARÍA Lo siento, este año no tenemos esas asignaturas.
AQUILES *(Interrumpe.)* Deseo estudiar ciencias políticas y necesito información urgente.
MARÍA Lo siento, joven, usted debe esperar. Ahora hablo con esta estudiante.
JUANITA Gracias, señorita. Pues, como no tienen estas asignaturas este año, tomo psicología, inglés y filosofía.

---

la Oficina de Inscripciones *Registration Office* según *according to* letrero *sign* todavía *still, yet* de hecho *in fact* cambiar de lugar *to move from place to place* la estadística *statistics* quizás *perhaps* blanco *white* gris *grey* egoísta *selfish, egotistical* claro que sí *of course* la menor *the least* la carrera *field of study, career* el médico, la médica *doctor* el físico *physicist* la razón *reason* el jefe, la jefa *boss, head* lo siento *I'm sorry*

102 *Capítulo tres*

MARÍA	Muy bien. ¿Tiene el formulario y el certificado de preparatoria[4]?
JUANITA	Sí, aquí están.
RAMÓN	Tienes prisa, Juanita? ¿Comemos en el restaurante de enfrente?
JUANITA	De acuerdo. Espero afuera.

---

el formulario *form*   **tener prisa** *to be in a hurry*   **de acuerdo** *OK, agreed*   **afuera** *outside*

PREGUNTAS

1. ¿Vive Ramón en el Distrito Federal? ¿De dónde es?   2. ¿A qué universidad desea asistir Ramón?   3. ¿Es fácil hallar un cuarto en la ciudad de México? ¿Es fácil hallar un cuarto por acá?   4. ¿Qué estudia Juanita? ¿Cómo es la estadística que lee?   5. ¿Qué desea estudiar Ramón? ¿Hay asignaturas combinadas de ingeniería y arquitectura en esta universidad?   6. ¿Qué desea estudiar Aquiles? ¿Por qué?   7. ¿Qué asignaturas desea tomar Juanita? 8. ¿Tienen esas asignaturas en la universidad? ¿Qué asignaturas toma, entonces? 9. ¿Qué asignaturas toma usted este año? ¿Cuál cree que es la más interesante[1]? 10. ¿Aprende usted otras lenguas? ¿Qué lenguas desea aprender?

Notas culturales

1. The **Ciudad Universitaria** in Mexico City is the campus of the enormous **Universidad Nacional Autónoma de México,** which currently enrolls upwards of 200,000 students. Many of its buildings are decorated with striking murals by Diego Rivera, David Alfaro Siqueiros, Juan O'Gorman, and other artists. Other universities and private and public technical schools are also located in the capital.

2. **México** is an American republic with 31 states; its official title, used in legal notices, is **Los Estados Unidos Mexicanos. México** is also the name of the country's capital city, located in a Federal District. To make clear that one is talking about the city, not the country, one may specify **La ciudad de México** *Mexico City,* **el Distrito Federal,** or (informally) **el D.F.**   Also: **la capital.**

3. Since the early 1970s, Mexico City, the fastest growing megalopolis in the world, has faced a housing crisis. Today, with a population approaching 20 million, the housing shortage is at its peak. An estimated 3 million people do not have permanent shelter and live and work in the streets.

4. Mexico's educational system has three levels: **primaria** (elementary, 6 years), **secundaria** (junior high, 3 years), and **preparatoria** (high school, 3 years). All students take the same curriculum in **primaria** and **secundaria,** but the **preparatoria** is divided into different specializations: physics and mathematics; social sciences; biological sciences; and the humanities. To enter a university, students must have earned **preparatoria** certificates in fields related to the university school, or **facultad,** in which they wish to study.

---

[1]**Más** is used with adjectives and adverbs to form both the comparative and the superlative; **más interesante** *more interesting,* or **el más interesante** *the most interesting.*

Estudios universitarios

En el Parque Chapultepec, los mexicanos toman refrescos y descansan.

· Actividades ·

Encuesta. Poll your classmates by circulating around the class asking questions on any of the topics listed. When someone answers yes, note the topic number and the person's name. When time is up, report your findings to the class.

MODELO   *topic 14* tiene clases por la noche
   you ask **¿Tienes clases por la noche?**
   (After several answer **no,** Berta González answers **sí.**)
   you write **14. Berta González**
   (After you gather names:)
   you report **Berta González tiene clases por la noche.**

1. estudia muchas lenguas   2. no es de esta ciudad   3. come todos los días en la cafetería   4. regresa a casa después de la clase de español   5. tiene más de cinco hermanos   6. debe estudiar mucho más   7. lee libros interesantes   8. cree en las ideas del presidente   9. corre todos los días   10. tiene interés en las matemáticas   11. llega a la universidad después de las 9   12. no mira la televisión   13. desea leer *Don Quijote*   14. tiene clases por la noche   15. no toma café

Entrevista. Interview a classmate, asking the following questions. Then report your findings to the class.

1. ¿Qué clases tienes ahora?   2. ¿Qué deseas estudiar?   3. ¿A qué hora tienes clases?   4. ¿A qué hora llegas a la universidad?   5. ¿Tienes interés en por ejemplo[1] la filosofía?   6. ¿Crees que es importante estudiar otra lengua?   7. ¿Qué no deseas estudiar?   8. ¿En qué clases estudias mucho?   9. ¿Qué necesitas estudiar?   10. ¿Son aburridas las clases que tienes? ¿Cuáles?

Additional or alternative questions: ¿Para qué clase(s) escribes mucho? ¿Qué libro lees esta noche? ¿Qué aprendes en esta universidad? ¿Qué no aprendes?

[1]*For example.*

Situación. Waiting at the Admissions Office to register, you engage in a conversation, first with another student named Luis, then with the admissions clerk. Their comments are shown. Provide logical responses of your own to complete the conversation.

LUIS	Buenos días. Me llamo Luis Guzmán. ¿Y tú?
USTED	. . .
LUIS	Igualmente. ¿De dónde eres y por qué estás aquí?
USTED	. . .
LUIS	Si deseas asistir a esta universidad, ¿qué deseas estudiar?
USTED	. . .
LUIS	Ah, es una carrera muy difícil. ¿Por qué no estudias español y portugués?
USTED	. . .

Una empleada abre la oficina.

EMPLEADA	Buenos días, señores. ¿Están aquí para inscripciones?
USTED	. . .
EMPLEADA	Lo siento, este año no tenemos esas asignaturas. ¿No desea estudiar química y física?
USTED	. . .

Additional activity or written assignment for number practice: Es el año 2000. 1. ¿Cuál es el precio de un automóvil? ¿De una casa? 2. Comes en un buen restaurante. La cuenta *(bill)* es . . . 3. ¿Cuánto es la matrícula *(tuition)* de esta universidad?

Vocabulario activo

· **Cognados**

aceptar	las ciencias naturales	el dólar	la historia	la literatura	el plan
la antropología	las ciencias políticas	egoísta	las humanidades	las matemáticas	politécnico
la arquitectura	las ciencias sociales	la estadística	la importancia	la medicina	político
las artes	combinar	el examen	la inflación	el millón	práctico
el auto	el comercio	existir	insistir (en)	el mosaico	la psicología
la biología	comprender	federal	el instituto	nacional	responder
el biólogo, la bióloga	decidir	la física	el, la insurgente	ocurrir	sufrir
	el describir	el, la físico	interrumpir	el patio	la tortilla
	el distrito	general	la lingüística	el peso	universitario
		la geografía		la pirámide	urgente

· **Sustantivos**

el año	year	el formulario	form	el letrero	sign; poster; notice
la ciencia	science	el hecho	act; event; fact		
el colegio	institute; high school	el jefe, la jefa	boss, head, chief	el lugar	place
				el médico, la médica	doctor
el dinero	money	el joven	young man		
la fila	aisle, row	la joven	young woman, young lady	el mesero	waiter

Estudios universitarios   105

la mesera	*waitress*	la química	*chemistry*	vivir	*to live*
los negocios	*business*	el teatro	*theater*	¡Viva...	*Long live...!*
el pintor, la pintora	*painter*				
la preparatoria	*preparatory school*	• **Verbos**		• **Otras palabras y expresiones**	
la razón	*reason*			además	*besides*
el refresco	*soft drink, soda*	abrir	*to open*	afuera	*outside*
el tiempo	*time*	aprender	*to learn*	algo	*something*
la vida	*life*	beber	*to drink*	blanco	*white*
el zócalo	*central square (Mexico)*	comer	*to eat*	cambiar de lugar	*to move from place to place*
		correr	*to run*	¡Claro que sí!	*Of course!*
		creer	*to believe*	Creo que no.	*I don't think so.*
• **La universidad**		deber	*to owe; (+ inf) must, have to, should, ought to (do something)*	de hecho	*in fact*
la asignatura	*course, subject*			Es de Goya.	*It's by Goya.*
el baile	*dance*			esta noche	*tonight*
la carrera	*field of study; career*	escribir	*to write*	esta tarde	*this afternoon*
el compañero (la compañera) de cuarto	*roommate*	esperar	*to wait for; to hope*	gris	*gray*
		hallar	*to find*	Lo siento.	*I'm sorry.*
el estadio	*stadium*	leer (y)	*to read*	más tarde	*later*
los estudios	*studies*	prometer	*to promise*	mil	*thousand*
la facultad de medicina	*school of medicine*	recibir	*to receive*	para	*for; to; in order to*
la informática	*computer science*	tener	*to have, to possess*	quizás	*perhaps*
		no tener la menor idea	*not to have the least idea*	según	*according to*
la ingeniería	*engineering*			tanto	*so much, as much*
la inscripción	*registration*	(no) tener importancia	*(not) to be important*	todavía	*still, yet*
las lenguas	*languages*			todo	*all, every; everything*
la oficina de inscripciones	*registration office*	tener prisa	*to be in a hurry*	todos los días	*every day*
la pintura	*painting*	trabajar de	*to work as*	Vamos.	*Let's go.*
		vender	*to sell*		

• **Adjetivos y pronombres demostrativos**

> Don't forget the demonstrative adjectives and pronouns presented on page 88.

CAPÍTULO CUATRO

LAS ESTACIONES, EL CLIMA Y EL CALENDARIO

Vocabulario. In this chapter you will talk about the weather, the seasons, and the calendar.

Gramática. You will discuss and use:
1. The present tense of **hacer**, a verb with the general meaning of *to make, to do;* and weather expressions using this verb and others
2. The present tense of **ir** *to go*, and the **ir a** + infinitive construction, which corresponds to *going to (do something)*
3. Idiomatic expressions involving the verb **tener**
4. The first ten ordinal numbers, corresponding to *first, second, third . . .*
5. The days of the week and dates

Pronunciación. You will practice the sounds represented by **d, g,** and **j**.

Cultura. The dialogs take place in Santiago and Puerto Montt, Chile.

¿Qué tiempo hace hoy?

Hace (muy) buen tiempo.
Hace fresco.

Hace (muy) mal tiempo.
Llueve mucho.

Hace mucho frío.
Nieva en las montañas.
Hay (mucha) nieve.

Hace (mucho) calor y (mucho) sol en la playa por el mar.

Siempre hace (mucho) viento.
Está nublado (hay nubes).

Hay neblina.
Hay niebla.

¿Por qué no llueve casi nunca en el desierto?

Preguntas. Create questions to which the following would be possible answers.

MODELO Hace mucho calor hoy. → ¿Qué tiempo hace hoy? or ¿Hace mucho calor hoy?

1. Hace buen tiempo aquí.
2. Hace mucho frío en el sur de Chile.
3. Hace calor en el desierto al norte.
4. Hace viento cerca del mar.
5. Siempre llueve en el sur.
6. Donde yo vivo, siempre hace sol.

---

el tiempo *weather*   fresco *cool*   llueve *it rains, it's raining*   el frío *cold*   nieva *it snows, it's snowing*   el calor *heat*   el sol *sun*   la playa *beach*   siempre *always*   el viento *wind*   nublado *cloudy*   la nube *cloud*   la neblina *fog (heavy, as at sea)*   la niebla *(ground) fog, mist*   casi *almost*   nunca *never*

Capítulo cuatro

· Las estaciones del año en Chile, la Argentina, México y España ·

el invierno   el verano   la primavera   el otoño

En el Ecuador y otros países tropicales, sólo hay dos estaciones, la estación de lluvias (el invierno) y la estación seca (el verano).

· Los meses del año ·

enero   abril   julio   octubre
febrero   mayo   agosto   noviembre
marzo   junio   septiembre   diciembre[1]

Variant of **septiembre: setiembre.**

---

la estación *season*   **sólo** *only*   **el mes** *month*

· CUESTIONARIO

1. ¿Hace frío hoy? ¿Calor?   2. ¿Hace frío o calor en la clase?   3. ¿Qué tiempo hace aquí en el invierno? ¿En la primavera?   4. ¿Qué tiempo hace en los Andes? ¿En el desierto?   5. ¿En qué estación hace mucho sol aquí? ¿Y mucho viento?   6. ¿En qué meses hace frío? ¿Calor?   7. ¿Cuáles son los meses de verano aquí?   8. ¿Cuál es un mes estupendo? ¿Por qué?   9. ¿En qué estación estamos ahora?   10. ¿Cuál es una estación terrible? ¿Por qué?   11. ¿En qué meses llueve aquí? ¿Y cuándo nieva?

Give additional questions about weather, using cognates, e.g., **¿Qué tiempo hace en el Polo Norte ahora? ¿En Australia?**

¿CIERTO O FALSO?

Si es falso, ¿por qué?

1. Hace frío aquí en el verano.   2. Hace mucho viento cerca del mar.   3. Hace buen tiempo en Alaska ahora.   4. En el mes de mayo estamos en verano.   5. En el invierno hay mucha niebla aquí.   6. Siempre llueve aquí en el otoño.   7. Hace frío en Chile ahora.   8. En el invierno no nieva aquí.

[1]Notice that months and seasons in Spanish are not capitalized.

Las estaciones, el clima y el calendario

I. Presente de indicativo del verbo **hacer**; expresiones de clima y tiempo

• *En una residencia estudiantil de la Universidad Católica de Santiago de Chile*[1]. Elicit **San Diego** with **¿Hay una ciudad en California con un nombre similar?**

HUGO ¿Qué haces, Damián?
DAMIÁN Hago la maleta. Viajo esta tarde a Viña del Mar[2] con Eduardo. Hacemos el viaje en tren.
HUGO Pero, ¡hace frío!
DAMIÁN No, hombre, no hace frío. Hace calor.
HUGO Hace sol pero también hace viento.
DAMIÁN Pues, ya estoy listo. Hasta el martes.

1. ¿Qué hace Damián?   2. ¿Con quién viaja? ¿Cómo viajan?   3. ¿Para quién hace frío? ¿Para quién hace calor?   4. ¿Está nublado?

In a student residence at the Universidad Católica in Santiago, Chile. HUGO: What are you doing, Damián? DAMIÁN: I'm packing my suitcase. I'm traveling this afternoon to Viña del Mar with Eduardo. We're making the trip by train. HUGO: But, it's cold! DAMIÁN: No, man, it's not cold. It's hot. HUGO: It's sunny, but it's also windy. DAMIÁN: Well, I'm ready. See you (Until) Tuesday.

[1] The name is the Spanish form of St. James, the patron saint of Spain. Since many countries have cities named **Santiago**, it is helpful to add the name of the country meant: **Santiago de Chile, Santiago de Cuba.**
[2] **Viña del Mar** is a beach resort near Valparaíso, Chile's principal seaport.

A **Hacer** is regular in the present tense except for the **yo**-form, **hago**.

hacer *to do, to make*	
hago	hacemos
haces	hacéis
hace	hacen

Note that the very common **¿Qué hago?** usually means *What shall I do?*

Hago un viaje en tren todos los veranos.	*I make a trip by train every summer.*
¿Qué haces? —Yo hago la comida y ellos hacen otras cosas.	*I'm making dinner and they're doing other things.*
¿Qué hacen ustedes en el invierno? —Trabajamos y asistimos a clase.	*What do you do in winter? —We work and attend class.*

Notice that questions asked with **hacer** are normally answered using some other verb.

Capítulo cuatro

B The third-person singular form **hace** is used with certain nouns to make statements about the weather.

Hace frío en el invierno.	It's cold in the winter.
Siempre hace buen tiempo en la primavera.	It's always nice weather in the spring.
Hace viento en el otoño.	It's windy in the fall.
Hace sol en la playa.	It's sunny at the beach.
Hace calor en el verano pero ahora hace fresco.	It's warm (hot) in the summer but now it's cool.
¿Qué tiempo hace?	How's the weather?

C Because **frío, viento, calor,** and **sol** are nouns, the word **mucho**—not **muy**—is used to express the idea of *very*.

Hace mucho frío.	It's very cold.
Hace mucho viento.	It's very windy.
Hace mucho calor.	It's very hot.
Hace mucho sol.	It's very sunny.

D Some weather expressions do not use **hace**. Study the following sentences.

Hay nubes hoy.	There are clouds today.
Hay mucha neblina aquí.	It's very foggy here.
Está nublado.	It's cloudy.
Está bonito hoy.	It's nice today.
Nieva mucho en el sur[3].	It snows a lot in the south.
Casi nunca llueve en el norte.	It almost never rains in the north.
No llueve en el desierto de Atacama[4].	It doesn't rain in the Atacama desert.

Nieva and **llueve** are forms of verbs that will be studied in detail in chapters 5 and 6.

EJERCICIOS

A   La sustitución

1. Mamá hace la comida. (el tío Esteban, Adela, yo, nosotros, ustedes)
2. ¿Qué hace usted en el verano? (la profesora, las estudiantes, ustedes, tú, los chilenos)
3. Hoy hace frío. (calor, viento, sol, fresco, buen tiempo)

---

[3]In Chile and most other countries of South America, the north is hot and the south is cold. Summer comes when North America has winter, and winter comes when North America has summer.
[4]No rain has ever been recorded in certain parts of Chile's northern Atacama desert, the driest place on earth, and the site of nitrate and copper mines.

Las estaciones, el clima y el calendario

B ¿Qué haces, amigo? Jorge is trying to find someone to go to the movies with him. Complete his questions to Paco, using the appropriate form of **hacer.**

JORGE   ¿Qué ____ Pedro hoy?
PACO   Él estudia para un examen.
JORGE   ¿Qué ____ tú?
PACO   Lola y yo deseamos visitar un museo.
JORGE   ¿Qué ____ Juan y Sonia?
PACO   Ellos necesitan hablar con unos amigos chilenos.
JORGE   ¿Qué ____ Ana?
PACO   Ella visita a unos tíos.
JORGE   Y entonces, ¿qué ____ yo?
PACO   ¿Por qué no estudias la lección de español?

C La traducción. Give the Spanish equivalent of the following sentences.

1. It's very windy in the fall.
2. The weather is nice in the spring.
3. It's hot in the desert.
4. Why does it snow a lot in the mountains?
5. What's the weather like today?
6. Hugo is cold, but I'm warm.

• CUESTIONARIO

Additional exercise: Elicit excuses from students based on the weather. Model: Student A: **¿Qué haces esta noche?** Student B: No sé. Student A: **¿Qué haces esta noche?** Student B: No sé. Student A: **¿Por qué no corres con nosotros/pintas la casa/estudias química con nosotros?** Student B: **Pero hace mucho frío (calor, viento, etc.)**

1. ¿Qué hace usted por la tarde?   2. Y esta tarde, ¿qué hace usted?   3. Cuando usted está con amigos, ¿qué hace?   4. ¿Qué tiempo hace en esta ciudad ahora?   5. ¿Qué tiempo hace en la Argentina y en Chile ahora?   6. Y en el invierno, ¿qué tiempo hace aquí? ¿Hay mucha neblina?   7. ¿Hace usted la comida hoy?   8. ¿Hace muchos viajes usted?

Por la tarde, unos estudiantes charlan sobre la tarea y las vacaciones.

II. Presente del verbo **ir**; **ir a** + infinitivo

- *El último día de clases en la Facultad de Derecho de la Universidad de Chile.*

CÉSAR   ¿Qué vas a hacer este verano? ¿Vas al campo o vas a la costa?
NÉSTOR Voy a la costa con Pablo. Vamos a pescar en Concepción[1].
CÉSAR   ¿Y la familia va también?
NÉSTOR No, Rosita y los niños van a visitar a los abuelos en Antofagasta[2]. ¿Y tú? ¿Adónde vas a pasar las vacaciones?
CÉSAR   ¿Yo? Voy a tener unas vacaciones raras este año. Olga y yo vamos a estar en la casa. Vamos a escribir un libro.

1. ¿Qué van a hacer Néstor y Pablo?   2. ¿A quién va a visitar la familia de Néstor?   3. ¿Va a tener vacaciones César? ¿Qué van a hacer él y Olga?

The last day of classes at the law school of the University of Chile. CÉSAR: What are you going to do this summer? Are you going to the country or are you going to the coast? NÉSTOR: I'm going to the coast with Pablo. We're going to fish in Concepción. CÉSAR: And is the family going too? NÉSTOR:. No, Rosita and the children are going to visit the grandparents in Antofagasta. And you? Where are you going to spend the vacation? CÉSAR: Me? I'm going to have a strange vacation this year. Olga and I are going to stay home. We're going to write a book.

---
[1]**Concepción** is a seaport 400 kilometers south of Santiago.
[2]**Antofagasta** is a coastal city in northern Chile.

Antofagasta is a good example to stress a pronunciation point: Spanish does not reduce vowels as does English. The four **a**'s and the **o** are clearly pronounced.

Aural Comprehension: Cierto o falso: 1 Es el primer día de clases. 2. César y Néstor estudian medicina. 3. Concepción es una ciudad chilena. 4. César y Olga van a pescar en la casa.

A The present-tense forms of **ir** are totally irregular.

ir	*to go*
voy	vamos
vas	vais
va	van

Like other verbs of motion, the verb **ir** is usually followed by the preposition **a** when a destination is mentioned.

Enrique va a Valparaíso.   *Enrique is going to Valparaíso.*

Las estaciones, el clima y el calendario   113

C The verb **ir** is also followed by the preposition **a** before an infinitive. The **ir a** + infinitive construction is often used to express an action or event that is going to take place in the near future.

Voy a pescar en la costa cerca de Valdivia[3].   *I'm going to fish on the coast near Valdivia.*
Van a ser unas vacaciones excelentes.   *It's going to be an excellent vacation.*

Show that **Van a hacer . . .** and **Van a ser . . .** are normally pronounced identically, and are distinguished by context.

Vamos a + infinitive sometimes means *we're going to* do something, and sometimes *let's* do something.

Vamos a visitar Temuco[4].   { *We're going to visit Temuco.*
                                Let's visit Temuco.

EJERCICIOS

A   La sustitución.   Restate each question, using one of the new cues suggested and changing the verb to match.

1. ¿Adónde vamos? (Elena y Rafael, yo, nosotros, el profesor, tú)
2. ¿Qué van a hacer ustedes? (Néstor, César y Olga, tú, nosotros, yo)

B   ¿Adónde vas?   Everyone is leaving for vacation. Say what they are doing by filling in the blanks with the correct forms of **ir**.

1. Néstor y Pablo ____ a ir a Concepción y ____ a pescar.
2. Eugenia y Raquel ____ a Viña del Mar y ____ a leer mucho.
3. Yo ____ a visitar a los abuelos y ____ a estar muy aburrido(a).
4. Tú ____ a ir al campo y ____ a visitar a unos tíos.
5. Sara ____ a hacer un viaje y ____ a pasar unos días en los Andes.

C   Tarde o temprano.   *Sooner or later.*   Luis always procrastinates. Answer the questions for Luis, according to the model.

MODELO   ¿Trabajas ahora? → **No, pero voy a trabajar más tarde.**

1. ¿Estudias para el examen ahora?
2. ¿Lees el Capítulo 4 hoy?
3. ¿Vas a la biblioteca hoy?
4. ¿Haces café ahora?
5. ¿Llamas a los amigos ahora?
6. ¿Visitas al tío enfermo hoy?

D   ¿Qué van a hacer?   Complete the following sentences with the appropriate form of **ir** and any additional information needed to tell the plans of the people.

MODELO   Este verano el profesor . . . → **Este verano el profesor va a estar en casa.**

1. Mañana yo . . .
2. Esta tarde los estudiantes . . .
3. Hoy hace buen tiempo. Mañana . . .
4. En diciembre todos los estudiantes . . .
5. Este verano yo . . .

---

[3]Port city in central Chile, south of Santiago, named for **Pedro de Valdivia**, the conqueror of northern Chile and founder of Santiago (1541).
[4]Capital of the southern province of **Cautín**, where most of Chile's wheat is grown.

Exercise D: Supply vocabulary students might need, e.g., **la playa, el mar, el río, la costa, las montañas**; verbs: **trepar** *climb*, **acampar** *go camping*, **bucear** *skin dive*, etc.

- **CUESTIONARIO**

1. ¿Adónde va usted de vacaciones este año?   2. ¿Va usted mucho a las montañas?   3. ¿Desea usted más ir a las montañas o al mar?   4. ¿En qué mes van de vacaciones muchos chilenos?   5. ¿Va usted mucho a la biblioteca?   6. ¿Va a trabajar o va a viajar usted en el verano?   7. ¿Qué va a hacer usted esta tarde?   8. ¿Va a trabajar hoy? ¿Dónde?   9. ¿Va a visitar a unos amigos hoy?   10. ¿Va a comer hoy en un restaurante o en casa?

Additional questions: Students ask or talk about the weather with ir a: ¿Va a hacer calor mañana? ¿Va a llover esta noche?

- **UNA ENCUESTA**

Find out how your classmates will spend their vacations, and report back to the class.

1. ¿Quiénes van a ir al mar?   2. ¿Quiénes van a ir a las montañas?
3. ¿Quiénes van a asistir a la universidad?   4. ¿Quiénes van a trabajar?
5. ¿Quiénes van a viajar?   6. ¿Quiénes van a visitar a unos amigos?
7. ¿Quiénes van a regresar a casa?

III. Expresiones idiomáticas con **tener**

- *En casa de la familia Lorenzo cerca de la Avenida Gabriela Mistral en Santiago*[1].

CARLOS Mamá, tenemos ganas de ir a la playa esta tarde.
ROSA ¿A la playa? Pero tú y Juan tienen que estudiar. Y tienen que comer.
CARLOS Pero no tenemos hambre. Y yo tengo mucha suerte: no tengo tarea hoy.
JUAN Ni yo tampoco. Y tengo calor.
ROSA Pues, muchachos, yo tengo dolor de cabeza. Como van a ir a la playa, yo voy a tomar dos aspirinas y voy a la cama.

1. ¿De qué tienen ganas Carlos y Juan?   2. ¿Por qué no desean comer?
3. ¿Por qué tiene suerte Carlos?   4. ¿Tiene calor Juan?   5. ¿Qué va a hacer Rosa? ¿Por qué?

At the Lorenzo family's house close to Avenida Gabriela Mistral in Santiago. CARLOS: Mom, we feel like going to the beach this afternoon. ROSA: To the beach? But you and Juan have to study. And you have to eat. CARLOS: But we're not hungry. And I'm very lucky: I have no homework today. JUAN: Neither do I. And I'm hot. ROSA: Well, boys, I have a headache. Since you're going to go to the beach, I'm going to take two aspirins and go to bed.

---

[1]**Gabriela Mistral,** Chilean poet, won the Nobel Prize for literature in 1945. Chile's other Nobel Prize winner (1971) was poet **Pablo Neruda.**

Las estaciones, el clima y el calendario

A Many expressions in Spanish use the verb **tener**. For example:

tener . . . años	to be . . . years old
tener ganas de + *infinitive*	to feel like (doing something)
tener prisa	to be in a hurry
tener que + *infinitive*	to have to (do something)
¿Cuántos años tiene Marisa?	How old is Marisa?
Marisa tiene 29 años.	Marisa's 29.
Tengo ganas de ir a Santiago.	I feel like going to Santiago.
¡Vamos! ¡Tenemos prisa!	Let's go! We're in a hurry!
Tienes que trabajar.	You've got to work.

B The construction **tener** + noun often corresponds to English *to be* + adjective.

tener +		to be +	
	calor		warm, hot
	frío		cold
	hambre		hungry
	sed		thirsty
	celos		jealous
	cuidado		careful
	éxito		successful
	miedo		afraid
	razón		right (**no tener razón** = to be wrong, mistaken)
	sueño		sleepy
	suerte		lucky

Tenemos calor. Vamos a la playa.   We're warm. Let's go to the beach.
Cristóbal no tiene miedo de viajar a Cuba.   Cristóbal isn't afraid to travel to Cuba.
El Sr. Padilla no tiene razón.   Sr. Padilla is mistaken.

C In other instances **tener** is equivalent to *to have*, but note that the indefinite article is not used in Spanish in these cases.[2]

tener dolor de cabeza	to have a headache	tener fiebre	to have a fever
tener dolor de estómago	to have a stomach ache		

D A form of the adjective **mucho**, never **muy**, is used with **tener** to express meanings similar to English *very*. **Mucho** agrees with the noun; notice that **calor** and **dolor** are masculine nouns, and **fiebre, hambre, razón, sed,** and **suerte** are feminine.

José María tiene muchos años.	José María is very old.
Tengo muchas ganas de ir.	I feel very much like going.
Delia tiene mucha prisa.	Delia's in a big hurry.
Abuelita tiene mucho calor.	Grandma is very warm.
Marcos tiene mucha fiebre.	Marcos has a high fever.
Pues, tienes mucha razón.	Well, you're very right.

---

[2] **Tener** is sometimes used in informal speech to ask the time: ¿**Qué hora tienes?** *What time do you have?* The standard Spanish expressions for telling time are examined in chapter 5.

Una chilena muy guapa.
¿Cuántos años tiene ella?

LEARNING GRAMMAR STRUCTURES

Spanish and English have many grammatical similarities. If you have a reasonably good understanding of English grammar, you may be able to draw parallels between the two languages that will help you learn Spanish structures. For example, basic word order in statements is similar in Spanish and English.

SUBJECT	VERB	DIRECT OBJECT
Carlos	estudia	la lección.
Carlos	*studies*	*the lesson.*

Other structures in the two languages are completely opposite; focusing on the contrast may help you remember the Spanish structure. The location of descriptive adjectives in Spanish, for example, is usually the opposite of English.

ARTICLE	NOUN	DESCRIPTIVE ADJECTIVE
una	casa	rosada

ARTICLE	DESCRIPTIVE ADJECTIVE	NOUN
a	*pink*	*house*

If the terms commonly used to describe English grammar are unfamiliar to you, you will need to learn some new terms now as you study Spanish. Many people have found that they learned the grammar of English as well as of Spanish in their Spanish courses! Be sure to study the grammar explanations, models, and examples in your textbook. They will help you understand the similarities and differences between the two languages.

When you have understood a concept, practice it! Use as many skills as possible—reading, writing, listening, and speaking. Visualize how the model phrases and sentences look on paper. Occasionally you may want to make up an acronym or code to help you remember the several uses of a particular structure.

The **ejercicios** in this book are designed to help you practice the grammar structures introduced in each chapter. Be sure to study them carefully and then review them, even if they are worked through in class. As with any skill, practice may not make perfect, but it starts you in that direction!

Las estaciones, el clima y el calendario

Probable answers: 1. tener razón 2. tener calor (de día), tener frío (de noche), tener sed 3. tener dolor de cabeza, tener fiebre 4. tener suerte 5. tener hambre 6. tener prisa 7. tener éxito 8. tener sed 9. tener calor 10. tener mucho dolor, tener miedo *Additional items:* 11. leer toda la noche (tener sueño) 12. vivir con un criminal (tener cuidado, tener miedo) 13. ser guapo, inteligente, famoso y tener un millón de dólares (tener suerte)

EJERCICIOS

A Asociaciones. Which **tener** expressions can you associate with the following items?

MODELO   Cuando camino en las calles . . . → **tener cuidado**

1. Cuando leo "Santiago es la capital de Chile" . . .
2. Cuando voy al desierto en el norte . . .
3. Cuando tomo una aspirina . . .
4. Cuando recibo cinco mil pesos . . .
5. Cuando deseo comer . . .
6. Cuando corro mucho . . .
7. Cuando recibo una A en un examen . . .
8. Cuando deseo tomar una Coca Cola . . .
9. Cuando deseo ir a la playa . . .
10. Cuando necesito ir al hospital . . .

B Fuera de control. *Out of control.* El profesor Galdós feels that his students are doing exactly as they please today. Answer the questions for his students, using an expression with **tener**.

MODELO   ¿Por qué abres la ventana, Miguel? → **Porque tengo calor.**

1. ¿Por qué comes ahora, Susana?
2. ¿Por qué toma Edgar una Coca Cola?
3. ¿Por qué toman aspirinas esos dos estudiantes?
4. ¿Por qué no estudian ustedes?
5. ¿Por qué camina Jorge con un amigo muy grande y muy fuerte?
6. ¿Por qué van a la playa Jorge y Laura?

C En acción.   Describe the following pictures, each time using a **tener** expression.

- **CUESTIONARIO**

1. ¿Tiene usted frío hoy?   2. ¿Tiene usted hambre?   3. ¿Cuántos años tiene?   4. ¿De qué tiene miedo usted?   5. "Buenos Aires es la capital de Chile." ¿Tengo razón o no?   6. ¿En qué clase tiene usted más éxito?   7. ¿Tiene usted sueño en esta clase?   8. ¿Adónde tiene ganas de ir?

Aural Comprehension: Cierto o falso: 1. El Hotel Multivistas tiene el mismo precio para todas las habitaciones. 2. Es caro tener vista al mar. 3. El precio de una habitación en el séptimo piso es setenta y cinco pesos. 4. Evidentemente, el señor Ochoa no tiene mucho dinero.

IV. Los números ordinales **primero** a **décimo**

- *En el Hotel Multivistas.*

SR. OCHOA   ¿Qué precios tienen las habitaciones?
RECEPCIONISTA   Bueno, depende. En el primer piso y en el segundo, noventa y cinco pesos. Tienen vista al mar.
SR. OCHOA   ¿Y en el tercero?
RECEPCIONISTA   En el tercer piso y en el cuarto, setenta y cinco. Tienen vista al campo.
SR. OCHOA   ¿Y en el quinto piso?
RECEPCIONISTA   En el quinto y en el sexto, sesenta y cinco. Tienen vista a la isla.
SR. OCHOA   Gracias. Creo que ustedes necesitan un séptimo piso, con vista a mi estado económico.

1. ¿Qué precio tiene una habitación en el primer piso o en el segundo?   2. ¿Qué vista tienen estas habitaciones?   3. ¿Qué precio tiene una habitación en el tercero o en el cuarto piso?   4. ¿Qué vista tienen estas habitaciones?   5. ¿Qué precio tiene una habitación en el quinto o en el sexto piso?   6. ¿Qué vista tienen estas habitaciones?   7. ¿Qué cree el señor Ochoa que necesita el hotel?

In the Multivistas Hotel. SR. OCHOA: How much are the rooms? RECEPTIONIST: Well, it depends. On the first and second floors, ninety-five pesos. They have a view of the sea. SR. OCHOA: And on the third? RECEPTIONIST: On the third and fourth floors, seventy-five. They have a view of the countryside. SR. OCHOA: And on the fifth floor? RECEPTIONIST: On the fifth and sixth, sixty-five. They have a view of the island. SR. OCHOA: Thank you. I think you need a seventh floor, with a view toward my economic condition.

A   The ordinal numbers *first* to *tenth* in Spanish are:

primero	*first*	sexto	*sixth*
segundo	*second*	séptimo	*seventh*
tercero	*third*	octavo	*eighth*
cuarto	*fourth*	noveno	*ninth*
quinto	*fifth*	décimo	*tenth*

Las estaciones, el clima y el calendario

B Ordinal numbers agree in number and gender with the nouns they modify. They are usually placed before the noun.

Voy a viajar en segunda clase. I'm going to travel second class.
Los primeros días de la primavera son The first days of spring are very
   muy bonitos.   pretty.
Ésta es la décima pregunta. This is the tenth question.

C The final **-o** of **primero** and **tercero** is dropped before a masculine singular noun.

Voy a tomar el primer examen. I'm going to take the first exam.
Es el tercer libro a la derecha. It's the third book on the right.

But before feminine and plural nouns, the ending is not dropped.

Tengo que estar en Antofagasta la I have to be in Antofagasta the third
   tercera semana de este mes.   week of this month.

D Ordinal numbers are abbreviated by writing the ending as a superscript after a number.

El 4° libro, la 3ª semana, los 1ᵒˢ días, The 4th book, the 3rd week, the 1st
   el 1ᵉʳ examen.   days, the 1st exam.

E For numbers higher than tenth, the cardinal numbers are normally used. They follow the noun.

Vivimos en la Avenida Once. We live on Eleventh Avenue.
Vivimos en la Calle 34. We live on 34th Street.
Estamos en el siglo veinte. We're in the twentieth century.

EJERCICIOS

A La sustitución

1. ¿Qué día es hoy?
   Hoy es el segundo día de clase. (4°, 8°, 3°, 10°, 1°)
2. ¿En qué avenida vive la familia Lomo?
   Creo que vive en la Tercera Avenida. (5ª, 9ª, 1ª, 18ª, 2ª)

B La construcción. Make sentences from the words listed, using the pattern shown in the model.

MODELO   segundo / pluma / necesitar → **Es la segunda pluma que necesito.**

1. cuarto / libro / comprar
2. quinto / clase / tener
3. primero / escritorio / vender
4. tercero / día / trabajar
5. séptimo / carrera / estudiar
6. noveno / ciudad / visitar

C   ¿En qué piso están?   Tell where these people are, according to the drawing.[1]

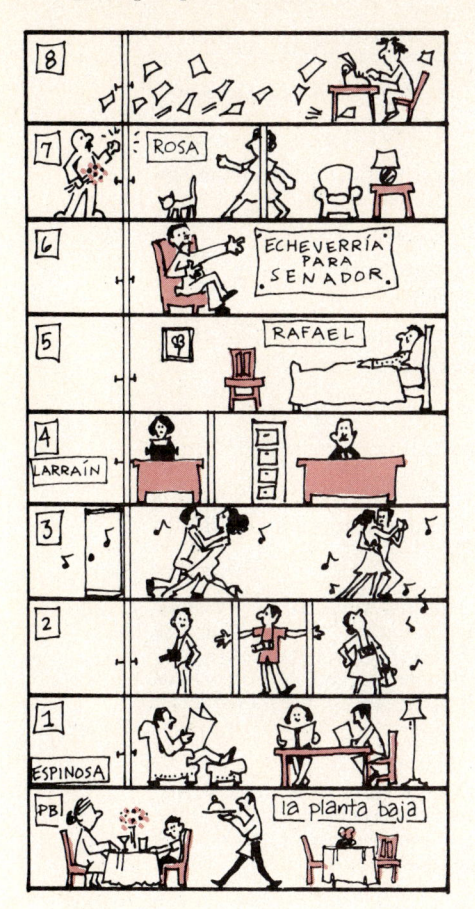

MODELO   El señor Donoso trabaja en el octavo piso.

¿Dónde trabaja el señor Larraín? Trabaja (1)____. Y Rosa, ¿dónde vive? Vive (2)____. ¿El senador Echeverría está con Rosa? No, está (3)____.

Tía María invita a Pepito a comer en el restaurante. Comen (4) ____. ¡Qué suerte tienen! Pobre Rafael está enfermo. Está (5)____. ¿Y los niños del señor Espinosa? Estudian (6)____.

Tres turistas argentinos miran el apartamento (7)____. Pero, ¿de dónde viene ese ruido? Son los estudiantes que bailan (8)____.

ENTREVISTA

Interview a classmate using the following questions.

1. ¿Es ésta la primera clase de español que tienes?   2. ¿Vives en el primer piso?
3. ¿Es éste el primer año que estás en la universidad?   4. De la familia, ¿eres el primer hijo? ¿El segundo?   5. ¿Es enero el primer mes o el segundo mes del año?
6. ¿Qué mes del año es marzo? ¿Y mayo?   7. ¿Es lunes el tercer día de la semana?   8. ¿Cuál es la primera clase que tienes?   9. ¿Es ésta la primera clase que tienes hoy?   10. Cuando viajas en avión, ¿viajas en primera o en segunda clase?

[1]In most Hispanic countries, the ground floor of a large building is called **la planta baja.** The next floor up, **el primer piso,** would be called the second floor in the U.S.

Las estaciones, el clima y el calendario

V. Las fechas

Aural comprehension: Cierto o falso: 1. Es el verano en Chile el 30 de diciembre. 2. Matías no tiene buena memoria para las fechas. 3. Estela tiene cumpleaños hoy. 4. El examen de historia va a ser en febrero.

- *En Puerto Montt[1].* Variant for asking today's date: **¿A cómo estamos?**

MATÍAS ¿Cuál es la fecha, Estela? ¿Es el veintiuno?
ESTELA Sí, señor. Hoy es miércoles, veintiuno de diciembre. Según la televisión, es el primer día de verano.
MATÍAS ¿Verdad? Así que ¿no es el cumpleaños de ese Montt?
ESTELA Creo que no, Matías, pero hay muchos chilenos con nombre Montt[2]. ¿En qué mundo vives?
MATÍAS Pues en éste, pero hasta el examen de historia el próximo otoño[3], en el siglo diecinueve también. Es que no tengo memoria para las fechas.
ESTELA Ni para los Montt tampoco.

1. ¿En que día ocurre el diálogo? 2. ¿Cuál es el primer día de verano en Chile?
3. ¿Hay más de un chileno con nombre Montt? 4. ¿En qué mundo y siglo vive Matías? 5. ¿Qué problema tiene él?

In Puerto Montt. MATÍAS: What's the date, Estela? Is it the twenty-first? ESTELA: Yessiree. Today is Wednesday, December twenty-first. According to the television, it's the first day of summer. MATÍAS: Really? So then it's not the birthday of that (guy named) Montt? ESTELA: I don't think so, Matías, but there are many Chileans named Montt. What world are you living in? MATÍAS: Well, in this one, but until the history exam next fall, also in the 19th century. Only thing is, I've got no memory for dates. ESTELA: Nor for the Montt family, either.

---

[1]The southernmost provincial capital reached by rail from Santiago, it is a center of maritime activity serving the cold and rainy zone of lakes, mountains, forests, and glaciers that make up the southern third of Chile. Chile is 250 miles wide but more than 2,600 miles from top to bottom; roughly speaking, the northern third is desert, the middle, temperate third (Coquimbo to Puerto Montt) is where most Chileans live, and the southern third is cold forest.
[2]Three Montts have been president of Chile.
[3]Probably Matías is taking a make-up exam at the start of the next school year, in March.

A The days of the week in Spanish are all masculine. They are not capitalized. Sometimes **lunes** is listed as the first day of the week.

Los días de la semana:

domingo	*Sunday*	miércoles	*Wednesday*	viernes	*Friday*
lunes	*Monday*	jueves	*Thursday*	sábado	*Saturday*
martes	*Tuesday*				

B The definite article is always used with the days of the week and dates as an equivalent of *on*, when *on* could be used in English.

Elena llega el martes. *Elena's arriving (on) Tuesday.*
Llega el quince de mayo. *She arrives (on) May 15th.*
Vamos a la playa el domingo. *We're going to the beach (on) Sunday.*

Capítulo cuatro

Pablo Neruda (1904–1973), chileno, gran poeta hispanoamericano y Premio Nobel de Literatura de 1971.

C The definite article is omitted when the day of the week follows a form of the verb **ser**.

Hoy es jueves.   *Today is Thursday.*

D Cardinal numbers (**dos, tres, cuatro**) are used to express dates, with one exception— **el primero** *the first.*

Llega el trece.   *He arrives the 13th.*
Llega el primero.   *She arrives the 1st.*

When the day of the week is followed by the date, **el** is omitted from in front of the date.

Llega el viernes, trece.   *She arrives Friday the 13th.*
Mañana es jueves, doce.   *Tomorrow is Thursday the 12th.*

E The plurals of **sábado** and **domingo** are formed by adding **-s**: **los sábados, los domingos.** The plurals of the other days are formed simply with the use of the plural article **los**.

Vamos al parque los domingos.   *We go to the park on Sundays.*
Estoy en la universidad los martes y   *I'm at the university on Tuesdays and*
   los jueves.   *Thursdays.*

Las estaciones, el clima y el calendario

F When the year is given, **de** is used between the day and the year.

El siglo veinte termina el 31 de diciembre de 1999.

The twentieth century ends December 31, 1999.

DÍAS FERIADOS Y DÍAS FESTIVOS

Days off and holidays vary somewhat from country to country in the Hispanic world. Here are some examples.

el Día de Año Nuevo—el primero de enero

el Día de los Reyes—el seis de enero (*Epiphany;* in many families, children are given presents on this day)

la Pascua Florida—marzo o abril (*Easter;* date varies from year to year)

el Día del Trabajo—el primero de mayo (*Labor Day;* in some countries)

el Día de la Raza—el doce de octubre (*Columbus Day.* The race in question consists of all Spanish-speakers. In Spain, known as **el Día de la Hispanidad.**)

el Día de Todos los Santos—el primero de noviembre (*All Saints,* a religious holiday in honor of the dead)

la Nochebuena—el veinticuatro de diciembre (*Christmas Eve*)

la Navidad—el veinticinco de diciembre (*Christmas*)

el Día de los Inocentes—el veintiocho de diciembre (similar to *April Fools*)

Each country is likely to have a **Día de la Independencia** and numerous **aniversarios** (de la Revolución de X, de la Muerte de X, etc.). The famous are as likely to be remembered on the day of their death as on their birthday.

EJERCICIOS

A **¿Qué día es?**   With a classmate, test each other's memory for dates.

MODELO   el Día de los Reyes → **Es el seis de enero.**

1. el Día de Año Nuevo
2. el Día de la Independencia de los Estados Unidos
3. la Navidad
4. el cumpleaños de Martin Luther King
5. el Día de los Inocentes
6. la Nochebuena
7. el Día de la Raza
8. el cumpleaños de Abraham Lincoln

B **Hablamos de los días importantes.**   Complete the sentences.

MODELO   El Día de la Raza es . . . **el doce de octubre.**

1. Si hoy es miércoles, mañana es . . .
2. Vamos a la clase los . . .
3. El primer día de la semana es . . .
4. El día favorito de muchos niños es . . .
5. El cumpleaños de Lincoln es . . .

C Los meses

> Treinta días tiene noviembre
> Con abril, junio y septiembre;
> De veintiocho hay uno
> Los otros de treinta y uno.

1. ¿Qué meses tienen treinta días?
2. ¿Cuántos meses tienen veintiocho días? ¿Cuáles son?
3. ¿Cuáles son los meses largos?
4. ¿Cuántos días tiene septiembre? ¿Y junio?
5. ¿Cuáles son los meses del invierno en los Estados Unidos? ¿Y de la primavera?

• **CUESTIONARIO** *To review vocabulary of seasons, ask students: ¿Cuáles de Uds. tienen cumpleaños (or: cumplen años) en el verano? ¿En el otoño? (etc.) Then follow up, asking for their birthdates.*

1. ¿Qué día es hoy?   2. ¿Cuál es un día terrible? ¿Por qué?   3. ¿Cuándo es el cumpleaños de Jorge Washington?   4. ¿Cuáles son los días de clase?   5. ¿Cuáles son los días cuando no hay clase?   6. ¿Qué hace usted los sábados?   7. ¿Cuál es la fecha favorita de usted?   8. ¿Qué día hay exámenes en la clase?   9. ¿Cuándo es el cumpleaños de usted?   10. ¿Cuál es el día de la independencia de este país?

*A cultural phenomenon, **el día de mi, tu,** etc. **santo,** which alternates with **cumpleaños,** will be introduced in chapter 14.*

· Pronunciación ·

d

Spanish **d** has two sounds. At the beginning of a word or after **n** or **l** it has a *stop* sound as in English *dig*.

Listen as your instructor pronounces each of the following words. Then repeat it aloud.

de	dos	desierto	diciembre	Andes	cuando	Aldo	dolor
segundo	décimo	día		domingo	debajo	detrás	derecha	Valdivia

In all other positions, **d** has a fricative sound like English *th* in *they, another*.

Listen and repeat.

adulto	Ecuador	ustedes	comida	nublado	cuidado
estudia	tarde	Neruda	miedo	sábado	universidad

Now repeat the following words that contain both sounds of Spanish **d**.

adónde   independencia   David   delgado   Edmundo

Now try to say the following tongue twister aloud:

¿Dónde danza el duende? Danza en los Andes desde el Día de Navidad.
Where is the goblin dancing? He's been dancing in the Andes since Christmas Day.

Las estaciones, el clima y el calendario

g AND j There are two variants of this second /g/: a stop as in **Gabriel** or **un gato,** and a fricative as in **agua** or **la gata.** Beginning Spanish learners usually do not perceive this distinction as readily as they do with the corresponding /d/ and /b/ variants.

Spanish **g** has two sounds. One sound is similar to the *h* in English *hen*[1] and is used when the **g** is followed by **e** or **i**.

~ Listen as your instructor pronounces each of the following words. Then repeat it aloud.

Argentina   general   genio   ingeniero   biología   colegio   inteligente

The other sound of Spanish **g** is like the sound of English *g* in *gold*. It occurs when the **g** is followed by a consonant or by **a, o,** or **u**.[2]

~ Listen and repeat.

Santiago   amiga   Olga   Gabriela   Guatemala   gracias   grande   pregunta

Spanish **j**, wherever it occurs, is always pronounced like the **g** before **e** or **i**.[3]

~ Listen and repeat.

Jorge   joven   Juan   mujer   trabajadora   hijas   pasajero

~ Now repeat the following tongue twister.

Un genio joven y argentino juega con las hijas de Santiago.
A young Argentine genius plays with Santiago's daughters.

[1] In northern Spain, the sound is guttural—harsher, stronger, thicker.
[2] After a pause or **n**, **g** before **a, o,** or **u** is a stop. Elsewhere it is a softer fricative sound.
[3] The **x** in **México** and **Texas** is always pronounced like Spanish **j**.

Una vista del valle del río Aconcagua, la frontera entre Chile y la Argentina.

Chile, un país de inmigrantes

Katherine (Kati) Costello, una estudiante del Canadá, pasa las vacaciones de verano con unos parientes en Santiago. Van en auto.

KATI ¡Caramba! Tengo frío. ¿Siempre hace frío en Santiago?
SARITA No, no siempre. Pero hoy es el primero de julio. Estamos en pleno invierno.
KATI En Vancouver hace calor. Todo el mundo va a la playa o a los lagos.
JORGE ¡Qué gracioso! En Chile vamos a la playa de diciembre a febrero.
KATI Allá, en esos meses, a veces nieva. De vez en cuando vamos a esquiar a las montañas.
JORGE Pues el Canadá es el espejo de Chile—lagos, montañas, estaciones variadas, nieve en el invierno—todo igual, pero todo al revés.

*   *   *

KATI Antes de regresar al otro lado del espejo, tengo que comprar regalos. ¿Vamos de compras?
SARITA Buena idea. La cerámica negra de Chillán[1] es excelente. Es frágil, pero si tienes cuidado cuando viajas, no hay peligro.
JORGE Vamos al centro. Hay una tienda buena en la Alameda, o mejor dicho, la Avenida O'Higgins.
KATI O'Higgins. El héroe de la independencia nacional de Chile . . . ¿o de Irlanda[2]?
SARITA De Chile, de Chile, Srta. Costello. Este es un país de inmigrantes también. Aquí vive gente de origen español, inglés, irlandés . . .
JORGE Y de otros países. Allá está el Salón de Té alemán. ¿Por qué no estacionamos el coche para tomar once[3]?
SARITA Yo estoy de acuerdo. ¿Y tú, Kati?
KATI Sí, vamos. ¡Té caliente para todos!

¡caramba! *gosh!* en pleno invierno *in the middle of winter* el lago *lake* gracioso *amusing* a veces *sometimes* de vez en cuando *occasionally, sometimes* esquiar *to ski* el espejo *mirror* variado *varied* al revés *reversed* antes de regresar *before returning* el lado *side* el regalo *gift* ir de compras *to go shopping* negro *black* el peligro *danger* el centro *center; downtown* mejor dicho *rather; properly speaking* irlandés, irlandesa *Irish* el salón de té *tearoom* estacionar *to park* el coche *car* estar de acuerdo *to be in agreement* caliente *hot* todos *everybody*

PREGUNTAS

1. ¿En qué fecha ocurre el diálogo? ¿Es invierno o verano en Chile? ¿Y en Vancouver? 2. ¿En qué meses van los chilenos a la playa? 3. ¿En qué meses van a esquiar las personas que viven en Vancouver? 4. ¿Por qué es el Canadá el espejo de Chile? 5. ¿Qué tiene que comprar Kati? Según Sarita, ¿qué tipo de cerámica es excelente? 6. ¿Qué otro nombre tiene la Alameda? ¿Dónde está? 7. ¿Por qué pregunta Kati si O'Higgins es el héroe nacional de Chile o de Irlanda? 8. ¿Qué idea tiene Jorge? 9. ¿Qué dice Sarita? 10. ¿Qué dice Kati? ¿Tiene sed o tiene frío?

Las estaciones, el clima y el calendario

Notas culturales

1. The art of making the finely engraved Chillán pottery dates from before the arrival of the Spaniards. Its characteristic black color is obtained by mixing clay with charcoal and black ashes.

2. **Bernardo O'Higgins** is the hero of Chile's war of independence against Spain (1814-1818). His mother was Chilean, his father an Irishman who moved to Spain and was later appointed viceroy of Peru by the Spanish government. A refugee in Argentina as a result of his political activities in Chile, O'Higgins was named second in command to General San Martín and accompanied him as he led his small army, at the cost of incredible hardship, over the Andes into Chile. O'Higgins proved a brilliant and daring general during the war, and soon afterwards became the first leader of Chile. He died in exile in Peru.

3. Chileans and many other Latin Americans pause in the late afternoon for a **merienda,** a snack usually including biscuits with jam, cookies, or pastry accompanied by tea or coffee. Usually people say that it's time to **tomar el té,** but in Chile and Argentina, one frequently hears the expression **tomar once.** This is said to have derived from a euphemism used by gentlemen in colonial times when they would leave the ladies with their teapots and go out to have a brandy (**aguardiente**)**,** which, to spare the refined sensibilities of the ladies, they would refer to by the number of letters in the forbidden word.

· Actividades ·

De vacaciones. Look at the drawings of Lola and Tito and answer the following questions.

1. ¿Qué tiempo hace en la playa?
2. ¿Qué tiempo hace en las montañas?
3. ¿Quién va a tener frío, Lola o Tito?
4. ¿Está nublado cerca del mar?
5. ¿Qué cree usted que Lola hace ahora? ¿Va a clase?
6. ¿Qué hace Tito?
7. ¿Adónde va a ir usted de vacaciones este verano? ¿Va a ir al mar? ¿A las montañas? ¿Por qué?

Entrevistas. Divide into groups of four or five and appoint one as the person to be interviewed. If the person to be interviewed wants to assume a new identity—of a movie star, a political figure, a sports hero—fine. The other members of the group should ask that person the following questions as rapidly as possible.

1. ¿Cuál es la fecha de hoy? ¿Qué día es hoy?   2. ¿Tienes un día favorito de la semana? ¿Cuál? ¿Por qué?   3. ¿Adónde vas los domingos?   4. ¿Qué tiempo hace hoy?   5. ¿Qué haces cuando hace calor?   6. ¿Qué haces los sábados?   7. ¿Qué haces todos los días?   8. ¿Qué haces cuando terminas esta clase?   9. ¿Qué haces en el verano?   10. ¿Cuándo vas de vacaciones? ¿Adónde vas?   11. ¿Qué tienes ganas de hacer hoy?   12. ¿Qué haces en el invierno? ¿Lees? ¿Estudias? ¿Vas a lugares interesantes?   13. ¿Qué tienes ganas de hacer el sábado?   14. ¿Qué haces cuando tienes dolor de cabeza?

Vocabulary: estrella (del cine), figura política, deportista o atleta famoso (famosa)

Situación

1. You are a native of this city and a classmate has just arrived from another country. Answer his or her questions about the local weather and our national holidays and celebrations.   Useful expression: **acabar de** + infin., as in **Acaba de llegar de otro país.**
2. Brainstorm as many questions as you can relating to climate, seasons, dates. Then circulate around the class asking other students as many of those questions as possible.

Vocabulario activo

Cognados

la aspirina	la construcción	frágil	el, la inmigrante	el, la recepcionista	las vacaciones
el calendario	depender	el héroe	la memoria	la residencia estudiantil	variado
católico	económico	la independencia	el origen	tropical	

Sustantivos

		el desierto	desert	la muchacha	girl
el aguardiente	brandy; hard liquor	el dolor	pain; ache; suffering	el muchacho	boy
la cabeza	head	el espejo	mirror	el mundo	world
la cama	bed	el estado	state, condition	el peligro	danger
el campo	country(side)	la fecha	date (on a calendar)	la playa	beach
el centro (de la ciudad)	downtown	la fiebre	fever	el regalo	gift, present
la cerámica	pottery	la habitación	room	la sed	thirst
el coche	car	la isla	island	el siglo	century
la costa	coast	el lado	side	el sueño	sleep; dreams
el cumpleaños	birthday	el lago	lake	la tarea	homework
el derecho	law; right	la merienda	afternoon snack	el té	tea
				la vista	view

Las estaciones, el clima y el calendario

- **El tiempo** *the weather*

caliente	hot
el clima	climate
en pleno invierno	in the middle of winter
Está bonito.	It's nice out.
Está nublado.	It's cloudy.
Hace (muy) buen, mal tiempo.	It's (very) nice, bad weather.
Hace (mucho) calor, frío, sol, viento.	It's (very) hot, cold, sunny, windy.
Hace fresco.	It's cool.
Hay nubes, neblina, niebla.	It's cloudy, foggy, misty, hazy.
llover (ue)	to rain
Llueve.	It's raining; It rains.
la lluvia	rain
nevar (ie)	to snow
Nieva.	It's snowing; It snows.
la nieve	snow
la nube	cloud
¿Qué tiempo hace hoy?	What's the weather like today?
seco	dry
el sol	sun
el viento	wind

- **Los verbos**

esquiar	to ski
estacionar	to park
estar de acuerdo	to be in agreement
hacer	to do, to make
hacer la maleta	to pack one's suitcase
hacer un viaje	to make a trip
ir	to go
ir a la cama	to go to bed
ir de compras	to go shopping
ir de vacaciones	to go on vacation
pasar	to spend (time); to happen
pescar	to fish, go fishing
tener 26 años	to be 26 years old
tener buena memoria	to have a good memory
tener calor, frío	to be hot, cold
tener celos	to be jealous
tener cuidado	to be careful
tener dolor de cabeza, estómago	to have a headache, stomach ache
tener éxito	to be successful
tener fiebre	to have a fever
tener ganas de (+ inf)	to feel like (doing something)
tener hambre	to be hungry
tener miedo	to be afraid
tener que (+ inf)	to have to (do something)
tener razón	to be right
no tener razón	to be wrong, mistaken
tener sed	to be thirsty
tener sueño	to be sleepy
tener (mala) suerte	to have (bad) luck

- **Otras palabras y expresiones**

a veces	at times, sometimes
al revés	backwards
antes (de)	before
así que	so
Buena idea.	Good idea.
¡Caramba!	Gosh!
casi	almost
cuando	when
¡Cuidado!	Careful!
de vez en cuando	sometimes, from time to time
en auto, en coche	by car
igual	the same, equal, even
irlandés, irlandesa	Irish
listo	ready
mejor dicho	rather; more properly
negro	black
ni . . . tampoco	neither, either
ni yo tampoco	me neither
nunca	never
próximo	next
¡Qué gracioso!	How amusing!
raro	rare; strange; scarce
siempre	always
sólo	only
tampoco	neither
todos	everybody
tomar once	to have an afternoon snack
ya	already

- **Días, meses, estaciones, días feriados . . .**

> Don't forget: the days, page 122
> the months, page 109
> the seasons, page 109
> days off and holidays, page 124

- **Los números ordinales**

> Don't forget the ordinal numbers on page 119.

130 *Capítulo cuatro*

Lectura II

La gente

En Galicia: In Latin America, Spanish residents from whatever province are sometimes referred to as **gallegos** because of the heavy immigration from Galicia and their high visibility as shopkeepers, etc.

Pero, ¿es posible? ¿Es española esa chica rubia° de ojos° azules°? Sí, señor.   *blonde / eyes / blue*
  En Galicia, una región del noroeste de España, la gente es de origen céltico, como los irlandeses° y escoceses°. Tenemos que ir a Andalucía, en el sur, para encontrar al español de piel° oscura° y de pelo° y ojos negros.   *Irish / Scots*   *skin / dark / hair*
  Vemos° así que la gente y la cultura de España, como la geografía, es muy variada. La historia española explica esta mezcla° de razas y culturas. Todavía hoy coexisten en el país tipos humanos muy variados y cuatro lenguas diferentes: el español, la lengua oficial; el gallego, una lengua similar al portugués; el catalán, una lengua romance del nordeste; y el vasco, una lengua antigua de las provincias del norte.   *We see*   *mixture*
  ¿Y si cruzamos el Atlántico? Pues, también descubrimos una gran variedad. En lugares como México, por ejemplo, gran parte de la gente es mestiza°, producto de la mezcla entre indios y españoles. Están muy orgullosos de esa herencia° india.   *of mixed ancestry*   *heritage*
  En otras partes de Hispanoamérica, como en Bolivia y Guatemala, los indios forman la mayor parte° de la población y muchos viven en pequeños pueblos de las montañas, separados de la vida moderna de las ciudades.   **la . . .** *the majority*

Vemos, from **ver**, an **-er** verb regular in all but the **yo** form, will be introduced in chapter 7.

Españolas en San Sebastián.

En países como la Argentina y el Uruguay casi todo el mundo es de origen europeo: español, italiano, francés, inglés, alemán, polaco°, etcétera. En Chile también predominan los europeos. En el Caribe, la influencia africana es muy importante. El mundo hispánico es, pues, un mundo muy variado.

Polish

PREGUNTAS

1. ¿De qué origen es la gente de Galicia?
2. ¿Vemos en España una sola cultura o varias? ¿Qué cosa explica esto?
3. ¿Cuántas lenguas hablan en España? ¿Cuáles son?
4. ¿Cómo es la gente en lugares como México? ¿De qué están orgullosos?
5. ¿Dónde forman los indios la mayor parte de la población?
6. ¿En qué países hay más gente de origen europeo? ¿De qué países europeos son?
7. ¿Qué influencia es importante en el Caribe?

Estudiantes en la Universidad de Chile.

Una familia de hispanos celebra el Día de Puerto Rico en Nueva York.

CAPÍTULO CINCO

LA CIUDAD Y SUS PROBLEMAS

Vocabulario.   In this chapter you will talk about life in big cities.

Gramática.   You will discuss and use:
1. The present tense of verbs that change their stem vowel from **e** to **ie** when stressed on the stem, and of **venir** *to come*, which has a **yo**-form (**vengo**) like that of **tener** (**tengo**).
2. Possessive adjectives, corresponding to *her, your, my*, etc.
3. Direct-object pronouns
4. Expressions of obligation, and the shades of difference between them (**tener que, deber, hay que**)
5. Expressions for telling time

Pronunciación.   You will practice the sounds represented by **p** and **t**.

Cultura.   The dialogs take place in the Puerto Rican community of metropolitan New York.

• Problemas de hoy •

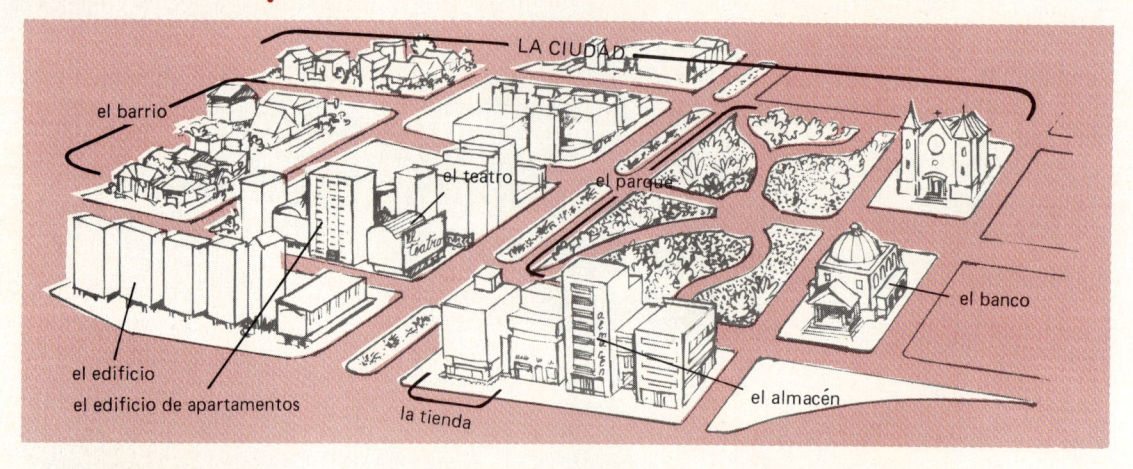

LA CIUDAD

el barrio · el teatro · el parque · el banco · el edificio · el edificio de apartamentos · la tienda · el almacén

la contaminación (del aire, del agua¹)

la pobreza, el hambre, los desamparados

la inflación

el metro, el autobús, el tren²
el estado ruinoso de los medios públicos de transporte
las demoras

Give infinitive: **demorar**[N] (also, **tardar**[N]).

---

el almacén *department store*   **el agua** *f water*   **la pobreza** *poverty*   **el desamparado, la desamparada** *bag person, person who lives in the streets*   **la demora** *delay*

[1] The article **la** switches to **el** before feminine nouns beginning with stressed **a** or **ha**: **el agua**. (No change occurs with a modifying adjective or the plural: **el agua está buena, las aguas**.) This book lists such nouns with an *f*: **el agua** *f*.

[2] The term for *railroad* or *rail* is **el ferrocarril**; for example, **Voy a Chicago por ferrocarril** *I'm going to Chicago by rail (by train)*. The Spanish word for *bus* is **la guagua** in Puerto Rico, New York, Cuba, and Miami; **el camión** in Mexico and the Southwest (the word also universally means *truck*); **el ómnibus** in Argentina and Peru; **el colectivo** in Ecuador; and **el autobús** in most other countries. Even in Mexico, heavy buses of the kind associated in North America with Greyhound or Trailways are called **autobuses**. The Spanish word for *subway* is **el subway** in New York; **el subte** (=**el subterráneo**) in Argentina; and **el metro** in Mexico, Spain, and elsewhere.

Capítulo cinco

el, la criminal,
los ladrones (el ladrón),
el crimen,
el robo, el asalto
el policía,
la mujer policía
la policía

el ruido, el tráfico,
los bloqueos,
el enojo,
el estrés

la discriminación
(contra las mujeres,
las minorías)

el desempleo,
la automatización,
los sindicatos, las huelgas

la basura, el grafito,
el desorden,
la superpoblación

---

el ladrón, la ladrona *thief*   **la policía** *police (force)*   **el bloqueo** *traffic jam*   **el enojo** *anger*
el estrés *stress*   **contra** *against*   **el empleo** *job, employment*   **el trabajo** *work, job*   **el desempleo**
unemployment   **el sindicato** *union*   **la huelga** *strike*   **la basura** *garbage*

Problemas urbanos de Nueva York. New Yorkers face many urban problems. For each citizen listed on the left, imagine which problem listed on the right might seem the most urgent, and state your conclusion as shown in the model.

MODELO   <u>Una mujer policía</u> cree que <u>el crimen</u> es un problema urgente.

una joven que trabaja en una oficina
una mujer policía
una madre de seis hijos
un puertorriqueño que no tiene trabajo
un señor muy rico
un desamparado
una persona que vive lejos del lugar del
   empleo
un médico

el desempleo
la contaminación del aire
la discriminación contra las mujeres
el robo
el crimen
el tráfico y los bloqueos
la inflación
las demoras del subway

Various combinations are possible.

La ciudad y sus problemas   135

Asociación de ideas. Match each word on the left with a word on the right that you associate with it.

Watch out for students' voiced English-like z pronunciation in **plaza** *and* **pobreza.**

MODELO   plaza → parque

1. calle
2. plaza
3. dinero
4. casa
5. pobreza
6. crimen

a. banco
b. apartamento
c. desempleo
d. robo
e. avenida
f. parque

- **CUESTIONARIO**

Ask students to compare cities they are likely to know. Examples: ¿Hay más contaminación del aire en Los Ángeles o en Boston? ¿Cuál tiene más desempleo, Detroit o Dallas?

1. ¿Vive usted en una ciudad grande o pequeña? ¿En una casa o en un apartamento?
2. ¿En qué calle o barrio vive usted?   3. ¿Qué problemas tienen en el barrio donde usted vive?   4. ¿Qué problemas hay en Nueva York?   5. ¿Cuál es el problema más urgente de los Estados Unidos? ¿Y del mundo?

I. El presente de los verbos con cambio en la raíz (e → ie), y venir

Aural Comprehension: Cierto o falso: 1. Margarita tiene mucha hombre. 2. Ana quiere un café con cerveza. 3. Las dos mujeres esperan a Thomas Edison en el cine. 4. La película empieza y hay silencio. 5. Los chicos que están detrás de Ana y Margarita no entienden la película.

- El restaurante Olimpia, en la avenida Broadway de Nueva York.

ANA   Margarita, ¿quieres un refresco, un café o . . . ?
MARGARITA   Prefiero una cerveza bien fría. ¿Y tú?
ANA   Quiero un café con leche.

Media hora después, frente al cine Nuevo Edison, las amigas esperan en la cola.

MARGARITA   ¡Ay! Ya pierdo la paciencia con estos precios. Pienso que las entradas son muy caras.

En el cine.

ANA   Ah, la película empieza. Pero, ¡cómo hablan esos chicos atrás!
MARGARITA   Perdón, joven. ¿Vienen al cine para charlar o quieren ver la película? No entendemos nada.
EL JOVEN   ¿No entienden? Pues, ¡ésta es una conversación privada!

1. ¿Qué quiere Ana, un café o un refresco?   2. ¿Qué prefiere Margarita?
3. ¿Con qué pierde la paciencia Margarita?   4. ¿Por qué no entienden la película?

The Olimpia Restaurant, on Broadway in New York. ANA: Margarita, do you want a soda, coffee, or . . . ? MARGARITA: I prefer a really cold beer. And you? ANA: I want a coffee with (hot) milk. *A half hour later, in front of the Nuevo Edison movie theater, the friends are waiting in line.* MARGARITA: Oh! I'm losing my patience with these prices. I think the tickets are very expensive. *In the movie theater.* ANA: Oh, the movie is starting. But how those guys talk! MARGARITA: Excuse me, young man. Do you come to the movies to chat, or do you want to see the picture? We can't hear (understand) anything. THE YOUNG MAN: You can't hear? Well, this is a private conversation!

A Certain verbs in Spanish are known as stem-changing verbs. These verbs have regular endings, but show a change in the stem when the stem is stressed. In the following verbs, the **e** of the stem is changed to **ie** in the four forms within the familiar shoe pattern.

pensar *to think*		**entender** *to understand*		**preferir** *to prefer*	
pienso	pensamos	entiendo	entendemos	prefiero	preferimos
piensas	pensáis	entiendes	entendéis	prefieres	preferís
piensa	piensan	entiende	entienden	prefiere	prefieren

B Here are some other **e** to **ie** stem-changing verbs.

empezar (a)	to begin	querer	to want, love	mentir	to lie
comenzar (a)	to begin	cerrar	to close	sentir	to feel
perder	to lose, to waste	nevar	to snow		

No entiendo la pregunta.   *I don't understand the question.*
Comienzas ⎫
Empiezas ⎭ a trabajar.   *You begin to work.*
Papo no quiere estudiar.   *Papo doesn't want to study.*
¿Qué piensas de Eva?   *What do you think of Eva?*[1]
Preferimos regresar tarde.   *We prefer to return late.*
Siempre pierden dinero y también pierden el tiempo.   *They always lose money and they also waste time.*
Aurelio cierra el cuaderno.   *Aurelio closes the notebook.*
Nieva mucho en los Andes.   *It snows a lot in the Andes.*
Elena no miente.   *Elena's not lying (doesn't lie).*
Sofía siente sed.   *Sofía feels thirsty.*

Sentir is used often with **lo** to mean *to be sorry*.

Lo sentimos, señora.   *We're sorry, ma'am.*

C **Venir** has three of the four usual **e** → **ie** stem changes plus an irregular **yo**-form like that of **tener**.

venir *to come*	
vengo	venimos
vienes	venís
viene	vienen

Los señores Suárez vienen esta noche.

Mr. and Mrs. Suárez are coming tonight.

[1] **Pensar** followed by **de** means *to think of* in the sense to *to have an opinion of* someone or something. **Pensar** followed by **en** means *to think of* or *about:* **Pienso mucho en ella.** *I think about her a lot.* **Pensar** followed directly by an infinitive means *to intend* or *plan to* do something: **Pienso vender la bicicleta** *I plan to sell the bicycle.*

La ciudad y sus problemas

EJERCICIOS

A La sustitución

1. Yo prefiero vivir en una ciudad grande. (tú, nosotros, ellos, Carlos y usted)
2. ¿Por qué mienten tanto los ladrones? (ustedes, Luis, tú, nosotros, yo)
3. Pensamos ir a la playa. (tú, los señores Ramos, ustedes, el policía, usted)

B Unas charlas.
Complete the conversations by filling in each blank with the correct form of the stem-changing verb numbered the same in the list at the right.

JOSÉ	Yo (1)___ las clases en septiembre.	1. empezar
LOLA	¿Qué (2)___ tú estudiar?	2. pensar
JOSÉ	(3)___ estudiar biología.	3. pensar
LOLA	¿No (4)___ tomar asignaturas fáciles?	4. preferir
JOSÉ	No, chica, (5)___ mucho de las ciencias.	5. entender
	Yo (6)___ ser científico[2]. Ya (7)___ la paciencia con la literatura y la filosofía.	6. querer
		7. perder
LOLA	Pues, José, (8) ¿___ tiempo de ir al cine con los amigos mañana?	8. tener
		9. sentir
JOSÉ	Lo (9)___ , Lola, Paco y yo (10)___ ir a la biblioteca.	10. pensar

* * *

DON CARLOS	Tía Marta y yo (1)___ regresar a la isla. Nosotros (2)___ viajar en noviembre.	1. querer
		2. pensar
PEPE	Pero Mami (3)___ de Ponce en diciembre. ¿No (4)___ ustedes esperar?	3. venir
		4. preferir
DON CARLOS	No, Pepe, nosotros (5)___ la bodega[3] el día primero. Ya (6)___ a hacer las maletas.	5. cerrar
		6. empezar
PEPE	Pero, tío, ¿no (7)___ ustedes? Ya no es fácil hallar casa en Puerto Rico. ¿Por qué no (8)___ la bodega después del año nuevo?	7. entender
		8. cerrar
		9. entender
DON CARLOS	Marta y yo (9)___ muy bien. Pero (10)___ mucho frío en el invierno.	10. tener

C Pues nosotros no.
Take the role of Rodolfo's co-workers Raúl and Blanca, and react negatively to his complaints.

MODELO   Pienso viajar en marzo. → **Pues nosotros no pensamos viajar en marzo.**

1. Prefiero vivir en Puerto Rico.
2. Quiero vivir en Nueva York.
3. Pienso mucho en los problemas de la ciudad.
4. Vengo tarde al trabajo de vez en cuando.
5. Siento mucho frío aquí.
6. Entiendo el gobierno de este país.
7. Pierdo la paciencia con los precios altos.
8. Comienzo a tener muchos problemas.

---
[2]*scientist*
[3]**Una bodega** is a small grocery store.

La gente que prefiere ver películas en español va al Cine Edison en Broadway, Nueva York.

D La traducción

1. Does it snow in Puerto Rico, Sixto?
   No, but it rains a lot in the fall.
2. Don't you think the children lie once in awhile?
   Yes, and I also think they waste a lot of time at the beach.
3. I feel cold. Do you want to go in?
   Yes. The movie is starting.

E Encuesta.
Public-opinion poll. Divide into groups of three. One person will ask the other two the following questions. Use the **nosotros**-form in the answers.

MODELO ¿Piensan ustedes comprar una bicicleta? → **Sí, pensamos comprar una bicicleta.** *or* **No, no pensamos comprar una bicicleta.**

1. ¿Tienen que estudiar ustedes mucho para esta clase?
2. ¿Prefieren ustedes esta clase o una clase de química?
3. ¿Piensan ustedes mucho en el laboratorio de lenguas?
4. ¿Quieren ustedes hacer una celebración en la clase?
5. ¿Vienen ustedes tarde a la clase?
6. ¿Prefieren leer, escribir o hablar en español?
7. ¿Entienden ustedes las lecciones?
8. ¿Piensan tomar otra clase de español?
9. ¿Mienten ustedes de vez en cuando a la profesora?
10. ¿Cierran ustedes el libro durante un examen?

Have students generate additional **encuesta** questions with the format *¿Qué piensan de* + noun? *Examples:* ¿Qué piensan de los políticos? ¿De las elecciones? ¿Los carros de este año? ¿Las huelgas *(specify)*? ¿Los programas de televisión como *(specify)*?

• CUESTIONARIO

1. ¿Entiende usted mucho de los problemas de las ciudades grandes?   2. ¿Prefiere usted las ciudades grandes o pequeñas?   3. ¿Nieva mucho en Nueva York? ¿En las montañas de Puerto Rico?   4. ¿Dónde nieva mucho?   5. ¿Piensa usted que hay mucha discriminación en esta ciudad?   6. ¿Piensa usted que la contaminación es un problema urgente? ¿La inflación?   7. ¿Mienten mucho los políticos?   8. ¿Pierde usted mucho tiempo en el tráfico?   9. ¿Cuándo empiezan los bloqueos en las ciudades grandes?   10. ¿Cuándo no vienen los autobuses?   11. ¿Hay huelgas ahora?   12. ¿Prefiere usted ir a la universidad en autobús, tren, coche o bicicleta?   13. ¿Viene usted a clase mañana?   14. ¿Quiere usted vivir aquí o en Nueva York? ¿Por qué?

La ciudad y sus problemas

II. Los adjetivos posesivos

• *La carretera White Plains en el barrio de Norte Bronx*[1].

CLARA Fela, ¡tanto tiempo! ¿Cómo está tu esposo?
FELA Todos estamos bien, gracias a Dios. Mis padres llegan mañana de Chicago. ¿Y tus niños, Clara?
CLARA Pues, Ricardo va muy bien en sus estudios. Pero tengo problemas con mi hija.
FELA ¿Por qué? ¿Qué pasa?
CLARA No hace sus tareas. Pierde todo su dinero y su tiempo en su nuevo pasatiempo.
FELA ¿Y cuál es su nuevo pasatiempo?
CLARA Pues, los juegos de video.
FELA Ah, sí, entiendo. Nuestros vecinos tienen el mismo problema. Sus hijos también pierden mucho tiempo en eso.

1. ¿De dónde vienen los padres de Fela?   2. ¿Cómo va el hijo de Clara en sus estudios? ¿Y su hija?   3. ¿Por qué no hace sus tareas la hija de Clara?   4. Y los hijos de los vecinos de Fela, ¿en qué pierden mucho tiempo?

White Plains Road in the neighborhood of the North Bronx. CLARA: Fela, (it's been) so long! How is your husband? FELA: We're all fine, thank God. My parents arrive tomorrow from Chicago. And your children, Clara? CLARA: Well, Ricardo is doing very well in his studies. But I have problems with my daughter. FELA: Why? What's the matter? CLARA: She doesn't do her homework (assignments). She wastes all her money and her time at her new hobby. FELA: And what's her new hobby? CLARA: Well, video games. FELA: Oh, yes, I understand. Our neighbors have the same problem. Their children also waste a lot of time at that.

[1]The **Bronx** is one of the five boroughs, of New York City. The North Bronx is predominantly Puerto Rican.

mi, mis	*my*	nuestro (-a, -os, -as)	*our*
tu, tus	*your*	vuestro (-a, -os, -as)	*your*
su, sus	*your, his, her*	su, sus	*your, their*

A Possessive adjectives are placed in front of the nouns they modify (the items possessed) and agree with them in number and gender. They do not agree with the possessor.

Mis hermanas viven en San Juan. *My sisters live in San Juan.*
Tu esposa trabaja en Brooklyn. *Your wife works in Brooklyn.*
¿Su hijo es doctor? *His (her, your, their) son is a doctor?*
Sus empleos son interesantes, señor. *Your jobs are very interesting, sir.*
Nuestra oficina está cerca del banco. *Our office is near the bank.*
Nuestros desamparados siempre tienen hambre. *Our bag people are always hungry.*

Aural Comprehension: Cierto o falso: 1. Clara habla con Fela todos los días. 2. El esposo de Fela está bien. 3. Clara tiene dos hijos. 4. La hija de Clara pierde su tiempo en la biblioteca. 5. Los hijos de Fela tienen el mismo problema.

Capítulo cinco

B **Nuestro** and **vuestro** are the only possessive adjectives that show gender as well as number. All other possessive adjectives show number only.

C Because **su** and **sus** have several potential meanings *(his, her, your, their)*, sometimes for the sake of clarity it is better to use the following construction instead to show possession:

definite article + *noun* + de $\begin{cases} \text{él} \\ \text{ella} \\ \text{usted} \\ \text{ellos} \\ \text{ellas} \\ \text{ustedes} \end{cases}$

Su madre es doctora.
La madre de ella es doctora. } *Her mother is a doctor.*

EJERCICIOS

A **La sustitución**

MODELO   Estudio en mi apartamento. (él) → **Estudia en su apartamento.**

1. Llevo mis libros a clase. (los estudiantes, nosotros, la profesora, Ana y María)
2. Esta ciudad tiene sus problemas. (yo, nosotros, tú, Nueva York, los puertorriqueños)
3. Venden su casa en el campo. (yo, nosotros, tú, Pablo, Adela, ustedes)

B **A quien corresponda.**   From the list of items, identify those that go with the key word, as shown in the model.

MODELO   mis: libro, cuadernos, pluma, libros, clases, mamá → **mis cuadernos, mis libros, mis clases**

1. nuestras: lección, amigas, café, papel, clases, problemas
2. su: estudios, coche, tareas, casa, padre, abuelos
3. tus: padre, niños, lecciones, abuela, coche, crimen, pobreza
4. mi: pasatiempo, hijo, calle, papeles, gente, familia, mochila
5. nuestro: lección, clase, café, verano, fecha, vacaciones, amigos

C **¡Pobre Juanita!**   Juanita's little sister, Ana, is very assertive. Every time Juanita refers to something as hers, Ana corrects her. Give Ana's comments, as shown in the example.

Avoid putting stress on the **nuestro** forms here, which is typical of English contrastive sentences of this kind. An alternative pattern: **¿Tu casa? Quieres decir "nuestra casa", ¿verdad?**

MODELO   JUANITA: Mi casa es bonita.
          ANA: **No es tu casa; es nuestra casa.**

1. Mi madre es joven.
2. Mi coche es moderno.
3. Mis amigas son simpáticas.
4. Mi barrio es grande.
5. Mi bicicleta es nueva.
6. Mis hermanos son guapos.

MAKING THE MOST OF CLASSROOM ACTIVITIES

Unless native speakers of Spanish live in your neighborhood, your best opportunity for exposure to spoken Spanish will be in class. Take advantage of this opportunity by being especially attentive and by participating in classroom learning activities. Research has shown that good second-language learners have several characteristics in common.

1. Good language learners are willing to take *risks*. Forcing yourself to communicate in Spanish may be hard at first. You may feel timid or clumsy when speaking out in front of others. You can help overcome those feelings by always being prepared for class and studying every day. Then go ahead and take the risk! As time passes, you will become accustomed to the feel of Spanish and become less self-conscious.

2. Good language learners are good *guessers*. Make educated guesses about the meaning of Spanish words and phrases by taking into account the context in which you find them and your general communication skills as a speaker of English or any other language. Good guessing skills are especially helpful when listening to Spanish and reading it. Listen or look for cognates. Listen for intonation patterns that indicate statements and questions. Be alert for clues of every kind—facial expressions and gestures in conversation, or headings, captions, and topic sentences in reading.

3. Good language learners are *flexible*. Do you adapt well to new situations? Many of the activities in language class are different from anything you encounter in other disciplines. Often you are asked to work with a partner or in a small group. You may be asked to imagine hypothetical situations and roleplay them in front of the class. The point of such activities is to create an island of Spanish culture in the classroom, so be flexible and imagine that you are in a Spanish-speaking country. (In fact, you are! Millions of Spanish-speakers live in the United States.)

Take risks, guess intelligently, be flexible—and stay alert. Take good notes, listen carefully to any corrections by the instructor, and closely follow what is going on. You should leave each class with better skills than you had when you came in.

D El abuelo de Ricardo. Ricardo's grandfather doesn't hear very well, so Ricardo has to repeat everything for him. Answer the grandfather's questions for Ricardo.

MODELO ABUELO ¿Con quién comemos? ¿Con los hijos de Isabel?
RICARDO Sí, comemos con los hijos de Isabel.
Comemos con sus hijos.

1. ¿De quién es la casa? ¿De Isabel?
2. ¿Quién es Isabel? ¿La amiga de Gonzalo?
3. ¿Adónde vamos después? ¿A la oficina del Dr. Pérez?
4. ¿Visitamos el barrio de Carlos y Pedro?
5. ¿Cómo vamos? ¿En el coche de tus padres?
6. ¿Quiénes vienen con nosotros? ¿Los tíos de Luis?

• **ENTREVISTA**

Interview a classmate to find answers to the following questions.

1. ¿Cómo se llama tu amigo favorito?   2. ¿Cuántos hay en tu familia?
3. ¿Cómo se llaman tus hermanos y hermanas?   4. ¿Cómo son tus hermanos?
5. ¿Cuántos años tienen tus padres?   6. ¿Dónde trabaja tu padre?   7. ¿Dónde viven tus abuelos?   8. ¿Qué piensas de nuestra clase?   9. ¿Cuál es tu clase más difícil?   10. ¿Cuál es tu estación favorita?

Los puertorriqueños de Nueva York celebran su herencia en un desfile anual por la Quinta Avenida.

Aural Comprehension: Cierto o falso: 1. Ofelia es la madre de Tomás. 2. La familia González va a vender todos sus muebles. 3. Tomás quiere la lámpara para su cuarto. 4. Los vecinos van a llamar a Tomás ahora.

III. Los pronombres de complemento directo

- *El apartamento de la familia González en el Barrio[1].*

OFELIA	Tomás, ¿me escuchas?
TOMÁS	Sí, Ofelia, te escucho. ¿Qué hay?
OFELIA	¿Me ayudas a sacar estos muebles[2]?
TOMÁS	¿Por qué quieres sacarlos? ¿Ya no los necesitamos?
OFELIA	Mami ya no los quiere en la sala.
TOMÁS	Pues, yo necesito una lámpara. La voy a tomar para mi cuarto.
OFELIA	¿Y el sofá? ¿Lo quieres también?
TOMÁS	Yo no. Pero creo que los vecinos lo necesitan. Voy a llamarlos ahora.

1. ¿Escucha Tomás a Ofelia?   2. ¿Por qué Ofelia quiere sacar los muebles?
3. ¿Qué va a hacer Tomás con la lámpara?   4. ¿También quiere el sofá? ¿Quiénes necesitan el sofá?   5. ¿Ofelia va a llamar a los vecinos?

The González family's apartment in the Barrio. OFELIA: Tomás, are you listening to me? TOMÁS: Yes, Ofelia, I'm listening to you. What's up? OFELIA: Will you help me take this furniture out? TOMÁS: Why do you want to take it out? Don't we need it anymore? OFELIA: Mom doesn't want it in the living room anymore. TOMÁS: Well, I need a lamp. I'm going to take it for my room. OFELIA: And the sofa? Do you want it, too? TOMÁS: Not me. But I think the neighbors need it. I'm going to call them now.

---

[1]**El Barrio,** sometimes referred to as Spanish Harlem, is a section on the upper east side of New York City.

[2]**Mueble** is a count noun in Spanish (i.e., used in both the singular and plural). The English equivalent is *piece of furniture.*

Ese mueble es nuevo.   *That piece of furniture is new.*
Esos muebles son feos.   *Those pieces of furniture are ugly.*

La ciudad y sus problemas

A In chapter 3 we saw that the direct object in a sentence indicates the person or thing that gets acted upon by the verb. In the sentence *I see Jim, Jim* is the person who gets seen—he's the direct object. A direct-object pronoun is a pronoun that replaces a direct-object noun. In *I see him, him* is the direct-object pronoun—it tells who gets seen.

DIRECT-OBJECT PRONOUNS

SINGULAR		PLURAL	
me	*me*	nos	*us*
te	*you* (tú)	os	*you* (vosotros, vosotras)
lo	*him, it, you* (usted)	los	*them, you* (ustedes)
la	*her, it, you* (usted)	las	*them, you* (ustedes)

B **Lo** and **la** are the direct-object pronouns that correspond to the subject pronouns **él, ella,** and **usted. Lo** is used to refer to a person or thing of masculine gender, and **la** is used to refer to a person or thing of feminine gender. **Lo** is also used to refer to actions or situations.[3]

¿El autobús? Sí, tengo que tomarlo.	*The bus? Yes, I have to take it.*
¿La lámpara? La llevo a mi cuarto.	*The lamp? I'm taking it to my room.*
¡No lo creo!	*I don't believe it!*

C **Los** and **las** are the direct-object pronouns that correspond to the subject pronouns **ellos, ellas,** and **ustedes. Los** is used to refer to people or things of masculine gender, and **las** is used to refer to people or things of feminine gender. **Los** is used to refer to groups where the genders are mixed.

¿Esos museos? Los voy a visitar.	*Those museums? I'm going to visit them.*
¿Las bicicletas? Las usamos mucho.	*The bicycles? We use them a lot.*
¿Esa casa y ese apartamento? Los vendemos.	*That house and that apartment? We're selling them.*

D Use **te** when speaking to someone you address as **tú**. Use **lo** when speaking to a man, and **la** when speaking to a woman, that you address as **usted**. **Os, los,** and **las** are the comparable forms for the plural.

Te llamo mañana, Carlota.	*I'll call you tomorrow, Carlota.*
Adiós, señorita. La llamo mañana.	*Good-bye, miss. I'll call you tomorrow.*

For clarity and politeness, when a **lo** or **la** corresponding to **usted** is used before a verb, **a usted** may be added after the verb. **A ustedes** is added when the pronoun is plural.

No lo entiendo a usted, señor.	*I don't understand you, sir.*
Lo siento. No las entiendo a ustedes, señoras.	*I'm sorry. I don't understand you, ladies.*

---

[3]In Spain speakers frequently use **le** and **les** to refer to a man or men, and **lo** and **los** when the direct object is a thing or idea. This distinction is often not made in Latin America. Thus, depending on one's background, one may say **Le veo** or **Lo veo**—both mean *I see him.*

Usted: Note that although the **usted** is optional, the **lo** is not. Typical errors to expect: **Quiero a Ud., Entienden a ella.** (But **Entienden a María** is grammatical because the direct object is a noun, not a pronoun.)

144 *Capítulo cinco*

E Direct-object pronouns are placed directly before a conjugated[4] verb form.

¿Me esperas?	*Will you wait for me?*
José no lo tiene.	*José doesn't have it.*
Nos miran ahora.	*They're looking at us now.*

F Direct-object pronouns are placed after an infinitive and are attached to it.

Es imposible describirlo.	*It's impossible to describe it.*
Quererlo mucho es difícil.	*To love him a lot is difficult.*

However, if the infinitive is part of a larger verb construction, the direct-object pronoun can either be attached to the infinitive, as above, or it can be placed in front of the entire verb construction. In spoken Spanish, the latter position is more common. For practical purposes, both types of structures convey the same meaning.

¿Mi programa favorito? Lo voy a mirar ahora. (Voy a mirarlo ahora.)	*My favorite program? I'm going to watch it now.*
¿La puerta? No la tengo que cerrar. (No tengo que cerrarla.)	*The door? I don't have to close it.*

EJERCICIOS

A La sustitución

Supply or have students generate similar sentences with additional verbs that take direct objects. Examples: **buscar, necesitar, mirar, comprar, entender, preferir, cerrar.**

1. ¿El vino? Sí, el abuelo lo quiere. (¿Las cosas nuevas?, ¿El libro?, ¿Las sillas?)
2. ¿Yo? El abuelo me visita. (¿Nosotros?, ¿Tú?, ¿Ellas?, ¿Los hijos?, ¿Ustedes?)
3. ¿A Rolando? Carlota desea llamarlo. (¿A la profesora?, ¿A mis padres?)

B La tómbola. Create sentences by combining elements from each of the columns.

| No llamo | al dentista
a Pablo
al Sr. Alba
a mi hermana
a las chicas
a Juan y a Paco
al médico
a Carmen
a mi primo
a María y a Ana
a don Carlos
a la Sra. Alba
al profesor
a mis amigos | porque | lo
la
los
las | visito mañana. |

---

[4]A conjugated, or finite, verb form is one with an ending that indicates tense, person, and number. The infinitive is a non-conjugated form.

La ciudad y sus problemas

C En breve. Shorten the sentences, replacing the noun object with the corresponding direct-object pronoun.

MODELO   José lee el nuevo libro. → **José lo lee.**

1. Elvira hace la comida.
2. Paco busca a los niños en la escuela.
3. Espera el tren en la estación.
4. ¿Vamos a comprar ese coche?
5. Los vecinos no entienden nuestros problemas.
6. José, quiero vender el sofá.
7. Y no necesitamos esas lámparas.
8. Abuela llama a los parientes en San Juan.
9. Aurelio, ¿por qué no abres las ventanas?
10. José cierra el libro.

D Al revés. Edit the dialog, changing the position of the pronouns in each exchange.

RAFO   Ese vino es muy caro. (1) ¿Por qué lo vas a comprar?
HUGO   (2) Porque Susana nos viene a visitar.
RAFO   (3) ¿Quién la va a invitar?
HUGO   Yo. (4) La voy a llamar ahora.
RAFO   ¿Tienes su número de teléfono?
HUGO   (5) Lo voy a buscar ahora.
RAFO   ¿Cuándo vas a hacer la comida?
HUGO   ¿Yo? No, mi amigo. (6) ¡Tú la vas a hacer!

E La interrogación. Ask someone the following questions. The other person should answer using a direct-object pronoun. (Fibs are permitted.)

MODELO   ¿Quieres el programa? → **Sí, lo quiero.** or **No, no lo quiero.**

1. ¿Quieres el dinero?
2. ¿Visitas a la médica el martes?
3. ¿Tomas el café de la cafetería?
4. ¿Compras los libros en la universidad?
5. ¿Te necesitan los amigos?
6. ¿Me llamas todos los días?
7. ¿Buscas clases buenas?
8. ¿Lees la información del libro?
9. ¿Te miran los otros estudiantes?
10. ¿Los llama a ustedes el profesor?

• **CUESTIONARIO.** Answer using a direct-object pronoun whenever possible.

1. ¿Mira usted televisión por la tarde?   2. ¿Compra usted café en la cafetería?   3. ¿Vende sus libros después del año?   4. ¿Entiende las palabras **me, lo, la,** etc.?   5. ¿Quiere usted mucho a sus padres?   6. ¿Cree usted que las mujeres son más inteligentes que los hombres?   7. ¿Come usted la comida de la cafetería?   8. ¿Piensa leer la lección esta noche?   9. ¿Llama usted a sus amigos mucho?   10. ¿Prefiere llamarlos o visitarlos?   11. ¿Quiere usted visitar la ciudad de Nueva York?   12. ¿Comprende usted el problema de la contaminación?

IV. Expresiones de obligación: **tener que, deber, hay que**

En casa de la familia Sánchez, en Lodi, Nueva Jersey[1].

SRA. SÁNCHEZ Pedro, no debes llegar tarde a la escuela.
PEDRO Pero mamá, no tengo que ir.
SRA. SÁNCHEZ ¿Cómo? Claro que tienes que ir. Si no estás listo en diez minutos, vas a perder la guagua.
PEDRO Pero mamá, hoy no hay que ir a la escuela. ¡Hoy es sábado!

1. ¿Quién no debe llegar tarde a la escuela?   2. ¿Tiene que ir a la escuela Pedro?
3. ¿Cuándo tiene que estar listo Pedro?   4. ¿Hay que ir a la escuela los sábados?

At the house of the Sánchez family in Lodi, New Jersey. MRS. SÁNCHEZ: Pedro, you mustn't be late for school. PEDRO: But Mom, I don't have to go. MRS. SÁNCHEZ: What? Of course you have to go! If you aren't ready in ten minutes, you are going to miss the bus. PEDRO: But Mom, today we don't have to go to school. It's Saturday!

---

[1]The population of Lodi, New Jersey is largely of Puerto Rican descent.

Have students talk about the dialog using expressions such as **tener prisa, llegar tarde, tener razón, lejos/cerca de**. Examples: **Pedro tiene prisa. Su mamá cree que él tiene que ir a la escuela; ella no tiene razón. Pedro llega tarde a la escuela mucho. Vive lejos de la escuela.**

A **Tener que** plus infinitive is a common expression of necessity or compulsion meaning *to have to* or *must*. It is a personal expression in that it refers specifically to the individual or individuals who must carry out the action stated.

Tengo que usar el auto.	*I have to use the car.*
¡Tenemos que terminar con la discriminación!	*We have to (must) end discrimination!*
Tienen que empezar ahora.	*They have to (must) begin now.*

B **Deber** plus infinitive is another common personal expression of duty or obligation, but it does not convey so strong a sense of obligation as **tener que**.

Remind students that **deber** + infin. is not split (as in English). *I should not go* = **No debo ir.**

Debo ir al banco.	*I should (must, ought to) go to the bank.*
Debes buscar empleo.	*You should (must, ought to) look for employment.*
No deben hablar así.	*You shouldn't talk like that.*

Deber de also indicates probability or likelihood.

Debe de ser lunes.	*It must be (probably is) Monday.*
Ellas deben de estar en Brooklyn.	*They are probably in Brooklyn.*

La ciudad y sus problemas

C **Hay que** plus infinitive is an impersonal expression of obligation or compulsion meaning *one has to, one must,* or *it is necessary to.*

No hay que ir al laboratorio hoy. It's not necessary to go to the laboratory today.
Ahora hay que trabajar. Now we (one, anybody) must work.

EJERCICIOS

A Los exámenes finales. Marisol is trying to prepare for her finals, but her little brother is driving her crazy with his questions. Answer for Marisol, using the expression **tener que**. Use object pronouns whenever possible.

MODELO ¿Vas a empezar las tareas el martes? → **No, tengo que empezarlas hoy.**

1. ¿Vas a la biblioteca mañana?
2. ¿Vas a llevar el cuaderno a la clase el sábado?
3. ¿Vas a abrir los libros mañana?
4. ¿Vas a pensar en los problemas el jueves?
5. ¿Vas a contestar las preguntas mañana?

B ¿Qué hay que hacer? Play the role of Eduardo and repeat his boss's statements using **hay que** + infinitive.

MODELO JEFE: Es necesario pensar para entender.
EDUARDO: **Sí, hay que pensar para entender.**

1. Es necesario trabajar para vivir.
2. Es necesario escuchar para comprender.
3. Es necesario comer para existir.
4. Es necesario hacer mucho para terminar con la contaminación.
5. Es necesario ser de una minoría para comprender la discriminación.
6. Es necesario no tener trabajo para entender el desempleo.

C La traducción. Give the Spanish equivalent of the following sentences.

1. I should study tonight.
2. José has to be there Wednesday.
3. They have to work now.
4. Teresa is probably in New York.
5. It must be Roberto.
6. One should understand the customs.

• **CUESTIONARIO**

The answer students can produce without recourse to indirect-object pronouns is **Hay que ayudarlo/ayudarla.** (Nevertheless, some Spanish speakers—even in this hemisphere—would use **ayudarle.**)

1. ¿Cuándo deben asistir ustedes a clase? ¿Mañana? ¿El sábado? 2. ¿Tiene que estudiar usted mucho esta noche? 3. ¿Qué tiene que hacer usted esta noche? 4. ¿Qué lengua debemos hablar siempre en esta clase? 5. ¿Qué hay que hacer cuando una persona no tiene dinero? 6. ¿Hay que venir a la universidad los sábados? ¿Los domingos? 7. ¿Qué hay que hacer para recibir una "A" en los exámenes? 8. ¿Qué debe hacer el presidente por el país? 9. Por las minorías, ¿qué debemos hacer? 10. Para entender los problemas de las ciudades, ¿qué hay que hacer?

Una tarde de compras en el "Barrio" de Nueva York.

V. Telling time

Aural Comprehension: Cierto o falso: 1. Tito está muy contento. 2. Paco va a llegar en una hora. 3. Tito quiere descansar. 4. Luis va a ayudar a Tito. 5. Si el avión llega tarde, Tito va a estar más cansado y furioso.

- *En el barrio de Crown Heights en Brooklyn, Nueva York.*

TITO ¡Qué rabia! Paco llega muy temprano de San Juan[1], a las tres de la mañana.
LUIS ¿Y qué hora es?
TITO Según mi reloj, son las once en punto y ya estoy cansado.
LUIS No hay problema. Vengo en mi carro y te despierto a la una y media de la mañana, y vamos al aeropuerto.
TITO Gracias, así descanso un poco y llegamos al aeropuerto a las tres menos cuarto.
LUIS Y si el avión llega tarde, ¿qué va a pasar?
TITO ¡Me va a dar más rabia todavía!

Me is an indirect-object pronoun here; this concept will be presented in chapter 6.

1. ¿A qué hora llega Paco de Puerto Rico?   2. ¿Qué hora es en el diálogo?
3. ¿A qué hora llegan al aeropuerto Tito y Luis?   4. Si el avión llega tarde, ¿qué va a pasar?

In the Crown Heights neighborhood in Brooklyn, New York. TITO: How maddening! Paco arrives very early from San Juan, at three in the morning. LUIS: And what time is it? TITO: According to my watch, it's eleven on the dot and I'm already tired. LUIS: There's no problem. I'll come in my car and wake you up at one-thirty in the morning, and we'll go to the airport. TITO: Thanks, this way I'll rest a little and we'll arrive at the airport at quarter to three. LUIS: And if the plane arrives very late, what's going to happen? TITO: I'm going to get madder still!

---

[1]**San Juan,** the capital of Puerto Rico, was founded in 1521 by **Juan Ponce de León,** the first Spanish governor of the island. Many large American and Japanese corporations have built factories in the city to utilize the city's pool of skilled labor. Puerto Ricans are quick to move back and forth between the New York metropolitan area and San Juan, depending on whether the job outlook is brighter in one place or the other.

La ciudad y sus problemas

¿Qué hora es?

Students will tend to confuse cuarto and cuatro when speaking at a normal pace. You may want to teach the y cuarto form for recognition only.

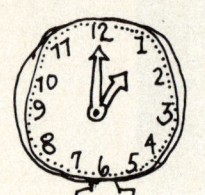

Es la una.

Es la una y cuarto (y quince).

Es la una y media (y treinta).

Son las dos menos veinte.

Son las dos menos cuarto.

Son las cuatro y diez en punto.

de la mañana

de la tarde

de la noche

¿A qué hora?

¿A qué hora llega el avión?

Llega a las diez y cuarto de la mañana.

Desde Nueva York, llegas en tres horas y media en avión al Viejo San Juan de Puerto Rico.

A To ask what time it is, use **¿qué hora es?** To ask at what time something happens, use **¿a qué hora . . . ?**

Note the colloquial variant: **¿Qué horas son?**

¿Qué hora es?	*What time is it?*
¿A qué hora empieza la clase?	*What time does the class start?*

B To identify a time as A.M., use **de la mañana.** To identify a time as P.M., from noon to about 7:00, use **de la tarde,** and for later hours, **de la noche.**
12 noon is **las doce del mediodía;** 12 midnight, **las doce de la medianoche.**

¡Qué problema! José llega al aeropuerto a las tres de la mañana.	*What a problem! José is arriving at the airport at 3:00 A.M.*
En San Juan vamos al cine a las diez de la noche.	*In San Juan we go to the movies at 10:00 P.M.*
Tengo una clase de ciencias políticas a las cuatro de la tarde.	*I have a political science class at 4:00 P.M.*

En San Juan: Point out that night life, including the supper hour, parties, movies, etc. usually begins and ends in the Hispanic world later than in the U.S.

C To say that something happened in or during the morning, afternoon, or night, use **por** (not **de**) **la mañana, tarde,** or **noche.**

Yo camino por la mañana.	*I walk during the morning.*
Por la tarde ella estudia.	*During the afternoon she studies.*
No comemos mucho por la noche.	*We don't eat a lot during the evening.*

Variant: **de diez a doce** (article omitted).

D Digital watches have changed traditional ways of stating time. Spanish-speakers now regularly say **Son las ocho y cincuenta** instead of the traditional **Son las nueve menos diez.**

La ciudad y sus problemas 151

EJERCICIOS

A ¿Qué hora es?   Look at the five clocks below and tell the time in Spanish.

B ¿A qué hora llega el avión?   Using the times given below, tell when the plane will arrive.

MODELO   2:30 P.M. → **El avión de Mayagüez[2] llega a las dos y media de la tarde.**

1. 6:30 P.M.
2. 8:45 A.M.
3. 10:15 P.M.
4. 9:30 A.M.
5. 6:45 A.M.
6. 9:00 P.M.

C Llegadas y salidas.   Arrivals and departures. Write different times such as 3:00 P.M. or 6:05 A.M. on a sheet of paper and report them to a classmate as arriving and departing flights. The classmate will write the times down and read them back when the list is complete. **En español, ¡claro!** *In Spanish, of course!*

D No lo creo.   Ask questions that would result in the original statement being repeated.

MODELO   Trabajo a las diez de la noche. → **¿A qué hora trabaja usted?** *or* **¿Cuándo trabaja usted?**

1. Los estudiantes llegan a la clase a las once.
2. Como en la cafetería a las doce y media.
3. Estudio todas las noches entre las diez y las doce.
4. El avión llega a las ocho y media.
5. Miro la televisión a las cinco y cuarto.
6. Son las dos y media.

---

[2]**Mayagüez** is the third largest city in Puerto Rico, after San Juan and Ponce. The dots are written on the **u** as a reminder that the final syllable is pronounced / *gwes* /.

E El reloj nuevo.   Rosita loves her new digital watch. Isaac is proud of his old-fashioned Omega, which has hands. When one says what time it is, the other replies by confirming the hour, using the opposite style of time-telling. Supply the missing replies.

MODELO   ISAAC: Son las tres menos cuarto. →
ROSITA: **Sí, según mi reloj, son las dos y cuarenta y cinco.**

1. Son las ocho menos veinticinco.
2. Es la una y diez.
3. Son las doce menos diez.
4. Son las once menos cuarto.
5. Son las diez y cincuenta y cinco.
6. Son las tres y veinticinco.
7. Son las ocho y cuarenta y cinco.
8. Son las siete y treinta y dos.

CUESTIONARIO

1. ¿Qué hora es ahora?   2. ¿A qué hora llega usted a la universidad?   3. ¿A qué hora empieza la clase?   4. ¿A qué hora regresa usted a su casa?   5. ¿A qué hora de la noche estudia usted?   6. ¿Mira la televisión? ¿A qué hora?   7. ¿A qué hora llega a casa su compañero de cuarto, su esposo o sus padres?   8. ¿Cuándo descansa usted?

· Pronunciación ·

p AND t   Note also that when producing Spanish **t,** the tongue usually touches the back of the teeth; the point of contact for the English *t* is normally farther back.

Spanish **p** and **t** differ from English in that they are never *aspirated* when they are pronounced. That is, a puff of air is not released when they are pronounced. Place your palm flat in front of your mouth and say *Thomas.* You can feel the puff of air as you say the *t.* Now try saying **Tomás** until you no longer feel the puff of air. Try doing the same experiment with English *Patty* and Spanish **padre.**

Now listen as your instructor pronounces each of the following words. Then repeat it aloud.

| parque | plaza | perdón | película | pienso | Papo |
| esposo | siempre | papel | esperas | imposible | programa |

| tú | tío | tren | también | tiempo | tráfico |
| autobús | siente | estudias | usted | bicicleta | interesante |

Repeat the following tongue twister.

Tres tristes tigres tranquilamente toman té.   *Three sad tigers calmly drink tea.*

el diario / la prensa

VIERNES 26 DE OCTUBRE DE 1984

HIT PARADE

RADIO JIT
- "**La Doncella**": Los Nietos
- "**Ladrón de tu amor**": Gualberto Ibarreto
- "**Corazón Mágico**": Dyango
- "**Prefiero Morir**": Antonio de Jesús
- "**Abrázame**": José Feliciano
- "**La Noche y Tú**": Dyango-Sheena Easton
- "**El Chico Aquel**": Marisela
- "**Amor Robado**": Danny River
- "**La Macana**": Quisqueya
- "**Gorditos y Colorados**": Tony Croatto

(Director Musical: Hugo (El Gordo) Cadelago)

SUPER KQ
- "**Querida**": Juan Gabriel
- "**Voy a Conquistarte**": José Luis Rodríguez
- "**La Doncella**": Los Nietos
- "**Hijo de la Mala Vida**": Prisma
- "**Frente al Espejo**": Raphael
- "**Tu Muñeca**": Dulce
- "**Viva la Fanaticada**": Wilfrido Vargas
- "**Me Va Me Va**": Julio Iglesias
- "**No soy una señora**": Lisette
- "**Se que te perdí**": Fernandito Villalona

(Coordinación de Fabio Valdés)

Basados en la información brindada por las estaciones de radio hispanas de Nueva York, ofrecemos el "Hit Parade", de esta semana. La misma proviene de las radioemisoras, "Radio JIT y "Super KQ".

· *Los puertorriqueños en Nueva York* ·

La Oficina de Empleos del edificio municipal de la ciudad de Nueva York.

RAFAEL   ¡Carlos! ¿Qué haces aquí?
CARLOS   Hola, Rafo. Yo trabajo en esta oficina. ¿Y tú?
RAFAEL   Pues, vengo porque busco empleo. Pero este formulario . . .
CARLOS   ¿No lo entiendes? Te ayudo. Empiezas con tu nombre y apellido[1]. Tienes que escribir Ralph Álvarez en esta línea. Entonces . . .
RAFAEL   Pero ése no es mi nombre. Me llamo Rafael Álvarez Balboa.
CARLOS   Aquí prefieren los nombres fáciles.
RAFAEL   Está bien. Quizás si cambio de nombre, mi suerte también va a cambiar. Empiezo a pensar que los americanos tienen todos los mejores empleos en esta ciudad.
CARLOS   Pero, chico, hay que recordar que nosotros también somos americanos[2]. Los boricuas[3] ya no perdemos las oportunidades por la nacionalidad.
RAFAEL   Si no las perdemos, ¿por qué no tengo trabajo?
CARLOS   Hay muchos sin trabajo. ¿Qué tipo de trabajo quieres?
RAFAEL   Pues, tengo diploma de guardia de seguridad.
CARLOS   ¿Quieres esperar aquí mientras miro el fichero? Pienso que hay varios puestos de guardia.

*   *   *

CARLOS   Tenemos un puesto en una fábrica en Brooklyn y otro en una tienda de zapatos en Manhattan. ¿Cuál prefieres?
RAFAEL   Los dos. Voy a llamar para hacer cita. Gracias, amigo.
CARLOS   De nada. Tienes que ser optimista, Rafael. *El Diario*[4] dice que la economía va a ser buena.
RAFAEL   ¡Ojalá que sí! Mil gracias, Carlos. Hasta pronto.

Está bien. *OK.*   **la suerte** *luck*   **el mejor** *the best*   **recordar (ue)** *to remember*   **sin** *without*
mientras *while*   **el fichero** *file*   **varios(as)** *various*   **el puesto** *position, job*   **la fábrica** *factory*
el zapato *shoe*   **hacer cita** *to make an appointment*   **dice** *says*   **¡Ojalá que sí!** *I hope so!*
Hasta pronto. *See you (Until) soon.*

154   *Capítulo cinco*

PREGUNTAS

Question 7: Although students do not need to know this to answer the question, note that **diploma** is masculine.

1. ¿Por qué va Rafael a la Oficina de Empleos? ¿Qué hace Carlos allí?
2. ¿Entiende Rafael el formulario? ¿Quién lo ayuda?   3. ¿Cree Carlos que en la oficina prefieren nombres difíciles?   4. ¿Según Rafael, quiénes tienen todos los mejores trabajos en Nueva York?   5. ¿Qué cree Rafael que va a pasar si cambia de nombre?   6. Según Carlos, ¿todavía pierden los puertorriqueños muchas oportunidades por la nacionalidad?   7. ¿Qué tipo de diploma tiene Rafael?
8. ¿Cuáles son los dos puestos en el fichero? ¿Cuál prefiere Rafael?   9. ¿Cómo piensa Carlos que tiene que ser su amigo?   10. ¿Hay mucho desempleo ahora en este país? ¿En qué regiones hay más desempleo?

Notas culturales

1. Most people of Spanish descent use both their father's and mother's surnames (**apellidos**), sometimes separating them with **y**. The father's surname is put first, the mother's surname second. A married woman adds her husband's paternal surname after **de** and, for most purposes, stops using her mother's maiden name. Study the following family history.

Rosita Gómez Estrada marries Ángel Pérez Alarcón and is now called Rosita Gómez de Pérez. Their children are called Francisco (Paco) Pérez Gómez and Margarita Pérez Gómez. Margarita is **un nombre** *first name;* Paco is **un apodo** *nick name.*

2. Since Puerto Rico is **un estado libre asociado** *United States commonwealth,* its inhabitants are U.S. citizens, and visas are not required to move in either direction.

3. Puerto Ricans in New York commonly refer to themselves as **boricuas.** The term comes from **Boriquén,** the name used by the Taíno Indians who inhabited the island before the arrival of Columbus and the subsequent colonization by the Spaniards. The Puerto Rican national anthem is *La Borinqueña.*

4. *El Diario* is one of two major Spanish daily newspapers in New York. Its writing is directed mainly to the Puerto Rican community, but it also has features of special interest to **los dominicanos** (from **La República Dominicana**), **los cubanos,** and other national groups included among the millions of **hispanos** in the metropolitan region.

·Actividades·

Entrevista.   Ask a classmate the following questions, then report the information to the class.

1. ¿Tienes empleo o buscas empleo?   2. ¿Prefieres vivir en una casa o en un apartamento? ¿Por qué?   3. ¿Cuál es tu ciudad favorita? ¿Por qué?   4. ¿Qué problemas tiene tu ciudad favorita y qué problemas no tiene?   5. ¿Hay problemas en la ciudad donde vives? ¿Qué problemas tiene?

La ciudad y sus problemas

La vida rural en el campo.   La vida urbana en La Manzana Grande[1].

Preguntas   Teach adjective **campestre.**[N] The word **rural** (in caption) is very difficult for English speakers to pronounce correctly.

1. ¿Prefiere vivir en una ciudad grande, en una ciudad pequeña o en el campo?
2. ¿Es más difícil vivir en una ciudad o en el campo? ¿Por qué?
3. ¿Son más unidas las familias que viven en el campo?
4. ¿Cuáles son los problemas de la vida urbana? ¿Hay cosas buenas?
5. ¿Qué problemas hay en el campo? ¿Cuáles son las cosas buenas?
6. ¿Dónde, en qué ciudad, piensas vivir un día?
7. ¿Cuáles son las ciudades más grandes de su estado? ¿Cuántas personas viven en esas ciudades?

Situación. Someone has come to visit you from Puerto Rico and is curious to find out about major cities, tourist attractions, and social problems on the mainland. With a classmate, work out a dialog in which you answer the visitor's questions and, in turn, ask a few questions about conditions and places in Puerto Rico. Begin by describing the city where you live, its attractions and its problems.

Vocabulario activo

- Cognados

el **aire**	el **carro**	el **diploma**	el **minuto**	la **paciencia**	**ruinoso**
el **americano,** la **americana**	la **conversación**	la **discriminación**	**municipal**	el **pasatiempo**	la **seguridad**
el **asalto**	el **crimen**	la **economía**	la **nacionalidad**	la **policía**	el **sofá**
la **automatización**	el, la **criminal**	el **grafito**	la **oportunidad**	**preferir (ie)**	el **transporte**
el **banco**	el **diario**	la **minoría**	**optimista**	**público**	

[1]**Nueva York** is known, on the island and on the mainland, as **La Manzana Grande** *The Big Apple.*

Sustantivos

el agua *f*	water
el apellido	surname
el, la boricua	Puerto Rican
la cerveza	beer
la cita	appointment
la entrada	admission ticket; entrance
el extranjero, la extranjera	foreigner
el fichero	file
el guardia	guard
el juego	game
el juego de video	videogame
la lámpara	lamp
la leche	milk
la línea	line
mami	mom
el medio	means
los muebles	furniture
el nombre	name
la película	movie, film
el puesto	position, job
la suerte	luck
el zapato	shoe

La ciudad y sus problemas

el almacén	department store
el barrio	neighborhood
la basura	garbage, trash
el bloqueo	traffic jam
la carretera	road; highway
el cine	movies; movie theater
la contaminación	pollution
la demora	delay
el desamparado, la desamparada	homeless person, person who lives in the street, bag person
el desempleo	unemployment
el desorden	disorder
el empleo	job, employment
el enojo	anger
el estrés	stress
la fábrica	factory
la guagua (Caribbean, Miami)	bus
el hambre	hunger
la huelga	strike
el ladrón, la ladrona	thief
el lugar del empleo	workplace
el metro	subway
la pobreza	poverty
la rabia	anger
el robo	theft
el sindicato	union
la superpoblación	overpopulation
el trabajo	work, job
el vecino	neighbor

Verbos

ayudar	to help
cambiar	to change
cerrar	to close
comenzar (ie)	to begin
charlar	to chat
descansar	to rest
despertar (ie)	to awaken
empezar (ie)	to begin, to start
entender (ie)	to understand; to hear
escuchar	to listen (to)
hay que (+ inf)	it is necessary (to do something), one must
mentir (ie)	to lie
pensar (ie)	to think
pensar (+ inf)	to intend, plan (to do something)
pensar de	to think of, have an opinion of
pensar en	to think of, think about
perder (ie)	to lose
perder el tiempo	to waste time
perder el tren	to miss the train
querer (ie)	to want; to love, like
recordar (ue)	to remember
sacar (qu)	to take out; to remove
sentir (ie, i)	to feel; to be sorry
venir (ie)	to come

Otras palabras y expresiones

así	so, thus
¡Ay!	Oh!
¿Cómo le va?	How are you? How's it going?
contra	against
dar rabia (a)	to make (someone) angry
después (de)	after; later, afterwards, then
dice	says
equivocado	mistaken
Está bien.	OK, Fine.
Gracias a Dios.	Thank God.
hacer cita	to make an appointment
Hasta pronto.	See you soon.
llegar tarde	to be late, arrive late
mejor	better, best
mientras (que)	while
Mil gracias.	Thanks a million.
mismo	same
nada	nothing

La ciudad y sus problemas 157

¡Ojalá que sí!	I (We) hope so! Hopefully, yes!
poco	little; pl few
un poco	a little
privado	private
pronto	soon
¿Qué hay?	What's up?
¿Qué pasa?	What's going on?
¡Qué rabia!	How maddening!
si	if
sin	without
Tanto tiempo.	It's been so long.
varios	various; several

Va bien en sus estudios.	She's doing well in her studies.
ya no	any longer, no longer

La hora *telling time*

¿A qué hora?	At what time?
de la mañana	A.M.
de la noche	P.M. (after 7:00)
de la tarde	P.M. (noon to 7:00)
en punto	on the dot
media hora	half an hour
por la mañana	in the morning
por la noche	at night
por la tarde	in the afternoon
¿Qué hora es?	What time is it?
Es la una y cuarto.	It's one fifteen.
Son las doce.	It's twelve o'clock.
Son las tres menos cuarto.	It's quarter to three.
el reloj	watch; clock
tarde	late
temprano	early

• **Los adjetivos posesivos y los pronombres de complemento directo**

> Don't forget: possessive adjectives, page 140
> direct-object pronouns, page 144

CAPÍTULO SEIS

LA COMIDA

Vocabulario. In this chapter you will talk about foods and meals.

Gramática. You will discuss and use:
1. The present tense of verbs that change their stem vowel from **o** to **ue** when the stem vowel is stressed
2. Pronouns that serve as objects of prepositions
3. Indirect-object pronouns
4. The present tense of **gustar,** a verb used to convey the meaning of *to like,* and other grammatically similar verbs

Pronunciación. You will practice the sounds represented by **ñ, ll,** and **y.**

Cultura. The dialogs take place in Mexican-American communities in California, New Mexico, Texas, and Illinois.

El desayuno

1. los huevos[1]
2. el jamón
3. el pan
4. la mantequilla
5. la sal
6. la pimienta
7. el café
8. el té
9. la leche
10. el jugo
11. el azúcar
12. la avena

El almuerzo[2]

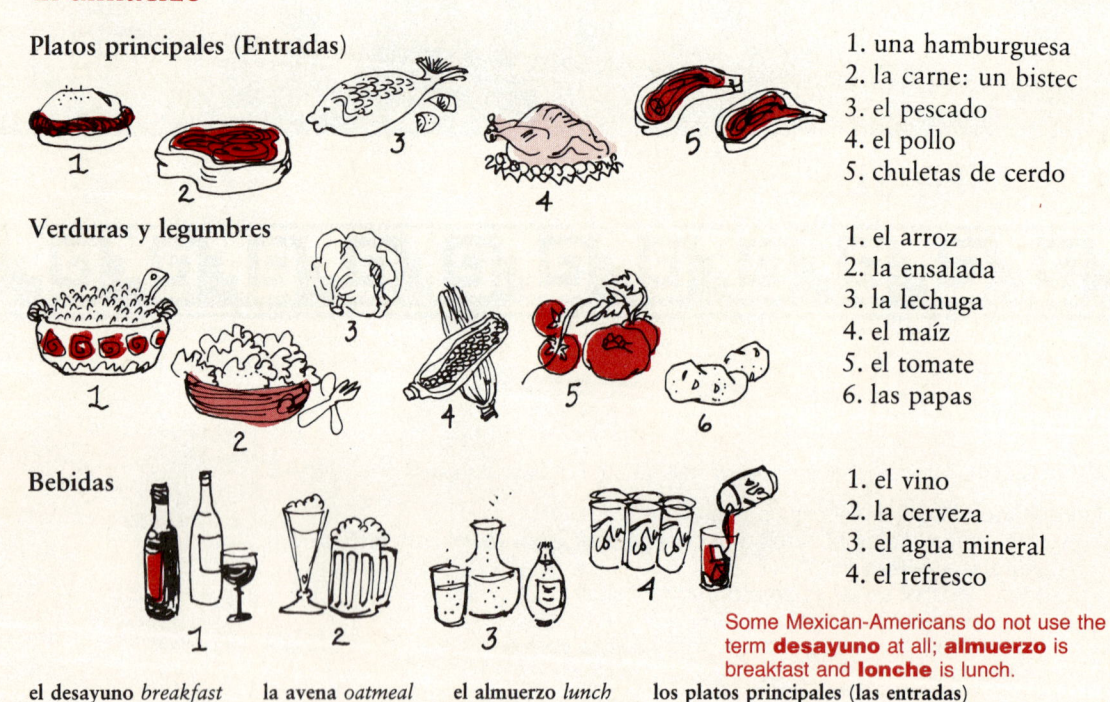

Platos principales (Entradas)

1. una hamburguesa
2. la carne: un bistec
3. el pescado
4. el pollo
5. chuletas de cerdo

Verduras y legumbres

1. el arroz
2. la ensalada
3. la lechuga
4. el maíz
5. el tomate
6. las papas

Bebidas

1. el vino
2. la cerveza
3. el agua mineral
4. el refresco

Some Mexican-Americans do not use the term **desayuno** at all; **almuerzo** is breakfast and **lonche** is lunch.

el desayuno *breakfast* la avena *oatmeal* el almuerzo *lunch* los platos principales (las entradas)
main courses, entrées las verduras *greens* la legumbre *vegetable* la bebida *drink*

---

[1] In Mexico and the U.S. Southwest, the word for *egg* is often **el blanquillo**.
[2] **El almuerzo** is a common name for the midday meal in Spain and many other countries; in Mexico the term **la comida** is more common. It is still the main meal of the day in much of the Hispanic world, but in modern metropolises like Mexico City, the midday meal is becoming lighter and the evening meal more substantial.

Capítulo seis

Postres

1. el pastel
2. el flan[3]
3. el helado

La merienda[4]

1. el queso
2. las nueces
3. la manzana
4. la naranja
5. las bananas (los plátanos)
6. la piña

· La cena ·

1. la sopa de fideos
2. los frijoles
3. el pan dulce
4. el sándwich

El cubierto

1. el vaso
2. la taza
3. el platillo
4. la copa
5. la servilleta
6. el tenedor
7. el cuchillo
8. la cuchara
9. el plato

el postre *dessert* **la cena** *supper* **la sopa de fideos** *noodle soup*
el frijol *(kidney) bean* **el pan dulce** *cake; sweet roll* **el cubierto** *place setting*

---

[3] **Flan,** similar to egg custard, is a favorite dessert, especially in Spain (and Europe generally), and throughout Hispanic America.

[4] **La merienda** is a light snack usually eaten around five or six in the afternoon. It staves off hunger until **la cena,** a light meal eaten after eight o'clock.

La comida

¿Qué come usted?

1. Para el desayuno, ¿qué come usted generalmente? ¿Come huevos con jamón, o avena o solamente toma café?   2. ¿Prefiere el café con leche y azúcar?   3. A la hora del almuerzo, ¿qué come usted? ¿Una hamburguesa? ¿Una ensalada? ¿Un postre?   4. ¿A qué hora cena usted? ¿Qué come en la cena?   5. ¿Come usted mucha carne? ¿Mucho pescado? ¿Prefiere café o té?   6. ¿Cuáles son sus frutas favoritas? ¿Qué frutas no come usted?   7. ¿Toma usted mucho café? ¿Vino? ¿Cerveza? Cuando tiene mucha sed, ¿qué toma?   8. ¿Qué no comen las personas que desean ser delgadas? ¿Helado? ¿Ensaladas? ¿Pasteles? ¿Carne? ¿Verduras?

¿Qué es esto?
Cover the vocabulary lists on pages 160 and 161 and name the food items shown in the pictures. A classmate will listen to you to check your accuracy.

¿Con qué se hace . . . ?
Match the dishes (foods or drinks) in the left-hand columns with the ingredients they contain.

1. una ensalada
2. una sopa
3. el helado
4. un sándwich

a. azúcar, leche, frutas
b. arroz, carne, papas, legumbres
c. lechuga, tomates
d. pan, jamón, lechuga, tomate

Esta foto muestra las relaciones íntimas con que cuenta la familia hispana.

Capítulo seis

I. Los verbos con cambios en la raíz: o → ue

- *En la casa de la familia Ojeda en El Barrio Chicano del Este de Los Ángeles[1].*

ALICIA ¿Qué buscas, tío?
CÉSAR Almuerzo con el señor Portilla a la una y no encuentro el paraguas. Susana nunca lo devuelve.
ALICIA Ya no llueve. Susana y yo podemos llevarte al restaurante. ¿Dónde almuerzan?
CÉSAR Almorzamos en la calle Olvera[2]. ¿Recuerdas el restaurante donde preparan ese mole[3] sabroso?
ALICIA No, no recuerdo. Pero lo encontramos si tú nos muestras el camino.

1. ¿Qué busca César? ¿Lo encuentra?   2. ¿Por qué César no necesita paraguas?
3. ¿Dónde almuerzan César y el señor Portilla?   4. ¿Recuerda Alicia el restaurante? ¿Cómo lo van a encontrar?

At the Ojeda family's house in the Barrio Chicano in East Los Angeles. ALICIA: What are you looking for, Uncle? CÉSAR: I'm having lunch with Mr. Portilla at one o'clock and I can't find my umbrella. Susana never returns it. ALICIA: It's not raining anymore. Susana and I can take you to the restaurant. Where are you having lunch? CÉSAR: We're having lunch on Olvera Street. Do you remember the restaurant where they prepare that delicious **mole**? ALICIA: No, I don't remember. But we'll find it if you show us the way.

---

[1]Many Mexican-Americans refer to themselves as **chicanos,** from the Aztecs' word *Meshica*. More people of Mexican descent live in Los Angeles than in any city in Mexico except Mexico City and Guadalajara. Los Angeles was originally a cattle-farming center called **El Pueblo de Nuestra Señora la Reina de los Ángeles** *The Town of Our Lady the Queen of the Angels*.
[2]Olvera Street's authentic Mexican restaurants and shops reflect the Mexican heritage of Los Angeles.
[3](**El**) **mole** is a Mexican dish of chicken or turkey in a spicy sauce.

Aural Comprehension: **Cierto o falso :** 1. Alicia va a almorzar con Susana. 2. Susana no encuentra el paraguas de César. 3. Susana y Alicia van a llevar a César al restaurante. 4. César piensa que la comida es buena en el restaurante de la Calle Olvera.

A Certain Spanish verbs show a stem change from **o** to **ue** when the stem is stressed. This change does not occur in the first and second person plural forms because the stress does not fall on the stem.

recordar *to remember*	
recuerdo	recordamos
recuerdas	recordáis
recuerda	recuerdan

volver *to return*	
vuelvo	volvemos
vuelves	volvéis
vuelve	vuelven

dormir *to sleep*	
duermo	dormimos
duermes	dormís
duerme	duermen

La comida

B Here are some other **o** to **ue** stem-changing verbs.

> Note the common nouns that have the **ue** form: **el almuerzo; el cuento, la cuenta; el encuentro; la muestra** sample; **el sueño; el vuelo; la muerte.**

almorzar	to have lunch	volar	to fly
contar	to count, to tell	devolver	to return (something)
costar	to cost	llover	to rain
encontrar	to find	poder	to be able, can
mostrar	to show	morir	to die
soñar (con)	to dream (about)		

C Verbs of this type are shown in vocabulary lists with the marker (**ue**): **recordar (ue)**.[4]

¿Recuerdas la cena de los Hernández?	Do you remember the Hernández dinner?
No encuentro el arroz aquí.	I don't find the rice here.
¿Con quién almuerza usted hoy?	With whom are you having lunch today?
Podemos comprar naranjas y manzanas en esta tienda.	We can buy oranges and apples in this store.
Vuelven a Texas el jueves.	They are returning to Texas on Thursday.
¿Cuánto cuestan los plátanos?	How much do the bananas cost?
Elvira siempre duerme bien en las montañas.	Elvira always sleeps well in the mountains.
Muchas personas mueren en accidentes.	Many people die in accidents.
Los pollos no vuelan.	Chickens don't fly.

EJERCICIOS

> To see if students are concentrating on meaning instead of merely parroting, give this extra drill as a joke: **Llueve mucho, ¿verdad? (yo, nosotros, tú . . .)**

A La sustitución. Give new answers to each question, as suggested by the cues.

1. ¿Quién puede hacer el desayuno?
   —Nosotros podemos hacerlo. (mi esposo, yo, Juan y Alicia, tú, las chicas)
2. ¿Cuándo vuelven de Santa Bárbara?
   —Mañana volvemos de Santa Bárbara. (tú, Neto y yo, usted, los señores García)
3. ¿Qué hacen hoy?
   —Juego al tenis. (nosotros, mis padres, mi amigo y yo, tú y tus amigas)
4. Todos soñamos mucho. ¿Con qué soñamos?
   —Soñamos con un mundo mejor. (yo, los senadores, mi abuela, los inmigrantes, tú)

---

[4]The verb **jugar** to play is the only verb in Spanish that changes its stem vowel **u** to **ue**: **juego, juegas, juega,** jugamos, jugáis, **juegan.** Before the name of a sport or game, it usually is followed by the preposition **a**: **Juego al tenis** I play tennis. You will need to distinguish between **jugar** and **tocar** to play, to touch which is used with musical instruments: **Toca la guitarra** She plays the guitar. (The stem vowel of **tocar** does not change.)

Capítulo seis

B ¡Ah, buena idea! These people have some good ideas about how to spend a lazy Saturday. Tell what you and a friend are going to do.

MODELO   Los jóvenes duermen hasta las diez de la mañana. → **Nosotros también dormimos hasta las diez de la mañana.**

1. Marisol sueña con un buen flan.
2. La familia almuerza en un restaurante.
3. Arturo puede jugar al tenis esta tarde.
4. Luis y Marta juegan en el patio.
5. El profesor encuentra un programa interesante en la televisión.
6. Antonia devuelve sus libros a la biblioteca.
7. David y Marisol vuelven tarde del cine.
8. Los niños cuentan los libros en el cuarto.

C Unas charlas. Complete the conversations by filling in each blank with the correct form of the stem-changing verb from the list at the right.

LUIS   Mi hijo (1) ____ así: "uno, dos, cuatro, diez".
PROFESOR   Es porque (2) ____ mucho en la clase.

*   *   *

MAMÁ   Rosario, ¿por qué no (3) ____ a la cama?
ROSARIO   Porque (4) ____ mucho. No (5) ____ dormir.

*   *   *

QUIQUE   Toño y yo vamos al restaurante Sante Fe. (6) ____ con Ana María y Cristina.
PAPÁ   ¿Cuánto (7) ____ la comida en ese restaurante? ¿Y cuándo (8) ____ el carro?
QUIQUE   Nosotros no (9) ____ los precios. (10) ____ a las tres.

1. contar
2. soñar
3. volver
4. llover
5. poder
6. almorzar
7. costar
8. devolver
9. recordar
10. volver

- **CUESTIONARIO**

1. ¿Cuánto cuesta la mantequilla? ¿El café? ¿Las manzanas?   2. ¿Vuelve usted tarde o temprano de la universidad hoy?   3. ¿Llueve mucho en esta región? ¿Dónde llueve mucho?   4. ¿Sueña usted por la noche o sólo duerme? ¿Con qué o con quién sueña usted?   5. ¿Adónde devuelven ustedes los libros de la universidad?   6. ¿Vuelven ustedes a clase mañana?   7. ¿Puede usted contar hasta cien en alemán? Two very important verbs in this group are **poder** and **volver.** Additional questions: **1. ¿Puede Ud. cenar en un restaurante una vez por semana? 2. ¿Puede correr muy rápido? 3. ¿Cuándo vuelve Ud. a ver a sus padres?** (Note the idiomatic **volver a** + infin. as synonymous with **otra vez** and **de nuevo.**)

- **ENCUESTA**

Find out the following information from your classmates.

1. ¿Cuántas horas duermen generalmente?   2. ¿Cuántos juegan al tenis?   3. ¿Cuántos almuerzan en la cafetería de la universidad?   4. ¿Cuántos almuerzan en casa?   5. ¿A qué hora almuerzan?   6. ¿Qué almuerzan?   7. ¿Cuántos vuelven tarde a casa generalmente?

La comida

REVIEWING FOR EXAMS

You're going to have a Spanish exam? Don't panic. By now you should have established an organized pattern of study—if not, this is an excellent moment to begin. Review the study suggestions on pages 5 and 90.

The first step in studying for an exam is to map out what chapters and topics will be covered. Then identify any gaps you may have in your understanding of the material. Use the **repasos** (the first one follows chapter 5) to test your knowledge. Take an extra day or two to run back over the chapters so you will have plenty of time to ask your instructor for clarification. When you find out what you know well and what needs more work, the stress you feel will diminish.

Next, look at the **Vocabulario activo** sections of this textbook. Make photocopies and fold the copies so the Spanish expressions appear on one side and the English equivalents appear on the other. Go through the list several times until you know the Spanish words thoroughly. Then give yourself a spelling test. Use the same list, writing the Spanish words on another sheet in response to the English cues, or work with a partner, spelling the items aloud. Try spelling the words aloud into a cassette recorder if you don't have a partner. If you pronounce a Spanish word before spelling it, you may retain it better.

Review verbs next, making sure you can run through all the forms for each one. Use the models in the textbook chapters or in the verb tables at the back of the book.

Spend your time wisely. Don't waste time on material you already know. Check your mastery quickly and move on to another topic. But don't delude yourself—allow sufficient time for a thorough review. Spanish is not a subject for which you can effectively cram. The benefits of daily study are especially obvious at exam time.

II. Pronombres usados como complemento de preposición

• *En la clase de español para bilingües en una universidad de California.*

PROFESORA CANOSA	Necesito hablar contigo, Raúl.
RAÚL	¿Conmigo? ¿Acerca de qué?
PROFESORA CANOSA	Pues, entre tú y yo, pienso que pierdes mucho tiempo durante la clase. Tienes que hablar menos con la chica detrás de ti.
RAÚL	Pero, Bonita es la que me habla a mí.
PROFESORA CANOSA	Entonces voy a hablar con ella también. Hablo con ustedes dos después de la clase.

1. ¿Quién necesita hablar con Raúl? ¿Acerca de qué?   2. ¿Con quién habla mucho Raúl durante la clase?   3. ¿La profesora va a hablar con Bonita también? 4. ¿Cuándo va a hablar con Raúl y Bonita?

In the Spanish class for bilinguals at a California college. PROFESSOR CANOSA: I need to speak with you, Raúl. RAÚL: With me? About what? PROFESSOR CANOSA: Well, between you and me, I think you waste a lot of time during class. You have to talk less with the girl behind you. RAÚL: But Bonita is the one who talks to me. PROFESSOR CANOSA: Then I'm going to speak with her too. I'll speak with both of you after class.

Aural comprehension: Cierto o falso: 1. Raúl ya lee y escribe perfectamente en español. 2. La profesora Canosa piensa que Raúl estudia demasiado. 3. La profesora pierde tiempo durante la clase. 4. Bonita insiste en hablar con la profesora.

A Prepositions show the relation between a noun or pronoun and other sentence elements. Typical relations are of place (for example, *on, in front of*), time (*before, after*), purpose (*for*), possession (*of*), and manner (*with*). The prepositions **a** and **de** were examined in chapter 2. Here is a list of prepositions that occur very frequently in Spanish.

a	*to*	detrás de	*behind*
hacia	*toward*	debajo de	*under*
hasta	*until*	cerca de	*near*
con	*with*	lejos de	*far from*
sin	*without*	antes de	*before*
desde	*from (a certain time); since*	después de	*after*
de	*of, from*	acerca de	*concerning, about*
durante	*during*	entre	*between*
en	*in, on, at*	excepto	*except*
sobre	*about; over, on, upon*	según	*according to*
por	*for, by, through*	contra	*against*
para	*for, to, in order to*		

B Here are the pronouns used as objects of prepositions in Spanish.

SINGULAR		PLURAL	
mí	*me, myself*	nosotros(-as)	*us, ourselves*
ti	*you (fam.), yourself*	vosotros(-as)	*you (fam.), yourselves*
usted	*you*	ustedes	*you*
él	*him*	ellos(-as)	*them*
ella	*her*		

Note the accent on **mí** (but not on **ti**). Accents are not written on one-syllable words except to differentiate them from another word with the same spelling. The accent on the pronoun **mí** differentiates it from the possessive adjective **mi**.

C Prepositional pronouns always follow a preposition and have the same forms as subject pronouns, except for **mí** and **ti**.

Tengo un regalo para ella.   *I have a gift for her.*
Ella no quiere viajar sin ti.   *She doesn't want to travel without you.*

D The preposition **con** combines with **mí** to form **conmigo** and with **ti** to form **contigo**.

Ellos van conmigo a San Antonio.   *They are going with me to San Antonio.*
Ella quiere estudiar contigo.   *She wants to study with you.*

La comida

E The subject pronouns **yo** and **tú** are used instead of **mí** and **ti** after the prepositions **entre**, **excepto**, and **según**.

Entre tú y yo, . . .	Between you and me, . . .
Todos almuerzan excepto yo.	Everybody eats lunch except me.
Según tú, ¿cuesta mucho cenar en ese restaurante?	In your opinion, does it cost a lot to eat dinner at that restaurant?

EJERCICIOS

A La sustitución.   Give new answers to each question, as suggested by the cues.

1. ¿Para quién tiene un regalo el director?
   —Tiene un regalo para ellos. (yo, tú, nosotros, ustedes, ella)
2. ¿Dónde está la iglesia?
   —Está detrás de ellos. (tú, nosotros, usted, yo, ella, ustedes)
3. ¿Hacia dónde camina José?
   —Camina hacia nosotros. (ellas, tú, ustedes, yo, ella)
4. ¿Quiénes juegan al tenis?
   —Todos juegan excepto él. (tú, nosotros, ellas, yo)

B Pura guasa.   It's just talk. Lola and Héctor have a rather stormy relationship. Take Lola's part and contradict Héctor's statements.

MODELO   No puedo hablar contigo. → **Claro que puedes hablar conmigo.**

1. Ya no sueño contigo.
2. No necesito estar cerca de ti.
3. No pienso en ti.
4. No tengo que trabajar para ti.
5. Hoy no almuerzo contigo.
6. No juego al tenis contigo esta tarde.

C La vida de Jorge.   Elaborate on some of Jorge's activities by rewriting the following sentences to include the prepositions and pronouns suggested by the English cues.

MODELO   *(with me)* Jorge quiere ir a la playa . . . → **Jorge quiere ir a la playa conmigo.**

1. *(near her)* Jorge almuerza en el restaurante . . .
2. *(about you—tú)* Jorge habla mucho . . .
3. *(for us)* Jorge tiene unos libros . . .
4. *(between you—tú—and me)* Jorge necesita decidir . . .
5. *(behind me)* Jorge siempre camina . . .
6. *(of you—tú)* Cuando está en casa, Jorge piensa . . .
7. *(near her)* Jorge quiere a Melinda. Él vive en un apartamento . . .
8. *(except me)* Todos los amigos de Jorge tienen que trabajar hoy . . .

- **RÁPIDO**

Select someone to be **la víctima.** Everybody else will ask the following questions in rapid succession, and **la víctima** will attempt to answer as many as possible. Then someone else should be selected for the same treatment.

1. Tú quieres a tu mamá pero, ¿vienes a la clase con ella?   2. ¿Cómo se llama la persona que está enfrente de ti?   3. ¿Quieres jugar al tenis conmigo esta tarde?
4. ¿Tienes algo para mí?   5. Voy a México. ¿Quieres ir conmigo?   6. ¿Crees que todos tienen dinero aquí excepto tú?   7. ¿Quién está detrás de ti?
8. ¿Quién está entre tú y la puerta?

Additional questions: 9. ¿Qué piensas de mí? 10. ¿Vienes de una familia muy grande? 11. ¿Tus mejores amigos viven lejos de tí?

III. Pronombres de complemento indirecto

Adaptation: Students work in groups to create similar dialogs with other foods.

- *La casa de Marta y Pedro Gómez en Moriarty, Nuevo México[1].*

PEDRO   ¿Qué te pasa, Marta?
MARTA   Nada, Pedro. Pienso en la cena del sábado. ¿Qué les preparo a tus padres?
PEDRO   ¿Por qué no nos haces unas buenas chuletas de cerdo?
MARTA   Buena idea. Las acompaño con arroz y una ensalada.
PEDRO   Y te busco unos lindos tomates de mi huerto[2].
MARTA   Ay, Pedro, ¡me tomas el pelo! ¿De dónde vienen esos tomates?
PEDRO   Pues, voy a contarte la verdad. Nuestro vecino Antonio tiene muy buena mano con las matas . . .

1. ¿Le pasa algo a Marta? ¿En qué piensa ella?   2. ¿Qué plato quiere Pedro?
3. ¿Qué le va a buscar Pedro a Marta? ¿De dónde?   4. ¿Cree usted que Pedro le toma el pelo a Marta? ¿Por qué? ¿De dónde vienen los tomates lindos?

Marta and Pedro Gómez's house in Moriarty, New Mexico. PEDRO: What's the matter with you, Marta? MARTA: Nothing, Pedro. I'm thinking about Saturday's dinner. What do I prepare for your parents? PEDRO: Why don't you make us some good pork chops? MARTA: Good idea. I'll accompany them with rice and a salad. PEDRO: And I'll get you some nice (pretty) tomatoes from my vegetable garden. MARTA: Oh, Pedro, you're pulling my leg (literally, pulling my hair)! Where do those tomatoes come from? PEDRO: Well, I'm going to tell you the truth. Our neighbor Antonio has a green thumb (a very good hand with plants) . . . .

---

[1] In 1983 Toney Anaya, born in Moriarty, became the highest-ranking Hispanic in the U.S. as the governor of New Mexico. Of all states in the U.S., New Mexico has the highest proportion (40%) of people of Hispanic heritage.

[2] **El huerto** (also **la huerta**) refers to a vegetable or fruit garden. **El jardín** is a garden for show—a flower garden, for example. **El jardín de la infancia** = el kindergarten.

La comida   169

A The indirect object in a sentence indicates the person or thing that benefits from the action of the verb. In the sentence, *I told Carmen the truth,* Carmen is the person who benefits or is affected by the truth being told; she is the indirect object. (*The truth* is what gets told; it is the *direct* object.) In English, indirect objects often are replaced by prepositional phrases: *I told Carmen the truth, I told the truth to Carmen; I bought Carmen the book, I bought the book for Carmen.* An indirect-object pronoun is a pronoun that replaces an indirect-object noun: *I bought her the book.*

B Except for the third-person singular and plural forms, the indirect-object pronouns are the same as the direct-object pronouns.

INDIRECT-OBJECT PRONOUNS	
SINGULAR	PLURAL
me *(to, for) me*	nos *(to, for) us*
te *(to, for) you (fam.)*	os *(to, for) you (fam.)*
le *(to, for) you, him, her, it*	les *(to, for) you, them*

Hablar is a useful verb to exemplify the distinction between direct- and indirect-object pronouns: **Lo hablo** *I speak it* (the language) vs. **Le hablo** *I speak to him, her,* etc.

¿Me hablas?	*Are you speaking to me?*
Les quiero escribir.	*I want to write to them.*
Quieren contarte la historia.	*They want to tell you the story.*

Indirect-object pronouns follow the same rules for placement as direct-object pronouns; that is, they precede a conjugated verb form or they can come after and be attached to an infinitive.

| No te queremos vender ese libro.
No queremos venderte ese libro. | *We don't want to sell you that book.* |
| ¿Les debo comprar chocolates?
¿Debo comprarles chocolates? | *Should I buy them some chocolates?* |

C Ordinarily it is clear from the context what or whom the indirect-object pronoun refers to. Occasionally, however, a prepositional phrase (**a él, a usted,** and the like) is used or is necessary for emphasis or clarity.

Le hablo a { él. / ella. / usted. }   Les hablo a { ellos. / ellas. / ustedes. }

D An indirect-object pronoun is usually included in a sentence even when the noun to which it refers is also expressed.

| Camilo le cuenta la historia a Catalina. | *Camilo is telling the story to Catalina.* |
| Les preparamos la sopa a los niños. | *We're preparing the soup for the children.* |

Capítulo seis

EJERCICIOS

A La sustitución

1. Les escribo a mis padres. (a ti, a Lupe, a mis abuelos, a usted)
2. Van a venderme la casa. (a ti, a nosotros, a tus tíos, a Manolo)
3. Le habla a ella. (a mí, a Carmen, a nosotros, a los esposos, a Clemente Albaradejo, a ti, al señor Garza, al amigo de Rosita)

> Assignment: Students prepare five additional exercises of this type and try them out on classmates; encourage them to be inventive and use vocabulary from previous chapters.

B Entrevista.
Interview a classmate using the following questions. Possible answers using direct- and indirect-object pronouns are shown. The person answering should keep the textbook closed.

1. ¿Escribe usted a sus padres? — Sí, les escribo.
2. ¿Escribe usted sus ideas importantes? — No, no las escribo.
3. ¿Habla usted mucho a sus amigos? — Sí, les hablo mucho.
4. ¿Habla usted alemán? — No, no lo hablo.
5. ¿Le habla mucho su padre a usted? — Sí, (él) me habla mucho.
6. ¿Vende usted sus libros? — Sí, los vendo.
7. ¿Le hacen los estudiantes muchas preguntas al profesor o a la profesora? — Sí, le hacen muchas preguntas.
8. ¿Le escriben a usted sus amigos? — No, no me escriben.
9. ¿Quiere usted mucho a sus hermanos? — Sí, los quiero mucho.
10. ¿Le abre usted la puerta a su mamá? — Sí, le abro la puerta.
11. ¿Le mandan dinero sus padres? — Sí, ellos me mandan dinero.
12. ¿Les manda usted dinero a ellos? — No, no les mando dinero.

C La construcción.
Make sentences from the words given, using the pattern shown in the model.

MODELO   Silvia / hablar / al doctor → **Silvia le habla.**

1. Pepe / leer el libro / a los niños enfermos
2. Yo / preparar / la comida / a Carmita
3. Doña Juana / mostrar / la sopa de legumbres / a nosotros
4. Tú / hablar / de tus sobrinos / a tus amigos
5. Silvia / vender / la bicicleta / a mí
6. Ella / comprar / un regalo / a los sobrinos

D El cumpleaños de Miguelito. Es el cumpleaños de Miguelito. ¿Qué regalos le dan sus parientes?

MODELO   Su abuelo le va a mandar una calculadora.

| Miguelito | el abuelo | el tío | las hermanas Ana y Concha | el hermano Jacobo | la prima Rosaura |

CUESTIONARIO

Add the question **¿Me compra Ud. este carro?** to show the potential ambiguity of indirect object in some cases ("Will you buy this car for me/from me?")

1. ¿Les escribe usted a sus parientes? ¿Les escribe mucho o poco?   2. ¿Le habla usted mucho a su mamá? ¿A sus amigos?   3. ¿Quién le prepara a usted la cena? ¿El almuerzo? ¿El desayuno?   4. ¿Qué le mandan a usted para su cumpleaños?   5. ¿Les manda usted regalos a sus amigas? ¿A sus amigos? ¿Al profesor?

A muchos hispanos, Toney Anaya les parece un modelo para seguir.

A los charros de San Antonio, les gustan las tradiciones de los rodeos mexicano-americanos.

Adaptation: Imagine that Felipe has been living in the apartment for a while and is unhappy about the barrio, the noise, and his neighbors. Students express his opinions with **gustar, parecer,** etc.

IV. El presente indicativo de **gustar** y verbos parecidos

- *Felipe y Patricia Morelos buscan apartamento. El dueño de un edificio en la Calle Villita[1] en San Antonio, Texas les enseña uno.*

  DUEÑO   ¿Qué les parece? ¿Les gusta el apartamento?
  PATRICIA   Pues, me gustan los cuartos pero la cocina es muy chiquita. Me encanta cocinar y me hace falta más espacio.
  FELIPE   El ruido y la suciedad de la calle, ¿no les molestan a los inquilinos del primer piso?
  DUEÑO   No sé nada de eso. Me quedan dos apartamentos vacíos en el tercer piso. ¿Quieren verlos?
  FELIPE   Sí, vamos.

1. ¿A Patricia le gustan los cuartos del apartamento? Y la cocina, ¿le gusta? ¿Por qué?   2. ¿Cree usted que el ruido y la suciedad les molestan a la gente que vive en el primer piso? ¿Qué dice el dueño?   3. ¿Cuántos apartamentos vacíos le quedan al dueño? ¿Los quieren ver Patricia y Felipe?

Felipe and Patricia Morelos are looking for an apartment. The owner of a building on Villita Street in San Antonio, Texas is showing them one. OWNER: What do you think? Do you like the apartment? PATRICIA: Well, I like the rooms, but the kitchen is very small. I love to cook and I need more space. FELIPE: The noise and the dirt from the street, don't they bother the tenants on the first floor? OWNER: I don't know anything about that. I have two empty apartments left on the third floor. Do you want to see them? FELIPE: Yes, let's go.

---

[1]The Villita section of San Antonio is an area with mid-18th century Spanish-Mexican houses and craft shops catering to tourists. San Antonio, the tenth largest city in the U.S., is also its most Hispanic.

La comida

A **Gustar** means *to please* or *to be pleasing to*. It is used to mention likes and dislikes. The person, thing, or idea that is pleasing (pleases) is the *subject* of the sentence. The person who is pleased is the *indirect object*. (In English, the verb *to disgust* functions the same way: *Your attitude disgusts us = We don't like your attitude*.) **Gustar** is usually used in the third-person singular or plural, depending on whether what pleases or displeases is singular or plural.

Me gusta esta papa.	*I like this potato. (This potato pleases me.)*
Me gustan estas papas.	*I like these potatoes. (These potatoes please me.)*
¿Te gustan las verduras?[2]	*Do you like vegetables? (Are vegetables pleasing to you?)*
No le gusta la cerveza alemana.	*She doesn't like German beer.*
Nos gustan mucho las nueces.	*We like nuts a lot.*
Nos gustan.	*We like them.*
Nos gusta.	*We like it.*
Ella me gusta.	*I like her.*
Él no me gusta.	*I don't like him.*

To express the idea of liking a *person*, **gustar** is used if attraction is present (**A Pepe le gusta la novia de su hermano**); otherwise, expressions like **estimar** are used (**Yo lo estimo mucho**). Emphasize that **lo** or a similar word can never mean *it* in constructions like **Nos gusta.**

B The prepositional phrase **a** + noun or pronoun is often added for emphasis or clarity. It is usually placed at the beginning of the sentence.

A Fernando le gusta el chocolate con nueces.	*Fernando likes chocolate with nuts.*
A los hispanos les gusta el café con leche.	*Hispanic people like coffee and milk.*
A usted le gustan los vinos buenos, ¿no?	*You like good wines, don't you?*

Notice the prepositional phrase ¿a Pepe? in the following exchange.

—Me gusta la sopa.	*I like the soup. (The soup is pleasing to me.)*
—Y ¿a Pepe?	*And Pepe? (And to Pepe?)*
—A Pepe no le gusta.	*Pepe doesn't like it. (To Pepe, it isn't pleasing.)*

[2]Spanish uses a definite article before a noun that stands for an entire category:

Las verduras tienen muchas vitaminas.   *Greens have a lot of vitamins.*

If only some of the category is meant, the article is not used.

Come verduras.   *He's eating greens (some, not all the greens ever grown).*

This is one of many minor differences between Spanish and English in the use of articles, some of which will be examined in chapter 19.

Capítulo seis

C If what is liked (or what is pleasing) is an action expressed with an infinitive, the third-person singular of **gustar** is used.

No me gusta cocinar.	*I don't like to cook.*
Pero sí me gusta comer.	*But I do like to eat.*
A Vicente le gusta jugar al tenis y bailar.	*Vicente likes to play tennis and dance.*

D Other verbs that function like **gustar** include:

Also: **faltar; hacer falta**

encantar	*to delight*	molestar	*to bother*
importar	*to matter, be important*	interesar	*to interest*
		quedar	*to have left*
parecer	*to seem*	doler (ue)	*to hurt, pain*

No nos importa el dinero.	*Money doesn't matter to us.*
Me encantan las naranjas.	*I love oranges.*
Me parece que va a llover.	*It seems to me that it is going to rain.*
A sus abuelos les molesta el ruido.	*The noise bothers her grandparents.*
Me duelen las manos.	*My hands hurt.*
A ella le quedan sólo dos pesos.	*She has only two pesos left.*

EJERCICIOS

A La sustitución. Create new answers to each question, substituting the cue words given for the corresponding words in the model answer.

1. El pescado es delicioso pero, ¿a quién no le gusta?
   —A mí no me gusta el pescado. (a los niños, a ti, a nosotros, a usted, a mis padres)
2. ¡Pobre Ramón! Está muy triste. ¿Qué le pasa?
   —A Ramón le queda poco dinero. (diez dólares, mucho trabajo, 50 centavos, poca comida)
3. Inés es antipática. ¿Por qué?
   —Le molesta el tiempo. (estudiar, la tarea, la contaminación, los exámenes)

B El exigente. Cranky Eduardo is very difficult to please. Take his part and give reasons for not eating what his mother gives him.

MODELO   ¿Por qué no comes el helado? → **No me gusta el helado.**

1. ¿Por qué no comes las verduras?
2. ¿Por qué no tomas café con leche?
3. ¿Por qué no comes plátanos?
4. ¿Por qué no tomas cerveza?
5. ¿Por qué no comes arroz?

If two students take the parts, the student taking the mother's role can come back with **Pero a tu hermano Tomás le gusta(n)** *(food)*".

La comida

C Según tú. Look at the pictures and create sentences about what you think is going on. Use pronouns and the verbs **gustar, molestar, interesar, doler, importar,** and **quedar.** Talk about yourself when appropriate.

MODELO

A ellos les encanta ir a la playa cuando hace sol.

1. 2. 3.

4. 5. 6.

Provide associated vocabulary as needed: 1. la mano 2. la cola *line* 4. la muñeca[N] 5. el tambor[N], la batería[N], etc.

D ¿Qué les gusta a sus compañeros? Ask whether or not your classmates like the following things. Move around the class, jotting down the answers you hear. Then, with the help of a partner, compile the results.

MODELO	el pastel con nueces →
usted dice:	¿Te gusta el pastel con nueces?
la compañera Sara:	Sí, me gusta mucho (*or* No, no me gusta).
usted escribe:	**A Sara le gusta** (*or* **A Sara no le gusta**) **el pastel con nueces.**

1. dormir por la tarde
2. las películas viejas
3. esquiar
4. descansar en casa
5. las naranjas
6. la comida mexicana
7. Los Ángeles
8. viajar a otros países

E ¡Anda! *Go on!* Finish the statement in any appropriate way.

MODELO Al jefe le gusta(n) . . . → **Al jefe le gusta hablar.**
Al jefe le gustan las películas.

1. No me gusta(n) . . .
2. A mis padres les encanta(n) . . .
3. A los jóvenes de hoy les molesta(n) . . .
4. A mis amigos les interesa(n) . . .
5. Nos parece que . . .
6. A mí no me importa(n) . . .
7. A mis hermanos no les interesa(n) . . .
8. Los sábados me encanta(n) . . .

CUESTIONARIO

1. ¿A usted le gusta ir al cine? ¿Hacer las compras? 2. ¿Le importan mucho los problemas de otras personas? 3. ¿Le encantan los chocolates? ¿Qué más le encanta? 4. ¿Le duele la cabeza cuando lee mucho? 5. ¿Qué le parece a usted esta ciudad? 6. ¿Qué cosas le interesan a usted? 7. ¿Cuántas clases le quedan hoy? 8. ¿Cuántas semanas de clase nos quedan? 9. ¿Qué les molesta mucho a sus padres? 10. ¿Cuáles son cinco cosas que a usted no le gusta hacer? 11. ¿Cuáles son cinco cosas que le gustan? 12. ¿Cuáles son cinco cosas que le gusta hacer?

Find other matters of topical interest to students to use with **gustar** and related verbs: aspects of college life, or something currently in the news.

· Pronunciación ·

ñ

The Spanish letter **ñ** is pronounced somewhat like the *ny* combination in English *canyon, banyan*.

∼ Listen as your instructor pronounces each of the following words, and repeat it aloud.

mañana español señor sueña año campaña pequeño puertorriqueño

ll AND y

In much of the Spanish-speaking world, **ll** and **y** are pronounced like English *y* in *yes*.

∼ Listen and repeat.

hoya ellas llevo llueve ayer calle oye allí
pollo mayor orgullo Portilla desayuno Villita

When **y** or **ll** occurs at the beginning of a word or the speaker is being emphatic, the y-sound is often tinged with a sound like the English *j* in *Jack*: ¡ya! ¡llámelo pronto[1]! When **y** is used by itself (meaning *and*) or appears at the end of a word as part of a diphthong or triphthong—as in **hay, hoy, Paraguay**—it is pronounced exactly like Spanish **i**.

∼ Now listen to the following tongue twister, and repeat it aloud.

> Ñoño no me llamen,   Don't call me a drip,
> que ñoño ya no soy.   because a drip I no longer am.

[1] In Argentina and neighboring countries, **ll** and **y** are pronounced like the *s* in *leisure, pleasure*.

La comida

¡Más vale rodear que rodar![1]

- *El barrio Pilsen de Chicago[2]. Jacinto y Andrea visitan a sus amigos Manuel y Elvira.*

MANUEL   ¿Qué quieren tomar?
JACINTO Una cerveza para mí. ¿Y para ti? ¿Qué quieres, Andrea?
ANDREA   No me gusta la cerveza. ¿Hay vino?
ELVIRA   Sí, claro. Te busco una copita en seguida.

* * *

JACINTO ¿Qué les parece la campaña de la Fuerza Hispana[3]?
ANDREA   Pienso que es muy importante unir a los hispanos de este país.
MANUEL   Pero no es tan fácil. Los candidatos cuentan con el voto hispano. Sin embargo los datos estadísticos muestran que a la gran mayoría no le interesa votar[4].
ELVIRA   Es que los políticos nos prometen mucho pero no les encuentran soluciones a nuestros problemas más urgentes.
JACINTO Estoy de acuerdo contigo, Elvira. La economía me parece el problema más importante hoy día. Nuestros hijos sueñan con ir a la universidad, pero nos va a ser difícil ayudarles mucho.
MANUEL   Creo que le preocupa mucho el futuro a Manolito.
ANDREA   Pues, si les ayudamos a nuestros hijos lo más posible y conservamos el orgullo de la raza, nos va a salir todo bien.
ELVIRA   Como hablamos de ayuda, Manolo, ¿puedes ayudarme a servir el almuerzo?
JACINTO Todos podemos ayudarte. ¿Qué te parece, Andrea?
ANDREA   ¡Claro!

* * *

ELVIRA   Sabes, pensamos comprarle una computadora a Manolito para el cumpleaños.
ANDREA   Ya tenemos una en casa. Y te cuento que a veces me parece increíble todas las cosas que puede hacer esa máquina. A Dorotea le encanta preparar sus propios programas. Hasta inventa un juego nuevo.
MANUEL   ¿Sí? ¿Por qué no le escribe ella a esa compañía japonesa, la que les paga a los jóvenes . . . ¿cómo se llama la compañía?
ANDREA   No recuerdo. Pero quiero preguntarles algo. ¿No les parece más complicada la vida de hoy día que la de antes?
JACINTO Sí, mi amor, pero recuerdo oírles a mis padres decir lo mismo.
ELVIRA   ¿Cuál es el dicho? ¡Más vale rodear que rodar!

---

la copita *small glass, wine glass*   en seguida *right away*   la campaña *campaign*   unir *to unite*
tan *so*   contar (ue) con *to count on*   sin embargo *nevertheless, however*   la mayoría *majority*
hoy día *nowadays*   el orgullo *pride*   salir (g) *to go out, come out*   la ayuda *help*   propio
own   hasta *even*   la de antes *(life) in earlier days*   mi amor *honey (el amor love)*   oír (y,g) *to hear*   decir (g,i) *to say*   el dicho *saying*

178   *Capítulo seis*

En la foto unos mexicanos llegan ilegalmente a los Estados Unidos. Son los "mojados". ¿Por qué los llaman así?

PREGUNTAS

1. ¿Qué quiere tomar Jacinto? ¿Por qué quiere tomar vino Andrea?   2. Según Andrea, ¿qué es muy importante hacer?   3. ¿Con qué cuentan los candidatos políticos? Sin embargo, ¿qué muestran los datos estadísticos?   4. ¿Cree usted que los políticos les encuentran soluciones a los problemas más urgentes del país?   5. ¿Cuál problema le parece a Jacinto el más importante hoy día?   6. ¿Con qué sueñan los niños de Jacinto y Andrea? ¿Les va a ser fácil ayudarles con eso?   7. Según Andrea, ¿cómo les va a salir todo bien? ¿Está usted de acuerdo con ella?   8. ¿Quiénes le van a ayudar a Elvira a servir el almuerzo?   9. ¿Qué piensan comprarle Elvira y Manuel a su hijo Manolito?   10. A Dorotea, ¿qué le gusta hacer con la computadora?   11. Según Manuel, ¿qué debe hacer Dorotea?   12. ¿Piensa usted que hoy día la vida es más complicada que antes? ¿Por qué?

Notas culturales

1. This **refrán,** or proverb, means approximately *It's better to bend than to break.*

2. The Pilsen area in Chicago is often called **"el pequeño México"** because of its large Mexican-American population. Although the heaviest concentration of Chicanos is in the Southwest, 20th-century immigration, migration patterns, and nationwide job opportunities have resulted in new Chicano communities sprouting up throughout the country, particularly in the Midwest and Northwest.

3. La Fuerza Hispana (Hispanic Force, 1984) was an effort by the country's Hispanic officials to mobilize the approximately 6 million voting-age Hispanics. The chairperson of the organization, the Mexican-American Governor of New Mexico Toney Anaya, helped to awaken public awareness of the potential political clout of the nation's Hispanic population.

4. Before 1984, slightly more than half the eligible Hispanic voters were registered, and the turnout rate was only 30%, 23 percentage points below the national average.

La comida

· Actividades ·

Bingo. Make a grid like the one pictured, but larger. Fill in the squares with the names of any of the food items listed on pages 160–161. Then divide into groups. One student will pick names of food items at random from the lists and call them out. The first person to have four items called off correctly wins. Repeat with another student announcing the food names.

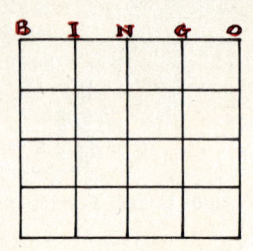

> You may want to make photocopies of the food items, cut each sheet into individual food pictures, place them in an envelope, and give each group of 4 or 5 students one envelope.

Rápido. Divide up into groups. In each, select **una víctima** and ask him or her the following questions as rapidly as possible.

1. ¿Qué comes cuando vas a un restaurante?   2. ¿Qué bebidas te gustan más?
3. ¿Cuáles son tus postres favoritos?   4. ¿Qué te parece el presidente de este país?
5. ¿Cuánto cuesta un buen reloj?   6. En una semana típica, ¿cuánto cuestan los alimentos que compras?   7. ¿Qué comidas te gustan más cuando hace calor? ¿Cuando hace frío? ¿Cuando estás en un restaurante elegante?   8. ¿Qué te encanta hacer con tu dinero?   9. ¿Qué no te gusta hacer por la noche?
10. ¿Qué te gusta hacer los sábados?   11. ¿Sueñas? ¿Con qué te gusta soñar?
12. ¿Dónde vas a almorzar mañana?

> Present **gastar** to spend money vs. **pasar** to spend time.

Situación

> Additional/Alternative activity: Students form groups and create short skits dealing with a restaurant situation. Anomalies add to entertainment value: Waiter/waitress is overly friendly, sits down and dines with customers; customers keep changing mind; waiter/waitress is inexperienced, confuses orders, etc.

En el restaurante La Cazuela.

RESTAURANTE LA CAZUELA

Menú Bilingüe

Sopa de verduras	Vegetable soup	Postres	Desserts
		Flan	Caramel custard
Platos del día	Today's specialties	Pastel	Cake
Pescado	Fish	Fruta de la estación	Fruit in season
Arroz con pollo	Chicken with rice	Helado	Ice cream
Bistec	Steak		
		Bebidas	Beverages
		Vino	Wine
		Cerveza	Beer
		Refrescos	Soft drinks
		Leche	Milk
		Agua mineral	Mineral water
		Café / té	Coffee / tea

Capítulo seis

Usted está en el restaurante La Cazuela. Arrange the following dialog lines in the proper order. Then create your own dialog, based on the menu.

—Nuestro plato favorito es el arroz con pollo, pero el pescado y el bistec también están deliciosos.
—No, gracias. Ahora queremos pagar, por favor.
—Buenas noches, señores. ¿Qué desean comer?
—Excelente. La comida aquí es fantástica. Volvemos pronto con nuestros amigos.
—¿Quieren un postre? ¿Café?
—Pues es la primera vez que estamos aquí. ¿Cuáles son sus mejores platos?
—Para mí el arroz con pollo, entonces.
—¿Qué tal la comida?
—A mí me gusta el bistec—el bistec y una ensalada, por favor.

Vocabulario activo

Cognados

acompañar	conservar	el espacio	el hispano, la hispana	preocupar	el tomate
bilingüe	costar (ue)	estadístico	increíble	el sándwich	unir
el candidato, la candidata	chicano	la fruta	interesar	servir (i)	votar
la compañía	el director, la directora	el futuro	inventar	la solución	el voto
complicado	la ensalada	generalmente	mineral	el tenis	

Sustantivos

el alemán	German language	el inquilino, la inquilina	tenant	devolver (ue)	to return (something)
el amor	love	el jugo	juice	doler (ue)	to hurt
mi amor	honey	la máquina	machine	dormir (ue, u)	to sleep
la ayuda	help	la mata	plant, shrub	encantar	to delight
el camino	road, way	la mayoría	majority	Me encantan las naranjas.	I love oranges.
la campaña	campaign; countryside	el orgullo	pride		
		el paraguas	umbrella	encontrar (ue)	to find
la clase	kind, type	el pelo	hair	gustar	to be pleasing; to like
el dato, los datos	data	la raza	race		
		la suciedad	dirt, dirtiness	importar	to matter; to be important
el dicho	saying				
el dueño, la dueña	owner	### Verbos		jugar (ue)	to play (game, sport)
la fuerza	force; strength	contar (ue)	to count; to tell (a story)	molestar	to bother
				morir (ue, u)	to die
el huerto	orchard or vegetable garden	contar con	to count on	mostrar (ue)	to show
		decir	to say		

La comida 181

oír (y,g)	to hear
parecer (zc)	to seem, to appear; to resemble
¿Qué le parece?	What do you think?
poder (ue)	to be able, can
soñar (ue) (con)	to dream (about)
volar (ue)	to fly
volver (ue)	to return, to go back

Otras palabras y expresiones

chiquito	very small, tiny
en seguida	right away
hoy día	nowadays
la que	the one that
Más vale rodear que rodar.	It's better to bend than to break.
Me hace falta más espacio.	I need more space.
¡Me tomas el pelo!	You're kidding me!, You're putting me on!, You're pulling my leg!
No sé nada de eso.	I don't know anything about that.
propio	own
¿Qué te pasa?	What's the matter with you?

sin embargo	nevertheless; however
tener buena mano con las matas (regional)	to have a green thumb
vacío	empty, vacant

La comida *food*

el agua mineral	mineral water
almorzar (ue, c)	to eat lunch
el almuerzo	lunch
el arroz	rice
la avena	oats, oatmeal
el azúcar	sugar
la bebida	drink
el bistec	steak
la carne	meat
la cena	supper
la cocina	kitchen
cocinar	to cook
la copa	wineglass; cup, goblet
la copita	small glass, wineglass
el cubierto	place setting
la cuchara	spoon
el cuchillo	knife
la chuleta de cerdo	pork chop
el desayuno	breakfast
dulce	sweet
la entrada	entrée, main dish
el fideo	noodle

el flan	caramel custard
el fríjol	bean; kidney bean
el helado	ice cream
el huevo	egg
el jamón	ham
la lechuga	lettuce
la legumbre	vegetable
el maíz	corn
la mantequilla	butter
la manzana	apple
el mole (Mex.)	spicy chicken dish
la naranja	orange
la nuez	nut
el pan	bread
el pan dulce	cake, sweet roll
la papa	potato
el pastel	pastry
el pescado	fish
la pimienta	pepper
la piña	pineapple
el plátano	banana; plantain
el platillo	saucer
el plato	dish, plate
el plato principal	main course
el pollo	chicken
el postre	dessert
el queso	cheese
sabroso	delicious
la sal	salt
la servilleta	napkin
la sopa	soup
la taza	cup
el tenedor	fork
el vaso	(drinking) glass
las verduras	greens

Preposiciones y pronombres

> Don't forget: the prepositions, page 167.
> the object-of-preposition pronouns, page 167.
> the indirect-object pronouns, page 170.

Capítulo seis

Lectura III

Los hispanos de los Estados Unidos

¿Por qué encontramos letreros como éstos en las tiendas de Nueva York, Chicago, Los Ángeles, o San Francisco? La respuesta está en los millones de hispanos que viven en los Estados Unidos (sin mencionar° los varios millones de inmigrantes indocumentados). Hay tres grupos principales: los méxico-americanos, los puertorriqueños y los cubanos. La mayor parte de la población de Miami es de origen cubano; en Nueva York viven más puertorriqueños que en San Juan, la capital de Puerto Rico.

 La presencia hispana en el territorio del suroeste de los Estados Unidos es muy anterior a° la presencia anglosajona. Nombres de estados como Nevada y Colorado, y de ciudades como San Francisco y Las Vegas muestran su origen hispano.

 Con la victoria militar contra México en 1848, los Estados Unidos se apoderan del° territorio que hoy forma el suroeste norteamericano. Muchos habitantes de esta región son descendientes de los primeros colonizadores° españoles; otros son trabajadores° mexicanos que vienen a este país. Ahora muchas escuelas del suroeste tienen programas bilingües, y los "chicanos" ocupan puestos importantes en el gobierno.

 La historia de los puertorriqueños en los Estados Unidos empieza con la victoria de los EE.UU.° en la guerra° de 1898 contra España; desde entonces°, la isla de Puerto Rico es territorio de los Estados Unidos. Hoy, los puer-

without mentioning

muy... *much earlier than*

se... *takes over*
colonizers
workers

U.S.A. / war / since then

Cafetería/panadería cubanoamericana en Miami.

torriqueños son ciudadanos° de los Estados Unidos. Como en el caso de los *citizens*
mexicanos, muchos salen de su patria° para buscar trabajo en Nueva York *country, fatherland*
o en otras ciudades.

La mayoría de los cubanos están aquí como exilados políticos del régimen
de Fidel Castro. Aunque° hay cubanos en todos los estados, una gran mayoría *Although*
vive en Miami. Allí tienen un barrio muy próspero.

PREGUNTAS

1. ¿Cuántos hispanos viven en los Estados Unidos?
2. ¿Cuáles son los tres grupos principales?
3. En el suroeste de los Estados Unidos, ¿la presencia hispana es anterior o posterior a la anglosajona?
4. ¿Qué estados y ciudades recuerda usted con nombres españoles?
5. ¿Cuándo toman los Estados Unidos los territorios que hoy forman el suroeste americano?
6. ¿De quiénes son descendientes muchos habitantes de estos estados?
7. ¿Cómo son muchos programas en las escuelas del suroeste?
8. ¿Desde cuándo es Puerto Rico parte del territorio de los Estados Unidos?
9. ¿Por qué entran sin problema a los Estados Unidos los puertorriqueños?
10. ¿Dónde viven muchos cubano-americanos?

La Misión de San Fernando, cerca de Los Ángeles, existe desde 1797.

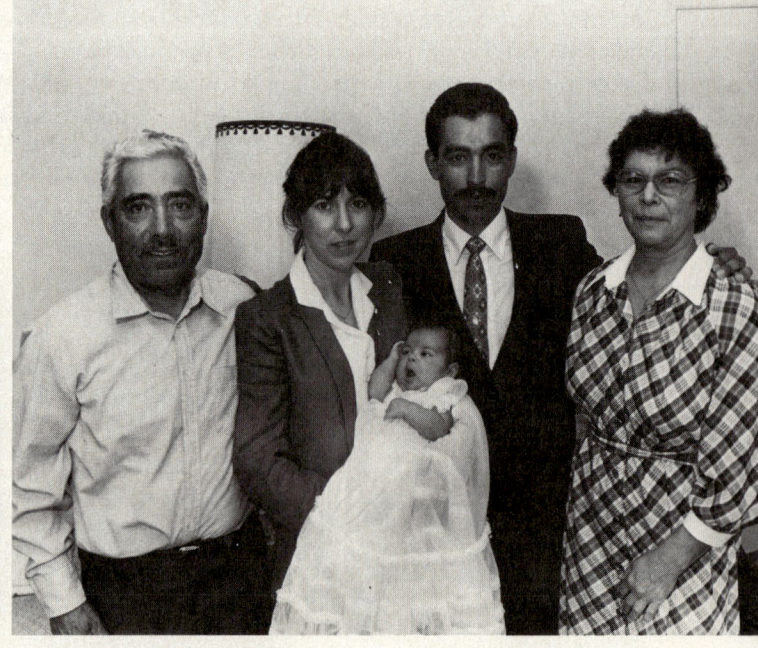

Una familia de tres generaciones de mexicano-americanos en California.

CAPÍTULO SIETE

LAS DIVERSIONES

Vocabulario. In this chapter you will talk about what people do in their spare time.

Gramática. You will discuss and use:
1. The present tense of **-ir** verbs that change their stem vowel from **e** to **i** when the stem vowel is stressed
2. The present tense of verbs with irregular first-person forms (including **dar, poner, saber, salir, traer, ver; conocer** and **traducir; decir** and **oír**)
3. **Saber** and **conocer** *to know*—when to use each verb
4. The differences between **pedir** *to ask* and **preguntar** *to question*
5. Two-object pronoun constructions, as in English *Give me it*

Pronunciación. You will practice the sound represented by **ch** and review silent **h**.

Cultura. The dialogs take place in Guadalajara, Mexico.

---

la diversión *recreation, pastime*

programar la computadora

patinar

pintar

bailar, ir al baile

ir al teatro a ver una obra o a escuchar un concierto

nadar

cocinar

escuchar música, discos

tocar la guitarra, el piano, el violín

acampar

jugar a los videos

ir al cine a ver una película

jugar a los naipes (cartas)

pescar

sacar fotos

coser

el baile *dance*

Para escoger. Choose the correct word to complete each sentence.

1. José (toca, juega) la guitarra.
2. Vamos al (cine, teatro) a ver una película.
3. El cha-cha-chá es (un baile, una canción).
4. Pedro y Julia (tocan, juegan) a los naipes.
5. Queremos escuchar un concierto en el (Cine, Teatro) Rialto.
6. En el verano vamos al mar a (nadar, patinar).
7. Vamos a las montañas a (coser, acampar).
8. Si necesitamos hacer ejercicio (cocinamos, nadamos).

cantar canciones folklóricas

Los pasatiempos. ¿Qué hace usted cuando tiene tiempo libre?

How much time do you dedicate to each of these activities? Keep score on a separate piece of paper: 5 = a lot, 3 = a little, 0 = none.

MODELO   caminar por la playa → __5__
         pescar → __0__

caminar
jugar al tenis
ir al cine
cantar
jugar a los naipes
pasar tiempo en las montañas /la playa
sacar fotos
leer
cocinar
mirar la televisión
hablar por teléfono
estudiar español

tocar la guitarra, el piano, etc.
nadar
esquiar
jugar a juegos de mesa (Monopolio, Trivia, etc.)
bailar, ir a los bailes
tener fiestas con amigos
ir al teatro / a los conciertos / a los museos
comer en los restaurantes
tomar cerveza
coser

Análisis (110 puntos posibles)

85–110 Usted es una persona de mucha energía. Pasa todo su tiempo en los juegos y las diversiones. ¿Cuándo trabaja? ¿Cuándo duerme? Usted debe hacer otras cosas un poco más urgentes y no jugar todo el tiempo.

60–80   Usted lleva una vida muy normal. A veces usted trabaja o estudia mucho y por eso sufre un poco en su vida social. Usted debe pasar más tiempo con los amigos y no pensar tanto en el trabajo.

0–65   ¡Pobre de usted! Usted lleva una vida muy aburrida. Usted debe aprender nuevas diversiones.

---

la fiesta *party, celebration*

• **CUESTIONARIO**

1. ¿Qué hace usted los sábados y domingos? ¿Va al cine? ¿Escucha música? ¿Mira televisión?   2. ¿Qué va a hacer el fin de semana que viene (*next weekend*)?   3. ¿Prefiere usted bailar o escuchar música? ¿Por qué?   4. ¿Toca usted la guitarra? ¿El piano? ¿El violín?   5. ¿Va usted mucho al cine? ¿Cómo se llama su película favorita?   6. ¿Qué hace usted por la noche?   7. ¿Qué pasatiempos tiene usted con sus amigos?   8. ¿Cuál es su pasatiempo favorito? ¿Por qué?   9. ¿Qué le gusta hacer en el verano? ¿En el invierno? ¿Qué diversiones prefiere usted cuando no está con amigos?

I. Presente de los verbos con cambios en la raíz: e → i

Adaptation: Students give sentences that Gustavo might say, taking his point of view.

• *En el Museo Orozco[1] en Guadalajara[2].*

ELISA ¡Ay, qué problemas tengo con mi novio Gustavo! Te pido ayuda porque tus consejos siempre me sirven.
ELMA Gustavo te sigue a todas partes, ¿verdad?
ELISA No, pero cada día me llama por teléfono para ver si estoy en casa. Dice que soy infiel.
ELMA ¡Qué insolencia! Y tú, ¿qué le dices?
ELISA Le digo que eso me molesta pero, ¿qué hago?
ELMA ¿Por qué no lo llamas todas las noches tú? Mira, como dice la Biblia, "con la misma vara que mides . . ."   End of quote is . . . **serás medido.**
ELISA No puedo llamarlo. Si estoy en casa todas las noches, ¿cuándo voy a bailar con Jaime?

1. ¿Por qué le pide Elisa ayuda a su amiga?   2. ¿La sigue Gustavo a todas partes?
3. ¿Por qué la llama todos los días?   4. ¿Qué dice Gustavo de ella? ¿Es verdad?
5. ¿Qué piensa usted de Elisa?

In the Orozco Museum in Guadalajara. ELISA: Oh, what problems I'm having with my boyfriend Gustavo. I'm asking you for help because your advice is always good (of service to me). ELMA: Gustavo follows you everywhere, right? ELISA: No, but every day he calls me on the telephone to see if I'm home. He says I'm unfaithful. ELMA: What insolence! And you, what do you tell him? ELISA: I tell him that bothers me, but what am I to do? ELMA: Why not call him every night yourself? Look, as the Bible says, "with the same rod that you measure . . . " ELISA: I can't call him. If I'm home every night, when will I go dancing with Jaime?

---

[1] **José Clemente Orozco** (1883–1949) is one of Mexico's finest painters.
[2] **Guadalajara**, the capital of the state of Jalisco, is the second largest city in Mexico with a population of over 3 million.

Capítulo siete

A Certain **-ir** verbs show a stem change from **e** to **i** when the stem syllable is stressed.

pedir to ask for		**seguir** to continue[3]		**servir** to serve	
pido	pedimos	sigo	seguimos	sirvo	servimos
pides	pedís	sigues	seguís	sirves	servís
pide	piden	sigue	siguen	sirve	sirven

Here are three other **e → i** verbs.

conseguir   to get, obtain
medir   to measure
repetir   to repeat

¿Cuánto mide de alto la pirámide?   How high is the pyramid?
Les pido ayuda, señores.   I ask you for help, ladies and
                                             gentlemen.
Seguimos a los niños al Parque Agua   We're following the children to Agua
  Azul.   Azul Park.
El tenista sirve la pelota.   The tennis player serves the ball.
¿Dónde consigue usted su dinero?   Where do you get your money?

B The verb **decir** also shows the **e → i** stem change. In addition, its **yo**-form, **digo**, has a **g**.

decir to say, tell	
digo	decimos
dices	decís
dice	dicen

¡Te digo que no!   I'm telling you no!
¿Dice Celia que no puede ir?   Is Celia saying she can't go?
Siempre decimos la verdad.   We always tell the truth.
¿Cuándo nos dices la respuesta?   When will you tell us the answer?

EJERCICIOS

A **Preguntas y respuestas.** With a classmate, create new questions and answers by replacing **Roberto** with the suggested cues.

1. ¿Qué pide Roberto?—Roberto pide café. (tú, nosotros, yo, Miguel y José, usted)
2. ¿Qué les dice Roberto a sus amigos?—Roberto les dice la verdad. (yo, ellas, Concepción y yo, tú, el director)
3. ¿Cuántas asignaturas sigue Roberto?—Roberto sigue cinco asignaturas. (tu hermana, Ana y su novio, usted, nosotros)
4. ¿Quién sirve la comida, Roberto o su mamá?—Roberto sirve la comida. (usted, nosotros, yo, Teresa y Ramón, tú)

[3]Also, *to follow, to take (a course)*.

Las diversiones

B Ellos no, pero nosotros sí.   The following people don't do certain things. Agree with each statement, but add that we do, as shown in the model.

MODELO   Luis no dice la verdad. →
Él no, pero nosotros sí decimos la verdad.

1. Muchos tenistas piden mucho dinero.
2. Tu amiga no sigue una clase de tenis.
3. Yo no sirvo bien la pelota.
4. Iván no mide más de 1,50[4].
5. Pedro y Pepita dicen que hay que ganar.

C ¿Cuál es la pregunta?   Éstas son las respuestas. Y las preguntas, ¿cuáles son?

MODELO   Seguimos dos cursos. →
¿Cuántos cursos siguen ustedes?

1. Pido una cerveza.
2. No, no le decimos la verdad.
3. Mi hermano sirve la cena hoy.
4. Mi cuaderno mide ocho por once.
5. No, yo no digo malas palabras nunca.
6. Seguimos cursos de español, historia y física.
7. Sí, repetimos mucho en esta clase.

Additional **respuestas:** 9. Uds. sirven el desayuno. 10. Nos sigue un carro misterioso. 11. Luisa dice que va a llover. 12. Juan siempre me pide consejos.

• CUESTIONARIO

1. ¿Qué platos sirven en su restaurante favorito?   2. ¿Qué pide usted cuando va a ese restaurante?   3. ¿Qué pide usted cuando tiene sed?   4. ¿Qué bebidas sirven en la cafetería? ¿Sirven cerveza?   5. ¿Qué les pide usted a sus padres? ¿Les pide dinero? ¿Consejos?   6. ¿Siempre les dice usted la verdad a sus padres?   7. ¿Mide usted 1,70? ¿Más? ¿Menos? ¿Cuánto mide usted? ¿Y su padre? ¿Y su mamá?   8. ¿Qué cursos sigue usted ahora? ¿Va a seguir más el año que viene?

---

[4]The usual Spanish equivalent of *more than* is **más que**, but before a number it is **más de**. Uno, cincuenta means *One meter and fifty centimeters*. Measurements in the Hispanic world are based on the metric system: 1 inch = 2.54 centimeters. Here is a table of equivalent heights; calculate your own, and memorize it in Spanish—it will come in handy shopping and in many other ways. (**100 centímetros = 1 metro**)

centímetros	feet	inches	centímetros	feet	inches
152,5	5	0	175,5	5	9
155	5	1	178	5	10
157,5	5	2	180,5	5	11
160	5	3	183	6	0
162,5	5	4	185,5	6	1
165	5	5	188	6	2
167,5	5	6	190,5	6	3
170	5	7	193	6	4
172,5	5	8	195,5	6	5

Now, about your weight (**peso**), 1 kilo = 2.2 pounds . . .

Comen, escuchan y les dan las gracias a los mariachis. ¿Qué música pides tú?

II. Presente de verbos con formas irregulares en la primera persona singular (dar, poner, saber, traer, salir, ver; conocer, traducir y oír)

- En el restaurante Chapala[1]. Pilar, bailadora, está de visita en Guadalajara con un conjunto famoso de danzantes folklóricos. Doña Olga es su tía.

CAMARERO	¿Pongo aquí el pozole[2], señora?
OLGA	Sí, gracias. Y, ¿nos trae dos ensaladas, por favor?
CAMARERO	En seguida las traigo.
OLGA	¿Cuándo sales para el distrito federal?
PILAR	Salgo el viernes.
OLGA	En ese caso, ¿quieres ver la ciudad?
PILAR	Quiero verla, sí. Pero no sé si tengo tiempo.
OLGA	Claro que lo tienes. Conozco muy bien la ciudad.
CAMARERO	Perdón, señora. ¿No oigo bien. ¿Les doy enchiladas o ensaladas?
OLGA	Ensaladas. Y la cuenta, por favor.

1. ¿Qué pone el camarero en la mesa? 2. ¿Cuándo sale Pilar para el distrito federal? 3. ¿Conoce bien la ciudad Pilar? ¿Quién la conoce bien? 4. ¿Oye bien el camarero? 5. ¿Quién paga el almuerzo?

At the Chapala Restaurant. Pilar, a dancer, is on a visit in Guadalajara with a famous group of folklore dancers. Doña Olga is her aunt. WAITER: Do I put the pozole here, ma'am? OLGA: Yes, thanks. And will you bring us two salads, please? WAITER: I'll bring them right away. OLGA: When do you leave for the federal district? PILAR: I leave on Friday. OLGA: In that case, do you want to see the city? PILAR: I want to see it, yes. But I don't know if I have time. OLGA: Of course you have. I know the city very well. WAITER: Excuse me, I don't hear well. Do I give you enchiladas or salads? OLGA: Salads. And the check, please.

[1]**El lago de Chapala** is the largest lake in Mexico.
[2]**El pozole** is a typical Mexican stew made of hominy, pork, and chicken.

Variant for **en seguida las traigo: ya las traigo** (here **ya** does not mean *already*) or **ahora mismo las traigo.** Note that **ahora las traigo** for many speakers would indicate a time reference closer to *in a little while.*

Las diversiones

A Certain Spanish verbs are regular in all present-tense forms but the **yo**-form. One of these verbs is **hacer** (**hago**), which you have already studied. Others include the following.

dar	doy	I give
poner	pongo	I put (**pongo atención** I pay attention)
salir	salgo	I leave, go out
traer	traigo	I bring
ver	veo	I see
saber	sé	I know

Le doy la guitarra a Diego. — I give the guitar to Diego.
Siempre pongo los naipes aquí. — I always put the cards here.
Salgo después del concierto. — I'm leaving after the concert.
Traigo la carta conmigo. — I'm bringing the letter with me.
Veo a Inés pero no a Gonzalo. — I see Inés but not Gonzalo.
No sé la fecha. — I don't know the date.

B Many three-syllable verbs that end in **-cer** or **-cir** are regular in the present tense except for the **yo**-form, which ends in **-zco**.

conocer	conozco	I know[3]
merecer	merezco	I deserve, merit
ofrecer	ofrezco	I offer
parecer	parezco	I seem, appear, resemble
conducir	conduzco	I drive
traducir	traduzco	I translate

¿José María? No lo conozco. — José María? I don't know him.
Sí, merezco unas vacaciones. — Yes, I deserve a vacation.
Parezco triste a veces, y ¿por qué no? — I appear sad at times, and why not?
Conduzco un auto viejo. — I drive an old car.
No traduzco bien. — I don't translate well.

C The verb **oír** *to hear* has a **-g-** in the **yo**-form, like **traer** and **decir**. It also has changes in other forms.

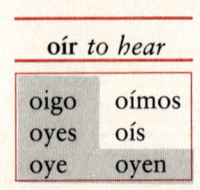

oír *to hear*

oigo	oímos
oyes	oís
oye	oyen

Oigo una canción. ¿Quién la canta? — I hear a song. Who's singing it?

---

[3]Both **saber** and **conocer** mean *to know* but are not interchangeable. They will be practiced in the next section of this chapter.

Un retrato de Benito Juárez. ¿Qué sabe acerca de él?

D The verb **dar** is used in a number of idiomatic expressions.

darle hambre (sed, sueño) a alguien	to make someone hungry (thirsty, sleepy)
darle las gracias a alguien	to thank someone
dar un paseo	to take a walk
¡Qué hambre me da esa torta!	How hungry that cake is making me!
La música nos da mucho sueño.	The music is making us very sleepy.
Vamos a dar un paseo por la plaza.	We're going to take a walk around the plaza.
Los García nos dan las gracias por el baile.	The Garcías thank us for the dance.

EJERCICIOS

A **La sustitución.** Create new answers, replacing the persons according to the cues.

1. ¿Adónde van de vacaciones?
   —Pedro sale para Guadalajara. (nosotros, yo, Virginia y Felipe, la familia Juárez)
2. ¿Cómo van?
   —Conducen un auto grande. (nosotros, yo, tú, José María, ustedes)
3. ¿Qué ven durante el viaje?
   —Vemos el Museo Orozco y las tiendas elegantes. (Carmen, los bailadores, yo, tú, usted)
4. ¿Qué traen a casa de su viaje?
   —Lucita trae cerámica mexicana. (yo, Amalia y Tula, nosotros, tú, ustedes)

Las diversiones

B Para escoger y completar. Choosing one of the verbs suggested in parentheses, supply the correct form to complete each sentence.

MODELO   (salir, hacer) Nosotros __hacemos__ un viaje a Guadalajara mañana.
Y ellos también __hacen__ un viaje mañana.

1. (traducir, decir)   Carmen ____ el libro al español. Y yo lo ____ al francés.
2. (saber, parecer)   Yo no ____ las horas del museo. ¿Las ____ tú?
3. (poner, traer)   ¿Qué ____ en la mesa Isabel y Carlos? Pues yo ____ los naipes al lado.
4. (decir, conocer)   Yo no ____ a la amiga de Natalia. ¿La ____ ustedes?
5. (traer, dar)   Los pasteles me ____ sed. Y la música me ____ sueño.
6. (decir, ver)   Yo te ____ que estás equivocado. Y nosotros también te ____ que estás equivocado.
7. (traer, saber)   Yo ____ los refrescos a la fiesta. ¿Qué ____ Alejandro y Lupita?
8. (conducir, merecer)   Los profesores ____ unas vacaciones largas. Y yo también ____ unas vacaciones.

C Ellos no, pero yo sí. Agree with these statements, but add that you do the opposite.

MODELO   Mi hermano no hace mucho en casa. → **Su hermano no, pero yo sí hago mucho en casa.**

1. Ustedes no salen de vacaciones todos los años.
2. Ramón no ve a nuestros amigos hoy.
3. Alicia no sabe cuál es la capital de Jalisco.
4. Mis amigos no conocen a mucha gente de Guadalajara.
5. Patricia y Guille no traen su guitarra a la fiesta.
6. Los niños pequeños no ponen dinero en el banco.
7. Los estudiantes perezosos no merecen una "A" en esta curso.
8. Mi amigo no conduce bien.
9. Usted no le da el menú al camarero.
10. Mi papá no ve películas en español.

Additional exercise: Students complete each sentence (presented orally) with the **yo**-form of the appropriate infinitive listed on page 192: 1. ____ los platos en la mesa. 2. ____ para Guadalajara en tren mañana. 3. Hasta luego, te ____ esta noche a las diez. 4. Si te ____ el dinero que necesitas, no me vas a pedir más, ¿verdad?

D ¡Excusas y más excusas! Blanca calls to say she'll be home late. She wants to make sure that someone will feed the children. Tell Blanca what everyone gives as an excuse for not helping out.

MODELO   María: Voy de compras. → **María dice que va de compras.**

1. Juan: No sé cocinar.
2. Prima Lucía: Doy un paseo con mi novio.
3. Papá: No puedo. Veo un juego importante en la televisión.
4. Abuelo: Salgo para un concierto a las seis.
5. Los tíos: Traducimos algo para Anita.

• **CUESTIONARIO**

1. ¿Quién sabe más de México, usted o sus amigos?   2. ¿A qué hora sale usted de casa cada día?   3. ¿Qué trae usted a la clase?   4. ¿A quién ve usted todos los días?   5. ¿Conoce usted a muchos profesores?   6. ¿Quién pone más atención en la clase, usted o los otros estudiantes?   7. ¿Trae usted mucho dinero hoy?   8. ¿Pone usted dinero en el banco? ¿Y sus amigos?   9. ¿Qué clase de auto conduce usted?   10. ¿Traduce usted bien del inglés al español? ¿Del español al inglés?   11. ¿Ve usted todas las películas nuevas que salen?   12. ¿Merece usted una "A" en este curso?   13. ¿Sabe usted cuál es la capital de Jalisco?   14. ¿Conoce usted bien a sus compañeros de clase?

III. Saber vs. conocer

Aural Comprehension: Cierto o falso: 1. A Pepe le fascina el pescado frío. 2. Dora sabe que hay discotecas en el centro. 3. Dora ya conoce a Esteban Ramos. 4. Dora dice que conoce muy bien a Pepe.

• *Dora y Pepe dan un paseo en el Parque Agua Azul de Guadalajara.*

PEPE   ¿Sabes bailar el jarabe tapatío[1], Dora?
DORA   No, pero sí sé bailar el nuevo rock.
PEPE   Entonces me lo puedes enseñar. Conozco una buena discoteca cerca de la Avenida Juárez[2]. ¿O conoces otra?
DORA   Sé que hay varias discotecas en el centro, pero no conozco ninguna.
PEPE   Bueno, ¿por qué no vamos el sábado?
DORA   El sábado voy a un concierto con Esteban Ramos. ¿Lo conoces?
PEPE   No lo conozco, pero sé quién es. Es ese pescado frío y aburrido . . .
DORA   ¡Pepe! ¡Qué bien te conozco! ¿Sabes, jalisciense? Creo que estás celoso.

1. ¿Sabe Dora bailar el jarabe tapatío?   2. ¿Conoce ella la discoteca que menciona Pepe?   3. ¿Por qué no puede ir a la discoteca con Pepe?   4. ¿Conoce Pepe a Esteban? ¿Qué piensa de él?   5. ¿Son Dora y Pepe novios?

Dora and Pepe are taking a walk in Guadalajara's Parque Agua Azul. PEPE: Do you know how to dance the Mexican hat dance, Dora? DORA: No, but I know how to dance the new rock. PEPE: Then you can teach me. I know a good disco close to Avenida Juárez. Or do you know another one? DORA: I know there are several discos downtown, but I don't know any (of them). PEPE: Well, why don't we go on Saturday? DORA: Saturday I'm going to a concert with Esteban Ramos. Do you know him? PEPE: I don't know him, but I know who he is. He's that cold, boring jerk (fish) . . . DORA: Pepe! How well I know you! You know, Jaliscan (someone from the state of Jalisco)? I think you're jealous.

---

[1] The **jarabe tapatío** has attained the status of Mexico's national dance.
[2] In nearly every city and town, streets, parks, monuments, and organizations are named after **Benito Juárez (1806–1872)**, a Zapotec Indian who was president of Mexico.

Las diversiones

A As noted in the previous section, **saber** and **conocer** have irregular **yo**-forms (**sé, conozco**) but are regular in the other forms of the present tense.

saber		conocer	
sé	sabemos	conozco	conocemos
sabes	sabéis	conoces	conocéis
sabe	saben	conoce	conocen

Mi hermana sabe nadar bien. — *My sister knows how to swim well.*
No sé mucho de la geografía de México. — *I don't know much about the geography of Mexico.*
Mi primo conoce a mucha gente. — *My cousin knows a lot of people.*
Conozco a todos mis primos. — *I know all my cousins.*

B The verbs **saber** and **conocer** both mean *to know,* but they are not interchangeable. **Saber** means to know a fact or have specific information about something or someone. With an infinitive, **saber** means *to know how* to do something. **Conocer** means to know or be acquainted with a person, place, or thing. Note that before a direct object that refers to a person or persons, **conocer** is followed by a personal **a**.[3]

Conozco a Conchita pero no sé dónde[4] está. — *I know (am acquainted with) Conchita, but I don't know (have information about) where she is.*
Sé jugar al tenis pero no conozco este club. — *I know how to (I can) play tennis, but I don't know (I'm not familiar with) this club.*

---

[3]**Conocer** sometimes means *to meet* someone: **Tienes que conocer a Benito** *You've got to meet Benito.*
[4]Words like **donde, cuando,** and **como** are often used as adverbial conjunctions, in which case no accent is written.

Vive donde hay mucho ruído. — *She lives where there's a lot of noise.*
Siempre están ocupados cuando llega. — *They're always busy when he arrives.*

But when such words reflect an embedded question, they are regarded as question words, and an accent is written on them to identify them as such.

Quieren saber dónde hay mucho ruido. (= ¿Dónde hay mucho ruido? Quieren saber eso.) — *They want to know where there's a lot of noise.*
No pregunta cuándo llegan. (= ¿Cuándo llegan? No pregunta eso.) — *He's not asking when they are arriving.*

C Sometimes a choice must be made between **saber** *to know how to* and **poder** *to by physically able to*.

¿Sabes bailar el rock?   *Can you (= do you know how to) dance rock?*

¿Puedes bailar?   *Can you (= are you well enough to, physically able to) dance?*

> To practice with these two verbs, give statements and elicit follow-up questions from students which show they can distinguish the two uses. Examples: **1. No sé nadar.** (possible question or comment: **¿Por qué? ¿Nunca va(s) a la playa?** or **Debe(s) aprender a nadar; es importante.**) **2. No puedo nadar.** (**¿Está(s) enfermo/enferma? ¿Te/Le duele algo? El agua está muy fría, ¿verdad?**)

EJERCICIOS

A **La sustitución.** Create new answers to each question, changing the subject as suggested by the cues.

1. ¿Qué saben del estado de Jalisco?
   —No sabemos mucho de Jalisco, pero conocemos a un jalisciense. (Lola, yo, el novio de Lupe)

2. ¿Saben cocinar?
   —Ellos no saben cocinar, pero conocen muchos restaurantes buenos. (Raúl, usted, yo, nosotros, tú)

B **Unas charlas.** With a classmate, complete the conversations using appropriate forms of **saber** and **conocer**.

FULANO[5]   ¿Tus padres (1)____ hablar zapoteca[6]?
MENGANO   No, pero (2)____ bien la ciudad de Oaxaca.

*   *   *

FULANO   ¿(3)____ a Fernando Valenzuela?
MENGANO   No, pero (4)____ quién es.

*   *   *

FULANO   Constancia (5)____ mucho de Guadalajara y (6)____ la comida de la región.
MENGANO   Sí, hombre. Pero no (7)____ bailar el jarabe tapatío. No es de Jalisco.

*   *   *

FULANO   ¿(8)____ ustedes las respuestas a las preguntas que les hace la profesora?
MENGANO   Pues sí, las (9)____ pero no (10)____ bien la geografía de México.

[5]Spanish uses **Fulano** the way English uses *John Doe*. The word comes from an Arabic expression equivalent to Spanish **un tal** *such a one;* it is often embroidered as **Fulano de Tal**. When two or three fictitious names are needed, the order is **Fulano, Mengano,** and **Zutano**.

[6]**El zapoteca** is the language of the Zapotec Indians, many of whom live in the region centering on their great ancient city, **Monte Albán,** a few kilometers from Oaxaca in southern Mexico.

Las diversiones

José Clemente Orozco pinta un mural.

C Breves encuentros. Working with a **socio(a)** *partner*, act out these short conversations.

1. A: Ask if this bus goes to the Agua Azul Park.
   B: Say that you don't know because you don't know the city very well.
2. A: Ask whether your partner's parents like classical music.
   B: Say that you know that they know Chopin's music very well because they listen to it day and night.
3. A: Ask you partner if your friends (**nombre**) and (**nombre**) know what they're going to do on Saturday.
   B: Say that you think they're going to a play, and that you think they know the director.

• CUESTIONARIO

1. ¿Sabe usted cómo se llama la capital de México? ¿Y la del estado de Jalisco?
2. ¿Conoce usted la ciudad de Nueva York? ¿Qué ciudades conoce usted bien?
3. ¿Sabe usted qué estados de los Estados Unidos tienen nombres españoles? ¿Cuáles son?   4. ¿Conoce usted a unos latinoamericanos?   5. ¿Sabe usted jugar al tenis? ¿Sabe cocinar? ¿Cantar? ¿Qué sabe hacer bien?   6. ¿Conoce usted a una persona famosa?   7. ¿Quién sabe qué hora es?   8. ¿Qué quiere saber bien usted?

Ask students to invent questions that might stump their classmates, forcing them to admit, **Yo no sé; ¿quién/cuál/** etc. **es?**

IV. Pedir vs. preguntar

• *En casa de un funcionario del PAN[1] en las afueras de Guadalajara.*

JOSÉ   Papá, ¿puedo pedirte un favor? Necesito dinero.
SR. ORTEGA   ¿Otra vez? ¿Por qué no le preguntas a tu mamá dónde está su bolsa?
JOSÉ   Pero no puedo preguntarle a mamá. No está en casa.
SR. ORTEGA   ¡Caramba! Los niños de hoy piden y piden dinero. No tienen idea del valor de un peso.
JOSÉ   Sí, papá, tengo muy buena idea de su valor. Por eso te pido cien[2].

1. ¿Qué quiere el niño?   2. ¿A quién puede preguntar dónde está su bolsa?
3. ¿Quién no está?   4. ¿Qué cree el papá?   5. ¿Cuántos pesos pide el niño?

In the house of a PAN official in the suburbs of Guadalajara. JOSÉ: Dad, can I ask you for a favor? I need money. MR. ORGETA: Again? Why don't you ask your mother where her purse is? JOSÉ: But I can't ask mother. She's not home. MR. ORTEGA: Good grief! The children of today ask and ask for money. They don't have any idea of the value of a peso. JOSÉ: Yes, Dad, I have a very good idea of its value. That's why I'm asking for a hundred.

[1] The **Partido de Acción Nacional** is the largest of the small opposition parties which run candidates against those of Mexico's ruling party (PRI).
[2] In 1984, the exchange rate of the Mexican peso was approximately 200 to the dollar.

Aural Comprehension: Cierto o falso: 1. El funcionario vive en el centro de Guadalajara. 2. José le pide un consejo a su papá. 3. Su mamá le pregunta dónde está su bolsa. 4. Según su papá, José sabe el valor de un peso.

Pedir means to ask for something, to request (someone) to do something. **Preguntar** means to ask a question.

Pedimos la cena.	*We're ordering (asking for) dinner.*
Me piden un favor.	*They're asking me for a favor.*
Quiero preguntarle algo.	*I want to ask you something.*
¿Por qué no le preguntas al policía?	*Why don't you ask the policeman?*
Me preguntan dónde está la discoteca.	*They're asking me where the disco is.*

EJERCICIOS

A   **¿Qué quiere Margarita?**   Margarita asks for certain things, including information. Create sentences explaining that Margarita asks you for the items listed.

MODELO   dinero → **Margarita me pide dinero.**
            el nombre de la calle → **Margarita me pregunta el nombre de la calle.**

1. más café
2. consejos
3. qué hora es
4. treinta pesos
5. dónde está el Museo Orozco
6. si conozco Guadalajara

Las diversiones

B ¿Pedir o preguntar? Complete the paragraph with the appropriate forms of **pedir** or **preguntar**.

Ana quiere ir al cine. Le (1)____ dinero a sus padres. Llama al cine para (2)____ a qué hora empieza la película. También le (3)____ a la chica que trabaja allí si la película es buena. Entonces le (4)____ un favor a su mamá:
—Mami, te (5)____ un favor. ¿Puedo usar el auto?
—¿Por qué no le (6)____ a tu papá?

C ¿Por qué no le preguntamos a Mónica? Complete the conversation using the correct form of **saber, conocer, preguntar,** or **pedir**.

GERMÁN Tengo ganas de patinar esta tarde. ¿(1)____ si hay un lugar bueno en el centro?
ARTURO No (2)____. ¿Por qué no le (3)____ a Mónica? Ella (4)____ muy bien la ciudad.
GERMÁN Tienes razón. También le quiero (5)____ el dinero que ella me debe. ¿(6)____ que ella me (7)____ dinero todas las semanas?
ARTURO Sí, lo (8)____. Mira, te necesito (9)____ una cosa. ¿(10)____ a la amiga de Mónica, la alta?
GERMÁN (11)____ quién es, pero no la (12)____. ¿Por qué no le (13)____ a Mónica?

• **CUESTIONARIO**

1. ¿Qué le pide usted a su padre?   2. ¿Quién pregunta mucho en la clase?
3. ¿A quién(es) le(s) pide consejos usted?   4. Cuando va a la cafetería, ¿qué pide usted?   5. ¿Les pide usted favores a sus profesores?   6. Cuando está usted con una persona que no conoce, ¿qué le pregunta?

La Catedral de Guadalajara, frente a la Plaza de la Liberación.

V. Construcciones con dos pronombres: de complemento indirecto y directo

- *Diego y Jesús, turistas argentinos, caminan por la Avenida Juárez. Piensan ir al Mercado Libertad.*

DIEGO Quiero comprarle un recuerdo de Guadalajara a mi papá. Se lo quiero mandar mañana.

JESÚS ¿Qué le vas a comprar? ¿Un sombrero de vaquero?[1] ¿Algo de metal[2]?

DIEGO ¡No, no! Una cosa mucho más barata. Si tú me prestas mil pesos, te los devuelvo mañana.

JESÚS ¿Me dices que ya te falta dinero? Pues yo te lo doy, sin embargo . . .

DIEGO Gracias, che. También voy a comprar unas tarjetas postales. Se las voy a mandar a todos los amigos en Buenos Aires.

JESÚS Yo también. Podemos escribírselas esta noche en la pensión[3].

1. ¿Qué quiere comprar Diego? ¿Cuándo se lo quiere mandar? 2. ¿Le da el dinero Jesús a Diego? ¿Cuándo se lo va a devolver? 3. ¿Qué les van a comprar los jóvenes a sus amigos? ¿Cuándo pueden escribírselas?

Diego and Jesús, Argentine tourists, are walking along Avenida Juárez. They're thinking of going to the Mercado Libertad (Liberty Market). DIEGO: I want to buy my father a souvenir of Guadalajara. I want to send it to him tomorrow. JESÚS: What are you going to buy him? A cowboy hat? Something (of) metal? DIEGO: No, no! Something much cheaper. If you lend me a thousand pesos, I'll give them back to you tomorrow. JESÚS: Are you saying you need money already? Well, I'll give it to you; however . . . DIEGO: Thanks, pal. I'm also going to buy some postcards. I'm going to send them to all the friends in Buenos Aires. JESÚS: Me too. We can write them to them tonight at the boardinghouse.

---

[1]Most of the clothing and style of life of the American cowboy originated with Mexican **vaqueros** *cowboys* living in Mexico and the lands wrested from it by the United States in the war of 1845–1848.

[2]Guadalajara is known commercially for its metal industries as well as its textiles, glassware, pottery, and petroleum products.

[3]**Una pensión** is an economical alternative to a standard hotel in most Hispanic countries.

Note that in Spanish **Jesús** is a popular given name. Similar examples: Magdalena, Concepción, Asunción.

A When an indirect- and a direct-object pronoun are used in the same sentence, the indirect- always precedes the direct-object pronoun. The two object pronouns (indirect, direct) precede a conjugated verb. They are never separated by another word.

Te doy cinco entradas para el teatro.	*I'm giving you five theater tickets.*
Te las doy.	*I'm giving them to you.*
Pero no te las doy ahora.	*But I'm not giving you them now.*
Nos traen lindos recuerdos.	*They bring us pretty souvenirs.*
Nos los traen.	*They bring us them.*
Me muestra su guitarra nueva.	*She shows me her new guitar.*
Me la muestra.	*She shows me it.*

Dialog: Aural comprehension: Posible/Probable o Imposible/Improbable: 1. El padre de Diego vive en Guadalajara. 2. Diego no tiene mucho dinero. 3. Jesús y Diego son buenos amigos. 4. Diego es de Santa Fe. 5. Diego tiene mucho cuidado con su dinero.

Las diversiones

RECOGNIZING COGNATES

Many words in Spanish and English have a common root and are similar in meaning and spelling. A small group of cognates are actually identical in meaning and spelling, though never in pronunciation. A second, larger group includes cognate pairs that are similar but show minor differences. A third group consists of "false cognates"—words that are similar or identical in spelling but have completely different meanings in English and Spanish. Here are some examples of each type.

1. *Identical (direct) cognates.* Be sure to practice the pronunciation of these items.

el actor	fatal	el papá
cruel	el hotel	la radio
el director	la mamá	el sofá
el error	no	el terror

2. *Similar (indirect) cognates* may sometimes be recognized more easily if you delete their suffixes or prefixes.
   a. Nouns that end in the suffix -*tion* in English often end in **-ción** or **-sión** in Spanish and are feminine in gender.

la atención	*attention*
la educación	*education*
la pronunciación	*pronunciation*

   b. Nouns that end in -*ty* in English often end in **-dad** or **-tad** in Spanish. They are feminine in gender.

la curiosidad	*curiosity*
la libertad	*liberty*
la oportunidad	*opportunity*

   c. Many words that end in -*y* in English end in **-ia, -ía,** or **-io** in Spanish.

la familia	*family*
la cortesía	*courtesy*
necesario	*necessary*

   d. Adjectives ending in -*ous* in English very often end in **-oso(a)** in Spanish.

maravilloso(a)	*marvelous*
generoso(a)	*generous*
montañoso(a)	*mountainous*

   e. Adverbs ending in -*ly* in English generally end in **-mente** in Spanish.

rápidamente	*rapidly*
exactamente	*exactly*
frecuentemente	*frequently*

Capítulo siete

f. Some words that begin with *s* + consonant in English begin with **es-** in Spanish.

la estación	*station*
estudiar	*study*
especial	*special*

g. Spanish past participles ending in **-do** or **-to** are often equivalent to past participles in English ending in *-ed*.

practicado	*practiced*
obtenido	*obtained*
descrito	*described*

h. Spanish present participles ending in the suffix **-ndo** are equivalent to present participles in English ending in *-ing*.

decidiendo	*deciding*
preparando	*preparing*
trabajando	*working*

i. The Spanish suffix **-ero** indicates the profession of an individual. It is equivalent to the *-er* suffix in English.

carpintero	*carpenter*
ranchero	*rancher*
curandero	*folk healer (curer)*

j. Some indirect cognates may have a letter added or subtracted in Spanish.

el desierto	*desert*
noviembre	*November*
presente	*present*

k. Other indirect cognates may have a slight spelling change.

la foto	*photo*
el automóvil	*automobile*
el sistema	*system*

3. Some indirect cognates are related via a common root, many times a Latin word. The meaning of the Spanish word is easy to remember if you can think of a related word in English.

Spanish	*English*	*Related Word*
el libro	book	library
el baile	dance	ballet
comprender	to understand	comprehend
el cristal	glass	crystal

Las diversiones

4. *False cognates* (sometimes call **amigos falsos** *false friends*) should be memorized, since they do not have the same meaning in both English and Spanish. If used incorrectly, they can even be embarrassing.

actual	current
el arma	weapon
el pastel	cake, pie, or pastry
embarazada	pregnant

B When used with an infinitive, the object pronouns (indirect / direct) may either be attached to the infinitive or precede the conjugated verb. Note that when two object pronouns are attached to the infinitive, an accent is required over the last syllable of the infinitive.

Voy a comprarte una entrada.   *I'm going to buy you a ticket.*
Te la voy a comprar.
Voy a comprártela.   *I'm going to buy it for you.*

C Two object pronouns beginning with **l** cannot occur in a row. If a third-person indirect-object pronoun (**le, les**) is used with a third-person direct-object pronoun (**lo, la, los, las**), the *indirect*-object pronoun is replaced by **se**. The various meanings of **se** may be clarified by adding to the sentence: **a él, a ella, a usted, a ellos, a ellas, a ustedes.**

Elena les canta una canción (a ellos).   *Elena is singing them a song.*
Elena se la canta (a ellos).   *Elena is singing it to them.*

El camarero le sirve el té (a ella).   *The waiter is serving her the tea.*
El camarero se lo sirve (a ella).   *The waiter is serving it to her.*

EJERCICIOS

A **Lupe la generosa.** Tell what Lupe gives away, and to whom, as suggested by the cues. Then shorten your statement using direct- and indirect-object pronouns.

MODELO   el lápiz / Paca →
               Lupe le da el lápiz a Paca. Se lo da.

1. la guitarra / Miguel
2. el dinero / hermanos
3. los regalos / la jefa
4. las cartas / usted
5. el pastel / niños
6. la bolsa / la joven
7. las gracias / la mesera
8. diez pesos / mamá

B Escuchando a la puerta. *Eavesdropping.* Ramón is listening in on some conversations in the plaza. Repeat what he hears, shortening the sentences a little by replacing direct-object nouns with pronouns.

MODELO   José les ofrece **un refresco** a los amigos. → **José se lo ofrece a los amigos.**

1. Le voy a pedir **un favor** a Susana.
2. Ella les presta **dinero** a sus amigos.
3. Les pido **una canción** a los músicos.
4. ¿Por qué no nos cantan **una canción típica**?
5. Necesito hacerle **una pregunta** a esa chica.
6. ¿Me vas a decir **tu nombre**?
7. Te digo **mi nombre** si me compras **un café**.
8. Camarero, ¿puede traernos **dos cafés**, por favor?

Recycle this exercise using the following direct objects for the original ones: 1. los 300 pesos 2. la bicicleta 3. un favor 4. algunas canciones rancheras 5. un regalo 6. la verdad 7. la respuesta, el auto 8. tres cervezas

C Te lo prometo. Carlos wants to borrow his father's car to take his girlfriend to a party. Take his place and answer his father's questions.

MODELO   ¿Me vas a pedir el auto mañana? → **No, no te lo voy a pedir mañana.**
¿A tu mamá y a mí siempre nos vas a decir la verdad? → **Sí, se la voy a decir.**

1. ¿Les vas a servir el desayuno a tus hermanos?
2. ¿Le vas a dar el juego de video a tu hermana?
3. ¿Me vas a llevar las cartas a la oficina?
4. ¿Nos vas a pedir dinero todos los días?
5. ¿Nos vas a preparar el almuerzo?
6. ¿Me vas a devolver el auto antes de las once?

D Breves encuentros. With a partner, act out these conversations.

1. A: Say that you want to give your partner a gift. Say that, well, you can't tell when. Say no, you can't give it to him or her before February 14.
   B: Ask when your partner is going to give it to you. Ask if your partner is going to give it to you before Saturday.
2. A: Ask if your partner can show you the souvenirs of Guadalajara for his or her nieces. Ask why not.
   B: Say you can't show them to your partner because you don't have them. Explain that you don't have them because the woman is going to bring them to you on Sunday.

• **CUESTIONARIO**

Cuestionario: Additional activity: **Pretextos.** Students work together in pairs to come up with outlandish excuses for continuing to delay in paying back money owed to a friend.

1. ¿Tiene usted cinco dólares? ¿Me los quiere prestar?   2. ¿Les pide usted dinero a sus amigos? ¿Se lo dan?   3. ¿Le dan dinero sus padres para la universidad?   4. ¿Sabe usted cantar "Cielito lindo"? ¿Me la canta usted ahora?   5. ¿Les manda usted cartas a sus padres?   6. ¿Le va a comprar usted un regalo especial a su amigo(a)?   7. ¿Me hace usted un favor?   8. ¿Siempre les dice usted la verdad a sus padres?   9. ¿Les trae comida a ustedes el profesor?   10. ¿Les explica (*explain*) bien a ustedes las lecciones el profesor?

Las diversiones

· Pronunciación ·

h

Spanish **h** is silent, like English *h* in *honor* and *herb*. In reading, pretend that the **h** is not there. (When you hear a new word beginning with a vowel sound, and can't find it in the dictionary, try looking for it under **h**.)

~ Listen as your instructor pronounces each of the following words, and repeat it aloud.

hacer   hoy   hay   habilidad   prohibir   inhalar   rehén

ch

The Spanish letter **ch** is pronounced like English *ch* in *chap* or *chew*.

~ Listen and repeat.

Chile   cha-cha-chá   mucho   escucha   Chapala   muchacho   charlas
Conchita   chamaca   derecha   mochila   Chapultepec   Michoacán

To practice the **ch** sound in Spanish, try speaking **jerigonza**—Spanish pig Latin—with a classmate. Divide every word into syllables and place the combination **chi-** before each syllable.

~ Listen and repeat.

español: Yo me llamo Pepe.
jerigonza: Chi-yo chi-me chi-lla chi-mo chi-Pe chi-pe.

Say this example of **jerigonza** over and over until you can do it very rapidly. Then have a short conversation with a friend or classmate using **chi-** before every syllable.

· Guadalajara ·

Elena y Nancy estudian en la Facultad de Medicina de la Universidad de Guadalajara[1].

NANCY   ¿Qué hacemos este fin de semana? Sigo tantas asignaturas este año que me parece que no hago nada más que estudiar.
ELENA   Sí, lo sé. ¿Quieres ir a las cataratas[2] el sábado?
NANCY   No, no quiero verlas de nuevo.
ELENA   Pues, ¿conoces a Rafael Costa? Va a tener fiesta el domingo.
NANCY   No lo conozco, pero sé quién es. Pablo me dice que la fiesta va a ser muy buena. Vienen los mariachis[3] del Café La Perla.
ELENA   Sí, va a ser estupenda. Oye, Nancy, voy a ver si te consigo una invitación. Se la puedo pedir a Lupita, la hermana de Rafa.

* * *

tantos(as) *so many*   **de nuevo** *again*   **oye** *listen*

NANCY   ¡Ay, qué canción más linda! Tengo ganas de bailar pero no sé bailar el jarabe tapatío. ¿Me lo enseñas?
PABLO   Sí, claro. Todos los de Guadalajara sabemos bailarlo.

*   *   *

PABLO   ¿Por qué no salimos un ratito para tomar aire fresco? Hace calor y casi no te oigo con esta música.
NANCY   ¿Damos un paseo?
PABLO   Sí, vamos.
NANCY   Pero quiero decírselo a mi amiga Elena. Y le pregunto si ella nos quiere acompañar.
PABLO   Prefiero no invitarla. Quiero estar solo contigo. Necesito hablar contigo sobre algo muy importante.

PREGUNTAS

1. ¿Qué le pregunta Nancy a su amiga?   2. ¿Por qué le parece a Nancy que no hace nada más que estudiar?   3. ¿Por qué Nancy no quiere ir a las cataratas?   4. ¿Conoce Nancy a Rafael? ¿Por qué quiere ella conocerlo?   5. ¿A quién le va a pedir la invitación Elena? ¿Se la da? ¿Cómo lo sabe usted?   6. ¿Sabe Nancy bailar el jarabe tapatío? ¿Quién se lo enseña?   7. ¿Conoce usted el jarabe tapatío? ¿Lo sabe bailar?   8. ¿Por qué Pablo quiere salir de la fiesta?   9. ¿Por qué Pablo prefiere no invitarla a Elena?   10. ¿Qué cree usted que Pablo le va a decir a Nancy?

Notas culturales

1. Some 4,000 students from the United States study medicine each year at the University of Guadalajara. When they graduate, they will be able to practice medicine in the United States by successfully completing the same qualifying procedures open to any foreign doctor.

2. Also known as **el Salto Grande** *Great Waterfall* **de Juanacatlán** on the Río Santiago, now the site of a major hydroelectric project.

3. Mariachis are Mexican musicians dressed in ornate, highly stylized cowboy outfits, often black but covered with silver braid and concha buttons and topped with broad-brimmed, black, and braid-covered hats. A sample of their band music is recorded on laboratory tapes.

---

un ratito *a little while*

· Actividades ·

Entrevista. Ask a classmate the following questions. Then report the information to the class.

1. ¿Sabes bailar bien? ¿Cantar? ¿Tocar la guitarra?   2. ¿Conoces un buen lugar para bailar?   3. ¿Qué haces en las fiestas?   4. ¿Vas mucho al cine?   5. ¿Cuál es tu película favorita? ¿Por qué?   6. ¿Prefieres las películas cómicas o las películas tristes que te hacen pensar?   7. ¿Miras mucho la televisión? ¿Cuáles son tus programas favoritos?   8. ¿Cuáles son tus cinco actividades favoritas? 9. ¿Qué te gusta hacer cuando estás solo(a)?   10. ¿Qué te gusta hacer cuando estás con amigos?   11. ¿En qué pasatiempos *no* te gusta participar nunca? 12. ¿Qué no sabes hacer ahora pero quieres aprender a hacer?

Question 5: Associated vocabulary: **equipo** *equipment*; **uniform** *uniform*.

La fiesta de Margarita. Use your imagination to describe in Spanish what is happening at Margarita's party with as many details as possible.

¿Qué pasatiempo me gusta? Divide into groups. One of the group will think of a favorite activity. The others will ask questions until they guess what the hobby or pastime is. The following questions may be useful. The person answering the questions should only answer **sí** or **no**.

1. ¿Es un pasatiempo para todos, los hombres y las mujeres?   2. ¿Hacemos esa actividad afuera o adentro?   3. ¿Es algo que hace una persona cuando está con otros?   4. ¿Cuesta dinero hacer esta actividad? ¿Cuesta mucho o poco? 5. Necesitamos cosas especiales—instrumentos musicales, ropa (*clothes*) especial— para hacer esta actividad?   6. ¿Hacemos esta actividad más en el invierno? ¿En el verano?   7. ¿Tenemos que estar en buena condición física para esta actividad? 8. ¿Dónde haces esta actividad? ¿En casa? ¿En un edificio público? En las montañas?   9. ¿Es una actividad que a muchos les gusta?   10. ¿Es una actividad que necesita mucha preparación?   11. ¿Es algo que hacen en unos países y no en otros?   12. ¿Es una diversión que haces durante el día o por la noche?

Additional/Alternative activity: **Aguafiestas** *killjoy*. Students form groups of 3. One student is the **aguafiestas** and complains about being bored. Other two offer **pasatiempos**, which the first student rejects for various reasons. Example: **Aguafiestas: Estoy aburrido/aburrida. Amigo/Amiga: Vamos a un restaurante. Aguafiestas: No tengo hambre. Segundo Amigo/Segunda Amiga: ¿Qué tal el concierto de Mozart? Aguafiestas: La música clásica me da sueño.**

208   *Capítulo siete*

Vocabulario activo

· **Cognados**

el actor	el concierto	fatal	la invitación	obtener	el sistema
la actriz	la cortesía	folklórico	invitar	el piano	social
la atención	el cristal	la foto	la libertad	practicar (qu)	el teatro
el automóvil	la curiosidad	frecuentemente	maravilloso	programar	el, la tenista
la Biblia	la discoteca	el funcionario, la	metal	el radio	el terror
el carpintero,	la educación	funcionaria	la música	la radio	la visita
la carpintera	la enchilada	generosa	necesario	el ranchero	
el casa	la energía	la guitarra	normal	repetir (i)	

· **Sustantivos**

las afueras	suburbs
el arma *f*	weapon
la bolsa	pocketbook, purse
la camarera	waitress
el camarero	waiter
la catarata	waterfall
el conjunto	ensemble
el consejo	(piece of) advice
los consejos	advice
la cuenta	bill, check; account
el curandero, la curandera	folk healer
el, la jalisciense	Jaliscan (person from the state of Jalisco, Mexico)
el mercado	market
el novio	boyfriend; fiancé; groom; newlywed
la novia	girlfriend; fiancée; bride; newlywed
la pensión	boardinghouse
el pescado *slang*	jerk
un ratito	a little while
el recuerdo	souvenir
el sombrero de vaquero	cowboy hat
la tarjeta postal	postcard
el valor	value
la vara	rod; stick, twig

· **Verbos**

conducir (zc)	to drive
conocer (zc)	to know, be acquainted with; to meet
conseguir (i)	to get; to achieve
coser	to sew
dar	to give
darle las gracias (a alguien)	to thank (someone)
darle hambre, sed, sueño (a alguien)	to make (someone) hungry, thirsty, sleepy
descrito *pp*	described
medir (i)	to measure
¿Cuánto mide de alto . . . ?	How high (tall) is . . . ?
merecer (zc)	to merit
ofrecer (zc)	to offer
pedir (i)	to ask (for something), to request
poner (g)	to put, to place
poner atención	to pay attention
preguntar	to ask (a question)
saber	to know (facts, information); to learn, to find out
saber (+ inf)	to know how (to do something)
salir (g)	to go out, to leave; to come out; (book) to appear
seguir (i)	to follow; to continue
seguir un curso	to take a course of study
traducir (zc)	to translate
traer (g)	to bring
ver	to see

· **Otras palabras y expresiones**

a todas partes	everywhere
actual	current
cada	each, every

Las diversiones 209

celoso	jealous	se	(to) him, her, it, you, them	hacer ejercicio	to exercise
de nuevo	again	la semana que viene	next week	el jarabe tapatío	Mexican hat dance
descrito *pp*	described			el mariachi	Mexican musician
embarazada	pregnant				
infiel	unfaithful				
libre	free; unoccupied			nadar	to swim
				los naipes	(playing) cards
más de (+ number)	more than	**Las diversiones** *pastimes*		la obra	play; (artistic) work
más que	more than	acampar	to camp, go camping	el paseo	walk, stroll; ride, short trip; walk, boulevard
montañoso	mountainous	el bailador, la bailadora	dancer		
ningún, ninguno	none, not any, no, not one, neither (of them)	la canción	song	patinar	to skate
		el, la danzante	dancer	la pelota	ball
Oye.	Listen.	dar un paseo	to take a walk, go for a stroll	pintar	to paint
¡Pobre de usted!	Poor you!	el disco	record	el rock	a rock dance
por teléfono	on the telephone	estar de visita	to be visiting	sacar fotos	to take pictures
el pozole	Mexican stew	la fiesta	party; holiday; celebration	el tiempo libre	free time
¡Qué insolencia!	What gall (nerve, insolence)!	el fin de semana	weekend	tocar (qu)	to touch; to play (musical instrument)

CAPÍTULO OCHO

LA ROPA, LOS COLORES Y LA RUTINA DIARIA

Vocabulario. In this chapter you will talk about clothes, colors, and everyday life.

Gramática. You will discuss and use:
1. Reflexive constructions like *I wash myself*
2. Reciprocal constructions like *they see each other*
3. Special idiomatic constructions to express *to become* and *to get*
4. The relative pronouns **que, quien, cuyo**

Pronunciación. You will practice the sounds represented by **s, c, z,** and **qu**.

Cultura. The dialogs take place in Barcelona, Spain.

¿Qué ropa llevan?

la bata *bathrobe, dressing gown*	**el algodón** *cotton*	**el vuelo** *flight*	**la combinación** *slip*
el vestido *dress* **la falda** *skirt*	**el pañuelo de seda** *silk scarf*	**la bolsa** *purse*	**el traje de baño** *bathing suit*
las gafas *glasses*	**el bronceador** *suntan lotion*	**la paja** *straw*	

---

[1]**Las Islas Canarias,** seven islands belonging to Spain located 65 miles from the coast of Africa, famous as winter resorts.

Capítulo ocho

¿Qué llevamos?

1. Cuando llueve, llevamos . . .
2. Cuando vamos a la playa . . .
3. Cuando viajamos a otro país . . .
4. Cuando trabajamos en la oficina . . .
5. Cuando nieva . . .
6. Cuando viajamos en avión . . .
7. Cuando dormimos . . .

Question 3: The answer depends on the country: **un traje de baño** in the Caribbean, **un abrigo** for a cold country, etc. Associated vocabulary: **maleta, equipaje.**

---

la goma *rubber*   **ponerse (g)** *to put on*   **vestirse (i) de sport** *to dress casually*   **el traje** *suit*
la boina *beret*   **la lana** *wool*

La ropa, los colores y la rutina diaria

· **El espectro solar** ·

rojo   anaranjado   amarillo   azul   verde

violeta   negro   gris   blanco   claro   oscuro

¿De qué color es?

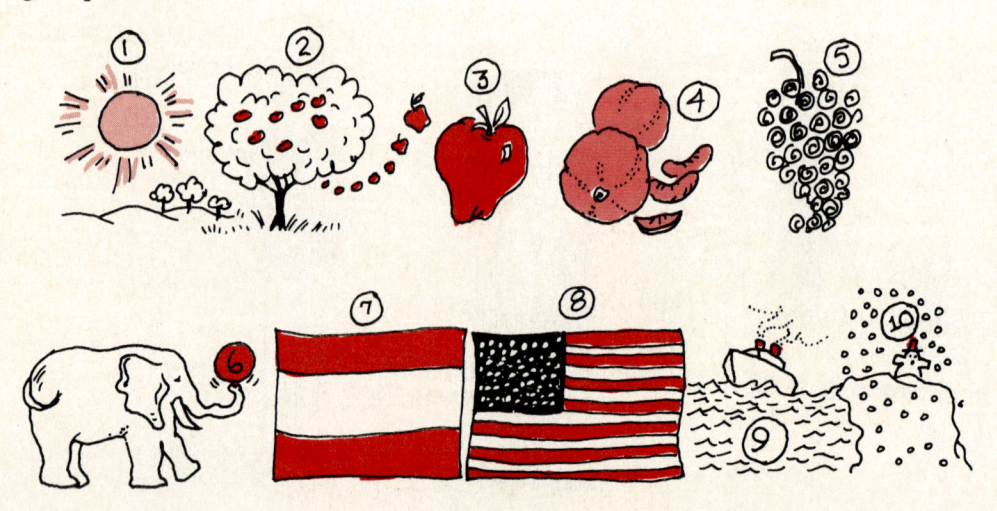

· **CUESTIONARIO**

1. ¿Qué lleva usted hoy?   2. ¿De qué color son sus zapatos? ¿Su blusa o camisa? ¿Sus pantalones o su vestido?   3. ¿Cuánto cuesta un cinturón? ¿Un paraguas? ¿Unas botas?   4. ¿Cuál es más cómodo para las mujeres, la pantimedias o las medias? Para vestirse de sport, ¿llevan pantimedias o calcetines?   5. ¿Qué ropa lleva usted en el otoño? ¿Qué lleva cuando va a las montañas?   6. ¿Qué llevamos para dormir? ¿Nada? ¿La ropa interior? ¿El pijama?   7. ¿Cuál es su color favorito? ¿Qué colores no le gustan mucho?   8. ¿Qué lleva usted cuando va al cine con su novio(a)?

I. Verbos reflexivos

- *En la casa de la familia Mompou en el Paseo de Gracia en Barcelona[1].*

ANTONIO   Voy a vestirme para el paseo. Ay, ¿qué me pongo? Ya me aburro con esta ropa vieja. Y tú, ¿qué haces? ¿No te vas a vestir?

JOSÉ   No voy a Tibidabo con vosotros[2]. Me canso mucho en esas excursiones y nunca me divierto.

ANTONIO   ¿Y qué vas a hacer? ¿Te quedas acá o te vas a casa de . . . cómo se llama esa chica?

JOSÉ   Se llama Elvira. No entiendo por qué siempre te pones tan antipático.

ANTONIO   Es que a veces nos preocupamos por ti.

JOSÉ   No hay razón. Voy a acostarme temprano para levantarme temprano, a las seis.

ANTONIO   ¿Te levantas a las seis los domingos? ¡A esa hora nos acostamos!

1. ¿Qué va a hacer Antonio? ¿Con qué se aburre?   2. ¿Por qué no va José a Tibidabo con los amigos?   3. ¿Por qué cree usted que Antonio no sabe el nombre de la amiga de José?   4. ¿Qué va a hacer José? ¿A qué hora se va a levantar José? Y Antonio y los amigos, ¿qué van a hacer a esa hora?

The Mompou family's house on Paseo de Gracia in Barcelona. ANTONIO: I'm going to get dressed for the trip. Oh, what do I put on? I'm getting bored already with these old clothes. And you, what are you doing? JOSÉ: I'm not going to Tibidabo with you. I get very tired on those excursions and I never enjoy myself. ANTONIO: And what are you going to do? Are you staying here or are you going to the house of . . . what's that girl's name? JOSÉ: Her name is Elvira. I don't understand why you always get so nasty. ANTONIO: It's just that sometimes we worry about you. JOSÉ: There's no reason. I'm going to go to bed early to get up early, at six. ANTONIO: You get up at six on Sundays? At that hour we go to bed!

[1]The **Paseo de Gracia** is an elegant and affluent street in **Barcelona**, the second largest Spanish city. The Mediterranean port is an industrial center and the cultural capital of **Cataluña**, Spain's **región catalana**.

[2]In Spain **vosotros** is usually used instead of **ustedes** as the familiar plural. **El Monte Tibidabo** is just north of Barcelona; according to a local legend, Satan took Jesus there to offer him all of Cataluña.

Aural Comprehension: Cierto o falso: 1. Antonio cree que necesita ropa nueva. 2. José no se va a vestir porque está enfermo. 3. José se va a quedar en casa. 4. Antonio es muy similar a José en sus hábitos.

A   If the object of a verb is the same person or thing as the subject, the verb is being used reflexively: *She hurts herself, it shuts itself down, I enjoy myself, the patient dresses himself, they seat themselves.* While the *self/selves* pronouns may be omitted in English (we don't usually say *I get myself up at seven*), the Spanish reflexive pronoun may not be omitted when the verb is being used with its reflexive meaning. Notice the use of the reflexive pronoun in the following sentences when the person is doing the action to or for himself.

Me acuesto a las nueve.	*I go to bed at nine.*
Acuesto al niño a las nueve.	*I put the child to bed at nine.*
Juan se despierta temprano.	*Juan wakes up early.*
Juan despierta a sus hijos temprano.	*Juan wakes his children up early.*

La ropa, los colores y la rutina diaria

The Spanish reflexive pronouns have the same forms as the direct- and indirect-object pronouns except for third-person **se** (singular and plural).

	REFLEXIVE PRONOUNS		
SINGULAR		**PLURAL**	
me	myself	**nos**	ourselves
te	yourself	**os**	yourselves
se	himself herself yourself itself	**se**	themselves yourselves

B In vocabulary lists, the pronoun **se** is often attached to an infinitive to indicate that the reflexive form of the verb is meant.

levantarse *to get up*

me levanto	nos levantamos
te levantas	os levantáis
se levanta	se levantan

C The following verbs are often used reflexively; stem changes are indicated in parentheses. Notice that in many cases the equivalent expressions in English are not reflexive.

acostarse (ue)	to go to bed	peinarse	to comb one's hair
afeitarse	to shave	ponerse	to become, get; to put on
bañarse	to bathe		
casarse	to get married	ponerse de acuerdo (con)	to agree (with), to come to agree (with)
despertarse (ie)	to wake up		
divertirse (ie)	to have a good time		
dormirse (ue)	to fall asleep	ponerse de pie	to stand up
enojarse	to get mad	preocuparse	to worry
ensuciarse	to get dirty	probarse (ue)	to try on
irse	to leave, go away	quedarse	to remain
jactarse	to brag, boast	quejarse	to complain
lavarse	to wash	quitarse	to take off
levantarse	to get up	sentarse (ie)	to sit down
llamarse	to be called, named	sentirse (ie)	to feel
maquillarse	to put on makeup	vestirse (i)	to get dressed
mudarse	to move		

216 *Capítulo ocho*

D Like object pronouns, reflexive pronouns precede a conjugated verb, or follow and are attached to an infinitive.

¿Nos sentamos aquí?	Shall we sit here?
Me divierto mucho en las fiestas.	I enjoy myself a lot at parties.
¿Ya te acuestas?	Are you going to bed already?
¿No vas a quedarte?	Aren't you going to stay?
Raúl se va pero yo me quedo.	Raúl is leaving but I am staying.

E Reflexive pronouns precede direct-object pronouns.

Me quito el abrigo. Me lo quito.	I take off my coat. I take it off.

F Most verbs that are used reflexively are also used non-reflexively. In some cases, the meaning of the verb changes significantly.

Se llama Carmen.	Her name is Carmen.
José llama a Carmen, su novia, todos los días.	José calls Carmen, his girlfriend, every day.
Nos lavamos todos los días.	We wash (ourselves) every day.
Lavamos el auto todas las semanas.	We wash the car every week.
Me acuesto a las diez.	I go to bed at ten o'clock.
Acuesto a los niños.	I put the children to sleep.
Me pongo triste a veces.	I get (become) sad at times.
Pongo el traje en el auto.	I put the suit in the car.
Se van mañana.	They're leaving tomorrow.
Voy a casa.	I'm going home.
Me duermo en esta clase.	I'm falling asleep in this class.
Duerme hasta las siete.	She sleeps until seven.

EJERCICIOS

A **Para escoger y completar.** Fill in each gap with the appropriate form of one of the verbs suggested in parentheses. (One verb may fill two gaps in a sentence.)

1. (divertirse, casarse) Nosotros siempre ____ en las fiestas de doña Cuca pero las hijas de Cuca nunca ____.
2. (quitarse, acostarse) Yo ____ temprano pero tú y Julia ____ muy tarde.
3. (sentarse, sentirse) No entendemos por qué tú ____ triste hoy; nosotros ____ muy contentos.
4. (ensuciarse, enojarse) ¿Por qué ____ usted con los niños cuando ellos ____?
5. (afeitarse, jactarse) Mi esposo ____ antes de bañarse pero mis hermanos ____ después de bañarse.
6. (irse, vestirse) Tía Mónica ____ de negro pero nosotras ____ de azul.
7. (quejarse, quitarse) Yo no ____ el abrigo porque tengo frío. Pero Juan, ¿por qué ____ la chaqueta?
8. (quedarse, irse) Yo ____ a la casa después de la clase. Y tú, ¿cuándo ____?

La ropa, los colores y la rutina diaria

Unos compañeros muy de moda se divierten en el antiguo Barrio Gótico de Barcelona.

B Preguntas y respuestas. With a classmate, create new questions and answers by replacing the subjects as suggested by the cues.

Additional question to present orally: 5. Elena ya no se divierte. Se pone triste. —Yo sé; ella se queja de todo. (yo, nosotros, Uds., ellos)

1. ¿Qué hacen Anita y Julia?—Se visten para la fiesta. (Rogelio y yo, tú, ustedes, yo, Aldo)
2. Quiero acostarme. ¿Qué debo hacer?—Pues, debe quitarse la ropa y ponerse el pijama. (María Luisa, nosotros, los niños, tú)
3. ¿A qué hora se levantan ustedes?—Nos levantamos tarde. (su hermana, los Ferrán, yo, tú)
4. ¿Qué hace Inés para empezar el día?—Inés se levanta, se baña y luego se viste. (ellos, mi papá, nosotros, yo)

C Un día de la vida de Antonio. The class should compose an account of a typical day in a student's life in Barcelona. One person suggests a sentence; the next repeats it and adds another; the third repeats everything and adds something more, and so on. See how far you can go before the activity breaks down.

This can be done simultaneously in groups of 5 or 6 students.

MODELO   TINA   Todos los días me despierto a las siete.
          PEPE   Todos los días me despierto a las siete y luego me quedo en la cama unos minutos . . .
          JUANA Todos los días me despierto a las siete, me quedo en la cama unos minutos y entonces me levanto . . .

D La construcción. Form sentences with the words given, adding any new ones that you may need.

MODELO   María / quitarse / zapatos / casa → **María se quita los zapatos en casa.**

1. tú / irse / montañas / sábado
2. muchos jóvenes / casarse / junio
3. profesores / jactarse / certificados y diplomas
4. estudiantes / quejarse / exámenes
5. yo / acostarse / una
6. niños / quitarse / zapatos / casa
7. padre / afeitarse / todos los días
8. yo / sentirse / enfermo / hoy

Note the use of definite article instead of possessive adjective. See page 220, footnote 4.

E En acción. Talk about the following pictures, giving as much information as you can.

1. Los novios . . .
2. Ana . . .
3. La familia Garza . . .
4. Los amigos . . .
5. Rodolfo . . .
6. El señor Rocha . . .
7. Jaime . . .
8. El padre de Sara . . .
9. Los niños . . .

MODELO

Los niños . . . →
Los niños se bañan.

La ropa, los colores y la rutina diaria

F Unas charlas.   Work with a partner and complete the following conversations.

FELISA	Antonio y yo (1)___ en junio.	1, 2, 3. casarse
ELENA	Ay, ¡qué bien! ¿Dónde (2)___?	
FELISA	(3)___ en la iglesia de Santa María del Mar³. Pienso (4)___ un vestido tradicional.	4, 5. ponerse
ELENA	Y Antonio, ¿qué va a (5)___?	
FELISA	Pues, él (6)___ mucho porque no quiere (7)___ de ropa tradicional. Pero creo que nosotros (8)___ de acuerdo antes de junio.	6. quejarse 7. vestirse 8. ponerse

*   *   *

FEDERICA	Niños, deben (9)___ ahora. Abuelo (10)___ del ruido que hacen mientras juegan.	9. acostarse 10. quejarse
CARLITOS	Pero, Mamá, nosotros (11)___ mucho con este nuevo juego.	11. divertirse
ADELITA	Sí, y mañana es domingo. Siempre (12)___ tarde los domingos.	12. levantarse
FEDERICA	Tienen razón, niños. Pues, ¿por qué no (13)___ la ropa y (14)___ el pijama⁴? Si (15)___ aquí en el cuarto, (16)___ a las diez.	13. quitarse 14. ponerse 15. quedarse 16. acostarse
CARLITOS	Gracias, Mamá. (17)___ el pijama en seguida.	17. ponerse
FEDERICA	Está bien. Yo (18)___ a la sala.	18. irse

*   *   *

DOCTORA	¿Por qué no (19)___ aquí, doña Margarita? Veo que (20)___ muy fácilmente.	19. sentarse 20. cansarse
DOÑA MARGARITA	Es que no (21)___ hasta las dos o tres de la mañana. No sé qué me pasa.	21. dormirse
DOCTORA	Pienso que usted (22)___ por su hijo.	22, 23. preocuparse
DOÑA MARGARITA	Sí, y también (23)___ por un amigo de él. (24)___ Raúl. El joven ya no (25)___ español. Dice que los adultos ya no (26)___ por la causa.	24. llamarse 25. sentirse 26. preocuparse
DOCTORA	A veces me parece que los jóvenes catalanes no (27)___ mucho. Y yo (28)___ triste.	27. divertirse 28. ponerse

³**Santa María del Mar,** a lovely fourteenth-century Gothic church in Barcelona, built on the site where Santa Eulalia, patron saint of Barcelona, was buried.

⁴When two people each put on one piece of clothing, in Spanish the clothing word is singular. Also, the definite article is used where in English a possessive adjective would appear. For example: **Nos ponemos el sombrero** We put on our hats.

Un notable edificio de pisos de Gaudí, extraordinario arquitecto moderno.

• ENTREVISTA

Divide into groups of four. Three in each group should ask the fourth questions selected from among the following. Pretend that the fourth person is a newcomer, and use **usted**-forms. Every minute or two, redirect the questions to somebody else.

1. ¿A qué hora se despierta usted? ¿Se levanta en seguida?   2. ¿A qué hora se levanta su padre?   3. ¿A qué hora le gusta a usted levantarse los domingos?
4. ¿Se baña usted por la mañana o por la noche?   5. ¿Se viste usted antes de maquillarse o de afeitarse?   6. Señor, ¿se pone usted primero los pantalones o la camisa? Y señora (señorita), ¿se pone usted primero la blusa o la falda?   7. ¿Qué se pone usted cuando hace frío? ¿Calor? ¿Qué se pone cuando va a la playa?
8. ¿Dónde se sienta usted en sus clases? ¿Cerca de la puerta? ¿La ventana?
9. Después de un examen, ¿cómo se siente?   10. ¿Se enoja usted con sus profesores? ¿Cuándo se enoja usted?   11. ¿Cómo se siente usted hoy?   12. ¿Se pone enfermo(a) usted mucho?   13. ¿Se jacta usted a veces? ¿De qué se jacta?
14. ¿Se preocupa usted? ¿Por qué cosas se preocupa? ¿Por el dinero? ¿Por las clases?
15. Por la noche, ¿se queda usted en casa?   16. ¿Se va a quedar en casa usted esta noche? ¿Y el sábado?   17. ¿A qué hora se acuesta usted?   18. ¿Qué hace usted antes de acostarse? ¿Y después?

La ropa, los colores y la rutina diaria

Furest

ARTICULOS DE VESTIR PARA HOMBRE
DESDE 1898

Pº DE GRACIA, 12-14 • DIAGONAL, 468 • PAU CASALS, 3 • DIAGONAL, 676

Aural Comprehension: **Posible/Probable o Imposible/Improbable:** 1. Natalia llama a Fernando todas las noches. 2. Fernando se pone muy triste cuando piensa en su nueva obra. 3. Natalia sabe mucho de la relación entre hombre y mujer. 4. La obra de Fernando es muy pesimista. 5. A Natalia le interesa mucho ver la obra.

II. El recíproco

• *Natalia y Fernando se encuentran en Las Ramblas[1].*

FERNANDO ¡Natalia, tanto tiempo que no nos vemos!
NATALIA ¿Qué tal, Fernando?
FERNANDO Pues, todo bien. Tengo una nueva obra, una comedia.
NATALIA ¿Cómo se llama?
FERNANDO Se llama "Tragedia del amor". Oye, te la cuento en pocas palabras. Al comienzo el hombre y la mujer se conocen, poco a poco se enamoran, se besan, se confiesan el amor. Segundo acto: no se saludan, no se comunican, ya no se llevan bien, ya no se aman. Tercer acto . . .
NATALIA Ya me imagino. Se insultan, se odian, lloran, rompen. ¡Fin!
FERNANDO Así mismo. ¿Te consigo entrada?
NATALIA No sé. Estoy muy ocupada. Nos hablamos la semana próxima. Nos vemos pronto, majo.

1. ¿Dónde se encuentran los dos amigos?   2. ¿Cómo se llama la nueva obra de Fernando?   3. ¿Qué pasa al comienzo de la obra? ¿En el segundo acto?   4. ¿Se imagina Natalia qué pasa en el tercer acto? ¿Qué es?   5. ¿Cree usted que Natalia y Fernando van a hablarse la semana próxima?

Natalia and Fernando meet on Las Ramblas. FERNANDO: Natalia, (it's been) so long since we've seen each other! NATALIA: How are you, Fernando? FERNANDO: Well, everything (is) fine. I have a new play, a comedy. NATALIA: What's it called? FERNANDO: It's called "Tragedy of Love." Listen, I'll tell it to you in a few words. At the beginning, the man and the woman meet, little by little they fall in love, they kiss, they confess their love for each other. Second act: they don't greet each other, they don't communicate with each other, they don't get along any more, they don't love each other any more. Third act . . . NATALIA: I (can) imagine. They insult each other, they hate each other, they cry, they break up. The end! FERNANDO: Exactly. Should I get you a ticket? NATALIA: I don't know. I'm very busy. We'll talk to each other next week. We'll see each other soon, handsome.

[1] Famous for its cafés, kiosks, and flower stands, **Las Ramblas** is a wide, tree-shaded avenue that runs from the port to **la Plaza de Cataluña**, Barcelona's main square.

222 *Capítulo ocho*

The reflexive pronoun **nos** may be used with a **nosotros**-form of a verb, and **se** may be used with an **ellos**-form, to express a reciprocal action. This construction corresponds to English *each other, one another*.

Se hablan por teléfono.	*They talk to each other on the phone.*
Todos se miran.	*They all look at one another.*
Ya nos entendemos y nos llevamos bien.	*We understand each other now and get along (with each other) well.*
No nos vemos mucho.	*We don't see each other often.*

At times, a phrase in the general form **el uno al otro** is added for emphasis or clarification[2].

Se cuentan historias el uno al otro.	*They tell each other stories.*
Susana y Concha se escriben la una a la otra.	*Susana and Concha write to each other.*
En clase todos se saludan unos a otros.	*In class everyone greets each other.*

EJERCICIOS

Note that **gemelos** are identical twins, **mellizos** fraternal twins.

A Nos conocemos bien.   Take the part of little Mario and tell what it is like living with his **gemela** *(twin sister)* Marta. Add as many details as you like.

MODELO   ver → **Marta y yo nos vemos todos los días.**
　　　　　no escribir → **No nos escribimos porque vivimos juntos.**

1. hablar
2. no entender / a veces
3. dar regalos / para el cumpleaños
4. llamar por teléfono
5. prestar / ropa
6. ayudar / tareas de la escuela
7. escuchar / problemas
8. querer / mucho

B Historia de un amor.   Supply the missing reciprocal forms.

1. conocer
2. ver
3. confesar
4. amar
5. hablar
6. ayudar
7. entender

Un día Pepe y Chepa (1)____ en un baile. Otro día (2)____ en la Plaza de Cataluña. Esa noche (3)____ su amor. Después (4)____ cada día más. Todos los días (5)____ por teléfono y (6)____ siempre. Los dos (7)____ muy bien.

Now retell the story by changing **Pepe y Chepa** to **Enrique(ta) y yo.** If you would like to add a final line to wind the story up, please do so.

---

[2]The exact form of the phrase depends on the gender and number of people involved; for example:
male, female: **el uno a la otra, la una al otro**
reciprocal between a female and a female group: **la una a las otras**
The definite article is often dropped. Other prepositions besides **a** are used: **se casan unas con otros.**

La ropa, los colores y la rutina diaria

• **ENTREVISTA**

Work with a partner to ask and answer these questions.

1. ¿Cuándo nos vemos tú y yo?   2. ¿Se hablan tú y tus amigos en español cuando no están en la clase?   3. ¿Quiénes se saludan al comienzo de la clase?   4. ¿Se saludan tú y el profesor cuando se ven en la cafetería?   5. ¿Tienes (hermano, hermana, novio, novia)? ¿Cómo se llama?   6. ¿Se ven todos los días? ¿Se llevan bien?   7. ¿Se ayudan con los estudios? ¿Se cuentan los problemas?   8. ¿Se comunican bien tú y tus padres?   9. ¿Piensas casarte? ¿Te casas pronto?
10. ¿En qué lengua nos comunicamos en esta clase?

III. Modos de decir *to get, to become*

• *El piso de Sebastián y Ángela Mestres en la avenida La Diagonal*[1].

SEBASTIÁN ¿Por qué no te sientas? Te vas a cansar. Siempre me pongo nervioso cuando estudias de pie. Emphasize the occurrence of both **sentarse** and **sentirse**.

ÁNGELA ¿Qué tú te pones nervioso? ¿Y cómo me siento yo? Tengo un oral a las tres y se hace tarde.

SEBASTIÁN Cariño, no sé cómo te vas a hacer abogada si te vuelves loca cada vez que tienes que pasar un examen oral.

ÁNGELA Es que todos nos preocupamos por las preguntas del profesor Coris. Se hacen más y más difíciles todos los años.

SEBASTIÁN Mira, Ángela, te conozco bien. ¡Vas a llegar a ser la mejor abogada de Cataluña!

1. ¿Cuándo se pone nervioso Sebastián?   2. ¿Por qué está nerviosa Ángela?
3. Según Sebastián, ¿qué le pasa a Ángela cuando tiene que pasar un examen oral?
4. ¿Por qué se preocupan los estudiantes del profesor Coris?   5. ¿De qué está seguro Sebastián?

The apartment of Sebastián and Ángela Mestres, on the avenue La Diagonal. SEBASTIÁN: Why don't you sit down? You're going to get tired. I always get nervous when you study standing up. ÁNGELA: *You* get nervous? And how do I feel? I have an oral at three and it's getting late. SEBASTIÁN: Honey, I don't know how you're going to become a lawyer if you go crazy every time you have to take an oral exam. ÁNGELA: It's that we all worry about Profesor Coris' questions. They get harder and harder every year. SEBASTIÁN: Look, Ángela. I know you. You're going to become the best lawyer in Catalonia!

[1]After the Spanish Civil War (1936–1939), this avenue was named for the victorious **Generalísimo Francisco Franco**, dictator of Spain from 1939 to 1975. In the 1980s, its former name was officially restored.

A Several Spanish verbs, used reflexively, express meanings equivalent to English *to get* or *to become.*

| casarse | to get married | enfermarse | to get sick |
| cansarse | to get tired | entristecerse (zc) | to become sad |

Raquel se casa en junio.   Raquel's getting married in June.
Los viejos se cansan fácilmente.   Old people get tired easily.
El profesor nunca se enferma.   The professor never gets sick.
Me entristezco a veces.   I get sad at times.

B In other contexts, the following expressions are used. While they all mean *to get* or *to become,* they must be used with care, as they are not interchangeable.

1. **ponerse:** Describes a change in condition that is considered temporary.

   En las fiestas Miguel se pone contento.   At parties Miguel becomes happy.

2. **volverse:** Like **ponerse,** describes a change, but one that is relatively permanent in nature.

   Unos se vuelven locos.   Some go crazy.

3. **hacerse:** Describes a voluntary change in status. (Also used to refer to the progress of time.)

   Teresa quiere hacerse médica.   Teresa wants to become a doctor.
   Se hace tarde.   It's getting late.

4. **llegar a ser:** Describes a long process of change. Also used to describe a change that comes about not as a result of the subject's own efforts.

   Un día va a llegar a ser presidente.   Someday he's going to become president.

EJERCICIOS

A **La tómbola.** Use words and phrases from the columns to form original affirmative and negative statements or questions. Use the words as many times as you want. Watch for correct verb and pronoun forms and noun and adjective agreement.

MODELO   **Yo me pongo contenta en la playa.**

Yo		presidente	el día de los exámenes
Javier	volverse	loco	en las fiestas
Muchos estudiantes	ponerse	contento	cuando llueve mucho
Nosotros	hacerse	ingeniero	dentro de cuatro años
Ana y Carlota	llegar a ser	triste	en la playa
Tú		profesor	cuando un pariente se enferma

La ropa, los colores y la rutina diaria

No importa el tiempo, los catalanes siempre pasean por las Ramblas.

B   La vida difícil de Esteban.   Sound familiar? To explain how things have been going with Esteban, select the appropriate construction from the choices in the key at the right. Be sure to use the right form of the verb.

La vida de Esteban (1)____ más y más difícil. (2)____ mucho en el trabajo. A veces (3)____ triste cuando piensa en los estudios. Piensa que (4)____ loco. Quiere (5)____ ingeniero, pero no tiene tiempo para los estudios. Y ya (6)____ tarde. ¡Esteban tiene ochenta años!

1. hacerse / llegar a ser
2. cansarse / ponerse cansado
3. ponerse / hacerse
4. llegar a ser / volverse
5. llegar a ser / ponerse
6. hacerse / ponerse

C   Oraciones incompletas.   Complete the sentences with appropriate information.

1. Me pongo triste cuando . . .
2. Me pongo nervioso(a) cuando . . .
3. Me pongo contento(a) cuando . . .
4. Me pongo orgulloso(a) (*proud*) cuando . . .
5. Me pongo furioso(a) cuando . . .

• **ENTREVISTA**

With a partner, carry out the following interview between a **periodista** (*journalist*) and a famous Catalan fashion designer.

Periodista: Ask the designer if he gets tired *of working* (**de trabajar**); ask what he does when he gets sick; ask if he becomes happy *when people buy his designs* (**cuando la gente compra sus diseños**); and if he thinks that *someday* (**un día**) he's going to be rich.

Diseñador: Tell the journalist that you don't get tired *because you like your work* (**porque te gusta tu trabajo**); say that you don't get sick much, but when you do get sick *you like to stay in bed and read* (**te gusta quedarte en la cama y leer**); say that *of course* (**claro que**) you get happy but you also get sad when you think *that there are many people* (**que hay muchas personas**) who don't have *the money* (**el dinero**); tell the journalist you don't go crazy *over money* (**por el dinero**), and that there is *something more important* (**algo más importante**): you want to become *a good example for other young Catalans* (**un buen modelo para otros jóvenes catalanes**).

226   *Capítulo ocho*

IV. Los pronombres relativos que, quien, cuyo

• *En el metro de Barcelona. Rosa y Carlota, de Tarragona[1], van de compras.*

ROSA *Ah, aquí está el anuncio. Es de un almacén cuyos escaparates siempre exhiben vestidos que me encantan. (Se lo da a Carlota.)*

> *¡Gangas para la gente a quien le gusta vestirse bien!*
> GRAN LIQUIDACIÓN DE *EL CORTE INGLÉS*
> Impermeables * Abrigos * Chaquetas
> *Para aquéllas a quienes les interesa la última moda:*
> VESTIDOS DE LANA CUYO CORTE ES SINÓNIMO DE DISTINCIÓN
> *Y para los hombres que se preocupan por el estilo:*
> ZAPATOS Y BOTAS CUYA ELEGANCIA ES EL ORGULLO DEL PAÍS

CARLOTA *Pues, sí. Vestidos de lana. A ver si tengo con qué pagar.*

1. ¿Cómo se llama el almacén en cuyos escaparates Rosa siempre ve cosas que le encantan?   2. Según el anuncio, ¿para quién son las gangas?   3. ¿Para quiénes son los vestidos de lana?   4. ¿Puede usted describir los vestidos que vende el almacén?   5. ¿Para quiénes son los zapatos y las botas? ¿De qué tipo son?

In the Barcelona subway. Rosa and Carlota, from Tarragona, are going shopping.

ROSA: Ah, here's the ad. It's from a department store whose show windows always exhibit dresses that I love. *(She gives it to Carlota.)*

> Bargains for people who like to dress well!
> BIG SALE AT EL CORTE INGLÉS
> Raincoats * Overcoats * Jackets
> For those who are interested in the latest fashion:
> WOOLEN DRESSES WHOSE CUT IS SYNONYMOUS WITH DISTINCTION
> And for men who are concerned about style:
> SHOES AND BOOTS WHOSE ELEGANCE IS THE PRIDE OF THE COUNTRY

CARLOTA: Well, yes. Wool dresses. Let's see (To see) if I can afford it (have with which to pay).

[1] **Tarragona** is a Catalan seaport 100 kilometers south of Barcelona.

Ask students to find words in the dialog related to the following: 1. tren (answer: metro) 2. precios rebajados (liquidación) 3. tienda (almacén) 4. me gustan, fascinan (encantan) 5. les importa (se preocupan por)

La ropa, los colores y la rutina diaria

A **Que** is the most commonly used equivalent for *that, which, who,* or *whom,* when referring to either persons or things.

Ese vestido violeta que me gusta es un poco caro.	That purple dress (that) I like is a bit expensive.
El hombre que lleva la camisa azul y amarilla es mi primo.	The man who is wearing the blue and yellow shirt is my cousin.
¿Quién es la mujer que se prueba ese bikini?	Who is the woman who is trying on that bikini?

B After the prepositions **a, con, de,** and **en, que** is used when referring to things.

Éstos son los calcetines de que hablo.	These are the socks (that) I'm talking about.

C Relative pronouns are often omitted in English, but they are always used in Spanish.

Ésta es la silla que quiero pintar.	This is the chair I want to paint.

LISTENING FOR COMPREHENSION

Listening skills are considered by many language teachers to be the most essential language skills of all—the ones upon which other skills are based. In order to develop your skills at understanding spoken Spanish, you need a good vocabulary. Refer to the suggestions about vocabulary building given in chapter 1.

You have to train your ears to recognize key words in a variety of forms and contexts. Verbs may occur in several forms and tenses; adjectives may be masculine, feminine, singular, or plural; and basic nouns may be used in a wide spectrum of expressions. One strategy for training your ears is to practice taking dictation in Spanish. Use the tapes in your language laboratory or dictate sentences from the textbook onto a cassette and play them back later. If you can, practice listening to a variety of speakers from different Spanish-speaking countries. You may recognize only scattered words at first, but with practice you will soon be filling in many of the gaps.

Face-to-face conversation is the best comprehension practice. Not only do you hear Spanish words, you see body language and gestures that help convey the speaker's message. In a conversation, you can ask the speaker to slow down or repeat. If you have more than one Spanish-speaking friend, you may be able to listen as they talk to each other. Have them tell you the topic of conversation and then sit back and talk normally while you attempt to follow the gist of what they are saying.

Telephone calls and audio recordings are difficult listening tasks for beginning students, but worth tackling. Practice calling a classmate or a cooperative Spanish-speaking person on the telephone. Have the person give you a message in Spanish while you write it down. You can check your understanding by having the person repeat the message in English.

You will probably get a good deal of listening comprehension practice in the classroom. In order to become really adept at listening, however, you will need to seek out other opportunities—conversation hours in the Spanish department and Spanish theater presentations, movies, records, radio, and television. As in sports, the key to building skills in languages is purposeful practice.

D Quien (quienes in the plural) refers only to people. It is usually used as the object of a preposition. When used as an indirect object, quien (quienes) must be preceded by the preposition a.

Es el ingeniero de quien tú me hablas, ¿verdad?	He's the engineer you are telling me about, right?
Ésos son los amigos con quienes cenamos esta noche.	Those are the friends we are having dinner with tonight.
Ésta es la chica a quien le interesa mucho la moda.	This is the girl who is very interested in fashion.

E Cuyo means *whose* or *of which*. It agrees with the noun it modifies, not the possessor. It is used in formal, literary Spanish but rarely in everyday conversation.

Adriana es la señora cuyo esposo siempre lleva un suéter verde.	Adriana is the woman whose husband always wears a green sweater.
El señor Blanco es el señor cuya hija trabaja en esta tienda.	Mr. Blanco is the man whose daughter works in this store.
Es la ciudad cuyo nombre nunca recuerdo.	It's the city the name of which I never remember.

EJERCICIOS

A **De compras.** Tell about Blanca and Violeta's shopping trip by completing the sentences with either **que, quien,** or **cuyo.**

MODELO   La mujer con ___quien___ trabajamos no puede ir con nosotras.

1. Vamos a la tienda ____ me gusta a mí.
2. Yo prefiero ir a la otra ____ ropa es más barata.
3. Voy a llamar a Delia, una amiga con ____ siempre voy de compras.
4. Delia es la chica ____ hermano estudia en Madrid.
5. ¿Es ésta la camisa ____ tú buscas?
6. Sí, ésa es la camisa ____ busco.
7. Pues, voy a ver si tienen las botas ____ necesito.
8. Ah, veo a los jóvenes de ____ siempre te hablo.

B **En otras palabras.** Tell about Clara's guests by combining each pair of sentences using **que, quien,** or **cuyo.**

MODELO   Felipe es un chico simpático. Trabajo con él. → **Felipe es un chico simpático con quien trabajo.**

1. Éstos son los anuncios. Los escribe Luis.
2. Éstos son los vecinos. Los conozco de la universidad.
3. El señor Soler es doctor. Trabaja en el hospital.
4. La señora Prat es profesora. Te hablo mucho de ella.
5. Ramón es mi amigo de Barcelona. Le presto mis cosas.
6. Marta y Emilia son mis amigas catalanas. Recibo cartas de ellas.
7. El señor Puig es ese hombre. Su hermana es médica.
8. Ése es el joven enfermo. Sus padres se van mañana para Madrid.

La ropa, los colores y la rutina diaria

• CUESTIONARIO

1. ¿Cuál es el color que más le gusta a usted?   2. ¿Cómo se llama el autor cuyas obras usted lee más?   3. ¿Cómo se llama el actor a quien usted admira más?   4. ¿Qué debe hacer una persona que tiene frío? ¿Que tiene calor?   5. ¿De dónde es la persona con quien usted vive?

• Pronunciación •

s AND z

Spanish s and z are pronounced like English *s* in *see*, *base*, and *pass*.[1]

Listen as your instructor pronounces each of the following words, and repeat it aloud.

| saco | marzo | sí | azul | vamos | esas | paseo | bazar |
| azafrán | sentarse | ustedes | Susana | enfermarse | Sebastián | zapatos | azafata |

c

Spanish c has two sounds. It is pronounced like English *s* in *see* when it is followed by e or i, and like English *k* in *Korea* when followed by a, o, or u.

Listen and repeat.

| doce | Barcelona | hace | cine | veces | gracia | entristecerse | canción |
| capítulo | colores | camisa | costa | Cuzco | basílica | calcetín | plástico |

qu

Spanish qu is used to represent a k-sound before e or i.

Listen and repeat.

qué   quién   aquí   Albuquerque   quejarse   quitarse   Chiriquí   queda

Now listen to the following tongue twister, and repeat it aloud.

¿Cuántos cuentos cuenta Quique?   *How many tales does Quique tell?*
Cuando cuenta, ¿qué no cuenta?   *When he tells, what doesn't he tell?*

---

[1] In parts of Spain, z and c before e or i are pronounced like English *th* in *theater*.

· *En La Ciudad Condal y Real*[1] ·

Guillermo Martí y Mariana Paralta, compañeros del trabajo y amigos, se toman una copa en la Plaza del Cristo Rey[2] antes de irse a casa.

GUILLERMO ¡No te imaginas con quién me encuentro casi todas las tardes en la plaza!
MARIANA No me gustan las adivinanzas. ¿A quién ves?
GUILLERMO ¿Recuerdas a la chica que trabaja durante el verano en el hotel donde nos quedamos todos en Tossa del Mar[3]? La chica con quien le encanta bailar sardana[4] a tu esposo. . . .
MARIANA Ah sí, sé quién es. ¿Qué cuenta ella?
GUILLERMO Pues, todos los días quiere sentarse conmigo para hablar sobre la política. Creo que piensa hacerse socia de la Fuerza Nueva[5].
MARIANA ¡Qué raro! No entiendo por qué muchos jóvenes se quejan tanto. No me gusta jactarme pero mi hija Anita . . . pues ella se lleva bien con todos. ¡Uff! Tengo que irme. Quiero acostar a Pablo antes del concierto y se hace tarde.
GUILLERMO Vale. Nos vemos el lunes.

* * *

En casa de los Paralta.

PABLO Mamá, no me siento bien.
MARIANA Pues, ¿por qué no te pones el pijama y te acuestas temprano? Mañana te vas a sentir mejor.
ANITA ¿Con quién vas al concierto, mamá?
MARIANA Voy con la señora cuyo esposo supervisa la construcción de la Iglesia de la Sagrada Familia[6]. Papá se queda con vosotros.
ANITA ¿Qué te vas a poner, el vestido rojo?
MARIANA No, el violeta, con los zapatos negros. ¿Me buscas la combinación? Gracias. ¿Sabes que te pones más linda todos los días?
ANITA ¡Ah, mamá! Tú dices eso porque nos vemos todos los días y porque nos queremos.

* * *

MARIANA Buenas noches, mi amor. Ya me voy. Nos vemos mañana.
PABLO Buenas noches, mamá. No hay que preocuparte por nosotros. Anita y yo nos divertimos con papá. Y, ¿sabes? Ya me siento mejor.

---

el compañero (la compañera) de trabajo *coworker*   **tomar una copa** *to have a drink*   **la adivinanza** *riddle*   **vale** *OK; good; that's right*

La ropa, los colores y la rutina diaria

"Ay, qué frío hace en este autobús. Voy a ponerme el abrigo."

PREGUNTAS

1. ¿Con quién se encuentra Guillermo todos los días?   2. ¿A quién le gusta bailar sardana con ella? ¿Sabe Mariana quién es?   3. Según Guillermo, ¿qué piensa hacer la chica?   4. ¿A quiénes no entiende Mariana? ¿Qué dice ella de su hija?   5. ¿Cómo está Pablo?   6. ¿Con quién va al concierto Mariana? ¿Quién se queda con los niños?   7. ¿Qué se va a poner Mariana para ir al concierto?   8. Según Mariana, ¿qué le ocurre a Anita?   9. ¿Qué piensa Anita de eso?   10. ¿Por qué Mariana no tiene que preocuparse por los niños?

Notas culturales

  1. Successively conquered and ruled by the Carthaginians, Romans, Goths, Moors, and French, Barcelona fell in 874 A.D. to the care of an independent **Conde** *Count* **de Barcelona.** In the 12th century, the city was united with the Kingdom of **Aragón. Ciudad Condal y Real** = *City of the Count and King.*
  2. This charming square is at the foot of a long flight of brick stairs leading up to Barcelona's **Barrio Gótico,** the old town, much of which was built during the Middle Ages on a Roman site. It is dominated by Barcelona's splendid Cathedral, **la Basílica de Santa Eulalia,** one of the glories of Europe, begun by the Goths in 414 A.D. and raised to its present scale by works carried out over the centuries between 1298 and 1890. (The facade completed in 1890 followed the design drawn in 1410.)
  3. **Tossa del Mar** is a small Mediterranean resort town on Spain's spectacular **Costa Brava** northeast of Barcelona. Before the Spanish Civil War, it was a favorite vacation spot for artists from many nations, among them the Russian painter Marc Chagall. In 1934, Chagall and some friends founded a small museum in the renovated home of the Catalan governor of Tossa.
  4. **La sardana** is the characteristic dance of Cataluña.

Capítulo ocho

5. After Francisco Franco's death in 1975, Barcelona and many other cities in Spain were plagued by right-wing terrorist groups, protesting the "new immorality." **La Fuerza Nueva** is one of several militant organizations made up mostly of children of the old fascist middle class.

6. La Iglesia de la Sagrada Familia *The Church of the Sacred Family,* started in 1882 and still far from finished, was largely designed by Antoni Gaudi (1852–1926), one of the greatest and most original architects in history. Combining Gothic elements with Art Nouveau in a distinctively Catalan and Mediterranean manner, it is a large structure quite unlike any other.

· Actividades ·

Alternative/Additional Activity: Divide the class into groups of 5 or 6. Each group tries to come up with a combination of clothing making the wearer the worst-dressed man or woman. Articles of clothing and their colors are mentioned in a list, which must be recited from memory by members of each group.

¿Quién es? Describe the clothing one of your classmates is wearing today. Do not use the person's name, but simply state what he or she has on and the colors of the clothing items. The other students will guess the identity of the student you are describing.

MODELO   Esta persona lleva una camisa vieja hoy. La camisa es azul. También lleva zapatos de tenis y unos pantalones de color marrón. Otra cosa que lleva es una corbata anaranjada. ¿Quién es?
(otros estudiantes:) → **¡Es el profesor!**

Psicotest. Divide into pairs. One of you will ask the other the following questions about a special friend. Based on the responses, which may be fibs, give your partner advice about his or her relationship.

1. ¿Tiene usted un amigo o una amiga especial? (Conteste que sí.)
2. ¿Se ven ustedes todos los días?
3. ¿Se escriben ustedes mucho? ¿Todos los días?
4. ¿Se compran regalos para los cumpleaños, los aniversarios?
5. ¿Se comunican bien? ¿En español también?
6. ¿Se buscan en la cafetería o en la biblioteca?
7. ¿Se hablan mucho por teléfono?
8. ¿Se prestan cosas—libros, ropa, dinero?

Análisis

1. Si usted dice que sí a todas las preguntas. ¡Pobre de usted! Usted está enamorado(a). Debe casarse muy pronto porque es fácil ver que usted no puede vivir sin esa otra persona.
2. Si usted contesta que sí a 5–6 preguntas: Usted es muy normal. Se lleva bien con su amigo(a) pero sabe que hay otras cosas importantes en la vida. Con toda confianza usted puede seguir sin problemas en su relación con esa otra persona.
3. Si usted contesta que sí a sólo 2–3 preguntas: Bueno, usted no miente. Siempre dice la verdad. No tiene éxito en el amor pero todo el mundo sabe que cuando usted habla, siempre dice la verdad.

¿Me conoces? Try to find people who will agree that the items listed apply to themselves. For each item, you will need to compose a question. On a piece of paper, write the numbers 1–8. Circulate around the class, asking your questions. When someone answers **sí** to a question, write their name next to the appropriate number. No person's name should be entered for more than 2 items. Keep going until you complete the list.

MODELO   se levanta a las 5:00 de la mañana
You ask people:
¿Te levantas a las 5:00 de la mañana?
Carmen Medina says **sí.** You write on your list: **Carmen Medina**

1. se baña por la noche
2. se preocupa mucho
3. no se siente bien hoy
4. se queja de dos de sus clases
5. se va de viaje este verano
6. se acuesta después de las 11:00 casi todas las noches
7. se va a casar dentro de dos años
8. se lleva muy bien con sus padres

Vocabulario activo

- **Cognados**

el acto	la distinción	insultar	el oral (el examen oral)	la sandalia	supervisar
el bikini	el espectro solar	los jeans	el pijama	sinónimo	la tragedia
comunicar (qu)	exhibir	el miembro	el plástico	el suéter	violeta
confesar (ie)	imaginarse	el nilón	la rutina		

- **Sustantivos**

el abogado, la abogada	lawyer
la adivinanza	riddle
el anuncio	advertisement
el bronceador	suntan lotion
el catalán, la catalana	Catalan
Cataluña	Catalonia
la comedia	play; comedy, farce
el comienzo	beginning
el compañero (la compañera) de trabajo	co-worker, colleague
el escaparate	show window
la ganga	bargain
el ingeniero, la ingeniera	engineer
la liquidación	sale
el pie	foot
la sardana	Catalan dance
la toalla	towel
el vuelo	flight

- **La ropa** *clothes*

el abrigo	coat
el algodón	cotton
la bata	bathrobe, dressing gown
la blusa	blouse
la boina	beret, cap
la bota	boot
el calcetín	sock
el calzón	underpants
los calzoncillos	men's undershorts
la camisa	shirt
la camiseta	undershirt
el cinturón	belt
la combinación	slip
la corbata	necktie
el corte	cut; style of clothing
la chaqueta	jacket
la falda	skirt
las gafas de sol	sunglasses
la goma	rubber
el guante	glove
el impermeable	raincoat
la lana	wool
la media	stocking

la moda	fashion
la paja	straw
el pantalón, los pantalones	pants
la pantimedias	pantyhose
el pañuelo	scarf
la ropa interior	underwear
el saco	suit coat
la seda	silk
el sombrero	hat
el sostén	bra
el traje	suit
traje de baño	bathing suit
el vestido	dress
la zapatilla	slipper

- **Verbos**

acostar (ue)	to put (someone) to bed
amar	to love
besar	to kiss
levantar	to raise; to get (someone) up
llegar (gu) a ser	to become, to get to be
llorar	to cry
odiar	to hate
pasar un examen	to take an exam
romper	to break (up)
saludar	to greet

- **Verbos reflexivos**

aburrirse	to become or get bored
acostarse (ue)	to go to bed
afeitarse	to shave
bañarse	to bathe
cansarse	to become or get tired
casarse	to get married
casarse con	to marry
despertarse (ie)	to wake up
divertirse (ie)	to have fun, a good time
dormirse (ue,u)	to doze, go to sleep
enamorarse (de)	to fall in love (with)
encontrarse (ue) (con)	to meet, to come across
enfermarse	to get sick
enojarse	to get angry
ensuciarse	to get dirty
entristecerse (zc)	to get or become sad
hacerse	to become (through conscious effort)
irse	to leave, go away
jactarse	to brag, to boast
lavarse	to wash (oneself)
levantarse	to get up
llamarse	to be named
llevarse (con)	to get along (with)
maquillarse	to put on makeup
mudarse	to move
pararse	to stand up
peinarse	to comb one's hair
ponerse	to get, to become (temporarily); to put on (clothes)
ponerse de acuerdo (con)	to agree (with), to come to agree (with)
ponerse de pie	to stand up
preocuparse	to worry
probarse (ue)	to try on
quedarse	to stay, to remain
quejarse	to complain
quitarse	to take off
sentarse (ie)	to sit down
sentirse (ie,i)	to feel (health)
vestirse (i)	to get dressed
vestirse de sport	to dress casually
volverse	to become (relatively permanently)
volverse loco	to go crazy

- **Otras palabras y expresiones**

Así mismo.	Exactly.
cariño	honey, sweetheart
cuyo	whose
¿De qué color es?	What color is it?
diario	daily
Fin.	The end.
loco	crazy
Nos vemos, majo.	See you later, handsome.
ocupado	busy
que *pron*	that, which, who, whom
quien	who, whom; the one who
sagrado	holy
Todo bien.	Everything's fine.
tomar una copa	to have a drink
último	last; latest
el uno al otro	each other, one another
Vale. *(Spain)*	OK; Good; That's right.

- **Los colores**

amarillo	yellow
anaranjado	orange
azul	blue
claro	light (color); clear
oscuro	dark; obscure
rojo	red
verde	green

- **Pronombres reflexivos**

Don't forget the reflexive pronouns presented on page 216.

La ropa, los colores y la rutina diaria

Lectura IV

La música

En España hay una gran variedad de música y bailes folklóricos. *Also **folclóricos**.* Los jóvenes de Cataluña bailan la sardana, un baile muy antiguo que refleja° el amor que la gente siente por su región. Cada región de España tiene su música y baile característicos. Un baile famoso es el flamenco de Andalucía, acompañado de voz, guitarra y castañuelas°. Tradicionalmente, los gitanos° son los maestros° del flamenco.

°reflects
°castanets
°gypsies / masters

*Note the invariable feminine ending in **indígena(s)**.*

También es rico y variado el folklore de Hispanoamérica. Aquí la música y los bailes reflejan una combinación de elementos indígenas°, españoles y, a veces, africanos. En general, los instrumentos musicales de cuerda° son de origen español, los de viento de origen indio, y los de percusión de origen africano.

°Indian
°string

*Note **papel** as role here.*

El papel° de los juglares° y trovadores en los tiempos medievales corresponde hoy día a los payadores° de la Argentina y del Uruguay que cantan

°role / minstrels
°Gaucho singers

Las guitarras y la emoción son parte del flamenco de Andalucía.

Catalanes bailando la sardana frente a la Catedral de Barcelona.

El Ballet Folklórico de México.

melodías tristes sobre la vida solitaria del gaucho y sobre sus desilusiones amorosas.°   *disappointments of love*

En la fotografía hay unos artistas del famoso Ballet Folklórico de México.

Actualmente°, la gente conoce y baila ritmos típicos hispanoamericanos como el tango, la samba, la salsa o el merengue.   *Nowadays*

PREGUNTAS

1. ¿Cómo se llama el baile típico de Cataluña? ¿Qué refleja?
2. ¿En qué lugar de España bailan el flamenco? ¿Cómo es?
3. ¿Cuál es la combinación de elementos que está presente en la música de Hispanoamérica?
4. ¿Dónde hay payadores? ¿Qué hacen?
5. ¿Cómo se llaman algunos de los ritmos típicos de Hispanoamérica?
6. ¿Conoce usted a algún músico o cantante hispanoamericano?
7. ¿Conoce usted algún tema folklórico norteamericano? ¿Sabe tocarlo en el piano?
8. ¿Conoce usted alguna canción hispanoamericana?

CAPÍTULO NUEVE

LOS DEPORTISTAS Y LOS DEPORTES

Vocabulario. In this chapter you will talk about sports.

Gramática. You will discuss and use:
1 The preterit tense, or simple past, of regular verbs
2 The preterit tense of stem-changing verbs
3 The preterit tense of irregular verbs
4 The special meanings of **saber, conocer, querer,** and **poder** when they are used in the preterit

Pronunciación. You will practice the sounds represented by **m, n,** and **x**.

Cultura. The dialogs take place in Miami, New York, Los Angeles, Tampa, and Boston.

el jai alai, la cancha

el vólibol

el billar

la natación, nadar

el fútbol, el partido
el estadio, el equipo

el tenis, la partida
el partido, los tenistas

el correr, el jogging,
la carrera

el toreo, la corrida
de toros

el fútbol americano

el esquí

el atletismo

el béisbol

---

la cancha *court* **la natación** *swimming* **el partido** *game; (tennis) match* **el equipo** *team*
la partida *(tennis) set, (chess) match* **el correr** *running* **la carrera** *race* **el toreo** *bullfighting*
la corrida de toros *bullfight* **el esquí** *skiing* **el atletismo** *track and field*

Los deportistas y los deportes

el patinaje, patinar   el básquetbol   el golf

En orden de preferencia personal. List in order of your personal preference using **primero, segundo,** etc.

MODELO Primero, el fútbol. Segundo, . . .

1. el béisbol   3. el básquetbol
2. el fútbol   4. el tenis

¿Qué palabra no pertenece? Tell which of the four words doesn't belong in the set.

MODELO pelota, raqueta, esquí, espectador → **espectador**

1. jinete, fanático, corredor, golfista
2. el béisbol, el jogging, el esquí, la pesca
3. el básquetbol, el vólibol, la corrida de toros, el fútbol
4. aficionados, fanáticos, nadadores, espectadores

montar a caballo

Opiniones

1. ¿Participa usted en los deportes?
2. ¿Con quién(es) practica esos deportes?
3. ¿Qué deportes le interesan más? ¿Por qué?
4. ¿Es usted experto(a) en un deporte?
5. ¿Qué deportes juega usted en el verano? ¿Y en el invierno?
6. ¿Le gusta nadar? ¿Esquiar? ¿Patinar? ¿Pescar?
7. ¿Qué deportes cuestan mucho dinero?
8. ¿Qué deportes son populares en esta región?
9. ¿Cuáles son dos o tres deportes de España o de Hispanoamérica?
10. ¿Qué deportes no le gustan?

la pesca, pescar

¿Cómo son? Which of the adjectives do you associate with the sport?

1. el béisbol: interesante, aburrido, fácil, popular
2. el esquí: aburrido, caro, difícil, barato
3. el fútbol: fácil, fascinante, caro, aburrido
4. la pesca: barato, interesante, cruel, divertido, aburrido, difícil
5. el toreo: popular, fácil, aburrido, cruel, necesario

---

el patinaje *skating*   **montar a caballo** *to ride horseback*   **la pesca** *fishing*

¡Cuidado! En el jai alai, la pelota se mueve con fuerza y el jugador puede lastimarse.

Aural Comprehension: **Posible/Probable o Imposible/Improbable:**
1. Eva también asistió al partido de jai alai. 2. Asistir al partido costó noventa dólares por persona. 3. Roberto García tomó cerveza durante el partido. 4. Los jugadores nuevos del país vasco vivieron dos años en Bridgeport.

I. El pretérito de los verbos regulares

- *Una conversación entre amigos en Miami.*

EVA	Te llamé anoche, pero no contestaste.
ALFONSO	Fui a un partido de jai alai[1] con Elena.
EVA	¿Les gustó?
ALFONSO	Sí, mucho. Roberto García y Tony Sordo ganaron como siempre.
EVA	¿Perdieron mucho dinero tú y Elena?
ALFONSO	Bueno, perdí cinco dólares y Elena se ganó diez. Pero compramos cerveza y manises, así que con las entradas salimos iguales.
EVA	Ayer leí en un artículo del periódico que la semana pasada llegaron dos jugadores nuevos del país vasco.
ALFONSO	Sí, jugaron por dos meses en Bridgeport antes de venir a Miami.

1. ¿Quién llamó a Alfonso? ¿Contestó Alfonso el teléfono?   2. ¿Adónde fueron Elena y Alfonso?   3. ¿Les gustó el partido?   4. ¿Quiénes ganaron como siempre?   5. ¿Cuánto dinero perdió Alfonso? ¿Y Elena?   6. ¿Por qué salieron iguales?

A conversation between friends in Miami. EVA: I called you last night, but you didn't answer. ALFONSO: I attended a jai alai match with Elena. EVA: Did you like it? ALFONSO: Yes, very much. Roberto García and Tony Sordo won, as usual. EVA: Did you and Elena lose a lot of money? ALFONSO: Well, I lost five dollars and Elena won ten. But we bought beer and peanuts, so with the tickets we came out even. EVA: Yesterday I read in a newspaper article that two new players arrived last week from the Basque country. ALFONSO: Yes, they played for two months in Bridgeport before coming to Miami.

[1] Jai alai, or la pelota vasca *Basque handball,* is a fast and strenuous game originated by the Basque people of northern Spain and southern France. It is currently popular in Spain, Mexico, Cuba, and certain parts of the U.S., including Miami and Bridgeport, Connecticut.

Los deportistas y los deportes

A The preterit tense is used to relate actions or conditions that occurred and were completed at a specific time or within a definite period in the past. It is also used to say that an action started.

¿Leíste el periódico hoy?	*Did you read the newspaper today?*
¿Ganó la partida?—No, no la ganó.	*Did she win the set?—No, she didn't win it.*
Fueron a la carrera ayer.	*They went to the race yesterday.*

B The preterit tense of regular **-ar** verbs is formed by adding the endings **-é, -aste, -ó, -amos, -asteis, -aron** to the stem.

comprar	
compré	compramos
compraste	comprasteis
compró	compraron

Tres jugadores importantes no participaron en el partido de ayer.	*Three important players did not participate in yesterday's game.*

C The preterit tense of regular **-er** and **-ir** verbs is formed by adding the endings **-í, -iste, -ió, -imos, -isteis, -ieron** to the stem.

correr		escribir	
corrí	corrimos	escribí	escribimos
corriste	corristeis	escribiste	escribisteis
corrió	corrieron	escribió	escribieron

Aprendí a jugar al básquetbol.	*I learned how to play basketball.*
Escribieron un artículo sobre el equipo.	*They wrote an article about the team.*

D Every regular preterit form is stressed on the ending. This contrasts with what happens in the present tense, where four of the six forms are stressed on the stem. Often stress alone distinguishes preterit and present-tense forms.

Llego temprano.	*I'm arriving early.*
Llegó temprano.	*She arrived early.*

Listen for word stress and stress your own words carefully, to avoid misunderstandings.

E The **nosotros**-forms in the present and preterit for **-ar** and **-ir** verbs are identical; sentence context usually indicates which tense is meant. The **nosotros**-form for **-er** verbs has a different ending in the two tenses.

Model the similarity of the **nosotros** forms of **beber** and **vivir** (**bebimos/vivimos**).

	PRESENT	PRETERIT
-ar verbs	compramos	compramos
-er verbs	corremos	corrimos
-ir verbs	escribimos	escribimos

F A number of verbs have a spelling change in the first-person singular of the preterit. Verbs ending in **-gar**, **-car**, and **-zar** have the following spelling changes, respectively: **g** to **gu**, **c** to **qu**, and **z** to **c**. These changes are required to preserve the sound of the last syllable of the infinitive.

llegar		tocar		empezar	
llegué	llegamos	toqué	tocamos	empecé	empezamos
llegaste	llegasteis	tocaste	tocasteis	empezaste	empezasteis
llegó	llegaron	tocó	tocaron	empezó	empezaron

Te busqué anoche en el partido de fútbol.
Llegué a las ocho ayer.

I looked for you last night at the soccer game.
I arrived at eight o'clock yesterday.

G Verbs such as **creer** and **leer** show a spelling change in the third-person singular and plural: **creyó, creyeron; leyó, leyeron**. The other forms are regular. This change is made because an **i** between two vowels becomes a **y**.

Leyó que el béisbol es un deporte muy popular en Centroamérica y México.

He read that baseball is a very popular sport in Central America and Mexico.

H The verb **nacer** *to be born* is used almost exclusively in the preterit.

¿Dónde y cuándo naciste?
Nací en San Agustín en 1965.

Where and when were you born?
I was born in San Agustín in 1965.

Los deportistas y los deportes

EJERCICIOS

A La sustitución. Restate the sentences with new subjects as suggested by the cues.

1. Anoche llegamos a las ocho. (tú, yo, la deportista, los jugadores, la jefa)
2. Viajaron al país vasco el año pasado. (el tenista, nosotros, los aficionados, tú, yo)
3. Aprendí el pretérito ayer. (nosotros, tú, los estudiantes, Eva)
4. Ana buscó la pelota en su cuarto y la halló. (yo, el golfista, los futbolistas, nosotros, tú) *Additional exercises for oral presentation:* 5. Ella compró una nueva raqueta de tenis. (Fabio Romero, yo, Jaime y yo, Uds., tú) 6. Monté a caballo por media hora. (Uds., el jugador, nosotros, tú, Germán y Roberto)

B Para escoger y completar. Complete with the appropriate form of one of the verbs suggested in parentheses. (One verb may fill both gaps in a sentence.)

1. (levantarse, quitarse) Yo ____ hoy a las seis. ¿A qué hora ____ tú?
2. (comprar, cantar) Manolín y yo ____ tres libros nuevos ayer y nuestros amigos ____ cinco.
3. (responder, ir) Anoche Juan Antonio ____ al partido de básquetbol y sus amigos ____ al partido de jai alai.
4. (creer, leer) Yo ____ en el periódico esta mañana que García no va a jugar. ¿____ tú lo mismo?
5. (quitarse, llegar) Cuando los atletas ____ al estadio, ____ la chaqueta.
6. (amar, casarse) Mi esposo y yo ____ en 1984. ¿Cuando ____ ustedes?
7. (tomar, comer) Anoche yo ____ chuletas de puerco. ¿Qué ____ usted?
8. (vender, venir) Las jugadoras ____ doscientas entradas del partido y el director ____ cinco.

C Otra vez. Divide into pairs. One in each pair will begin reading the following sentences. The other, with book closed, will agree to each sentence and say the same thing also happened yesterday.

MODELO Hoy pagas la entrada. →
Sí, y ayer pagué la entrada también.

1. Hoy bailamos salsa.
2. Hoy asistes a la conferencia.
3. Hoy salgo de viaje.
4. Hoy comemos ensalada.
5. Hoy leen el periódico.
6. Hoy llego tarde al frontón.
7. Hoy busco mis raquetas de tenis.
8. Hoy nadas un kilómetro.
9. Hoy te enojas con un amigo.
10. Hoy nacen millones de niños.
11. Hoy bebes una copa de vino.
12. Hoy practico los verbos.
13. Hoy descansamos después del juego de vólibol.
14. Hoy abres el libro de español.
15. Hoy leemos el periódico *El Diario*.

D Carla la aburrida. Carla is bored. Her friend suggests ways she can vary her routine, but Carla always says that she did that yesterday. Give Carla's answers.

MODELO   Puedes levantarte temprano. → ¡Ayer me levanté temprano!

1. Puedes salir de casa un poco más tarde.
2. Puedes desayunar en la cafetería.
3. Puedes estudiar en la biblioteca.
4. ¿Por qué no comes con tus amigos?
5. Puedes nadar a las dos.
6. Luego puedes participar en un partido de tenis.
7. ¿Por qué no cenas en un restaurante?
8. ¿Y por qué no llamas a tu hermana en Chicago?
9. Puedes tocar el piano después de cenar.
10. Y después puedes leer un buen libro.

Responses may be shortened by replacing the object noun with pronouns in (6) **Los compré ayer** and (10) **La llamé ayer.**

E El sábado pasado. Look at the pictures and describe what the people did last Saturday. Use your imagination. (Some infinitives are listed by each picture in case you need ideas.) Give at least two sentences about each picture.

MODELO

Extra assignment: Students bring in photos or cartoons and give a description, using verbs in the preterit.

cantar, empezar, gustar →
El sábado pasado Ernesto Padilla cantó en el Teatro Nuevo. Nos gustó mucho el concierto. El concierto empezó a las ocho y terminó a las diez y media.

1. visitar, llegar, abrir, salir
2. aprender, perder, jugar, ganar, correr, cansarse
3. hablar, llamar, trabajar
4. cenar, comer, tomar, beber, gustar
5. bailar, hablar, jugar
6. estudiar, leer, buscar

Los deportistas y los deportes

• **CUESTIONARIO**

1. ¿A qué hora cenó usted anoche? 2. Luego, ¿miró un poco de telvisión? ¿Qué programa(s) miró? 3. ¿Habló anoche con un amigo por teléfono? 4. ¿Trabajó usted ayer? ¿Cuántas horas trabajó? 5. ¿A qué hora llegó usted a la universidad ayer? 6. ¿Qué aprendió ayer en sus clases? 7. ¿Leyó un libro ayer? ¿Qué libro? 8. ¿A qué hora regresó usted a casa ayer? 9. ¿Se quedó en casa anoche o salió? ¿Adónde salió? 10. ¿Dónde nació usted? ¿En qué mes?

Aural Comprehension: Imposible/Improbable o Posible/Probable: 1. Arturo habló con Laura por tres horas anoche. 2. A Iris le gustó la celebración en el café Víctor. 3. Vieron a gente famosa en la fiesta. 4. Según Iris, Camacho tiene mucho éxito. 5. Alí recibió un premio en el café Víctor.

II. Pretérito de verbos con cambios en la raíz

• *La oficina de la revista deportiva* Guantes *en Nueva York.*

ARTURO   Por fin, ¿qué decidieron hacer anoche tú y Laura?
IRIS   Pues asistimos a la celebración en el café Víctor[1]. ¡Cómo nos divertimos!
ARTURO   ¿Sí? ¿Qué pasó en la fiesta?
IRIS   Me encontré con Héctor "Macho" Camacho[2]. Llegó en un carro precioso y empezó a jactarse.
ARTURO   ¿A quién más viste?
IRIS   Vi a Alí[3]. Le midieron el puño y le entregaron un premio.
ARTURO   ¡Hombre! ¿A qué hora volviste a la casa?
IRIS   Llegué a las doce. Cerré los ojos a la una pero no me dormí hasta después de las dos.

1. ¿Qué decidieron hacer Iris y Laura anoche? ¿Se divirtieron? 2. ¿Con quién se encontró Iris? 3. ¿A quién más vio? 4. ¿A qué hora llegó Iris a la casa? ¿Se durmió en seguida?

The office of the sports magazine Guantes (Gloves) in New York. ARTURO: Finally, what did you and Laura decide to do last night? IRIS: Well, we attended the celebration at Víctor's Café. We had fun! ARTURO: Yes? What happened at the party? IRIS: I ran into Héctor "Macho" Camacho. He arrived in a beautiful car and started to brag. ARTURO: Who else did you see? IRIS: I saw Ali. They measured his fist and gave him an award. ARTURO: Man! What time did you get back home? IRIS: I arrived at twelve. I closed my eyes at one, but I didn't fall asleep until after two.

[1]**Víctor's Café** is a famous Cuban restaurant.
[2]Lightweight **Macho Camacho** was born in Bayamón, Puerto Rico, and grew up in New York City's **El Barrio**, a Hispanic—largely Puerto Rican—quarter.
[3]**Muhammad Ali**, world heavyweight champion, a hero to Hispanic-American boxers although himself not Hispanic.

A In the preterit tense, stem-changing is limited to **-ir** verbs. No **-ar** or **-er** verb changes its stem vowel in the preterit.

INFINITIVE		PRESENT	PRETERIT
pensar (ie)		piensa	pensó
encontrar (ue)	usted	encuentra	encontró
perder (ie)		pierde	perdió
volver (ue)		vuelve	volvió

*With **la tenista**: Give **el tenista** also to ensure that students understand that the **-ista** ending is not necessarily feminine; otherwise, they may produce the nonexistent **-isto**.*

Jugaste bien ayer.	You played well yesterday.
La tenista encontró la raqueta debajo de la silla.	The tennis player found the racket under the chair.
Ayer perdí el partido.	Yesterday I lost the match.

B All **-ir** verbs that change their stem vowels in the present tense also show a stem-vowel change in the preterit in the third-person singular and plural (notice that those preterit endings begin with a diphthong).

1. **-ir** verbs showing the change **e → ie** or **e → i** in the present show the change **e → i** in the preterit.

sentir (ie, i)		pedir (i,i)	
sentí	sentimos	pedí	pedimos
sentiste	sentisteis	pediste	pedisteis
sintió	sintieron	pidió	pidieron

Other (ie, i) verbs like **sentir** include **divertir, mentir,** and **preferir**. Other (i, i) verbs like **pedir** include **repetir, seguir, servir, medir, vestir,** and **conseguir**.

Alfredo siguió tres cursos el semestre pasado.	Alfredo took three courses last semester.

2. Two **-ir** verbs showing the change **o → ue** in the present show the change **o → u** in the preterit.

dormir (ue, u)	
dormí	dormimos
dormiste	dormisteis
durmió	durmieron

Morir is conjugated like **dormir**. No other verbs have this change.

Murieron tres toreros el año pasado en las corridas de toros.	Three bullfighters died last year in the bullfights.

Roberto Cabañas *(d.)*. A veces los futbolistas muestran la gracia de un bailarín.

EJERCICIOS

A **Pensar y completar.** Complete with the appropriate form of the verbs in parentheses. (One verb may fill two gaps in a sentence.)

1. (empezar, sentarse)   Los futbolistas ____ y ____ a hablar del último partido.
2. (perder, jugar)   Nosotros ____ la semana pasada porque ____ muy mal (badly) y el otro equipo ____ muy bien.
3. (servir, preferir)   Cristina ____ primero porque Laura ____ servir en el segundo juego.
4. (soñar, dormir)   Anoche yo ____ once horas y ____ que corrí diez kilómetros.
5. (despertarse, volver, vestirse)   Y cuando tú ____, ____ rápido y ____ a la pista, ¿verdad?
6. (contar, recordar)   Cuando Tomás le ____ a su padre del juego, su padre ____ algo interesante.
7. (empezar, pensar, entender)   El papá de Tomás ____ así: Yo ____ a jugar al básquetbol en 1980 pero nunca ____ bien ese juego.
8. (cerrar, pedir)   El torero ____ los ojos y les ____ silencio a los aficionados.

248   *Capítulo nueve*

B   La sustitución.   Restate the sentences with new subjects.

1. Guillermo volvió a las tres y durmió hasta las ocho. (yo, tú, los niños, nosotras, mis amigos)
2. Pedí un libro nuevo porque perdí el otro. (usted, Inés, tú, los estudiantes, nosotros)
3. Ayer Ana y Raquel almorzaron en un restaurante elegante. (la señora López, yo, tú, Luis y yo, el tenista)
4. Después de nadar, seguimos con nuestros estudios. (Alfonso, yo, tú, ustedes, Enrique y Sancho)

C   Unas charlas.   Supply the correct preterit forms of the verbs indicated in the key at the right.

MARTÍN	¿Ya (1)____ los niños?	1. vestirse
BÁRBARA	Sí, y (2)____ avena y (3)____ jugo.	2. comer
MARTÍN	¿Qué le (4)____ a Conchita?	3. tomar
BÁRBARA	(5)____ a llorar porque (6)____ con una cosa fea.	4. pasar
		5. empezar
		6. soñar

* * *

JORGE	¿Dónde (7)____ tú en el partido anoche?	7, 8. sentarse
MIGUEL	(8)____ detrás del equipo Cosmos.	9. seguir
JORGE	¿(9)____ bien el juego?	10. entender
MIGUEL	Sí, lo (10)____, pero (11)____ después de media hora.	11. dormirse

* * *

OLGA	¿Cuántos caballos (12)____ nosotros en el accidente?	12. perder
		13. morirse
LUIS	(13)____ seis caballos.	14. cerrar
OLGA	¿(14)____ las ventanas los trabajadores?	15. recordar
LUIS	Sí, pero ellos (15)____ hacerlo muy tarde. Nosotros (16)____ mucha agua en el piso esta mañana.	16. encontrar

● **CUESTIONARIO**

1. ¿A qué hora se despertó usted esta mañana?   2. ¿Le sirvió el desayuno su mamá?   3. ¿Se vistió usted antes o después de desayunar?   4. ¿A qué hora salió de casa?   5. Anoche, ¿jugó a un deporte?   6. ¿Se divirtió usted anoche? ¿Cómo se divirtió?   7. ¿A qué hora se acostó usted anoche?   8. ¿Y durmió bien?

Los deportistas y los deportes

III. Verbos irregulares en el pretérito

- *Una conversación telefónica entre dos amigos cubano-americanos en Los Ángeles.*

RODOLFO Fui a verte anteanoche pero no vi luz en la ventana así que volví a la casa. ¿Qué hiciste?
JULIO Fui al juego de béisbol. Lolita me dio las entradas porque ella y su esposo no pudieron ir.
RODOLFO Y el juego, ¿fue bueno?
JULIO Pedro Guerrero[1], el de la tercera base, hizo tres carreras. Todos los bateadores dieron muy buenos golpes.
RODOLFO Pero dijeron en la radio que perdieron los Dodgers.
JULIO Sí, tuvieron mala suerte en la última entrada. El lanzador de las Medias Blancas cogió una pelota casi imposible. ¡El tipo voló de la loma para cogerla! Los fanáticos se volvieron locos.

1. ¿Cuándo visitó Rodolfo a Julio? ¿Por qué no lo encontró? 2. ¿Por qué le fue posible a Julio ir al juego? 3. Según Julio, ¿por qué fue bueno el juego? 4. ¿Qué les pasó a los Dodgers en la última entrada?

A phone conversation between two Cuban-American friends in Los Angeles. RODOLFO: I went to see you the night before last, but I saw no light in the window, so I came home. JULIO: I went to the baseball game. Lolita gave me the tickets because she and her husband couldn't go. RODOLFO: And the game, was it good? JULIO: Pedro Guerrero, the third baseman, scored three runs. All the batters got (gave) really good hits. RODOLFO: But they said on the radio that the Dodgers lost. JULIO: Yes, they had bad luck in the last inning. The White Socks pitcher caught an almost impossible ball. The guy flew from the mound to catch it! The fans went crazy.

[1] In 1984, at the age of 27, Dodger superstar **Guerrero**, who lives in the Dominican Republic, signed a new contract calling for $7 million in salary.

A Several important verbs in Spanish are irregular in the preterit, in both their stems and endings. These forms do not have written accents.

INFINITIVE	PRETERIT STEM	PRETERIT ENDINGS
hacer	hic-	
querer	quis-	
venir	vin-	-e
		-iste
poder	pud-	-o
poner	pus-	-imos
saber	sup-	-isteis
andar *to walk, go*	anduv-	-ieron
estar	estuv-	
tener	tuv-	

Dialog: Give these phrases orally and have students provide the analogous phrases from the dialog without consulting the book: **quise verte; no hubo luz; regresé a casa; me regaló[N] las entradas; ella y su esposo no fueron; pudo hacer tres carreras; oí en la radio.**

250 *Capítulo nueve*

The endings in the chart are attached to the stems shown. **Hacer** is the only verb with a spelling change; the third-person singular form, **hizo**, must be written with a **z**, not a **c**, to avoid suggesting that the sound of the stem changes. **Haber,** which has the form **hay** in the present, in the preterit has the form **hubo** *there was, there were.*

Paco hizo una carrera.	*Paco made a run.*
Luisa y Tomás no pudieron ir al juego.	*Luisa and Tomás couldn't go to the game.*
¿Hubo un accidente aquí?	*Was there an accident here?*
Sí, tuve un pequeño accidente.	*Yes, I had a little accident.*
¿Estuviste en el estadio hasta las seis?	*Were you in the stadium until six?*
Los fanáticos nos pusimos el sombrero.	*We fans put on our hats.*

Note **aficionados** as an alternative for *fans.* Also note the singular object noun **(el sombrero)** for a plural subject; if possible, draw a head on the blackboard with several hats stacked up on one another to show what the same sentence with **los sombreros** would imply.

B **Decir** and **traer** are also irregular in the preterit.

decir	
dije	dijimos
dijiste	dijisteis
dijo	dijeron

traer	
traje	trajimos
trajiste	trajisteis
trajo	trajeron

Notice that the third-person plural ending after **-j-** is **-eron,** not **-ieron.**

Dijeron que lo vieron durante las vacaciones.	*They said they saw him during vacation.*
¿Qué trajeron ustedes, una raqueta nueva?	*What did you bring, a new racket?*

Verbs ending in **-ducir** change **c** to **j** in the preterit.

conducir	
conduje	condujimos
condujiste	condujisteis
condujo	condujeron

Other verbs like **conducir** include **traducir** and **producir.**

¿Condujiste el coche de Carmen?	*Did you drive Carmen's car?*

Los deportistas y los deportes

C **Ir** and **ser** have the same forms in the preterit.

ir, ser	
fui	fuimos
fuiste	fuisteis
fue	fueron

Fuimos allí anoche a nadar. We *went there last night to swim.*
Fuimos estudiantes. We *were students.*

D **Dar,** an irregular **-ar** verb, requires the **-er, -ir** preterit endings, though without accent marks.

dar	
di	dimos
diste	disteis
dio	dieron

Me imagino que te di el dinero para las entradas. *I suppose I gave you the money for the tickets.*

EJERCICIOS

A La sustitución

1. Alejandro se puso muy enfermo, por eso no estuvo en la fiesta. (los chicos, nosotros, ella, tú, yo)
2. Leopoldo dijo que trajo la raqueta. (yo, nosotras, tú, ustedes, el espectador, los tenistas)
3. Fui a la celebración con Soto y Suárez. (nosotros, ellas, tú, los señores, usted)

B Para escoger y completar. Complete in each gap with the appropriate form of one of the verbs suggested in parentheses. (One verb may fill two gaps in a sentence.)

1. (decir, dar) Carmen me ____ las entradas, y yo se las ____ a mi hermano.
2. (tener que, traer) Martina no ____ la raqueta. El Club Universo ____ prestarle una raqueta nueva.
3. (ser, ir) Anoche Trini y yo ____ a jugar billar en las casa de Jacinto y ustedes ____ al cine, ¿verdad?
4. (conducir, hacer) ¿Quién ____ el auto de la señora Arjona? Primero ____ yo y despúes ____ Rafael.
5. (morir, haber) ____ una tragedia en el barrio anoche. ____ seis personas.
6. (hacer, poder) Nuestro equipo ____ tres carreras pero los Gemelos[2] ____ cinco.

[2]The (Minnesota) Twins.

C Un comentario deportivo. Take the part of the famous sports announcer Renato Morffi, and tell what happened during the baseball game described in the following paragraph. Change the numbered verbs from the present tense to the preterit.

Un nuevo lanzador, Sancho de Mena, (1) viene a la loma. De Mena (2) lanza la pelota y el bateador Shifty Malone le (3) da un buen golpe. La pelota (4) vuela lejos pero Malone no (5) hace carrera. Sólo (6) puede llegar hasta la tercera base. No (7) quiere seguir. Los fanáticos (8) se vuelven locos. (9) Se ponen de pie. ¿Quién (10) dice que el béisbol es un juego aburrido?

D ¿Qué hicieron? Complete the sentences with appropriate information. Use verbs in the preterit tense.

MODELO Anoche mis amigos . . . → **Anoche mis amigos vinieron a mi casa y estudiamos.**

1. La semana pasada, el presidente . . .
2. El año pasado, mi familia y yo . . .
3. Anoche, mi hermano . . .
4. Esta mañana, llegué a la escuela y luego . . .
5. El domingo pasado, mis padres . . .
6. En 1492, Cristóbal Colón (*Columbus*) . . .
7. En 1963, John F. Kennedy . . .
8. En 1969, los astronautas americanos . . .

Examples of possible completions: 1. estuvo en Europa. 2. fuimos a Caracas. 3. tuvo un accidente. 4. supe la noticia. 5. pudieron visitarme. 6. vino al Nuevo Mundo. 7. (se) murió en Dallas. 8. fueron a la luna.

E La invención. Create statements or questions of your own using the cue words given and verbs in the preterit.

MODELO una película buena anoche → **Vimos una buena película anoche. Enseñaron una película buena anoche, ¿verdad?**

1. tenis el miércoles pasado
2. tres tazas de café esta mañana
3. fiesta el sábado pasado
4. partido de fútbol la semana pasada
5. a las seis de la mañana
6. muy tarde ayer
7. un amigo en el partido de béisbol
8. un artículo interesante esta mañana

F ¿Qué voy a escribir en mi diario? You have a daily journal. Every night you write down the events of the day. Write ten events that happened in your life yesterday. (If you lead a drab existence, add a little fantasy.)

MODELO **Hoy mi novio y yo pasamos la tarde en el centro. Primero comimos en un restaurante. Luego, él me llevó a . . .**

Los deportistas y los deportes

Entrevista. Interview a classmate, using the following questions and others you may wish to add.

1. ¿Cuál fue el último partido de fútbol que viste?   2. ¿Adónde fuiste ayer?
3. ¿Qué hiciste durante el fin de semana?   4. ¿Tuviste que estudiar para un examen la semana pasada?   5. ¿Qué trajiste a la clase hoy?   6. ¿Dónde pusiste tus cosas—libros, mochila—cuando te sentaste?   7. ¿Vino tarde a la clase una persona hoy? ¿Quién?   8. ¿Qué tuviste que comprar para la clase?
9. ¿Cuándo empezaste los estudios universitarios?   10. ¿A qué hora viniste a la universidad hoy? ¿Y ayer?   11. ¿Qué te dieron tus padres en tu último cumpleaños?   12. ¿Cuándo fue la última vez que tú te pusiste enfermo(a)?

Aural Comprehension: **Imposible/Improbable o Posible/Probable:** 1. Jaime conoció a Marta en una clase. 2. Marta fue la presidente de la Universidad de Florida por ocho años. 3. Marta conoció a Cabañas anoche. 4. A Susana le interesa el fútbol.

IV. Significados especiales en el pretérito de saber, conocer, querer y poder

- *El estadio de fútbol en Tampa, Florida.*

MARTA   ¿Qué tal, Susana? ¿Cómo te va, Jaime?
SUSANA   Ah, ustedes ya se conocen. ¿Cuándo se conocieron?
JAIME   Nos conocimos cuando estuvimos los dos en la Universidad de Florida.
MARTA   ¿Oyeron la buena noticia? Ahora mismo supe que Cabañas[1] no juega esta noche.
JAIME   ¿Por qué no? ¿Qué le pasó?
MARTA   No pude enterarme de los detalles.
SUSANA   Me dijo Carlos que Cabañas tiene un problema y no quiso venir a Tampa.
MARTA   Pues, sin él los Cosmos[2] pudieron vencer al equipo de Montreal la semana pasada así que todavía no es tiempo de celebrar.

1. ¿Cuándo se conocieron Jaime y Marta?   2. ¿Qué supo Marta del equipo Cosmos? ¿Pudo enterarse de los detalles?   3. ¿Qué le dijo Carlos a Susana?
4. ¿Cree usted que los Cosmos pueden vencer a los de Tampa sin Cabañas? ¿Por qué?

The soccer stadium in Tampa, Florida. MARTA: How are you, Susana? How's it going, Jaime? SUSANA: Oh, you know each other. When did you meet? JAIME: We met when we were both at the University of Florida. MARTA: Did you here the good news? Just now I found out that Cabañas isn't playing tonight. JAIME: Why not? What happened to him? MARTA: I couldn't find out about the details. SUSANA: Carlos told me that Cabañas has a problem and refused to come to Tampa. MARTA: Well, without him the Cosmos were able to defeat the team from Montreal last week, so it's still not time to celebrate.

[1]**Roberto Cabañas,** star forward of the Cosmos, from Paraguay.
[2]The New York **Cosmos** were the first soccer team of international caliber in the United States.

Saber and **conocer** *to know,* **poder** *to be able, can,* and **querer** *to want, wish* have special meanings in the preterit. Study the following sentences.

Ellos conocieron a María en la fiesta.	They met María (for the first time) at the party.
Sólo supimos del examen ayer.	We found out about (learned about) the test only yesterday.
Marta no quiso casarse.	Marta refused to get married.
Quise ir al partido pero no pude.	I tried to go to the game but could not.
Juan no pudo aprender las matemáticas.	Juan could not (did not have the ability to) learn math.
Después de tres semanas, ella pudo montar a caballo bien.	After three weeks, she could ride (was successful at riding) a horse well.

EJERCICIOS

A Preguntas y respuestas. Working with a classmate, create new questions and answers as suggested by the cues.

1. ¿Cuándo supieron del baile?—Supimos del baile ayer.
   (tú, Gustavo, Victoria y Carmen, yo, nosotros, usted)
2. ¿Dónde conociste a Teresa?—La conocí en la fiesta.
   (nosotros, ustedes, Mario, yo)
3. ¿Qué no quiso hacer ella?—No quiso tocar el piano.
   (yo, nosotros, ellas, tú)
4. ¿Qué no pudo entender Jaime?—No pudo entender la química.
   (nosotros, los doctores, yo, Casimiro)

B La traducción. ¿Cómo se dice en español?

1. Raúl tried to skate, but couldn't.
2. We learned about the test last week.
3. She refused to read that long book.
4. Marco met his girlfriend at the beach.

C La invención. Create questions to which the following sentences would be logical answers. Use question words (**qué, dónde, cuándo,** etc.) and the preterit.

MODELO En el aeropuerto. → ¿Dónde se conocieron tú y tu novia?
                             ¿Dónde vio Humberto a Tito Puente?

1. En septiembre de 1984.
2. El verano pasado.
3. En Miami.
4. Café.
5. Al concierto en el estadio.
6. En un partido de tenis.
7. Porque llovió mucho.
8. Diez dólares.

Students may associate **al concierto** with *at the concert.* Emphasize the need for a verb of motion with this phrase, as in **Fuimos al concierto.**

- **CUESTIONARIO**

1. ¿Cuándo conoció usted al profesor?
2. ¿Hubo examen la semana pasada?
3. ¿Cuándo supo usted del próximo examen?
4. ¿Qué supo usted la semana pasada?
5. ¿Pudo usted decir la **erre** en español la primera vez?

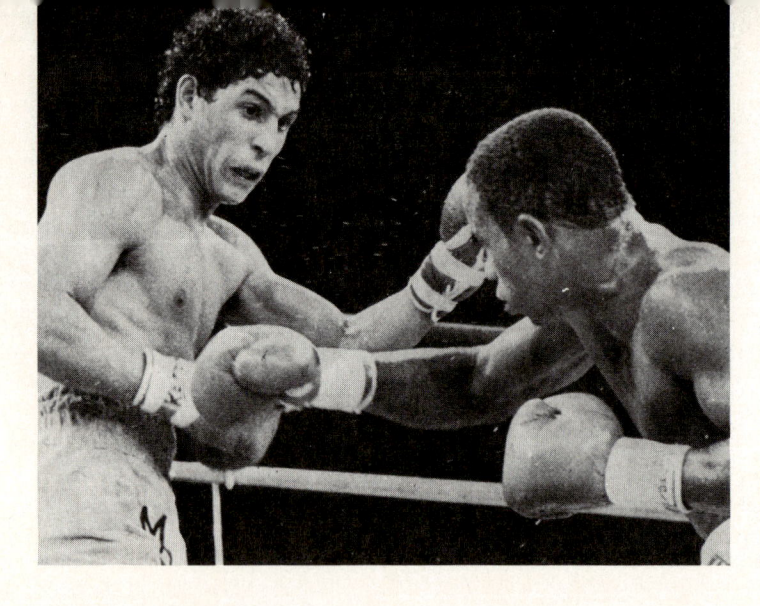

El boxeador Camacho (i.) le ganó esta pelea a Melvin Paul por decisión unánime.

· Pronunciación ·

m AND n

Spanish **m** and **n** are usually pronounced as in English.

⁓ Listen as your instructor pronounces each of the following words, and repeat it aloud.

modelo   Miami   montar   nadar   dinero   región   América   interesante

Exception: **n** is pronounced like **m** before **p, b, v,** and **m.**

⁓ Listen and repeat.

invierno   envidia   en paz   sin vida   conversación   en Panamá
un vaso   un peso   inmediatamente

x

Spanish **x** is pronounced approximately like the English *ks*-sound in *eccentric* or *Exxon*. Some speakers pronounce it like an **s** in words like **exacto** and **sexto**. In **México, Texas, Xavier** and many other names, the **x** is pronounced like Spanish **j**.

⁓ Listen and repeat.

éxito   examen   sexo   México   Oaxaca   Ximena
texto   sexto   extra   explique

⁓ Now listen to the following rhyme, and repeat it aloud.

¡Excelente!—dice la gente   "Excellent," say the people when
cuando Xavier toca el saxofón.   Xavier plays the saxophone.

· Después de la carrera ·

En la línea de llegada del Maratón de Boston, el periodista Reynaldo Díaz habla con el ganador. Associated vocabulary: **competencia** *competition, meet;* **triunfar**[N]; **ganador/ganadora**

DÍAZ ¡Felicitaciones, Alberto[1]! Corriste como campeón.
ALBERTO Gracias, Reynaldo. Practiqué mucho para esta carrera.
DÍAZ ¿A qué edad empezaste a competir en los grandes maratones?
ALBERTO Pues, el primer maratón que gané fue el de Nueva York en 1980 y entonces volví a ganarlo en 1981.
DÍAZ Me dijeron que te encanta pescar y leer, y que te gusta estar solo. ¿Es verdad?
ALBERTO El mes pasado lo pasé solo. Fui al campo para prepararme para el maratón. Pesqué, leí y corrí varias millas al día. Sobre todo descansé y pensé. Ah, con permiso, Reynaldo, ya llegó mi esposa.

* * *

Alberto y Molly se abrazan.

ALBERTO ¿Pudiste ver la conclusión de la carrera?
MOLLY Sí, la vi. Me puse un poco nerviosa cuando se cayó el tipo que estaba detrás de ti. Pero no se lastimó. Fui a verlo. No quiso hablar conmigo.
ALBERTO Fue difícil para él. Gané porque tengo más experiencia que él. Voy a ver si él me habla a mí.

* * *

ALBERTO Nando, corriste muy bien.
FERNANDO Sí, corrí muy bien pero me caí y por eso perdí la carrera.
ALBERTO Pues, esta vez llegaste en segundo lugar. ¿No vas a correr en Nueva York?
FERNANDO Claro, y ese maratón, ¡lo voy a ganar yo!

---

la llegada *arrival* **la edad** *age* **la milla** *mile* **al día** *per day* **sobre todo** *above all*
abrazar *to embrace* **caerse (g)** *to fall down* **lastimarse** *to hurt oneself*

Nota cultural

1. **Alberto Salazar,** Cuban-born American runner, winner of the New York Marathon in 1980, 1981, and 1982 and of numerous other races.

PREGUNTAS

1. ¿Quién ganó el maratón? Según el periodista, ¿cómo corrió él? 2. ¿Supo usted por el diálogo a qué edad empezó Alberto a competir? ¿Por qué cree usted que Alberto no quiso contestar esa pregunta? 3. ¿Qué dijo Alberto del Maratón de Nueva York? 4. ¿Qué le dijeron a Díaz sobre los pasatiempos de Alberto? ¿Fue verdad? 5. ¿Cómo se preparó Alberto para este maratón? 6. ¿Qué le ocurrió al corredor que estuvo detrás de Alberto? 7. ¿En qué lugar llegó Fernando? 8. Según Fernando, ¿por qué perdió la carrera? ¿Y el Maratón de Nueva York?

Alberto Salazar, cubano-americano, atleta y campeón.

· Actividades ·

¿Qué te ocurrió? Divide into groups of four or five. Select one person to answer questions about what he or she did in the recent past. The rest of the group should ask questions from the following list or new questions made up for the purpose. Questions may cover recent events in the news as well. After a minute, someone else should take a turn at answering.

1. ¿Qué hiciste anoche? ¿La semana pasada? ¿Durante el fin de semana?
2. ¿Qué cosa importante pasó la semana pasada?   3. ¿Qué tiempo hizo ayer?
4. ¿Adónde fuiste ayer después de la clase?   5. ¿Cuántas horas dormiste anoche?
6. ¿A qué hora saliste de casa esta mañana?   7. Cuando llegaste hoy a la universidad, ¿qué hiciste primero?   8. ¿Cómo pasaste el domingo pasado?
9. ¿Fuiste al cine la semana pasada? ¿Cuál fue la última película que viste? ¿Te gustó?   10. ¿Leíste una cosa interesante en el periódico hoy? ¿Qué fue?
11. ¿Cómo pasaste el verano pasado? ¿Hiciste un viaje? ¿Adónde fuiste? ¿Qué te gustó del viaje?   12. ¿Trabajaste el verano pasado? ¿Dónde? ¿Te gustó o no?
13. ¿Sabes quiénes ganaron la Serie Mundial *(World Series)* el año pasado?
14. ¿Dónde naciste? ¿Y tus padres?   15. ¿Qué le diste a tu mejor amigo o amiga para su cumpleaños el año pasado?

¿Qué deporte es? Divide into groups of four or five. Someone thinks of a favorite sport. The others ask yes–no questions until the sport is guessed. Before someone else thinks of another sport, the first person should explain why he or she likes that sport, how often he or she plays it, with whom, and so forth. The following questions may be useful to you in attempting to discover **qué deporte es.**

1. ¿Es un deporte más para hombres o para mujeres, o para los dos?   2. ¿Es un deporte que jugamos en equipos?   3. ¿Hay más de ____ jugadores en un equipo?
4. ¿Jugamos ese deporte afuera, o dentro de un edificio?   5. ¿Practicamos ese deporte en las montañas? ¿Cerca del agua?   6. ¿Es un deporte que cuesta mucho?

7. ¿Es un deporte principalmente para jóvenes?   8. ¿Es un deporte donde necesitamos ropa o cosas especiales (como un traje especial, o esquíes, o raqueta, etc.)?   9. ¿Hay jugadores profesionales en ese deporte?   10. ¿Es un deporte muy popular en Hispanoamérica? ¿Aquí? ¿En España?   11. ¿Es un deporte fácil? ¿Difícil? ¿Violento?   12. ¿Es un deporte que vemos en los Juegos Olímpicos?

Associated vocabulary: **uniforme; casco** *helmet.*

Situación.
You meet a visitor from another country who has just arrived here. The visitor will ask you questions about sports that are popular in this country. Perhaps he or she will not know how to play a particular sport, so you will attempt to explain the rules. Finally, you and the visitor will set a time to play the sport. You will tell him or her what to wear, what to bring, and where to meet.

Associated vocabulary: **empatar** *to tie;* **el empate** *tie score;* **tantos** *points;* **entrenar** *to coach;* **entrenador/entrenadora** *coach.*

LISTENING TO TELEVISION AND RADIO

Watching television broadcasts in Spanish can help you improve your listening skills. Spanish programming is now widely available on cable television and UHF. Don't expect to understand everything right away. Commercials and announcements of coming attractions are probably the easiest to grasp. Listen for the name of the product or program and then its selling points. Watch the announcer's facial expressions and gestures—they are valuable aids to comprehension. Try paraphrasing the commercial in English; if you can tell yourself what it was all about, you probably understood the content.

News broadcasts in Spanish often have formats patterned after the English-language evening news or early-morning newsmagazine programs of the major networks. Try the weather reports—you should be able to recognize the temperatures, wind velocity, cities, and other information mentioned as the forecaster talks away and points at his maps and charts. News and sports segments, though often supported by videotapes illustrating the speaker's comments, may prove more difficult. Interviews are the most difficult of all.

If you are within broadcast range of a Spanish popular music station, listen to the disc jockeys and other announcers. You won't be able to understand the lyrics of the records at first, but you can expect the disc jockey to give the name of the tune, the recording artist, the time and temperature, station identification, and other information between records. Use the same listening strategies for the commercials as you would with television.

Your language laboratory may have a short-wave radio or tapes of radio broadcasts that you can use for authentic listening materials even if you don't have access to Spanish broadcasting on radio or television. Contact a local amateur radio club or the department of radio and television at your university as other possible sources of Spanish materials.

Vocabulario activo

- **Cognados**

el, la **atleta**	**competir**	el **espectador,**	**fascinante**	el **maratón**	**popular**
la **base**	la **conclusión**	la **espectadora**	el **golf**	la **milla**	**producir** (zc)
el **básquetbol**	**cubano-americano**	la **experiencia**	el, la **golfista**	**nervioso**	**telefónico**
el **béisbol**	el **detalle**	**experto**	el **jogging**	**participar**	el **vólibol**

Los deportistas y los deportes

Sustantivos

la edad	age
la luz	light
el maní, los manises	peanut
la noticia	(piece of) news
las noticias	news
el ojo	eye
el País Vasco	Basque Country
el periódico	newspaper
el puño	fist
la red	net
la revista	magazine
el tipo	guy

Verbos

abrazar	to embrace, to hug
andar	to walk, to go
caerse	to fall (down)
enterarse (de)	to find out (about)
entregar	to hand over; to give
lastimarse	to hurt oneself
morirse	to die
nacer (zc)	to be born

Otras palabras y expresiones

al día	per day, a day
anoche	last night
anteanoche	night before last
ayer	yesterday
como siempre	as usual
divertido	amusing, funny
el de	that of
¡Hombre!	Man!
los dos, las dos	both
por fin	finally
precioso	neat; precious, lovely, beautiful
la semana pasada	last week
sobre todo	above all, especially
vasco	Basque

Los deportistas y los deportes
athletes and sports

el aficionado, la aficionada	fan, enthusiast
el atletismo	athletics; track and field
el bateador, la bateadora	batter
el billar	billiards
el caballo	horse
montar a caballo	to ride horseback
el campeón, la campeona	champion
la canasta	basket
la cancha	court (sports)
la carrera	race (sports); run (baseball)
hacer carrera	to score a run
coger (j)	to catch
el corredor, la corredora	runner
el correr	running, racing
la corrida de toros	bullfight
dar un golpe	to hit, to get a hit
deportivo	(related to) sports
la entrada	inning
el equipo	team
el esquiador, la esquiadora	skier
el fanático, la fanática	fan; fanatic
el frontón	jai alai court; wall
el fútbol	soccer
el fútbol americano	football
el, la futbolista	football player
el ganador, la ganadora	winner
ganar	to win; to earn
el jai alai	jai alai
el jinete, la jineta	horseback rider
el jugador, la jugadora	player
el lanzador, la lanzadora	pitcher (sports)
la línea de llegada	finish line
la loma	mound (sports); small hill
el nadador, la nadadora	swimmer
la natación	swimming
la partida	(tennis) set, (chess) match
el partido	match, game
el patinaje	skating
la pesca	fishing
el pescador, la pescadora	fisher
la pista	track
el premio	prize, award
el toreo	bullfighting
el torero	bullfighter
el toro	bull
vencer (z)	to defeat

260 *Capítulo nueve*

CAPÍTULO DIEZ

LAS NOTICIAS

Vocabulario. In this chapter you will talk about current events.

Gramática. You will discuss and use:
1 The imperfect tense
2 The distinctions between the preterit and the imperfect

Pronunciación. You will discuss and practice the rhythmic and intonational patterns of Spanish sentences.

Cultura. The dialogs take place in the Central American countries of Costa Rica and Guatemala.

¿Qué aconteció la semana pasada?

¿Qué sucedió? ¿Qué pasó?

Más inflación: subió el costo de la vida.

Guerrilleros atacaron el ejército, lucharon en las calles, nación en guerra.

El Papa visitó a los creyentes en México.

Hubo manifestación en el Panamá, alumnos protestaron contra nuevos reglamentos.

Asesinaron al jefe de policía, investigaron inmediatamente al líder de los guerrilleros.

Hubo terremoto ayer en Guatemala. Miles de heridos y unos muertos.

Costa Rica ganó otra vez en fútbol.

Se declaró una huelga de obreros, piden un aumento, va a haber tremendo impacto en la economía nacional.

---

acontecer (zc) *to happen* **suceder** *to happen* **subir** *to climb, to rise* **el ejército** *army* **la guerra** *war* **el, la creyente** *believer* **la manifestación** *demonstration* **el alumno, la alumna** *pupil, student* **el terremoto** *earthquake* **el herido, la herida** *injured, wounded person* **el muerto, la muerta** *dead person* **la huelga** *strike* **el obrero, la obrera** *worker* **el aumento** *increase, raise*

Capítulo diez

Nacieron cuatrillizos en Managua.

Experimentos agrícolas produjeron mejores semillas en Belice.

Hubo incendio en Tegucigalpa[2]. Se quedaron cinco familias sin casa.

Nueva fábrica de tractores en Guatemala.

El presidente pronunció un discurso en la reunión de la Federación Panamericana sobre la intervención militar en la capital, los derechos humanos, la superpoblación y el control de la natalidad.

· **¿Qué hay de nuevo?** ·

Hay varios medios para informarse de los { sucesos. / acontecimientos. }

prender
poner   } la radio
apagar

el periódico, la prensa
las secciones sociales,
deportivas . . . , anuncios

el televisor, la televisión
el canal, el noticiero
un reportaje especial, un documental

---

los cuatrillizos *quadruplets*   **la semilla** *seed*   **el incendio** *fire*   **los derechos humanos** *human rights*   **la natalidad** *birth*   **¿Qué hay de nuevo?** *What's new?*   **el suceso** *event*   **el acontecimiento** *event*   **prender (poner) la radio** *to turn on the radio*   **apagar (gu)** *to turn off*   **la prensa** *press*   **el noticiero** *news program*   **el reportaje** *news story, report*

[2]The seven Central American capitals are

Tegucigalpa, Honduras
la ciudad de Guatemala, Guatemala
la ciudad de Belice, Belice (*formerly* Honduras Británica)
San Salvador, El Salvador
Managua, Nicaragua
San José, Costa Rica
la ciudad de Panamá, Panamá

Las noticias 263

Preguntas

1. ¿Cuándo prende usted la radio[1]?   2. ¿Qué escucha usted en la radio, música, noticias, deportes?   3. ¿Qué mira usted en la televisión?   4. ¿Cuántas horas pasa usted frente al televisor cada día?   5. ¿Hay canales públicos en esta región? ¿Qué programas salen en el canal público? ¿Puede usted comparar los programas del canal público con los de otros canales?   6. ¿Es buena la televisión o es mala? ¿Por qué?   7. ¿Cómo se informa usted de las noticias? ¿Le interesan mucho las noticias del día?   8. ¿Ve usted el noticiero todas las noches? ¿A qué hora lo ve?   9. ¿Lee usted el periódico? ¿Qué sección le gusta más?   10. ¿Lee usted los anuncios de comida? ¿De ropa?   11. ¿Qué revistas lee usted? ¿Por qué las lee? ¿Qué lee su padre? ¿Su mamá?   12. ¿Ocurrió una cosa muy importante ayer? ¿Cómo lo supo usted?

Asociaciones.
¿Qué noticias asocia usted con las personas y nombres que siguen?

MODELO   el Papa → **El Papa viajó a muchos países el año pasado y les habló a muchos creyentes.**

1. el béisbol
2. El Salvador
3. el costo de la vida
4. la política en Centroamérica
5. las nuevas películas
6. el tiempo

El noticiero.
¿Cuáles de los problemas que siguen le interesan más? ¿Cuáles son tres que no le interesan? ¿Cuál es el problema más urgente? ¿Qué información sabe usted sobre estas cuestiones?

1. la música
2. el cine, las películas
3. la política de la administración actual, del mundo
4. los deportes
5. el crimen
6. las diversiones
7. la situación en Centroamérica   Also: **El Medio Oriente.**
8. los experimentos científicos en la agricultura   Or: **en la bioquímica o la genética.**
9. la economía
10. los desastres naturales (terremotos, huracanes . . .)
11. los derechos humanos
12. la superpoblación y el control de la natalidad

---

[1] Some Spanish speakers say **el radio**, others **la radio**. The wavering is rooted in the difference between **la radiodifusión** *radio broadcasting* and **el receptor de la radiodifusión** *radio receiver*. This book will use **la radio** in all cases.

San José, Costa Rica, ciudad moderna.

Assignment: Students adapt the dialog and present it from opposite perspective: there used to be democracy, now there is dictatorship.
Associated vocabulary: **estado de sitio; la ley marcial; imponer; dictador; dictadura; el régimen** (plural, **los regímenes**).

I. El imperfecto

- Muy de noche en un apartamento en San José, Costa Rica[1]. Un reloj da la una. Entra Ernesto bostezando.

ERNESTO ¿Qué hacías todo este tiempo, querida? Estabas tan callada.
LINA Leía un artículo en *La Nación*. ¿Sabías que antes había censura del gobierno? ¡Y nosotros los ticos[2] teníamos dictador!
ERNESTO Sí, yo sabía todo eso. Mi mamá siempre me contaba de la vida de ella cuando era joven. Mi abuelo era general.
LINA ¿Te imaginas que no había elecciones libres y la gente no votaba?
ERNESTO Pues, nuestros padres y los padres de ellos protestaban y si algún día nos toca a nosotros, vamos a protestar también.

1. ¿Qué hacía Lina todo ese tiempo?   2. ¿Qué había antes en Costa Rica? ¿Qué tenían?   3. ¿Qué le contaba la mamá de Ernesto? ¿De qué trabajaba su abuelo?
4. ¿Por qué no votaba la gente antes?

Very late in an apartment in San José, Costa Rica. A clock strikes one. Ernesto enters yawning. ERNESTO: What were you doing all this time, darling? You were so quiet. LINA: I was reading an article in *La Nación*. Did you know that there was (used to be) government censorship? And we Costa Ricans had a dictator! ERNESTO: Yes, I knew all that. My mother used to tell me about her life when she was young. Her father was a general. LINA: Can you imagine that there were no free elections and the people didn't vote? ERNESTO: Well, our parents and their parents protested and if someday our turn comes (it touches us), we will protest, too.

---

[1]**Costa Rica**, about the size of West Virginia, has a population of 2½ million. **San José** (population 1 million), like several other Central American capitals, is situated in a central valley surrounded by high mountains.
[2]Costa Ricans, properly called **costarricenses**, are known as **ticos**.

Las noticias

A To form the imperfect tense of all **-ar** verbs, add the endings **-aba, -abas, -aba, -ábamos, -abais, -aban** to the stem of the infinitive. The **nosotros**-form has a written accent.

	hablar
hablaba	hablábamos
hablabas	hablabais
hablaba	hablaban

B To form the imperfect tense of regular **-er** or **-ir** verbs, add the endings **-ía, -ías, -ía, -íamos, -íais, -ían** to the stem of the infinitive. All forms have written accents.

comer			vivir	
comía	comíamos		vivía	vivíamos
comías	comíais		vivías	vivíais
comía	comían		vivía	vivían

C Stress falls on the ending, not the stem, in all six imperfect forms. Stem-changing verbs, therefore, never change their stem in the imperfect.

INFINITIVE	PRESENT (STEM CHANGES)	IMPERFECT (NO CHANGE)
costar (ue)	cuesta	costaba
tener (ie)	tiene	tenía

Cuesta mucho ahora, pero antes costaba mucho también.
It costs a lot now, but it also cost a lot before.

Guatemala tiene muchos problemas hoy, pero antes tenía más.
Guatemala has a lot of problems today, but before it had more.

D Only three verbs are irregular in the imperfect: **ir, ser,** and **ver**.

ir			ser			ver	
iba	íbamos		era	éramos		veía	veíamos
ibas	ibais		eras	erais		veías	veíais
iba	iban		era	eran		veía	veían

E **Haber,** which has the form **hay** in the present, in the imperfect has the form **había** *there was, there were.*

266 *Capítulo diez*

F The imperfect tense is used:

1. To express customary or repeated past actions.

Hablaba a sus generales cada vez que los veía.	He would speak to his generals each time he would see them.
De vez en cuando veíamos un reportaje sobre otra manifestación.	Sometimes we would see a report about another demonstration.

2. To express past actions as being then in progress.

Durante su administración la situación mejoraba.	During his administration the situation was improving.
La madre se preocupaba por su familia.	The mother was worrying about her family.

3. To describe situations or conditions that existed for an indefinite period of time.

Cuando yo era joven, trabajaba de periodista.	When I was young, I worked as a reporter.
Llovía en todo el país.	It was raining all over the country.

4. To describe past mental or emotional states.

Los obreros estaban contentos con el aumento.	The workers were happy with the increase.
Sabía que había muchos problemas.	She knew there were many problems.

5. To express the time of day or the age of people or things in the past.

Era la una y media.	It was one thirty.
El presidente sólo tenía treinta años.	The president was only thirty.

G The imperfect has several possible equivalents in English.

Ellos estudiaban juntos.
- *They used to study together.*
- *They were studying together.*
- *They studied together (often, from time to time).*
- *They would study together (whenever they could).*

H Because the singular forms of a verb in the imperfect are identical in the first and third persons, subject pronouns are often used with them for clarity. However, if a reflexive pronoun removes the ambiguity, no subject pronoun needs to be used.

Yo sabía que ella escuchaba el canal público.	I knew she listened to the public channel.
Horacio pensaba que me iba a Belice.	Horacio thought I was leaving for Belice.

Las noticias

EJERCICIOS

A La sustitución

1. Cleto estudiaba los domingos. (nosotros, José María, mis amigos)
2. Cuando María Luisa era joven, iba mucho a la playa. (yo, tú y Clara, nosotras)
3. Mi papá viajaba mucho cuando era joven. (nosotros, Susana, ustedes)
4. Antes leía el periódico *La República*. (los universitarios, tú, nosotros)
5. Yo tenía 18 años cuando empecé en la universidad. (nosotros, mi hermana, ellas)
6. Mi hermano era terrible cuando era joven. (Héctor, mis sobrinos, Braulio Carrillo y yo)

B Hola, estamos en el aire. *Hi, we're on the air.*
Take the part of José Gómez, a disc jockey with a popular call-in radio program in Tegucigalpa, and respond to the callers' comments. Point out that things are pretty much the same as they used to be.

MODELO Ahora hay mucha inflación. → **Y antes había mucha inflación.**

1. Ahora el costo de la vida sube todos los años.
2. Hay muchas huelgas.
3. Los trabajadores producen mucho.
4. La gente se queja mucho.
5. Nosotros pagamos mucho por autos nuevos.
6. La comida cuesta mucho.
7. Pocos turistas vienen al país.
8. Muchos de nuestros jóvenes se van del país.

C Nada nuevo bajo las estrellas. *Nothing new under the stars.*
When Pepe tells you about his sister, say you did the same thing when you were young.

MODELO Puede salir con sus amigos. → **Yo podía salir con mis amigos cuando era joven.**

1. Cuenta historias a mi hermano.
2. Tiene bicicleta.
3. Dice que no tiene problemas.
4. Quiere mucho a sus amigos.
5. Duerme hasta las ocho todos los días.

D Historia de una amistad.
Complete the story about a friendship, using appropriate imperfect-tense forms of the verbs in the key.

Cuando yo (1)____ joven, yo (2)____ con mis hermanos. Nosotros no (3)____ patio en casa. Yo (4)____ una amiga que (5)____ Amelia. La familia de Amelia (6)____ cerca de nosotros. Ella (7)____ a otra escuela así que no (8)____ durante la semana. Nosotros (9)____ muchos días lindos juntos. A veces mis hermanos (10)____ jugar con nosotros pero no los (11)____. Nosotros (12)____ estar solos.

1. ser
2. jugar
3, 4. tener
5. llamarse
6. vivir
7. asistir
8. verse
9. pasar
10. querer
11. permitir
12. preferir

E Antes del terremoto. Tell what used to go on in this dusty town when it was a great city before the earthquake. Using the verbs **ser, ir,** and **ver,** tell who the people were, where they used to go, and whom they used to see, as suggested by the cues.

MODELO Jorge Ubico[3] / rico / cantina / amigos → **Jorge Ubico era rico. Iba al café y veía a sus amigos.**

1. nosotros / pobres / ciudad / primos
2. yo / nadadora / mar / los jóvenes
3. tú / periodista / teatro / amigas
4. el tío de Teresa / ingeniero / centro / obreros
5. la gente / feliz / estadio / futbolistas

F Fernando sudaba petróleo. In 1982 Fernando was having a tough time in Mexico City. He wrote the following letter to his cousin in Huehuetenango, Guatemala. Change the numbered verbs from the present to the imperfect.

Querida prima,
Yo sé que te dije que (1) vuelvo a Huehuetenango. Te escribo ahora para decirte que decidí quedarme aquí.

(2) Quiero decirte por qué (3) pienso irme de México. La comida me (4) cuesta mucho y no me (5) gusta la vida de una ciudad grande. (6) Veo a tanta gente que (7) sufre en la calle. (8) Hay mucha contaminación del aire. Cuando (9) salgo de noche les (10) tengo miedo a los criminales. (11) Creo que (12) me vuelvo loco.

Entonces un día entendí el problema que (13) tengo. (14) Me siento así porque (15) vivo en el pasado. (16) Recuerdo nuestra vida en Huehuetenango y la (17) comparo con la de la capital. ¿Cómo es posible?

Hasta pronto,
Fernando

• **ENTREVISTA**   Supply useful vocabulary: **perro, gato**[N]**, pájaro**[N]**, loro, pez**[N]**, tortuga**[N]**,** etc.

Either in pairs or in groups, interview each other about your childhood. Use the following questions or any others you feel are appropriate.

1. ¿Dónde vivías cuando eras más joven?   2. ¿Cómo era tu casa?   3. ¿Vivías cerca o lejos de tus abuelos?   4. ¿Cómo eran ellos?   5. ¿A qué escuela asistías cuando tenías ocho años?   6. ¿Qué te gustaba hacer de niño(a)?   7. ¿Dónde y con quién jugabas?   8. ¿Tenías un animal en casa?   9. ¿Trabajaba tu mamá? ¿Dónde te quedabas cuando ella trabajaba?   10. ¿Qué querías ser cuando eras niño(a)?   11. ¿En qué creías antes pero ya no?   12. ¿Había una cafetería en tu escuela primaria?   13. ¿Jugabas a los deportes? ¿Cuáles eran tus favoritos?   12. ¿Tomabas cerveza en la escuela?   13. ¿Jugabas a los deportes mucho?   14. ¿Adónde iba tu familia de vacaciones?   15. ¿Qué te gustaba de la escuela? ¿Qué no te gustaba?   16. ¿Eran amables tus profesores?   17. ¿Salías con los chicos (chicas) cuando tenías catorce años?   18. ¿Veías mucha televisión? ¿Cuáles eran tus programas favoritos?   19. ¿Eras más feliz antes que ahora?   20. ¿Qué hacías durante el verano?

---

[3]Notorious dictator of Guatemala, 1931–1944.

II. El imperfecto en contraste con el pretérito

- *La casa de una familia ladina[1], los Arévalo, en el pueblo de Santiago Atitlán[2], Guatemala.*

JOAQUÍN   ¿Oíste el noticiero esta tarde?
LETICIA   Sí, lo escuchaba mientras planchaba la ropa.
JOAQUÍN   ¿Dijeron algo sobre el terremoto que hubo en Managua? Me decía Jaime en el autobús que ocurrió anteanoche mientras la gente dormía.
LETICIA   No oí nada de eso. ¿Dónde estaba yo? Creo que en la cocina . . .
JOAQUÍN   La Cruz Roja mandó quinientos voluntarios a la región. En un pueblo cercano pereció más de la mitad de la población porque celebraban una fiesta y estaban en la calle cuando se derrumbaron los edificios.
LETICIA   ¡Dios mío, qué tragedia!

1. ¿Qué hacía Leticia mientras escuchaba las noticias? ¿Oyó algo sobre el terremoto en Managua?   2. ¿Cuándo ocurrió el terremoto?   3. ¿Qué hizo la Cruz Roja?   4. ¿Por qué perecieron tantas personas en un pueblo cercano?

The home of a Ladino family, the Arévalos, in the town of Santiago Atitlán, Guatemala. JOAQUÍN: Did you hear the news this afternoon? LETICIA: Yes, I was listening to it while I was ironing the clothes. JOAQUÍN: Did they say anything about the earthquake in Managua? Jaime was telling me on the bus that it occurred the night before last while the people were sleeping. LETICIA: I didn't hear anything about that. Where was I? I think in the kitchen . . . JOAQUÍN: The Red Cross sent five hundred volunteers to the region. In a nearby town more than half the population perished because they were celebrating a holiday and were in the street when the buildings crumbled. LETICIA: My God, what a tragedy!

[1]**Ladino** first meant a Moor who spoke Latin or Spanish. In much of the Hispanic world, the term now refers to the language of the Sephardic Jews whose ancestors were expelled from Spain in 1492. In Guatemala, anyone who speaks Spanish is classified a **ladino**; people still speaking Indian languages and holding to traditional ways in rural areas are designated **naturales**.

[2]**Santiago Atitlán**, a large town on a hill beside volcano-rimmed **Lago Atitlán**, is famous for its women's market, where Indian weavers sell their work.

Adaptation: Have students work in groups on a similar scene based on another natural disaster in a different locale. Useful vocabulary: **inundación**[N]; **huracán; rescatar** *to rescue.*

A   Spanish has several verb forms used to report past actions and conditions. A speaker chooses one form or another depending on the way the event is viewed.

B   If a past action or condition is viewed as being completed, the preterit is used. If any time limit, however long or short, is specified for the past action or condition, the preterit, not the imperfect, must be used. (The preterit is also used to mention the beginning or end of something in the past, since the beginning or end itself was over the instant it happened.) The preterit gives a simple report; it invites the listener to wonder what comes *next.* Time expressions like **ayer** *yesterday* or **dos veces** *twice* often reinforce the notion introduced by the preterit that the event or series of events is completed.

Rubén Darío (1867–1916), nicaragüense, poeta máximo del modernismo literario hispanoamericano.

Ayer terminaron con la censura en el Panamá.	Yesterday they ended censorship in Panama.
Por fin el periodista explicó el acontecimiento.	Finally the reporter explained the event.
Estuvimos en Tegucigalpa el verano pasado.	We were in Tegucigalpa last summer.
Empecé el libro que describe la vida del general.	I started the book that describes the general's life.

C The imperfect is used when the speaker focuses on an action or condition as something going on in the past. The imperfect often invites the listener to wonder what *else* happened in the same context. Patterns of habitual action, mental states, descriptions of the way things looked or sounded, the time of day, and other background conditions in the past are typically reported with verbs in the imperfect; the speaker's interest is not in their start or end, but just that they were existing. Time expressions like **siempre** *always*, **los domingos** *Sundays*, or **mientras** *while* often reinforce the focus of the imperfect verb form on the ongoing or habitual aspect of the event.

Todas las mañanas íbamos a la fábrica.	Every morning we would go to the factory.
Nunca escribían mucho sobre el gobierno cuando Jorge Ubico era presidente.	They never wrote much about the government when Jorge Ubico was president.
Siempre nos prometían un aumento.	They always used to promise us a raise.

Las noticias

D Often the preterit and imperfect are used in the same sentence to report that an action that was in progress in the past (expressed with the imperfect) was interrupted by another action or event (expressed with the preterit).

Paco miraba la televisión cuando Teresa lo llamó.	Paco was watching television when Teresa called him.
Encontraron a los guerrilleros que buscaban.	They found the guerrillas they were looking for.
Las cosas andaban mal cuando tuvieron las elecciones.	Things were going badly when they had the elections.

Study the following paragraph. The tense of each numbered verb is explained below.

Anoche miraba (1) un programa de televisión en el canal dos cuando interrumpieron (2) para dar una noticia sobre una intervención militar en Managua. El líder era (3) un joven que sólo tenía (4) 29 años pero era (5) muy popular con los estudiantes y los obreros. En un discurso especial el Presidente de la República pidió (6) calma y prometió (7) investigar inmediatamente los problemas económicos del país. Como resultado, la mayoría del ejército nacional fue (8) a la capital donde la gente todavía luchaba (9) en las calles. No se sabía (10) qué impacto tuvieron (11) los acontecimientos en la reunión de la Federación Panamericana pero sí llamaron (12) la atención a la necesidad de mejorar la política de ese país.

1. **miraba**—an action that was going on, no reference to when it started or ended.
2. **interrumpieron**—a sudden action that interrupted what was going on.
3. **era**—description of age.
4. **tenía**—description of how old he was.
5. **era**—description of how he was perceived by others.
6. **pidió**—he asked and then that action was over.
7. **prometió**—this refers to the promise the President gave at that time.
8. **fue**—as a reaction, the army went to the capital.
9. **luchaba**—**todavía** is the key that indicates the action was still going on.
10. **se sabía**—mental activity.
11. **tuvieron**—refers to the impact the events had as a reaction.
12. **llamaron**—the events instigated calling attention to a need.

EJERCICIOS

A **La sustitución.** Restate each sentence, adding a cue word or phrase and changing the verb to the appropriate past tense signalled by it.

MODELO   Sube el costo de la vida.
                (antes) → **Antes subía el costo de la vida.**
                (ayer) → **Ayer subió el costo de la vida.**

1. Miguel prende la radio. (anoche, todos los días, ayer, el sábado)
2. Hay un terremoto en Guatemala. (el año pasado, una vez, todos los años)
3. La Argentina gana en fútbol. (en 1978, casi siempre, tres veces, todos los años)
4. El presidente da un discurso. (ayer, de vez en cuando, a veces, siempre, anoche)
5. El Papa visita Centroamérica. (el año pasado, dos veces, antes, todos los años)

Voluntarias sandinistas en Nicaragua.

B Elena la enterada. Elena used to be well informed but has decided that no news is good news. Take Elena's part and tell her friend about some of the upsetting news she heard, using the preterit or imperfect as appropriate.

MODELO Todos los días prendemos la radio temprano. → **Todos los días prendíamos la radio temprano.**

1. Siempre escucho el noticiero por la noche.
2. En el noticiero hay muchas noticias tristes.
3. Una mujer asesina al jefe de policía de Nicaragua.
4. Un terremoto ocurre en la ciudad de México.
5. Los obreros declaran una huelga en El Salvador.
6. Cierran la universidad en la capital.

C ¿Cara o sello? *Heads or tails.* Choose the correct form of the verbs.

MODELO Cuando (ocurría, ocurrió) el terremoto, toda la población (dormía, durmió). → **Cuando ocurrió el terremoto, toda la población dormía.**

1. Nosotros (llegamos, llegábamos) tarde a la manifestación porque no (supimos, sabíamos) cómo llegar al lugar y (tuvimos, teníamos) que preguntar.
2. Cuando Jorge (salió, salía) de casa hoy, (llovió, llovía) y por eso (volvió, volvía) a su apartamento y (se puso, se ponía) el impermeable.
3. Lucía (estuvo, estaba) en Nicaragua cuando (empezó, empezaba) la huelga de obreros. Ella (vio, veía) las manifestaciones y a toda la gente que (caminó, caminaba) por las calles.

D El noticiero. Complete the following sentences with appropriate information, using verbs in past tenses.

MODELO José Figueres, presidente de Costa Rica entre 1953 y 1958, . . . → **José Figueres, presidente de Costa Rica entre 1953 y 1958, hizo un viaje a México.**

1. Ayer, en la televisión el presidente . . .
2. La semana pasada, la Cruz Roja . . .
3. Murieron muchos pobres mientras . . .
4. Antes, los jefes políticos . . .
5. En el fútbol, los Atléticos de Tegucigalpa . . .
6. Dos personas perecieron en el accidente porque . . .
7. Los guerrilleros llegaron a la capital y . . .
8. Según *El Diario de Costa Rica,* el costo de la vida . . .

Examples of completions: 1. dio un importante discurso. 2. salvó a treinta campesinos. 3. esperaban la ayuda del gobierno. 4. podían censurar los periódicos. 5. ganaron tres partidos seguidos. 6. no estaban bien preparados. 7. entraron al Palacio Nacional, que ya estaba desierta. 8. subió 80 por ciento el año pasado.

E ¡Hay ladrones en la casa!   Change the numbered verbs in the following story to the appropriate past tenses.

(1) Es una noche de invierno. Susana y su esposo Jaime (2) duermen. En la sala (3) están todos los regalos del Día de Reyes[3]. (4) Hay obras de arte y ropa muy cara. Jaime y Susana no (5) piensan guardar esos regalos en otro lugar porque en la sala (6) están bien.

A las doce en punto un hombre (7) entra en la casa. (8) Es el hombre a quien la policía (9) busca desde el sábado. (10) Va a la sala y (11) abre la puerta. Se (12) pone muy contento cuando (13) ve los regalos allí. El hombre (14) hace cuatro viajes para poder llevar todos los regalos a su auto. Jaime y Susana no lo (15) escuchan cuando (16) entra y no lo (17) ven cuando se (18) va. Cuando ellos se (19) despiertan y (20) bajan para ver los regalos, éstos ya no (21) están allí. Susana (22) llama a la policía y Jaime se (23) sienta y (24) empieza a llorar.

Vamos a ver si usted comprendió la historia.   1. ¿Qué estación del año era?   2. ¿Qué hacían Susana y su esposo?   3. ¿Qué había en la sala?   4. ¿Qué pasó a las doce?   5. ¿Adónde fue el hombre?   6. ¿Cuántos viajes hizo a su auto?   7. ¿Qué hizo Susana? ¿Y Jaime?

Exercise E: Assignment: Students change ending of story after number 20 to a **desenlace** in which the **ladrón** does not escape as easily.

- **ENTREVISTA**

With a classmate, conduct the following interview.

The **periodista** *(journalist)* will ask Martín when he arrived in Santa Ana[4], where he lived before he moved there, when he became a member of the Red Cross, what he was doing in Nicaragua, and why he left.
Martín will tell the journalist that he came to Santa Ana in 1985, that his family lived in Mexico when he was young, that he went to Nicaragua when he was 20, that he was in Managua for 8 months because he wanted to help the people, that there was a fire in the house where he was living, and he had to leave.

The following cues should help you with each exchange.

1. *P:* cuándo / llegar / Santa Ana
   M: venir / 1985
2. *P:* dónde / vivir / antes / mudarse aquí
   M: cuando / ser / joven / familia / vivir / México
3. *P:* cuándo / hacerse / miembro / Cruz Roja
   M: cuando / tener / 20 años / a / Nicaragua
4. *P:* qué / hacer / allí / y por qué / irse
   M: estar / 8 meses / Managua / porque / querer / ayudar a la gente
5. *P:* qué / pasar / después
   M: haber / incendio / casa / así que / irme

---

[3]Many Hispanics exchange presents not on Christmas but on January 6, the Day of the Three Kings who came bearing gifts to see the infant Jesus.
[4]**Santa Ana**, center of El Salvador's coffee district, is located high in the mountains, within sight of the **Izalco** volcano and the volcanic **Lago Coatepeque**.

- ## CUESTIONARIO

1. ¿Trabajaba o estudiaba usted el año pasado?   2. Y anoche, ¿trabajó o estudió?
3. Cuando era niño(a), ¿qué hacía los fines de semana?   4. ¿Qué hizo usted el fin de semana pasado?   5. ¿Veía usted muchas películas cuando era más joven?
6. ¿Qué película vio usted el mes pasado?   7. ¿Qué tiempo hacía cuando usted se levantó esta mañana?   8. ¿Qué hora era cuando usted se acostó anoche?
9. ¿Estaba cansado(a) usted hoy cuando llegó a la universidad?   10. Anoche, ¿qué hizo usted cuando terminó de comer?   11. ¿Qué vio usted cuando venía a la clase?   12. ¿Qué hacía usted cuando el profesor entró hoy?   13. ¿Estudiaba usted mucho cuando estaba en la escuela secundaria?   14. ¿Qué acontecimiento importante ocurrió el mes pasado?   15. ¿Qué hacía usted cuando oyó la noticia?

READING FOR COMPREHENSION

Like listening comprehension, reading comprehension involves recognizing key vocabulary and extracting meaning. With a written text, however, you can take more time to study what is in it. Be prepared to read through an unfamiliar passage in Spanish at least twice. (You probably read some assignments for other courses twice, and they are in your native language. Reading an assignment twice in Spanish is not unreasonable.)

Make a sincere attempt to put off using the vocabulary at the back of the book or your bilingual dictionary. Some people tackle a reading passage by looking up every word and writing its translation between the lines. This bit-by-bit approach fragments the passage and makes overall comprehension difficult; it is also time-consuming and so tedious that the reader's mind is certain to wander.

The first step in reading an assignment in Spanish is to look through the passage for major clues to its meaning. Note the title, headings and subheadings, pictures with captions, and topic sentences. Those clues should help you put together a skeleton outline of the content, which you may want to write down. If you are reading a passage in your textbook, look at the comprehension questions that accompany it. Read the questions *before* the passage—they are excellent indications of what the authors believe is important. As you read, you can be on the lookout for answers to the questions.

Next, read quickly through the passage. Do not look up the meanings of unfamiliar words at this time. Where there are gaps in your comprehension, mark the place or make a note to yourself.

Now you are ready for an in-depth reading. Go back through the passage slowly and carefully, trying to fill in the gaps in your understanding. This is the point at which to begin looking up words you don't know.

When you have finished with a reading, you should be able to summarize its content to yourself, a classmate, or the instructor. A good way to check your understanding is to make up comprehension questions of your own. If you are able to do that, you have understood the content well.

If major gaps remain in your understanding, read the selection a third time, pinpointing the problems. Perhaps specialized vocabulary or unfamiliar idiomatic expressions are blocking your understanding. If the passage is fiction, its use of figurative language or its tone may be tripping you up. With practice, you will become more adept at recognizing and solving such problems. The ability to read in a second language will be an advantage and pleasure for the rest of your life; learning the skill in Spanish is worth conscious effort.

· Pronunciación ·

Many people think Spanish is spoken at a faster rate than English. The illusion is created by the characteristic rhythm and intonation of the language, not because Spanish speakers speak more rapidly than English speakers.

RHYTHM

Spanish syllables are the same length whether they are stressed or not. When English syllables are stressed, they are drawn out; unstressed syllables are shortened. This difference in stress creates a different rhythm for each language.

Listen as your instructor pronounces the following proverbs. Repeat them aloud, paying careful attention to the rhythm.

Es me-jor pre-ca-ver que te-ner que la-men-tar.

It's better to be safe than sorry.

Di-me con quién an-das y te di-ré quién e-res.

Tell me who your friends are and I'll tell you who you are.

INTONATION

Intonation, the rise and fall in the pitch of a speaker's voice, also differs between Spanish and English. Spanish speakers differentiate questions and statements by a rise or fall in the pitch of the voice at the end of the sentence. English speakers vary the rise and fall of the voice more often and use a greater range of pitches than Spanish speakers.

Question: ¿Sabías todo eso?   Did you know all that?

Statement: Yo sabía todo eso.   I knew all that.

Listen to the following sentences, and repeat them aloud.

1. Es buena la televisión.
2. ¿Cuándo prende usted la radio?
3. ¿Hay canales públicos aquí?
4. Mi abuelo era presidente.
5. ¿Estaban contentos los obreros?

· *Primero, las malas noticias* ·

En el Mercado Coca-Cola[1] de San José, Costa Rica.

CAROLA Escuchaba el noticiero en el auto, mientras venía para acá, y me horioricé.
JAVIER ¿Por qué? ¿Las noticias eran malas?
CAROLA ¡Todas! Parecía mentira. Después compré una revista, y no vi nada agradable allí.
JAVIER Hay demasiadas tensiones en todas partes: guerrilleros, asesinatos de líderes[2] políticos, inflación. Mi padre siempre me decía que el mundo estaba loco cuando él era joven. Creo que estamos en las mismas.
CAROLA Estoy de acuerdo contigo. Cuando era niña, todo me parecía sencillo. No sabía nada del costo de la vida, del aumento de los precios, de las huelgas . . . Vivía en paz.

* * *

ELISA ¡Hola! Tengo prisa. Cuando volvía del supermercado me di cuenta que necesitaba fruta y tuve que volver. También quería decirles que esta noche televisan un programa especial por el Canal Cinco desde el Teatro Nacional[3]. El lunes pasado hubo un programa parecido y fue excelente. ¡Hasta luego!
CAROLA ¡Qué muchacha ésa! Antes se preocupaba mucho de lo que ocurría en el mundo, pero desde que terminó los estudios . . .
JAVIER Bueno, a veces más vale así. Y nos dio una información interesante.
CAROLA ¿Sabías que antes no me gustaba la televisión? Pero después me convencí de que sí hay algunos programas que valen la pena.

* * *

PEDRO ¿Supieron la noticia? ¿Qué les parece? ¡Verdadero milagro!
CAROLA ¿De qué hablas, Pedro?
PEDRO ¿No leyeron el periódico hoy? ¿Recuerdan los arqueólogos que trabajaban cerca de Cartago[4]?
JAVIER ¿Qué pasó? La cajera comentaba sobre eso esta mañana en el banco pero no le puse mucha atención.
PEDRO Pues, encontraron unas ruinas interesantes. Creen que son de los indios que vivían en la región.
CAROLA Cuando llegaste tú, Pedro, hablábamos de las malas noticias. Me alegra oír unas buenas. ¡Ya era tiempo!

---

horrorizarse (c) *to be horrified*   **la mentira** *lie*   **¡Parece mentira!** *You wouldn't believe it!*
demasiado *too much,* pl *too many*   **en las mismas** *in the same situation*   **sencillo** *simple*   **la paz** *peace*   **hola** *hi*   **darse cuenta (de)** *to notice, to realize,*   **más vale así** *it's better this way*   **valer la pena** *to be worthwhile*   **verdadero** *authentic, true, genuine*   **el milagro** *miracle*   **el cajero, la cajera** *teller*   **poner atención a** *to pay attention to*   **alegrarse** *to be happy*

Las noticias

PREGUNTAS

1. ¿Dónde escuchaba el noticiero Carola?   2. ¿Las noticias eran buenas o malas?   3. ¿Cómo eran las noticias en la revista?   4. ¿Qué decía siempre el padre de Javier?   5. ¿Cree usted que el padre de Javier murió? ¿Por qué?   6. Cuando Carola era niña, ¿qué cosas no sabía?   7. ¿Para qué vino Elisa a ver a Carola y Javier?   8. ¿Le interesaba a Carola la televisión antes? ¿Por qué cambió?   9. ¿Cuál era la noticia que trajo Pedro?   10. ¿Ya sabía Javier algo sobre la noticia? ¿Cómo la supo?

Notas culturales

1. An important avenue and the city's second largest market are named **Coca-Cola,** perhaps as the result of large signs formerly displayed. United States influence in Costa Rica is very noticeable.

2. In Mexico and other countries close to the United States, English words like **líder** *leader,* **mitin** *meeting,* and **film** are slowly seeping into Spanish. Some technical terms will inevitably enter the language, but others, having equivalents in Spanish, are resented by many careful speakers and should usually be avoided by visitors.

3. San José's **Teatro Nacional** building, modeled after the Opera Comique of Paris, was inaugurated in 1897. It is a treasure chest of turn-of-the-century art work. Its marvelously preserved interior glitters with gold, alabaster, and mirrors. More than 300 performances are staged there every year.

4. **Cartago** was the administrative center of Costa Rica from 1563 to 1821, when Costa Rica won its independence and San José became its capital. Located in a rich coffee-growing area on the central plateau, it was totally destroyed in 1723 by an eruption of the **Irazú** volcano. Partially rebuilt, it was destroyed again by earthquakes in 1822, 1841, and 1910. Its buildings today are squat structures designed to resist earthquakes.

• Actividades •

Additional question(s) can be formulated with **¿Cuándo?** or **¿A qué hora?** plus verbs in preterit or imperfect.

Los sospechosos.   Imagine that a break-in occurred last night. Two students, **los sospechosos** *suspects,* leave the room to devise their alibi. After a few minutes, call one of the suspects back into the room to answer your questions. Take notes on the answers, and be sure the second suspect is out of earshot. Then send the first suspect back out of the room and call in the second. If the second suspect's answers corroborate those of the first, they are **inocentes,** but if they contradict each other, both are **culpables** *(guilty).* Use the following questions or others of your own.

1. ¿Qué hiciste anoche? ¿Con quién estabas?   2. ¿Adónde fueron?   3. Si fueron al cine, ¿qué película vieron?   4. ¿Dónde se sentaron?   5. ¿Había mucha o poca gente allí?   6. ¿Comieron algo? ¿Qué comieron? ¿Cuánto costó? ¿Quién pagó?   7. ¿Quién les sirvió la comida? ¿Cómo era él o ella?   8. ¿Cómo llegaron al lugar donde fueron? ¿Fueron en auto? ¿En autobús?   9. ¿Cómo era el auto? ¿De qué color era?   10. ¿Quién condujo el auto?   11. ¿Qué ropa llevabas? ¿Y su amigo o amiga? ¿De qué color eran tus pantalones?   12. ¿A qué hora volvieron a casa?   13. ¿Dónde vive su amigo?   14. ¿Cuántas horas pasaron juntos anoche?   15. ¿De qué cosas hablaron?

Una avenida en la Ciudad de Guatemala. ¿Se parece a su ciudad?

Situaciones

1. In groups of five or six, prepare a **noticiero.** Each person should contribute one news item, preferably relating to the Hispanic world, based on recent media reports, like the following:

   ### BAJAN LOS PRECIOS DEL CAFÉ

   Los responsables de la política económica costarricense se preocupan por los precios cada día más bajos del café. El café representa históricamente más de la mitad del dinero que Costa Rica gana de otros países. Cuando los precios del café bajan, la inflación se pone peor y hay más huelgas.

   The groups may decide to set up their **noticiero** as a panel discussion in which one person announces a news item and the others ask questions to obtain more details and to comment on the importance of the event. For example:

ANA	Costa Rica tiene un problema urgente.
BETO	¿Y cuál es el problema, Ana?
ANA	Los precios del café están muy bajos.
COTA	¿Qué puede hacer el gobierno?
ANA	El gobierno va a mandar un representante a Wáshington.

2. You are applying for a job with a Spanish-language TV station in this country. Compose a short description in Spanish of your personal and educational background, your knowledge of Spanish, and on-the-job experience.

3. Imagine that it is 40 years from today and you are talking to your grandchildren about the time you spent in college. Mention your daily routine, the courses you took, your professors and friends, and anything significant going on in the world.

Vocabulario activo

Cognados

agrícola	científico	la dictadora	el indio, la india	la política	el tractor
la agricultura	comentar	el documental	informarse	protestar	tremendo
el arqueólogo,	comparar	la elección	inmediatamente	el resultado	el voluntario,
la arqueóloga	el control	el experimento	la intervención	la ruina	la voluntaria
asesinar	la cuestión	la federación	investigar (gu)	la sección	
el asesinato	declarar	el general	el líder	la situación	
atacar (qu)	el desastre	el huracán	militar	televisar	
la censura	el dictador	el impacto	panamericano	la tensión	

Sustantivos

el acontecimiento	event, happening
el alumno, la alumna	pupil, student
el aumento	increase, rise,
el aumento de precios	raise (salary); price increase
el cajero, la cajera	cashier
el canal	channel
el costo de la vida	cost of living
el,la creyente	believer
la Cruz Roja	Red Cross
los cuatrillizos	quadruplets
el discurso	speech
el ejército	army
la guerra	war
en guerra	at war
el guerrillero	guerrilla fighter
el herido, la herida	injured, wounded person
el incendio	fire
ladino (Guatemala)	pertaining to Indians who speak Spanish
la manifestación	demonstration
la mentira	lie
el milagro	miracle
la mitad	half
el muerto, la muerta	dead person
la natalidad	birth rate
el control de la natalidad	birth control
el noticiero	news program
el obrero, la obrera	worker
el Papa	Pope
la paz	peace
la población	population
la prensa	press
el pueblo	people; town
el reglamento	regulation
el reportaje	news story; report(ing)
la reunión	meeting
la semilla	seed
el supermercado	supermarket
el terremoto	earthquake
el tico, la tica	Costa Rican

Verbos

acontecer (zc)	to happen
alegrarse (de)	to be glad, happy (to)
andar mal	to go badly
apagar (gu)	to turn off, to extinguish
bostezar	to yawn
convencerse (zc)	to become convinced
derrumbarse	to collapse
haber: Deben haber elecciones libres.	They should have free elections.
horrorizarse (c)	to be horrified
luchar	to fight
perecer (zc)	to perish
planchar	to iron
poner (g)	to turn on; to light
prender	to turn on, to light; to seize, to grasp
subir	to climb, to rise; to board, to get on
suceder	to happen
valer	to be worth

Otras palabras y expresiones

algún día	someday
callado	silent, quiet
cercano	nearby, close
como resultado de	as a result of
dar las dos	to strike two (clock)
darse cuenta (de que)	to realize (that)
demasiado	too, too much; pl too many
estar en las mismas	to be in the same situation
Más vale así.	It's better this way.
muy de noche	very late
¡Parece mentira!	You wouldn't believe it!
pronunciar un discurso	to deliver a speech
¿Qué hay de nuevo?	What's new?
querido	darling, dear
sencillo	simple
sin casa	homeless
tocarle a uno	to be one's turn
valer la pena	to be worthwhile
verdadero	authentic, true

Lectura V

Hispanoamérica en el siglo veinte

Para comprender las condiciones políticas, económicas y sociales de Hispanoamérica en las últimas décadas del siglo veinte, hay que tener en cuenta° que el vínculo° permanente que une° las repúblicas hispánicas está más en su pasado común como colonias españolas que en los acontecimientos que ocurrieron después en cada una de estas naciones independientes.

    El imperio español en las Américas, el imperio más grande en la historia, duró° aproximadamente 350 años, desde 1492 hasta mediados° del siglo diecinueve. Simón Bolívar, el gran Libertador, después de echar° a los últimos soldados° españoles del continente suramericano, trató° con poco éxito de unificar los nuevos países bajo° un gobierno federal. El concepto de Bolívar era muy parecido° al de los Estados Unidos de Norteamérica.

    Cuando se retiraron del continente americano[1], los españoles dejaron° como herencia el idioma°, la cultura, la música y algunas instituciones sociopolíticas. Pero no dejaron bases firmes para la democracia. Por todas partes comenzaron luchas° internas, muchas veces originadas en los intereses de grupos particulares° más que en el interés general.

take into account
link / unite

lasted / the middle
throw out
soldiers / tried
under
similar

left
language

fights
private

Un desfile a favor del Presidente de la Argentina, Raúl Alfonsín.

Ensure that students know that **actualmente** is a false cognate. The phrase **en la actualidad** appears below.

    El caudillo, cabecilla de gente armada que imponía su voluntad°, era el seguro° candidato a la presidencia de su país. Después vinieron los dictadores. Todos podemos nombrar° a algunos de ellos: Rafael Trujillo de la República Dominicana, "Tacho" Somoza de Nicaragua y Alfredo Stroessner

cabecilla . . . *the ringleader of an armed group that imposed its will / sure / name*

---

[1]From the American mainlands. Cuba and Puerto Rico remained part of a reduced but still important Spanish Empire until 1898.

281

En el campo argentino, hubo muchos que viajaron grandes distancias para votar.

del Paraguay. Actualmente, los dictadores o los caudillos más o menos encubiertos°, están aliados con el ejército; ellos usan esta institución del estado para imponer sus órdenes.

covered up, behind the scenes

Hasta hoy no cabe mucha esperanza de realizarse° pronto el sueño de Bolívar de la unificación de Hispanoamérica. Sin embargo, en los años 80 existe cierto optimismo. Hay países como México, Costa Rica y Venezuela que tienen gobiernos democráticos y gozan de° cierta estabilidad. Y no son los únicos°.

no . . . there's not much room for hope of realizing
enjoy
the only ones

* * *

Después de muchos inconvenientes° y luchas internas, México es—en la actualidad—un estado democrático. Los presidentes gobiernan por un período de seis años y no son reelegidos.

difficulties

En 1938, el presidente Lázaro Cárdenas nacionalizó las compañías de petróleo extranjeras°. Los mexicanos consideran que esa fecha es el aniversario de la independencia económica de su país. Las actividades petroleras están ahora concentradas en PEMEX (Petróleos Mexicanos) y tuvieron un gran incremento° en los años 70. Sin embargo, debido a la mala administración de esta riqueza natural y a una crisis petrolera mundial, la economía mexicana sufrió mucho y su deuda° externa se hizo enorme.

foreign

growth

debt

* * *

De acuerdo con la constitución de 1947, el gobierno de Costa Rica está compuesto° de un presidente, dos vicepresidentes y una asamblea legislativa unicameral que el pueblo elige cada cuatro años.

made up

A partir de 1948, no hay ejército en Costa Rica. La Guardia Nacional funciona como un cuerpo° de policía civil. Con los recientes acontecimientos en los países vecinos°, muchos costarricenses piensan que esa institución es

corps
neighboring

282   Lectura V

Un cartel del Partido Socialista Obrero Español apoya la elección del presidente del Gobierno, Felipe González.

insuficiente para cuidar° las fronteras. Pero otros ciudadanos temen° la presencia militar en su democracia.

take care of / fear

* * *

Venezuela tiene una constitución republicana, representativa y federal. El presidente, los senadores y los diputados son elegidos por períodos de cinco años, por sufragio universal.

En 1945, un golpe de estado° derrocó° al presidente y estableció una junta°. La junta comenzó un programa de reformas sociales que la mayor parte de la población aceptó. Después de algunos años de cierto bienestar°, el país vivió otro período de dictadura entre 1948 y 1957. Por fin, los venezolanos derrocaron al dictador y, en 1959, hubo elecciones.

coup / overthrew ruling committee

well-being

En la actualidad°, hay numerosos problemas en Venezuela; uno de los más importantes es el económico. También allí tuvo consecuencias serias la crisis mundial del petróleo, que produjo mucho desempleo y tensiones internas. Pero Venezuela sigue por el camino democrático.

present time

* * *

En 1983 la Argentina desechó° a su gobierno militar corrupto y eligió a un presidente democrático, Raúl Alfonsín. Después de 47 años de luchas, golpes de estado, dictaduras militares y laborales y el saqueo° de la economía más fuerte de toda Hispanoamérica, la Argentina trató de volver a su tradición democrática.

threw out

looting

* * *

España, siempre considerada la Madre Patria por los hispanoamericanos, también decidió por un gobierno democrático después de 40 años de dictadura bajo Francisco Franco. Poco después de asumir el poder° en 1975, el nuevo gobierno del Rey Juan Carlos aumentó° el apoyo° español a sus excolonias. Consejeros° económicos, militares y culturales españoles hoy se reciben en todos los países de habla española, Cuba inclusive°.

En 1983 unos 75 hispanoamericanos distinguidos se reunieron° en Madrid para discutir° métodos posibles de promulgar° la democracia en el

power
increased / aid
advisers

included
met
discuss / spread

Hispanoamérica en el siglo veinte 283

mundo hispano. Felipe González, el presidente del Gobierno español, expresó el deseo° de España así como° el de todas las naciones democráticas del mundo. González habló de un ideal: la restauración de los derechos humanos a cada ciudadano de los países de habla española°. Si se realiza este ideal, para la celebración en 1992 del 500 aniversario del descubrimiento° del Nuevo Mundo, no va a haber nadie° sin libertad en las repúblicas hispánicas, y la unidad económica, social y política de Hispanoamérica va a volver a ser° posible.

wish / así . . . as well as
de . . . Spanish-speaking
discovery / anybody
volver . . . once again be

PREGUNTAS

1. ¿Qué hay que tener en cuenta para comprender las condiciones políticas, económicas y sociales de Hispanoamérica hoy día?
2. ¿Cuánto duró el imperio más grande en la historia? ¿Cuál fue?
3. ¿Cuál fue el sueño de Simón Bolívar? ¿Tuvo éxito Bolívar?
4. ¿Puede usted describir la herencia que dejaron los españoles cuando se retiraron del continente?
5. Según la lectura, ¿por qué comenzaron luchas internas en los países hispanoamericanos? ¿En qué intereses estaban originadas?
6. ¿Qué dictadores de este siglo en Hispanoamérica puede usted nombrar? ¿Cómo se llama el famoso dictador español?
7. Cite algunos países hispanoamericanos que tienen gobiernos democráticos.
8. ¿Qué ocurrió en México en 1938? ¿Quién era el presidente?
9. ¿Cómo está compuesto el gobierno de Costa Rica? ¿Puede usted decir cuál es el trabajo de la Guardia Nacional costarricense?
10. ¿Qué ocurrió en 1945 en Venezuela? ¿Qué tipo de programa comenzó?
11. En la actualidad, ¿qué problema tienen en común Venezuela y México?
12. En 1983 hubo un acontecimiento muy importante en la Argentina. ¿Qué ocurrió y por qué fue tan importante?
13. ¿Hace muchos años que Juan Carlos es el Rey de España? ¿Qué hizo poco después de asumir el poder?
14. ¿Puede usted describir el ideal de Felipe González? ¿Es éste el ideal de mucha gente?
15. Según la lectura, ¿cómo va a ser posible la unidad de Hispanoamérica?

CAPÍTULO ONCE

LOS VIAJES Y LOS PASEOS

Vocabulario. In this chapter you will talk about traveling.

Gramática. You will discuss and use:
1. Past participles (corresponding to English verb forms in *-ed*, like *painted*) used as adjectives *(a painted wall)*
2. The present and past perfect tenses, corresponding to English constructions like *I have painted, I had painted*
3. The contrasts among the past indicative tenses
4. **Hace** with time expressions, to express how long something has been going on or how long ago it happened

Cultura. The dialogs involve Puebla, Guanajuato, Taxco, Isla Mujeres, Palenque, Mérida, and Mexico City, Mexico.

andar en bicicleta
ir a pie

la agencia
de viajes
los boletos

el tren
la estación de ferrocarril
(de trenes)
el horario
la salida, la llegada

el barco
el puerto
viajar por barco

la aduana, revisar
las maletas

el banco
cambiar
dinero

el hotel, la pensión
alojarse
el alojamiento

caminar, hacer
autostop

Las definiciones. Supply the words that correspond to the definitions given.

MODELO   una cosa en que viajamos por mar → un b a r c o

1. un lugar donde los cuartos cuestan poco: una _____
2. un lugar donde cambiamos los dólares por pesos: un _____
3. un lugar donde revisan las maletas: la _____
4. el lugar donde hay muchos barcos: el _____
5. las maletas que llevamos cuando viajamos: el _____
6. el lugar donde nos ayudan con los boletos, las reservaciones, etc.:
   la _____ __ _____
7. manera de que vamos a muchos lugares: __ ____
8. quedarse en un hotel o en una pensión: _____

---

andar en bicicleta *to ride a bike*   ir a pie *to go on foot*   el boleto *ticket*   el ferrocarril *railway*
el horario *schedule*   la salida *departure*   la llegada *arrival*   viajar por barco *to travel by ship*
la aduana *customs (office)*   revisar *to inspect*   alojarse *to lodge*   el alojamiento *lodgings*
hacer autostop *to hitchhike*   por mar *by sea*

286   *Capítulo once*

• ¿Qué hace el viajero experto?

1. No deja las cosas para el último momento. Va a una agencia de viajes. Decide cómo va a viajar: en barco, en tren, en avión o a pie. Compra boletos de ida y vuelta y los compra con tiempo.

Give the students the following names to see if they can recognize them as major airline companies: **Avianca, Iberia, Mexicana, Viasa** (Colombia, Spain, Mexico, Venezuela).

2. Decide si quiere alojarse en un hotel o si prefiere quedarse en una pensión donde el alojamiento cuesta menos. Siempre se informa sobre los precios antes de quedarse en un sitio. Hace sus reservaciones antes de salir de viaje.

3. Lee varios libros y guías sobre el país (o continente o ciudad o pueblo) adonde va a viajar. También consulta mapas de las diferentes ciudades y regiones.

4. Hace la maleta de antemano. Nunca lleva mucho equipaje.

Note: **la guía** (feminine) for *guidebook* vs. **el guía** *tour guide*.

5. Siempre recuerda las tres cosas más importantes: los boletos, el dinero (o cheques de viajero) y el pasaporte.

6. Llega temprano al aeropuerto, al puerto o a la estación de autobuses o del ferrocarril.

Students may confuse **puerta** and **puerto**.

7. Siempre se informa sobre los requisitos de la aduana en el lugar que va a visitar.

¿Verdadero o falso? Indicate whether the following statements are true or false. If a statement is false, tell why.

1. El viajero experto compra los boletos en el aeropuerto antes de subir al avión.
2. Lleva una sola maleta.
3. Hace la maleta la noche antes de salir.
4. Si el avión sale a las tres, el viajero experto llega a las 2:45.
5. Lee libros y consulta mapas de la región que va a visitar.
6. Recuerda tres cosas importantes: el dinero, el pasaporte y las aspirinas.
7. No lleva cheques de viajero porque es difícil cambiarlos.
8. Pregunta el precio de los cuartos antes de hacer la reservación.

---

el viajero, la viajera *traveler*   **dejar** *to leave*   **de ida y vuelta** *round-trip*   **con tiempo** *ahead of time*   **el sitio** *place*   **la guía** *guidebook*   **de antemano** *beforehand*   **el cheque de viajero** *traveler's check*   **el requisito** *requirement*

Los viajes y los paseos

Capítulo once

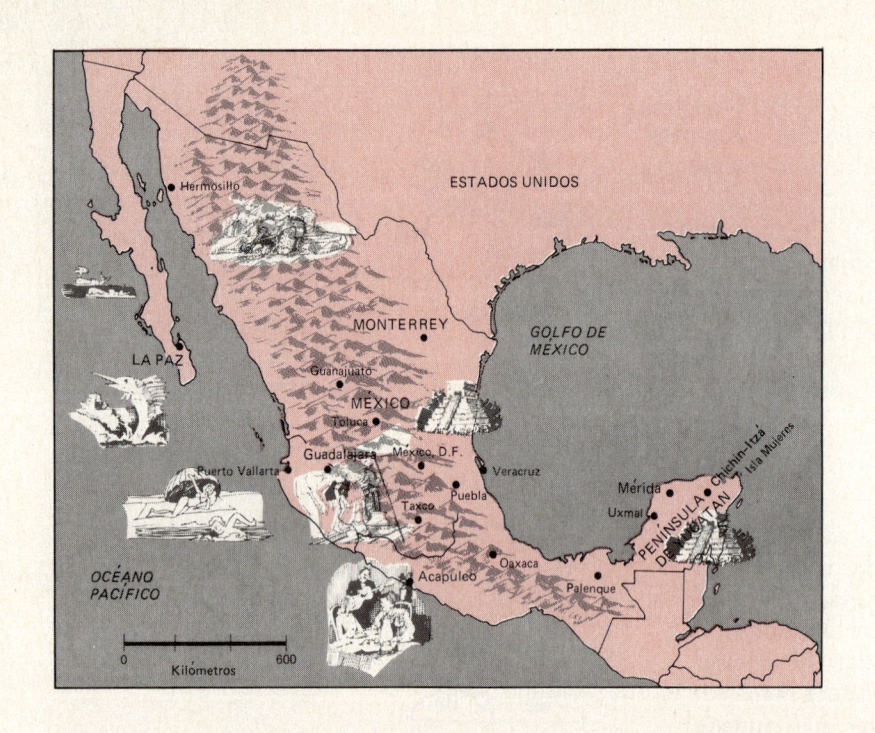

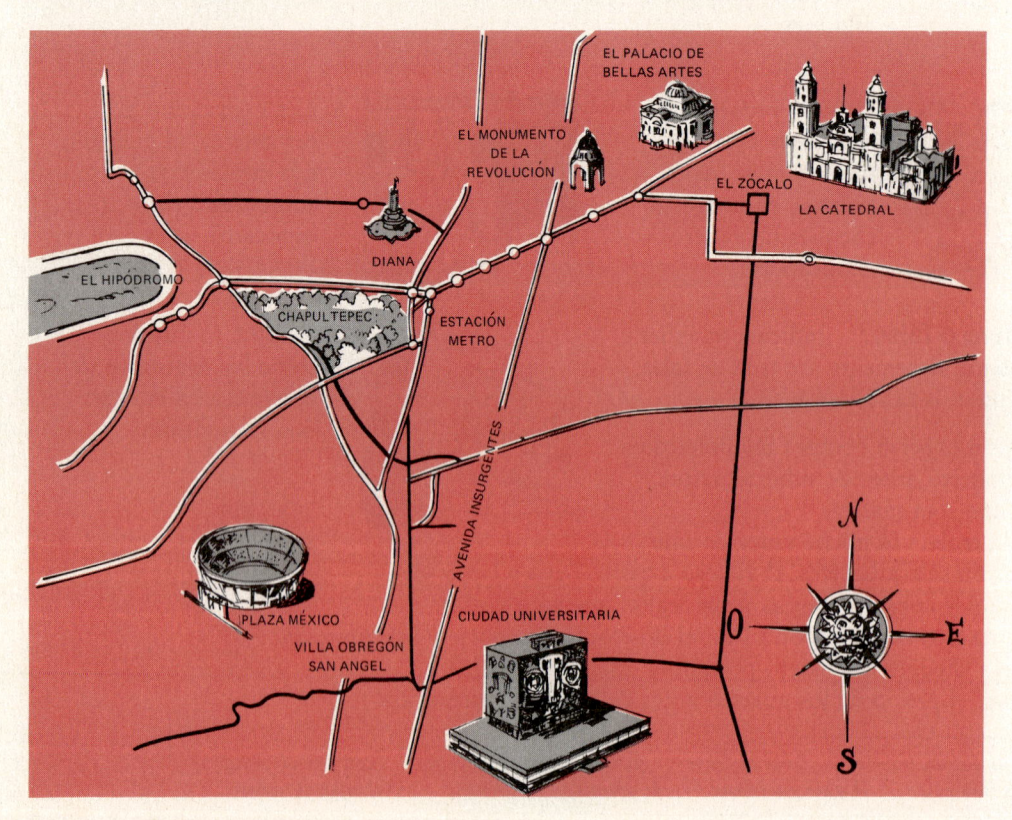

PREGUNTAS

Anticipate needs by supplying vocabulary such as **el campo, las montañas**, etc.

1. ¿Le gusta viajar? ¿Qué ciudad o sitio visitó durante su último viaje? 2. ¿Piensa hacer un viaje largo este año? ¿Un viaje corto? ¿Adónde? ¿Cuándo? ¿Con quiénes? 3. Uno de los paseos favoritos de muchos niños es ir al zoológico. ¿Cuál es su paseo favorito? 5. ¿Cómo viaja usted? ¿Pasea usted mucho en auto? ¿Hace autostop a veces? 6. ¿Piensa hacer un paseo este fin de semana? ¿Adónde? 7. Si quiere usted visitar las ruinas en México, ¿adónde viaja? 8. Si usted quiere pescar en México, ¿adónde va? 9. Si usted quiere comprar recuerdos de su viaje, ¿qué ciudades debe visitar? 10. Si usted quiere ver los grandes museos y viajar por el metro, ¿qué ciudad debe visitar?

Aural comprehension: Have students correct the following erroneous statements: Todas las casas de Puebla son azules. 2. La arquitectura de Puebla es como la de Manhattan. 3. Arturo está enamorado de una mujer que se llama Puebla. 4. Las tiendas están cerradas porque Arturo está muerto. 5. El sol sofoca a la gente en el restaurante.

I. El participio pasado usado como adjetivo

• *Frente a la catedral en el centro de Puebla*[1].

LUCÍA Creo que estoy enamorada de Puebla. Sus casas decoradas con azulejos[2] . . .
ARTURO Puebla crece pero los edificios recién construidos no la destruyen. Imitan la vieja arquitectura. Pero Lucía, me sofoca el sol. ¿No estás cansada?
LUCÍA Yo no. Quiero comprarles a los niños unas cosas hechas en Puebla.
ARTURO Pues las tiendas están todas cerradas[3]. Y yo estoy casi muerto de hambre.
LUCÍA ¿Por qué no entramos en ese restaurante cubierto que vimos en la esquina?

1. ¿De qué está enamorada Lucía? 2. En el diálogo, ¿cómo están descritas las casas de Puebla? ¿Y cómo están descritos los edificios? 3. ¿Qué quiere comprar Lucía? ¿Por qué no puede en ese momento? 4. ¿Qué quiere hacer Arturo? ¿Por qué?

In front of the cathedral in the center of Puebla. LUCÍA: I think I'm in love with Puebla. Its houses decorated with glazed blue tiles . . . ARTURO: Puebla is growing but the recently constructed buildings don't destroy it. They imitate the old architecture. But Lucía, the sun is suffocating me. Aren't you tired? LUCÍA: Not me. I want to buy the children some things made in Puebla. ARTURO: Well, the stores are all closed. And I'm almost dead from hunger. LUCÍA: Why don't we go into that covered restaurant that we saw on the corner?

---

[1]**Puebla**, with a population of about 800,000, is a two-hour drive south and east from Mexico City.
[2]The exteriors of many ancient structures in Puebla, including the great cathedral, are decorated with large expanses of blue tiles, called **azulejos**.
[3]Nearly all business activity comes to a halt in Puebla between noon and 3:00 P.M. Elicit **Siesta**.

Los viajes y los paseos 289

A The past participle of regular English verbs ends in *-ed: talked*. To form the past participle of regular Spanish **-ar** verbs, add **-ado** to the stem of the infinitive.

Ensure the pronunciation of /**d**/ as a fricative in these examples.

| habl-ar | **hablado** | *talked, spoken* |
| trabaj-ar | **trabajado** | *worked* |

B To form the past participle of regular **-er** and **-ir** verbs, add **-ido** to the stem of the infinitive.

aprend-er	**aprendido**	*learned*
viv-ir	**vivido**	*lived*
com-er	**comido**	*eaten*

When **-ido** is added, if the verb stem ends in **a, e,** or **o,** an accent mark must be written on the **i** to show that the two adjacent vowels do not merge as a diphthong.

tra-er	**traído**	*brought*
cre-er	**creído**	*believed*
o-ír	**oído**	*heard*

The past participle of **ser** is **sido**, and of **ir, ido**.

C The past participle is often used as an adjective and agrees in gender and number with the noun it modifies. It is often used with **estar,** frequently to show the result of an action.

El museo está construido como un templo azteca.	*The museum is built like an Aztec temple.*
Hay muchos libros traducidos del español en esta librería.	*There are a lot of books translated from Spanish in this bookstore.*
La maleta está cerrada y no la puedo abrir.	*The suitcase is closed and I can't open it.*

D Here are some irregular past participles. All end in **-to** except **dicho** and **hecho**.

abrir	abierto	*open, opened*
cubrir	cubierto	*covered*
describir	descrito	*described*
escribir	escrito	*written*
morir	muerto	*died, dead*
romper	roto	*broken*
poner	puesto	*put*
ver	visto	*seen*
resolver	resuelto	*solved*
volver	vuelto	*returned*
decir	dicho	*said*
hacer	hecho	*made, done*

Some Chicano students will use forms such as **rompido** and **vido** (instead of **roto** and **visto**), which reflect archaic usage preserved in parts of the Southwest.

Capítulo once

¿Lees el horario escrito en español?	Are you reading the schedule written in Spanish?
Las ruinas están descritas en la guía.	The ruins are described in the guidebook.
Los boletos están hechos en nombre de mi esposo.	The tickets are (made) in my husband's name.

EJERCICIOS

A La sustitución

1. ¿Tienes *algo* hecho en México? (una guitarra, un poncho, dos maletas, una bolsa)
2. Maruca lee una *novela* escrita en español. (unos libros, una obra, un periódico)

B La tómbola.
Create descriptions by combining elements from the two sides. Pay close attention to the form of the past participle.

MODELO **una maleta cerrada**

un libro	usar
un edificio	morir
una maleta	divertirse
un viaje	cerrar
unos problemas	hacer
un museo	romper
unas cosas	pintar
una calle	conocer
un hombre	devolver
unos boletos	describir
unas personas	leer
una casa	destruir
un baile	decir
una mujer	abrir
unas reservaciones	vestirse
unos coches	resolver

C Sí, ya.
Take Graciela's part and tell her husband that the arrangements for their trip to Puebla have been taken care of.

MODELO ¿Cerraste las ventanas? → **Sí, las ventanas ya están cerradas.**

1. ¿Informaste a los vecinos?
2. ¿Resolviste todos los problemas?
3. ¿Escribiste las cartas?
4. ¿Hiciste las reservaciones?
5. ¿Compraste los boletos?
6. ¿Pediste el mejor cuarto del hotel?

Los viajes y los paseos

D **¡Un asesinato en la casa Solís!** A murder has been discovered in the home of Mr. and Mrs. Solís. After surveying the scene, Detective Rocha is able to solve the case. Find out who **el asesino** is by filling in the blanks with the past participles of the verbs listed in the key.

MODELO   Rocha vio muchas cosas <u>rotas</u> en el cuarto.   romper

A la derecha de la silla el detective Rocha vio a un hombre (1)____. La mesa ya estaba (2)____ y allí había cosas muy caras, (3)____ en Francia. Rocha se dio cuenta de que los Solís eran gente rica. Tenían obras de arte (4)____ por Goya[4], varias cosas bonitas (5)____ de sus viajes a Europa, y unos libros (6)____ en el siglo XVI. Pero, allí también había una persona (7)____. Era el señor Solís y tenía las manos muy (8)____. En la mano derecha tenía un papel. Era una carta (9)____ por una mujer (10)____ Carolina. La carta decía: "(11)____ amor, Tu esposa lo sabe todo *(knows all about it)*. Hay que tener cuidado de ella. Te besa, Carolina". Rocha descubrió después que en la mano izquierda el señor Solís tenía (12)____ *(had protected, i.e., was holding on to)* un botón *(button)* verde. Observó también que Solís tenía la camisa (13)____ de sangre *(blood)*. Después Rocha fue a la sala y allí encontró a la señora Solís, (14)____ de verde y (15)____ en el sofá. Parecía (16)____ pero estaba (17)____. Rocha dijo: "El misterio está (18)____". ¿Qué vio el detective en la sala? Había una bolsa (19)____ al lado de la señora Solís. También en el sofá había una botella *(bottle)* vacía de pastillas *(pills)* para dormir. En la mano derecha de la señora había un cuchillo (20)____ de sangre.

1. morir
2. poner
3. comprar
4. pintar
5. traer
6. escribir
7. morir
8. cerrar
9. escribir
10. llamar
11. querer
12. guardar
13. cubrir
14. vestir
15. sentarse
16. dormir
17. morir
18. resolver
19. abrir
20. cubrir

¿Puede usted contestar estas preguntas?

1. ¿Cómo estaba la mesa?   2. ¿Qué clase de obras de arte tenían los Solís?
3. ¿Qué tenía guardado en la mano derecha el señor Solís? ¿Y en la izquierda?
4. ¿Cómo estaba la camisa del señor Solís?   5. ¿De qué color estaba vestida la señora Solís?   6. ¿Cómo parecía la señora Solís?   7. ¿En qué condición estaba el cuchillo?   8. ¿Quién fue el asesino?

• **CUESTIONARIO**

Supplementary activity: A guessing game, in which one student gives an incomplete sentence containing a past participle adjective and other students try to guess the missing noun. A few minutes to think of sentences will be needed before beginning. Example: **Está rota la** . . . First guess: **¿ventana?** (No.) Second guess: **¿bicicleta?** (Correct guess.)

1. ¿Cómo se siente usted en este momento? ¿Cansado(a)? ¿Preocupado(a)?
2. ¿Está usted sentado(a) cerca de la ventana? ¿De la puerta?   3. ¿Tiene usted el libro abierto o cerrado ahora?   4. ¿Está usted muy preocupado(a) por sus clases? ¿Por qué otras cosas está preocupado(a)?   5. En sus clases de inglés, ¿leyó usted una novela escrita por Hemingway? ¿Por Fuentes[5]?   6. ¿Está muy contaminado el aire de esta ciudad?   7. ¿Tiene usted una cosa—un libro, ropa—hecha en otro país?   8. ¿Puede usted explicar este refrán? En boca cerrada no entran moscas.

---

[4]**Francisco Goya**, Spaniard, regarded as the greatest painter of the 18th century.
[5]**Carlos Fuentes** is a leading contemporary Mexican novelist. His novel **La muerte de Artemio Cruz** is an outstanding work of Hispanic American literature.

Student adaptation: Create unlikely but comic continuation of scene in which Guzmán and his mugger get to know one another, discover they have shared interests or experiences (e.g., they have been in the same places), and end up becoming friends. Adaptation should contain at least one use of the present perfect and past perfect.

Guanajuato es una ciudad colonial construida en las altas montañas.

II. El pretérito perfecto y el pluscuamperfecto

- Un suceso misterioso en el pueblo de Guanajuato[1].

DESCONOCIDO	Perdone, señor. ¿Ha visto usted a un policía por esta calle?
GUZMÁN	Por aquí, no, pero vi a unos policías en la Plaza Hidalgo.
DESCONOCIDO	¿Y no ha visto gente por aquí?
GUZMÁN	No, antes de encontrarme con usted, no había visto un alma por estas calles.
DESCONOCIDO	Entonces, ¡arriba las manos!

1. ¿Ha visto el señor Guzmán a un policía por la calle?   2. ¿Dónde había visto a unos policías?   3. ¿Se ha encontrado con gente?   4. Después de todas las preguntas, ¿qué le dice el desconocido al señor Guzmán?

A mysterious occurrence in the town of Guanajuato. STRANGER: Excuse me, sir. Have you seen the police on this street? GUZMÁN: Not around here, but I saw a few policemen in the Plaza Hidalgo. STRANGER: And haven't you seen any people around here? GUZMÁN: No, before meeting you, I hadn't seen a soul on these streets. STRANGER: Then, hands up!

---

[1]**Guanajuato**, a major center of silver mining in colonial Mexico and now a tourist attraction, is built in a steep ravine in hills leading up to spectacular mountains. Its narrow winding streets, some built on dried creek beds, are lined with remarkable colonial buildings and churches. About 40,000 people live in the town, approximately half its population before the silver in its mines ran out late in the 19th century.

Los viajes y los paseos

In English the present-perfect and past-perfect tenses are formed with the auxiliary verb *have* plus a past participle: *I have practiced, I had practiced.*

A To form the Spanish present-perfect (**pretérito perfecto**) tense, use a present-tense form of **haber** plus a past participle. Expect errors in free production confusing **he** and **ha,** such as ***yo ha trabajado.**

he	hemos	
has	habéis	+ past participle
ha	han	

The past participle always ends in **-o** when used to form a perfect tense; it does not agree with the subject in gender or number.

Ya hemos viajado a Guanajuato.	We have already traveled to Guanajuato.
No, ella no ha vuelto.	No, she hasn't returned.
¿Has escrito al dueño de la pensión?	Have you written to the owner of the boarding house?

B The present perfect is used to report past actions or conditions as factors that have an active bearing upon the present situation.

Todavía no han llegado los Gómez. ¿Salimos sin ellos?	The Gómezes still haven't arrived. Shall we leave without them?
¿Estás listo?—Sí, ya he comprado recuerdos para todos.	Are you ready?—Yes, I've already bought souvenirs for everybody.

C **Ayer, la semana pasada,** and similar words and expressions referring to specific past times normally do not appear in clauses with the present perfect, since the present perfect implies a reference to the present.

Note that some Spanish-speakers (especially in Spain and Peru) use the present perfect instead of the preterit, with no continuation into the present intended.

Hemos revisado el horario y no hay otro tren.	We've checked the schedule and there isn't another train.
Ayer revisamos el horario y no había otro tren.	Yesterday we checked the schedule and there wasn't another train.

D The past-perfect tense (**pluscuamperfecto**) is formed with an imperfect form of **haber** plus a past participle.

había	habíamos	
habías	habíais	+ past participle
había	habían	

Capítulo once

E The past perfect is used to make clear that a past action took place before another past event, stated or implied. If the other past event is stated, it is usually in the preterit or imperfect.

No nos habíamos levantado todavía.   *We hadn't gotten up yet.*
¿Habías ido a Puebla antes?   *Had you been to Puebla before?*
Ya habían comprado el pasaje cuando llamaste.   *They had already bought the ticket when you called.*
Cuando tú empezabas, yo había terminado esa parte.   *When you were starting, I had finished that part.*

F Except when **haber** is used as an infinitive, no word normally comes between the form of **haber** and the past participle in a perfect tense. Negative words and pronouns normally precede the form of **haber**.

No hemos visto las ruinas en Yucatán.   *We haven't seen the ruins in Yucatán.*
Me habían dicho que abrían el zoológico a las díez.   *They had told me that they opened the zoo at ten.*
But:
Después de haberte visto, me encontré con tu hermana.   *After having seen you, I ran into your sister.*

EJERCICIOS

A   **La sustitución**

1. Javier ha visitado ese museo varias veces. (nosotros, yo, Luis y Estela, tú, los turistas)
2. Ellos ya han viajado por México. (yo, mis padres, tú, nosotros, el profesor)
3. Cuando llegué, ellos ya habían salido. (mi novia, la médica, ustedes, los turistas)

B   **¿Qué han hecho?**   Work in pairs. One partner takes the role of Sr. Castro and asks questions. The other takes the role of Matilde or Franco Díaz, and answers the questions about what they've done so far on their trip to Mexico.

MODELO   viajar en metro →
     CASTRO   ¿Han viajado ustedes en metro?
     DÍAZ   Sí, hemos viajado en metro.

1. ver el Museo de Antropología
2. asistir al Ballet Folklórico[2]
3. subir a la Pirámide del Sol
4. visitar la Universidad Nacional
5. hacer un viaje a Puebla
6. ir a Guanajuato para ver las momias[3]

Additional excursions to present orally: (1) oír los mariachis de la plaza Garibaldi (o probar el pulque[N] de las pulquerías[N] al lado de la misma plaza) (2) conocer los jardines de Xochimilco.

[2] A famous company that presents the folk dances of Mexico in Mexico City and around the world.
[3] In many Hispanic countries, bodies are buried for a time in a mausoleum, then ousted to make room for newcomers. In Guanajuato, with space at a premium and in the feverish atmosphere of a silver mining boom town, bodies were exhumed after just 5 years. Several of the resulting "mummies" are on display in a museum near the town's cemetery.

Los viajes y los paseos

C Pensar y hablar. Complete the sentences. Choose the most appropriate of the two verbs in parentheses and use it in the present perfect.

1. (casarse, tener) ¿Cuántas veces ____ el señor Costa? ¡Creo que ____ cuatro esposas!
2. (almorzar, trabajar) Nosotros ____ mucho hoy y todavía no ____.
3. (ver, estar) Dices que tú ____ en México. ¿____ las ruinas en Yucatán?
4. (bañarse, acostarse) Los niños ya ____ pero todavía no ____.
5. (leer, comprar) Yo ____ varias novelas de Carlos Fuentes pero todavía no ____ la nueva.
6. (empezar, abrir) Carlos no ____ el paraguas porque todavía no ____ a llover.
7. (correr, participar) ¿Cuántos kilómetros ____ usted hoy? ¿____ alguna vez en un maratón?
8. (morirse, volver) Los vecinos fueron al hospital a las cinco y todavía no ____. ¿Crees que ____ su abuelo?

Now use the past perfect.

9. (descubrir, morirse) Vi en el periódico esta mañana que ____ dos mexicanos famosos y también que unos ingenieros ____ petróleo cerca de Puebla.
10. (comer, jugar) Hasta hoy yo nunca ____ comida mexicana; tampoco ____ al tenis.
11. (casarse, vender) Me dijeron que tú ____ la casa pero no sabía que ____.
12. (bailar, estudiar) ¿Dijo Lupita que nosotras ____ con el ballet folklórico? No, ella no dijo eso. Ella dijo que nosotras ____ con el director.
13. (viajar, terminar) Cuando nació tu hijo ya yo ____ los estudios. También ____ por todo México.
14. (levantarse, irse) Llamé a los Suárez esta mañana y todavía no ____. Entonces llamé por la tarde y ellos ya ____.
15. (ver, volver) No les dijimos a los tíos que nosotros ____ porque no los ____ hasta ahora.
16. (prometer, decir) Ustedes nos ____ que llegaban temprano. Nos lo ____.

D ¿La ha dejado embarcada[4]? *Has he stood her up?* Complete the conversation with appropriate present perfect forms of the verbs listed in the key.

1. acostarse	3. salir	5. llamar	7. empezar	9. tener
2. ir	4. llegar	6. estar	8. venir	

MARINA ¿Ya (1)____ los niños?
BENITO No, (2)____ a la casa de los vecinos.
MARINA ¿A qué hora sale abuelo para el teatro?
BENITO Ya (3)____ pero todavía no (4)____ al teatro.
MARINA ¿Cómo lo sabes tú?
BENITO Porque doña Carolina (5)____ varias veces.
MARINA Ah, sí, ella lo espera en la entrada. ¿(6)____ mucho tiempo allí?
BENITO Pues ya (7)____ la obra. Ella dice que abuelo (8)____ tarde varias veces en el pasado. Ella y abuelo (9)____ muchos problemas por eso.

[4]**Dejar embarcado** is a regional expression for standard Spanish **dejar plantado**.

E ¡Mentiras! Although Sra. Blanco called her office twice a week during her vacation, she returned to find total chaos. Use the cues to create sentences that express her surprise at discovering that her co-workers had lied to her.

MODELO   secretarias / terminar el trabajo → **Pero las secretarias me dijeron que habían terminado el trabajo.**

1. recepcionista / escribir las cartas importantes
2. tú / devolver los libros a la biblioteca
3. Ernesto / ver el edificio nuevo
4. ustedes / vender muchos productos
5. Mercedes / poner las cartas encima de mi escritorio
6. Señor Oviedo / abrir la cuenta nueva en el banco
7. usted / aprender el sistema de computadora
8. todos / llegar temprano

Have students generate additional sentences based on oral hints you provide (students supply subject nouns or pronouns): arreglar la máquina de escribir; pagar el dinero que debemos; contestar las cartas; conseguir alguien para limpiar la alfombra; ordenar nuevos surtidos supplies.

F En acción.
¿Qué han hecho estas personas?

MODELO

El hombre se ha acostado.

G ¿Quién soy? A classmate sits in front of the class, pretending to be a famous person, but not saying which one. Ask questions using the present perfect until you can guess the person's identity. The following questions may be useful.

1. ¿Qué lugares interesantes has visitado?
2. ¿Has salido en el cine?
3. ¿Has ganado mucho dinero en tu vida?
4. ¿Has sido muy popular? ¿Dónde? ¿Con quiénes?
5. ¿Ha salido tu nombre en el periódico alguna vez?
6. ¿Has sido presidente o líder de un país?

Alternative activity: **Pobrecito** *(see Introduction to the Instructor's Manual).*

Los viajes y los paseos

• **CUESTIONARIO**

1. ¿Cuántos exámenes ha tenido esta semana?   2. ¿Qué ha hecho usted ya esta mañana?   3. ¿Qué lugares interesantes ha visitado usted?   4. ¿Qué películas buenas ha visto este año?   5. ¿Quién le ha escrito a usted este mes?   6. ¿A qué otros países ha viajado usted?   7. En su vida, ¿ha perdido algo de mucho valor? ¿Qué ha perdido?   8. ¿Ha tenido problemas usted en sus clases? ¿En qué clases?

Additional questions for oral presentation: ¿Ha hecho Ud. algo artístico? ¿Ha tocado o cantado en un coro[N], una orquesta o un conjunto musical? ¿Ha pintado un cuadro o hecho una escultura? ¿Ha bailado o actuado[N] en una obra teatral? ¿Ha jugado en algún equipo deportivo? ¿Ha escrito cuentos, poemas, etc.?

Aural comprehension: Posible/Probable o Imposible/Improbable: 1. Pedro ha estado antes en Isla Mujeres. 2. Elba nunca había nadado antes de ir a Isla Mujeres. 3. Elba bailó mucho durante sus vacaciones. 4. Pedro y Elba están casados.

III. Contraste entre los tiempos pasados

• *En casa de los Cárdenas en Taxco[1].*

PEDRO   Te llamé el viernes pasado pero tu mamá me dijo que ya habías salido para Isla Mujeres[2]. Me han dicho que es muy divertida. ¿La pasaste bien?

ELBA   Pasé una semana fantástica. Nunca me había imaginado un sitio tan lindo.

PEDRO   ¿Qué hiciste durante el día?

ELBA   Por la mañana nadaba y tomaba el sol. Al mediodía almorzaba y luego dormía la siesta.

PEDRO   ¿Y saliste de noche?

ELBA   Pues no era necesario. Me quedé en el hotel, tenía de todo: restaurante, discoteca y ¡mucha gente interesante!

1. Cuando Pedro llamó el viernes pasado, ¿por qué no estaba Elba?   2. ¿Qué le han dicho a Pedro sobre Isla Mujeres? Según Elba, ¿fue la verdad?   3. ¿Qué hizo Elba durante el día?   4. ¿Por qué no tuvo que salir Elba de noche?

In the Cárdenas's house in Taxco. PEDRO: I called you last Friday, but your mom said you had already left for Isla Mujeres. I've been told (They've told me) Isla Mujeres is a lot of fun. Did you have a good time? ELBA: I spent a fantastic week. I'd never imagined such a pretty place. PEDRO: What did you do during the day? ELBA: In the morning I swam and sunbathed. At noon I had lunch and then I took a nap. PEDRO: And did you go out at night? ELBA: Well, it wasn't necessary. I stayed in the hotel— it had everything: restaurant, disco, and lots of interesting people!

---

[1]**Taxco** is a silver-mining and silver-smithing city in the mountains a few hours southwest of Mexico City. Much of the wealth produced by its fabulous mine was used in the 18th century to build the beautiful baroque **Santa Prisca** church.

[2]**Isla Mujeres**—named for the many female figurines discovered there—is a resort island a short ferry ride from Puerto Juárez in Yucatán.

Capítulo once

La gente sale a divertirse en Isla Mujeres, un lugar ideal para las vacaciones.

Spanish has four widely used tenses in the indicative mood that deal with past actions or events. Two of them—the preterit and the imperfect—are simple tenses, and two—the present perfect and the past perfect—are compound tenses. Although all four tenses describe past events, as we have seen in this and previous chapters, they differ in interpretation and emphasis.

A The preterit is used to give a simple report of past actions and conditions that are over. No particular implications for the present are suggested.

Compré un pasaje de ida y vuelta.	*I bought a round-trip ticket.*
Pasamos tres noches en una pensión en Veracruz.	*We spent three nights in a pension in Veracruz.*

B The imperfect focuses on a past action or condition as something going on or repeated in the past, often as a context for understanding some other event. It is not used with adverbs of time like **ayer** that suggest that the action or condition is over.

Todos los veranos mi familia iba a Mérida.	*Every summer my family went (would go) to Mérida.*
Siempre me gustaba ir en metro.	*I always used to like to go on the subway.*

C The present perfect emphasizes that a past action has implications for the present. It is not used with references to past time like **por la mañana, ayer,** or **el año pasado.**

El barco no ha llegado al puerto.	*The ship hasn't arrived in port.*
¿Has buscado otro medio de transporte?	*Have you looked for another means of transportation?*

Los viajes y los paseos

D The past perfect makes clear that a past action happened before another past action, stated or implied.

¿Ya habías estado en Mazatlán? Had you already been in Mazatlán?
Él no había pagado la cuenta antes de He hadn't paid the bill before leaving.
 irse.

E Sentences may report speech directly.

Dice "me voy". She says "I'm going."

Or indirectly.

Dice que se va. She says she is going.

Notice the sequence of tenses used when sentences indirectly report past speech.

Present speech: Dice que se va. She says she is going.
Past speech: Dijo que se iba. She said she was going.
Present speech: Dice que se ha ido. She says she has gone.
Past speech: Dijo que se había ido. She said she had gone.

EJERCICIOS

A **¿Cómo se dice en español?** Choose the correct Spanish equivalent of the sentences or phrases in italics.

1. *He used to come at eight o'clock.*
   a. Vino a las ocho.   b. Venía a las ocho.   c. Había venido a las ocho.

2. *They have already seen that museum.*
   a. Ya han visto ese museo.   b. Ya vieron ese museo.   c. Ya habían visto ese museo.

3. We were eating *when he came in.*
   a. cuando entraba   b. cuando ha entrado   c. cuando entró

4. *What have you done?*
   a. ¿Qué había hecho?   b. ¿Qué hizo?   c. ¿Qué ha hecho?

5. I knew how to do it because *I had done it* before.
   a. lo hice   b. lo había hecho   c. lo he hecho

6. We did our homework while *we waited for you.*
   a. te hemos esperado   b. te esperábamos   c. te habíamos esperado

300   *Capítulo once*

B ¿Qué dijo Juana? Take the part of Juana's friend and tell what Juana said. Start each of your sentences with **Juana dijo . . .**

MODELO   Quiero viajar a Oaxaca[3]. → **Juana dijo que quería viajar a Oaxaca.**

1. Me preparo de antemano.
2. Ya he hecho las reservaciones.
3. Pienso invitar a mi prima.
4. Todavía no he decidido dónde quedarme.
5. He leído dos libros sobre la civilización zapoteca.
6. Voy a comprar muchos recuerdos.

C Recuerdos de mis años estudiantiles. Rodolfo and Enrique were good friends in school. They ran into each other yesterday. Take Enrique's part and use the appropriate past tenses to tell what happened yesterday.

1. esperar
2. ver
3. verse
4. conocerse
5. vivir
6. ser
7. ser
8. ir
9. viajar
10. pasar
11. ver
12. ver
13. cambiar
14. ser
15. llevar
16. preguntar
17. hacer
18. responder
19. casar
20. viajar
21. ganar
22. comprar
23. invitar
24. decir
25. sentir
26. poder
27. ganar

Ayer, mientras yo (1)____ el autobús, (2)____ a Rodolfo Hinojosa, un viejo amigo. No (3)____ desde el año 1984. Recuerdo que en 1980, cuando él y yo (4)____, los dos (5)____ en México. Nosotros (6)____ estudiantes extranjeros en una universidad en Puebla. En aquella época, nosotros (7)____ pobres, pero todos los fines de semana (8)____ a lugares importantes de México. Una vez, (9)____ a Teotihuacán para subir a las pirámides y otro fin de semana lo (10)____ en la costa, en Acapulco. No (11)____ a Rodolfo desde 1984 y (12)____ que(13)____ mucho. Ya (14)____ más gordo y (15)____ un traje elegante y zapatos muy caros. Yo le (16)____: "¿Qué (17)____ desde nuestros días estudiantiles en México?" Él (18)____: "Pues, me (19)____, (20)____ a Europa, (21)____ mucho dinero en mi trabajo de ingeniero. Otra cosa, mi esposa y yo (22)____ pasajes para regresar a México de vacaciones". Él me (23)____ a acompañarlos a las playas de Acapulco, a visitar las ruinas de Yucatán y a divertirme en las tiendas y los museos de la capital. Yo le (24)____ que lo (25)____ mucho, pero que no (26)____ ir porque todavía no (27)____ mi fortuna.

(Exercise continues on next page.)

---

[3]**Oaxaca** (pronounced "wha-ha-ca"), one of the most beautiful cities in the New World, is in a broad valley surrounded by low mountains. Its climate is warm and gardens flourish. The city is the capital of a state with the same name, a large state with many flourishing Indian civilizations. Ruins of two great ancient Indian centers—**Mitla**, the Mixtec capital, and **Monte Albán**, the Zapotec capital—are half an hour away by car.

Los viajes y los paseos

Preguntas

1. ¿Dónde se conocieron ellos?   2. ¿Qué hacían todos los fines de semana?   3. ¿Cómo estaba ya Rodolfo?   4. ¿Qué había hecho Rodolfo desde sus días estudiantiles?   5. ¿Cómo había ganado su dinero Rodolfo?   6. ¿Adónde pensaba viajar Rodolfo durante el verano? ¿Iba solo?

- **CUESTIONARIO** Written assignment: Have students prepare other questions with these verbal constructions and ask them of each other.

1. ¿Ha viajado usted a otro país? ¿Cuándo fue?   2. ¿Adónde fue usted de vacaciones el verano pasado? ¿Había estado allí antes?   3. De niño(a), ¿adónde iba con su familia de vacaciones?   4. ¿En qué ciudades ha vivido usted? ¿Cuál le ha gustado más? ¿Por qué?   5. Antes de estudiar aquí, ¿asistió a otra universidad? ¿Por qué cambió de universidad?   6. Cuando usted llegó esta mañana a clase, ¿había estudiado la lección? ¿Había preparado el trabajo escrito?   7. ¿Todavía viven sus abuelos o ya han muerto?   8. ¿Ya habían muerto sus abuelos cuando usted nació?

READING MAGAZINES AND NEWSPAPERS

Magazines and newspapers from Hispanic countries can be good practice reading material, even for beginning students of Spanish. The key is to select materials carefully. Choose articles that have a topic you know something about, familiar vocabulary, and interest to you personally.

One popular type of Hispanic magazine is the **fotonovela**—a romantic story told in photographs with captions. The format is much like a comic book, and the content is similar to the soap operas on daytime television. Passion, romance, betrayal, and unrequited love are common themes. The illustrations are what make the **fotonovela** good practice reading material. Other types of magazines that are heavily illustrated include fashion, travel, and sports magazines.

Newspapers are also good for practice reading. Movie advertisements and television schedules are probably the easiest place to start—many of the films and programs will be ones that have appeared in the United States. Advertisements for clothing, furniture, homes, food, and other consumer goods are also interesting and relatively easy reading. Find out the rate of exchange and convert the prices to United States currency—you may be startled by the results.

The sports pages of a newspaper, though sometimes obscured by abbreviations, exotic nicknames, and jargon, have a special fascination. Baseball articles often contain many **anglicismos** (words derived from English) such as **jit** or **jonrón**. If you understand boxing, soccer, or other sports, try reading those articles, too.

As you get more practice reading Spanish-language newspapers, you can advance to the front page. Compare the major world news with the coverage in an English-language newspaper to test your comprehension.

Your university library or local newsstand may be good sources of the major Spanish-language newspapers and magazines. If not, see if you can arrange to exchange materials with someone in a Spanish-speaking country. Information about finding pen pals is often included in *Hispania* and other journals published by associations of language teachers; ask your instructor for help. Once you find a pen pal, you can trade your old newspapers and magazines for ones in Spanish.

Cuando llegaron los españoles, este templo maya de Palenque ya existía hacía muchos siglos.

IV. Hacer en expresiones de transcurso de tiempo

Student adaptation: Continue dialog with Rupert offering to pay or making excuses.

- La pensión de doña Telma, en la Avenida 5 de mayo en Palenque[1].

DOÑA TELMA   Bienvenido, Ruperto. Qué casualidad . . . Hace unos días me acordé de usted.

RUPERTO   ¡Qué amable, doña Telma! Hacía meses que quería volver aquí. ¿Y por qué se acordó usted de mí?

DOÑA TELMA   Bueno, ¿cómo no acordarme del primer huésped . . .?

RUPERTO   Pero, doña Telma, hacía tres años que usted tenía esta pensión cuando yo llegué. ¿De veras que yo fui el primer huésped?

DOÑA TELMA   Sí, fue usted el primer huésped que se marchó sin pagar la cuenta.

1. ¿De quién se acordó doña Telma hace unos días? 2. ¿Quería Ruperto volver a la pensión? 3. ¿Hacía cuánto que quería volver? 4. ¿De veras que Ruperto fue el primer huésped de doña Telma?

At the boarding house of doña Telma in the Avenida 5 de mayo in Palenque. DOÑA TELMA: Welcome, Ruperto. What a coincidence . . . I thought of you a few days ago. RUPERTO: How kind, doña Telma. I had wanted to come back here for months. And why did you think of me? DOÑA TELMA: Well, how could I not think of my first guest . . .? RUPERTO: But, doña Telma, you had had the boarding house for three years when I arrived. Was I really the first guest? DOÑA TELMA: Yes, you were the first guest who left without paying the bill.

[1]**Palenque**, located in the southern Mexican state of **Chiapas**, is the site of a great ancient Mayan city.

Los viajes y los paseos

A To express how long something has been going on, use the construction:

hace + *period of time* + **que** + *verb in the present.*

Hace tres meses que busco alojamiento.   I've been looking for a place to stay for three months.

An alternate construction omits **que** and often includes **desde**:

clause with verb in the present (+ **desde**) + **hace** + *period of time.*

Vivo aquí hace tres años.
Vivo aquí desde hace tres años.   I've lived here for three years.

To ask how long something has been going on, several variations are possible.

¿Cuánto hace que
¿Hace cuánto que } vives en México?   How long have you lived in Mexico?
¿Cuánto tiempo hace que

B To express how long ago something happened, use the following construction (note that **que** is often omitted):

hace + *period of time* (+ **que**) + *verb in the preterit.*

Hace tres meses (que) visité México.   I visited Mexico three months ago.
Hace una semana (que) tomamos el barco.   We took the boat a week ago.

The clause with the preterit form can also be placed at the beginning of the construction, in which case **que** is always omitted:[2]

clause with verb in the preterit + **hace** + *period of time.*

Fueron a Puebla hace cinco días.   They went to Puebla five days ago.
Estuve en ese sitio hace mucho tiempo.   I was in that place a long time ago.

Students tend to have problems using this construction correctly in free conversation. You may want to present it (and possibly the other **hace** constructions) for recognition only.

C **Hacía** plus the imperfect is used to express how long something that is now over had gone on in the past—for example, until it was interrupted.

Hacía cuatro meses que viajaba por México cuando empecé a soñar contigo.   I had been traveling in Mexico for four months when I began to dream about you.

[2]**Desde** cannot be used in these constructions with simple past-tense verbs.

EJERCICIOS

A **En otras palabras.** Restate each sentence, changing the word order as shown in the model.

MODELO Hace un año que vivo en Oaxaca. → **Vivo en Oaxaca (desde) hace un año.**
Hace un año que viví en Oaxaca. → **Viví en Oaxaca hace un año.**

1. Hace mucho tiempo que trabajo aquí.
2. Hace dos meses que estamos de vacaciones.
3. Hace cinco horas que los niños no comen.
4. Hace tres años que mi esposa estudia en Puebla.
5. Hace años que fui a Yucatán.
6. Hace una semana que Rita está en la capital.
7. Hace tres años que se casaron Lupe y Otón.
8. Hace seis meses que aprendí a conducir.

B **Lo hice hace tiempo.** Silvia is all ready for her trip to Palenque. Take Silvia's part and answer her mother's questions, using **hace** + a time expression.

MODELO ¿Ya compraste los pasajes? (tres semanas) → **Sí, compré los pasajes hace tres semanas.**

Additional questions for oral presentation: 1. ¿Compraste los cheques viajeros? 2. ¿Conseguiste tu pasaporte y visa?

1. ¿Ya hablaste con Amalia? (una hora)
2. ¿Fuiste al doctor? (dos semanas)
3. ¿Hiciste las maletas? (dos semanas)
4. ¿Leíste tu libro para turistas? (seis meses)
5. ¿Ya pediste un cuarto en el hotel? (un mes)
6. ¿Llamaste un taxi? (media hora)

C **Al corriente.** *Up to date.* Felipe is visiting his cousin Jaime. Take the part of Felipe and let his cousin know where things stand with the family, using time expressions with **hace**.

MODELO Ustedes viven en Toluca[3], ¿verdad? (diez años) → **Sí, hace diez años que vivimos en Toluca.**

1. Y tu padre tiene una agencia de viajes, ¿no? (veinte años)
2. Los abuelos viven con ustedes, ¿verdad? (cinco años)
3. Asistes a la universidad, ¿no? (dos años)
4. Tu hermana ya está casada, ¿verdad? (tres años)
5. Y ella tuvo un niño, ¿no? (seis meses)
6. Me dijo mi madre que tú también te casaste. (un mes)

[3]Capital of the state of **México**. **México** is a state as well as a city and a country.

Los viajes y los paseos

D   Los antecedentes de Carlos y Ana.   Early in 1985, Doctors Carlos and Ana Ordóñez applied for positions with the **Seguridad Social** in Mexico City. Using the background information on their application form, tell about Carlos.

CRONOLOGÍA		'70	'72	'74	'76	'78	'80	'82	'84
profesión	estudiante	Carlos — —		Ana — — — —					
	médico (a)			Carlos — — — — — — — — —			Ana — — — — — —		
casa	Puebla	Carlos — — — — —		Ana — —					
	Veracruz					Carlos — — — — — —		Ana — — — — — —		
viajes	Madrid	— Ana —							
	Nueva York					Carlos / Ana				

MODELO   ¿Cuánto hace que Carlos fue estudiante? → **Hace 14 años que fue estudiante.**

1. ¿Hace cuánto tiempo que Carlos es médico?
2. ¿Cuánto hace que Carlos vive en Veracruz?
3. ¿Cuánto hace que Carlos viajó a Nueva York?
4. ¿Cuánto tiempo hace que Carlos vivió en Puebla?
5. ¿Cuánto hace que Carlos se hizo médico?

Now use the chart to talk about Ana.

E   Primer encuentro.   Strike up a conversation with a new partner and find out more information by asking the questions suggested below, using the **hace** construction. Your partner will answer the questions, then question you in the same way.

MODELO   vivir en esta ciudad →
—¿Cuánto hace que vives en esta ciudad?
—Hace cuatro meses que vivo aquí.
irse de viaje →
—¿Cuánto hace que te fuiste de viaje?
—Hace dos semanas que me fui.

1. estudiar español
2. asistir a la universidad
3. conducir un auto
4. no ver a sus padres
5. no ir al cine
6. comprar ropa nueva
7. ir a una fiesta
8. llegar a esta ciudad
9. recibir una carta
10. practicar su pasatiempo favorito

• **CUESTIONARIO** Encourage students to form mini-conversations around the topics that most lend themselves to genuine communication, e.g., numbers 2, 4, and 8.

1. ¿Cuántas semanas hace que comenzó el semestre?   2. ¿Cuánto hace que usted viajó a otra ciudad o país?   3. ¿Cuánto tiempo hace que ustedes se conocieron?   4. ¿Cuánto hace que usted comió?   5. ¿Cuánto hace que murió una persona famosa?   6. ¿Cuánto hace que usted está en la universidad?   7. ¿Cuánto hace que usted sabe un poco de español?   8. ¿Sale usted al cine con los chicos(as)? ¿Desde hace cuánto tiempo?

· *En la antigua capital azteca* ·

En una oficina del Zócalo[1], México, D.F. Dos agentes de la compañía Turismo Mundial le dan la bienvenida a Amalia Mercado, una agente española en viaje de negocios.

HÉCTOR ¡Bienvenida, Amalia! ¿Cómo estás?
AMALIA Bien, gracias. Hace mucho que no nos vemos, ¿eh?
HÉCTOR Es cierto, hace unos tres años, ¿no? ¡Cómo pasa el tiempo! Ven, que te presento a Alonso Rodríguez. Él es el encargado de las excursiones al Caribe. Note this typically Spanish construction where **que** has no English equivalent.
AMALIA ¡Pero si ya nos hemos conocido! ¿Recuerdas, Alonso? Fue en Málaga. Pero no sabía que ahora vivías en México.
ALONSO La compañía quiso trasladarme y no pude oponerme.
HÉCTOR Bueno, aquí también se vive bien. ¿Es tu primer viaje a México, Amalia?
AMALIA Sí. Vine por una invitación de la Compañía Mexicana de Aviación. Un viaje de ida y vuelta en primera clase. Mirad qué buena suerte[2]. Y todo esto me parece extraño y fascinante.
ALONSO Es cierto. La ciudad está construida sobre las ruinas de la antigua capital azteca, que estaba en medio de un lago. Por eso, algunas partes de la ciudad se hunden y otras se elevan un poco cada año[3].

* * *

AMALIA ¡Eso sí que es interesante! ¿Te vas a quedar aquí para siempre?
ALONSO ¿Quién sabe? Hace tres meses la compañía iba a trasladarme de nuevo. Ya había hecho los preparativos pero mi esposa no quiso mudarse.
AMALIA ¿Adónde pensaban trasladarte?
ALONSO A Veracruz[4]. Pero los niños ya se han acostumbrado a la escuela aquí en la capital y han hecho muchas amistades.
HÉCTOR ¿Qué les parece si vamos a tomar una copa al bar de la Torre Latinoamericana[5]? Hay una hermosa vista de la ciudad desde allí.

---

antiguo *former; ancient*   **mundial** *world*   **dar la bienvenida** *to welcome*   **en viaje de negocios** *on a business trip*   **el encargado, la encargada** *the one in charge*   **el Caribe** *the Caribbean*   **trasladar** *to transfer*   **oponerse** *to oppose*   **extraño** *strange*   **en medio de** *in the middle of*   **hundirse** *to sink*   **elevarse** *to rise*   **los preparativos** *preparations*   **acostumbrarse** *to become accustomed*   **la torre** *tower*

Los viajes y los paseos

AMALIA Me parece estupendo, pero le prometí a mi secretario llamarle[6] esta tarde. ¿Me permites usar el teléfono?
HÉCTOR Sí, claro. Te dejo con la puerta cerrada. Te esperamos afuera.

PREGUNTAS

1. ¿Dónde están los tres agentes?   2. ¿Cuánto tiempo hace que no se ven Amalia y Héctor?   3. ¿Cómo vino Amalia a México?   4. ¿Dónde está construida la ciudad?   5. ¿Qué le pasa a la ciudad cada año?   6. ¿Cuándo y adónde iba la compañía a trasladar a Alonso? ¿Qué pasó?   7. ¿Para qué piensan ir a la Torre Latinoamericana?   8. ¿Qué le había prometido Amalia a su secretario?   9. ¿Le gusta a usted viajar? ¿Qué tipo de lugares prefiere visitar?   10. ¿Ha estado alguna vez en México? ¿Han ido algunos de sus amigos o sus parientes a México?

Notas culturales

If students desire more information, mention that in parts of Hispanic America **vosotros** is used by priests in their sermons (and less often by politicians in their **discursos**).

1. El Zócalo (oficially called **la Plaza de la Constitución**) is one of the biggest squares in the world and is the center of Mexico City (**México, Distrito Federal**). One side is occupied by the cathedral, one of the largest in America, built on the site of a former Aztec temple, the **Teocali** or **Gran Templo de Moctezuma.** Another side is occupied by the **Palacio Nacional,** which contains the offices of the president and other government officials. It was built over the site of Moctezuma's palace.

2. Since Amalia is from Spain, she uses the **vosotros** command forms when she speaks to friends; these forms are less often used by people from other parts of the Hispanic world.

3. The subsoil of Mexico City is like a giant sponge: about 85 percent of it is water, much of which is extracted from time to time for use in the growing city. For this reason, there are many differences in levels in some older public buildings.

4. Veracruz has served as Mexico's principal port on the Gulf of Mexico since **Hernán Cortés** arrived there from Cuba, after first landing in Yucatán, in 1519 to begin the Conquest of Mexico.

5. The **Torre Latinoamericana** is a 44-story skyscraper. It literally floats on its foundation, which consists of piers sunk deep into the clay beneath Mexico City. An observatory on top affords a panoramic view of the city and is popular with tourists.

6. Amalia, like many Spaniards, uses **le** as a masculine direct-object pronoun. Hispanic Americans would say **llamarlo**.

¿Ha visitado usted el Zócalo, plaza central de la Ciudad de México? Frente a la Catedral está el Palacio Nacional.

· Actividades ·

A   **Un viaje imaginario**

One student should begin by saying the following phrase:

"**Mañana me voy de viaje. Pongo en la maleta . . . mi pasaporte.**" The next student should repeat the phrase and add another object, for example: "**Mañana me voy de viaje. Pongo en la maleta mi pasaporte y dinero.**" The game continues until someone can't remember all the objects or makes a mistake. Then the game begins again.

B   **¿Viajero experimentado o imaginario?**   On a 3 × 5 card, write your name and the name of a place you have visited and hand the card to your instructor. The instructor chooses a card and asks the person who wrote it and two others to form a lineup. All three claim to have personally visited the place selected. The class questions the three, attempting to detect the experienced traveler. Then a new card and three new travelers can be selected.

Possible questions (assuming Mérida is on the card selected):
1. ¿Cuándo hiciste tu viaje a Mérida? ¿Con quién(es) fuiste? ¿Cuántos años tenía(n)?
2. ¿Cómo viajaste a Yucatán? ¿Cuánto costó el pasaje?
3. ¿Qué ciudades visitaste en Yucatán?
4. ¿Qué clase de dinero usan en México? ¿Pesos? ¿Pesetas? ¿Dólares?
5. ¿Es una ciudad grande Mérida? ¿Cuántos habitantes tiene?
6. ¿Cuál es la capital de Yucatán?
7. ¿Qué lugares hay en Mérida que un turista debe ver?
8. ¿Está Mérida en la costa o en las montañas?
9. ¿Necesitamos un pasaporte para viajar a México? ¿Por qué?
10. ¿En qué hotel te quedaste durante tu visita a Mérida?

C   **¡Buen viaje!**   In groups of four or five, map out a three-day trip within Mexico. Refer back to the map on page 288 for help. Decide how you are going to travel (**en autobús, en avión, en auto, a pie**), what you're going to eat and drink, where you're going to stay (make up names for hotels or **pensiones**), what you want to see and buy, and so on.   Note the use of **camión** for **autobús** in Mexico.

Los viajes y los paseos

D Situación. With a partner, act out the following conversation between a travel agent and a prospective traveler.

Agente: After you greet the customer, ask if he or she has ever gone to Mexico. Ask if the customer has read a book about Mexico and is very much interested in the country. Then tell the customer that you haven't been in Yucatán but that many customers have told you that it's very pretty. To wind up, tell the customer you're glad. He or she made a good decision.

Cliente: Return the agent's greeting and tell him or her that you haven't traveled in two years. Say that you went to Mexico City in 1983, but you didn't see much of the city because you were traveling on business. Say that you have read several books about Mexico because you are very interested in Mayan culture. Tell the agent that he or she has solved your problem—you're going to Yucatán!

The following cues should help you with some of the key exchanges.

1. C: no viajar / hace dos años
   A: ir / México
2. C: estar / Ciudad de México / 1983 / viaje de negocios / no ver / mucho / ciudad
3. C: leer / varios / libro / México / interesar / cultura maya
   A: no estar / Yucatán / otro / cliente / decir / sitio / lindo
4. C: resolver / problema / / ir / Yucatán
   A: alegrarse / / hacer / bueno / decisión

In the greeting segment, ensure proper degree of formality by having agent use **¿En qué puedo servirle?, A la orden,** or similar phrase; students tend to overuse **Hola** and neglect **Buenos días** or **Buenas tardes.**

If you enjoyed the experience, act out another conversation in which the client returns and tells the agent what happened on the trip.

Vocabulario activo

- **Cognados**

el, la **agente**	el **consulado**	**decorar**	la **excursión**	el **momento**	la **reservación**
la **aviación**	**consultar**	**destruir** (y)	**fantástico**	el **Océano Pacífico**	el **secretario**, la **secretaria**
el **bar**	el **continente**	**diferente**	**imitar**	el **palacio**	el **turismo**
construir (y)	el **cheque**		el **interés**	la **península**	**turístico**

- **Sustantivos**

		casualidad.	*coincidence.*	el **hipódromo**	*race track*
		el **desconocido,**		la **manera**	*manner; way*
el **alma** *f*	*soul*	la		el **medio**	*middle, half*
la **amistad**	*friendship*	**desconocida**	*stranger*	el **mediodía**	*noon*
el **azulejo**	*glazed blue tile*	el **encargado,** la	*representative;*	el **parque**	
el **Caribe**	*Caribbean*	**encargada**	*person in*	**zoológico**	*zoo*
la **casualidad**	*accident, chance*		*charge*	el **requisito**	*requirement*
Que	*What a*	el **golfo**	*gulf*	la **siesta**	*nap*

dormir la siesta	to take a nap	sido *pp*	been	el pasaje	ticket
la torre	tower	sofocar (qu)	to suffocate	por mar	by sea
		trasladar	to transfer, to move	el preparativo	preparation
				el puerto	port; harbor
• **Verbos**		visto *pp*	seen	la salida	departure, exit
		vuelto *pp*	returned	el sitio	place, spot, site
abierto *pp*	open; opened			el viaje de negocios	business trip
acordarse (ue) (de)	to remember, to think of	• **Los viajes**		el viajero, la viajera	traveler
acostumbrarse (a)	to get used to, to become accustomed to	a pie	on foot		
		la aduana	customs, customs house	• **Otras palabras y expresiones**	
crecer (zc)	to grow	andar en bicicleta	to ride a bicycle		
cubrir	to cover	el alojamiento	lodging	antiguo	old, ancient; (before noun) former
cubierto *pp*	covered	alojarse	to lodge, to room		
dejar	to leave (something)	el autostop	hitchhiking	¡Arriba las manos!	Hands up!
dicho *pp*	said	hacer autostop	to hitchhike	Bienvenido(a).	Welcome.
elevarse	to rise	el barco		dar la bienvenida a	to welcome
escrito *pp*	written	en, por barco	boat, ship by boat	con tiempo	ahead of time
hecho *pp*	made	el boleto	ticket	¿De veras?	Really?
hundirse	to sink	el cheque de viajero	traveler's check	desde hace	for (period of time)
ido *pp*	gone	de ida y vuelta	round-trip	en medio de	in the middle of
marcharse	to leave, to go away	en bicicleta	by bicycle	enamorado (de)	in love with
muerto *pp*	died; dead	el equipaje	baggage, luggage	extraño	strange, odd
oponerse	to oppose, to object	la estación	station	hace unos días	a few days ago
puesto *pp*	put	el ferrocarril	railway	mundial	world *adj*
resolver (ue)	to solve; to resolve	la guía	guidebook	por aquí	around here
resuelto *pp*	solved; resolved	el horario	schedule, timetable	recién	recently, lately, newly
revisar	to examine, to check, to inspect; to revise; to review	el huésped, la huéspeda	guest, lodger; host	solo	single; alone
				tomar el sol	to sunbathe
romper	to break			Yo no.	Not me.
roto *pp*	broken				

Los viajes y los paseos 311

CAPÍTULO DOCE

LA SALUD Y EL CUERPO

Vocabulario.   In this chapter you will talk about the body and health.

Gramática.   You will discuss and use:
1. Command forms directed to people addressed as **usted, ustedes**
2. The use of object pronouns with commands *(Give it to me, please.)*
3. Command forms directed to people addressed as **tú**
4. Comparisons of equality with adjectives and adverbs *(as good as, as rapidly as)*
5. Comparisons of inequality *(better than, more important than, less interesting than)* and the superlative *(the most)*

Cultura.   The dialogs take place in Madrid and the northern Spanish cities of La Coruña, León, Ávila, Burgos, and Bilbao.

¿Qué tengo, doctor? Los síntomas.

Me duele todo el cuerpo, desde la cabeza hasta los pies.

Me duele la espalda. No puedo moverme bien.

Tengo dolor de garganta.

Y también tengo dolor de estómago.

Students often need extensive practice to internalize the pronunciation distinction between **dolor, dolores** and **dólar, dólares.**

Tengo dolores por todas partes. Hasta los huesos me duelen.

Me arden los ojos y me pican los oídos[1].

Tengo tos.

Tengo fiebre.

Estoy mareado(a). Siento náuseas.

Está resfriado(a), nada más. Tiene resfrío (catarro). Tiene una buena gripe (influenza).

---

la espalda *back*   **moverse** *to move*   **el dolor de garganta** *sore throat*   **el hueso** *bone*   **arder** *to burn*   **picar** *to itch; to hurt; to sting*   **la tos** *cough*   **mareado** *dizzy; seasick*   **estar resfriado, tener resfrío, tener catarro** *to have a cold*   **dibujar** *to draw*

[1]Spanish has two words for ear: **la oreja** is the outer part and **el oído** is the inner ear, the part we hear with, the sense of hearing. One may grasp **la oreja**, never **el oído**.

La salud y el cuerpo   313

· El cuerpo humano ·

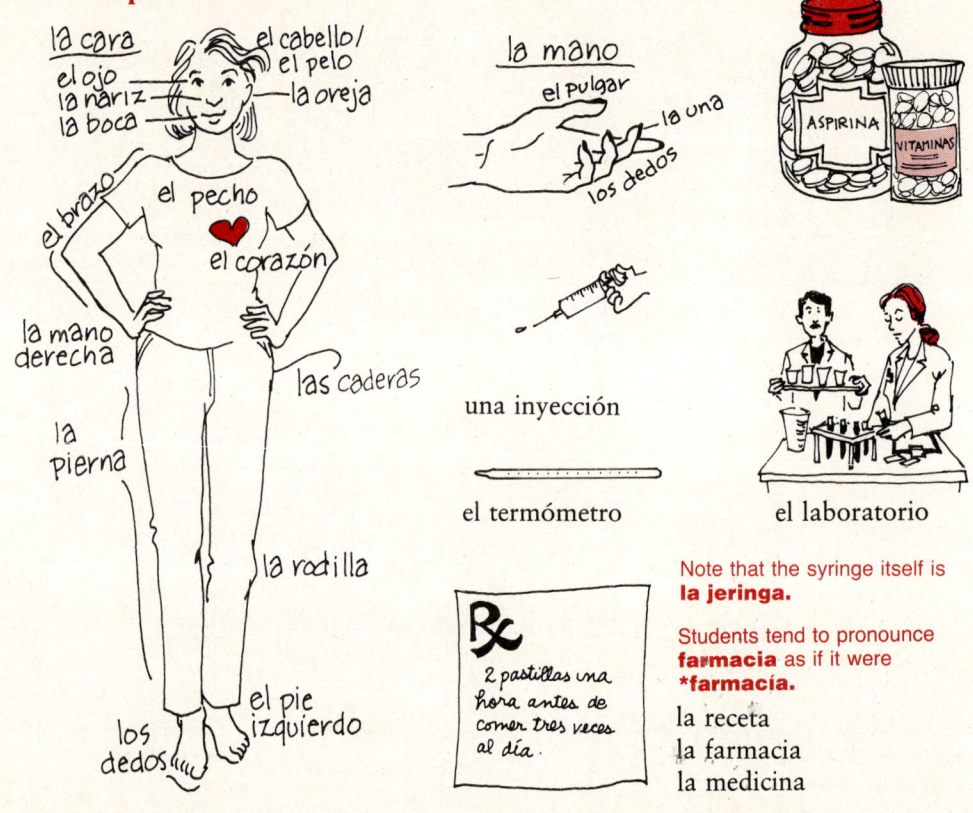

(Labeled diagram of a human body:)
la cara — el cabello/el pelo
el ojo — la oreja
la nariz
la boca
el brazo — el pecho — el corazón
la mano derecha
las caderas
la pierna
la rodilla
el pie izquierdo
los dedos

(Hand:) la mano — el pulgar — la uña — los dedos

una inyección

el termómetro

el laboratorio

2 pastillas una hora antes de comer tres veces al día.

Note that the syringe itself is **la jeringa.**

Students tend to pronounce **farmacia** as if it were ***farmacia.**

la receta
la farmacia
la medicina

¡Vamos a dibujar! *Let's draw!* Your instructor will draw a part of a person's body on the blackboard and then hand the chalk to someone else, saying **Dibuje el (la, los, las) . . ., por favor.** The person chosen will then draw what is asked for and hand the chalk to someone else, while giving a similar command. Continue until the entire body has been drawn. Some body parts you will want to include are:

el brazo derecho (izquierdo)	los dos pies	el pecho	la nariz
los ojos	el corazón	el pelo	
las piernas	la cabeza	las manos	

¿Cierto o no? Si no es cierto, ¿por qué?
1. Una aspirina es una pastilla.
2. Cuando tengo una pregunta, levanto los pies.
3. Ella tomó mucho vino. Por eso tiene dolor de espalda.
4. Vimos a una mujer que llevaba a su hijo en el pelo.
5. Cuando estoy resfriado, el médico me pone una inyección.
6. Tomo vitaminas para tener buena salud.
7. Esa chica de ojos azules y boca negra es muy guapa.
8. Cuando tenemos tos, nos duele la garganta.

Ask students what else brings good health to elicit **los vegetales, las frutas, el ejercicio,** etc.

---

el dedo *finger; toe*   **la uña** *fingernail; toenail*   **el pulgar** *thumb*   **la pastilla** *pill*

Capítulo doce

- **CUESTIONARIO**

1. ¿Cuándo toma usted aspirinas? ¿Toma muchas aspirinas generalmente?
2. ¿Adónde llevamos las recetas para obtener la medicina?   3. ¿Qué parte del cuerpo usamos para ver? ¿Para hablar? ¿Para ir a las clases?   4. ¿Qué usamos para saber si tenemos fiebre o no?   5. ¿Cuándo le duele la cabeza a usted?
6. ¿Qué síntomas tiene una persona que está resfriada?

Rosalía de Castro, poeta gallega.

I. El imperativo (Los mandatos) de **usted, ustedes**

Adaptation: Students adapt dialog to college situation, where the pills are to cure the effects of bad dorm or cafeteria food.

- *Una feria en la Plaza de Vigo, La Coruña[1].*

VENDEDORA	Señoras, para curarse de todas las enfermedades, compren estas pastillas. Son milagrosas.
DOÑA CARMEN	¡No sea charlatana! Explique esos "milagros".
VENDEDORA	Con mucho gusto. Tomen una pastilla tres veces al día después de comer y luego beban un vaso de agua.
DOÑA CARMEN	Y diga usted, por favor, ¿para qué sirven?
VENDEDORA	Para toda clase de dolores del cuerpo. Pruebe un frasco y va a sentirse joven de nuevo.
DOÑA CARMEN	Ya me insultó la inteligencia, ¡no insulte también mi edad!

1. ¿Dónde están las dos señoras?   2. ¿Para qué son las pastillas de la vendedora?
3. ¿Cuándo hay que tomar las pastillas? ¿Con qué?   4. ¿Para qué sirven las píldoras?   5. ¿Cree usted que unas personas van a comprar las pastillas? ¿Por qué?

At a fair in the Plaza de Vigo, La Coruña. SALESWOMAN: Ladies, to be cured of all sicknesses, buy these pills. They're miraculous. DOÑA CARMEN: Don't be a charlatan! Explain these "miracles." SALESWOMAN: With pleasure. Take one pill three times a day after eating and drink a whole glass of water afterwards. DOÑA CARMEN: And tell (us), please, what are they good for? SALESWOMAN: For all kinds of bodily aches. Try a bottle and you'll feel young again. DOÑA CARMEN: You already insulted my intelligence, don't insult my age, too!

---

[1]**La Coruña,** a handsome port with fine beaches on the Atlantic, north of Portugal. Spain's ill-fated **Armada** set sail from here for England in 1588.

La salud y el cuerpo

The command forms of verbs are used to ask or tell people to do things. In Spanish, one set of commands is used with people you normally address as **usted,** and another set with people you address as **tú.**

Since command forms can be perceived as somewhat **bruscos** in Spanish, you may wish to point out common ways to **suavizar**[N] their effect, e.g., using the present tense (for instance, **Primero barres y después lavas la ropa**).

A To form the singular formal (**usted**) command of all regular verbs, drop the **-o** ending from the **yo**-form of the present tense and add **-e** for **-ar** verbs, and **-a** for **-er** and **-ir** verbs. The **ustedes** command is formed by adding **-n** to the singular command forms.

-ar	Compro esas pastillas.	Compre (usted) esas pastillas.
		Compren (ustedes) esas pastillas.
-er	Como algo.	Coma (usted) algo.
		Coman (ustedes) algo.
-ir	Escribo la receta.	Escriba (usted) la receta.
		Escriban (ustedes) la receta.

The pronouns **usted** and **ustedes** are usually omitted, but they are sometimes added after a command to soften it, make it more polite. Commands are made negative by placing **no** before the verb.

No tome (usted) esa medicina.	*Don't take that medicine.*
No molesten (ustedes) al doctor.	*Don't bother the doctor.*

B If a verb has an irregularity or a stem change in the **yo**-form of the present tense, this irregularity or stem change is carried over into the command forms.

No salga todavía.	*Don't leave yet.*
Recuerde la cita con el doctor.	*Remember the appointment with the doctor.*
Duerman un poco.	*Sleep a little while.*

C A number of verbs have a spelling change in the **usted** and **ustedes** command forms to show that the sound of the stem does not change.

c → qu	buscar	yo busco	busque(n)
g → gu	llegar	yo llego	llegue(n)
z → c	empezar	yo empiezo	empiece(n)

Empiece las inyecciones mañana.	*Begin the shots tomorrow.*
No lleguen tarde para la cita.	*Don't arrive late for the appointment.*

D Here are some irregular **usted** commands.

ir	vaya, vayan	estar	esté, estén
ser	sea, sean	dar	dé, den
saber	sepa, sepan		

The accent on **dé** is written to distinguish the word from the preposition **de**.

Vaya a la farmacia de la esquina.	Go to the drugstore on the corner.
¡Sean más prácticos!	Be more practical!
No esté triste; va a curarse.	Don't be sad; you'll be cured.
Sepa que estoy en perfecta salud.	Be aware that I am in perfect health.
No den otro nombre.	Don't give another name.

EJERCICIOS

Additional material for oral presentation: 1. Señor Smith/comprar el libro mañana 2. Señora Harris/leer en voz alta 3. Señorita Berger/estar aquí a tiempo, por favor 4. Señor Mayfield/hacer una pregunta sobre este tema

A Pongan atención, señores. La profesora Paracleto enseña una clase de inglés para adultos. Dé los mandatos de **usted, ustedes** que ella usa para darles instrucciones a sus estudiantes.

MODELO Señor Veguillas / preparar la lección → **Señor Veguillas, prepare la lección.**

1. Señoritas / no hablar español
2. Señorita Fernández / trabajar más
3. Sr. Miño / no comer en la clase
4. Todos / pensar en inglés
5. Todos / levantar la mano para contestar
6. Sr. Cedeira / no llegar tarde
7. Señor / venir temprano
8. Todos / traer sus libros
9. Señor / poner atención
10. Señora / repetir la pregunta

B El pobre señor Bradomín. Tome **el papel** *(the part)* de la doctora Bendaña. Diga al señor las cosas que debe o que no debe hacer.

MODELO abrir la boca →
Señor Bradomín, abra la boca.

1. decir "aaah"
2. ponerse el termómetro en la boca
3. llevar esta receta a la farmacia
4. tomar estas pastillas
5. no tomar café
6. no ir a la playa
7. no hacer mucho ejercicio
8. otra cosa: pagar la cuenta

C Unos consejos. Sabina Ferré es puertorriqueña. Sus hijos se preparan para viajar a Galicia en el norte de España. Diga cuáles son los consejos que les da doña Sabina a sus hijos.

MODELO   comprar los pasajes pronto → **Compren los pasajes pronto.**

1. hacer las maletas tres días antes de salir
2. llegar temprano al aeropuerto
3. llevar sus pasaportes
4. preguntar el precio de los hoteles
5. asistir a las corridas de toros en Pontevedra
6. comer caldo gallego[2]
7. sacar fotos de la catedral de Santiago de Compostela[3]

D En acción. Describa estos dibujos. Tome el papel de la persona que manda.

→ **Vengan para comer.**

MODELO   1    2

3    4    5    6

E Ay, ¿qué hago? Un extranjero se acerca a usted frente al Hotel Comercial en Vigo. Dé consejos al pobre señor.

MODELO   Tengo dolor de cabeza. → **Pues, tome unas aspirinas.**

1. Tengo sed.
2. Necesito más dinero.
3. Estoy muy cansado.
4. No sé nada de la política gallega.
5. Quiero aprender portugués.
6. Tengo hambre.
7. No me gusta leer el periódico.
8. Llego tarde a todas las conferencias.

[2]**Caldo gallego** is a hearty soup of beef and vegetables.
[3]**Santiago de Compostela**, located 74 kilometers south of La Coruña, is, after Jerusalem and Rome, the most important Christian shrine. In the 9th century, when a Spanish pope spread word that the bones of Santiago (St. James) were buried in Galicia, the Western World was electrified. Large pilgrimages to the site soon began and reached their peak in the 12th to 15th centuries, some from as far away as Russia, England, India, and Abyssinia. Pilgrimages by rail and bus—many originating in France—continue to this day.

Exercise E: Additional statements to present orally: 1. Está muy oscuro aquí. 2. Ahora hay demasiada luz aquí. *(This will point up possible deficiencies in practical vocabulary—***poner, encender, prender, apagar la luz.***)* 3. Mi camisa está sucia. 4. Mi hermano me pide doscientas pesetas.

II. Los mandatos con complementos

- *Medianoche. El departamento de ropa de mujeres en los Almacenes María Molina en Valladolid[1].*

SERGIO   ¿La cabeza? ¡Sáquela, hombre!
OCTAVIO   Bueno. Pero, ¿qué hago con los brazos? ¿Los pongo sobre la mesa?
SERGIO   No, no los ponga allí. Déjelos en el suelo. Y hágame el favor de buscar las piernas debajo de la mesa.
OCTAVIO   Aquí están, pero no encuentro los pies.
SERGIO   Búsquelos en esa caja. ¡Chitón! Cállese, que ya viene el jefe.
JEFE   Bueno, ahora que ya deshicieron el maniquí, guárdenlo en el cuarto de atrás. Gracias por la ayuda.

1. ¿Qué debe hacer Octavio con la cabeza? ¿Y con los brazos?   2. ¿Qué tiene que buscar Octavio debajo de la mesa?   3. ¿Qué no encuentra Octavio allí?
4. ¿Qué deshicieron los hombres?

Midnight. The women's clothing department in the María Molina department store in Valladolid. SERGIO: The head? Take it off, man! OCTAVIO: All right, but what do I do with the arms? Shall I put them on the table? SERGIO: No, don't put them there. Leave them on the floor. And please look for the legs under the table. OCTAVIO: Here they are, but I can't find the feet. SERGIO: Look for them in that box. Shhh! Be quiet, because the boss is coming. BOSS: Well, now that you took the mannequin apart, store it in the back room. Thanks for your help.

[1] **Valladolid**, in north central Spain, capital of the country from 1506 to 1621. Don Fernando de Aragón and Doña Isabel de Castilla, later king and queen of Spain (**los Reyes Católicos**), were married here in 1469. Isabel sponsored Columbus's voyages of discovery; the admiral's home is now a museum, as is the home of **Miguel de Cervantes Saavedra** (1547–1616), who grew up in Valladolid and wrote much of his immortal *Don Quijote* there late in life.

Have students replace the **mandatos** with less direct forms such as the present tense **(Los deja en el suelo)** and questions that are implied commands **(¿Quiere buscarlos en esa caja?).**

A Object and reflexive pronouns are attached to all *affirmative* commands. The stressed vowel of the command form is still stressed when pronouns are attached, which usually means that an accent mark must be written on the stressed vowel to confirm that this is so.[2]

Describa sus síntomas.	*Describe your symptoms.*
Descríbalos (usted).	*Describe them.*
Siéntense (ustedes) en la sala de espera, por favor.	*Sit in the waiting room, please.*

Note that a doctor's office is **un consultorio**.

[2] No accent mark is used when one pronoun is added to a command of one syllable: **Dé el dinero a Graciela. Dele el dinero. Déselo.** *Give the money to Graciela. Give her the money. Give it to her.* The written accent comes and goes in accordance with the rules discussed in the preliminary chapter.

La salud y el cuerpo

B Object or reflexive pronouns precede all *negative* commands.

No mueva el brazo. No lo mueva.	*Don't move your arm. Don't move it.*
No se levante todavía.	*Don't get up yet.*
No les digan eso.	*Don't tell them that.*

C When both a direct-object pronoun and an indirect-object pronoun are used, the indirect-object pronoun precedes the direct-object pronoun.

Tráigamelo. No me lo traiga.	*Bring it to me. Don't bring it to me.*
Véndaselo. No se lo venda.	*Sell it to him. Don't sell it to him.*
Apréndanselo de memoria.	*Learn it by heart.*
No se lo aprendan de memoria.	*Don't learn it by heart.*

¡ DEJE DE FUMAR !
EN SÓLO 7 DÍAS
(Garantizado bajo Contrato)
Información de 16 a 23 horas
Sr. Fraguas. Tel. 479 17 33

EJERCICIOS

A **La sustitución**

1. ¿Las cartas? Déjalas aquí. (¿El postre? ¿Las maletas? ¿La receta? ¿El termómetro?)
2. ¿Los brazos? No los muevan, niños. (¿Las manos? ¿Los pies? ¿La cabeza? ¿Las piernas?)

B **Pónganse de acuerdo.** La compañía Castilla tiene dos jefes de oficina: la señorita Carrión quiere mantener una disciplina estricta y el señor Marcial quiere proteger los derechos de los empleados *(employees.)* Trabaje con un compañero de clase. Hagan los papeles de Carrión y de Marcial y contesten las preguntas de los empleados.

MODELO Yo quiero comprar nuevos escritorios. →
  C **No, no los compre.**
  M **Sí, cómprelos.**

1. Yo quiero vender las máquinas viejas.
2. Yo quiero aumentar los salarios.
3. Yo quiero hablar a todos los empleados.
4. Yo quiero pedir una computadora moderna.
5. Yo quiero cambiar el horario.
6. Yo quiero escribir a los clientes.

Viaje a Galicia, en el noroeste de España, y vea La Coruña y Santiago de Compostela.

Associated vocabulary: el ángel de la guarda, consejo. *Additional questions for oral presentation:* 1. ¿Debo gastar todo mi dinero en restaurantes elegantes? 2. ¿Debo comer este postre que es para mi hermanita?

C **De dos opiniones.** Sara siempre tiene dos opiniones, una positiva y otra negativa. Tome el papel de Sara y responda a las preguntas que le hacen.

MODELO ¿Debo estudiar la lección? → (opinión positiva) **Estúdiela.**
(opinión negativa) **No la estudie.**

1. ¿Debo escribirles a mis padres?
2. ¿Debo acostarme muy tarde?
3. ¿Debo leer revistas malas?
4. ¿Debo odiar a los ladrones?
5. ¿Debo ser una chica cruel?
6. ¿Debo enojarme mucho?
7. ¿Debo amar a los otros?
8. ¿Debo jactarme?
9. ¿Debo insultar a otras personas?
10. ¿Debo ponerles atención a mis profesores?

D **¡Cuídese, jefe!** Hace una semana que el jefe de Lolita no se siente bien. Dele consejos al jefe acerca de qué debe hacer para curarse.

MODELO ponerse el abrigo → **Póngase el abrigo.**

1. irse a la casa
2. ver al médico
3. decirle el problema a su esposa
4. pedirles silencio a sus niños
5. descansar mucho
6. acostarse temprano
7. tomar su medicina
8. ver televisión y leer un buen libro
9. no preocuparse por el trabajo
10. no venir a la oficina hasta el lunes

Additional material for oral presentation: Students form negative commands: 1. salir a la calle cuando hace frío 2. correr si está muy cansado 3. preocuparse tanto por los negocios 4. tomar el almuerzo tan rápidamente

• **CUESTIONARIO**

1. ¿Cuáles son cinco mandatos que no les gustan a los estudiantes? (ejemplo: Tráiganme los ejercicios.)   2. ¿Cuáles son tres mandatos que escuchamos en la oficina de la aduana? (ejemplo: Muéstreme su pasaporte, por favor.)   3. ¿Cuáles son cinco consejos para una vida feliz? (ejemplo: Trate bien a todo el mundo.)   4. ¿Cuáles son tres cosas que las madres les dicen a sus hijos casi todos los días? (ejemplo: Vístanse, por favor.)

La salud y el cuerpo 321

Visite San Sebastián, cómprese un traje de baño y vayase a tomar el sol.

III. Mandatos con **tú**

• *La Calle de Alfonso V en León*[1].

LOLA   Oye, Tito. Ven acá. Enséñame los ejercicios que aprendiste en el gimnasio.
TITO   Vale. Ponte derecho, separa los pies y dóblate. Toca el pie derecho con la mano izquierda.
LOLA   ¿Así?
TITO   Ahora haz lo mismo con el lado opuesto. No, Lola, así no. Mírame bien. No bajes la cabeza. Así es. Ahora acuéstate en el suelo. Pon las manos encima de los muslos y trata de sentarte.
LOLA   ¡Ay, qué dolor!
TITO   No te quejes tanto, chica. Dime tú, ¿cómo vas a ponerte en buenas condiciones si no sufres un poquito?

1. ¿Qué quiere aprender Lola?   2. ¿Cree usted que Lola está en buenas condiciones?   3. ¿Está usted en buenas condiciones? Trate de hacer los ejercicios descritos por Tito.

Calle de Alfonso V in León. LOLA: Listen, Tito. Come here. Teach me the exercises you learned at the gym. TITO: OK. Stand up (Put yourself) straight, separate your feet, and bend. Touch your right foot with your left hand. LOLA: Like that? TITO: Now do the same with the opposite side. No, Lola, not like that. Look at (Watch) me closely (well). Don't lower your head. That's it. Now lie down on the floor. Put your hands on your thighs and try to sit up. LOLA: Yikes, it hurts (what pain)! TITO: Don't complain so much, **chica**. Tell me, how are you going to get in good shape if you don't suffer a little?

---

[1]**León** is a thriving industrial center in northwest Spain.

Adaptation: Students make up instructions for Lola to give Tito that only a contorsionist could carry out.

322   *Capítulo doce*

A Informal or **tú** commands are used with people you address as **tú**. Affirmative and negative **tú** commands are formed differently. To form a negative **tú** command, add **-s** to the **usted** command.

No doble (usted) aquí. *Don't turn here.*
No dobles aquí.
No pierda (usted) la receta. *Don't lose the prescription.*
No pierdas la receta.
No traiga (usted) a su hijo enfermo. *Don't bring your sick child.*
No traigas a tu hijo enfermo.

B Affirmative **tú** commands for most verbs are the same as the third-person singular, present-tense form.

Gloria toma la aspirina. *Gloria takes the aspirin.*
Gloria, toma la aspirina. *Gloria, take the aspirin.*
Juan pide algo para la tos. *Juan asks for something for his cough.*
Pide (tú) algo para la tos. *Ask for something for your cough.*
Julia bebe leche con las pastillas. *Julia drinks milk with the pills.*
Julia, bebe leche con las pastillas. *Julia, drink milk with the pills.*

Remind students of homonyms, or elicit some from them: **di**—preterit of **dar: ve**—present, imperative of **ver; ven**—present of **ver; sé**—present of **saber; sal**—as in **sal y pimienta.** Stress importance of context to clarify.

C Some irregular affirmative commands are:

decir	**di**	*say*	salir	**sal**	*leave, go out*
hacer	**haz**	*do*	ser	**sé**	*be*
ir	**ve**	*go*	tener	**ten**	*have, take*
poner	**pon**	*put*	venir	**ven**	*come*

Irene, di gracias. *Irene, say thank you.*
Haz la maleta. *Pack your suitcase.*
Ve a la farmacia, Jorge. *Go to the drugstore, Jorge.*
Pon el termómetro aquí. *Put the thermometer here.*
Sal ahora. *Leave now.*
Sé simpático, Mateo. *Be nice, Mateo.*
¡Ten cuidado, José! *Be careful, José!*
Ven acá, María. *Come here, María.*

D The subject pronoun **tú**, after the command, is only rarely used for a change of emphasis.

La salud y el cuerpo

FOOTING CLUB de ESPAÑA

PLANES PERSONALES DE ENTRENAMIENTO DE FOOTING
SELECCIONADOS POR ORDENADOR
MEJORE SU CONDICIÓN FÍSICA DE FORMA SISTEMÁTICA Y DIRIGIDA

¡CORRE CON NOSOTROS!

EJERCICIOS

A Oye, mi hija... Tome el papel de los padres de Sarita. Dígale qué debe hacer hoy. *Vocabulary target:* **quejarse** *(which students tend to confuse with* **quedarse***). Have students generate other sentences—***no quejarse de la matrícula, del frío/calor que hace,** *etc.*

MODELO   levantarse pronto → **Hija, levántate pronto.**

1. bañarse
2. ponerse la ropa
3. salir ya para la escuela
4. estudiar mucho
5. no llegar tarde de la escuela
6. no hablar mal de los maestros
7. no quejarse de los exámenes
8. no comer muchos dulces
9. no insultar a los amigos
10. no ser mala

B ¡Y apúrate, Felicia! Amalia invitó a Felicia para una fiesta. A la última hora Amalia se dio cuenta de que no recuerda cómo llegar. Mire el mapa y dele instrucciones para llegar a la casa de Amalia.

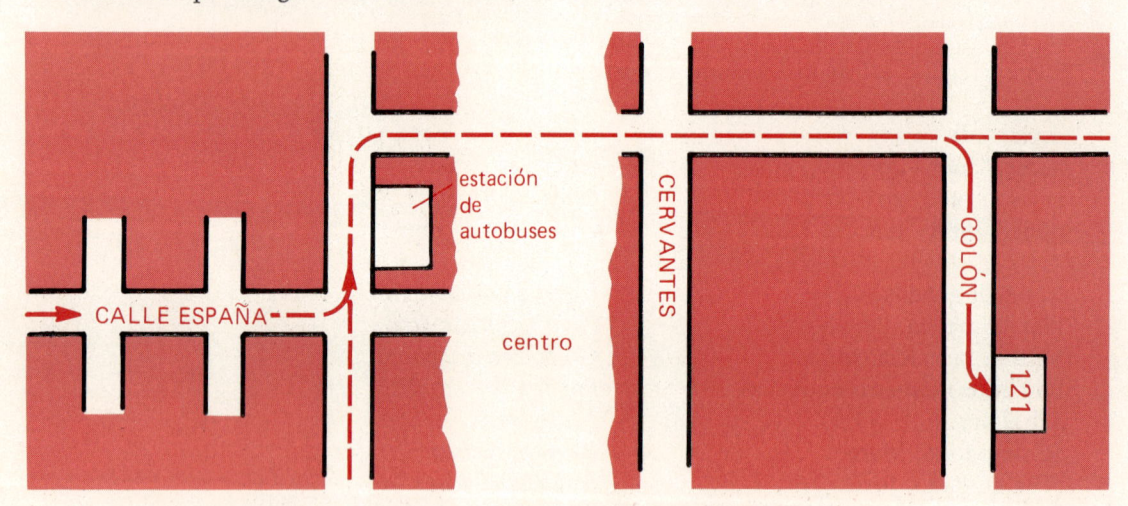

MODELO   salir antes de las siete → **Sal antes de las siete.**

1. tomar la Calle España
2. ir tres calles hacia el centro
3. doblar a la izquierda
4. ir a la estación de autobuses
5. subir al autobús número 85
6. pagar el pasaje
7. leer los nombres de las calles
8. no bajar en la Calle Cervantes
9. bajar del autobús en la Calle Colón
10. seguir por Colón hasta el número 121

Capítulo doce

C ¡Decídanse, amigos! Rubén piensa viajar por la región de León. Su amigo Lope le dice unas cosas y su amiga Isabel le dice lo contrario. Dele consejos a Rubén, según el modelo.

MODELO   buscar una pensión →   LOPE   **Busca una pensión.**
                                 ISABEL **No busques una pensión.**

1. visitar la Universidad de Salamanca
2. ver la Casa de las Conchas
3. ir a la Plaza Mayor en León
4. asistir a una fiesta típica
5. comprarse un buen saco en Béjar[2]
6. sacar muchas fotos en Zamora[3]

D ¡Anímate, chico! Complete la conversación entre Carlos y su mamá. Ponga atención a la reacción de Carlos para averiguar *(find out)* cuáles son las sugerencias *(suggestions)* que le hace su mamá.

CARLOS Ay, mamá, estoy aburrido.
PILAR   Pues, (1)____ algo.
CARLOS ¿Qué hago?
PILAR   (2)____.
CARLOS Ya me bañé esta mañana.
PILAR   Pues (3)____ el capítulo 12.
CARLOS Ya lo estudié anoche. Voy al cine.
PILAR   No, no (4)____ al cine. (5)____ el periódico.
CARLOS Ya lo leí.
PILAR   (6)____ el cuarto.
CARLOS Ya lo limpié.
PILAR   Entonces (7)____ una carta al tío en Salamanca.
CARLOS Le escribí la semana pasada.
PILAR   Ay, pues, (8)____ la comida.
CARLOS Tú sabes que no sé cocinar.
PILAR   Pues (9)____ a cocinar. ¿Te enseño?
CARLOS ¡Buena idea! Sí, (10)____ a cocinar.

E Situación. Usted tiene un amigo, Ignacio Nurdo, que es un genio de la informática[4] pero no es muy popular. En realidad, es un chico simpático. Dele consejos a Ignacio sobre unas cosas que puede hacer para ser más popular.

MODELO   **No seas fanático.**
         Báñate después de programar 24 horas seguidas.

F Preguntas. Trabaje con un compañero de clase para contestar estas preguntas.
1. ¿Cuáles son cinco mandatos que oye mucho un niño?
2. ¿Cuáles son cinco mandatos que usted quiere darle a su novio(a)?
3. ¿Cuáles son cinco mandatos de sus padres que a usted *no* le gustan?
4. ¿Cuáles son cinco mandatos que a usted sí le gustan?

---

[2]**Béjar** is a picturesque town 86 km. from Salamanca.

[3]**Zamora**, a provincial capital 133 km. from León, successfully resisted an 8-month siege conducted in 1072, winning it a place in legend and a standard **refrán**, *No se ganó Zamora en una hora.* Some fortifications are still to be seen.

[4]**La informática** means *computer science,* especially in Spain, where the word for computer is—following the French—**el ordenador.** In Hispanic America, a computer is **un(a) computador(a).** Programming is **la programación. Programar** = *to program.* Data and word processing are described with the term **procesamiento,** but usage is not yet clearly established.

La salud y el cuerpo

Ávila, cantos y santos. Y una muralla.

Aural comprehension: Probable/Posible o improbable/Imposible: 1. Los dos venezolanos viven en el convento. 2. Para los españoles, Ávila es una ciudad de mucha importancia cultural. 3. Ávila es el centro comercial e industrial de la región. 4. Muchos turistas han tratado de derrumbar las iglesias. 5. Miguel y Soledad son muy jóvenes.

IV. Comparaciones de igualdad

- Dos turistas venezolanos visitan la ciudad de Ávila[1]. En la Calle Ajates, frente al Convento de la Encarnación.

MIGUEL   Hay tantas iglesias aquí en Ávila. ¿Cómo han sobrevivido después de tantos años?

SOLEDAD   Es porque los españoles han hecho tanto esfuerzo para conservar sus edificios y monumentos antiguos. El gobierno siempre los ha protegido tanto que se ha hecho casi imposible derrumbarlos.

MIGUEL   Y esa muralla tan antigua, ¿cuándo la construyeron?

SOLEDAD   No me acuerdo. Antes sabía tanto de la historia española pero ahora tengo la memoria tan mala . . .

MIGUEL   Es verdad, cariño. No recordamos ni tú ni yo tanto como antes. ¡Parece que no nos conservamos tan bien como España!

1. ¿Cómo han sobrevivido tantas iglesias en Ávila?   2. Recuerda Soledad cuándo construyeron la muralla de Ávila?   3. ¿Cómo es la memoria de los dos venezolanos?   4. Las agencias de viajes dicen que España es la tierra del ensueño *(land of dreams)*. ¿Por qué? ¿Es que las personas conservan algo en los sueños?

Two Venezuelan tourists are visiting the city of Ávila. On Calle Ajates, in front of the Convento de la Encarnación. MIGUEL: There are so many churches here in Ávila. How have they survived after so many years? SOLEDAD: It's because the Spaniards have made such an effort to preserve their ancient buildings and monuments. The government always has protected them so much that it has become almost impossible to tear them down. MIGUEL: And that (so) very ancient wall, when did they build it? SOLEDAD: I don't remember. Before I knew such a lot of Spanish history but now my memory is so bad . . . MIGUEL: It's true, honey. Neither you nor I remember as much as before. It seems that we aren't preserving ourselves as well as Spain!

---

[1] **Ávila**, the birthplace of **Santa Teresa** (1515–1582), is an ancient, small city in the mountains of north central Spain, partly surrounded by an 11th-century turreted wall.

EL CASTILLO INTERIOR

Nuestra alma° (es) como un castillo todo de un diamante o muy claro cristal . . . Este castillo tiene muchas moradas°; unas en lo alto, otras en bajo, otras a los lados, y en el centro y mitad de todas éstas tiene la más principal, que es donde pasan las cosas de mucho secreto entre Dios y el alma . . .   °soul
°dwelling places

La puerta para entrar en este castillo es la oración y consideración° . . .   °prayer and meditation

—Teresa de Ahumada,
Santa Teresa de Ávila, 1577

A Comparisons of equality are formed by using **tan** before an adverb or adjective and **como** following it.

Las playas de La Coruña no son tan bonitas como la playa de San Sebastián[2].	The beaches of La Coruña aren't as pretty as the beach of San Sebastián.
A Juan no le iba tan bien como a Carlos.	Juan wasn't doing as well as Carlos.
Mi madre no se curó tan rápidamente como esperábamos.	My mother wasn't cured as quickly as we had hoped.

B **Tan** can also mean *so*. *Note that some students may subsequently use* **tan** *for translations of* so *which are properly rendered as* **así** *or* **por eso.**

¡La enfermera es tan simpática! The nurse is so nice!

C **Tanto(-a, -os, -as)** is used before a noun. **Tanto como** after a verb means *as much as*. **Tanto** by itself means *so much*.

Jaimito no ha tenido tantos resfriados como el año pasado.	Jaimito hasn't had as many colds as last year.
Yo no leo tanto como mi hermana.	I don't read as much as my sister.
¡Ay, me duele tanto la cabeza!	Oh, my head hurts so much!

EJERCICIOS

A La sustitución

1. Alejandro tiene tanta *ropa* como yo. (novelas, cuentos, dinero, dolores, problemas)
2. *Rubén* es tan inteligente como yo. (Luisa, tus amigos, esa chica, tú, Tito y Mercedes)
3. Gloria *come* tanto como yo. (trabaja, estudia, viaja, corre, se preocupa)

---

[2]**San Sebastián** is a small, elegant resort on the North Coast of Spain, much favored as a vacation spot by Spain's political and industrial elite.

La salud y el cuerpo

B ¡Tanto se parecen! María y Marta se parecen en todo. Compárelas.

MODELO   inteligente → **Marta es tan inteligente como María.**
                dinero → **María tiene tanto dinero como Marta.**

1. enfermarse
2. amigos
3. ropa
4. linda
5. trabajadora
6. estudiar
7. simpática
8. viajar
9. delgada
10. problemas

Additional comparisons for oral presentation: 1. juega al tenis 2. alta 3. asignaturas 4. saber nadar 5. comer 6. paciencia

C Unas charlas. Trabaje con un socio para completar la conversación. Use las formas apropiadas de **tan** y **tanto**.

TRINI   Lina, ¡has cambiado (1)____! No tienes el pelo (2)____ largo como antes. Y parece que no estás (3)____ delgada.

LINA   Tienes razón. Como (4)____ en estos días, no sé por qué. No me controlo (5)____ como en el pasado. Esta mañana comí (6)____ churros[3] que el camarero me miraba de una manera (7)____ rara.

TRINI   Y parece que no te maquillas (8)____, cariño. No te critico . . .

LINA   Es que estoy (9)____ ocupada. No tengo (10)____ tiempo libre como mis amigas.

TRINI   Pero, ¿por qué tu vida es (11)____ diferente ahora?

LINA   Es porque tengo un trabajo nuevo. Mi jefe es (12)____ difícil. Trabajo (13)____ horas que . . . pues, te lo imaginas.

D Toda comparación es odiosa, sin embargo . . . Compárese con otras personas de la clase o de su familia. En comparación con ellos, ¿cómo es usted?

MODELO   fuerte → **No soy tan fuerte como mis hermanos.**
                pesar → **No peso tanto como mi hermana.**
                dinero → **Tengo tanto dinero como José.**

1. estudiar
2. problemas
3. alto
4. hablar español
5. pobre
6. clases

• CUESTIONARIO

1. ¿Viaja usted tanto como sus padres? 2. ¿Hace tan buen tiempo hoy como ayer? 3. ¿Comió usted tanto esta mañana como ayer? 4. ¿Es usted tan alto(a) como su papá? 5. ¿Le gusta a usted el básquetbol tanto como el fútbol? 6. ¿Corre usted tan rápido como sus amigos? 7. ¿Tiene usted tantos hermanos como hermanas? 8. ¿Es usted tan inteligente como sus profesores?

---

[3]Light Spanish donuts in the form of breadsticks, ordered in cafés with coffee or hot chocolate.

Los árboles del muy lindo Paseo de Espolón y el Arco de Santa María, Burgos.

Present the following statements orally for students to correct: 1. Eduardo tiene un pie tan grande como el otro. 2. Los pies de Eduardo son pequeñísimos. 3. Los mejores zapatos de Burgos se consiguen en el Paseo de Espolón. 4. La última vez que compró zapatos, Eduardo tuvo una experiencia muy buena.

V. Comparaciones de desigualdad y el superlativo

- *En el Paseo del Espolón en Burgos*[1].

EDUARDO ¿Sabes que tengo un pie más grande que el otro?
ADELA ¡Y los dos son grandísimos!
EDUARDO No te burles de mí. No tengo más que un par de zapatos. Necesito comprar otro más.
ADELA Ve a esa zapatería en la Plaza Mayor. Es la mejor zapatería de la ciudad. Ahí consigues los mejores zapatos y pagas menos de 3.000 pesetas[2]. Mi primo Pedro es el dueño.
EDUARDO Imagínate tú, los últimos zapatos que compré me salieron carísimos. Pagué más de 4.750 pesetas. Pero el insulto fue peor que el precio. El vendedor me dijo que hacía años que no veía unos pies más grandes.

1. ¿Tiene Eduardo los pies pequeños? ¿Cómo son?   2. Según Adela, ¿adónde debe ir Eduardo a comprar zapatos? ¿Por qué?   3. ¿Cuánto pagó Eduardo la última vez que compró zapatos? ¿Qué le pasó en la zapatería?

In the Paseo del Espolón in Burgos. EDUARDO: Did you know I have one foot larger than the other? ADELA: And both of them are very large! EDUARDO: Don't make fun of me. I have only one pair of shoes. I need to buy another one. ADELA: Go to the shoestore in the Plaza Mayor. It's the best shoestore in the city. You'll get the best shoes and you'll pay less than 3,000 pesetas. My cousin Pedro is the owner. EDUARDO: Imagine, the last ones I bought turned out (came out on me) very expensive. I paid more than 4,750 pesetas. But the insult was worse than the price. The salesman told me he hadn't seen larger feet in years.

[1]**Burgos**, a provincial capital in northern Spain, birthplace of **Rodrigo Díaz de Vivar, el Cid Campeador,** 11th-century warrior or **caudillo** and national hero of Spain whose exploits are celebrated in the anonymous early epic poem, *El Cantar de mío Cid.*
[2]In 1984, the peseta traded at 158 to the dollar.

La salud y el cuerpo 329

A Comparisons of inequality

Comparisons of inequality are expressed with **más . . . que** or **menos . . . que**. *More than* is expressed as **más que**, and *less than* is **menos que**.

Esta medicina es más cara que la otra.	This medicine is more expensive than the other one.
Siempre tengo menos energía que él.	I always have less energy than he does.
María estuvo en cama más que yo.	María was in bed more than I.
Nosotros nos enfermamos menos que tú.	We get sick less than you do.

Before a number, **de** is used instead of **que** to mean *than*.[3]

Esperamos más de diez minutos.	We waited more than ten minutes.
Me quedaban menos de tres pastillas.	I had fewer than three pills left.

B The superlative

The superlative forms of adjectives and adverbs (which express *the most, the least,* etc.) use the same forms as the comparative; a definite article is used before a superlative adjective.

Ana es la doctora más famosa del hospital.	Ana is the most famous doctor of the hospital.
Esteban es el más (menos) trabajador del grupo.	Esteban is the most (least) hard-working in the group.
Julia es la muchacha que lo hizo mejor.	Julia is the girl who did it the best.

Notice that **de** is used after a superlative to express the equivalent of English *in* or *of*, as in the first two examples.

C Irregular comparative and superlative forms

ADJECTIVE

POSITIVE	COMPARATIVE	SUPERLATIVE
bueno *good*	mejor *better*	el mejor *best*
malo *bad*	peor *worse*	el peor *worst*
pequeño *small*	menor (más pequeño) *younger (smaller)*	el menor (el más pequeño) *youngest (smallest)*
grande *big*	mayor (más grande) *older (bigger)*	el mayor (el más grande) *oldest (biggest)*

---

[3]In negative sentences, **que** sometimes appears before a number. Compare the following:
  No tengo más de diez centavos. (I have 10 or fewer cents.)
  No tengo más que diez centavos. (I've got nothing except 10 cents—no train ticket, no watch, etc.)

ADVERB		
POSITIVE	COMPARATIVE	SUPERLATIVE
bien *well*	mejor *better*	mejor *best*
mal *badly*	peor *worse*	peor *worst*

The comparative adjectives **mejor, peor, menor,** and **mayor** have the same forms in the feminine as in the masculine; the plurals are formed by adding **-es**.

El doctor Jiménez es el mejor.	Dr. Jiménez is the best.
María está peor hoy que ayer.	María is worse today than yesterday.
Mis dos hermanos menores están enfermos.	My two younger[4] brothers are sick.
¿Cómo se llama el chico que respondió mejor?	What is the name of the boy who answered the best?
¿Dónde están las mejores playas?	Where are the best beaches?

Have students answer realistically; prompt with local references if applicable, or ¿En el Mediterráneo? ¿El Caribe? ¿California?

Note that **menor** and **mayor,** which usually follow the nouns they modify, are used with people to refer to age *(younger, older)*. When referring to physical size, *bigger* is usually expressed by **más grande** and *smaller* is expressed by **más pequeño**.

Paco y Pancho son menores que Felipe, pero Felipe es más pequeño.	Paco and Pancho are younger than Felipe, but Felipe is smaller.
Adriana es mi hermana mayor; Silvia y Marta son mis hermanas menores.	Adriana is my older sister; Silvia and Marta are my younger sisters.

D The absolute superlative

Students usually learn this structure easily and use it without problems.

One way to express the exceptional quality of an adjective is to use **muy** *very*.

La casa es muy grande.	The house is very large.

A second way is to add **-ísimo** (**-ísima, -ísimos, -ísimas**) to the adjective. The **-ísimo** ending is the absolute superlative, much stronger than **muy** plus the adjective. If the adjective ends in a vowel, drop the final vowel before adding the **-ísimo** ending.

Sus ojos son lindísimos.	Her eyes are extremely pretty.
El laboratorio es modernísimo.	The lab is extremely modern.
Estas vitaminas son carísimas.	These vitamins are extremely expensive.

The **-ísimo** ending can also be added to an adverb.

Luis llegó tardísimo.	Luis arrived extremely late.
Hoy comiste poquísimo[5].	Today you ate extremely little.
¡Me duele muchísimo!	It hurts me a lot!

---

[4] Or *youngest*. The same form is used for the comparative and the superlative.

[5] The **c** of **poco** is changed to **qu** to show that the k-sound of the stem does not change when **-ísimo** is added.

La salud y el cuerpo

"Ten cuidado, Antonio. Hay mucho tráfico."

IMPROVING YOUR PRONUNCIATION

Good pronunciation is an important part of communicating in a second language. Pronunciation includes not only the sounds of the vowels and consonants, but also stress (accent), intonation (rhythm), and pitch.

Learning to pronounce Spanish correctly is one of the first steps in developing oral communication skills. Tips on how to pronounce the sounds of Spanish and exercises for practicing specific sounds were presented in the preliminary lesson and chapters 1–10. The exercises from those chapters are recorded on the laboratory tapes; you may want to return to them from time to time. Since your knowledge of Spanish is constantly increasing, you will get something new from the exercises each time you use them in the laboratory.

In order to pronounce correctly, you must first be able to hear the various sounds and distinguish among them. Listening to tapes of Spanish-speakers pronouncing individual words can help you train your ear. Listening to recordings of the dialogs and **lecturas** while reading along in your textbook will help you develop your familiarity with sound/symbol correspondences—the connections between individual letters of the alphabet or combinations of letters with their corresponding sounds.

If your language laboratory has the appropriate equipment, you may be able to record your own voice imitating the native speaker on the tapes. You can then play back the tape and pinpoint any problem sounds. If you don't have access to prepared tapes, you can make your own. For example, you may wish to practice the sound of **p.** Possible practice words would include **paso, peso, piso, pozo, puso**—only the first vowel changes. Another technique is to select words from the Spanish-English vocabulary at the back of the book. Record the words on a cassette and enlist the help of a Spanish-speaking friend or your instructor to check your pronunciation.

While striving to master the individual sounds of the language, you should also begin working with phrases and sentences in order to practice the intonation, stress, and pitch of the language. As always, start by listening, then imitating, and finally by participating in actual conversations.

Spanish, like English, has many regional variations. Although the differences are most often observed in vocabulary, some are evident in pronunciation. Try to model your pronunciation on one standard form of Spanish. You may wish to follow your instructor's example, or that of another speaker you hear frequently. Every major regional form is good Spanish; but a mixture of features drawn from different regions can sound odd to listeners.

EJERCICIOS

A **¿Cuál es la palabra apropiada?** Escoja.

MODELO Salamanca es (más, menos) famosa que Vigo. → **Salamanca es más famosa que Vigo.**

1. En Valladolid, hay (más de, más que) cinco museos.
2. Luis perdió quinientas pesetas. Mi novio perdió mil. Luis perdió (menos de, menos que) mi novio.
3. El fútbol es el deporte más popular (en, de) España.
4. El océano Pacífico es el océano (mayor, más grande) del mundo.
5. Hablo español bien, pero mi amiga que nació en Burgos habla (mayor, mejor).
6. Aquí hay dos regalos. El (mayor, más grande) costó poco pero el (menor, más pequeño) costó muchísimo.
7. Marisol tiene tres años; es mi hermana (menor, más pequeña).
8. La ciudad de León es (mayor, más grande) (de, que) Burgos.

B **Habla sin rodeos.** *Tell it like it is.* A Lucas le gusta llamar las cosas por su nombre. Tome el papel de Lucas y reaccione a las declaraciones de su amiga Laura, según el modelo.

MODELO Estos zapatos son caros. → **Son carísimos, hombre.**

1. Cervantes es famoso.
2. *Don Quijote* es una novela larga.
3. Valladolid es una ciudad bella.
4. La comida en España es barata.
5. El ejercicio es importante.
6. Hay pocos crímenes en Ávila.

Use this exercise as a springboard for adjective review. You (or students) provide short sentences and other students convert them to the corresponding superlative versions.

C **Sí, pero . . .** Complete las comparaciones.

MODELO Salamanca es grande, pero Barcelona **es más grande.**
        En España hay crimen, pero en los Estados Unidos **hay más.**

1. Mi amigo canta bien pero mi tío . . .
2. La clase de inglés es mala pero la clase de química . . .
3. Los portugueses juegan bien al fútbol, pero los españoles . . .
4. Mi amigo que tiene veinte años es joven, pero su hermano, de quince años, . . .
5. Carla recibió malas noticias después del examen pero yo recibí . . .

D **España y los Estados Unidos.** Compare los dos países en base a las características que siguen.

MODELO gente → **España tiene menos gente que los Estados Unidos. Los Estados Unidos tienen más gente que España.**

1. historia larga
2. ciudades grandes
3. gente rica
4. tierra
5. iglesias viejas
6. lenguas habladas

La salud y el cuerpo

E Comparaciones Describa los dibujos que siguen. Use **tan, tanto, más, menos, mayor, menor,** etc. para sus descripciones.

→ Joaquín es mayor que Jimena.
Jimena es menor que Joaquín.

MODELO

1.
2.
3.
4.
5.

• CUESTIONARIO

1. ¿Tiene usted hermano o hermana?   2. ¿Es usted el (la) menor de su familia?   3. ¿Quién es el menor de la clase? ¿Y el mayor?   4. ¿Cuál es su mejor clase? ¿Y su peor?   5. ¿Cuál es la novela más interesante que usted ha leído?   6. ¿Cuál es la ciudad más grande de España? ¿Y de los Estados Unidos?   7. ¿Quién ha sido el mejor presidente de este país?   8. ¿Es usted más o menos alto(a) que su madre?   9. ¿Tiene usted menos dinero hoy que ayer?   10. ¿Quién es el autor más famoso de España?   11. ¿Quién es el mejor jugador de tenis del mundo?   12. ¿Cómo se llama su mejor amigo?   13. ¿Cuál es el peor día de la semana? ¿Y el mejor?   14. ¿Tiene usted más de $10 hoy? ¿Más de $20?

• ¿Está grave? •

Have students review events in this dialog in their own words. Provide vocabulary such as **herirse**[N], **lastimarse, recobrarse**[N].

En Bilbao[1]. *Suena el teléfono en casa de la familia Echeverría*[2].

SUSANA ¡Miguel! Coge el teléfono, por favor.
MIGUEL Sí, querida . . . ¡Dígame!
VOZ ¿Con quién hablo?
MIGUEL Soy Miguel Echeverría.

Note the use of the personal **a** *with* **tener** *here (vs. simple possession, as in* **Tengo un hijo**).

VOZ Señor, muy buenos días. Llamo del hospital municipal. Tenemos aquí a su hijo Antonio. Su motocicleta chocó con un camión.
MIGUEL ¡Ay, Dios! ¿Está herido?
VOZ Sí, señor, pero no está grave. Hace más de media hora que el doctor Azcue está con él. Está mucho mejor ahora que cuando lo trajeron aquí.

---

sonar (ue) *to ring*   **coger (j)** *to answer (the telephone)*   **la motocicleta** *motorcycle*   **chocar (qu) (con)** *to crash (with, into)*

MIGUEL	¿Qué tiene?
VOZ	Sufrió unas contusiones y tiene dos costillas fracturadas. Su hijo tuvo muchísima suerte.
MIGUEL	¡Por la gracia de Dios! Pues, muchas gracias, señorita. Dígale a mi hijo que llegamos lo más pronto posible.
VOZ	Vengan rápido. El doctor los espera.

* * *

SUSANA	Miguel, ¿de quién fue la llamada?
MIGUEL	Llamó una señora del hospital municipal. Antonio tuvo un accidente.
SUSANA	¡O Dios mío! ¡Sálvame a mi hijo! No me digas que . . .
MIGUEL	No, mi amor, no te pongas histérica. La señora me dijo que Toño no está en ningún peligro.
SUSANA	¿Estás seguro? ¡Ay, Antonio! ¡Antonio! Pues sí, a Dios gracias. Pero Miguel, ¡cuántas veces le hemos dicho que tiene que tener más cuidado cuando maneja esa motocicleta en la ciudad!
MIGUEL	Ya, Susana. Cálmate. Prepárale a Antonio una maleta con ropa limpia. Luego espérame en frente de la casa. Voy por el coche.

la costilla *rib*   **la llamada** *call*   **salvar** *to save*

PREGUNTAS

1. ¿De dónde viene la llamada telefónica? ¿Quién contesta, Miguel o Susana?
2. ¿Cuál es la noticia que recibe Miguel? ¿Es buena o mala?   3. Según la persona del hospital, ¿está mal herido el hijo de los Echeverría?   4. ¿Tiene Antonio una pierna rota? ¿Qué tiene?   5. ¿Qué piensa Susana cuando Miguel le dice de la llamada? ¿Es normal pensar así?   6. ¿Qué va a hacer Susana antes de salir para el hospital?   7. ¿Ha tenido usted un accidente en un automóvil? ¿Quién manejaba? ¿Qué pasó?   8. ¿Manejaba usted? ¿Maneja mejor ahora que antes?

Notas culturales

1. **Bilbao** (population 500,000) is the industrial center of **El País Vasco** on Spain's northern coast. The fiercely independent **vascos** are the oldest racial group in Europe, having survived one invasion after another, always securing from their conquerors a degree of local autonomy. The town of **Guernica**, 34 km. west of Bilbao, is the **Ciudad Santa** of the Basques; for centuries Spanish kings and Basque leaders stood under its historic oak tree and swore to uphold the charter granting the region local privileges in return for its allegiance to Spain.

2. Basque names and words in Spanish are recognizable on the basis of their typical suffixes (such as *-berri* meaning *new* or *-gorri* meaning *red*) and a sometimes startling density of vowels: **Garaicoechea, Arrigorriaga, Zubieta, Ibarruri** . . . Basques are numbered among the leaders in every field of Spanish national life, including literature: **Miguel de Unamuno** (1864–1936), longtime rector of the University of Salamanca and one of the most individualistic thinkers of the age, is a leading example.

La salud y el cuerpo

· Actividades ·

Entrevista. Hágale a un compañero las siguientes preguntas. Luego comparta *(share)* la información con los otros del grupo.

1. Cuando tienes dolor de cabeza, ¿qué haces?   2. ¿Cuántas veces te resfriaste el invierno pasado?   3. ¿Qué haces cuando tienes fiebre y náuseas? ¿Te acuestas? ¿Consultas a un médico? ¿No haces nada?   4. Según tu opinión, ¿ganan demasiado los médicos?   5. ¿Qué mano usas para escribir, la derecha o la izquierda?   6. ¿Prefieres el pelo corto o largo? ¿Por qué?   7. ¿Qué te interesa más de una persona: su cara, su inteligencia, su personalidad?   8. ¿Qué debemos hacer para tener cuerpos sanos? ¿Qué no debemos hacer?   9. ¿Te enfermas más en el invierno o en el verano?   10. Según tu opinión, ¿qué actor o actriz es popular porque es guapo o guapa y no porque tiene talento?

Dice Simón . . .   Todos escuchen los mandatos del profesor o de la profesora. Si el mandato está en la forma de **usted**, haga la acción pedida. Si está en la forma de **tú**, no haga nada.

MODELO   Profesor(a): Levante la mano. → (**Todos levantan la mano.**)
　　　　　　　　　　　Levanta la mano. → (**Nadie la levanta.**)

En la clínica.   Formen grupos de tres. Una persona es enfermera y los otros son pacientes: doña Jimena, una señora muy mayor, y Sancho, un estudiante sin dinero. La enfermera no les pone mucha atención a los pacientes (se arregla las uñas, mira por la ventana) pero les da muchos mandatos. Cuando un mandato está en la forma de **usted**, doña Jimena debe cumplirlo *(carry it out)*. Cuando está en la forma de **tú**, Sancho debe cumplirlo. Si uno de los pacientes comete un error, la enfermera le manda tomar dos vasos de agua, pagar a la caja *(pay at the cashier's window)* e irse a casa. Cambien de papeles y repitan.

MODELO   la cabeza / bajar → ENFERMERA   Baje la cabeza. (Doña Jimena la baja.)
　　　　　　　　　　　　　　　　　　　　　Baja la cabeza. (Sancho la baja.)

1. las manos / levantar, cerrar, abrir
2. la pierna / mover, levantar, bajar
3. los ojos / cerrar, abrir
4. la boca / abrir, cerrar
5. el pie izquierdo, derecho / levantar, bajar
6. el brazo / mover, levantar, bajar

Situación.   En la oficina del médico. Representen ustedes, de dos en dos *in twos*, una situación entre un médico y una persona que piensa que sufre de muchas enfermedades. El médico va a pedir muchas cosas, como abrir la boca, levantar los brazos etc., y el enfermo debe seguir las instrucciones del médico. Luego el enfermo debe preguntarle al médico lo que debe hacer para curarse. El médico le habla de acostarse, tomar mucha agua, aspirinas etc. El enfermo va a preguntar cuánto debe y cuando el médico le da la cuenta, el enfermo se va a poner más enfermo todavía.

For alternative situation, see the Introduction to the Instructor's Manual.

Situación. En grupos de dos, representen un empleado o una empleada que quiere mejorar sus condiciones de trabajo. A cada pedido, el jefe o la jefa debe contestar con otro pedido.

MODELO EMPLEADO **Págueme más.**
         JEFA   **Trabaje más.**

Las indicaciones siguientes les van a ayudar con su discusión.

1. E permitir / hora de almuerzo
   J llegar / temprano
2. E dar / mejor / oportunidades
   J mejorar / producción
3. E ofrecer / mejor / salario
   J estudiar español
4. E comprar / escritorio nuevo
   J aprender / escribir / mejor
5. E conseguir / ordenador
   J limpiar / máquina de escribir
6. E conseguir / supervisor o supervisora / simpático
   J hablar / respeto

Situación. En buena forma. En grupos de cuatro o cinco personas, diseñen un programa de ejercicios para una persona que quiere ponerse en buenas condiciones. Formulen las instrucciones para un mínimo de cinco ejercicios y digan cuántas veces la persona debe repetirlos, cuántas veces a la semana debe seguir el programa, etc. Después escojan a una o dos personas para demostrar los ejercicios al resto de la clase.

Vocabulario activo

- ## Cognados

calmarse	la charlatana	el gimnasio	histérico	la inyección	separar
la contusión	el departamento	la gracia	la influenza	la motocicleta	el termómetro
el convento	fracturado	grave	la inteligencia	la náusea	la vitamina
el charlatán,					

- ## Sustantivos

		el esfuerzo	effort; spirit, courage	la muralla	wall, rampart
				el par	pair
la caja	box; cashier's window	la feria	fair	el suelo	floor
		la llamada	call	la zapatería	shoe store
el camión	truck	el frasco	bottle		
el cuarto de atrás	back room	el maniquí	mannequin; model	· **El cuerpo** *body*	
la encarnación	incarnation	la medianoche	midnight	la boca	mouth

La salud y el cuerpo 337

el brazo	arm	probar (ue)	to try; to test; to taste; to prove	tener resfrío	to have a cold
la cara	face			sentir náuseas	to feel nauseated
el corazón	heart				
la costilla	rib	proteger (j)	to protect		
el dedo	finger; toe	salvar	to save	el síntoma	symptom
la espalda	back	sobrevivir	to survive	la tos	cough
la garganta	throat	sonar (ue)	to ring; to sound	tener tos	to have a cough
el hueso	bone				
el muslo	thigh				
la nariz	nose				
el oído	(inner) ear; sense of hearing	• La salud *health*		• Otras palabras y expresiones	
		arder	to burn	entero	whole, entire
la oreja	(outer) ear	el catarro	cold	estar (ponerse)	
el pecho	chest; breast	tener catarro	to have a cold	en buenas condiciones	to be (get) in good shape
la pierna	leg	curarse	to be cured	los (las) dos	both
el pulgar	thumb	el dolor de garganta	sore throat	mayor	greater; larger; older; greatest; largest; oldest
la uña	fingernail; toenail	la enfermedad	sickness, illness		
		el enfermero, la enfermera	nurse		
• Verbos		estar resfriado	to have a cold, a chill	menor	smaller; lesser; younger; smallest; least; youngest
burlarse de	to make fun of	la gripe	grippe, flu		
callarse	to be quiet, silent	herido	injured, wounded, hurt		
coger (j)	to answer (the telephone)	mareado	seasick; dizzy, nauseated	milagroso	miraculous
chocar (qu)	to crash, to collide; to shock			ni . . . ni	neither . . . nor
derrumbar	to knock down, tear down	la pastilla	pill, tablet	¿Para qué sirven?	What are they good for?
		picar (qu)	to itch; to hurt; to sting	peor	worse; worst
deshacer	to undo; to destroy; to take apart	¡Qué dolor!	It hurts!, What pain!; How sad!	poquito; un poquito	a little bit
doblar	to bend; to fold; to double	la receta	prescription; receipt	seguro	sure, certain
				tan	so, as
				tan . . .	
manejar	to drive	el resfrío	cold	como	as . . . as

• Más, menos . . . de/que

> Don't forget the equivalents of *more (less) than,* presented on pages 330–331.

Capítulo doce

Lectura VI

La España del pasado

Dibujo de animal en las Cuevas de Altamira.

En las Cuevas° de Altamira, al norte de España, podemos ver algunas de las pinturas de origen europeo más antiguas del mundo. Son dibujos de animales que tienen de 20.000 a 30.000 años. Mientras tanto°, en el sur de la península floreció° una cultura africana que dejó testimonios muy diferentes: figuras estilizadas° de hombres y mujeres.

    Los primeros habitantes históricamente conocidos de España fueron los iberos. Éstos se mezclaron° después con los celtas, invasores del norte. Alrededor del siglo XI antes de Cristo llegaron los fenicios y los griegos, y establecieron centros comerciales en las costas. Luego vinieron los cartagineses del norte de África. Éstos convirtieron al país en una base militar para atacar a los romanos, sus enemigos° mortales. La guerra entre ellos fue larga y terrible, pero terminó en 218 a.C.° con el triunfo de los romanos.

    Los romanos eran ingenieros formidables y construyeron puentes°, edi-

caves

Meanwhile
flourished
stylized

intermarried

enemies
B.C.
bridges

A slide show could be an ideal complement to this reading; if not feasible, bring in art books with photos of Altamira art, Roman and Moorish architecture, etc.

339

La Mezquita de Córdoba.

El acueducto romano de Segovia.

ficios, caminos y acueductos por todo el país. Algunas de estas construcciones sirven todavía. En la fotografía vemos el famoso acueducto de Segovia. Pero ninguna de estas construcciones puede compararse con el legado° cultural de Roma. Esta influencia está presente en la lengua, ya que el latín vulgar fue la base del español moderno; en el sistema de leyes; en las ideas estéticas°; y también en la religión católica, proclamada como religión oficial por Teodosio, un emperador romano que nació en España. España le dio a Roma tres emperadores y algunos de sus mejores escritores°: el poeta Lucano, el satírico° Marcial y el filósofo Séneca.

    Con el tiempo°, el Imperio Romano empezó a decaer°. En el siglo V, algunas tribus de origen germánico penetraron sus fronteras. Los visigodos° y otras tribus ocuparon España, pero su cultura tuvo poca influencia en el modo de ser° del pueblo.

    En el año 711 los musulmanes° invadieron la península ibérica. En siete años conquistaron casi toda la península. Los musulmanes establecieron en España una cultura que durante mucho tiempo fue la más espléndida del mundo occidental. Construyeron verdaderas maravillas, tales como la Mezquita° de Córdoba, que vemos en esta foto. En el siglo X, los sabios° de toda Europa viajaban a Córdoba, Granada y Toledo para aprender de los musulmanes y judíos nuevos conocimientos° en ciencias, matemáticas, medicina, agricultura y poesía.

    Poco después de la llegada de los musulmanes, grupos de cristianos rebeldes se refugiaron en las montañas del norte de España. Desde allí empezaron la guerra de la Reconquista°, que duró casi ocho siglos. El momento crítico llegó en la Castilla° del siglo XI, cuando los cristianos alcanzaron° superioridad militar. La figura principal de esta época fue El Cid, héroe nacional de España, cuyas aventuras forman la base de un gran poema épico. El Cid ganó el respeto de los musulmanes por su gran talento diplomático.

legacy

esthetic

writers
satirist
In time / decay
Visigoths

way of life
Moslems

Mosque /
  learned persons
knowledge

Reconquest
Castile /
  attained

340 Lectura VI

La tumba de los Reyes Católicos.

Poco a poco, los reinos° cristianos del norte se unían° y ganaban terreno°, mientras que el poder musulmán se desintegraba por disensiones internas. A fines del° siglo XV, la España cristiana se unificó gracias al matrimonio de Fernando de Aragón e Isabel de Castilla, conocidos como los Reyes Católicos. En la foto pueden ver su tumba en la Catedral de Granada. En 1492, Granada, el último reino musulmán, cayó bajo las fuerzas armadas de los Reyes Católicos, y el mismo año Cristóbal Colón descubrió un Nuevo Mundo en nombre de España. Para los españoles se cerró° la larga época de la Reconquista, pero también empezó otra de nuevas conquistas. En los siglos XVI y XVII, el imperio español era más vasto que el antiguo Imperio Romano y España la nación más poderosa° del mundo.

kingdoms / united / territory
Toward the end of

closed

powerful

PREGUNTAS

1. ¿Dónde podemos ver algunas de las pinturas más antiguas del mundo? ¿Cómo son?
2. ¿Cómo se llamaban los primeros habitantes de España? ¿Qué otros grupos llegaron después?
3. ¿Qué ejemplos puede usted dar de la influencia de Roma sobre la cultura española?
4. ¿Cuáles fueron algunas de las contribuciones que España hizo a Roma?
5. ¿Quiénes invadieron la península ibérica en el año 711?
6. ¿En el siglo X, ¿para qué viajaban a Córdoba los sabios de toda Europa?
7. ¿Dónde se refugiaron los cristianos rebeldes que empezaron la Reconquista?
8. ¿Quién fue El Cid?
9. ¿Cuándo y cómo se unificó la España cristiana?
10. ¿Por qué podemos decir que el año 1492 fue doblemente importante para España?

La España del pasado

CAPÍTULO TRECE

LAS BELLAS ARTES Y LAS LETRAS

Vocabulario. In this chapter you will talk about the fine arts and literature.

Gramática. You will discuss and use:
1. The subjunctive mood, an alternative system of verb forms; and the expressions **ojalá** and **tal vez**
2. The present subjunctive of regular verbs
3. The present subjunctive of irregular, stem-changing, and spelling-changing verbs
4. Other command forms in the subjunctive: *let*, *let's*, and, for recognition only, the **vosotros** commands

Cultura. The dialogs take place in Madrid.

el arte realista, el realismo
Las Meninas, 1656
obra maestra de Diego Velázquez (1599–1660)

el arte abstracto
Los tres músicos, 1921
cuadro de Pablo Ruiz y Picasso (1881–1973)

la menina *young lady-in-waiting*   **la obra maestra** *masterpiece*

Las bellas artes y las letras

· Las bellas artes ·

la pintura

la escultura

el museo, la galería
la exposición

la zarzuela; la ópera
la música
el compositor, la compositora
el, la cantante
la orquesta
el director, la directora

El Teatro Real
el baile
el bailarín, la bailarina
la función

· Las letras ·

El Teatro Lope de Vega
Escena 3
el actor, la actriz
el personaje principal

la novela, el cuento,
la poesía, el ensayo
el escritor, la escritora,
el autor, la autora
el, la novelista, cuentista
el, la poeta; la poetisa
la antología

---

las bellas artes *fine arts* **la pintura** *painting* **el retrato** *portrait* **la zarzuela** *musical comedy*
el, la cantante *singer* **real** *royal* **la función** *show, performance; function* **las letras** *literature*
la dama *lady* **el alba** *f dawn* **el cuento** *short story* **el, la cuentista** *story writer*

344 *Capítulo trece*

RIMA XXI

"¿Qué es poesía?", dices mientras clavas
  en mí tu pupila azul.
"¿Qué es poesía?" ¿Y tú me lo preguntas?
  Poesía eres tú.

  de *El libro de los gorriones*, 1868

Gustavo Adolfo Bécquer, huérfano a los diez años, bohemio, periodista, ensayista y cuentista, poeta romántico sin par, nacido en Sevilla el 17 de febrero de 1836; fallecido en Madrid el 23 de diciembre de 1870.

Retrato de Gustavo por su hermano Valeriano Bécquer

Elicit **muerto** as approximate equivalent to **fallecido**.

La palabra inapropiada. ¿Qué palabra no se relaciona con las otras de la serie?

MODELO músico, romántico, realista, abstracto →
  músico (es persona, no es estilo)

1. función, exposición, galería, zarzuela
2. escritor, compositor, pintora, poema
3. cuento, cuadro, pintura, retrato
4. revista, teatro, periódico, novela
5. pintar, escribir, leer, bailar
6. ensayista, personaje, cuentista, novelista

El examen final. ¿Sabe usted algo de las bellas artes españolas? Escoja la descripción apropiada a la derecha para cada nombre a la izquierda.

1. *Don Quijote*
2. Pablo Picasso
3. Plácido Domingo
4. *Las Meninas*
5. Gustavo Adolfo Bécquer

a. cantante de ópera
b. poeta romántico del siglo XIX
c. novela famosísima de Miguel de Cervantes
d. pintor español muy conocido del siglo XX
e. obra de arte pintada por Diego de Velázquez

---

clavar los ojos en *to fix the eyes on*   el gorrión *sparrow*   el huérfano, la huérfana *orphan*   el, la ensayista *essayist*   sin par *peerless*   fallecer (zc) *to pass away*

Las bellas artes y las letras 345

Los gustos artísticos. Entreviste a otra persona de la clase. ¿Cuáles son los intereses culturales de esa persona?

1. ¿Prefieres leer cuentos, novelas, revistas o el periódico?
2. ¿Cuál es tu autor o autora favorita? ¿Tu novela o cuento favorito?
3. ¿Lees más de diez libros por año? ¿Veinte? ¿Qué clase de libros lees?
4. ¿Te gusta escribir? ¿Sabes pintar? ¿Cantar? ¿Tocar el violín?
5. ¿Te gustan los cuadros realistas o prefieres el arte abstracto?
6. ¿Sabes los nombres de tres pintores famosos? ¿De tres pintores españoles?
7. ¿Quién escribió la obra teatral *La dama del alba*?
8. ¿Entiendes el poema de Bécquer? ¿Con quién habla el poeta? Explica el poema.

Provide other useful vocabulary such as **historietas, tiras**[N] **cómicas; ciencia ficción; dibujar;** other instruments, e.g., **flauta, trompeta, batería** *drums*.

Students adapt dialog: La Maruja thinks that she has lost her voice, and the director and/or agent are scrambling to get her better (or else get la Beatriz as a replacement).

I. El modo subjuntivo; **ojalá, tal vez**

- *Detrás del escenario en el Teatro de la Zarzuela[1] en Madrid.*

AGENTE Resfriada o no, la Maruja[2] siempre canta bien. Come naranjas y ya está.
DIRECTOR Ojalá que cante bien esta noche.
AGENTE ¿Por qué? ¿Asiste alguien importante?
DIRECTOR Tal vez asistan los reyes.
AGENTE ¡Ojalá que la Maruja se coma veinte naranjas!

1. Según el director, ¿canta mal la Maruja cuando está enferma?   2. ¿Por qué es importante cantar bien esta noche?   3. ¿Cree usted que la Maruja vaya a comer tantas naranjas como dice el agente?

Behind the stage in the Teatro de la Zarzuela in Madrid. AGENT: (With a) cold or not Maruja always sings well. She eats oranges and everything's OK. DIRECTOR: I hope she sings well tonight. AGENT: Why? Is someone important attending? DIRECTOR: Perhaps the King and Queen will attend. AGENT: Let's hope Maruja eats twenty oranges!

---

[1]A **zarzuela** is a two-act musical comedy, often a conglomerate of Greek mythology, folklore, popular dance forms and songs, and vigorous, extensive dialog, often in verse.

[2]In Spanish, leading ladies in the arts are often referred to by their first names preceded by the definite article.

A Verb forms differ in *mood* as well as person, number, and tense. So far in this text, except for command forms, all verb forms have been in the *indicative* mood. Verbs in the indicative are used to *report* facts. They affirm the existence of an action or condition.

La Maruja siempre canta bien.	*Maruja always sings well.*
La Maruja come naranjas.	*Maruja eats oranges.*

That Maruja always sings well, and that she eats oranges, are reported as simple facts, so the verbs are indicative. The indicative is also used in direct questions.

¿Asiste alguien importante? *Is someone important attending?*

B Subjunctive forms do not affirm or ask whether or not an action happens or a condition exists. Instead, they mention an action or condition as a possibility whose existence is commented about in the same sentence.

Ojalá que la Maruja cante bien.	*I hope Maruja sings well.*
Tal vez asista el rey.	*Perhaps the king will attend.*
¡Ojalá que la Maruja se coma veinte naranjas!	*I hope Maruja eats twenty oranges!*

1. **Cante, asista,** and **coma** are subjunctive forms. The next section presents all the subjunctive forms; for now, notice how the theme vowels of the endings switch.

	INDICATIVE	SUBJUNCTIVE
-ar verbs	a	- - - - - - - e
cantar	(ella) cant**a**	(ella) cant**e**
-er, -ir verbs	e	- - - - - - - a
comer	com**e**	com**a**
asistir	asist**e**	asist**a**

2. The subjunctive forms **cante, asista,** and **coma** are used because in these sentences, the speakers are not reporting actions as facts. Singing, attending, and eating oranges are just concepts that the speakers hope to see (**ojalá**) or speculate that they may see (**tal vez**) become realities. Many subjunctive forms occur in a dependent clause following **que** and have a different subject from the verb in the main clause.[3]

    El director insiste / en que la Maruja cante. *The director insists / that Maruja sing.*

    The main clause affirms that the director is insisting on something (therefore, **insiste** is indicative). The clause is a comment on the concept in the dependent clause that Maruja may or may not sing (therefore, **cante** is subjunctive).

---

[3]A *main clause* can stand by itself as a separate sentence: *The director insists.* A *dependent clause* is not a complete sentence, and depends on another clause for its sense: *that Maruja sing.*

Las bellas artes y las letras

—Tal vez se levante este joven para ofrecerme su asiento.
—Mira, no esperes tanto.

C The subjunctive occurs more frequently in Spanish than in English; the discussion of its uses continues into chapter 14. You have already seen two short phrases, however, that often serve as comments introducing subjunctive forms, so practice with forms may begin with them.

1. **Ojalá** is derived from Arabic *na xa Alah* meaning *Allah grant that* . . . It is variously translated into English as *I hope that, we hope that,* and *hopefully.* When a verb is mentioned subject to the comment **ojalá**, the verb is subjunctive. The use of **que** after **ojalá** is optional before a verb.

Ojalá que sí.	*Hopefully, yes. (We hope so.)*
Ojalá (que) cante bien.	*I hope she sings well.*

2. **Tal vez**[4] means *perhaps*. When a verb is tagged with it as a comment, the verb is subjunctive if the speaker is expressing real doubt. Otherwise the verb is indicative.

Tal vez asistan los reyes.	*Perhaps the king and queen will attend.* (Speaker is honestly doubtful; verb is subjunctive.)
Tal vez ganan mucho las cantantes.	*Maybe singers earn a lot.* (Speaker is really pretty sure they do; verb is indicative.)

[4]**Acaso, quizá, quizás,** and **tal vez** all mean *perhaps* and function the same way.

EJERCICIOS

A **¡Ojalá!** Juliana y Fabio hablan de la clase de literatura española. Ella ya ha seguido la clase y se la describe a su amigo porque él la va a seguir este año. Dé las reacciones de Fabio. Use **ojalá** y el verbo en el subjuntivo. Para formar el subjuntivo de los verbos en este ejercicio, sólo hay que cambiar **a** en **e** o **e** en **a**.

MODELO   La profesora expresa mucho entusiasmo. → **Ojalá que la profesora exprese mucho entusiasmo.**

1. La profesora habla sobre la generación del 98[5].
2. Discute la filosofía de Unamuno.
3. Y lee unos ensayos de Ramón Menéndez Pidal[6].
4. La profesora describe la poesía de Juan Ramón Jiménez[7].
5. Enseña fotos de los grandes autores modernos.
6. Un miembro de la Real Academia Española[8] asiste a la clase.

B **¡Tal vez tengamos otro Picasso!** Juan Antonio quiere ser pintor. Tome el papel de su primo Diego y conteste las preguntas. Use **tal vez** y el subjuntivo.

MODELO   ¿Pinta Juan Antonio como Joan Miró[9]? → **Tal vez pinte como Joan Miró.**

1. ¿Enseña Juan Antonio su nuevo cuadro?
2. ¿Expone *(... exhibit)* Juan Antonio su nuevo cuadro en la galería?
3. ¿Compra ese señor rico el nuevo cuadro de Juan Antonio?
4. ¿Viaja Juan Antonio al Museo de El Greco en Toledo?
5. ¿Va a aprender Juan Antonio a pintar como Picasso?
6. ¿Cree el director del Museo del Prado en el talento de Juan Antonio?

---

[5]Spanish writers in the modern period are grouped by critics in generations. The Generation of 1898 included writers deeply affected by Spain's loss in 1898 of its last colonies—Cuba, Puerto Rico, and the Philippines—in its short war with the United States. Philosopher **Miguel de Unamuno** was a prominent member of the group.

[6]**Ramón Menéndez Pidal**, formidable 20th-century scholar who focused attention on many early literary masterpieces.

[7]**Juan Ramón Jiménez** (1881–1958), neoromantic lyric poet, winner of the Nobel Prize for literature.

[8]The Royal Spanish Academy, founded in 1714, is an association of writers and scholars that produces authoritative Spanish dictionaries, grammars, and rulings on usage that have the force of law in Spain and many other Hispanic countries.

[9]**Joan Miró** (1893–1983), Catalan painter, sculptor, and ceramicist.

C   ¿Con confianza o con duda?   *With confidence or doubt?* Diga si Armando habla con confianza o con duda. Explique por qué.

MODELOS   Tal vez viajamos a Madrid este verano. → **Habla con confianza porque usa el indicativo de viajar.**
Quizás compre pronto un auto nuevo. → **Habla con duda porque usa el subjuntivo de comprar.**

1. Eladio se enferma mucho. Quizás trabaja demasiado.
2. Tal vez se cure si se va de vacaciones.
3. ¿No encuentras el periódico? Tal vez lo lea Enrique.
4. El jefe parece muy ocupado. Quizás escribe a todos los clientes.

Aural comprehension: Posible/Probable o Imposible/Improbable: 1. Mona y Diana le tienen un poco de miedo al director. 2. El director es un hombre de carácter fuerte. 3. Las dos mujeres se enferman mucho porque comen patatas crudas. 4. El director y Carlos hacen una pareja divina.

II. El presente de subjuntivo de los verbos regulares

• *En el Teatro Real[1] en la Plaza de Isabel II en Madrid.*

MONA   Ay, Diana, el director quiere que yo baile con Carlos. Pero yo no quiero bailar con él. No bailamos bien juntos, él y yo.

DIANA   ¡Qué suerte tienes! Yo siempre le pido al director que me permita bailar con Carlos. Hacemos una pareja divina. ¿Por qué no hablas con el director?

MONA   No, no, prefiero que le hables tú.

DIANA   La verdad es que ésta es una causa perdida. No creo que él cambie de idea. Como una vez dijiste tú, si el director quiere que bailes con Carlos, lo haces y si nos pide que comamos patatas crudas . . .[2]

1. ¿Qué quiere el director? ¿Está de acuerdo Mona? ¿Por qué?   2. ¿Qué le pide Diana siempre al director?   3. ¿Qué dice Diana de la situación?   4. ¿Cree usted que el director les pide a las bailarinas que coman papas crudas?

In the Teatro Real in the Plaza de Isabel II, Madrid. MONA: Ay, Diana, the director wants me to dance with Carlos. But I don't want to dance with him. We don't dance well together, he and I. DIANA: What luck (you have)! I always ask the director to let (that he let) me dance with Carlos. We make a divine couple. Why don't you speak with the director? MONA: No, no, I prefer that you talk to him. DIANA: The truth is that this is a lost cause. I don't think he'll change his mind. And as you said once, if the director wants you to dance with Carlos, you'll do it, and if he asks us to eat raw potatoes . . .

[1] The **Teatro Real** is Madrid's opera house, now used almost exclusively for ballet and other types of dance programs.

[2] *Raw potatoes.* In the New World, **papas crudas.**

350   *Capítulo trece*

A To form the present subjunctive of regular verbs, drop the ending -o from the yo-form of the present indicative and add a subjunctive ending, as follows:

-ar verbs: -e, -es, -e, -emos, -éis, -en
-er and -ir verbs: -a, -as, -a -amos, -áis, -an

hablar
hable	hablemos
hables	habléis
hable	hablen

comer
coma	comamos
comas	comáis
coma	coman

vivir
viva	vivamos
vivas	viváis
viva	vivan

Ojalá que cante Plácido Domingo esta noche.	I hope Plácido Domingo sings tonight.
El pintor está enfermo pero tal vez se coma la sopa que le sirves.	The painter is sick, but maybe he'll eat the soup you serve him.
Quizás leamos una comedia de Lope de Vega[3] en la clase de literatura.	Perhaps we'll read a play by Lope de Vega in literature class.
Mi novio no quiere que yo estudie para escultora.	My boyfriend doesn't want me to study to be a sculptor.
Doña Nilita y doña Caridad prefieren que los niños no abran las ventanas.	Doña Nilita and doña Caridad prefer that the kids not open the windows.
El profesor Robles Toledano pide que no hablemos en la galería.	Professor Robles Toledano asks that we not talk in the gallery.

B You may have noticed that these subjunctive forms are mostly the same as the command forms presented in chapter 12. (Only the familiar affirmative commands are different.) Compare the following sentences.

Lean la novela.	Read the novel.
Ojalá que ustedes lean la novela.	I hope you read the novel.
Llame a mi tía, por favor.	Call my aunt, please.
Quiero que usted llame a mi tía.	I want you to call my aunt.
No abras la puerta.	Don't open the door.
Piden que no abras la puerta.	They ask you not to open the door.

[3]**La comedia** means *play*, whether a tragedy, history, or comedy. **Félix Lope de Vega Carpio** (1562–1635) wrote over 1600 plays. Two other playwrights of Spain's **Siglo de Oro** *Golden Age* are **Tirso de Molina** and **Pedro Calderón de la Barca**, each of whom wrote more than 400 plays.

EJERCICIOS

A Piense y hable. Termine las frases. Escoja el más apropiado de los dos verbos entre paréntesis y úselo en el subjuntivo.

1. (decidir, levantarse) Ojalá que tú ____ temprano mañana y tal vez ____ visitarme.
2. (comprender, ganar) El director quiere que los músicos ____ bien la música. También quiere que ____ mucho dinero.
3. (creer, comprender) Ojalá que los niños ____ la comedia. Tal vez ellos ____ que es muy complicada.
4. (tomar, correr) El director permite que yo ____ dos kilómetros al día. Pero no permite que yo ____ mucho vino.
5. (cenar, cantar) Ojalá que Julio ____ bien esta noche. Y queremos que él ____ con nosotros.
6. (dejar, permitir) Tal vez ustedes nos ____ ayudarlos. Quizás nos ____ quedarnos con los niños.
7. (estudiar, casarse) Sus padres no permiten que Estela ____ para ser escultora. Tampoco permiten que ella ____ con un escultor.
8. (enseñar, responder) El pintor quiere que tú ____ a sus preguntas. Tú tal vez le ____ a tener paciencia.
9. (vivir, viajar) Mamá quiere que nosotros ____ por toda España. Quiere que ____ unos meses en Barcelona.
10. (quedarse, hablar) La profesora quiere que yo ____ en la clase. Pero no permite que yo ____ inglés.
11. (leer, comprender) Nosotros tal vez ____ la obra de Lope de Vega. Ojalá que la ____ .
12. (ayudar, escribir) Ojalá que Clara le ____ a la poeta. Ella quiere que ella la ____ .

B La sustitución. Cambie el sujeto del verbo de la segunda cláusula.

MODELO   Ramón quiere que tú trabajes más. (nosotros) → **Ramón quiere que nosotros trabajemos más.**

1. Papá quiere que yo estudie en Madrid. (nosotros, sus hijos, mi mamá, tú)
2. José María pide que participemos en el drama. (Yo, tú, nosotros, la actriz, ustedes)
3. La directora no permite que tú comas tanto. (yo, Carlos, nosotras, el bailarín)
4. Prefiero que te bañes. (los cantantes, tu amigo, usted, nosotros)

En el Prado, pídale al guía que le indique dónde está este autorretrato de Rembrandt.

C **Entrevista.** Es el año 1592. Miguel de Cervantes está en la cárcel *(jail)*. Tome el papel de don Miguel y conteste las preguntas que le hacen. Use **tal vez** y el subjuntivo.

MODELO   Don Miguel, ¿va a escribir usted una novela larguísima? → **Tal vez escriba una novela larguísima.**

1. ¿Va a ser "Don Quijote" el personaje principal?
2. ¿Va a leer muchas novelas románticas Don Quijote?
3. ¿Va a viajar otra persona con Don Quijote?
4. ¿Y esa otra persona, ¿va usted a llamarlo Sancho Panza?
5. ¿Y los dos, ¿van a vivir en el campo?
6. ¿Se va a casar Don Quijote?
7. ¿Va a comprar el libro mucha gente?
8. ¿Y vamos a creer que es la mejor novela del mundo?

D **Los sueños de Alberto.**   Alberto sueña con ser director de orquesta. Tome el papel de Alberto y conteste con **ojalá** y el subjuntivo.

MODELO   ¿Vas a casarte con una compositora? → **Ojalá que me case con una compositora.**

1. ¿Vas a estudiar en Madrid?
2. ¿Vas a trabajar mucho?
3. ¿Vas a aprender a ser buen músico?
4. ¿Vas a viajar a muchas partes del mundo?
5. ¿Van a vivir tú y tu familia en una casa cómoda?
6. ¿Vas a escribir música original?
7. ¿Van a decidir tú y tu esposa tener muchos niños?
8. ¿Vamos a leer tu nombre en los periódicos?

Ask students questions about themselves using this same pattern. Variation: Have them ask questions of each other, or ask you questions, e.g., **¿Va(s) a recibir un millón de dólares muy pronto?**

Las bellas artes y las letras   353

III. Formas subjuntivas irregulares

*Student adaptation: Continue the dialog with the arrival of **papá** (who generates sentences with **quiero que, ojalá**, etc.).*

• *La sala de estar de un piso en la Calle de Espronceda[1] en Madrid.*

ALICIA	Mamá, quiero que conozcas a Guillermo. Quiere que yo vaya con él a la exposición en el Museo de Arte Contemporáneo.
ENCARNACIÓN	Mucho gusto, Guillermo.
GUILLERMO	Igualmente, señora.
ENCARNACIÓN	Alicia, acaso sea buena idea pedirle permiso a tu padre.
ALICIA	Sí, mamá. Espero que papá esté de buen humor.

1. ¿A quién le presenta Alicia a su mamá? ¿Qué dice Alicia para presentarlo?
2. ¿Adónde quiere Guillermo que vaya Alicia?   3. Encarnación quiere que Alicia hable con su padre. ¿Por qué?   4. ¿Cree usted que Alicia y su padre se llevan bien? ¿Por qué?

The living room of an apartment on the Calle Espronceda in Madrid. ALICIA: Mom, I want you to meet Guillermo. He wants me to go with him to the modern art exhibit at the Museo de Arte Contemporáneo. ENCARNACIÓN: Nice to meet you, Guillermo. GUILLERMO: Likewise, ma'am. ENCARNACIÓN: Alicia, maybe it's a good idea to ask your father's permission. ALICIA: OK, Mom. I hope Dad's in a good mood.

---
[1] Named for the romantic poet **José de Espronceda** (1808–1842).

A Verbs that have an irregularity in the **yo**-form of the present indicative carry this irregularity over into the present subjunctive. (Verbs irregular in the present subjunctive are also irregular in the **usted**-commands.) The subjunctive endings are the same for irregular verbs as for regular verbs:

-ar: -e, -es, -e, -emos, éis, -en
-er, -ir: -a, -as, -a, -amos, -áis, -an

*Have students practice forms with **que**, e.g., **que diga, que digas**, etc. This is ideal for emphasizing the fricative intervocalic **d** and **g**, which usually need extensive practice.*

decir		conocer		tener	
diga	digamos	conozca	conozcamos	tenga	tengamos
digas	digáis	conozcas	conozcáis	tengas	tengáis
diga	digan	conozca	conozcan	tenga	tengan

Here are some other verbs that follow this pattern.

construir	**construy-**	poner	**pong-**	venir	**veng-**
destruir	**destruy-**	salir	**salg-**	ver	**ve-**
hacer	**hag-**	traer	**traig-**		
oír	**oig-**	valer	**valg-**		

El ministro de cultura quiere que construyan un nuevo teatro.	The minister of culture wants them to build a new theater.
Pablo prefiere que los niños oigan un concierto de música española.	Pablo prefers that the children hear a concert of Spanish music.
Ojalá ustedes digan la verdad.	I hope you're telling the truth.
Quizás tengamos más tiempo libre la semana próxima.	Maybe we'll have more free time next week.
¿Qué quieres que te traiga de Madrid?	What do you want me to bring you from Madrid?

> Arroz con leche
> me quiero casar
> con una viudita
> de la capital.
>   Que sepa tejer,
> que sepa bordar,
> que esconda la aguja
> en su delantal.
>   —*Children's rhyme*

B The following verbs are irregular:

dar

dé	demos
des	deis
dé	den

estar

esté	estemos
estés	estéis
esté	estén

haber

haya	hayamos
hayas	hayáis
haya	hayan

Be aware the students may subsequently confuse the **sepa** pattern with the **supe** pattern of the preterit.

ir

vaya	vayamos
vayas	vayáis
vaya	vayan

saber

sepa	sepamos
sepas	sepáis
sepa	sepan

ser

sea	seamos
seas	seáis
sea	sean

Ojalá que no esté enferma abuela.	We hope Grandma isn't sick.
Tal vez haya una obra nueva en el Teatro María Guerrero.	Perhaps there's a new play at the María Guerrero theater.
Ojalá que sea interesante.	I hope it's interesting.

C Most stem-changing **-ar** and **-er** verbs retain the same pattern of stem change in the present subjunctive that they have in the indicative.

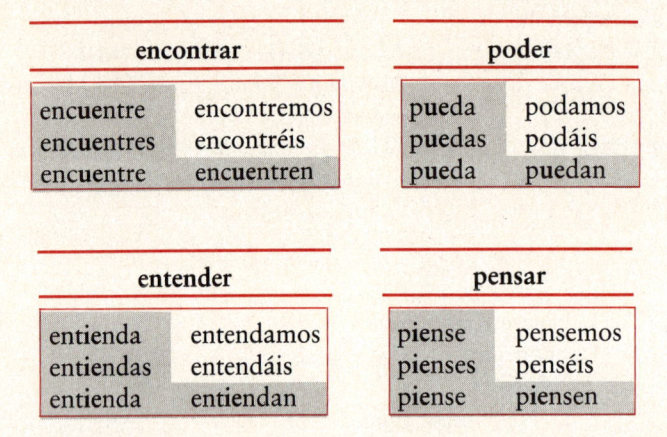

encontrar	
encuentre	encontremos
encuentres	encontréis
encuentre	encuentren

poder	
pueda	podamos
puedas	podáis
pueda	puedan

entender	
entienda	entendamos
entiendas	entendáis
entienda	entiendan

pensar	
piense	pensemos
pienses	penséis
piense	piensen

La profesora quiere que entendamos la obra de Lope. — *The teacher wants us to understand Lope's work.*
Ese actor tal vez encuentre trabajo en Madrid. — *Perhaps that actor will find work in Madrid.*

D Stem-changing **-ir** verbs that have a change in stem of **e** to **ie**, **e** to **i**, or **o** to **ue** in the present indicative follow the same pattern in the subjunctive with an additional change: in the **nosotros** and **vosotros** forms, the **e** of the stem is changed to **i**; the **o** is changed to **u**.

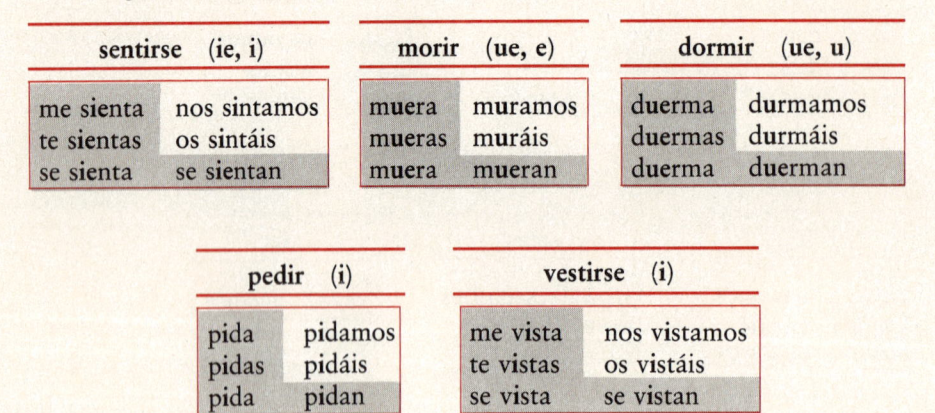

sentirse (ie, i)	
me sienta	nos sintamos
te sientas	os sintáis
se sienta	se sientan

morir (ue, e)	
muera	muramos
mueras	muráis
muera	mueran

dormir (ue, u)	
duerma	durmamos
duermas	durmáis
duerma	duerman

pedir (i)	
pida	pidamos
pidas	pidáis
pida	pidan

vestirse (i)	
me vista	nos vistamos
te vistas	os vistáis
se vista	se vistan

Ojalá que se sientan cómodos. — *I hope you feel comfortable.*
El director pide que la actriz se vista rápido. — *The director asks that the actress get dressed fast.*
Tal vez muera el personaje principal. — *Perhaps the protagonist dies.*

E When endings are added to the stems of verbs and other words, the pronunciation of the stem rarely changes. To show that no change in sound occurs, certain changes in spelling are made.

1. **c** changes to **qu** before **e**.

	YO-FORM	
	PRESENT INDICATIVE	PRESENT SUBJUNCTIVE
buscar	busco	busque
sacar	saco	saque
tocar	toco	toque

Pepito, queremos que saques el violín y que toques una canción.

Pepito, we want you to take out your violin and play us a song.

2. **g** changes to **gu** before **e**.

jugar	juego	juegue
llegar	llego	llegue
pagar	pago	pague

Tal vez lleguemos tarde al teatro.
No quieren que yo le pague al escultor.

*Maybe we'll arrive late at the theater.
They don't want me to pay the sculptor.*

3. **z** changes to **c** before **e**.

almorzar	almuerzo	almuerce
comenzar	comienzo	comience
empezar	empiezo	empiece

La cantante prefiere que la función empiece ahora. No quiere que comience tarde.

The singer prefers that the show start now. She doesn't want it to start late.

Remember that these changes are in spelling only; the pronunciation of the stem does not change.

EJERCICIOS

A **La sustitución.** Cambie el sujeto del verbo de la segunda cláusula.

MODELO   Quiero que usted traiga el regalo. (tú) →**Quiero que tú traigas el regalo.**

1. El doctor no quiere que usted haga mucho. (yo, tú, los chicos, nosotros)
2. Luis pide que yo vaya al concierto con él. (Rosaura, nosotros, tú, ustedes, su amigo)
3. El director desea que yo sepa la canción. (tú, los alumnos, nosotros, usted)
4. Ojalá que Miguel no esté triste. (ustedes, tú, mis padres, Elena, nosotros)

Las bellas artes y las letras 357

B Piense y hable. Termine las frases. Escoja el más apropiado de los dos verbos entre paréntesis y úselo en el subjuntivo.

1. (ir, tener) Ojalá que nosotros ____ tiempo de almorzar. Quizás ____ al restaurante nuevo.
2. (conocer, poder) Quizás los niños ____ a esa cantante española. Tal vez ____ decirte su nombre.
3. (conducir, saber) Yo prefiero que tú ____ . ¡No quiero que tú ____ que conduzco muy mal!
4. (conocer, vestirse) Ojalá que usted ____ bien para ir al teatro. Quiero que usted ____ al director.
5. (dormir, venir) El director quiere que nosotros ____ ocho horas esta noche. Quiere que ____ temprano al teatro mañana.
6. (morir, dar) Tal vez ____ ese escritor tan famoso. No quiere que el doctor le ____ medicina.
7. (empezar, comenzar) El director prefiere que la función ____ a tiempo pero quizás ____ tarde.
8. (poder, tener) Ojalá que yo ____ dinero para las entradas. Si no lo tengo, tal vez ____ pedírselo a mi padre.
9. (encontrar, entender) Nosotros tal vez ____ las poesías de Bécquer en la librería de la esquina. Algunas son difíciles de entender. Ojalá que las ____ .
10. (irse, sentirse) La escultora quiere que el modelo ____ cómodo. No quiere que él ____ antes de terminar.
11. (oír, llegar) El profesor quiere que yo no ____ tarde al concierto. Quiere que yo lo ____ desde el comienzo.
12. (cerrar, poner) El director quiere que los actores ____ la puerta del teatro. Ojalá que ellos le ____ atención.

C Daniel y el león. Tome el papel del señor Ramón Vives de Luna, papá de Daniel. Hable con Daniel y dígale que usted quiere que él se porte mejor. Use **quiero que** o **no quiero que** y el subjuntivo.

MODELO   Daniel duerme todo el día. → **Daniel, no quiero que duermas todo el día.**

1. Daniel tiene amigos mayores.
2. Daniel no sabe sus lecciones.
3. Daniel no se viste bien.
4. Daniel no hace su tarea.
5. Daniel pasa mucho tiempo en el cine.
6. Daniel no va a la escuela todos los días.
7. Daniel es perezoso.
8. Daniel se acuesta muy tarde.
9. Daniel juega en la calle.
10. Daniel no dice siempre la verdad.

Horacio Gutiérrez, pianista distinguido de origen cubano.

D **La venganza.** Ofrezca a su profesor(a) las siguientes sugerencias y mandatos. Use el subjuntivo según el modelo.

MODELO   ir a la puerta → **Quiero que usted vaya a la puerta.**

1. abrir la puerta
2. cerrar la puerta
3. ir a su escritorio
4. sacar un libro
5. abrir el libro
6. leer una frase
7. poner el libro en el escritorio
8. ir a la pizarra
9. escribir su nombre
10. decirnos "Muchas gracias por su atención".

E **Proyectos.** Teresa Espinosa de Vidal vive en Boston pero tiene una galería de arte en Madrid. Tome el papel de Teresa y conteste las preguntas que le hace su amiga. Use **tal vez** y el subjuntivo.

MODELO   ¿Cuándo vas a salir para Madrid? (la semana próxima) → **Tal vez salga para Madrid la semana próxima.**

1. ¿Vas a ir a España sola? (con mi hija)
2. ¿Vas a hacer una recepción en la galería?
3. ¿Vas a tener mucho tiempo libre?
4. ¿Van a divertirse tú y los amigos?
5. ¿De qué pintor famoso vas a buscar cuadros? (de Juan Gris[2])
6. ¿Vas a ver la exposición de arte moderno?
7. ¿Cuándo vas a volver a Boston? (el mes próximo)
8. ¿Vas a traer de Madrid unos cuadros españoles?

• **CUESTIONARIO**

1. ¿Va a casarse en menos de dos años?   2. ¿Va a ir a España algún día?   3. ¿Vale la pena asistir a la universidad?   4. ¿Va a haber muchas guerras en el futuro?   5. Hable de cuatro cosas que usted quiere ver en el futuro.

[2]**Juan Gris** (1887–1927), cubist painter.

Las bellas artes y las letras

IV. Mandatos de nosotros, de vosotros y de tercera persona

Aural comprehension: Correct each of the following inaccurate statements: 1. Javier prefiere quedarse en casa. 2. Amparo prefiere ver la película en el Cine Delicias. 3. Ya han visto la película Angelita y Carlitos. 4. Van a un concierto en Moscú.

- *En casa de los Pereda en Ciudad Lineal, un barrio de Madrid.*

AMPARO   Salgamos esta noche, Javier. ¿No te hartas de estar en casa?
JAVIER   Eso sí. Veamos la película nueva en el Cine Delicias.
AMPARO   ¡Ay, no, Javier! Me dijo Gloria que era juvenil. ¡Que la vean Carlitos y Angelita!
JAVIER   Pues, pongámonos de acuerdo en algo. Escoge tú.
AMPARO   La música, entonces. Asistamos al concierto en el Teatro Español. El pianista Horacio Gutiérrez va a tocar sonatas de Scarlatti y unas *Goyescas* de Granados[1].
MAMÁ   *(Entra en la sala.)* ¿Vais al concierto de Gutiérrez? Que toque tan bien como en Moscú. Pasad vosotros una noche linda y tened cuidado con el coche.
JAVIER   Gracias, mamá. Vámonos, Amparo.

1. ¿Por qué quiere salir Amparo? 2. ¿Cuál es la idea de Javier? ¿Está de acuerdo Amparo? ¿Para quiénes es buena la película en el Cine Delicias? 3. ¿Quién es el pianista que va a tocar? ¿De quiénes es la música que va a tocar? 4. ¿Ha estado la mamá en Rusia? ¿Por qué habla de Moscú?

In the Peredas' house in Ciudad Lineal, a section of Madrid. AMPARO: Let's go out tonight, Javier. Aren't you fed up with being in the house? JAVIER: You bet I am (That, yes). Let's see the new movie at the Cine Delicias. AMPARO: Oh, no, Javier. Gloria told me it was juvenile. Let Carlitos and Angelita see it. JAVIER: Well, let's agree on something. You choose. AMPARO: Music, then. Let's attend the concert at the Teatro Español. Horacio Gutiérrez is going to play sonatas by Scarlatti and some *Goyescas* by Granados. MOTHER *(enters the room)*: Are you going to the Gutiérrez concert? May he play (I hope he plays) as well as in Moscow. Have a lovely evening and be careful with the car. JAVIER: Thanks, Mom. Let's go, Amparo.

---

[1]**Doménico Scarlatti,** born in Naples in 1685, moved to Madrid in 1729 and remained there until his death in 1757. Many of his 555 sonatas for the harpsichord reflect his fascination with **flamenco** and other types of Spanish folk music. **Enrique Granados** (1867–1916), composer of a great deal of piano music, most notably two volumes of *Goyescas,* impressionistic short pieces based on the pen and ink sketches of Francisco Goya. The works of Granados are often performed in conjunction with others by his contemporary **Isaac Albéniz** (1860–1909). Cuban-born **Horacio Gutiérrez,** a resident of the United States since the 1960s, won the silver medal in the 1970 Tchaikovski piano competition in Moscow. By the early 1980s he had established himself as a leading international piano virtuoso.

A The affirmative and negative **usted** commands and the negative **tú** commands presented in chapter 12 are subjunctive forms. Subjunctive forms are also used for third-person or indirect commands, **nosotros** commands, and negative **vosotros** commands.

B Third-person or indirect commands are used after **que** with the meaning of *have* or *let* (somebody do something). **Nosotros** commands have the meaning *let's* (do something). **Vosotros** commands are used in Spain.

	AFFIRMATIVE	NEGATIVE	
-ar verbs	que **tome**	que no **tome**	(él, ella)
tomar	que **tomen**	que no **tomen**	(ellos, ellas)
	tomemos	no **tomemos**	(nosotros, nosotras)
	tomad	no **toméis**	(vosotros, vosotras)
-er verbs	que **coma**	que no **coma**	(él, ella)
comer	que **coman**	que no **coman**	(ellos, ellas)
	comamos	no **comamos**	(nosotros, nosotras)
	comed	no **comáis**	(vosotros, vosotras)
-ir verbs	que **escriba**	que no **escriba**	(él, ella)
escribir	que **escriban**	que no **escriban**	(ellos, ellas)
	escribamos	no **escribamos**	(nosotros, nosotras)
	escribid	no **escribáis**	(vosotros, vosotras)

C **Vamos** is the only affirmative **nosotros** command that does not use the subjunctive form.

Vamos al concierto.   *Let's go to the concert.*

In the negative, however, **vayamos** is used.

No vayamos al concierto.   *Let's not go to the concert.*

For the affirmative **nosotros** command of a reflexive verb, **nos** is attached to the end of the command. The **-s** of the command ending is omitted. An accent is written to show that the stress has not shifted.

(irse)
vamos + nos — Vámonos.   *Let's go.*
No nos vayamos.   *Let's not go.*

(levantarse)
levantemos + nos — Levantémonos temprano.   *Let's get up early.*
No nos levantemos tarde.   *Let's not get up late.*

D Affirmative **vosotros** commands are formed by replacing the **-r** of the infinitive with **-d**. The negative **vosotros** commands are present subjunctive forms.

Las bellas artes y las letras

E A widely used alternative to the affirmative **nosotros** or *let's* command is the construction **Vamos a** + infinitive. (In the negative, this construction is not a command but a simple statement.) Remind students that **vamos a** + infinitive also indicates future and that meaning depends on context.

Vamos a $\begin{cases} \text{tomar} \\ \text{comer} \\ \text{escribir} \end{cases}$ Let's $\begin{cases} take \\ eat \\ write \end{cases}$

No vamos a comer.   *We're not going to eat.*

F Examples of every Spanish command form have now been presented. All are subjunctive forms except the affirmative familiar commands. The affirmative **tú** command was practiced in chapter 12. The **vosotros** commands are not practiced in this book.

EJERCICIOS

A Cambiemos.   Diga cada mandato de otra forma, según el modelo.

MODELO   Vamos a bailar. → **Bailemos.**

1. Vamos a mirar televisión.
2. Vamos a jugar con los niños.
3. Vamos a dormir la siesta.
4. Vamos a tocar el piano.
5. Vamos a mirar los cuadros de Goya.
6. Vamos a cenar después de la función.

Ahora, ¡todo lo opuesto! Cambie del subjuntivo a la forma con **vamos**.

MODELO   Trabajemos. → **Vamos a trabajar.**

7. Almorcemos en la Casa Botín[2].
8. Pidamos más comida.
9. Visitemos el Museo Taurino[3].
10. Volvamos al hotel.
11. Leamos las noticias del país.
12. Pongámonos de acuerdo.

---

[2] A famous and ancient restaurant in a cellar in the Calle de Cuchilleros, much favored by the American novelist and Hispanophile Ernest Hemingway.
[3] Madrid's museum of bullfighting memorabilia is located next to the city's bullring, **la Plaza de Toros Monumental.**

Compremos billetes y asistamos a una comedia en el Teatro Reina Victoria de Madrid.

B Conozcamos Madrid. Sonia y Yolanda son estudiantes de bellas artes en la Universidad de Salamanca. Deciden viajar a Madrid para ver las maravillas del arte español en la capital. Conteste por Yolanda con el mandato de **nosotros.**

MODELO   SONIA   ¿Viajamos a Barcelona o a Madrid?
            YOLANDA   **Viajemos a Madrid.**

1. ¿Vamos en tren o en coche?
2. ¿Nos quedamos en un hotel o en una pensión?
3. ¿Llevamos maletas o mochilas?
4. ¿Pasamos dos semanas en Madrid o tres?
5. ¿Salimos el viernes o el sábado?
6. ¿Visitamos primero el Museo del Prado o el Palacio Real[4]?
7. ¿Asistimos a una zarzuela o a un ballet?
8. ¿Qué más quieres hacer, Yolanda?

*Supplement: Have students phrase questions on different topics—but with same structure—as in exercise. Other students answer questions. You supply them with infinitives. Examples: **servir** (topic might be choice of foods), **invitar** (choice of different people to invite), **comprar** (choice of kinds of auto), etc.*

C Julio el terco. Julio no coopera con sus amigos—es terco *(stubborn)*. Cuando le piden que haga algo, siempre quiere que lo haga otra persona. Conteste las preguntas por Julio.

MODELO   Julio, ¿quieres leer el último cuento de Matute[5]? (Abel) → **Yo no, que lo lea Abel.**

1. ¿Quieres ver la comedia de Valle Inclán[6]? (Camilo)
2. ¿Quieres aprender este nuevo baile? (Trini)
3. ¿Quieres ir al concierto? (René y Juan)
4. ¿Quieres conducir el coche? (Melinda)
5. ¿Quieres conocer al pintor Juan Martínez? (los otros)
6. ¿Quieres escuchar el disco de Horacio Gutiérrez? (mi mamá)

[4]The Royal Palace in Madrid is used only for ceremonial purposes by King Juan Carlos and Queen Sofía.
[5]**Ana María Matute**, born in Barcelona in 1926. Her stories, collected in *Historias de la Artámila* and other volumes, are typically subtle, short, and profoundly moving.
[6]**Ramón María del Valle Inclán** (1869–1935), modernist poet, playwright, and novelist associated with the Generation of 98.

Las bellas artes y las letras   363

¿Sirena ahogada?

Un despacho con vista a la Plaza de Cascorro en Madrid. Antonia, aspirante a actriz, habla con su agente.

JOSÉ LUIS	Me llamó Iglesias de la Agencia Hiper. Quiere que tú hagas el papel de una sirena.
ANTONIA	¿Yo? ¿Una sirena? Por favor, José Luis.
JOSÉ LUIS	Puede que esta oferta sea muy interesante para ti. Hiper hace proyectos para una nueva campaña de publicidad.
ANTONIA	¿Cuál es el cliente?
JOSÉ LUIS	Es la Myrurgia[1]. Iglesias lo va a arreglar todo. Mañana va a pedir al jefe que tú seas la estrella, ¡la Sirena Myrurgia!

Suena el teléfono. José Luis responde a unas preguntas acerca de una película nueva de Carlos Saura[2], y cuelga.

ANTONIA	Oye, José Luis. Esta película de Saura, ¿no van a rodarla aquí en Madrid?
JOSÉ LUIS	No, querida, en Alicante[3], y ya está decidido el reparto. A ver . . . Myrurgia. Tienes que aceptar lo que venga, Antonia.
ANTONIA	¡Pero tú mismo siempre insistes en que seleccionemos bien los trabajos!
JOSÉ LUIS	Cierto. Prefiero que no tengas que trabajar en anuncios. Sin embargo, te aconsejo que a veces los aceptes, sobre todo cuando no hay otra cosa.
ANTONIA	José Luis, mucho te agradezco tus consejos, pero no quiero que me controles la vida.

Entra la secretaria. Le dice a José Luis en voz baja que Nilita Zayas está en la sala de espera, y sale.

ANTONIA	Ay, José Luis, no peleemos más. Sólo quiero que el público sepa quién soy—sin tonterías.
JOSÉ LUIS	Yo te entiendo muy bien, chica. Pongámonos de acuerdo. Aceptemos este anuncio y seguro que ya pronto va a haber algo mejor.
ANTONIA	Vale. Pero espero que ésta sea la última vez. ¿Sabe Iglesias que no sé nadar?

---

la sirena *mermaid* **ahogar (gu)** *to drown; to suffocate* **el despacho** *office* **aspirante a actriz** *aspiring actress* **hacer proyectos** *to plan* **arreglar** *to arrange* **la estrella** *star* **colgar (ue)** *to hang up* **rodar (ue)** *to film* **el reparto** *cast* **tú mismo** *you yourself* **Cierto.** *You're right.* **agradecer (zc)** *to thank for* **en voz baja** *in a low voice* **la sala de espera** *waiting room* **la tontería** *foolishness*

PREGUNTAS

1. ¿Qué papel quiere Iglesias que haga Antonia? 2. ¿Va a rodar Iglesias una película? ¿Para qué hace proyectos? 3. ¿Es posible que Antonia consiga un papel en la película de Carlos Saura? ¿Por qué? 4. Según Antonia, ¿en qué insiste siempre José Luis? 5. ¿Le aconseja José Luis a Antonia que siempre acepte trabajar en anuncios? ¿Cuándo tiene ella que aceptarlos? 6. ¿Es Antonia la única

actriz que representa José Luis? ¿Cómo lo sabe usted?   7. Antonia por fin acepta hacer el papel de sirena en la campaña de publicidad. ¿Por qué? ¿Qué espera ella?
8. ¿Puede usted nombrar unos actores o actrices de cine que empezaron sus carreras como Antonia?

Notas culturales

1. **Myrurgia** is a leading, long-established Spanish cosmetics company with branches around the world.
2. Since the death of master filmmaker **Luis Buñuel** in 1983, **Carlos Saura** has generally been regarded as Spain's leading director.
3. **Alicante** is an ancient resort city on Spain's Mediterranean coast south of Valenica, popular as a setting for movies in part because of its almost perfect weather.

CONVERSING WITH OTHERS

Conversation is a social activity that involves sending and receiving information. For many students, it is the most important goal in studying a second language. Conversation in Spanish, as in English, is easier if you learn a few basic conversation skills and techniques.

Among the most important conversation skills are the **fórmulas de cortesía**—brief courteous expressions such as common greetings and replies, standard polite phrases, and good-byes. Knowing these social pleasantries will help you initiate, sustain, and terminate conversations.

Beginning language-learners generally have to think very carefully about what they are going to say before they say it. Students of Spanish often begin by translating mentally from English to Spanish. Very often conversations go too fast for this sort of private rehearsal to take place. Knowing how to slow things down is thus an important conversational technique. Native speakers of Spanish make a humming sound **(m-m-m-m),** rather than the *uh*-sound favored by speakers of American English, to fill up time while they think. They also occasionally tack the phrase **o lo que sea** *or whatever* on the end of a sentence, leaving the interpretation up to the listener. A long **pues** at the start of a sentence gives the speaker a little time to formulate new ideas.

A repertoire of standard replies is useful to know, too. **Sí, no, (no) estoy de acuerdo, cómo no, claro, me parece que sí (no),** and **no sé** or **no estoy seguro(a)** are all good phrases to have on the tip of your tongue. Add a few basic questions to your vocabulary, and you should be able to keep the conversation moving along. **¿Qué opina usted?, ¿Qué le parece?,** or even a simple **¿Quién?, ¿Dónde?,** or **¿Cuándo?,** will turn the conversation over to the other person.

What if you accidentally say the ''wrong'' thing? **Perdón, fue sin querer** *it was unintentional* or **lo siento** are adequate apologies.   Another typical "filler" is **este** (with the last syllable elongated).

When conversing in Spanish, you may occasionally need to ask someone to clarify what he or she has just said. There are several strategies that may be used depending on the situation. If you simply did not hear what was said, **decía** . . . *you were saying* . . . is appropriate. If you didn't understand, you may say **¿cómo?** or (in México and the Southwest) **¿mande?** *what?*. At other times, you may need to ask for repetition. **Repita, por favor** is the expression to use. And don't forget **Hable más despacio, por favor** *Speak mores slowly, please.* If a particular word or phrase is the problem, repeat it questioningly and ask **¿Qué significa?** *What does it mean?*.   Note that **¿mande?** is typically Mexican for **¿cómo?**

As a beginner, you are not expected to be a fluent conversationalist. In real life, it isn't even necessary to speak in complete sentences. Most Spanish-speaking people are happy to help someone who is courteous and making a genuine effort to communicate in their language.

Las bellas artes y las letras

· Actividades ·

Palabra secreta. En el dibujo hay nueve palabras que tienen relación con las artes. ¿Cuántas puede encontrar usted? Si usted las encuentra todas, le van a quedar cinco letras que son las letras de una palabra secreta que ha sido muy importante para todos los pintores y escritores de todos los siglos. Una letra puede servir en más de una palabra. Para ayudarle, las traducciones al inglés de las nueve palabras van después. También hemos encontrado la primera palabra. ¡Buena suerte!

portrait
style
picture
story
a Spanish painter whose name begins with G.
novel
poetry
opera
art

R	E	S	T	I	L	O
E	C	U	A	D	R	O
T	U	A	A	P	☺	A
R	E	L	R	I	L	I
A	N	☺	A	E	Z	S
T	T	Y	V	☺	P	E
O	O	O	☺	☺	☺	O
G	N	A	R	T	E	P

Encuesta. ¿Qué sabe usted de las artes españolas? Conteste las preguntas que siguen y va a saber si usted es experto, aficionado o ignorante.

Here (or earlier in this chapter) you might bring books with examples of Spanish art; a slide presentation would be even more stimulating.

1. ¿Quién escribió la obra *Don Quijote*?
2. ¿Quién pintó el famoso cuadro sobre la guerra *Guernica*?
3. ¿Cuál es el nombre de un compositor español famoso?
4. ¿Fue El Greco escritor, poeta, pintor o arquitecto?
5. ¿En qué siglo vivió Velázquez?
6. ¿Cuál es el nombre de un pintor español famoso de este siglo?
7. ¿Quién nació primero, Goya o El Greco?
8. ¿Cuál de las personas que siguen no se relaciona con las otras: Goya, Tirso de Molina, El Greco?
9. ¿Cervantes fue contemporáneo del Rey Arturo, de Shakespeare o de George Washington?
10. ¿Cómo se llama el museo más famoso de España?

Clave Key
1. Miguel de Cervantes 2. Pablo Picasso 3. Domenico Scarlatti, Enrique Granados, Isaac Albéniz . . . ? 4. pintor 5. XVII (1599–1660) 6. Picasso, Miro, Gris . . . ? 7. El Greco 8. Tirso de Molina 9. Shakespeare 10. el Prado

Significado
9–10 correctas: ¡Excelente! Usted sabe mucho de la cultura española.
6-8 correctas: Usted sabe un poco o, al contrario, sabe dar la impresión que sabe un poco. Debe leer más sobre la cultura española.
0–5 correctas: ¡Pobre de usted! Usted necesita dormir minos en clase.

Entrevista. Pregúntele a otra persona cuáles son sus intereses culturales. Use las preguntas que siguen. Luego presente la información a la clase.

1. ¿Te interesa mucho la literatura?
2. ¿Cómo se llama tu autor favorito? ¿Cuál es tu novela favorita?
3. ¿Cuánto tiempo hace que leíste un cuento o un poema o una novela?
4. ¿Has leído cuentos o novelas en español?
5. ¿Tienes talento artístico? ¿Sabes pintar? ¿Escribes cuentos o poesía?
6. ¿A veces vas al teatro? ¿Qué obras dramáticas has visto?
7. ¿Te gusta visitar los museos? ¿Cuáles has visitado?
8. ¿Qué importancia tienen o deben tener las artes en la vida? Es decir, ¿para qué sirven las novelas y los cuadros y los dramas?

You might point out that Hispanic culture accords a very high place to literature and art; statesmen, including presidents, have been poets, a phenomenon unusual in the United States.

Vocabulario activo

- **Cognados**

abstracto	el bohemio, la bohemia	la escena	el, la novelista	la princesa	realista
el administrador, la administradora	la causa	la galería	la ópera	principal	la rima
la antología	el, la cliente	el humor	la orquesta	la publicidad	romántico
el, la aspirante	controlar	juvenil	permitir	el público	seleccionar
el autor, la autora	crudo	el, la modelo	el, la pianista	la pupila	la sonata
		la novela	la poesía	el realismo	el violín

- **Sustantivos**

el alba *f*	dawn
la dama	lady
el despacho	office
el gorrión	sparrow
el huérfano, la huérfana	orphan
la menina	young lady-in-waiting
la oferta	offer
la pareja	pair, couple
la patata (Spain)	potato
el proyecto	plan; project
la sala de esperar	waiting room
la sala de estar	living room
la sirena	mermaid
la tontería	foolishness, nonsense
la voz	voice

- **Verbos**

aconsejar	to advise
ahogar (gu)	to drown
arreglar	to fix, to arrange
clavar	to nail
clavar los ojos en	to fix the eyes on; to stare
colgar (ue, gu)	to hang up (the telephone)
explicar (qu)	to explain
fallecer (zc)	to die
hartarse (de)	to be fed up (with)
pelear	to fight

- **Las bellas artes y las letras**

el bailarín, la bailarina	dancer
el, la cantante	singer
el compositor, la compositora	composer
el cuadro	picture; frame
el, la cuentista	story writer
el cuento	story, tale
el, la ensayista	essayist
el ensayo	essay
el escenario	stage; scene, setting; scenario

Las bellas artes y las letras

el escritor, la escritora	writer	las poesías	poetical works, poems	estar de buen humor	to be in a good mood
el escultor, la escultora	sculptor	el reparto	(theatrical) cast	hacer proyectos	to make plans
la escultura	sculpture	el retrato	portrait	mismo	self
la estrella	star	rodar (ue)	to film; to shoot (a film); to roll	ojalá (que)	I (we, let's) hope (that); hopefully
la exposición	exhibition	teatral	theatrical	real	royal
la función	show, performance; function	la zarzuela	Spanish musical comedy	sin par	peerless; without equal
el, la músico	musician			tal vez	perhaps
la obra maestra	masterpiece			Ya está.	Everything's OK.
el papel	role				
hacer un papel	to play a role				
el personaje	character				
el personaje principal	protagonist				

• Otras palabras y expresiones

alguien	somebody, someone
aunque	although, though
Cierto.	You're right.
en voz baja	in a low voice

CAPÍTULO CATORCE

LAS FIESTAS Y LAS CELEBRACIONES

Vocabulario. In this chapter you will talk about holidays and celebrations.

Gramática. You will discuss and use:
1 The subjunctive in noun clauses
2 The subjunctive versus the indicative in noun clauses after impersonal expressions
3 Affirmative and negative words
4 Adverbs in **-mente**

Cultura. The dialogs take place in the Mexican cities of Oaxaca, Querétaro, and Aguascalientes.

· Las celebraciones ·

la boda (las bodas)
el novio, la novia
el anillo
el padre (el sacerdote)

el aniversario

el santo

el cumpleaños
el bizcocho,
la torta

Have students read some of the **Advertencia en voz alta**; be on the watch for ***uno de enero** instead of **primero de enero**.

· Los días feriados ·

El Azucarero
Fábrica de Dulces
Nuevo Laredo, Tamaulipas
ADVERTENCIA A LOS TRABAJADORES—DÍAS FERIADOS

el Año Nuevo	1 de enero
el Día de Reyes	6 de enero
el Día del Petróleo	18 de marzo
la Pascua Florida o la Janucá	marzo
el Día del Trabajo	1 de mayo
el Día de la Raza	12 de octubre
el Día de la Revolución Mexicana	20 de noviembre
la Fiesta de Nuestra Señora de Guadalupe	12 de diciembre
la Navidad	25 de diciembre

No son días feriados:

el Día de los Enamorados (EE.UU.)	14 de febrero
el Día de la Independencia de México	12 de marzo
el Cumpleaños del Benemérito Benito Juárez	21 de marzo
el Día de las Madres	10 de mayo
el Día de la Independencia de EE.UU.	4 de julio
la Fiesta del Grito de Dolores	16 de septiembre
el Día de Todos los Santos	1 de noviembre
el Día de los Muertos	2 de noviembre
el Día de Acción de Gracias (EE.UU.)	25 de noviembre
el Día de los Inocentes	28 de diciembre

---

la boda *wedding* **las bodas** *wedding celebration* **la plata** *silver* **el oro** *gold* **el anillo** *ring*
el sacerdote *priest* **el santo** *day of the saint for whom one is named* **el bizcocho** *cookie* **la torta** *cake*

370 *Capítulo catorce*

• Unas fiestas hispánicas y mexicanas •

el Día del Petróleo[1]
el 18 de marzo

el Día de las Madres
el 10 de mayo
las tarjetas
las flores

La Fiesta del Grito de Dolores (de la Independencia)
el 16 de septiembre

el Día de los Muertos
el 2 de noviembre
las calaveras

el Día de Nuestra Señora de Guadalupe[2]
el 12 de diciembre
la procesión, los concheros

Las Posadas
desde el 16 hasta el 24 de diciembre
la piñata, los dulces

• CUESTIONARIO

1. ¿Cuándo es el cumpleaños de usted? ¿Cómo lo celebra?   2. ¿Cuál es su día feriado favorito? ¿Por qué?   3. ¿Le gusta a usted mandarles tarjetas a sus amigos? ¿Cuándo?   4. ¿Qué hace usted para celebrar el Día de la Independencia?
5. En México siempre celebran el Día de las Madres el diez de mayo. En los Estados Unidos, ¿lo celebramos en un día fijo *(fixed)* también? ¿Cuándo lo celebramos?
6. En los países hispanos, celebran el Día de los Muertos el 2 de noviembre. ¿Lo celebran muchas personas aquí también? ¿Cómo lo celebran?   7. ¿Cuáles son unas celebraciones norteamericanas que no observan los países hispanos?   8. ¿Por qué gritan *(shout)* los mexicanos "¡Viva México!" el 16 de septiembre?"

---

gritar *to short*   la tarjeta *card*   la flor *flower*   la calavera *skull*   el conchero *Mexican costumed musician*   los dulces *candy*

[1]**El Día del Petróleo.** On March 18, 1937, President Lázaro Cárdenas nationalized all of Mexico's oil properties, recovering for the nation control of its economic future.
[2]**Nuestra Señora de Guadalupe.** In 1531 the campesino *farmer* Juan Diego reported having spoken to the Virgin Mary not far from Mexico City. A large shrine was built in 1694 and replaced with a new structure in 1976. Every year six million Mexicans visit the site, now called **Guadalupe Hidalgo.**

Las fiestas y las celebraciones

"Te aconsejo que no tomes un plato fuerte antes de practicar para la carrera."

Student adaptation of dialog: The same topic, but from the perspectives of Mamá and tío Alejandro.

I. El subjuntivo en las cláusulas sustantivas

• *En un café que da al zócalo de Oaxaca, a la hora del paseo*[1].

CRISTINA   El Lunes del Cerro[2], hombre, ya se acerca. Mamá quiere que yo escoja el vestido para el baile.
BENITO   Sí, lo sé. Tío Alejandro insiste en que yo participe en la carrera.
CRISTINA   ¡Uy! Pues te aconsejo que empieces ya pronto a practicar. Dudo que estés en muy buenas condiciones para una prueba tan dura. Fumas mucho.
BENITO   Poco me gusta que me digas eso, Cristina . . . pero tienes mucha razón. Temo hacer el ridículo. Voy a pedir que mi tío me compre una bicicleta nueva. Si tengo que perder, ¡prefiero que sea de una manera elegante!

1. ¿Qué quiere la mamá de Cristina?   2. ¿En qué insiste el tío de Benito?
3. ¿Está Benito en buenas condiciones para una carrera tan dura?   4. ¿Por qué quiere Benito que le compre su tío una bicicleta nueva?

In a café that looks out on Oaxaca's **zócalo,** *at the hour of the* **paseo.** CRISTINA: "Monday of the Hill," man, it's coming right up. Mom wants me to choose (that I choose) my dress for the dance. BENITO: Yes, I know. Uncle Alejandro is insisting that I participate in the race. CRISTINA: Uf! Well, I advise you to start practicing really soon. I doubt that you're in very good shape for so tough a test. You smoke a lot. BENITO: I don't much like (It pleases me little) that you say that to me, Cristina . . . but you're very right. I'm afraid of making a spectacle of myself. I'm going to ask my uncle to buy me a new bicycle. If I have to lose, I prefer that it be in an elegant manner!

[1] Oaxaca's **zócalo, la Plaza de Armas,** has a **pabellón** *bandstand* in the center, and band concerts are given on special occasions. On Sunday afternoons, many people of the city stroll the **paseo** around the plaza, greeting their friends and pausing for refreshments in the outdoor cafés.

[2] A **fiesta,** each July, at which the 12 major Indian civilizations resident in the very large state of Oaxaca give spectacular demonstrations of their music and dances.

A A dependent clause that takes the place of a noun is called a *noun clause*.

    NOUN
Quiero / dinero.   *I want money.*

    NOUN CLAUSE
Quiero / que mi esposa gane dinero.   *I want my wife to earn money.*

In Spanish, noun clauses are always introduced by **que**. **Que** is never omitted the way *that* is often omitted in English.

B The verb in the noun clause is subjunctive if:

1. It has a different subject from the verb in the main clause.
2. The action it mentions is commented on as a concept, not just reaffirmed as a fact, by the main clause.

C Specifically, the subjunctive usually follows main clause comments that express:

1. Will, desire, preference, an order, or a request. Typical **verbos de voluntad** include:

desear	*to want, to wish*	pedir (i)	*to request, to ask*
esperar	*to hope, to wait*	preferir (ie,i)	*to prefer*
exigir (j)	*to require, to demand*	querer (ie)	*to want, to wish*
insistir (en)	*to insist*	rogar (ue)	*to beg, to pray*
mandar	*to command, to order*		

Queremos que usted venga a la fiesta.   *We want you to come to the party.*
Deseo que me enseñes a bailar.   *I want you to teach me how to dance.*
Insisten en que todos en la procesión lleven el traje tradicional.   *They insist that everybody in the procession wear the traditional costume.*

Marisa le pide a abuela que prepare su plato favorito.   *Marisa asks grandma to prepare her favorite dish.*

2. Expectation, emotion, and feeling. Typical expressions include:

alegrarse (de)	*to be glad*	sentir (ie,i)	*to be sorry*
gustar	*to like, be glad*	temer	*to fear, to be afraid*
impacientarse por	*to get impatient about*	tener miedo (de)	*to be afraid*

Las fiestas y las celebraciones

Nos alegramos de que estés aquí.	We're glad you're here.
Sienten mucho que no participes en la celebración.	They're very sorry you're not participating in the celebration.
Me gusta que los jóvenes aprendan los bailes tradicionales.	I like that the young people learn the traditional dances.
¿Por qué tienes miedo de que Tomás no recuerde tu cumpleaños?	Why are you afraid that Tomás won't remember your birthday?

3. Approval, advice, permission, prohibition, and prevention. Typical verbs include:

aconsejar	to advise	permitir	to permit
aprobar (ue)	to approve	prohibir (í)	to prohibit
impedir (i)	to prevent	recomendar (ie)	to recommend

Te aconsejo que salgas temprano para la carrera.	I suggest you leave early for the race.
Don Beto no permite que Lupita baile conmigo. También le prohíbe[3] que me hable.	Don Beto won't permit Lupita to dance with me. He also forbids her to speak to me.

4. Necessity.

Necesitan que llevemos la piñata.	They need us to bring the piñata.

5. Doubt or uncertainty.

Dudo que los niños se duerman temprano esta noche.	I doubt the children will go to sleep early tonight.
No estamos seguros que los turistas conozcan este día feriado.	We're not sure the tourists know this holiday.

D If the verbs in the main and dependent clauses would have the same subject, the dependent clause is dropped and an infinitive is used instead.[4]

Queremos salir temprano para la fiesta.	We want to leave early for the party.
Pienso divertirme mucho en el baile.	I plan to have a very good time at the dance.
Chepe siempre se acuerda de darle flores a su novia para el Día de los Enamorados.	Chepe always remembers to give his girlfriend flowers for Valentine's Day.

---

[3] In many forms of **prohibir**, an accent is written because in Spanish the letter **h** has no sound: **prohíbo, prohíbes, prohíbe, prohíben**.

[4] The infinitive is a noun. It names a type of action; it does not report that an action happens. Exceptions to the "one-subject, infinitive" rule of thumb include introspective statements: **no cree que esté enfermo** *he doesn't think he's sick.*

EJERCICIOS

A **La sustitución.** Cambie el sujeto del verbo de la segunda cláusula.

MODELO   Benito no quiere que Cristina baile. (nosotras) → **Benito no quiere que nosotras bailemos.**

1. María pide que yo vaya a México. (nosotros, tú, sus amigas, Carlos, ustedes)
2. No permiten que usted haga eso. (tú, las chicas, el joven, nosotros, yo)
3. Mamá duda que yo recuerde su cumpleaños. (nosotros, Estela, tú, papá, sus amigas)
4. Me alegro que estés aquí. (ustedes, nosotros, usted, los regalos, la tarjeta)

B **El día de San Pedro.** Tome el papel de la señora Roldán. Añada las palabras entre paréntesis para describir la celebración para el santo de su hijo Pedro.

MODELO   Pedro va a la fábrica hoy. (dudar) → **Dudo que Pedro vaya a la fábrica hoy.**

1. Pedro se viste bien hoy. (preferir)
2. Los amigos le hacen una fiesta. (permitir)
3. Invitan a todo el pueblo. (tener miedo de)
4. Los amigos toman mucho. (prohibir)
5. Sara lleva una piñata. (necesitar)
6. La novia de Aurelio canta en la fiesta. (esperar)

C **Una charla familiar.** Complete la conversación con la forma apropiada del verbo a la derecha. Use el subjuntivo.

DOLORES Siento que (1)_____ tan cansado, hijo, pero es el Día de los Muertos y necesito que (2)_____ a comprar dulces.

RAMÓN Tú me perdonas, mamá. Voy a pedir que las (3)_____ Carmen.

DOLORES Tú sabes que le prohíbo a tu hermanita que (4)_____ sola.

RAMÓN Me alegro que (5)_____ tanto por ella, mamá.

DOLORES Ella me ruega que le (6)_____ asistir al baile el sábado. Quiero que tú la (7)_____ .

RAMÓN Sí, mamá. Y los dulces, ¿cuántos quieres que te (8)_____ ?

1. estar
2. ir
3. buscar
4. salir
5. preocuparse
6. permitir
7. acompañar
8. comprar

D **La transformación.** Use las palabras siguientes para formar frases. Añada todas las palabras necesarias.

MODELO   Adela / preferir / esposo / no tomar / cerveza / Día de los Muertos → **Adela prefiere que su esposo no tome cerveza el Día de los Muertos.**

1. ella / rogar / no salir / temprano / de / cementerio
2. padres / insistir / niños / ir / con ellos / iglesia
3. niños / querer / Reyes / traer / lindo / regalos
4. don Benito / pedir / Conchita / llevar / piñata
5. Adela / dudar / gobierno / permitir / mexicanos / cambiar / tradiciones
6. turistas / sentir / tener que / irse / antes / celebración

Be alert to incidental errors in performance of this exercise: number 1, omission of **ue** change for **rogar**; number 2, omission of **en** with **insistir**.

Las fiestas y las celebraciones 375

E Igual que ellos. Estas personas expresan sus deseos para los amigos y conocidos. Diga lo que quieren para ellos mismos.

MODELO   Óscar insiste en que Franco baile con la reina de la fiesta. →
Óscar también insiste en bailar con la reina de la fiesta.

1. Quiero que los niños se diviertan.
2. Paco siente que doña Luz no mire la carrera.
3. Mi mamá prefiere que Óscar le dé flores a mi prima.
4. La iglesia necesita que la gente recuerde las tradiciones.
5. El profesor quiere que los turistas vean la procesión.
6. Los padres se alegran de que los niños reciban regalos.

F En acción. Describa lo que ocurre en cada dibujo.

MODELO

aconsejar / no jugar a la lotería[5]
→ **Te aconsejo que no juegues a la lotería.**

1. alegrarse / darle regalo

2. dudar / llover

3. prohibir / comer dulces

4. rogar / ir al baile

5. tener miedo de / llegar tarde / fiesta

6. preferir / no fumar / zócalo

[5]A special lottery is often held as part of local celebrations in Mexico.

G **Reacciones y opiniones.** Exprese su opinión sobre los comentarios que siguen. Use una expresión como **me alegro, ojalá, dudo, recomiendo, tal vez, prefiero, siento, espero.**

> MODELO   Los mexicanos celebran la Navidad en junio. → **Dudo mucho que los mexicanos celebren la Navidad en junio.**

1. Las mujeres son más inteligentes que los hombres.
2. Los estudiantes pasan muchas horas en la biblioteca.
3. Va a haber una guerra mundial en menos de cinco años.
4. En México tienen muchos días feriados que no existen aquí.
5. En el Canadá casi siempre hace frío.
6. El semestre va a terminar pronto.
7. El dinero es más importante que el amor.
8. Todos los estudiantes comprenden el subjuntivo.

Dialog exercise: Students listen to the following sentences without looking at the dialog. They replace the inappropriate principal or dependent verbs with those that appear in the dialog. 1. Me sorprende que caces un pato. 2. Me gusta que Miguel no quiera ir contigo. 3. Le voy a decir que venda el pan de muerto. 4. Es difícil que uno coma la canoa. 5. Es malísimo que le preparemos el plato preferido.

II. El uso del subjuntivo y del indicativo en las cláusulas sustantivas

• *En el barrio de Tepetate, Querétaro[1], la familia Juárez se prepara para el Día de los Muertos[2].*

AMAPOLA	Escucha, Pancho. Es necesario que caces un buen pato. Tú sabes que es importantísimo que le preparemos el plato preferido a don Silvio.
PANCHO	Sí, tía, lo sé. Y es bueno que me acompañe Lázaro. Es difícil que uno controle la canoa y dispare al mismo tiempo.
AMAPOLA	Me sorprende que Miguel no quiera ir contigo. ¿Cómo es posible que no le guste cazar?
PANCHO	Tía, hay trabajo para todos. Quizás sea mejor que Miguel busque los cempoalzúchiles[3] y que lleve el levanta-muertos[4].
AMAPOLA	Y le voy a decir a Cuca que prepare el pan de muerto.

1. ¿Por qué es necesario que Pancho cace un buen pato?   2. Según Pancho, ¿por qué es bueno que Lázaro lo acompañe?   3. ¿Por qué no quiere ir a cazar Miguel?   4. ¿Qué quiere Pancho que haga Miguel?   5. ¿Y qué le va a decir Amapola a Cuca?

In the Tepetate neighborhood, Querétaro, the Juárez family prepares for the Day of the Dead (All Souls' Day). AMAPOLA: Listen, Pancho. It's necessary that you hunt a good duck. You know it's very important that we prepare don Silvio his favorite dish. PANCHO: Yes, aunt, I know. And it's good that Lázaro is going to go along (accompany me). Sometimes it's hard for one to control the canoe and shoot at the same time. AMAPOLA: It surprises me that Miguel doesn't want to go with you. How is it possible that he doesn't like to hunt? PANCHO: Aunt, there's work for everybody. Maybe it's better that Miguel get (look for) the **cempoalzúchiles** and that he bring the **levanta-muertos**. AMAPOLA: And I'm going to tell Cuca to prepare the dead man's bread.   *(Dialog footnotes follow on p. 378)*

Las fiestas y las celebraciones

Vale la pena ver la celebración mexicana del Día de los Muertos.

---

[1] **Tepetate** is an old, predominantly lower-class barrio in **Querétaro**, a provincial capital and agricultural and textile center in central Mexico, northwest of Mexico City.

[2] The Day of the Dead, November 2, is an extraordinary celebration in central Mexico. Candy stores and bakeries are filled with exuberant displays of sweets in the shape of **calaveras** *skulls;* newspapers run anonymous verses satirizing popular public figures and cartoons of death's head figures; and families in traditional communities like the barrio of Querétaro gather for all-night celebrations in graveyards in honor of departed family members.

[3] Yellow marigolds, present in profusion at celebrations in Querétaro.

[4] An alcoholic drink reputedly strong enough to raise the dead.

A Impersonal expressions have no obvious subject. Equivalent expressions in English almost always compensate for the lack of a subject by using the dummy pronoun *it*.

Es bueno.	*It's good.*	Es imposible.	*It's impossible.*
Es malo.	*It's bad.*	Es posible.	*It's possible.*
Es mejor.	*It's better.*	Es importante.	*It's important.*
Es una lástima.	*It's a pity.*	Es necesario.	*It's necessary.*
Es difícil.	*It's difficult.*	Es terrible.	*It's terrible.*
Es probable.	*It's probable.*	Es ridículo.	*It's ridiculous.*
Es extraordinario.	*It's amazing.*		
Es sorprendente.	*It's surprising.*		
Es triste.	*It's sad.*		
Es dudoso.	*It's doubtful.*		

Vale la pena.   *It's worth it (doing something).*
(Le) importa.   *It's important (to someone).*

(Le) { encanta. / interesa. / sorprende. }   *It { pleases / interests / surprises } (someone).*

Capítulo catorce

B Unless another subject is mentioned, impersonal expressions in Spanish are followed by an infinitive expressing a type of activity, not a conjugated verb mentioning a particular action.

Es bueno recordar a los angelitos[5] en el Día de los Muertos.	It's good to remember the little angels on the Day of the Dead.

C When a specific subject is expressed, a dependent clause follows the impersonal expression. The mood of the dependent verb follows from the same principles as before. The dependent verb is usually subjunctive unless the impersonal expression merely reaffirms the existence of the action mentioned.

Es { bueno, malo, mejor, peor, posible, imposible, difícil, probable, ridículo, importante, terrible, necesario, dudoso, una lástima } que Miguel no baile.

Note that **Me parece** takes the indicative. Students often assume otherwise.

D When a main clause merely reaffirms the reality of the action mentioned in the dependent clause, the verb in the dependent clause is indicative.

Beto cree que Ana canta bien.	Beto thinks that Ana sings well.
Es cierto que Ana canta bien.	It's certain that Ana sings well.

1. Some impersonal expressions are followed by the indicative when they are affirmative but require the subjunctive when used in the negative or interrogative if doubt is strongly implied. Here is a list.

Es verdad.	It's true.	Es (Está) claro.	It's clear.
Es cierto.	It's certain.	Es seguro.	It's certain.
Es evidente.	It's evident.	Es obvio.	It's obvious.
No hay duda de que . . .	There's no doubt that . . .		

No es verdad que la celebración empiece mañana.	It's not true that the celebration starts tomorrow.
¿Es verdad que la celebración empiece mañana?	Is it true that the celebration starts tomorrow? (doubt implied)
¿Es verdad que la celebración empieza mañana?	Is it true that the celebration starts tomorrow? (simple question)
Es verdad que la celebración empieza mañana.	It's true that the celebration starts tomorrow.
No es cierto que Miguel vaya a cazar.	It's not true that Miguel is going hunting.
Es cierto que Miguel no va a cazar.	It's true that Miguel isn't going hunting.

---

[5]**Un angelito** is a child that has died. Most Mexicans feel that such children go directly to heaven and therefore feel happy, not sad, when they think of them.

Las fiestas y las celebraciones

2. **Decir** is followed by the subjunctive if a command is implied. If **decir** simply confirms the statement in the dependent clause, the indicative is used.

Te digo que levantes la mano. *I'm telling you to raise your hand.*
Dice que Ana canta. *He says Ana is singing.*

3. When **creer** or **pensar** appears in a main clause, the verb in the dependent clause is usually indicative.

Creen que viene. *They believe he's coming.*

When the main clause is negative, the verb following is usually subjunctive.

No piensan que venga. *They don't think he's coming.*

When the main clause is a question, the following verb is indicative or subjunctive, depending on the focus of the speaker.

4. **Dudar** and **negar** are the opposite of **creer** and **pensar**. In the affirmative, they are followed by the subjunctive; in the negative, because they no longer show doubt, they are followed by the indicative.

Dudan que venga. *They doubt he's coming.*
No niegan que viene. *They don't deny he's coming.*

EJERCICIOS

A La sustitución

MODELO   Es posible que yo vaya al baile. (probable) → **Es probable que yo vaya al baile.**

1. *Me sorprende* que Cuca tenga dinero. (Es importante, Es probable, Es bueno, Es dudoso)
2. Está prohibido que los jóvenes *fumen* en la plaza. (tomar cerveza, estacionar, gritar, ir en bicicleta)
3. Es una lástima que *llueva* hoy. (hacer frío, no venir Benigno, llegar tarde los concheros, estar enfermos los músicos)

B El Día de los Muertos.   Tome el papel de don Francisco. Añada las palabras entre paréntesis para decirle a un turista boliviano cómo celebran el Día de los Muertos en Oaxaca.

> MODELO   Nos preparamos de antemano para el Día de los Muertos. (es importante) → **Es importante que nos preparemos de antemano para el Día de los Muertos.**

1. Las tiendas venden muchas calaveras. (es natural)
2. Preparamos el pan de muerto. (es necesario)
3. Anita lleva el levanta-muertos. (es difícil)
4. Las familias salen para el cementerio a la medianoche. (es sorprendente)
5. Mucha gente va en auto al cementerio. (es dudoso)
6. Doña Francisca no va a la celebración. (es una lástima)
7. Empezamos la celebración a las seis de la mañana. (es bueno)
8. Los niños comen muchos dulces. (es terrible)
9. Todos los adultos van a tomar mucho. (es probable)
10. Va a ser una fiesta alegrísima. (no es sorprendente)

C ¡Dio en el clavo! *You hit the nail on the head.*   Tome el papel del alcalde *(mayor)* de Querétaro. Conteste las preguntas que le hace un sociólogo español. Use las palabras entre paréntesis para mostrar su certeza *(certainty)*.

> MODELO   ¿A los turistas les interesan las fiestas mexicanas? (es verdad) → **Sí, es verdad que les interesan las fiestas mexicanas.**

1. ¿A los mexicanos les gustan mucho las fiestas? (es evidente)
2. ¿Tiene México muchas fiestas religiosas? (es cierto)
3. ¿Ayuda el gobierno con las fiestas locales? (no hay duda de)
4. ¿Son un poco diferentes las celebraciones de Querétaro de las de Oaxaca? (es seguro)
5. ¿Es Guadalupe la reina de México? (no hay duda de)
6. ¿Celebra Querétaro muchas fiestas con corridas de toros? (es verdad)

D ¿Qué dijiste, Patricia?   Lola no oye bien a Patricia, su hermana mandona *(bossy)*, porque tiene cerrada la puerta del cuarto. Tome el papel de Patricia y repita sus pedidos. Use **Te digo que . . .**

> MODELO   Prepárate para la fiesta. → **Te digo que te prepares para la fiesta.**

1. Abre la puerta.
2. Sal del cuarto.
3. No te maquilles mucho.
4. Péinate mejor.
5. No te pongas el vestido azul.
6. Llama a Antonio antes de salir.
7. Ve a la fiesta con Antonio.
8. No llegues muy tarde a la casa.

E Una charla educativa. Complete la conversación entre dos amigos norteamericanos.

CLARE	¿Tú crees que Mexico (1)___ los mismos días feriados que los Estados Unidos?	1. tener
DAVID	No, no creo que (2)___ tantas fiestas aquí como en México.	2. haber
		3. celebrar
		4. comer
CLARE	Pero no niegas que nosotros (3)___ muchas de las mismas fiestas. Por ejemplo, es seguro que (4)___ mucho en el Día de Acción de Gracias.	5. estudiar
		6. existir
		7. creer
DAVID	Uy, es mejor que tú (5)___ la cultura mexicana. No creo que (6)___ ese día feriado allá.	8. saber
		9. recibir
CLARE	Y el día de Navidad, no dudo de que los niños (7)___ en Santa Claus.	10. conocer
DAVID	Es una lástima que tú (8)___ tan poco de las fiestas mexicanas. En México es natural que los niños (9)___ regalos de los Reyes. Es probable que muchos niños mexicanos no (10)___ a Santa Claus.	

F La tómbola. Forme frases con una expresión de cada columna. ¡Atención a la forma del verbo! *Additional input for the right-hand column to present orally*: construir otra iglesia; usar ropa típica.

MODELO **Es importante que los mexicanos recuerden el pasado.**

Es importante		recordar el pasado
No hay duda de	los mexicanos	celebrar muchas fiestas religiosas
Es difícil	el gobierno	aprender los bailes tradicionales
Es probable	que nosotros	ayudar con la celebraciones
Es cierto	los niños	interesarse en la historia
No creo	tú	

• CUESTIONARIO

1. ¿Se alegra usted que no haya clases los sábados?   2. ¿Qué quiere usted que le den sus compañeros para su cumpleaños?   3. ¿Cómo sugiere usted que ayudemos a los países pobres?   4. ¿Qué quieren los profesores que hagan los estudiantes?   5. ¿Qué quieren los estudiantes que hagan los profesores?   6. ¿Qué deben prohibir los padres a los niños pequeños?   7. ¿Qué le prohíben a usted sus padres?   8. ¿Quieren sus parientes que usted les escriba (hable) más?   9. ¿Les pide usted a sus amigos que le presten dinero?   10. ¿Esperan los políticos que creamos en ellos?

III. Palabras afirmativas y palabras negativas

- *En la Avenida Independencia, Oaxaca. Unos padres buscan a sus niños traviesos.*

ZACARÍAS La procesión de la Virgen de Guadalupe empieza a las cuatro. No he visto a ninguno de los chicos.
BRÍGIDA Yo tampoco. No sé por dónde andan esos niños. ¿Nadie los ha visto?
ZACARÍAS Ni siquiera la cocinera. Voy a buscarlos. Alguien debe de saber dónde están.
BRÍGIDA Esos chicos nunca están en casa.
ZACARÍAS Es verdad. ¡Pero algún día van a saber lo que es ser padres!

1. ¿A qué hora empieza la procesión? 2. ¿A quiénes no ha visto Zacarías?
3. ¿Los ha visto Brígida? ¿Y la cocinera? 4. ¿Quién debe de saber dónde están?
5. ¿Qué van a saber los niños algún día?

On Avenida Independencia, Oaxaca. Some parents are looking for their mischievous children. ZACARÍAS: The procession of the Virgin of Guadalupe starts at four. I haven't seen any of the children. BRÍGIDA: Me neither. I don't know where those kids go. Hasn't anyone seen them? ZACARÍAS: Not even the cook. I'm going to look for them. Someone must know where they are. BRÍGIDA: Those kids are never home. ZACARÍAS: It's true. But someday they'll know what it is to be parents!

AFFIRMATIVE WORDS	NEGATIVE WORDS
sí *yes*	**no** *no*
alguien *someone, anyone*	**nadie** *no one, not anyone*
algo *something*	**nada** *nothing, not anything*
algún, alguno(-s), alguna(-s) *some, any*	**ningún, ninguno(-s), ninguna(-s)** *none, not any, no, neither (of them)*
también *also*	**tampoco** *not either, neither*
siempre *always*	**nunca, jamás** *never, not ever*
o . . . o *either . . . or*	**ni . . . ni** *neither . . . nor*
	ni siquiera *not even*

A The negative words **nadie, nada, ninguno, tampoco,** and **nunca** can be placed either before or after the verb.

No la pude ver tampoco.
Tampoco la pude ver. } *I couldn't see her, either.*

No trajimos nada para la fiesta.
Nada trajimos para la fiesta. } *We didn't bring anything for the party.*

No bailo nunca el rock.
Nunca bailo el rock. } *I never dance rock.*

Aural comprehension: Posible/Probable o Imposible/Improbable: 1. Pronto van a ser las cuatro. 2. Brígida se sorprende que los chicos no estén. 3. La cocinera no ha visto a los chicos. 4. Para Zacarías, es facilísimo ser padre. 5. Los niños van a salir de Oaxaca esta noche.

Las fiestas y las celebraciones

Notice that **no** precedes the verb when some other negative word follows the verb. **No** is omitted when the negative word precedes the verb.

B **Alguno** and **ninguno** can refer either to people or things, whereas **alguien** and **nadie** refer only to people. **Alguno** and **ninguno** usually refer to certain members or elements of a group that the speaker or writer has in mind. Before a masculine singular noun, **alguno** becomes **algún** and **ninguno** becomes **ningún**.

Nadie ha visto a los niños.	*Nobody has seen the children.*
Ninguno de los dos cantantes canta bien.	*Neither of the two singers sings well.*
¿Hay alguien en el zócalo?	*Is anybody in the zócalo?*
¿Hay algunos músicos en la procesión?	*Are there any musicians in the procession?*
No hay ningún[1] músico.	*There aren't any musicians.*
¿No quieres algún postre?	*Don't you want any dessert?*
No tengo ningún traje tradicional.	*I don't have any traditional costume.*

The personal **a** is used with the pronouns **alguien** and **nadie** and with **alguno** and **ninguno** when they refer to people, in the same way that it is used with nouns or other pronouns.

¿Busca Brígida a alguien?	*Is Brígida looking for somebody?*
No le voy a decir a nadie el color de mi traje.	*I'm not going to tell anybody the color of my costume.*

C Several negatives can be used in the same sentence.

¡No le dio nada a nadie, nunca!	*He never gave anything to anyone, ever!*

D *Either . . . or* is expressed with **o . . . o**. *Neither . . . nor* is expressed with **ni . . . ni**, which takes the plural form of a verb when used with the subject.

Doña Emilia busca o un buen pato o un pollo.	*Doña Emilia is looking for either a good duck or a chicken.*
Ni el pato ni el pollo valen tanto.	*Neither the duck nor the chicken is worth that much.*

---

[1] In the negative, a singular form—**ningún, ninguno, ninguna**—is ordinarily used where English often has a plural form:

¿Tienes algunas amigas oaxaqueñas?	*Do you have any friends from Oaxaca?*
No, no tengo ninguna.	*No, I don't have any.*

EJERCICIOS

A La sustitución

1. ¿Recibiste alguna noticia hoy? (regalos, cartas, dinero, tarjetas)
2. No, no recibí ninguna noticia hoy. (regalos, cartas, dinero, tarjetas)

B La transformación.   Cambie las frases al negativo.

MODELO   Los padres les dan algo a los niños en Pascua Florida. → **Los padres no les dan nada a los niños en Pascua Florida.**

1. Siempre cenamos en un restaurante el día de Pascua Florida.
2. También nos encontramos con los amigos en el zócalo.
3. Recibimos o regalo o dinero de los abuelos.
4. Hay algunas películas interesantes en la televisión.
5. Llega algo del Distrito Federal.
6. Algunos parientes llaman de Los Ángeles.
7. Alguien trabaja el Día de la Independencia.
8. Los mexicanos también trabajan el día de Pascua Florida.

Make sure students use singular forms of negative for numbers 4 and 6.

C ¡Ni modo!   Tome el papel de Eliana y conteste las preguntas que le hace su jefe. Averigüe[2] por qué Eliana da una respuesta negativa a todo.

MODELO   Hola, Eliana. ¿Me llamó alguien? → **No, no te llamó nadie.**

1. Te ves triste. ¿Te pasa algo?
2. ¿Hay algún problema?
3. Hoy es tu cumpleaños, ¿verdad?
4. ¿Quieres salir a almorzar o a cenar para celebrar?
5. Pues, ¿quieres ir al cine?
6. Uy, ¡estás tan negativa! ¿Siempre te pones así el día de tu cumpleaños?
7. No entiendo. ¿Tienes alguna invitación de algún amigo?
8. Ya sé. Pues tiene que haber algo más trágico que tener treinta años.

• CUESTIONARIO.   Conteste las preguntas de una manera negativa.

1. ¿Fue usted a casa de algún amigo o de alguna amiga la semana pasada?
2. Cuando usted va a una fiesta, ¿lleva algo?   3. ¿Llamó usted a alguien anoche?
4. ¿Estuvo usted alguna vez en Mitla? ¿Sabe algo de Mitla?   5. Yo no tengo dinero hoy. ¿Y usted?   6. ¿Es usted colombiano o venezolano (colombiana o venezolana)?   7. ¿Hubo algo interesante en la televisión anoche?   8. ¿Vio usted anoche a algún estudiante de la clase de español?   9. ¿Conoce usted a alguien famoso?   10. ¿Hoy trajo usted a la clase algo de comer?

[2]*Find out, ascertain.* Remember, **güe** is pronounced / gwe /.

Muchos mexicanos asisten entusiásticamente a la muy popular pelea de gallos.

IV. Adverbios terminados en -mente

• La fiesta de San Marcos en Aguascalientes[1].

LUPITA ¿Ves cómo baila Bernardo? Es muy interesante que algunas personas aprendan fácilmente los bailes tradicionales.

TIBERIO Sí, Bernardo baila estupendamente. Sigue perfectamente el ritmo de los concheros.

LUPITA Es que los bailadores practicaron diariamente varias semanas antes de la celebración de Nuestra Señora de Guadalupe.

TIBERIO Mira, Lupita. Directamente detrás de Bernardo está Mariana. ¡Está verdaderamente bella! Ve cómo me mira, ¡cariñosa e inolvidablemente!

1. Según Lupita, ¿qué es interesante?   2. ¿Cómo baila Bernardo?   3. ¿Qué hicieron los bailadores antes de la fiesta? ¿Cómo practicaron?   4. ¿Dónde está Mariana? ¿Cómo mira a Tiberio?

The fiesta of San Marcos in Aguascalientes. LUPITA: Do you see how Bernardo dances? It's very interesting that some people easily learn the traditional dances. TIBERIO: Yes, Bernardo dances wonderfully. He follows the rhythm of the **concheros** perfectly. LUPITA: The fact is that the dancers practiced daily several weeks before the celebration of Our Lady of Guadalupe. TIBERIO: Look, Lupita. Directly behind Bernardo is Mariana. She's really beautiful! See how she looks at me, warmly and unforgettably!

[1] A famous week-long fair starting April 25 each year in **Aguascalientes**, center of Mexico's wine industry. The fair features music, folklore, crafts, cockfights, bullfights, and gambling.

As a reprise for the subjunctive, have students write sentences with **Es probable que** and others with **Es cierto que** based on the characters and information in the dialog. Example: **Es probable que Tiberio quiera mucho a Mariana.**

A Adverbs modify verbs, adjectives, or other adverbs. Some adverbs you have learned are associated with place—**cerca, allá, aquí**—and others are associated with time—**siempre, todavía, ahora.**

Siempre celebramos el Día de la Independencia.
We always celebrate Independence Day.

Es muy temprano.
It's very early.

B Many adverbs are formed by adding **-mente** to an adjective—to its feminine form if its singular form changes to show gender.

alegre	**alegremente**	*happily*
celoso, celosa	**celosamente**	*jealously*
claro, clara	**claramente**	*clearly*
diario, diaria	**diariamente**	*daily*
especial	**especialmente**	*especially, specially*
fácil	**fácilmente**	*easily*
feliz	**felizmente**	*happily, fortunately*
grave	**gravemente**	*gravely*
horrible	**horriblemente**	*horribly*
lento, lenta	**lentamente**	*slowly*
práctico, práctica	**prácticamente**	*practically*
real	**realmente**	*really*
verdadero, verdadera	**verdaderamente**	*truly*

Some very common adverbs derive from adjectives you have not yet learned. In most of the following cases, you can guess the meaning of the adjective. Where you might have difficulty, the English equivalent is given.

absoluto	directo	preciso
completo	entusiástico	rápido
correcto	general	regular
cuidadoso *careful*	impaciente	sensacional
cortés *courteous*	inmediato	terrible
		total

C An adverb modifying a verb usually follows it directly or is placed as close to it as possible.

Vamos directamente a la procesión.
We are going directly to the procession.

Cuando Luis habla, habla lentamente.
When Luis speaks, he speaks slowly.

Las fiestas y las celebraciones

D An adverb modifying an adjective usually precedes it.

Hay unos deportes verdaderamente caros. There are some truly expensive sports.

E In some respects, -**mente** behaves like an independent word. The base adjective retains its usual stress (and written accent, if any) as if -**mente** had not been added; -**mente** itself receives a separate, secondary stress. Also, when two or more adverbs ending in -**mente** occur in a series, -**mente** is added only to the final one.

El jefe habló lenta y claramente. The boss spoke slowly and clearly.
Celebraron alegre y entusiásticamente. They celebrated happily and enthusiastically.

USING A BILINGUAL DICTIONARY

A bilingual dictionary can be a tremendous aid to students studying a second language. Used incorrectly, however, it can cause frustration and misunderstandings. Here are some guidelines for using a new Spanish and English dictionary.

1. When you get a new dictionary, take time to familiarize yourself with its format and parts. Pay particular attention to the lists of abbreviations and symbols and the section of model verbs. If you understand the dictionary's format, you will be able to select Spanish words more accurately.

2. After you look up a Spanish equivalent for an English word, doublecheck your choice by looking up the Spanish word in the other half of the dictionary and read its definition in English. You may find the word you chose is not an equivalent at all in the context for which you need it.

3. Remember that Spanish verbs are listed in the infinitive form. You will need to conjugate them properly to fit in your sentence.

4. Adjectives are given in the masculine singular form. Be sure to make them agree in gender and number with the nouns they modify.

5. Verb tenses in Spanish are usually expressed by verb endings, not by auxiliary or helping words. Thus, the proper equivalent of English words like *do, did, will, won't,* etc. is often the ending of the main verb, not a separate word you can find in a dictionary. For example, *Yes, he did study.* = **Sí, estudió.** *Do you sing?* = **¿Cantas?**

6. Think about how the word you are looking up is to be used in the sentence. What part of speech is required? In English, a single word often serves as two different parts of speech—the word *thought,* for example, may be a noun (= **el pensamiento**) or a verb (= a preterit or imperfect form of **pensar**). To pick the right equivalent, you have to know how the word will be used.

7. Many English words and phrases do not have exact word-for-word translations in Spanish. Slang and familiar expressions are especially difficult to translate from one language to another. It is usually better to paraphrase the idea of the expression than to give a literal equivalent for each of its words.

8. A final word of caution: Don't reach for the dictionary automatically. If you are stumped by a word in a reading passage, try to guess its meaning from the context. If you are writing a composition, try to paraphrase the idea you want to express.

EJERCICIOS

A La transformación. Convierta los adjetivos en adverbios.

MODELO   verdadero → **verdaderamente**

1. total
2. rápido
3. absoluto
4. general
5. preciso
6. directo
7. amable
8. posible
9. completo
10. estupendo
11. lento
12. exacto

B La tómbola. Combine las palabras para formar oraciones. Haga los cambios necesarios.

Él habla	estupendo		el tango
	alegre		a la fiesta
	rápido		al teatro
Ellos van	fácil		a casa
	lento		su aniversario
	directo	-mente	el español
Nosotros celebramos	general		a la escuela
	amable		a su jefe
	entusiástico		la fiesta
Ella baila	diario		al mercado
			el inglés
			a los niños
			el rock

C Estamos prácticamente listos. Tome el papel de don Antonio. Hable con Papo de la celebración de Nuestra Señora de Guadalupe.

MODELO   Es necesario que practiques. (diario) → **Es necesario que practiques diariamente.**

1. Toma, hijo. Este traje es para ti. (especial)
2. Quiero que te lo pongas. (cuidadoso)
3. Aprendiste el baile. (fácil)
4. Ojalá que bailes. (estupendo)
5. Es importante que salgamos. (inmediato)
6. ¿Por qué hay cuatro concheros? (sólo)
7. Hay cuatro porque don Lázaro está enfermo. (grave)
8. La gente va al zócalo. (directo)
9. Los espectadores esperan. (impaciente)
10. Todo el mundo grita. (loco)

D ¡Los matamos! Tome el papel de un boxeador de Oaxaca. El equipo de Oaxaca ganó el torneo que hubo en Querétaro una semana antes de Pascua Florida. Conteste las preguntas que le hace un periodista.

MODELO   ¿Cómo se prepararon? (cuidadoso) → **Pues, nos preparamos cuidadosamente.**

1. ¿Cuándo practicaron? (diario)
2. ¿Cómo llegaron a Querétaro? (entusiástico)
3. ¿Cómo pelearon ustedes? (sensacional)
4. ¿Cómo pelearon ellos? (horrible)
5. ¿Cómo ganaron ustedes? (fácil)
6. ¿Cómo volvieron a casa? (alegre)

If this topic seems to interest students, use this exercise as a catalyst for a mini-conversation or discussion about **el boxeo** *el box.*

Las fiestas y las celebraciones

La niña trata de romper la piñata, llena de dulces, frutas y monedas.

• CUESTIONARIO

1. ¿Habla usted correctamente el español? 2. ¿Qué hace usted generalmente por la noche? 3. ¿Qué deportes practica usted regularmente? 4. ¿Sabe usted nadar? ¿Nada usted lenta o rápidamente? 5. ¿Qué día feriado le gusta especialmente a usted? 6. En la clase, ¿habla el profesor o la profesora totalmente en español? 7. ¿Qué hace usted inmediatamente después de esta clase? 8. ¿Es terriblemente difícil aprender a hablar español?

• Las Posadas •

Point out that while not all Hispanics participate in rituals as elaborate as the one described here, in general their perspectives on Christmas are less commercialized than those in the U.S.

Se reúnen unos amigos en casa de doña Dorotea. Ella y su esposo son padrinos para la celebración de las Posadas[1] en el barrio de San Bartolo Coyotepec[2], estado de Oaxaca.

DON TOÑO	¡Felicidades, padrinos!
DOÑA DOROTEA	Entren, todos. Están en su casa[3].
DOÑA CELIA	Gracias, doña Dorotea. ¡Ay, qué bonitas están las luces! Vengan, niños, quiero que vean el nacimiento[4].
DON TOÑO	¿Dónde está Lupita? Espero que llegue pronto. Ella trae algo para los niños.
DOÑA CELIA	Es raro que ella todavía no esté aquí. Siempre llega temprano a las fiestas.
DOÑA DOROTEA	Pues, no estamos absolutamente seguros de que Lupita venga a la fiesta. Es necesario que ella y Otón salgan mañana temprano para Puebla.
DON TOÑO	¿Por qué? ¿Hay algún problema?
DOÑA DOROTEA	La tía de Otón está gravemente enferma. Así que es importante que vayan a verla inmediatamente.

---

el padrino *godfather*   **los padrinos** *godparents*

DOÑA CELIA	¡Qué lástima que Lupita no pase la Noche Vieja[5] con nosotros! Y la pobre tía de Otón, siempre es triste que alguien esté enfermo para esta época tan alegre.

* * *

DOÑA DOROTEA	¡Lupita!
LUPITA	Perdonen que llegue tan tarde. Tuve que ir a casa de doña Irene. Ella les preparó la piñata[6] a los niños. ¿Qué les parece?
EVITA	¡Ay, tía! ¡Es una belleza!
LUPITA	Me alegro que les guste.
DON TOÑO	Ah, oigo alguna música. Es posible que por allá lleguen los peregrinos. Escuchen.

Dos hombres empiezan a cantar.

SAN JOSÉ	En nombre del cielo, danos posada. Ábrele la puerta a mi esposa amada.
EL DUEÑO	Aquí no hay mesón. Sigan adelante. Ya no me hables más, ¡ladrón o tunante[7]!
DOÑA DOROTEA	¡Bienvenidos, peregrinos! Les invitamos a tomar y a comer antojitos[8].
PEREGRINO	Gracias, doña Dorotea. ¡Cómo me alegro que usted sea madrina de las Posadas[9]. ¿Es verdad que usted es la mejor cocinera de Oaxaca?

---

la época *epoch; time, age* **la belleza** *beauty* **el peregrino** *pilgrim* **el cielo** *heaven; sky* **la posada** *lodging* **el mesón** *inn* **adelante** *forward; ahead* **el, la tunante** *rogue* **la madrina** *godmother*

Notas culturales

1. The **Posadas** (literally *the inns*) are Christmas celebrations in Mexico commemorating the search of Joseph and Mary for lodging during their journey to Bethlehem. The festivities are held on nine consecutive nights, beginning on December 16 and ending on Christmas Eve. Nine families usually participate, with each family sponsoring one evening. The celebration begins around eight o'clock with prayers and songs; then the company divides into two groups, one group acting as Joseph and Mary seeking lodging on the journey to Bethlehem, the other acting as the innkeepers. The groups converse in song. At the end of each evening the identity of those seeking shelter is revealed, they are admitted to the "inn," and there is much celebrating. For the first eight nights there are fruits, nuts, candies, and punch; on Christmas Eve the host family for that year provides a large dinner after midnight mass.

2. A village near Oaxaca famous for its burnished black pottery.

3. This is the traditional greeting by which a host in the Hispanic world welcomes a guest into his or her home. It means *You are in your own house.*

4. In the house of the host family is a **nacimiento,** or nativity scene, with the manger, the landscape of Bethlehem with traditional pine boughs, the star of the East, the animals, and, of course, statues of Mary and Joseph. Every **nacimiento** has nine levels or steps. Each night of the **Posadas** the statues are moved up one level. Thus, the holy family symbolically arrives at the manger at the same time the community celebrates Christmas Eve.

5. New Year's Eve, once a solemn feast of thanksgiving, is now usually an evening of partying as in the U.S.

6. A **piñata** for the children is part of every night of the **Posadas.** The **piñata** is a brightly colored figure made of tissue paper, usually in the shape of an animal or toy, that covers a clay or cardboard container full of fruits, candies, and coins. The children take turns at being blindfolded and trying to break the **piñata** with a bat. When it is finally broken, the contents spill out and all the children leap upon them happily. **Piñatas** are also used for children's birthday parties in many Hispanic countries.

7. *In the name of Heaven,*   *There is no inn here.*
   Give us shelter.   *Continue (on your search).*
   Open the door   *Speak to me no further,*
   to my beloved wife.   *thief or rogue.*

8. Antojitos mexicanos are party snacks.

9. On Christmas Eve, the figurine of the child Jesus is rocked to sleep, and **padrinos** are chosen from among the guests. They will be the host family of the next year's **Posadas.**

PREGUNTAS

1. ¿Para qué se han reunido varios amigos?   2. ¿Qué quiere doña Celia que vean los niños?   3. ¿Llega Lupita temprano a la fiesta? ¿Es natural que Lupita no venga temprano?   4. ¿Por qué es necesario que vayan Lupita y Otón a Puebla? 5. ¿Va a pasar Lupita la Noche Vieja con sus amigos? ¿Dónde va a estar ella? 6. Según Lupita, ¿por qué llegó tarde a la fiesta?   7. ¿Quién les preparó la piñata a los niños? ¿Les gusta? ¿Cómo lo sabe usted?   8. ¿Cómo saben los amigos que se acercan los peregrinos?   9. ¿A qué invita doña Dorotea a los peregrinos? 10. ¿Cree usted que alguien le había hablado al peregrino de la cocina de doña Dorotea?

· Actividades ·

Entrevista.   Hágale preguntas a un socio acerca de los días feriados.

1. ¿Cómo celebras la Noche Vieja?
2. ¿Te gusta recibir regalos? ¿Te gusta darlos?
3. ¿Qué haces el Día de la Independencia?
4. ¿Cómo celebras el Día del Trabajo? ¿Tu cumpleaños?
5. ¿Cuál es tu día feriado favorito? ¿Por qué?
6. En los países hispanos hay más días feriados que en los Estados Unidos. Hay celebraciones como el Día de los Maestros y el Día de los Carteros *(mail carriers).* ¿Debemos tener más días feriados en este país? ¿Menos? ¿Por qué?

Situación. Divídanse de dos en dos. Un estudiante está aquí de visita de otro país. Él o ella quiere saber las fechas más importantes de este país y cómo las celebramos. El segundo estudiante debe decir los días feriados más importantes y cómo los celebramos.

¿Qué celebración es? Divídanse en grupos de cuatro. Una persona debe pensar en un día feriado—el Día de los Muertos, el Día de la Raza, etc.—y los otros le hacen preguntas hasta saber qué fecha es. Luego los estudiantes deben explicar uno por uno lo que hacen ese día feriado. Tal vez los ayuden las preguntas que siguen.

1. ¿Es una celebración del invierno o del verano?
2. ¿Es el cumpleaños de alguien?
3. ¿Nos damos regalos o mandamos tarjetas ese día?
4. ¿Celebran ese día feriado en otros países también?
5. ¿Comemos mucho ese día?
6. ¿Nos ponemos ropa especial para celebrar ese día?
7. ¿Es una fecha o un día fijo, como el 1° de enero, por ejemplo?

Vocabulario activo

Cognados

absolutamente	directamente	extraordinario	obvio	rápido	sensacionalmente
absoluto	directo	gravemente	perfectamente	realmente	terriblemente
el aniversario	elegante	horriblemente	posible	recomendar (ie)	total
completo	entusiasticamente	impaciente	preciso	regular	totalmente
correctamente	entusiástico	imposible	probable	regularmente	tradicional
correcto	especialmente	inmediato	la procesión	el ritmo	la virgen
el diamante	evidente	observar	prohibir (í)	sensacional	

Sustantivos

la advertencia	notice; warning; advice
el anillo	ring
el azucarero	sugar manufacturer
la belleza	beauty
la calavera	skull
la canoa	canoe
el cementerio	cemetery
el cempoalzúchil	marigold (Mexico)
el cielo	heaven; sky
el cocinero, la cocinera	cook
la duda	doubt
el enamorado, la enamorada	person in love
la época	epoch, age; time
el grito	shout, cry
el mesón	inn
el oro	gold
el pato	duck
el petróleo	oil, gasoline
la prueba	proof; test
el, la tunante	rogue; crook

Verbos

acercarse (qu) (a)	to approach, to come near (to)
aprobar (ue)	to approve
cazar (c)	to hunt
disparar	to shoot; to throw
dudar	to doubt
escoger (j)	to choose
exigir (j)	to require, to demand

Las fiestas y las celebraciones

fumar	to smoke	las bodas de plata (oro, diamante)	silver (gold, diamond) wedding aniversary	la posada	home; lodging, shelter; inn
gritar	to shout, to cry			las Posadas (Mexico)	Christmas festivity lasting 9 days
impacientarse (por)	to become or get impatient (about)	el conchero	type of Mexican musician	el sacerdote	priest
impedir (i)	to prevent	el Día de Acción de Gracias (U.S.)	Thanksgiving Day	el santo	day of the saint for whom one is named
mandar	to command, to order			la tarjeta	card; postcard
negar (ie)	to deny	el Día de los Enamorados (U.S.)	Valentine's Day	la torta	cake
reunirse	to meet				
rogar (ue)	to beg, to pray	el Día de las Madres	Mother's Day		
sorprender	to surprise				
temer	to fear; to be afraid	el Día de los Muertos (Mexico)	Day of the Dead		

· Adverbios

		el Día del Petróleo (Mexico)	Oil Industry Day	· Otras palabras y expresiones	
adelante	ahead; forward	la Fiesta del Grito de Dolores	Mexican holiday	amado	beloved
alegremente	happily			cariñoso	affectionate, loving
celosamente	jealously			cortés	courteous
claramente	clearly	el levantamuertos (Mexico)	a kind of strong drink	cuidadoso	careful
cuidadosamente	carefully			dar a (+ place)	to face, look out on
diariamente	daily	la madrina	godmother	dudoso	doubtful
estupendamente	wonderfully	el nacimiento	birth; Nativity scene	duro	hard
fácilmente	easily			e	and (replaces y before words beginning i- or hi-)
felizmente	happily, fortunately	la Noche Vieja	New Year's Eve		
inolvidablemente	unforgettably	el padrino	godfather		
jamás	never, ever	los padrinos	godparents	Está(n) en su casa.	Make yourself (yourselves) at home.
lentamente	slowly	el pan de muertos (Mexico)	a kind of bread eaten on the Day of the Dead		
verdaderamente	really, truly			fijo	fixed; firm
				hacer el ridículo	to make a spectacle of oneself

· Las fiestas y las celebraciones

		el peregrino, la peregrina	pilgrim	nadie	nobody; no one, not anyone
el antojito	partysnack (Mexico)	la piñata	suspended crock or balloon filled with candy	o . . . o	either . . . or
el bizcocho	cookie			siquiera	even; although
la boda	wedding			ni siquiera	not even
las bodas	wedding celebration			sorprendente	surprising
				travieso	mischievous

394 Capítulo catorce

Lectura VII

Las fiestas

Representación de la Conquista, en Guatemala.

A los hispanos les gustan las fiestas y los espectáculos°. En cada comunidad se celebran, anualmente°, varias fiestas. En el pueblo de Guatemala que vemos en la foto, los indios, vestidos de conquistadores° españoles o de jefes indígenas, participan en una representación° de la conquista. La fiesta es una ocasión muy especial para que los habitantes de las regiones pobres y remotas olviden° su vida cotidiana°.

En España y en ciertos países de Hispanoamérica, una parte importante de muchas fiestas es la corrida de toros. Generalmente los extranjeros la consideran un deporte, pero para el hispano es un espectáculo o un rito° que tiene valor técnico, estético y espiritual. Simboliza el drama íntimo y personal de todo ser° humano al enfrentarse° con la muerte.

La corrida empieza con el desfile° de los toreros. Hay tres clases de toreros: los picadores, los banderilleros y los matadores, y cada uno tiene un papel distinto. Durante la corrida los toreros tratan de descubrir los puntos fuertes y débiles del toro por medio de una serie de movimientos tradicionales y exactos. Pero el toro también sabe defenderse. Así, para que la corrida sea buena, es necesario que sea un duelo°, tanto intelectual como físico, entre el hombre y el animal.

La mayoría de la gente hispana es católica y, por lo tanto, celebra con

spectacles
annually
conquerors
performance

forget / daily

rite

being / **al . . . on facing up to**
parade

duel

Una corrida de toros en Madrid.

mucho entusiasmo las fiestas católicas. Cada pueblo o ciudad tiene su santo patrón y cada año hay una fiesta para honrar su día. También cada persona tiene, generalmente, una fecha en que celebra el día del santo cuyo nombre lleva. Por ejemplo, el santo de José es el 19 de marzo, día de San José.

Una de las festividades religiosas más conocidas es la celebración de la Semana Santa en Sevilla. La semana anterior al domingo de Pascua Florida, toda la ciudad se transforma. Adornan las casas con mantos° violetas, estatuas y flores. Los niños se visten de ángeles o de Jesús, y muchos adultos se visten como penitentes. Hay procesiones lentas y silenciosas de enormes "pasos" (plataformas decoradas con estatuas que representan escenas religiosas) que a veces pesan° más de 3.000 kilos. Estos "pasos" no están montados en automóviles: son cargados° por los hombres de Sevilla, vestidos de penitentes. Luego, el tono pasa de la tristeza° a la alegría° cuando, una semana después de la Pascua, tiene lugar° una gran feria con bailes, carreras de caballos, corridas de toros, música y fuegos artificiales°.

En las fiestas religiosas de los pueblos pequeños y remotos de la América hispana se encuentra, muchas veces, una mezcla curiosa de cristianismo y paganismo. En algunas partes del Perú y de Bolivia, la gente honra° simultáneamente a la Virgen María y a la Pachamama, Madre-Tierra de la religión indígena. Los indios bolivianos de la foto son del pueblo de Oruro, famoso por su "Fiesta de la Diablada". Llevan máscaras° que representan, al mismo° tiempo, a los antiguos demonios° de los Andes y a los diablos° cristianos. La diablada es un baile que simboliza la eterna lucha entre el bien° y el mal°. Al final, hombres vestidos de ángeles matan a los diablos, y la ceremonia termina con un servicio religioso.

mantle

weigh
carried
sadness / happiness / **tiene ...** *takes place*
fuegos . . . *fireworks*

honor

masks / same
demons / devils
good / evil

Lectura VII

Una procesión religiosa de la Semana Santa en Sevilla.

Fiesta de la Diablada, Oruro, Bolivia.

PREGUNTAS

1. ¿Por qué es la fiesta una ocasión muy especial para los habitantes de las regiones pobres y remotas?
2. ¿Es un deporte la corrida de toros? ¿Qué simboliza?
3. ¿Qué hacen los toreros durante la corrida?
4. ¿Qué significa "el día del santo" para una persona hispana?
5. ¿Dónde celebran una Semana Santa famosa? ¿Qué hacen allí?
6. ¿Qué pasa en Sevilla una semana después de la Pascua?
7. ¿Cuál es la mezcla frecuente en las fiestas de ciertos países hispanos? ¿Qué ejemplo de esto puede dar usted?
8. Las celebraciones en el mundo hispano varían de país en país y de pueblo en pueblo. ¿Es igual en los Estados Unidos? ¿Cuáles son unos días feriados celebrados en algunas regiones pero no en otras?

Las fiestas

CAPÍTULO QUINCE

LOS SENTIMIENTOS Y LAS EMOCIONES

Vocabulario. In this chapter you will talk about feelings and emotions.

Gramática. You will discuss and use:
1. The subjunctive in dependent clauses that function as adjectives
2. The subjunctive after adverbial conjunctions like **antes que** *before* and **a menos que** *unless*
3. The subjunctive or indicative after **aunque** *although* or conjunctions of time like **cuando** *when*

Cultura. The dialogs take place in the Bolivian cities of La Paz, Sucre, Cochabamba, Oruro, and Santa Cruz de la Sierra.

¿Cómo se siente?
(¿Cómo está? ¿Cómo se pone?)

feliz
contento(a)
alegre
alegrarse

triste
deprimido(a)
llorar
deprimirse

enamorado(a)
cariñoso(a)
enamorarse (de)

asustado(a)
sorprendido(a)
asustarse
sorprenderse

Se porta bien.
Es de buen carácter.

Se porta mal.
Es de mal carácter.

furioso(a)
enojado(a)
enfadado(a)
fastidiado(a)
enojarse
enfadarse
fastidiarse
darle rabia

enfermo(a)
enfermarse

sonreírse (i)

reírse (i)
darle risa

orgulloso(a)
darle orgullo

aburrido(a)
aburrirse

avergonzado(a)
avergonzarse
darle vergüenza

---

asustado *scared*   **portarse** *to behave*   **reírse (de)** *to laugh (at)*   **darle risa a (alguien)** *to make (someone) laugh*
orgulloso *proud*   **avergonzarse** *to be ashamed*   **darle vergüenza a (alguien) to shame (someone)*

Los sentimientos y las emociones

Oraciones incompletas. Complete las oraciones que siguen con información apropiada.

MODELO   Cuando pierdo algo, yo . . . → **me enojo (me pongo furioso, triste, etc.).**

1. Cuando veo una película triste, . . .
2. Si alguien me cuenta un chiste (*joke*), yo . . .
3. Si un buen amigo me lleva a cenar, yo . . .
4. Después de cenar, si mi amigo no tiene dinero para la cuenta, él . . .
5. Cuando suben los precios, mi padre . . .
6. Cuando los niños pequeños ven un monstruo en la televisión, ellos . . .
7. Si no tomo mis vitaminas, yo . . .
8. Cuando yo salgo con otros chicos, mi novio (otras chicas, mi novia) . . .
9. Cuando no tengo nada interesante que hacer, yo . . .
10. Cuando gano un partido, yo . . .

Cull topics from these sentences and use them to stimulate inter-student conversations.

- **CUESTIONARIO**

1. ¿Cómo se pone la persona que tiene un mes de vacaciones?   2. ¿Cómo se siente una persona que dice o hace algo malo en público?   3. ¿Cómo se pone una persona cuando se muere su mejor amigo(a)?   4. ¿Cómo se siente usted cuando gana en un deporte o juego?   5. ¿Qué hacemos cuando escuchamos algo muy cómico?   6. Cuando esperamos a una persona por mucho tiempo, ¿cómo nos ponemos?   7. ¿Se enoja usted fácilmente? ¿Qué cosas le dan rabia?   8. ¿Cuándo llora usted?   9. ¿Cómo se pone usted antes de un examen?   10. ¿Siempre se porta bien usted? ¿Cuándo no se porta bien?   11. ¿Cuándo tiene vergüenza usted? ¿Qué cosas le dan vergüenza?   12. ¿Hay ciertas cosas que le asustan a usted? ¿Cuáles son?

Aural comprehension: Students correct erroneous statements: 1. Raquel y Simón están en un restaurante elegante. 2. El profesor ha perdido muchos recursos naturales. 3. A Simón le da vergüenza ser tan inocente. 4. Se necesita un gobierno que se preocupe por el presidente.

I. El subjuntivo en cláusulas adjetivales

- *En el refectorio de la Universidad Boliviana de San Simón, Cochabamba.*[1]

RAQUEL   ¿Sabes? El profesor decía hoy que no hay nadie que pueda recuperar los recursos naturales ya perdidos[2].

SIMÓN   Claro que no. Pero aparte del problema ése, lo más importante es tener un gobierno que se preocupe por el pueblo[3].

RAQUEL   Uy, Simón, ¡no seas tan inocente! Tenemos ahora un presidente que trata de mejorar la economía del país. No es tan fácil.

SIMÓN   No soy ningún inocente, Raquel. Es que me da vergüenza pensar en la pobreza que existe en Bolivia.

RAQUEL   Tiene que haber alguien de nuestra generación que tenga la fuerza para resolver los problemas de la patria. ¡Ya vamos a ver!

1. ¿De qué habló el profesor de Raquel? ¿Qué dijo él?   2. Según Simón, ¿qué necesita el país?   3. ¿Piensa Raquel que Bolivia tiene un buen líder? ¿Por qué?   4. ¿Cuál es la esperanza de Raquel?   5. ¿Cree usted que Simón es un inocente?

In the university refectory (dining hall) of the Universidad Boliviana de San Simón, Cochabamba. RAQUEL: You know? The teacher was saying today that there's no one who can recover the natural resources already wasted (lost). SIMÓN: Of course not. But aside from that problem, the most important (thing) is to have a government that worries about the people. RAQUEL: Oh, Simón, don't be so naive (innocent)! We have a president now who is trying to improve the country's economy. It's not so easy. SIMÓN: I'm no innocent (fool), Raquel. It's that I'm embarrassed (ashamed) to think about the poverty that exists in Bolivia. RAQUEL: There has to be someone from our generation who has the strength to solve the country's problems. We'll see!

---

[1] **Cochabamba** is one of Bolivia's largest cities; counting its suburbs, it has almost 500,000 inhabitants.

[2] Miners everywhere first look for gold and silver—**oro, plata**—and treat as waste other minerals, such as **estaño** *tin*, found with them. Bolivia's **altiplano** is an ocean of mountains, 640 km. wide at its widest point; and the history of the small nation revolves around a series of mining triumphs and tragedies.

[3] Bolivia has just under 6 million citizens, more than half of whom speak mainly or only Indian languages, especially **aymará** and **quechua**, the language of the **incas**. The country's political history is turbulent. In April, 1952, a serious social revolution resulted in nationalization of all tin mines—now the country's principal source of revenue—and a partial incorporation of the Indian population into the political life of the nation.

A A dependent clause that modifies a noun or pronoun is called an *adjective clause*.

| Cochabamba es una ciudad simpática. | *Cochambamba is a nice* (= adjective) *city.* |
| Cochabamba es una ciudad que es simpática. | *Cochabamba is a city that is nice* (= adjective clause). |

The noun or pronoun being described is called the *antecedent*. In the sentences above, the antecedent is **ciudad.** Pronouns that often appear as the antecedents of adjective clauses include **alguien** *someone*, **algo** *something*, and **alguno** *some, somebody*.

B The verb in an adjective clause may be indicative or subjunctive, depending on whether the antecedent is definitely known to exist.

1. Antecedent definitely exists and is known: *indicative*.

| El alcalde es un médico que sabe aymará. | *The mayor is a doctor who knows Aymará.* |
| La pobreza es algo que lo asusta. | *Poverty is something that scares him.* |

2. Antecedent unknown, indefinite, uncertain, or nonexistent: *subjunctive*.

| Necesitan un camarero que sepa aymará. | *They need a waiter who knows Aymará.* |
| No hay nada que lo asuste. | *There isn't anything that scares him.* |

Los sentimientos y las emociones

Study the contrasts in the following examples.

¿Hay alguien aquí que comprenda el idioma de los aymarás?	Is there anybody here who understand the language of the Aymarás?
Sí, hay alguien aquí que lo comprende.	Yes, there's someone here who understands it.
No, no hay nadie aquí que lo comprenda.	No, there's nobody here who understands it.

C The personal **a** is used before a direct object standing for a person when the speaker has someone definite in mind, but not when the person is indefinite or unspecified. (However, when the pronouns **alguien, nadie,** and **alguno,** and **ninguno** are used as direct objects referring to a person, the personal **a** is nearly always used, whether the person is known or not.)

El gobierno busca un ingeniero que sea experto.	The government is looking for an engineer who is an expert.
El gobierno le paga a un ingeniero que es experto.	The government is paying an engineer who is an expert.
Necesitamos a alguien que sepa recuperar los recursos naturales.	We need someone who knows how to recover natural resources.
Encontramos a alguien que sabe recuperar los recursos naturales.	We found somebody who knows how to recover natural resources.

Point out that in spoken Spanish the **a** would not be heard before **alguien**.

EJERCICIOS

A La sustitución

1. Necesitamos una persona que sepa inglés. (querer ayudarnos, comprendernos, enseñarnos español)
2. Busco una secretaria que sea excelente. (saber traducir, escribir bien, conocer esta computadora)
3. Parece que no hay nadie aquí que hable quechua. (ser de Cochabamba, tener pesos, llamarse Simón)

B El candidato ideal. El gobierno boliviano busca a alguien que se encargue de la exploración de una mina de estaño. ¿Cuál es la descripción del candidato ideal?

MODELO es de buen carácter → **Buscamos a alguien que sea de buen carácter.**

1. sabe hablar aymará
2. conoce las culturas indias
3. lee mucho
4. trabaja de una manera admirable
5. pasa mucho tiempo en la mina
6. nunca se enoja con nadie
7. puede trabajar largas horas
8. quiere recuperar los recursos naturales
9. se lleva bien con los trabajadores
10. es ingeniero

C ¿Por qué se mudan? Los señores Roque piensan mudarse a Cochabamba. Complete las oraciones para saber por qué.

MODELO (gustar) Vivimos en un barrio que no nos **gusta** mucho.
Buscamos un barrio que nos **guste** mucho.

1. (ser) Tenemos una casa que ____ muy pequeña.
Necesitamos una casa que ____ más grande.
2. (estar) Los niños quieren jugar en un parque que ____ cerca de casa.
Ahora juegan en un parque que ____ muy lejos.
3. (haber) Vivimos en un pueblo donde no ____ universidad.
Buscamos una ciudad donde ____ universidad.
4. (interesar) En Cochabamba hay mucha gente que nos ____.
Aquí no hay nadie que nos ____.
5. (enseñar) Mi hija asiste a una escuela donde no ____ música.
Quiere asistir a una escuela donde ____ música.

D ¿No hay nadie que piense igual? Use las palabras que están entre paréntesis para dar los comentarios de Andrés, un joven boliviano que visita la ciudad de La Paz[4].

MODELO Quiero asistir a la conferencia que empieza a las diez. (una conferencia / más tarde) → **Pues yo quiero asistir a una conferencia que empiece más tarde.**

1. Queremos visitar las ruinas que son de la época colonial. (unas ruinas / época prehistórica)
2. Necesito encontrar al señor que habla quechua. (una persona / español)
3. La compañía busca a los jóvenes que quieren trabajar aquí. (unos jóvenes / en las minas)
4. Vamos a la cafetería donde sirven buenas empanadas. (un restaurante)
5. Aquí hay alguien que sabe cuál es la capital de Bolivia. (no hay nadie / el Perú)
6. Alfredo va a quedarse en el hotel que está cerca de la Plaza Murillo. (buscar / un hotel / lejos del centro)
7. Quiero comprarle a Sonia los zapatos que le gustan. (un suéter)
8. Constancia y Alfredo van a leer el libro que describe la civilización quechua. (querer leer / un libro / civilización aymará)

E Para completar. Complete las oraciones.

MODELO Quiero comprar un disco boliviano que . . . → **Quiero comprar un disco boliviano que tenga canciones indígenas.**

1. Necesito una amiga que . . .
2. Tengo un libro que . . .
3. En Bolivia hay gente que . . .
4. En esta clase no hay nadie que . . .
5. Conozco a un señor que . . .
6. No hay político que . . .
7. Buscamos un restaurante donde . . .
8. ¿Dónde está esa secretaria que . . . ?
9. En esta ciudad yo he visto casas que . . .
10. Algún día voy a tener un coche que . . .

---

[4] **La Paz**, with a population of 745,000, is the chief city of Bolivia and the seat of the national government, though **Sucre** is the legal national capital. Lake **Titicaca**, the world's highest great lake (altitude, 3700 meters; surface, 7800 square kilometers), is an hour's drive away.

F **Su opinión personal.** Complete las oraciones con su opinión personal.

1. Yo quiero casarme con un hombre (con una mujer) que . . .
2. Yo quiero comprar una casa que . . .
3. Yo quiero comprar un auto que . . .
4. Yo quiero trabajar en un lugar que . . .
5. Yo quiero votar por un presidente que . . .
6. Yo quiero comer en un restaurante que . . .
7. Yo quiero ir al teatro con alguien que . . .
8. Yo quiero escuchar unos discos que . . .
9. Yo quiero leer un libro que . . .
10. Yo quiero vivir en una ciudad donde . . .

You might ask students to develop one or more of these topics for a written assignment, using as many subjunctive forms as possible.

CUESTIONARIO

1. ¿Conoce usted a alguien que tenga más de cien años?   2. ¿Hay alguien en esta clase que sepa hablar portugués?   3. ¿Hay alguien aquí que sea de Bolivia?   4. ¿Tiene usted amigos que vivan en el campo?   5. ¿Es usted amigo(a) de alguien que sea muy importante?   6. ¿Conoce usted a alguien que cante bien?   7. ¿Tiene usted algo interesante que yo pueda leer?   8. ¿Conoce usted un buen restaurante donde sirvan comida italiana?   9. ¿Qué clase de casa quiere tener usted algún día?   10. ¿Qué clase de chico(a) quiere usted conocer?

WRITING SPANISH

Writing is one of the most challenging language skills to acquire. It is not simply speech written on paper. The style, tone, and purpose of writing are usually quite different from those of speech. Famous authors have advised that the best way to learn to write is to read as much as possible. But you also must practice writing in order to become competent.

The writing exercises in your workbook will help you acquire the mechanics of writing—spelling, agreement, word order, etc.—but you will need to practice original composition as well. At the outset, resist any temptation to write elaborate compositions on complex topics. Try instead to incorporate words and phrases that you have studied into simple, coherent compositions. Begin with paragraph-length pieces of writing. The sentences need not be short and choppy—it is easy to connect two short sentences with **y, o, pero, por ejemplo,** or another connecting word or phrase. If you have to use your bilingual dictionary, be sure to observe the cautions discussed in chapter 14.

If you would like to try a bit of creative writing, *cinquain* poetry is fun and easy. *Cinquains* are five-line poems that follow a formula.[1] Here is the formula and a sample poem written by a beginning student of Spanish. ¡Buena suerte!

Formula	*A cinquain*
1. State the subject. (one word)	Primavera
2. Describe the subject. (two words)	templada, verde.
3. Tell what the subject does. (three words)	Me pone contenta.
4. Express an emotion about the subject. (four words)	Siempre amo sus colores.
5. State the subject again, using a different word. (one word)	Frescura.

—Allison Baugh

[1] See Edward D. Allen and Rebecca M. Valette, *Classroom Techniques: Foreign Languages and English as a Second Language.* New York: Harcourt Brace Jovanovich, 1977.

En Sucre, la cultura india y la arquitectura colonial española se unen bien.

Aural comprehension: Posible/probable o Imposible/Improbable: 1. Virgina generalmenta toma aspirina para que se le quite el dolor de cabeza. 2. Van a la clínica para que la gente se deprima. 3. La gente de la clínica cree que Perla es egoísta. 4. El tío Teodoro es un médico de la clínica.

II. El subjuntivo y las conjunciones adverbiales

• *Dos hermanas en su apartamento en la Calle Calvo, Sucre*[1].

PERLA   A menos que se me quite este dolor de cabeza, no voy a poder ir contigo a la clínica.

VIRGINIA   Bueno, antes de que decidas definitivamente, tómate dos aspirinas.

PERLA   Sabes, Virginia, sólo voy a la clínica para que el tío Teodoro se sienta feliz. La verdad es que me deprime ver a la gente enferma.

VIRGINIA   Sin que te ofendas, chica, no hay nadie a quien le guste ver el sufrimiento.

PERLA   Sí, sí, lo sé. Es que a veces soy egoísta. Vámonos antes que terminen las horas de visita.

1. Según lo que dice Perla primero, ¿por qué no quiere ir a la clínica?   2. ¿Qué le dice Virginia a Perla?   3. ¿Le gusta a Perla ir a la clínica? ¿Por qué va?   4. Y a Virginia, ¿ le gusta ir a la clínica? ¿Qué dice ella?   5. ¿Cree usted que Perla es egoísta? ¿A usted le gusta visitar amigos y parientes que están en el hospital? ¿Cómo se siente usted cuando ve a alguien que está enfermo?

Two sisters in their apartment on Calle Calvo, Sucre. PERLA: Unless this headache goes away, I'm not going to be able to go with you to the clinic. VIRGINIA: Well, before you decide definitely, take two aspirin. PERLA: You know, Virginia, I go to the clinic only so that Uncle Teodoro will feel happy. The truth is that it depresses me to see sick people. VIRGINIA: Without offending you, **chica**, there's no one who likes to see suffering. PERLA Yes, yes, I know. It's that I'm selfish at times (sometimes). Let's go before visiting hours are over (end).

---

[1]**Sucre**, named in honor of Marshall **Antonio José de Sucre**, chief lieutenant to the Liberator Simón Bolívar and first president of Bolivia, is an agricultural center located at the moderate—for Bolivia—altitude of 2600 meters on the eastern slope of the Andes. Indian costumes predominate in its streets, many of which are lined with fine colonial buildings.

Los sentimientos y las emociones

A Adverbs describe the conditions under which actions take place. They often answer the question *why, when, where, how,* or *how much.* Dependent clauses that function as simple adverbs are called adverbial clauses.

(When?) *He's leaving* now (= adverb).
(Why?) *He's going to Sucre* so that Ana will be happy (= adverbial clause).
(How?) *He's going* provided that we buy the ticket (= adverbial clause).

B Here are six adverbial conjunctions that are always followed by the subjunctive, since they introduce actions or conditions which may or may not happen.

a menos que	*unless*	**en caso (de) que**	*in case*
antes (de) que	*before*	**para que**	*so that*
con tal que	*provided that*	**sin que**	*without*

Be aware that students subsequently understand the *use* of these adverbial conjunctions with the subjunctive, but sometimes forget their individual *meanings*.

No voy a Sucre a menos que me sienta mejor.	*I'm not going to Sucre unless I feel better.*
Los estudiantes van a hacer una manifestación para que el gobierno sepa que están enojados.	*The students are going to stage a demonstration so that the government will know they're angry.*
Sin que el sindicato esté de acuerdo, los hombres no hacen huelga.	*Without the union being in agreement, the men don't go on strike.*
Es importante tratarlos bien a los turistas para que vuelvan.	*It's important to treat tourists well so that they'll come back.*
Antes de que Bolivia pueda ser un país unido, necesitan mejorar el sistema de transporte.	*Before Bolivia can be a united country, they need to improve the transportaiton system.*

C A preposition plus infinitive is used instead of an adverbial clause if there is no change of subjects.

1. Change of subjects: *adverbial clause*.

Vamos a viajar a Potosí sin que lo sepan nuestros padres.	*Let's travel to Potosí without our parents' knowing.*
Elena viene para que los niños no se queden solos.	*Elena's coming so that the children won't be alone.*
Te voy a servir una buena comida típica antes que te vayas.	*I'm going to serve you a good Bolivian (typical) meal before you leave.*

2. No change of subjects: *preposition plus infinitive*.

Vamos a viajar a Potosí sin decírselo a nuestros padres.	*Let's travel to Potosí without telling our parents.*
Elena viene para jugar con los niños.	*Elena's coming to play with the children.*
Voy a preparar la comida antes de salir para la mina.	*I'm going to make dinner before leaving for the mine.*

EJERCICIOS

A La sustitución

MODELO Estamos aquí para que tú aprendas. (decirnos la verdad) → **Estamos aquí para que tú nos digas la verdad.**

1. Vamos a salir antes que lleguen ellos. (despertarse los niños, venir Marcos, empezar a llover, irse el vecino)
2. Con tal que tenga dinero, Juan se va a Bolivia. (no haber problemas, ir María, no hacer mal tiempo, comprar el pasaje)
3. No pueden casarse a menos que tengan apartamento. (terminar los estudios para ingeniero, encontrar trabajo, tener dieciocho años, enamorarse)

Additional completions for oral presentation: 1. Debemos escaparnos sin que . . . 2. Quiero comprarte ropa nueva para que . . . 3. Pon (Prende, Enciende) la luz para que . . . 4. Hay que llevarlo a la clínica antes que . . .

B Para completar.   Complete las oraciones.

1. Santos se casa en junio a menos que . . .
2. El gobierno nos da dinero para que nosotros . . .
3. Sea bueno para que los otros . . .
4. Usted debe llevar un impermeable y paraguas en caso de que . . .
5. Con tal que tú . . . , hago el viaje contigo.
6. Para que su familia . . . , el pobre hombre trabaja mucho.

C ¿Bajo qué condiciones?   Conteste las preguntas que siguen con una expresión como **a menos que, con tal que, sin que, para que, en caso de que.**

MODELO ¿Va a casarse algún día? → **Con tal que me enamore, me voy a casar.**

1. ¿Va a haber una guerra algún día?
2. ¿Bajo qué condiciones va usted a recibir un diploma?
3. ¿Va usted a viajar el verano que viene?
4. ¿Siempre viene usted a clase?
5. ¿Por qué hay elecciones en este país?

D La traducción

Translation exercises such as this one are important where there is divergence of English and Spanish constructions. Since students often learn from each other in groups, have them work together in class and then provide them with instant feedback.

1. Without their coming, I can't do the work.
2. She wants to marry Carlos, provided he loves her.
3. Unless we have friends, we really don't have anything.
4. My father gives me money so that I can study.
5. Before you leave, I want to tell you something.
6. In case he calls, tell him I want to go.

• CUESTIONARIO

1. ¿Qué quiere hacer usted antes que termine el año?   2. Con tal que usted tenga dinero, ¿qué va a hacer usted en el verano?   3. ¿Qué va a pasar en este país a menos que cambiemos algunas cosas?   4. En caso de que usted no salga esta noche, ¿qué va a hacer?   5. ¿Le gusta esquiar sin que vayan sus amigos?   6. Para que los Estados Unidos progresen, ¿qué debemos hacer?

La Mina Siglo Veinte de Oruro, Bolivia, es la mayor mina de estaño del mundo.

Student adaptation of dialog: Divide class in groups (or sets of two groups) to prepara follow-up scene. One group prepares statements by Suárez, another by **el jefe**. Representatives of each group act out a confrontation.

III. El subjuntivo y el indicativo en expresiones conjuntivas

- *Frente a una mina de estaño en Oruro[1].*

SUÁREZ   Tan pronto como llegue el jefe, le vamos a decir que queremos un aumento de sueldo.
NUFLO   Y cuando él sepa que vamos a hacer huelga, es seguro que los grandes nos van a hacer caso.
SUÁREZ   El sindicato insiste también en que la compañía nos garantice condiciones más seguras.
NUFLO   Aunque el trabajo de minero es peligroso en sí, no seguimos hasta que haya inspección de las minas.
SUÁREZ   Cállense, no empujen, que por allá viene el grande. Después que hablemos de los problemas mayores, ¡vamos a celebrar nuestro triunfo!

1. ¿Qué van a hacer los empleados tan pronto como llegue el jefe?   2. ¿Qué van a pedir los empleados?   3. ¿Qué van a exigir los mineros?   4. ¿Cree usted que los empleados de la compañía van a recibir todo lo que piden? ¿Por qué?

In front of a tin mine in Oruro. SUÁREZ: As soon as the boss arrives, we're going to tell him that we want a raise. NUFLO: And when he finds out (knows) that we're going on strike, it's certain that the biggies are going to pay attention to us. SUÁREZ: The union also insists that the company guarantee us safer conditions. NUFLO: Although our work is dangerous in itself, we won't continue until there are inspections of the mines. SUÁREZ: Be quiet, don't push, here comes the big boss. After we talk about the major problems, let's celebrate our triumph!

---

[1]**Oruro**, situated high (3690 meters) on a cold, dry plateau 200 km. southeast of La Paz, is a tin-mining center with a population of about 100,000 people.

A **Aunque** *although* may be used to begin a dependent clause. The indicative follows it to report an action or condition as a fact. The speaker shifts the verb to the subjunctive, however, if the action or condition is only a hypothesis.

Aunque llovía, jugaron. *Although it was raining, they played.*

Aunque $\begin{cases} \text{llueve,} \\ \text{llueva,} \end{cases}$ juegan. *Although it $\begin{cases} \text{rains,} \\ \text{may rain,} \end{cases}$ they play.*

Aunque $\begin{cases} \text{somos} \\ \text{seamos} \end{cases}$ fuertes, perdemos. *Although we $\begin{cases} \text{are} \\ \text{may be} \end{cases}$ strong, we lose.*

B Either the indicative or the subjunctive may follow these conjunctions of time.

cuando *when*
después (de) que *after*
en cuanto *as soon as*
hasta que *until*

luego que *as soon as*
mientras (que) *while*
tan pronto como *as soon as*

The indicative is used to report an action or condition accepted as a fact—for example, something that has already happened. The speaker shifts to the subjunctive to mention actions that are in the future or felt to be hypothetical.

Ganamos cuando se cansaron. *We won when they got tired.*
Vamos a ganar cuando se cansen. *We're going to win when they get tired.*
Ganamos cuando $\begin{cases} \text{se cansan.} \\ \text{se cansen.} \end{cases}$ *We win when $\begin{cases} \text{they get tired (always).} \\ \text{they get tired (if they do).} \end{cases}$*

C The expressions **hasta que** and **después (de) que** combine prepositions with **que**. If there is no change of subject, the preposition is often used alone, followed by an infinitive.

Vamos a celebrar $\begin{cases} \text{después que juegan.} \\ \text{después de jugar.} \end{cases}$ *We're going to celebrate $\begin{cases} \text{after they play.} \\ \text{after playing.} \end{cases}$*

Grammar point B: This distinction as applied to **mientras** is more subtle than the others. The subjunctive is used when *while* means *as long as*, e.g., **No puede haber paz mientras ese hombre esté aquí**. The indicative would be used in a case like **Yo voy a pintar mientras tú lavas los platos**, even though futurity is implied. In any case, you may want to teach the subjunctive/indicative distinction for this group for recognition only.

EJERCICIOS

A La sustitución

1. Voy a quedarme aquí hasta que ellos *vuelvan*. (curarse, hablarme, pagarme, salir)
2. Inés siempre me llama tan pronto como *llega a casa*. (salir su esposo, comer, recibir mis cartas)
3. Cuando *nieva*, siempre voy a esquiar. (tener dinero, hacer buen tiempo, sentirme bien)
4. Jacobo quiere bañarse después de *trabajar*. (nadar, arreglar el coche, dormir la siesta)

Los sentimientos y las emociones

B La historia de Raquel. ¿Qué le ocurrió? Combine las oraciones con la conjunción indicada.

MODELO   Raquel vivió en casa. Se cambió a un apartamento. (hasta que) →
Raquel vivió en casa hasta que se cambió a un apartamento.

1. Raquel se fue de casa. Su padre se puso furioso. (cuando)
2. Ella no le dijo nada. Él se calmó. (hasta que)
3. Entonces ella le escribió una carta. Él la llamó. (tan pronto como)
4. Raquel se va a alegrar. Su padre la perdona. (cuando)
5. Raquel se casa en junio. Termina los estudios. (tan pronto como)
6. Su mamá se puso contenta. Oyó la noticia. (en cuanto)
7. Raquel quiere mucho a Roberto. Él es pobre. (aunque)
8. Los dos van a trabajar. Son ricos. (hasta que)

C La tómbola. Use una frase o palabra de cada columna para hacer diez oraciones originales.

MODELOS   Debes comer tan pronto como tengas hambre.
Fuimos al cine aunque llovía.

Debes comer	mientras	ver a Luis
Fuimos al cine	aunque	tener hambre
Pensamos asistir a clase	cuando	ellos acostarse
Sara empezó a estudiar	después de que	llover
Van a sentirse felices	tan pronto como	estar deprimidos
Ustedes cantaban	hasta que	llegar su tía

D Oraciones incompletas. Complete las oraciones que siguen con la información apropiada.

1. Siempre voy a las montañas cuando . . .
2. Hoy voy a quedarme aquí hasta que . . .
3. Mi padre se enojó cuando . . .
4. Esta noche voy a acostarme tan pronto como . . .
5. Me gusta este país aunque . . .
6. Me fui de vacaciones cuando . . .
7. Mientras no . . . , no voy a ninguna parte.
8. El presidente se puso furioso luego que . . .
9. Mis amigos siempre se sonríen hasta que . . .
10. Siempre me río cuando . . .

• **CUESTIONARIO**   Students might answer question 1 without the structure you are hoping to elicit; you might have to coax them to obtain answers such as **Cuando termine mis estudios**.

1. ¿Cuándo quiere casarse usted?   2. ¿Cuándo va a hacer un viaje usted?
3. ¿Dónde quiere vivir cuando termine sus estudios?   4. ¿Cómo celebró usted la noche cuando salió de la escuela secundaria?   5. ¿Cuándo va a comprar una casa usted?   6. ¿Cuándo baila usted?   7. Cuando lleguen las vacaciones, ¿qué piensa hacer usted?   8. Aunque trabajan mucho los médicos, ¿curan a todos los enfermos?   9. Aunque no sea guapa una persona, ¿puede tener éxito como actor o actriz?   10. ¿Cuándo va a terminar sus estudios universitarios?

Una zona residencial en La Paz.

Dialog exercise: Students listen to the following sentences without looking at the dialog. They replace the inappropriate infinitives with those that appear in the dialog. 1. Tengo esperanze de reír allí mañana por la noche. 2. ¿Es posible salir de Sucre en el ferrobús? 3. Espero que vaya a poder volar unas horas. 4. Favor de manadarme un pasaje de ida y vuelta. 5. ¡Apúrese, por favor! No quiero beberlo.

IV. Usos del infinitivo

- La estación de ferrocarril en la Avenida Manco Cápac[1], La Paz.

LUZ Señor, ¿es posible ir a Sucre en el ferrobús[2]?
AGENTE Sí, señorita. Puede tomar el ferrobús si no le molesta viajar dieciocho horas. ¿Cuándo quiere partir?
LUZ Ahora mismo. Espero estar allá mañana por la noche. ¡Estoy ansiosa por conocer a mis futuros suegros!
AGENTE Pues vamos a ver . . . Son las doce menos cinco. ¡Hoy es su día de suerte, señorita! A medianoche va a salir un ferrobús para Sucre.
LUZ ¡Qué alegría! ¿Y a qué hora llega?
AGENTE A las seis de la tarde. Es un viaje muy largo.
LUZ No importa. Favor de darme un pasaje de ida y vuelta. ¡Pero apúrese, por favor! ¡No quiero perderlo!

1. ¿Se puede viajar de La Paz a Sucre por ferrobús?   2. ¿Cuántas horas toma el viaje?   3. ¿A qué hora quiere estar Luz en Sucre? ¿Por qué?   4. ¿Perdió ella el ferrobús de las seis y cinco?   5. ¿Qué clase de pasaje quiere ella?

The railroad station on Avenida Manco Cápac, La Paz. LUZ: Sir, is it possible to go to Sucre by **ferrobús**? AGENT: Yes, miss. You can take the **ferrobús** if it doesn't bother you to travel for 18 hours. When do you want to leave? LUZ: Right now. I'm hoping to be there tomorrow night. I'm anxious to meet my future in-laws. AGENT: Well, we'll see . . . It's now five to twelve. Today is your lucky day, Miss! At midnight a **ferrobús** is going to leave for Sucre. LUZ: How wonderful! And (at) what time does it arrive? AGENT: At six o'clock in the evening. It's a very long trip. LUZ: It doesn't matter. Please give me a round-trip ticket. But hurry, please! I don't want to miss it!

[1] **Manco Cápac** was the last ruler of the empire of the **incas**, which included most of contemporary Bolivia, Perú, and other countries. He conducted valiant and bloody guerrilla campaigns against the installations of the invading Spaniards for years and was murdered by them in 1544. (The historical Manco had named himself after the mythical founder of the empire, the first **inca**.)
[2] **El ferrobús** is a one-car, diesel-powered train that runs on tracks like a tramway.

Los sentimientos y las emociones

A In Spanish the infinitive can be used:

1. As a noun. The Spanish infinitive is often used as the subject or object of a verb in much the same way that the English *-ing* form is used. It appears with or without the masculine definite article.

Creen que (el) nadar en el lago Titicaca es peligroso.	*They believe that swimming in Lake Titicaca is dangerous.*

2. As a verb complement. Most verbs may be followed directly by an infinitive. Certain verbs require a preposition (most often **a** or **de,** but in some cases **en** or **con**). **Tener** and **haber** are separated from the infinitive by **que** to express obligation.

¿Te gusta ver películas tristes?	*Do you like to see sad movies?*
¿Puedes estudiar y mirar televisión a la vez?	*Can you study and watch television at the same time?*
Fuimos a ver "Las guerras de las galaxias".	*We went to see* Star Wars.
Espero poder estudiar esta noche.	*I hope to be able to study tonight.*
Necesito saber la verdad.	*I need to know the truth.*
¿Te ayudo a hacer las empanadas?	*Shall I help you make the* empanadas?
Tenemos que comprar el pasaje.	*We have to buy the ticket.*
Hay que construir una nueva mina.	*We have to build a new mine.*
Los estudiantes insisten en participar en la política.	*The students insist on participating in politics.*

   Acabar de + infinitive means *to have just* (done something). **Tratar de** + infinitive means *to try to* (do something).

Acabo de llegar.	*I just arrived.*
Trató de asustarme.	*She tried to scare me.*

3. As the object of a preposition.

Antes de comprender el problema, Marta lo pensó bien.	*Before understanding the problem, Marta thought about it carefully.*
Después de llorar casi una hora, Ana se calmó.	*After crying almost an hour, Ana calmed down.*

4. With **al. Al** plus infinitive expresses the idea of *on* or *upon* plus the *-ing* form of the verb. This structure is not frequently encountered in conversation; you may want to teach it for recognition only.

Al hablar con mamá de lo que sucedió, nos dimos cuenta de que estaba enojada.	*When we talked with Mom about what happened, we realized she was angry.*
Al recibir la noticia, Pedro se la contó a todo el mundo.	*When he received the news (upon receiving the news), Pedro told it to everyone.*

5. With a conjugated form of **hacer** or **mandar** to mean *to have something done.*

Isabel se hizo pintar la casa.   *Isabel had the house painted.*
A la señora le mandaron esperar.   *They had the lady wait.*

6. With verbs like **prohibir** and **permitir** instead of a subjunctive form. In these cases, indirect objects are necessary. Compare:

Ana, ¿me permite acompañarla? ⎱ *Ana, will you allow me to go*
Ana, ¿me permite que la acompañe? ⎰ *with you?*
Nos prohíben fumar. ⎱
Nos prohíben que fumemos. ⎰ *They forbid us to smoke.*

7. On signs, as an alternative to an **usted** command form.

Empujar. ⎱
Empuje. ⎰ *Push.*
No fumar.   *No smoking.*

EJERCICIOS

A   La sustitución

1. Al *llegar a Sucre,* llamamos a los tíos. (recibir la carta, oír la noticia, salir los primos)
2. *Después de* trabajar, a Papo le gusta ir a la churrasquería[3]. (en vez de, antes de)
3. Voy a mandar a *pintar el apartamento.* (arreglar las ventanas, construir una casa, hacer un traje nuevo)
4. Los Guzmán no *fueron a* ver la nueva película. (querer, poder, tener que)
5. ¿Piensas tú que *esquiar* es divertido? (volar en avión, subir los Andes, conducir en La Paz)

B   ¡Vamos a tener una fiesta!   Tome el papel de Clara y conteste las preguntas que le hace su hermana acerca de la fiesta que van a tener. Use la forma apropiada de las palabras entre paréntesis.

MODELO   ¿Va María a la fiesta? (querer) → **Sí, quiere ir.**

1. ¿Compraste los refrescos? (acabar de)
2. Todavía no has preparado la comida, ¿verdad? (necesitar)
3. ¿Vamos a tener música en la fiesta? (haber que)
4. ¿Bailan los amigos en las fiestas? (gustarles)
5. ¿Qué dijo Cristina? ¿Va a la fiesta? (no poder)
6. Pero, ¿no lo convenciste? (no tratar de)
7. ¿Cuándo decidiste tener una fiesta? (al hablar con Estrella)
8. ¿Le preguntaste a papá si podemos tomar cerveza en la fiesta? (prohibirnos)

---

[3]A **churrasco** in Bolivia and other Andean countries is a portion of barbecued meat (in Argentina and elsewhere, it is a steak). A **churrasquería** is a place where **churrascos** are served.

C **¡Que lo haga otro!**   A Javier no le importa pagarles a los otros para que le hagan su trabajo. Su esposa es muy económica. Dé las reacciones de Javier a los comentarios de su esposa.

MODELO   Quiero pintar la sala. → ¡Ay, no! ¿Por qué no la mandas a pintar?

1. Quiero sacar ese árbol grande.
2. Quiero programar la computadora.
3. Quiero cambiar las ventanas.
4. Quiero coser un traje nuevo.
5. Quiero construir un cuarto para los niños.
6. Quiero planchar los pantalones nuevos.

D **Ayúdelo a José.**   José es pintor de letreros (*sign painter*) pero es aymará y no sabe escribir español sino por dictado. Dígale a José lo que tiene que escribir en los letreros.

→ **NO FUMAR**

MODELO

E **La traducción**

1. I have to hurry.
2. We left before eating.
3. Susana is anxious to meet the Bolivian professor.
4. Was he angry? He went away without saying anything.
5. Seeing is believing.
6. Upon receiving her letter, we all felt very happy.
7. Why doesn't she laugh instead of crying?
8. Upon opening the letter, I realized it was from you.

- **CUESTIONARIO**

1. ¿Qué hizo usted anoche al llegar a su casa?   2. ¿Se sintió usted triste o feliz al terminar sus estudios secundarios?   3. ¿Prefiere usted viajar de día o de noche?   4. ¿Tiene usted miedo de viajar en avión? ¿En auto? ¿Por qué?   5. ¿Qué debe decir uno al encontrarse con un amigo? ¿Al recibir un regalo?   6. ¿Qué letrero vemos a veces en una biblioteca? ¿En la playa? ¿En un hospital?

· *La sección femenina*[1] ·

Dos amigas bolivianas se encuentran enfrente del Motel Los Tajibos en Santa Cruz de la Sierra[2].

ELENA ¡Gloria! Me alegro de verte. Pensaba en ti esta mañana.
GLORIA ¿Sí? ¿Por qué pensabas en mí?
ELENA Pues, hay un puesto para ti. Mi compañía necesita a alguien que sepa de relaciones públicas. Buscan una persona que tenga experiencia en el mercadeo de productos de belleza.
GLORIA Hace años que no trabajo fuera de la casa.
ELENA Pero siempre dices que tan pronto como empiece Joseíto en la escuela . . .
GLORIA A propósito, ¿adónde vas?
ELENA A la peluquería.
GLORIA ¡Qué casualidad! Yo también voy para que me tiñan el pelo.

* * *

MARTÍN Tan pronto como termine con esta cliente, la atiendo. *(A Elena.)* Y usted, señorita, ¿en qué puedo servirle?
ELENA Tengo que dar una conferencia esta noche. Necesito un peinado que sea sencillo y elegante a la vez.
MARTÍN Con tal que pueda esperar unos veinte minutos . . .
ELENA Sí, cómo no.

* * *

GLORIA Te confieso que me parece deprimente que las mujeres tengan que maquillarse, vestirse y peinarse para complacer a los hombres.
ELENA Pues no lo hago yo para que me vean linda. Lo hago para mí.
GLORIA Ya que hablamos de los hombres, ¿cómo está tu novio?
ELENA Ah, ya no tengo novio. A menos que encuentre un hombre que me trate de igual a igual, no me voy a casar nunca.
GLORIA Siempre has dicho lo mismo. Espero que no te mueras soltera.
ELENA Puede ser que me muera soltera. ¿Y eso qué? Al ver el monumento de la Coronilla en Cochabamba[3], recuerdo la valentía y la inteligencia de la mujer boliviana.
GLORIA Es verdad que hemos sido siempre un elemento importante en el desarrollo del país. Pero mientras tanto, antes de que llegues a ser presidenta, quiero saber más del puesto que me mencionaste ahorita.

---

el mercadeo *marketing*   la peluquería *hairdresser's*   teñir (i) *to dye*   el peinado *hair-do; hairstyle*   complacer (zc) *to please*   ¿Y eso qué? *So what?*   la valentía *bravery, valor*   el desarrollo *development*   ahorita *just now*

Los sentimientos y las emociones

Las mujeres bolivianas venden sus productos en los mercados al aire libre.

PREGUNTAS

1. ¿Por qué pensaba Elena en Gloria esta mañana?   2. ¿Qué tipo de persona necesita la compañía de Elena?   3. ¿Cree usted que el hijo de Gloria ya está en la escuela? ¿Por qué?   4. ¿Para qué va Gloria a la peluquería? Y Elena, ¿qué quiere ella que le hagan?   5. ¿Cuándo la va a atender Martín a Elena?   6. Según Gloria, ¿por qué se maquillan las mujeres? Y Elena, ¿lo hace ella por esa razón? ¿Qué dice ella?   7. ¿Con qué tipo de hombre quiere casarse Elena? ¿Cree usted que ella es una persona realista?   8. ¿Cuándo recuerda Elena la valentía de la mujer boliviana?   9. ¿Cree usted que a Gloria le interesa el puesto en la compañía de Elena?   10. Según Gloria, la mujer boliviana siempre ha sido un elemento importante en el desarrollo del país. ¿Cuál ha sido el papel de la mujer estadounidense en el desarrollo económico, social y cultural de este país?

Notas culturales

1. Hispanic political parties frequently have a special branch for women, **la sección femenina.**
2. **Santa Cruz,** located in the tropical lowlands of eastern Bolivia, is a rapidly growing oil industry boomtown.
3. **La Coronilla** is a hill and a monument on the outskirts of Cochabamba dedicated to the women of the city who defended it against Spain's armies during the War of Independence.

· Actividades ·

Ana, Alberto y las emociones

¿Qué hace Ana?

se alegra    se ríe    se enoja    llora

¿Qué le da a Ana?

le da vergüenza    le da rabia

¿Cómo está Alberto?

está contento   está deprimido    está asustado   está enojado
(feliz)   (tiene miedo)

Mire los dibujos y complete las siguientes frases.

A ¿Qué hace usted?

1. Al ver una película trágica, yo . . .
2. Al escuchar un chiste, yo . . .
3. Al recibir la visita de un buen amigo, yo . . .
4. Al perder la única llave de la casa que tenemos, yo . . .

B ¿Qué le da a usted?

1. Al descubrir que no tiene dinero para pagar la cuenta del hotel, . . .
2. Al saber que su novio(-a) sale con otro(-a), . . .

Los sentimientos y las emociones

C ¿Cómo va a estar usted?

1. Cuando suban el precio del petróleo, voy . . .
2. Cuando lleguen visitantes de otros planetas, voy . . .
3. Cuando terminen las vacaciones, voy . . .
4. Cuando tenga dinero para ir de viaje, voy . . .

¿Quiénes son?   Hay ciertas personas en la clase que van a tener las características que siguen. Hágales preguntas a sus compañeros para descubrir quiénes hacen las cosas siguientes. Luego, dé su información a la clase.

MODELO   una persona que se enoja fácilmente (Usted le pregunta a un estudiante:)
¿Se enoja usted fácilmente? o **¿Cuándo se enoja usted?**

1. una persona que se sonríe mucho
2. una persona que llora cuando ve una película triste
3. una persona que no se deprime casi nunca
4. una persona que se asusta cuando sale sola de noche
5. una persona que se ríe mucho
6. una persona que todavía no se ha enamorado
7. una persona que se aburre en sus clases
8. una persona que a veces no se porta bien en público

For alternative activity, see Introduction of the *Instructor's Manual*.

Los anuncios.   De costumbre los anuncios publicados en los periódicos no usan oraciones completas. Lea estos anuncios y describa la persona o la cosa que se solicita. Use oraciones completas.

MODELO   Buscamos empleado honrado, trabajador, con experiencia.   → Buscamos un empleado que sea honrado y trabajador, y que tenga experiencia.

1. Se solicita persona trabajadora, agradable. Paciencia y experiencia. Sepa seguir instrucciones.

2. Necesitamos empleado, conozca las computadoras, le guste trabajar con cifras, se lleve bien con todo el mundo.

3. Busco apartamento, grande, en un piso alto, dos cuartos de dormir, lindo barrio.

4. Quiero compañero, bien parecido, inteligente, buen sentido de humor, le guste ir al cine.

If possible, bring in classified ads from Spanish-language newspapers; students will enjoy the opportunity to work with authentic materials, even if much of the vocabulary is unfamiliar. You might make photocopies of the **anuncios** and then cut each one into two pieces, distributing the pieces at random. Students communicate *orally* to piece together the ads.

Buscando corazones. En muchas revistas, unas personas ponen cartas o anuncios para encontrar novio o novia. Lea esta carta y luego conteste las preguntas. Después complete el párrafo que sigue con información de su compañero o compañera ideal.

> Querido *Buscando corazones:*
>
> Quiero conocer un joven que tenga entre 18 y 25 años de edad. Busco a alguien que sea bien parecido, que no fume y que sepa mucho de la historia latinoamericana. Busco un chico que sea trabajador y que estudie o que tenga ya su título. Es necesario que sea soltero y que le gusten los deportes.

1. ¿Busca ella a alguien que sea feo?
2. ¿Desea ella conocer un hombre casado?
3. ¿Cree usted que la chica quiere tener un novio que sea estudiante de la secundaria?
4. ¿Cree usted que la chica que escribió la carta es deportista?

Ahora, ¿qué clase de chico o chica busca usted?

> Querido *Buscando corazones:*
> Quiero conocer un(a) joven que ___ años de edad. Busco a alguien que ___, que no ___ y que ___. Debe ser ___ y es importante que ___ y que ___.

Vocabulario activo

· **Cognados**

el **carácter**	**definitivamente**	**femenino**	**inocente**	**mencionar**	el **motel**
la **clínica**	el **elemento**	**furioso**	la **inspección**	la **mina**	**ofender**
la **condición**	la **emoción**	la **generación**			

· **Sustantivos**

		las **horas de visita**	*visiting hours*	el **refectorio**	*refectory, dining hall*
		el **mercadeo**	*marketing*	el **triunfo**	*triumph*
		el **minero**	*miner*		
el **chiste**	*joke*	la **patria**	*homeland, country*	· **Verbos**	
el **desarrollo**	*development*	el **peinado**	*hairdo, hairstyle*		
el **estaño**	*tin*	la **peluquería**	*hairdresser's*	**acabar de** (+ *inf*)	*to have just (done something)*
el **ferrobús**	*one-car train, similar to tram*	el **recurso**	*resource; recourse*		

Los sentimientos y las emociones 419

empujar	to push	darla risa (a alguien)	to make (someone) laugh	**Otras palabras y expresiones**	
garantizar (c)	to guarantee	darle vergüenza (a alguien)	to shame (someone)	a menos que	unless
portarse	to behave, to act			ahora mismo	right now
quitarse	to get rid of	deprimente	depressing	ahorita *colloquial*	right away; just now
recuperar	to recuperate; to recover	deprimido	depressed	antes (de) que	before
tratar de (+ inf)	to try (to do something)	deprimirse	to get depressed	aunque	although, though
		enfadado	annoyed; angry	Claro que no.	Of course not.
Los sentimientos *feelings*		enfadarse	to get annoyed; to get angry	con tal que	provided that
la alegría	happiness	enojado	angry	después (de) que	after
ansioso	anxious	la esperanza	hope		
apurarse	to worry; to hurry	fastidiado	disgusted, annoyed, bored	en caso de que	in case
asustado	scared, frightened			en cuanto	as soon as
asustarse	to be scared, frightened	fastidiarse	to get disgusted, annoyed, bored	hacer caso de	to pay attention to, to notice
avergonzado	ashamed, embarrassed			hasta que	until
avergonzarse (c)	to be ashamed, embarassed	orgulloso	proud	luego que	as soon as
		reírse (de)	to laugh (at)	para que	so that
complacer (zc)	to please	sonreírse	to smile	peligroso	dangerous
darle orgullo (a alguien)	to make (someone) proud	sorprendido	surprised	sin que	without
		el sufrimiento	suffering	tan pronto como	as soon as
		la valentía	bravery, valor		
		la vergüenza	shame, embarrassment	ya que	since, inasmuch as

420 *Capítulo quince*

CAPÍTULO DIECISÉIS

LOS NOVIOS Y LOS AMIGOS

Vocabulario. In this chapter you will talk about friendship and romance.

Gramática. You will discuss and use:
1 The future tense
2 The conditional tense *(she would apply if . . .)*
3 The prepositions **por** and **para**

Cultura. The dialogs take place in the Spanish cities of Granada, Córdoba, and Sevilla.

· La amistad ·

llevarse bien (con)

tener una cita
salir con
salir juntos
acompañar
ser soltero(a)

dar un abrazo
abrazarse

· El amor ·

enamorarse de
estar enamorado(a) (de)

besarse
el beso
los amores

tener celos (de)
ser celoso(a)

los novios
el novio, la novia
el noviazgo

darle un anillo
comprometerse (con)
el prometido, la prometida
el compromiso
estar comprometido(a)

Note that **el compromiso** is a false cognate (there is no real equivalent in Spanish for the non-prejorative meaning of *compromise*); also, the term is used for an appointment or commitment.

---

el abrazo *hug*   **el beso** *kiss*   **los amores** *love affair*   **comprometerse (con)** *to get engaged (to)*

422   *Capítulo dieciséis*

Los novios are a couple in love intending to marry or recently married. Their relationship, **el noviazgo**, may last for years, and is not entered into lightly. **Los prometidos** are engaged persons; they have formally agreed to marry.

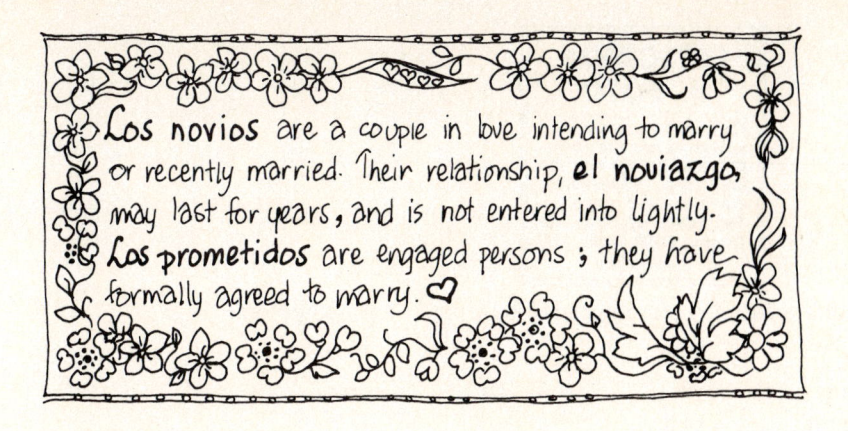

· El matrimonio ·

casarse con
la(s) boda(s)
el casamiento
la iglesia, la sinagoga
el matrimonio civil

la pareja
los novios
los recién casados

la luna de miel

Students tend to use **casarse con** incorrectly, often forgetting it is reflexive and using it transitively (although it may be so employed, e.g., **El rabino casa a los novios**). Give the **refrán**, **Antes que te cases, mira lo que haces**. You may want to present associated vocabulary: **el cura, sacerdote; el pastor**.

· El divorcio ·

un(a) esposo(a) infiel
la infidelidad
la falta de dinero
la falta de comunicación
pelearse

la separación provisional
el divorcio, la anulación
divorciarse
el juez

---

el matrimonio *marriage* **el casamiento** *marriage* **el recién casado, la recién casada** *newlywed* **la luna de miel** *honeymoon* **la falta** *lack* **la anulación** *annulment* **el, la juez** *judge*

DETECTIVES A. SOTO

Pruebas para separación y divorcio, asuntos de empresas, problemas de confianza, absentismo, etc. Consultas gratuitas. Tel. 209-95-00. Trav. de Gracia, 18-20, entlo., 2.ª, Ln. 243

Para completar. Use una palabra o una expresión apropiada para completar estas oraciones sobre el amor.

1. Anoche Pedro tuvo una ____ con su ____ Juanita. La ____ al teatro.
2. Después Pedro le dio un ____ de oro.
3. Lo hizo porque Pedro está ____ ella.
4. Pedro y Juanita ____ en la iglesia en junio.
5. Después de la ____ , van a pasar su ____ en Toledo en España.
6. Creo que los dos van a ____ bien, pero Pedro se pone un poco ____ cuando Juanita les habla a otros hombres.
7. Por su parte, Pedro tiene muchas ____.
8. En Hispanoamérica, cuando dos amigos o amigas se encuentran, se ____ .
9. A Paco y a Silvia les gusta hacer las mismas cosas; ellos ____ bien.
10. Entiendo por qué la mamá de Emilia insiste en ____ la cuando sale con Pepe. Sólo tiene catorce años.

Opiniones. ¿Está usted de acuerdo o no? Explique por qué.

1. Una pareja debe tener una boda religiosa.
2. Es muy importante llevarse bien con los padres del novio o de la novia.
3. No es malo ser un poco celoso o celosa.
4. Si el esposo o la esposa es infiel, la pareja debe divorciarse.
5. El amor es eterno y dura *(lasts)* más allá de *(beyond)* la muerte.
6. Los recién casados deben vivir con los padres si no tienen mucho dinero.
7. La falta de dinero y la falta de comunicación causan muchos divorcios.
8. Todas las religiones deben tolerar el divorcio.
9. Los novios deben conocerse por más de un año antes de casarse.
10. Los novios no deben vivir juntos antes de casarse.

Use as springboard for mini-conversations.

• CUESTIONARIO

1. ¿Está usted enamorado o enamorada en este momento?   2. ¿Se ha enamorado alguna vez? ¿Se enamora fácilmente?   3. ¿Se lleva bien usted con sus amigos? ¿Se ven mucho?   4. ¿Se enamoró usted alguna vez de algún actor o de alguna actriz? ¿De quién?   5. ¿Hay alguien en la clase que tenga novio o novia? ¿Cuándo piensan casarse?   6. ¿Puede existir una amistad profunda sin implicaciones románticas entre un hombre y una mujer?   7. En los últimos años muchos han dicho que la institución del matrimonio está en peligro. ¿Qué piensa usted?

I. El futuro

Student adaptation: Arnulfo and Catalina do in fact go out and talk about their respective futures.

• *Dos compañeros de la Universidad de Granada[1] hablan de su amiga Catalina.*

ARNULFO ¿Sabías que Catalina ya tiene planeados los próximos dos años?
GUSTAVO No me digas. ¿Qué piensa hacer?
ARNULFO Estudiará, leerá, asistirá a todas las conferencias . . .
GUSTAVO ¡Qué aburrido! ¿Qué sacará ella de llevar una vida tan monótona? Invítala a salir contigo el domingo y verás lo rápido que cambia de idea.
ARNULFO No, no lo creo. ¡Una chica así no tendrá tiempo ni para enamorarse!

1. Según Arnulfo, ¿qué hará Catalina este año y el próximo?   2. ¿Qué le recomienda Gustavo a Arnulfo?   3. ¿Cree usted que Catalina es una persona interesante? ¿Tendrá ella tiempo para enamorarse?

Two friends from the University of Granada are talking about their friend Catalina. ARNULFO: Did you know that Catalina already has the next two years planned? GUSTAVO: Don't tell me (you don't say). What does she plan to do? ARNULFO: She'll study, read, attend all the lectures . . . GUSTAVO: How boring! What will she get out of living such a monotonous life? Invite her to go out with you on Sunday and you'll see how fast she changes her mind. ARNULFO: No, I don't think so. A girl like that won't even have time to fall in love!

[1]**Granada,** located in southern Spain at the foot of the snowcapped Sierra Nevada, was capital of the last great Moorish kingdom in Spain. From the 13th to the 15th centuries, it was one of the richest, most populous cities in the world. In 1492, it fell to the Christians. **La Universidad de Granada** was founded by Emperor **Carlos V** in 1526.

A To form the future tense of regular verbs, add to the complete infinitive the endings **-é, -ás, -á, -emos, -éis, -án.** The endings are the same for **-ar, -er,** and **-ir** verbs. Except for the **nosotros**-form, all forms have written accents. One use of this tense is to ask about or affirm what will happen in the future.

hablar		comer		vivir	
hablaré	hablaremos	comeré	comeremos	viviré	viviremos
hablarás	hablaréis	comerás	comeréis	vivirás	viviréis
hablará	hablarán	comerá	comerán	vivirá	vivirán

¿Crees que el niño se comerá el gazpacho[2]?
El miércoles próximo llegaremos a Granada.
Mis abuelos vivirán otros veinte años.

Do you think the boy will eat the gazpacho?
Next Wednesday we'll arrive in Granada.
My grandparents will live another twenty years.

[2]**Gazpacho** is a spicy, cold tomato soup.

B Some verbs are irregular in the future. The irregularity is only in the stem; the endings are the same as for regular verbs.[3]

1. Verbs that drop the vowel of the infinitive ending.

INFINITIVE	INFINITIVE STEM	YO-FORM FUTURE TENSE
habér	habr-	habré
podér	podr-	podré
querér	querr-	querré
sabér	sabr-	sabré

2. Verbs that replace the vowel of the infinitive ending with **d**. (Note that these are the same verbs that insert **g** in the present-tense **yo**-form.)

ponér + d	pondr-	pondré
salír + d	saldr-	saldré
tenér + d	tendr-	tendré
valér + d	valdr-	valdré
venír + d	vendr-	vendré

*Make sure students hear the difference between **venderé** (and other forms for **vender**) and **vendré** (and other forms from **venir**).*

3. Verbs that drop the stem consonant, plus a vowel.

| decír | dir- | diré |
| hacér | har- | haré |

Jaime no podrá visitar a sus suegros. No tendrá tiempo.
    Jaime won't be able to visit his in-laws. He won't have time.
Los novios querrán pasar la luna de miel en Toledo.
    The bride and groom will want to spend their honeymoon in Toledo.
Habrá que comprarles un regalo a los recién casados.
    We (One) will have to buy a gift for the newlyweds.

C The future tense can also be used to express probability or doubt in the present.

¿Qué hora será?
    What time can it be? (I wonder what time it is.)

Serán las ocho.
    It must be (It's probably) eight o'clock.

¿Valdrá la pena decirle a mi novio que soy celosa?
    Can it be worth the trouble to tell my boyfriend that I'm jealous?
¿Dónde estará Tomás?
    Where can Tomás be?
Estará en la sala.
    He's probably in the living room.
No, Tomás no estará allá.
    No, I'll bet Tomás isn't there.

---

[3] The future form corresponding to **hay** is **habrá**.

Córdoba. El puente romano sobre el río Guadalquivir.

D The present indicative or a form of **ir a** + infinitive is often used instead of the future to express actions that will occur in the near future or that are regarded as sure to happen. Note that in conversation this construction is much more common that the future tense.

Se casarán en 1995.	*They'll get married in 1995.*
Se casan mañana.	*They're getting married tomorrow.*
Hija, vas a perder tu plata.	*Daughter, you're going to lose your money.*

When the subjunctive is required in a dependent clause, the future may not take its place.[4] The future may, in fact, be used in sentences like **Espero que vendrá el año próximo**, but the subtleties of infrequent cases are best left to more advanced courses.

Lola espera que Granada te guste.   *Lola hopes that you will like Granada.*

EJERCICIOS

A La sustitución

1. Ernesto hablará con el abogado mañana. (nosotros, sus padres, tú, usted, yo)
2. Mis tíos irán a España el año que viene. (Ana y yo, él, los Zelaya, Raquel)
3. Verán la Alhambra[5]. (yo, tú, nosotros, los turistas)
4. No lo haré hasta después de las vacaciones. (ellas, tú, ustedes, la pintora, usted y yo)

[4]The future indicative tense is often used to *affirm* that an action will happen.

Te gustará Granada.   *You will like Granada.*

The present subjunctive merely *poses a concept* ("you liking Granada") about which a comment is made (*Lola hopes*). Context makes clear in which time period, present or future, the possibility may or may not be realized.

Espera que Granada te guste.   { *She hopes you like Granada* (now that you're familiar with it). / *She hopes you will like Granada* (when you get to see it next summer). }

[5]Granada's **Alhambra** palace, completed in the 14th century, is considered the finest example of civil architecture surviving from the first thousand years of Islam.

Los novios y los amigos

AGENCIAS MATRIMONIALES	**Nuevo** Horizonte, Agencia Matrimonial.
	Nuevo Horizonte, 10 años haciendo amigos.
RELACIÓNATE Encontrando tu pareja ideal, toda España. Casal. Apartado 163. Aranjuez (Madrid).	**Nuevo** Horizonte, selección por: **Video**, sesiones audiovisuales. **Presentaciones** individuales. **Telefónicas** o correspondencia. **Actividades** culturales.
Celma. Agencia Matrimonial de Andalucía. Martínez, 1-2º izquierda. Málaga. ☎ 952 / 21 72 90.	**Nuevo** Horizonte, Montera, 10-12, 1º. 28013 Madrid. ☎ 222 00 24, 232 07 17.

DIANA Tu agencia matrimonial. Amistades. Seriedad. ☎ 247 76 00 (ext. 809).	**Tiempos** Nuevos. Un medio diferente de relacionarte, sencillo, discreto y eficazmente.
¿QUIERE CASARSE? Solicítenos información totalmente gratis. Enviamos folleto explicativo (20 páginas). Reserva absoluta. PID. Apartado de Correos 36.055. Madrid-1.	**Tiempos** Nuevos. Si por alguna circunstancia te encuentras solo-a o deseas ampliar tu círculo de amistades, ésta es una buena oportunidad para relacionarte con cientos de personas que desean, como tú, una comunicación seria, responsable y sincera.
	Tiempos Nuevos. ☎ 447 75 54, 447 76 54.

B Para llenar. Complete las frases con la forma apropiada del futuro de los verbos entre paréntesis. *You may want to select a few sentences from each category.*

yo

1. (decir) Te ___ la verdad.
2. (llegar) Esta noche ___ tarde del trabajo.
3. (hacer) Les ___ un favor a mis futuros suegros.
4. (venir) ___ a visitarte el domingo.
5. (dar) Le ___ un anillo a mi novia.
6. (llevar) También le ___ flores.

tú

7. (salir) Constancia, ¿ ___ conmigo el sábado?
8. (creer) ¿ ___ todo lo que te digo?
9. (ir) ¿ ___ al baile conmigo?
10. (bailar) ¿ ___ solamente conmigo?
11. (prometer) ¿ ___ no fumar en el coche?
12. (decir) ¿Le ___ a tu padre que me quieres?

nosotros *Expect errors such as the suffix* **-aramos** *instead of* **-aremos**.

13. (vivir) Tú y yo ___ juntos el resto de la vida.
14. (tener) ___ muchos niños.
15. (salir) ___ de vacaciones todos los años.
16. (decirse) ___ que nos queremos todos los días.
17. (trabajar) ___ para un futuro mejor.
18. (ser) Nunca ___ celosos.

ellos

19. (enamorarse) Muchos jóvenes ___ este año.
20. (pensar) ___ que el amor es eterno.
21. (prometerse) ___ muchas cosas el uno a la otra.
22. (dar) Los chicos les ___ anillos a las chicas.
23. (casarse) Pero, ¿cuántos ___ ?

él, ella

24. (hacer) Antonio ___ una cita con Sarita.
25. (llevar) Él la ___ al restaurante.
26. (querer) Sarita ___ pedir algo caro. También ___ tomar una copa de vino tinto.
27. (tener) El pobre Antonio ___ que pagar la cuenta.
28. (poder) ¿Cómo ___ casarse con Sarita si ni tiene dinero para la cena?

Capítulo dieciséis

C **Visitaremos Granada.** Cambie las oraciones de la forma **ir a** al tiempo futuro para decir lo que harán estos turistas.

   MODELO   Vamos a visitar Granada. → **Visitaremos Granada.**

   1. El autobús va a llegar al hotel a las ocho.
   2. Vamos a salir para La Alhambra a las ocho y cuarto.
   3. Nadie va a querer perder el autobús.   Note the use of **perder** here as *to miss*.
   4. También vamos a ver el Generalife[6].
   5. Algunos van a comer en el restaurante Los Leones.
   6. Otros van a escoger otro restaurante.
   7. Vamos de compras después del almuerzo.
   8. Una gitana[7] te va a vender recuerdos.
   9. La señora González va a comprar un anillo.
   10. Vamos a volver al hotel después de las cuatro.

D **En el año 2001.** En cinco frases, diga cómo será la vida en el año 2001.

   MODELO   **En el año 2001; no tendremos que trabajar.**

E **Lo que será, será.** Complete las oraciones con la información apropiada. Los verbos deben conjugarse en el tiempo futuro.

   MODELO   En dos meses, **mis primas saldrán de vacaciones para España.**

   1. Algún día, mi novio(a) y yo . . .
   2. Soy una persona que algún día . . .   If you think students will take long to generate sentences, provide a brief in-class preparation phase to work with a partner.
   3. Esta noche, mis amigos y yo . . .
   4. Durante las vacaciones, el profesor . . .
   5. Cuando yo me muera, . . .
   6. En unos años, los Estados Unidos . . .
   7. El último día de clase, nosotros . . .
   8. En cien años el problema del cáncer . . .

F **Cuentos progresivos.** En grupos de cuatro o más, preparen ustedes un cuento progresivo. La primera persona empieza el cuento con una oración como "Mañana saldré de casa temprano . . ." Luego, otra persona repetirá lo que dijo la primera y añadirá otra acción del cuento. Y así siguen las otras personas del grupo. Deben seguir con elementos nuevos hasta que todos añadan dos cosas al cuento. Algunos cuentos posibles son: You may want to allow students to "prompt" whoever is reciting the sequence.

   1. Mañana me despertaré a las seis y . . .
   2. El año que viene mis amigos y yo iremos a España y . . .
   3. En el futuro una mujer será presidenta y . . .

---

[6]The **Generalife** is a palace and complex of gardens near but above the Alhambra, built in the 13th century as a summer retreat for the Moorish kings.
[7]**Un gitano** is a *gypsy*.

Los novios y los amigos

• **CUESTIONARIO** Variation: Have students work in small groups, operating simultaneously.

Escojan a un(a) estudiante y díganle que se siente enfrente de la clase. Luego háganle preguntas sobre el futuro. Las preguntas que siguen quizás sean útiles pero ustedes deben hacerle otras preguntas también.

1. ¿Serás rico(a) algún día?   2. ¿Dónde vivirás cuando termines tus estudios?
3. ¿Cuándo te casarás?   4. ¿Harás muchos viajes en el futuro? ¿Adónde viajarás?
5. ¿Adónde irás el verano que viene?   6. ¿Quién será presidente(a) en el futuro?
7. ¿Qué harás para divertirte este fin de semana?   8. ¿Te quedarás en casa o saldrás el domingo?   9. ¿A qué hora te acostarás esta noche? ¿A qué hora te levantarás?
10. ¿Qué hora será ahora?   11. ¿Dónde estará tu papá en este momento? ¿Y tu mejor amigo?   12. ¿Cuántos años tendrá este edificio?   13. ¿Qué tiempo hará en Santo Domingo hoy?   14. ¿Qué quieres hacer antes de morir?   15. ¿Tendrás una familia grande algún día?

Aural comprehension: Posible/Probable o Imposible/Improbable: 1. Ismael y Maruja están enamorados. 2. Hace mucho tiempo que están casados. 3. Ismael no recuerda la promesa porque es muy tonto. 4. A Maruja no le gusta que fume Ismael.

II. El condicional

• *En el Paseo de la Ribera en Córdoba*[1].

MARUJA   Ay, me habían dicho que no sería fácil la vida de casada.
ISMAEL   ¿Por qué dices eso, mi amor?
MARUJA   ¿No recuerdas la promesa que me hiciste la semana pasada?
ISMAEL   ¿Qué te prometería yo? No me acuerdo.
MARUJA   ¡Qué clase de marido tengo yo! Me prometiste que no fumarías más.
ISMAEL   Y cumplí mi promesa, cariño. No fumo más. Fumo exactamente lo mismo que siempre.

1. ¿Qué le habían dicho a Maruja del matrimonio?   2. ¿Recuerda Ismael la promesa que le hizo a su esposa? ¿Cuál fue la promesa?   3. Según Ismael, ¿cumplió él su promesa? ¿Por qué?

On the Paseo de la Ribera in Córdoba. MARUJA: Oh, they had told me that married life wouldn't be easy. ISMAEL: Why do you say that, my love? MARUJA: Don't you remember the promise you made me last week? ISMAEL: I wonder what I promised you? I don't remember. MARUJA: What a husband I have. You promised me you wouldn't smoke any more. ISMAEL: And I kept my promise, darling. I'm not smoking any more. I'm smoking exactly the same (amount) as always.

[1]**Córdoba**, conquered by Moorish invaders from North Africa in the 8th century, became the largest city and cultural capital of the known world. (Its population in 950 A.D. is estimated to have been 500,000.) Two of its illustrious citizens were the Arabic philosopher **Averroës** (1126–1198) and the Jewish philosopher **Maimónides** (1135–1204). Its population in 1984 was 225,000.

A To form the conditional of regular verbs, add to the complete infinitive the endings **-ía, -ías, -ía, -íamos, -íais, -ían**. The conditional usually conveys the meaning *would*.

hablar		comer		vivir	
hablaría	hablaríamos	comería	comeríamos	viviría	viviríamos
hablarías	hablaríais	comerías	comeríais	vivirías	viviríais
hablaría	hablarían	comería	comerían	viviría	vivirían

No, Graciela y Diego no se llevarían bien.
No, Graciela and Diego wouldn't get along well.

No viviríamos juntos antes de casarnos.
We wouldn't live together before getting married.

Nuestros padres no lo permitirían.
Our parents wouldn't permit it.

Remember that verbs in the imperfect expressing repeated events in the past are often also translated *would* meaning *used to*. In Spanish, the imperfect and the conditional are not interchangeable.

Durante el verano, comíamos en el patio todos los días.
During the summer, we would eat on the patio every day.

B The conditional is used to express an action that was projected as future or probable from the point of view of a time in the past.

Roberto y Emilia dijeron que se quedarían solteros.
Roberto and Emilia said that they would stay single.

Yo creía que una boda tradicional sería más elegante.
I thought a traditional wedding would be more elegant.

C The verbs that have irregular stems in the future have the same irregular stems in the conditional. They use the same conditional endings as verbs with regular stems.[2]

Note the higher frequency in conversation of **quisiera**.

haber, **habr-**	poner, **pondr-**	valer, **valdr-**	decir, **dir-**
poder, **podr-**	salir, **saldr-**	venir, **vendr-**	hacer, **har-**
querer, **querr-**	tener, **tendr-**		
saber, **sabr-**			

No, Lucía nunca diría eso.
No, Lucía would never say that.

Te dije que vendrían a la boda los padres de Juan.
I told you Juan's parents would come to the wedding.

Creo que usted podría encontrarles un apartamento a los recién casados.
I think you could (would be able to) find an apartment for the newlyweds.

---

[2] The conditional form corresponding to **hay** is **habría**.

Retrato de Maimonides, gran filósofo judío de la España musulmana.

D The conditional may be used to express probability in the past.

¿Qué hora sería cuando ellos llegaron?	What time was it (probably) when they arrived?
Serían las nueve.	It must have been (was probably) nine o'clock.
¿Qué edad tendría Pepito cuando sus padres se mudaron a Córdoba?	Approximately how old was Pepito when his parents moved to Córdoba?
Tendría once o doce años.	He was around eleven or twelve years old (He must have been eleven or twelve).

E Speakers often switch to the conditional to soften requests or suggestions.

Nosotros deberíamos tomar un taxi.	We should take a taxi.
¿Me podría usted decir cómo llegar al Hotel Cuatro Naciones?	Could you tell me how to get to the Cuatro Naciones Hotel?

EJERCICIOS

A La sustitución

1. Te dije que él vendría tarde. (los jóvenes, Elisa, yo, tú, nosotros)
2. ¿Qué haría usted sin mí? (el jefe, mis amistades, mi novio, tú)
3. ¡Yo no comería una sopa fría! (nosotras, él, mis amigos, usted, tú)
4. Rodrigo estaría enfermo ayer. (tú y Miguel, el secretario, tú, las jóvenes)

B Yo te lo dije, Rosa. A pesar de *(in spite of)* todo lo negativo que le dijo su amigo Pedro, Rosa aceptó un puesto en la compañía Suárez. Tome el papel de Rosa y complete las oraciones para indicar lo que le había dicho Pedro.

Pedro me dijo que . . .

*Note the use in conversation of **iba a** plus infinitive for cases like these.*

MODELO   (gustar) No me ___gustaría___ la compañía.

1. (ser) El trabajo ___ muy difícil.
2. (tener) Los trabajadores no ___ tiempo de almorzar.
3. (poner) Nosotros no le ___ atención al jefe.
4. (decir) Tú nunca ___ la verdad.
5. (hacer) Ángela y José ___ una cita con el director.
6. (llevarse) Aquellos dos secretarios no ___ bien.
7. (andar) El nuevo sistema no ___ bien.
8. (pedir) La compañía les ___ mucho a los trabajadores.
9. (empezar) Tú ___ a quejarte.
10. (valer) No ___ la pena hablar con el director.
11. (escribir) Nosotros ___ una carta para protestar.
12. (deber) Los trabajadores ___ ponerse en huelga.

C Marisol la atrevida. Marisol la atrevida *(daring)* haría cosas que no harían sus amigos. Tome el papel de Marisol y responda a los comentarios de sus amigos.

MODELO   FÉLIX   Yo no trabajo en aquella compañía.
         MARISOL   **Pues yo sí trabajaría en aquella compañía.**

1. MIGUEL: Yo no como sopa fría.
2. JUANA: No me caso con un hombre celoso.
3. TERESA: Yo no salgo sola de noche.
4. VÍCTOR: No les digo la verdad a mis suegros.
5. SUSANA: No voy a la boda de mi ex-novio.
6. JOAQUÍN: Yo no trabajo de secretario.
7. SANCHO: No hago un viaje a Granada.
8. CARLOS: No paso mi luna de miel en Málaga.

D Castillos en el aire. Esteban sueña con ser millonario. Con las palabras que siguen, haga oraciones para decirle a la esposa de Esteban cómo él gastaría su dinero.

MODELO   yo / dar / dinero a los pobres → **Yo daría dinero a los pobres.**

1. tú y yo / viajar / por todo el mundo
2. nuestros hijos / asistir / a una buena universidad
3. yo / comprarte / ropa elegante
4. nosotros / vivir / en una casa muy grande
5. tú / no trabajar / en la casa
6. Anita / poder / tener / muchas cosas lindas
7. yo / hacer / muchas cosas que ahora no puedo hacer
8. todos / ser / muy felices

Los novios y los amigos

La Alhambra, Granada. El patio de los Arrayanes.

E **¿Por qué no irían?** Anoche, Mario tuvo una fiesta fantástica pero muchos amigos no fueron. Diga las razones probables por las cuales no fueron.

MODELO Marta / invitados → **Marta tendría invitados de otra ciudad.**
Camilo / trabajar → **Camilo tendría que trabajar.**

1. Nuño / enfermo
2. Alfonso / cita
3. Rafael / cansado
4. Miguel / no llevarse bien con Mario
5. Juan / tener celos
6. María / muchas tareas
7. Jacinta / jugar al tenis
8. Rosa / en Italia

Additional examples for oral presentation: Alejandro/estudiar para un examen; Violeta/escribir un ensayo importante; Félix/deprimido por razones sentimentales.

F **Otro don Quijote.** Después de leer unos capítulos de *Don Quijote,* usted ya empieza a pensar y ver el mundo como el estimado don. Usted cree que debe cambiar el mundo. En cinco frases, diga que cambios haría.

MODELO **Yo terminaría con la pobreza.**

• **ENTREVISTA**

Divídanse en grupos de cuatro. Escojan a una persona del grupo para que conteste las preguntas que le hacen los otros. Luego escojan a otra persona para que conteste.

1. ¿Dónde te gustaría vivir?
2. ¿Vivirías en Rusia?
3. ¿Darías tu vida por un amigo o una amiga?
4. ¿Mentirías para ayudar a un amigo o a una amiga?
5. ¿Votarías por una mujer para presidenta?
6. ¿Qué harías con un millón de dólares?
7. ¿Te gustaría vivir en Andalucía? ¿Qué harías allí?
8. ¿Dónde te gustaría pasar tu luna de miel?

III. Por y para

Student adaptation: Amparo has a different job or obligation, and needs someone to replace her. Elicit comical situations.

- *Amparo, bailarina del flamenco en una taberna del barrio del Albaicín en Granada[1], llama a su amiga Luisa por teléfono.*

LUISA ¡Diga!
AMPARO Hola, Luisa. Soy yo, Amparo. Te llamo para pedirte un favor. Estoy resfriada y necesito a alguien que baile por mí esta noche.
LUISA Claro, chica, cuenta conmigo. Tú sabes que yo haría cualquier cosa por mi mejor amiga.
AMPARO Gracias. Tienes que estar en la taberna para las diez. Pasa por mi casa a eso de las ocho para practicar el baile conmigo.
LUISA Y el vestido, lo tendrás ya listo para mí, ¿verdad?
AMPARO Sí, Luisa. No te preocupes por nada. Y gracias de nuevo por ayudarme.

1. ¿Por qué llama Amparo a su amiga?   2. ¿Bailará Luisa por Amparo?
3. ¿Cuáles son los planes que hacen las dos amigas?   4. ¿Cuántas veces le da las gracias Amparo a Luisa?

Amparo, flamenco dancer in a tavern in the Albaicín neighborhood in Granada, calls her friend Luisa on the phone. LUISA: *Hello?* AMPARO: *Hi, Luisa. It's me, Amparo. I'm calling you to ask you a favor. I have a cold and I need someone who will dance for me tonight.* LUISA: *Sure,* **chica,** *count on me. You know that I'd do anything for my best friend.* AMPARO: *Thanks. You have to be at the tavern by ten. Come by my house around eight to practice the dance with me.* LUISA: *And the dress? You'll have it ready for me, right?* AMPARO: *Yes, Luisa. Don't worry about anything. And thanks again for helping me.*

---

[1]Granada is built on two foothills, **Alhambra** and **Albaicín.** Flamenco dancing and guitar music are presented in the bars in the Albaicín neighborhood and in gypsy caves in **Sacromonte.** A sample of flamenco music is recorded on the laboratory tapes.

Por and **para** each have a wide variety of uses in Spanish. Although both prepositions are sometimes equivalent to English *for,* they are not interchangeable.

A **Por** is generally used to express:

1. Cause or motive *(because of, on account of, for the sake of).*

El precio de la carne ha subido por la inflación.	*The price of meat has gone up because of inflation.*
Me interesa la arquitectura antigua. Por eso voy a Granada.	*Ancient architecture interests me. That's why I'm going to Granada.*
Rosa lo hizo por amor.	*Rosa did it for (the sake of) love.*

Los novios y los amigos 435

2. Time.

   a. Length of time something happens.

La pareja irá a Granada por dos semanas.	The couple will go to Granada for two weeks.

   b. Part of the day something happens, when no hour is mentioned.[2]

Me enteré que por la tarde habrá una manifestación enfrente de la universidad.	I found out that in the afternoon there will be a demonstration in front of the university.

3. Exchange *(in exchange for)*.

Inés pagó cuatrocientas pesetas por el plato.	Inés paid four hundred pesetas for the plate.
Cambiamos nuestro coche viejo por uno nuevo.	We exchanged our old car for a new one.

4. In place of *(as a substitute for, on behalf of)*.

El primer ministro pronunció el discurso por el rey.	The prime minister delivered the speech for the king.
Luisa bailará por Amparo esta noche.	Luisa will dance for (instead of, as a substitute for) Amparo tonight.

5. The equivalent of *through, along, around, by, by means of*.

José caminó por la Carrera del Genil[3].	José walked along the Carrera del Genil.
Pasaron por la casa a las ocho.	They came by the house at eight o'clock.
Tomás no podía ver mucho por la ventana.	Tomás couldn't see much through the window.
Se comunicaron por teléfono.	They communicated by telephone (on the telephone).
Oyeron las noticias por radio.	They heard the news by radio.

6. The object of an errand.

Pepito fue al mercado por leche.	Pepito went to the market for milk.
Vendré por ti a las siete.	I'll come for you at seven o'clock.
El periodista vino por una copia del discurso.	The journalist came for a copy of the speech.

---

[2]When an hour is mentioned, **por** is not used: **Me enteré que a las 6 de la mañana habrá una manifestación** *I found out that at 6 in the morning there will be a demonstration.*

[3]The **Río Genil** flows through Granada. A **carrera** in Spain is usually a city street that once was a major road.

7. Number, measure, or frequency *(per)*.

 Venden las manzanas por caja.   *They sell apples by the box.*
 Iban a ochenta kilómetros por hora.   *They were going eighty kilometers per hour.*
 El canal 9 pasa cuatro películas por día.   *Channel 9 shows four movies a day.*

8. **Por** is used in many set expressions.

por Dios	*good Lord*	por fin	*finally*
por ejemplo	*for example*	¿por qué?	*why?*
por eso	*that's why*	por supuesto	*of course*
por favor	*please*		

9. The precise meaning of **por** often is made clear only by the context.

 Pasa por Sevilla.   *She's passing through Sevilla.*
 Pasa por el libro.   *She's stopping by for the book.*
 Pasa por inteligente.   *She passes for (is considered) intelligent.*

B. **Para** conveys a general sense of *destination*. It is used to express:

1. Intended recipient *(for someone or something)*.

 El cocinero preparó un gazpacho especial para los turistas.   *The cook prepared a special gazpacho for the tourists.*

2. The use for which something is intended.

 Este palacio era para las esposas del rey.   *This palace was for the king's wives.*
 Ese cuarto era para dormir.   *That room was for sleeping.*

3. Direction *(toward)*.

 Salieron para Córdoba ayer.   *They left for Córdoba yesterday.*

4. Purpose *(in order to)*.

 Fuimos a Granada para la boda de María y Tomás.   *We went to Granada for María and Tomás's wedding.*
 Papo dijo que viajaría a Andalucía para comprender a los gitanos.   *Papo said he would travel to Andalusia (in order) to understand the gypsies.*

5. The person or entity for whom or which one works or acts.

    Juegan para el Cosmos.   *They play for the Cosmos.*
    Trabajaba para una compañía española.   *She was working for a Spanish company.*

6. A specific event or point in time.

    Los novios tienen que llegar a la iglesia para las dos.   *The bride and groom have to get to the church by two o'clock.*
    Iré a visitarte para tu cumpleaños.   *I'll go to visit you for your birthday.*

7. Lack of correspondence in an expressed or implied comparison.

    Pedrito es muy inteligente para su edad.   *Pedrito is very intelligent for (= despite) his age.*
    ¡Él es muy viejo para ti!   *He is very old for you!*

INCREASING YOUR VOCABULARY

You can increase your Spanish vocabulary in many interesting and efficient ways. Begin by deciding what type of vocabulary you would like to learn—travel phrases, medical terms, idiomatic expressions, or some other category. Next, locate a source for the new vocabulary. Dictionaries, phrase books for travelers, vocabulary outlines, and vocabulary puzzles are sold in most bookstores and are excellent aids for building a vocabulary.

    Once you have pinpointed the vocabulary you want to acquire, review the suggestions in chapter 1 for learning vocabulary. Some people have found that writing a word a day on their calendars is a good way to learn. Others tape a word to the bathroom mirror and practice it while preparing themselves for the day. You may want to keep a vocabulary notebook with words and phrases you have chosen to learn, along with model sentences.

    Words are easier to learn in relation to other words, or when linked to something visual, than in isolation. Try weaving clusters of words into short compositions; each word then acquires connections in your mind that will help you remember it. Determined students sometimes make vocabulary collages by pasting magazine photographs on cardboard and attaching appropriate labels in Spanish; they make the labels by cutting words from the magazine or by writing them on strips of paper. Charts, sketches, maps, and other visual aids can be labeled and posted in a location where you can study them frequently.

    Besides working on specific vocabulary themes, reading books, magazines, and newspapers is a good strategy for acquiring new Spanish words and phrases. Say useful phrases over and over to yourself—if you learn one or two genuinely new and useful phrases a day, your progress in the language will be impressive.

    Like any other skill, readiness with vocabulary fades if you don't review and practice frequently. Work your special-interest words and phrases into compositions and other classroom activities, and you will find that they soon become dependable parts of your active vocabulary.

EJERCICIOS

A **Lo hizo . . . por amor.** Juan se casó con Carla hace poco. Conteste las preguntas que siguen para saber algo de su historia.

MODELO ¿Por quién lo hizo Juan? (Carla) → **Lo hizo por Carla.**

1. ¿Por dónde pasó Juan? (la casa de Carla)
2. ¿Por quién preguntó? (Carla)
3. Carla estaba enferma. ¿Por qué? (no comer)
4. Por cuánto tiempo no había comido? (cinco días)
5. ¿Por qué no había comido? (estar deprimida)
6. Juan se fue rápidamente a la tienda. ¿Por qué? (comida y un anillo)
7. ¿Por qué compró un anillo? (amor)
8. ¿Por qué se sonríe ya Carla? (estar muy contenta)
9. ¿Por dónde viajarán en su luna de miel? (Andalucía)
10. ¿Quién trabajará por Juan mientras pasa su luna de miel? (su compañero Julio)

B **Los amores de Juan y Carla, segundo capítulo.** Conteste las preguntas que siguen con **para** y las palabras entre paréntesis.

MODELO ¿Es rico Juan? (su edad) → **Sí, es rico para su edad.**

1. ¿Para quién es la carta de amor? (Carla)
2. ¿Para quién escribió el poema de amor Juan? (su novia)
3. ¿Cuándo se casarán? (Navidad)
4. ¿Para cuándo necesita Juan el anillo? (la boda)
5. ¿Para qué vendrán los amigos? (ver a la pareja)
6. ¿Para quiénes comprarán un regalo? (Carla y Juan)
7. ¿Adónde van Juan y Carla en su luna de miel? (Granada)
8. ¿Para quién trabajará Juan después de casarse? (su suegro)

For minimal classroom time, have students prepare as homework.

C **Los planes matrimoniales de Pepe y Luisa.** Complete el párrafo que sigue con **por** o **para,** según el contexto.

Esta mañana Luisa me llamó (1)____ teléfono (2)____ invitarme a su boda. Ella y Pepe están muy contentos porque (3)____ fin se van a casar. (4)____ eso, ellos van a invitar a todo el mundo a su casamiento (5)____ celebrar la ocasión. No sé cuánto van a pagar (6)____ la boda, pero sé que (7)____ reservar la sala del hotel tuvieron que pedirles dinero a sus padres. Van a casarse (8)____ la iglesia porque los dos son religiosos. Lino, Tina y yo decidimos dar 100 dólares cada uno (9)____ poder comprarles un lindo regalo. Van a casarse (10)____ marzo. No sé la fecha exacta. Luego van a salir (11)____ España en su luna de miel. Pepe nació en Sevilla y (12)____ eso habla español muy bien. Luisa nació en Santa Bárbara pero (13)____ norteamericana habla español bien. Esta noche voy a hacer una fiesta (14)____ celebrar el compromiso. Mis amigos salieron hace un rato____ (15) la tienda (16)____ pan, queso y vino y luego van a pasar (17)____ la casa de Luisa (18)____ llevar a los dos a mi casa. Son mis amigos y (19)____ ellos yo haría cualquier cosa.

Los novios y los amigos 439

D En acción. Describa los dibujos siguientes. Emplee **por** o **para** según el contexto.

→ Para mujer es muy fuerte.

MODELO

1
2
3
4
5
6
7
8
9

• **CUESTIONARIO**

1. ¿Tiene usted clases por la mañana y por la tarde?   2. ¿Cuándo estudia usted? ¿Por la noche?   3. ¿A qué hora se va usted para su casa?   4. ¿Cuántas veces por semana se baña usted?   5. ¿Para quiénes compra usted regalos? ¿Cuándo?   6. ¿Cómo se informa usted de las noticias? ¿Por radio? ¿Por el periódico? ¿Cómo?   7. ¿Para cuándo piensa usted terminar sus estudios?   8. ¿Ha viajado usted por tren? ¿Por avión? ¿Por barco?   9. ¿Por qué ciudades tiene uno que pasar para llegar a Seattle, Washington?   10. ¿Cuánto pagó usted por este libro?   11. ¿Estudia usted para médico? ¿Para qué estudia?   12. Para llegar a su casa, ¿por dónde va usted?   13. ¿Trabaja su mamá fuera de la casa? ¿Para qué compañía o para quién?   14. ¿Qué tiene que hacer usted para mañana?   15. Para norteamericano o norteamericana, ¿quién de la clase habla bien el español?

440   *Capítulo dieciséis*

Una calle estrecha del antiguo Barrio Santa Cruz de Sevilla.

· Amor a primera vista ·

Un autobús turístico entra a la ciudad de Sevilla[1].

GUÍA	Dentro de unos minutos llegaremos al Barrio de Santa Cruz[2].
SRA. VEGA	Para ser tan joven, el guía sabe mucho, ¿no crees?
SOFÍA	Será muy inteligente el tipo. Yo no podría recordar tantos hechos históricos.
DAVID	Perdón, señorita, por casualidad, ¿ha estado alguna vez en la Argentina?
SOFÍA	¿Yo? No, nunca. ¿Por qué me pregunta eso?
DAVID	Pues, por nada. Yo soy argentino. Me llamo David Blum.
SOFÍA	¿Blum? Ése es mi apellido también. ¡Qué casualidad! Y me gustaría conocer la Argentina. Mis padres pasaron la luna de miel en Buenos Aires. Tengo la intención de ir algún día.
DAVID	Me encantaría enseñarle la ciudad. A propósito, ¿adónde irá después de visitar Sevilla?
SOFÍA	Seguiré con la misma compañía hasta Granada. El sábado próximo se casa mi prima. Estaré allá para la boda. ¿Y usted? ¿Volverá a la Argentina pronto?
DAVID	No, no, me encontraré con mi hermano en Málaga[3]. Pero tengo tres días libres. A lo mejor los pasaré en Granada. Así tendríamos tiempo de conocernos mejor.

Dos horas después, el autobús está por partir.

SRA. VEGA	No me gusta preguntarle a nadie por los precios pero, ¿querrías decirme cuánto pagaste por la pulsera de filigrana[4] que compraste?
SOFÍA	Se la compré a una gitana[5]. La compré por mil doscientas pesetas.

entrar (a; in Spain, en) *to enter* el, la guía *guide* por casualidad *by chance* a lo mejor *chances are* estar por + infinitive *to be ready to (do something)* la pulsera *bracelet*

Los novios y los amigos

DAVID Pero hay que tener cuidado. A veces la gente que anda por la calle pide mucho más de lo que se pagaría en las tiendas.

Cuatro días después, en Granada.

SOFÍA Pero, David, ¿qué hará tu hermano? ¿Te esperará en Málaga o se irá sin ti?

DAVID No importa que se vaya sin mí. Lo único que tiene importancia para mí ahora es estar contigo. Y aquí me quedaré hasta que tú me digas cuándo nos volveremos a ver.

SOFÍA No podré vivir sin ti. Te daré mi dirección en Nueva York. ¿Vendrás a verme?

DAVID Sofía, ¡yo iría al fin del mundo por ti!

---

la dirección *address*

PREGUNTAS

1. ¿Adónde llegarán los turistas dentro de unos minutos?   2. Según Sofía, ¿por qué será inteligente el guía?   3. ¿Qué le parece a usted la interrupción de David? ¿Por qué será que le hizo una pregunta tan rara a Sofía?   4. ¿Qué país le gustaría conocer a Sofía? ¿Por qué?   5. ¿Adónde irá Sofía después de visitar Sevilla? ¿Irá sola en tren?   6. ¿Cuánto pagó Sofía por la pulsera de filigrana? ¿A quién se la compró?   7. Según David, ¿por qué hay que tener cuidado?   8. ¿Por qué se quedó David en Granada? ¿Qué hará su hermano?   9. Para David, ¿vive Sofía muy lejos? ¿Qué dice él?   10. ¿Cree usted que es posible enamorarse en cuatro días? ¿Cree que Sofía y David volverán a verse? ¿Por qué?

Notas culturales

Associated vocabulary: (other jewelry) **collar, aretes (pendientes)**; **(piedras preciosas) oro, plata, diamantes, rubíes**, etc.

1. **Sevilla,** an exceptionally beautiful port in southwest Spain, is the chief city of **Andalucía,** one of Spain's autonomous regions, famous for its olive trees, wines, fine horses and cattle, flamenco dancing, and rich cultural history. For eight centuries it was part of various Moorish kingdoms. Seville's 100-meter-high **Giralda** tower was originally a minaret of the city's central mosque.

2. **El Barrio de Santa Cruz** was Seville's Jewish quarter during its centuries as a Moorish city. It is famous for narrow streets, small plazas, and white houses with **rejas,** barred windows lush with flowers through which lovers traditionally converse.

3. **Málaga** is a resort city on Spain's southern **Costa del Sol.**

4. Filigreed jewelry (**la orfebrería**) is a characteristic product of Seville, reflecting its Islamic heritage.

5. Gypsies, a nomadic people perhaps originally from India though named for Egypt, live in several parts of **Andalucía.** Many achieved fame as flamenco guitaristas and dancers.

Actividades

Entrevista. Hágale las preguntas que siguen a un(a) compañero(a). Luego comparta la información con los otros del grupo.

1. ¿Cuánto tiempo deben conocerse un hombre y una mujer antes de casarse?
2. ¿Es mejor que una mujer con hijos se quede en casa en vez de trabajar? ¿Por qué?
3. ¿Son más felices las mujeres casadas o las solteras? ¿Y los hombres, casados o solteros? ¿Por qué?
4. ¿Quiénes son más celosos: los hombres o las mujeres?
5. ¿Puede usted explicar los refranes que siguen?

   Donde hay amor, hay dolor.
   Más vale estar solo que mal acompañado.

Melodrama de amor. Según los dibujos, cuente la historia de Ana y Rodrigo.

Associated vocabulary: **predecir; el pronóstico**. Make sure students use the high-frequency **habrá**.

Situación. Hoy es el primer día de la reunión anual de los pronosticadores *(forecasters, futurists)*. En grupos de cuatro, pronostiquen lo que va a ocurrir el año que viene. Luego compartan sus pronósticos con todo el grupo.

Vocabulario activo

Cognados

causar	el divorcio	el flamenco	la institución	planear	religioso
civil	entrar (a,	histórico	la intención	profundo	la separación
la comunicación	*in Spain:* en)	la implicación	monótono	la promesa	la sinagoga
divorciarse	eterno	la infidelidad	la parte	provisional	la taberna
					tolerar

Sustantivos

la **dirección**	address; direction
la **falta**	lack
la **filigrana**	filigree
el **gazpacho**	a cold, spicy soup
el **gitano**, la **gitana**	gypsy
el, la **guía**	guide
el, la **juez**	judge
la **pulsera**	bracelet

Verbos

acabarse	to run out of
cumplir	to carry out, to fulfill
durar	to last

Los novios y los amigos

el **abrazo**	hug
los **amores**	love affair
la **anulación**	annulment
el **beso**	kiss
el **casamiento**	marriage; wedding
comprometerse (con)	to get engaged (to)
comprometido	engaged
el **compromiso**	engagement, betrothal; commitment
la **luna de miel**	honeymoon
el **marido**	husband
el **matrimonio**	marriage, matrimony; married couple
el **noviazgo**	engagement, courtship
el **prometido** la **prometida**	fiancé fiancée
el **recién casado**, la **recién casada**	newlywed
la **separación provisional**	trial separation
la **vida de casado**	married life

Otras palabras y expresiones

a lo mejor	maybe, chances are
cualquiera, cualesquiera	any
estar por (+ inf)	to be ready to (do something)
más allá de	beyond
No me digas.	You don't say.
por casualidad	by chance
Por Dios.	Good Lord.
tener una cita	to have a date, appointment
tener la intención (de)	to intend (to), to plan (to)

Lectura VIII

Hispanoamérica antes y después de la conquista

La Pirámide del Sol, Teotihuacán.

    Mucho antes de la llegada de los españoles al Nuevo Mundo, ya existían varias importantes civilizaciones indígenas. Una de las más avanzadas fue la de° los mayas, que se desarrolló° en México y Centroamérica y que se distinguió en las matemáticas, la astronomía, el arte y la escritura°.

    Otra civilización bastante° avanzada fue la tolteca. Los toltecas construyeron la Pirámide del Sol que está en Teotihuacán, cerca de la ciudad de México.

    En México, la civilización dominante en los siglos XV y XVI era la azteca; su capital era la ciudad de Tenochtitlán. Los aztecas controlaban un vasto imperio. Eran un pueblo guerrero° y practicaban un culto muy sanguinario°. Como creían que el sol necesitaba beber sangre humana, los sacrificios humanos eran parte esencial de sus ritos religiosos.

    En 1519 el conquistador español Hernán Cortés llegó a México con unos 400 soldados, y consiguió la alianza de las tribus que odiaban a sus opresores, los aztecas. Con la ayuda de estas tribus, Cortés capturó al emperador Moctezuma y, en tres años, conquistó todo el imperio azteca. Un factor que ayudó a Cortés fue la curiosa leyenda° de Quetzalcóatl, un hombre-dios, blanco y con barba°, que según las profecías° volvería a gobernar al pueblo. Por eso, Moctezuma recibió a Cortés con amabilidad° y regalos, creyendo que era el dios.

    En Sudamérica había otra gran civilización indígena: la de los incas, que comprendía mucho de lo que son° hoy el Ecuador, el Perú, Bolivia y Chile. La sociedad incaica tenía una estructura social piramidal. En lo más alto° estaba el Inca, o jefe supremo, y sus nobles. Esta clase privilegiada llevaba

la de that of / *se...* developed / *writing*

fairly

warrior / *un... a very bloody religion*

legend
beard / *prophecies*
kindness

comprendía... *comprised much of what are* / **En...** *At the highest (level)*

445

Una fortaleza incaica.

El conquistador Hernán Cortés (1485–1547).

una vida de lujo. En cambio°, la gente común trabajaba en tierras colectivas y tenía sólo lo necesario para vivir. Los viejos y enfermos recibían ayuda del estado.   *On the other hand*

    La astronomía y las matemáticas de los incas no estaban tan desarrolladas como entre los mayas y los aztecas, pero estaban más avanzadas la medicina y la ingeniería. Construyeron excelentes caminos, puentes, acueductos y fortalezas° qúe aún° hoy se conservan, como se puede ver en esta foto.   *fortresses / still*

    Francisco Pizarro llegó al Perú en el año 1531 con menos de 200 soldados. Con este pequeño ejército conquistó en pocos meses a los incas, un imperio de seis o siete millones de personas. Pizarro siguió el ejemplo de Cortés y así, aparentando° amistad, pudo capturar al emperador Atahualpa. Los indios estaban acostumbrados a obedecer, de modo que° con la captura de su jefe supremo, el poder pasó fácilmente a manos de los españoles.   *feigning* / *so that*

    Durante los siglos coloniales la sociedad hispanoamericana era básicamente feudal. Estaba formada de cuatro grupos: los indios, los mestizos, los criollos (blancos nacidos en América) y los peninsulares (españoles). Los indios trabajaban en las minas o en las haciendas° de los criollos. El número de mestizos crecía día a día y formaba un puente entre los grupos de indios y criollos. Los peninsulares estaban por encima de todos: el gobierno español les daba todos los puestos políticos. Los criollos, resentidos por esta discriminación, prestaron atención° a las ideas revolucionarias que circulaban en el siglo XVIII.   *ranches*

  paid attention

446 *Lectura VIII*

El Padre Miguel Hidalgo encabeza la rebelión.

Los movimientos revolucionarios de independencia empezaron a principios° del siglo XIX. En México, un humilde° sacerdote, el Padre Miguel Hidalgo, encabezó° una rebelión bajo la bandera de la Virgen de Guadalupe. Poco después, en la Argentina, el General José de San Martín, un criollo, tomó el mando° de las fuerzas revolucionarias que liberaron la Argentina y Chile. Otro jefe criollo, Simón Bolívar, ganó la liberación del norte de Sudamérica. Ya en 1825 casi toda Hispanoamérica era independiente. Pero esa independencia fue sólo el primer paso hacia el camino de la libertad.

*at the beginning / humble
headed
command*

PREGUNTAS

1. ¿Dónde se desarrolló la civilización maya? ¿En qué campos se distinguió?
2. ¿Quiénes construyeron la Pirámide del Sol? ¿Dónde está?
3. ¿Cómo eran los aztecas? ¿Por qué practicaban sacrificios humanos?
4. ¿Quién fue el conquistador de México? ¿Con la ayuda de quiénes capturó al emperador Moctezuma?
5. ¿Cómo era la organización social de los incas?
6. ¿Qué ciencias estaban avanzadas en el imperio inca? ¿Qué construyeron?
7. ¿Qué ejemplo siguió Pizarro para conquistar el imperio inca? ¿Se opusieron los indios?
8. ¿Cuáles eran los cuatro grupos que formaban la sociedad colonial hispanoamericana?
9. ¿Cuándo empezaron los movimientos revolucionarios hispanoamericanos? ¿Dónde?
10. ¿Cree usted que existe un país hispanoamericano con una libertad total? ¿Es posible que un país sea totalmente independiente? ¿Por qué?

Hispanoamérica antes y después de la conquista

CAPÍTULO DIECISIETE

DE COMPRAS

Vocabulario.   In this chapter you will talk about shopping and stores.

Gramática.   You will discuss and use:
1 The imperfect subjunctive
2 *if*-clauses
3 The change of the conjunctions **y** to **e** and **o** to **u**
4 Diminutives

Cultura.   The dialogs take place in the Venezuelan cities of Maracaibo, Caracas, San Juan de los Morros, and Los Teques.

el vendedor, la vendedora

In 1984, approximately 13 bolívares = $1.00. A **poncho** is called a **ruana** in Venezuela and Colombia. A **detallista** is also known as a **minorista**.

el almacén
la tienda por departamentos
el, la dependiente
el empleado, la empleada
el, la gerente

gastar *to spend* **la frazada** *blanket* **la oferta** *sale, offering* **ahorrar** *to save* (time, money) **el vendedor, la vendedora** *salesperson* **el, la dependiente** *salesclerk; assistant* **el empleado, la empleada** *employee* **el, la gerente** *manager*

De compras

el, la detallista (al detalle)
el consumidor, la consumidora

el, la mayorista (al por mayor)
la mercancía

Note that there is no real equivalent for *loaf*: **Compramos un pan francés**.

En la tienda de ropa hay blusas, faldas, pantalones, calcetines . . .

En la tienda de comestibles hay verduras, carne, queso, frutas, alimentos . . .

En la panadería hay pan, galletas, bizcochos . . .

el, la detallista *retailer* **al detalle** *retail* **el, la mayorista** *wholesaler* **al por mayor** *wholesale*
la mercancía *merchandise* **los comestibles** *food* **los alimentos** *food* **la panadería** *bakery*
la galleta *cracker*

En la joyería compramos joyas: pulseras, collares, aretes . . .

En la farmacia compramos aspirinas, medicinas, cosméticos . . .

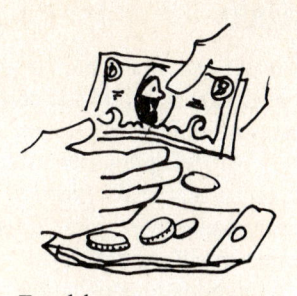

En el banco compramos cheques de viajero y cambiamos dinero . . .

Associated vocabulary: **espejo**; **maquillaje**[N].

En la mueblería compramos mesas, sillas, sofás, camas . . .

En el mercado los indios muestran su artesanía: alfarería, tapices . . .

En la ferretería, compramos herramientas, pintura, clavos y tornillos . . .

Asociaciones. Diga cuál palabra no pertenece al grupo.

MODELO la tienda de ropa: calcetines, galletas, faldas, ropa interior → **galletas**

1. oferta: barato, ahorros *(savings)*, precios rebajados, caro
2. el banco: cambiar, cheques, ahorrar, tapices
3. el mercado: boletos, verduras, artesanía, ponchos
4. la ferretería: clavos, pintura, bizcochos, herramientas
5. comestibles: queso, pan, bizcochos, alfarería
6. la mueblería: calcetines, camas, sillas, mesas

¿Cierto o falso? Si es falso, diga por qué.

Mention that this is not entirely preposterous, because of **el mercado negro en dólares**.

1. Gastamos nuestro dinero en el banco.
2. En Venezuela, para cambiar los dólares en bolívares vamos a la panadería.
3. Si necesitamos clavos, vamos a la mueblería.
4. Si me duele la cabeza y necesito aspirinas, voy al médico.
5. En el mercado venden de todo: comestibles, ropa, pan, aspirinas.

---

la joyería *jewelry store*   **la joya** *gem, jewel*   **las joyas** *jewelry*   **el collar** *necklace; collar*
el arete *earring*   **la mueblería** *furniture store*   **la artesanía** *craftsmanship*   **la alfarería** *pottery; pottery shop*   **el tapiz** *tapestry*   **la ferretería** *hardware store*   **la herramienta** *tool*   **el clavo** *nail*   **el tornillo** *screw*

De compras 451

CUESTIONARIO

1. Cuando usted necesita ropa, ¿le gusta ir a almacenes grandes o prefiere comprar en tiendas más baratas? ¿Dónde compra su ropa?   2. Cuando va de compras, ¿busca ofertas o compra la primera cosa que ve?   3. ¿Ahorra usted dinero todos los meses?   4. ¿En qué gasta usted más dinero: en comida, en el alquiler *(rent)*, en su auto, en su matrícula *(tuition)* o en las diversiones?   5. ¿Adónde va usted para comprar alimentos?   6. Si usted necesita medicina, ¿a qué tienda va?   7. ¿Debe usted mucho dinero? ¿Le piden prestado dinero sus amigos?   8. ¿Hay ofertas en las tiendas locales? ¿Qué ofertas hay?   9. ¿Cuesta demasiado la ropa? ¿Qué cuesta demasiado?   10. ¿Cuánto vale este libro? ¿Un buen vestido? ¿Una libra de plátanos?   11. ¿Regateamos *(bargain)* sobre los precios de ciertas cosas en este país?   12. Cuando usted tiene unos pesos de más *(money to spare)*, ¿qué hace?

Aural comprehension: Correct these erroneous statements: 1. Ana le pidió a Marta que fuera al campo. 2. A Ana no le interesaban zapatos que no fueran rojos. 3. Raúl quiere recibir un puesto en la capital. 4. Raúl está furioso que su hija no se quede con ellos.

I. El imperfecto del subjuntivo

• *La casa de la familia Bello en Maracaibo*[1].

RAÚL ¿Dónde estabas, Marta?

MARTA Ana me pidió que fuera de compras con ella. Quería que la ayudara a escoger unos zapatos para su viaje a Caracas.

RAÚL ¿Encontraron algo que les gustara?

MARTA No, no compramos nada. Ana no quería comprar un modelo que estaba en venta a menos que lo tuvieran en azul marino para hacer juego con su traje nuevo.

RAÚL Sé que quiere recibir ese puesto en la capital.

MARTA Yo le aseguré que no te opondrías con tal que ella ahorrara dinero para venir a vernos de vez en cuando.

RAÚL Vamos a estar muy tristes sin nuestra hija. Quisiera que aceptara un puesto en nuestro almacén, pero reconozco que necesita hacerse su propia vida.

1. ¿Qué le pidió Ana a su madre?   2. ¿Por qué quería Ana unos zapatos en azul marino?   3. ¿Qué le aseguró Marta a Ana?   4. ¿Cómo van a estar Raúl y Marta sin Ana?   5. ¿Qué quisiera Raúl?   6. ¿Qué reconoce Raúl?

The Bello family's house in Maracaibo. RAÚL: Where were you, Marta? MARTA: Ana asked me to go shopping with her. She wanted me to help her choose some shoes for her trip to Caracas. RAÚL: Did you find something you liked? MARTA: No, we didn't buy anything. Ana didn't want to buy a style that was on sale unless they had it in navy blue to match her new suit. RAÚL: I know she wants to get that job in the capital. MARTA: I assured her you wouldn't be opposed to it as long as she saved money to come see us once in a while. RAÚL: We're going to be very sad without our daughter. I would like her to accept a position in our store, but I recognize that she needs to make her own life.

---

[1]**Maracaibo** is a thriving oil city in the jungle lowlands at the outlet of Venezuela's **Lago de Maracaibo**. More than 10,000 oil rigs dot the lake, one of the richest oilfields in the world. Venezuela's capital, **Caracas**, is 500 kilometers to the east.

A To form the imperfect subjunctive of *all* verbs, remove the **-ron** ending from the **ustedes**-form of the preterit and add the imperfect subjunctive endings: **-ra, -ras, -ra, -ramos, -rais, -ran**. Notice that the **nosotros**-form requires a written accent.

hablar	
hablara	habláramos
hablaras	hablarais
hablara	hablaran

comer	
comiera	comiéramos
comieras	comierais
comiera	comieran

vivir	
viviera	viviéramos
vivieras	vivierais
viviera	vivieran

Only those stem-changing verbs that change their stems in the preterit change their stems in the imperfect subjunctive.

pensar	
pensara	pensáramos
pensaras	pensarais
pensara	pensaran

volver	
volviera	volviéramos
volvieras	volvierais
volviera	volvieran

pedir	
pidiera	pidiéramos
pidieras	pidierais
pidiera	pidieran

Verbs with spelling changes or irregularities in the **ustedes**-form of the preterit have the same changes in the imperfect subjunctive.

INFINITIVE	USTEDES-FORM: PRETERIT	YO-FORM: IMPERFECT SUBJUNCTIVE
andar	anduvieron	anduviera
construir	construyeron	construyera
creer	creyeron	creyera
dar	dieron	diera
decir	dijeron	dijera
estar	estuvieron	estuviera
haber	hubieron	hubiera
hacer	hicieron	hiciera
ir, ser	fueron	fuera
leer	leyeron	leyera
morir	murieron	muriera
poder	pudieron	pudiera
poner	pusieron	pusiera
querer	quisieron	quisiera
saber	supieron	supiera
tener	tuvieron	tuviera
traer	trajeron	trajera
venir	vinieron	viniera
ver	vieron	viera

Be aware that earlier problems may surface again here, such as confusion between forms for **poner** and **poder**, and the inoffensive sounding ***trayeron** for **trajeron**.

De compras

Torres de taladros en el lago de Maracaibo.

B The imperfect subjunctive is used in the same cases as the present subjunctive, except that the verb in the main clause is usually in some past tense rather than in the present. Compare the following examples.

No quiero que usted pague la cuenta.	*I don't want you to pay the bill.*
No quería que usted pagara la cuenta.	*I didn't want you to pay the bill.*
Es mejor que ahorres parte de tu salario.	*It's better that you save part of your salary.*
Era mejor que ahorraras parte de tu salario.	*It was better that you saved part of your salary.*
El dependiente dice el precio claramente para que los turistas lo puedan entender.	*The salesclerk is saying the price clearly, so the tourists can understand it.*
El dependiente dijo el precio claramente para que los turistas lo pudieran entender.	*The salesclerk said the price clearly so that the tourists could understand it.*

Sometimes the verb in the main clause is in the present, but the imperfect subjunctive is used in the dependent clause to refer to something in the past.

¿Es posible que el tapiz valiera tanto?	*Is it possible that the wall hanging was worth that much?*
No, no es posible que costara 500.000 bolívares.	*No, it's not possible that it cost 500,000 bolívares.*

454 *Capítulo diecisiete*

C **Ojalá** plus present subjunctive is used to express a genuine hope or wish.

    Ojalá que sean baratos los boletos.   *I hope the tickets will be cheap.*

The speaker shifts to the imperfect subjunctive to express a wish that is only hypothetical or unlikely to be fulfilled.

    Ojalá que fueran baratos los boletos.   *I wish the tickets were cheap (but they're not).*

D The imperfect subjunctive of **querer, poder,** and **deber** is sometimes used to soften a statement or question, for politeness.

    Yo quisiera hablar con el gerente.   *I would like to speak to the manager (wish).*

    Quiero hablar con el gerente.   *I want to speak to the manager (will).*

    Debiéramos esperar.   *We should wait (weak obligation).*
    Debemos esperar.   *We should (must) wait (stronger obligation).*

E An alternate set of endings for the past subjunctive is often used in Spain and is found in many literary works: **-se, -ses, -se, ́-semos, -seis, -sen.** The **-se** endings are added to the same stem as the **-ra** endings and have the same uses, except that the **-se** forms are not used to indicate politeness. You should learn to recognize the **-se** forms. The **-ra** forms, however, are preferred for conversation in Spanish America.

    Me alegraba de que tú regateases.   *I was happy that you bargained.*
    Ella tenía miedo de que su esposo comprase el coche nuevo.   *She was afraid her husband would buy the new car.*

EJERCICIOS You can cue students by providing one of the elements (such as an object noun from the last column) or else let them generate sentences without restrictions.

A **La tómbola.** Forme oraciones nuevas con una expresión de cada columna.

    MODELO   **Ojalá que ellos hablaran español.**

| Ojalá que | usted
Emilia
Diego y yo
tú
ellos
yo | compra**rón**
escucha**rón**
habla**rón**
prepara**rón**
termina**rón**
trabaja**rón**
comie**rón**
escribie**rón**
vendie**rón**
vivie**rón** | -ra
-ras
-ra
́-ramos
-rais
-ran | el coche
en Chile
la lección
una carta
en México
la casa
los ejercicios
la radio
español
a la profesora
las tortillas
inglés
la comida
el desayuno |

De compras

B La sustitución

1. Querían que *usted* lo comprara. (tú, mis amigos, yo, nosotros, los turistas)
2. No creíamos que *tú* vinieras. (Ricardo, las chicas, Susana, usted, ellos)
3. Se fue antes que lo supiera *Paquita*. (tú, ellos, yo, nosotros)
4. Buscaba *un secretario* que hablara portugués. (unos secretarios, una joven, unos ingenieros)

Have students generate additional infinitives themselves. Examples: **nadar bien; jugar tenis como** *(name of champion)*; **recibir muchas cartas; ganar la lotería**.

C La conjugación.
Con la expresión **ojalá que**, dé la forma señalada del imperfecto de subjuntivo en -ra.

MODELO   yo: tener dinero → **Ojalá que yo tuviera dinero.**
              ellos: cantar bien → **Ojalá que ellos cantaran bien.**

1. yo: hablar portugués, comer menos, vivir mejor, bailar bien, ir de compras, ser más fuerte
2. tú: trabajar más, ir a Caracas, bañarse más, estar aquí, saber más
3. nosotros: vivir juntos, ser amigos, saber mucho, tener más tiempo, estar lejos de aquí
4. ellos: aprender más rápido, llegar temprano, no gastar tanto, decir la verdad

D Hoy igual que ayer.
Hace dos años don Andrés se jubiló *(retired)* y le dejó su almacén a su nieto Ramón. Tome el papel de Andrés y responda a los comentarios de Ramón. Dígale que lo que ocurre hoy también ocurría en el pasado.

MODELO   Busco un dependiente que sea buen vendedor. → **Y yo también buscaba un dependiente que fuera buen vendedor.**

1. El almacén tiene estas ofertas hasta que termine con el inventario.
2. Tengo miedo de que los precios sean muy altos.
3. Les pago a los mayoristas para que me den buena mercancía.
4. No hay empleado que ahorre dinero.
5. Tampoco hay nadie que sepa regatear.
6. El gobierno no permite que vendamos joyas.
7. No creo que los clientes paguen más de quinientos bolívares por una camisa.
8. Es muy importante que los dueños entiendan a los clientes.

E La tómbola otra vez.
Forme oraciones nuevas con una expresión de cada columna.

MODELO   **Mi padre quería que yo dijera la verdad.**

Mi padre (no) quería	mi hermano	ser médico(a)
Los profesores esperaban	usted	decir la verdad
Los políticos temían que	yo	llegar tarde a la clase
Mis abuelos dudaban	las mujeres	tener más libertad
Me alegraba	los periódicos	fumar

F Oraciones incompletas. Complete las oraciones con la información apropiada.

1. Mi abuela buscaba una medicina que . . .
2. Mis padres querían que yo . . .
3. El dueño mandó que los dependientes . . .
4. Yo saldría de compras contigo con tal que tú . . .
5. El año pasado fue imposible que mi padre . . .
6. Anoche en la fiesta no había nadie que . . .
7. En 1776 Inglaterra no quería que las colonias americanas . . .
8. Durante los años de Vietnam muchos americanos temían que . . .

Additional sentences for oral presentation: 1. Ayer nos visitó gente de otro planeta. 2. Llovió muchísimo en el desierto de Nevada. 3. Hubo menos corrupción en el gobierno local.

G Las noticias. Rómulo leyó estos acontecimientos en el periódico. Diga cuál sería su reacción a cada uno. Empiece con una frase como **Me alegro, Es una lástima, Dudo, Es posible, Ojalá** . . .

MODELO   Hubo un terremoto en California hace poco pero no hubo muertos.
→ **Me alegro que no hubiera muertos.**
Alguien encontró unas ruinas en Guatemala. → **Es muy interesante que alguien las encontrara allí.**

1. El precio del petróleo bajó en Venezuela.
2. Ayer el presidente dio una conferencia y no fue nadie.
3. Murieron muchas personas en El Salvador el año pasado.
4. En Venezuela la inflación subió muchísimo el año pasado.
5. Muchos turistas viajaron a México. El dólar estaba fuerte allí.
6. Muchos estudiantes ya recibieron sus diplomas.
7. Los Juegos Olímpicos de 1984 tuvieron lugar en Los Ángeles.
8. Se hicieron tres películas más de las "Guerras de las Galaxias".

Note that this exercise exemplifies the second part of rule B on page 454. Some speakers prefer the present perfect subjunctive here, e.g., **Dudo que el precio del petróleo haya bajado en Venezuela**. If you prefer this usage, then wait to do this exercise until chapter 18.

H Si fuera así . . . Ponga las tres posibilidades en orden de su preferencia personal. *Variation: Allow students to give original ending if none of choices is to their liking.*

1. ¿Qué haría usted si fuera rico(a)?
   Si fuera rico(a),
   a. viajaría por todo el mundo.
   b. compraría un Mercedes-Benz.
   c. ayudaría a los pobres.

2. ¿Qué haría usted si estuviera de vacaciones?
   Si yo estuviera de vacaciones,
   a. esquiaría en las montañas.
   b. me bañaría en el mar.
   c. montaría a caballo.

3. ¿Qué haría usted si recibiera malas notas?
   Si yo recibiera malas notas,
   a. le preguntaría por qué al profesor.
   b. estudiaría más.
   c. me saldría de la universidad.

De compras

• **CUESTIONARIO**

1. Cuando usted era niño o niña, ¿querían sus padres que se acostara temprano? ¿Qué más querían ellos?   2. ¿Se alegraban ellos que usted recibiera notas buenas en la escuela?   3. ¿Permitían sus padres que a los catorce años saliera con alguien del otro sexo?   4. ¿Le prohibían sus padres a usted que condujera el auto de la familia?   5. ¿Qué hacía usted sin que lo supieran sus padres?

Dialog exercise: Students listen to the following sentences without looking at the dialog. They replace the inappropriate words with those in the dialog version. 1. Cuesta quinientos bolivianos; es de pura lana. 2. Y si los tuviera no los comería de todos modos. 3. Vendí un rojo muy bonito hace sólo unos diez meses. 4. ¿Y si se lo prestara por cuatrocientos ochenta?

II. El imperfecto de subjuntivo en cláusulas con si

• *En una tienda típica de la Calle Real de Sabana Grande[1]. Una turista mexicana regatea con una vendedora venezolana.*

DOÑA CARLA	¿Cuánto cuesta este poncho, señorita?
VENDEDORA	Quinientos bolívares, señora. Es de lana pura, sabe . . .
DOÑA CARLA	¿Quinientos bolívares? No los tengo . . . y si los tuviera no lo compraría de todos modos. ¡Es demasiado caro!
VENDEDORA	¿Y si se lo vendiera por cuatrocientos ochenta?
DOÑA CARLA	Pues, lo prefiero en otro color.
VENDEDORA	Es el último que me queda. Hace unos diez minutos vendí uno rojo muy bonito. Pero lléveselo por cuatrocientos cincuenta, señora.
DOÑA CARLA	Si me lo diera por cuatrocientos veinte, me lo llevaría.
VENDEDORA	Está bien. Se lo doy por cuatrocientos veinte.
DOÑA CARLA	¡De acuerdo! Muchas gracias.

1. ¿Cuánto cuesta el poncho?   2. ¿Cree la señorita que el poncho es muy caro o muy barato?   3. Si ella tuviera quinientos bolívares, ¿compraría el poncho?   4. Si la vendedora le vendiera el poncho por cuatrocientos ochenta bolívares, ¿lo compraría?   5. ¿De qué color era el poncho que la vendedora había vendido unos minutos antes?   6. ¿Compraría ella el poncho si la vendedora se lo diera por cuatrocientos veinte bolívares?

In a typical shop on the Calle Real de Sabana Grande. A Mexican tourist is bargaining with a Venezuelan saleswoman. DOÑA CARLA: How much is this poncho, miss? SALESWOMAN: Five hundred bolívares, ma'am. It's pure wool, you know . . . DOÑA CARLA: Five hundred bolívares? I don't have them . . . and if I did have them, I wouldn't buy it anyway. It's too expensive! SALESWOMAN: And if I sold it to you for 480? DOÑA CARLA: Well, I prefer it in another color. SALESWOMAN: It's the last one I have left. Some ten minutes ago I sold a very pretty red one. But take it for 450, ma'am. DOÑA CARLA: If you gave it to me for 420, I would take it. SALESWOMAN: OK, I'll give it to you for 420. DOÑA CARLA: Agreed! Thank you very much.

---

[1]**Caracas**, built on foothills of the Andes, consists of a series of interconnected but separate districts. **Sabana Grande** is a main shopping district; its principal avenue, officially **la Avenida Abrahám Lincoln**, is still widely known by its old name, **la Calle Real**. Venezuela's **productos típicos** include hand-crafted items produced by the country's numerous Indian civilizations.

A When an *if*-clause expresses a situation that the speaker or writer thinks of as true or definite, or makes a simple assumption, the indicative is used.

Si llueve, Carlos no va de compras.	If it rains, Carlos isn't going shopping.
Si llovió ayer, Carlos no fue de compras.	If it rained yesterday, Carlos didn't go shopping.
Si Manuel va al mercado, yo voy también.	If Manuel goes to the market, I will go too.

When the verb in an *if*-clause is in the present tense, it is always in the indicative, whether the speaker is certain or not.

Si vienes, me alegraré.	If you come, I'll be happy.
Si recibimos dinero hoy, iremos al supermercado.	If we receive money today, we'll go to the supermarket.

B However, when the *if*-clause expresses something that is hypothetical or contrary to fact and the main clause is in the conditional, the *if*-clause is in the imperfect subjunctive.

Note that Chicano students may follow popular Mexican usage, and use the imperfect subjunctive for the result clause as well, e.g., ...si tuviera dinero, lo comprara. It would be counterproductive to "correct" such a practice.

Esa cámara es estupenda; si tuviera dinero, la compraría.	That camera is wonderful; if I had money, I would buy it.
Luis y Mirta irían con nosotros si estuvieran aquí.	Luis and Mirta would go with us if they were here.
Si las frazadas fueran de mejor calidad, las compraríamos.	If the blankets were of better quality, we'd buy them.
Si fueras más cuidadoso, no romperías las cosas.	If you were more careful, you wouldn't break things.

C *If*-clauses in the imperfect subjunctive refer to the present.

Si tuviera dinero, te lo daría.	If I had money (now), I'd give it to you.

Conversational usage in Latin America permits the imperfect subjunctive in both clauses, e.g., **Si hubiera tenido dinero, te lo hubiera dado**.

To express an *if*-clause about the past, a compound tense must be used.

Si hubiera tenido dinero, te lo habría dado.	If I'd had any money (at that time), I'd have given it to you.

D The expression **como si** *as if* implies a hypothetical, or untrue, situation. It requires the imperfect subjunctive.

¡Regateas como si fueras experto!	You bargain as if you were an expert!
Andrés gasta dinero como si fuera millonario.	Andrés spends money as if he were a millionaire.
Elena se viste como si tuviera una fortuna.	Elena dresses as if she had a fortune.

Retrato de Simón Bolívar (1783–1830).

NONVERBAL COMMUNICATION

Communicating in Spanish involves more than being able to exchange information verbally. Nonverbal communication—gestures, touching, and other aspects of body language—are very much part of the communication process.

The amount of space between two people when they talk is known as social distance. Keeping the correct distance—not too far away, so you seem unfriendly, nor too close, so you seem overly familiar—is basic to effective communication. In many Hispanic countries, the distance between speakers is generally less than in the United States. American visitors may find this closeness uncomfortable and seek discreetly to back away—but don't. Try to get used to it.

Gestures are also very important. While some are nearly universal—waggling a finger to express *no*, for example—others have radically different meanings in different countries. A common gesture meaning *OK* in the United States, made by forming a circle with the thumb and index finger, has a vulgar meaning in some Spanish-speaking countries. How can you learn what gestures mean to a Spanish-speaker? A few excellent books have been written on the subject, including Jerald Green's *A Gesture Inventory for the Teaching of Spanish* and Desmond Morris's *Gestures*. But your best bet is to observe the gestures that Spanish-speakers make and to question them directly about the subject. It is an excellent opportunity for a cultural exchange; you might offer to teach them some basic gestures used in the United States in exchange for the corresponding gestures used in another country.

While you are on the subject of gestures, ask your native speaker about the proper social distance and common forms of touching. You may discover that your friend has already concluded you are a bit distant, and talking about the subject will explain the situation to both of you. As for touching, the **abrazo** hug is commonly used by men in Spanish-speaking countries, and women often walk arm in arm along the street. For effective communication, be sensitive to new customs as you continue to sharpen your linguistic skills.

> **Por Motivo de Viaje Vendo Todos mis Juguetes:**
> Porsche 911/2.4
> Honda Turbo CX 500 cc
> Katana 1.000 cc
> Honda CB 750 F
> Cigarette 21' 200 HP
> Abstenerse intermediarios y curiosos 752.1902, 283.3166. Clave 1014

EJERCICIOS

A   La sustitución

1. Hablas como si *estuvieras triste*. (ser rico, tener razón siempre, querer llorar, saber mucho, ser tonto)
2. Si hace buen tiempo hoy, *iremos al parque*. (estar contentos, trabajar afuera, jugar al tenis, trabajar en el jardín, pasear en bicicleta)
3. Si mis amigos vivieran aquí, yo *los visitaría*. (invitarlos a mi casa, hablarles por teléfono, no estar tan triste, ser feliz)
4. Compraríamos el auto si *costara menos*. (no ser tan caro, no usar tanta gasolina, ser un Mercedes, tener dinero nosotros)

B   Esperanzas frustradas.   Raquel pensaba pasar el día en el centro pero a la última hora su mamá le dijo que tenía que ayudarla a limpiar la casa. Tome el papel de Raquel y cambie las oraciones para decir cómo sería el día si no tuviera que quedarse en casa.

MODELO   Si hace buen tiempo, iremos al Parque Central. → **Si hiciera buen tiempo, iríamos al Parque Central.**

1. Si tío Raúl me manda dinero, compraré un vestido nuevo.
2. Si Carmen y su hermano tienen tiempo, me acompañarán.
3. Si nos da hambre, comeremos en un restaurante.
4. Si veo a mis amigos, los invitaré a almorzar con nosotros.
5. Si los precios están bajos, le diré a Ramón que se compre unas corbatas nuevas.
6. Si encontramos algunas gangas, valdrá la pena gastar dinero.

C   Puros sueños.   Complete las oraciones que siguen.

MODELO   Si fuera actor (actriz), saldría en muchas películas románticas.

1. Si tuviera un millón de dólares, . . .
2. Si yo fuera dueño(a) de una tienda, . . .
3. Si me quedaran sólo tres meses de vida, . . .
4. Si tuviera que vivir solo(a), . . .
5. Si yo volviera a nacer en otra forma, . . .
6. Si yo fuera hombre (mujer), . . .
7. Si yo tuviera tres días libres, . . .
8. Si yo fuera invisible, . . .
9. Si mañana fuera mi cumpleaños, . . .
10. Si yo estuviera hoy en la América del Sur, . . .

> **Se Solicita**
> # Patrón para Yate
> **Con permiso para 150 toneladas**
> teléfonos: 662.3853 y 662.1304, Sra. Rosa.

D Cuando ganemos la lotería...   Todas las semanas el señor Benítez compra un billete de lotería. Está absolutamente seguro que un día se sacará el gordo. Tome el papel del señor y haga oraciones para decir qué hará cuando gane la lotería.

   MODELO   yo / recibir un millón / comprar / barco grande → **Cuando yo reciba un millón de pesos, compraré un barco grande.**

   1. nosotros / comprar ese barco / viajar mucho
   2. nosotros / viajar / conocer muchos países
   3. ellos / entregarme el dinero / comprar / casa / también
   4. nosotros / vivir en una casa elegante / estar contentos
   5. mi familia / estar contenta / yo / sentirme muy feliz

E Si ganáramos la lotería...   Hablemos ahora de la señora Benítez. Ella no es tan optimista como su esposo pero también sueña con ser rica. Tome el papel de la señora y cambie las oraciones del ejercicio D arriba para decir qué haría usted si ganara la lotería.

   MODELO   yo / recibir un millón / comprar / barco grande → **Si yo recibiera un millón, compraría un barco grande.**

F Conversación.   Con un compañero o una compañera de clase hable de una oferta especial de trabajo. Uno de ustedes será la persona que recibió la oferta y el otro será un amigo o una amiga.

   Tell your partner that a large company has offered you an interesting position (**un puesto interesante**). Say that if you accepted it, you would have to move (**mudarse**) to Brazil. Explain that if you spoke Portuguese, you would leave tomorrow! Ask your partner if he or she thinks that you could learn Portuguese in only (**sólo**) two months. Tell your friend you're very happy that you talked with him or her about this. If it weren't for him or her, you would still be confused (**confundido(a)**) about your future.

   Ask your partner if he or she will accept the position. Say that you would love it if someone offered you the chance to (**la oportunidad de**) live in South America. Say that if your partner called the university, he or she could find out about (**averiguar**) the Portuguese classes that they offer. Say that if you were he or she, you would make a big effort (**un esfuerzo muy grande**) to do it. Then say that besides (**además**), when your partner gets to Brazil, the Brazilians will teach him or her anything he or she needs to know.

Variation: Prepare different versions of instructions separately on 3 × 5 cards and give them to students. This will allow students to approximate natural communication, since one speaker does not know exactly how the other will respond.

Capítulo diecisiete

● **ENTREVISTA**   Associated vocabulary for this survey: **encuesta, sondeo**.

Hágale las preguntas siguientes a un(a) compañero(a) de clase. Luego compare la información con lo que dijeron otros.

1. Si tuvieras mucho dinero, ¿qué comprarías?   2. Si pudieras dar un millón de dólares a una organización, ¿a qué organización se lo darías?   3. Si te quedara sólo un año de vida, ¿qué harías?   4. Si sólo pudieras leer tres libros, ¿qué libros leerías?   5. ¿Qué problemas nacionales resolverías si fueras presidente(a)?   6. ¿Qué harás mañana si hace buen tiempo?   7. Si recibes una nota mala en el próximo examen, ¿qué harás?   8. Si no tienes obligaciones este sábado, ¿qué harás?

Aural Comprehension: Posible/Probable o Imposible/Improbable: 1. Don Carlos es un hombre muy joven. 2. Los padres y tíos de Rosita viven en el mismo apartamento. 3. Los González son muy ricos. 4. Don Carlos es socialista.

III. Cambio de las conjunciones y en e y o en u

● *Un edificio de apartamentos en la Avenida Andrés Bello en Maripérez*[1].

DON CARLOS ¿Está en casa el señor o la señora González?
ROSITA ¿A qué señores González busca usted? ¿Busca a mis padres, Fernando e Isabel, o a mis tíos, Juana e Ignacio?
DON CARLOS Unos u otros, no me importa.
ROSITA Bueno, mamá y papá salieron de compras y mis tíos Juana e Ignacio están aquí pero hoy no reciben.
DON CARLOS Pues, en este caso no deben recibir sino dar. Vengo por el alquiler.

1. ¿A quién busca don Carlos?   2. ¿Quiénes están en casa, los padres o los tíos de Rosita?   3. ¿Cómo se llaman los padres de Rosita? ¿Y sus tíos?   4. ¿Qué quiere don Carlos?

An apartment building on Avenida Andrés Bello in Maripérez. DON CARLOS: Is Mr. or Mrs. González home? ROSITA: Which Mr. and Mrs. González are you looking for? Are you looking for my parents, Carlos and Isabel, or my Aunt and Uncle, Juana and Ignacio? DON CARLOS: Either, it doesn't matter to me. ROSITA: Well, Mom and Dad went shopping, and my Aunt Juana and Uncle Ignacio are here, but they aren't receiving visitors today. DON CARLOS: Well, in this case they don't have to receive, but give. I'm here for the rent.

[1] **Andrés Bello** (1781–1865), educator, journalist, and Simón Bolívar's tutor, wrote a path-breaking grammar of Spanish that is still cited as authoritative by **la Real Academia Española de la Lengua**. Maripérez is a blue-collar residential district of Caracas near **la Ciudad Universitaria**.

De compras

A When the word following the conjunction **y** *and* begins with the sound /i/, spelled **i** or **hi**, the **y** is changed to **e**.

noticias e información	*news and information*
trabajador e inteligente	*hard-working and intelligent*
verano e invierno	*summer and winter*
madre e hija	*mother and daughter*

Y does not change to **e** when followed by a word beginning with the letters **hie**, since the initial sound is the glide /y/.

nieve y hielo	*snow and ice*

B When the word following the conjunction **o** *or* begins with an **o** or **ho**, the **o** is changed to **u**.

diez u once	*ten or eleven*
primavera u otoño	*spring or fall*
plata u oro	*silver or gold*
ayer u hoy	*yesterday or today*

EJERCICIOS

A La sustitución

1. Carlos e *Inés* han visto el programa. (Roberto, Isabel, Hilda, Teresa, Ignacio)
2. Sé que o Anita u *Olga* conoce bien Caracas. (Ofelia, Silvia, Óscar, Héctor, Homero)

B La traducción

1. French and Italian
2. mathematics and history
3. sons and daughters
4. father and son
5. meat and fruits
6. to bargain and to buy
7. to live or to die
8. seven or eight
9. woman or man
10. one or another
11. train or bus
12. minutes or hours

• CUESTIONARIO

1. ¿Habla usted español e inglés? ¿Francés e italiano?   2. ¿Ha visitado usted Guatemala u Honduras?   3. ¿Son simpáticos e inteligentes sus profesores?
4. ¿Sabe mucho de economía e historia el presidente de ese país?   5. ¿Es buena e interesante esta clase?   6. ¿Prefiere usted comer comida italiana u otra?

El llanero coge el toro por la cola y trata de hacerlo caer.

Dialog exercise: Students listen to the following sentences and correct them without seeing dialog: 1. Carlitos me dijo que te había enviado. 2. Mis padres van a buscar un trabajito en la capital. 3. ¿Por qué no te llevas a tu perrita? 4. Ella es muy flaquita[N] para salir de noche.

IV. Formas diminutivas

- *En la ciudad de San Juan de los Morros, dos amigas hablan sobre la próxima fiesta llanera, los toros coleados[1].*

CARMENCITA ¿Vas a la fiesta de los toros mañana? Carlitos me dijo que te había invitado.

ISABEL No, no puedo ir. Tengo que cuidar a mi hermanita. Mis padres van a hacer un viajecito a la capital.

CARMENCITA Pero, ¿qué dirá Carlitos? ¿Por qué no llevas a tu hermanita contigo?

ISABEL ¡Imposible! Ella es muy chiquita para salir de noche.

1. ¿Qué le dijo Carlitos a Carmencita?   2. ¿Por qué no puede ir Isabel a la fiesta de los toros? ¿Qué van a hacer sus padres?   3. ¿Sabe Carlitos que Isabel no puede ir a la fiesta con él? ¿Cómo lo sabe usted?   4. ¿Cuál es la idea de Carmencita? ¿Piensa Isabel que es una buena idea? ¿Por qué?

In the city of San Juan de los Morros, two friends are talking about the next festival of the plains, the throwing of the bulls. CARMENCITA: Are you going to the festival of bulls tomorrow? Carlitos told me that he had invited you. ISABEL: No, I can't go. I have to take care of my little sister. My parents are going to take a short trip to the capital. CARMENCITA: But what will Carlitos say? Why don't you take your little sister with you? ISABEL: Impossible! She's very little to go out at night.

---

[1]**San Juan de los Morros** is a frontier city on Venezuela's **llanos**, or interior plains, 100,000 square miles of sometimes flooded, sometimes parched cattle country. **Los toros coleados** is a rodeo event in which a **llanero** *plainsman, cowboy* rides past a steer, catches its tail, and spins it off its feet.

De compras 465

A Certain endings in Spanish may be added to words to form diminutives. A diminutive is often used to express smallness, cuteness, or affection. The number of diminutive endings is large; particular combinations have special shades of meaning. Here are three rules of thumb, just as examples; each would have to be greatly elaborated to cover all possible formations.

1. **-(e)cito(a)** is added to words of more than one syllable that end in **-n, -r, -e**, or certain diphthongs; to two-syllable words ending in **-o** or **-a** if the first syllable contains certain diphthongs; and to one-syllable words ending in a consonant.

jovencitos	*youngsters*	rubiecito	*little blond boy*
mujercita	*little woman*	nuevecito	*brand new*
hombrecito	*little man*		
pobrecitos	*poor little things*		

   You may want to teach these structures for recognition only. Although diminutives are used extensively in Mexico, elsewhere there exists a great deal of variation in their acceptability (in some regions, male speakers use them very little) and in the way they are formed (**-ecito, -ecita, -cito, -cita, -ito, -ita, -ico, -ica**, etc.).

2. **-ito(a)** is added to most other words that end in **-o** or **-a**.

casita	*cute little house*	Miguelito	*little Miguel*
hermanitos	*little brothers and sisters*	adiosito	*bye-bye*
ahorita	*right away*	perrito	*little dog*

3. **-illo, -(e)cillo** sometimes (but not in every case) carries a hint of contempt.

autorcillo	*insignificant author*
guerrilla	*small war, factional strife*
chiquilla	*little girl* (no contempt)

B Some words require a spelling change before the diminutive ending to show that the pronunciation of the base word does not change.

amigo—amiguito	*little friend*	poco—poquito	*little bit*
luz—lucecita	*little light*	voz—vocecita	*soft little voice*

EJERCICIOS

A **¡Pobrecita!** Cambie las palabras señaladas a la forma diminutiva.

MODELO La *hermana* de *Pedro* tiene fiebre.→**La hermanita de Pedrito tiene fiebre.**

1. ¿Quién es ese *chico*?
2. Es el *hermano* de *Teresa*.
3. ¿No se siente bien tu *amiga*?
4. Ella tiene un *dolor* en el *brazo, mamá*.
5. Creo que las aspirinas están encima de la *mesa, hijo*.
6. Dale a *Carlos* un *poco* de agua.
7. Hay un *vaso* cerca de las aspirinas.
8. Espera un *momento*, voy a hacer una *llamada*.

B Muchas cositas lindas. Gloria le cuenta a su amigo de todos los regalos que le dieron para su cumpleaños.

MODELO   abuelo / perro → **Mi abuelo me regaló un perrito.**

1. amigas / unas flores
2. José / un libro
3. tía / una blusa
4. Carlos / una pulsera
5. abuela / unas galletas
6. papá / una cama nueva

• **CUESTIONARIO**

Conteste las preguntas con la forma diminutiva cuando sea posible.

1. ¿Vive usted cerca de la universidad?   2. ¿Me puede esperar un momento?   3. ¿Tiene usted hermanas?   4. ¿Quiere que yo le dé un regalo?   5. ¿Quiere mucho a su abuela?   6. ¿Tiene usted un poco de dinero?

· *Los sueños postergados* ·

En el pueblo de Los Teques[1], doña Beatriz llega a casa de su vecina doña Carola.

CAROLA   ¡Qué casualidad! Un momento antes de que llegaras José y yo hablábamos de ti. ¿Te sirvo un cafecito?

BEATRIZ   Con mucho gusto. Pues le dije a Tito hace unos días que ya era tiempo de que fuera a visitarte pero por una u otra cosa . . .

CAROLA   ¿Sabes que estuvimos en Caracas hace dos semanas? Fuimos para que José asistiera a una conferencia y queríamos que los muchachos vieran la ciudad.

BEATRIZ   Sí, es bueno que los jovencitos conozcan la capital. El verano pasado pasamos unos días allá y Teresita e Inés se portaron como si fueran verdaderas caraqueñas.

CAROLA   ¿De verdad? ¿Qué hicieron?

BEATRIZ   Pues las muchachas habían estado varias veces con Tito cuando tuvo que comprar tela para la sastrería pero yo no creía que mis hijitas tuvieran tantos amigos allá.

CAROLA   A todos los jóvenes les fascina la vida de la ciudad. Hasta Pepito sueña con vivir en Caracas. Anteayer me dijo que si tuviera cuarenta mil bolívares[2], abriría una librería en el Centro Comercial Chacaíto[3]. ¿Te lo imaginas?

BEATRIZ   ¡Qué bien! Siempre me ha parecido maravilloso que tus hijos sean tan aficionados a la literatura.

CAROLA   Sería herencia de su abuelo. ¿Sabías que mi suegro era amigo de Rómulo Gallegos[4]?

BEATRIZ   No, no lo sabía. ¿Era escritor tu suegro también?

CAROLA   No, era zapatero. Le arreglaba los zapatos a Gallegos. El viejo trabajó

---

postergado *postponed*   **caraqueño** *Caracan*   **la tela** *cloth, fabric*   **la sastrería** *tailor's shop*   **la herencia** *heritage; inheritance*   **el zapatero, la zapatera** *shoemaker*

De compras

En los llanos venezolanos.

	toda la vida para que sus hijos tuvieran la oportunidad de estudiar. Quería que fueran literatos todos.
BEATRIZ	Parece que la generación anterior siempre tiene el mismo deseo para la que sigue.
CAROLA	Pues, un sueño es lo que es . . . un sueño nada más. A menos que Pepito no deje los libros por un ratito para conseguirse trabajo, él y los sueños se quedarán aquí en Los Teques.

el literato, la literata *literary person*   **anterior** *previous, earlier*

PREGUNTAS

1. ¿Qué hacían Carola y José antes de que llegara doña Beatriz?   2. ¿Por qué fueron Carola y la familia a Caracas?   3. ¿Han estado en Caracas las hijas de Beatriz? ¿Qué pasó la última vez que fueron con sus padres?   4. ¿Qué clase de negocio tiene el marido de Beatriz?   5. ¿Cuál es el sueño de Pepito?
6. ¿Cuánto dinero necesita Pepito para que pueda abrir un negocio?   7. ¿Cree usted que a las hijas de Beatriz les gusta leer mucho? ¿Cómo lo sabe usted?
8. ¿De quién era amigo el suegro de Carola? ¿Se conocieron en una conferencia de escritores?   9. ¿Deseaba el suegro de Carola que sus hijos fueran zapateros? ¿Qué quería él?   10. Según la mamá de Pepito, ¿llegará él a tener una librería en Caracas? ¿Por qué?

468   *Capítulo diecisiete*

Notas culturales

1. Los Teques, 30 miles southwest of Caracas and the site of important battles in Venezuela's war of independence, is capital of the state of Miranda. **Francisco de Miranda** (1750–1816), **El Precursor** (to Bolívar) for whom the state is named, fought in the U.S., French, and Venezuelan revolutions and ended his days in a Spanish dungeon. Leadership of the revolution in Venezuela passed to his countryman **Simón Bolívar** (1783–1830), **El Libertador,** the greatest hero in all Hispanic American history. Bolívar, returning to Venezuela from exile in Jamaica and Haiti, pulled together the scattered patriot forces, reinforced them with bands of **llanero** horsemen and some 4,000 British and German soldiers of fortune, and began a brilliant campaign in the jungles and mountains of Venezuela, Colombia, Ecuador, Peru, and Bolivia, which by 1824 resulted in the independence of South America. At a conference of the new republics in Panama in 1826, he failed to achieve a united Hispanic America. In 1830 he resigned as president of **Gran Colombia** (Venezuela, Colombia, and Ecuador). Broken in health, he died two years later.

2. The currency, largest state, international airport, and numerous superhighways, office towers, schools, towns, avenues, plazas, museums, and theaters in Venezuela are named for Bolívar, as is one of the republics he founded, Bolivia.

3. One of many giant multilevel shopping centers in Caracas, filled with fashionable boutiques, restaurants, and chain-store branches.

4. Rómulo Gallegos (1884–1969), author of *Doña Bárbara* and other novels describing life in the Venezuelan **llanos.** Elected president in 1948 in the first free election in Venezuela's history, Gallegos was ousted by a military clique the same year, opening the way for the horrendously corrupt dictatorship of Colonel **Marcos Pérez Jiménez.** In 1958, Venezuela returned to a democratic form of government.

Note that **taller** would be acceptable in no. 8.

· Actividades ·

Juan Sebastián Bar
RESTAURANT
Presenta hoy martes
Bossa Nova con **Marisela Guedez**
a partir de las 9:30 p.m.
Av. Venezuela, El Rosal telf: 32.42.29

Entrevista. Hágale las preguntas siguientes a otra persona de la clase. Luego, comenten ustedes la información con otros estudiantes.

1. ¿Qué te gustaría comprar si tuvieras mucho dinero?   2. ¿Cuándo regateas el precio de las cosas que compras?   3. Si hicieras un viaje a Sudamérica, ¿qué cosas comprarías allí?   4. ¿Te gusta gastar dinero, o prefieres ahorrarlo? ¿Por qué?   5. ¿Bajo qué condiciones te casarías? ¿Vivirías con tus suegros?   6. Si estuvieras enfermo(a), ¿adónde irías y qué comprarías?   7. Si necesitaras unos boletos de tren, ¿dónde los comprarías?   8. ¿Adónde irías si el coche no anduviera bien?   9. Si necesitaras cambiar un cheque, ¿adónde irías?   10. Si tienes tiempo esta noche, ¿qué harás?

De compras

¿Qué compré? Pónganse en grupos de cuatro o cinco. Uno(a) de ustedes debe decir algo así: "Ayer yo fui a *(una farmacia, un almacén, una librería, etc.)* y compré algo muy *(importante, necesario, cómico, etc.)*. ¿Qué compré?" Entonces los otros estudiantes le hacen preguntas hasta descubrir qué compró. Quizás sean útiles las preguntas siguientes.

1. ¿Es algo que comemos?
2. ¿Compraste esa cosa en una farmacia? ¿En una panadería? ¿En una tienda de ropa?
3. ¿Es algo que cuesta mucho dinero? ¿Cuesta menos de un dólar?
4. ¿Es algo que compraría una mujer más que un hombre?
5. ¿Es muy grande la cosa que compraste?
6. ¿Es algo que usas en la escuela? ¿En casa?
7. ¿Compraste la cosa para ti mismo(a) o para otra persona?
8. ¿Es algo que me gustaría recibir como regalo?

Situación. Divídanse en parejas—cliente y vendedor(a). El vendedor o la vendedora ayudará al (a la) cliente con su selección y compras. Acaso sean útiles las frases y expresiones siguientes.

*Note the very common use of both object pronouns in phrases such as ¿**Se lo/la envuelvo**[N]?*

CLIENTE
Deseo comprar un(a) . . .
¿Cuánto cuesta (vale) . . .?
¿Qué precio tiene . . .?
¡Es muy (demasiado) caro (barato)!
¿Está en oferta hoy . . .?
Necesito un(a) . . .
¿Puede usted envolverlo(la) *(wrap it up)*?

VENDEDOR(A)
¿Qué desea usted?
¿En qué puedo servirle?
Lo tenemos en varios colores y medidas *(sizes)*..
¿Qué número o talla *(size)* usa usted?
Cuesta . . .
¿Quiere probarse el (la) . . .?
Este(a) . . . está muy de moda *(in style)* ahora.
Usted tiene suerte. Tenemos . . . en oferta especial hoy.
¿Desea otra cosa?

Soy el Conjunto Residencial más moderno y mejor planificado en la zona de Los Valles del Tuy. Poseo las quintas más bellas y mejor distribuidas de todas las que puedas encontrar. Te ofrezco, en un ambiente de paz y lejos de la contaminación, todo el confort de una gran Ciudad... pero en el campo. Ven a conocerme.

INVERSIONES AVE MARIA S.A.

urbanización
EL AVE MARIA
...entre todas la mejor!

Vocabulario activo

- **Cognados**

comercial	exclusivo	el inventario	local	el poncho	puro
los cosméticos	fascinar	el kilo			

- **Sustantivos**

los alimentos	food	cuidar de	to take care of	el, la mayorista	wholesaler
el alquiler	rent	postergar	to delay, to postpone; to pass over (promotions)	la mercancía	merchandise
el arete	earring			la mueblería	furniture store
la artesanía	craftsmanship			la oferta	sale, offer
el clavo	nail			la panadería	bakery
el collar	necklace; collar	regatear	to bargain	rebajar	to reduce; to mark down
los comestibles	food				
el edificio de apartamentos	apartment building	- **De compras** *shopping*		rebajado	reduced; marked down; on sale
la frazada	blanket	ahorrar	to save (time, money)		
la galleta	cracker	los ahorros	savings	la tienda por departamentos	department store
la herencia	heritage, inheritance	al detalle	retail		
la herramienta	tool	al por mayor	wholesale	el vendedor, la vendedora	salesperson
la joya	gem; jewel	la alfarería	pottery; pottery shop		
las joyas	jewelry	el bolívar	monetary unit of Venezuela		
el literato, la literata	literary person	la calidad	quality	- **Otras palabras y expresiones**	
la maceta	flowerpot; vase	el consumidor, la consumidora	consumer	anterior	previous, earlier
la matrícula	tuition; matriculation	el, la dependiente	salesclerk; shop assistant; clerk	azul marino	navy blue
el modelo	model; example; style			caraqueño	Caracan
		el, la detallista	retailer	hacer juego con	to match, to go with
la pintura	paint	el empleado, la empleada	employee	llanero	pertaining to the plains
el tapiz	tapestry	en venta	on sale		
la tela	cloth, fabric	la ferretería	hardware store	unos pesos de más	money to spare
el tornillo	screw	gastar	to spend; to waste	los toros coleados	a rodeo event
el zapatero, la zapatera	shoemaker	el, la gerente	manager	u	or (replaces o before words beginning o- or ho-)
		la joyería	jewelry store		

- **Verbos**

asegurar	to assure

CAPÍTULO DIECIOCHO

LAS PROFESIONES Y LOS OFICIOS

Vocabulario. In this chapter you will talk about jobs and professions.

Gramática. You will discuss and use:
1. The present-perfect and past-perfect subjunctive
2. Other uses of **se:** as an impersonal pronoun equivalent to English *one, people, they;* as an alternative to the passive in such sentences as *newspapers are sold here;* and as a way to express unplanned occurrences (e.g., **olvidarse** *to forget*)
3. Long-form possessives, both adjectives *(of mine, of hers)* and pronouns *(mine, hers)*
4. Adjectives as nouns *(I'll take the red one)*

Cultura. The dialogs take place in the Peruvian cities of Lima, el Callao, Cuzco, and Machu Picchu.

la costurera el sastre

el abogado, la abogada

el policía, la mujer policía

el vendedor, la vendedora

el secretario, la secretaria

el ingeniero, la ingeniera

el, la comerciante
el hombre (la mujer) de negocios

el peluquero, la peluquera

el, la músico

---

la costurera *seamstress, dressmaker* **el sastre, la sastra** *tailor* **el, la comerciante** *merchant* **el hombre (la mujer) de negocios** *business person* **el peluquero, la peluquera** *hairdresser* **el, la músico** *musician*

Las profesiones y los oficios 473

el doctor, la doctora
el médico, la médica

el programador (de computadoras)
la programadora

el cura, el sacerdote
el pastor
el rabino, el rabí

Note the variation for female titles: **la médica, la médico; la policía, la mujur policía** (since **la policía** is usually *police force*); **la presidenta, la presidente; la jefa, la jefe; la ministra, la ministro**. Often the more recent version ending in **a** sounds jarring to those unaccustomed to such usage.

el camarero, la camarera
el mesero, la mesera

el agricultor, la agricultora
el estanciero, la estanciera

el jardinero, la jardinera

el bombero

el ama de casa

el, la cantante

Note that **el ama** is feminine and behaves like **el agua, el hacha**[N], etc., i.e., **la buena ama, las amas**.

el soldado, el militar

el, la agente de viajes

el camionero, la camionera

---

el cura curate, priest   **el rabino (rabí)** rabbi   **el agricultor, la agricultora** farmer   **el estanciero, la estanciera** rancher   **el jardinero, la jardinera** gardener   **el bombero** fireman   **el ama** f **de casa** housewife   **el soldado** soldier   **el camionero, la camionera** truck driver

474   *Capítulo dieciocho*

Un impresionante edificio antiguo del centro de Lima.

Asociaciones   ¿Qué profesiones u oficios asocia usted con las personas y cosas siguientes?

1. el robo
2. un avión
3. un restaurante
4. el divorcio
5. una oficina
6. una computadora
7. la muerte
8. la verdad
9. el campo
10. la fuerza
11. las plantas
12. gente enferma
13. los incendios
14. lavar y planchar la ropa
15. el cabello
16. la alegría
17. el dinero
18. los caminos

CUESTIONARIO

1. ¿Cuál era la profesión de J.C. Penney? ¿De Jonas Salk? ¿Y cuál es la de Michael Jackson?   2. ¿Quiénes trabajan en un hospital? ¿En el campo? ¿En una oficina? ¿En una tienda? ¿En casa? ¿Muy lejos de la casa?   3. ¿Cuáles son algunas profesiones de sus parientes?   4. ¿Qué profesión le gustaría tener si tuviera el dinero y el talento necesarios?   5. ¿Qué le gusta a usted de esa profesión?   6. ¿Para qué profesión estudia usted?   7. ¿Hay algo que no le guste de la carrera que usted estudia?   8. ¿Es posible que usted cambie de planes profesionales en el futuro?   9. ¿Cuáles son algunas profesiones donde las personas sirven al público?   10. ¿Cuáles son algunas profesiones u oficios que realmente no pagan casi nada?   11. ¿Trabaja usted? ¿Dónde trabaja? ¿Le gusta su trabajo? ¿Por qué?   12. ¿Cree usted que los profesores tienen una profesión buena? ¿Por qué?

Las profesiones y los oficios

I. El pretérito perfecto y el pluscuamperfecto del subjuntivo

• *La oficina del ingeniero Sebastián Agurto en la Avenida 28 de Julio, Lima.*[1]

SEBASTIÁN Te ves cansada, Marisa. Espero que no hayas tenido mucho trabajo últimamente.
MARISA ¡Ay, señor! Ojalá que usted no hubiera hecho ese viaje la semana pasada[2]. Yo tuve que trabajar todas las noches.
SEBASTIÁN ¿Todas las noches?
MARISA Y si usted hubiera estado aquí, yo no tendría ahora tantos problemas con mi clase de informática.
SEBASTIÁN Perdóname, Marisa.
MARISA La semana que viene tengo exámenes. ¿Me permite un día libre?
SEBASTIÁN ¡Cómo no! Lo tienes muy merecido.

1. ¿Por qué está cansada Marisa?   2. Si Sebastián no hubiera viajado, ¿tendría Marisa problemas ahora?   3. ¿Qué le pide Marisa a Sebastián? ¿Está él de acuerdo?

The office of the engineer Sebastián Agurto on Avenida 28 de Julio, Lima. SEBASTIÁN: You look tired, Marisa. I hope you haven't had a lot of work lately. MARISA: Oh, sir! I wish you hadn't made that trip last week. I had to work every night. SEBASTIÁN: Every night? MARISA: And if you had been here, I wouldn't have so many problems now with my computer class. SEBASTIÁN: Forgive me, Marisa. MARISA: Next week I have exams. Will you allow me a day off? SEBASTIÁN: Of course! You deserve it (very much).

[1]On July 28, 1821, Peruvian independence was proclaimed. **Lima**, Peru's capital (population 4,000,000), was an important colonial center in the Spanish Empire, rivaled only by Mexico City. Palaces, plazas, lovely churches, and broad avenues grace its central areas.

[2]Notice that Agurto addresses his secretary as **tú**, and she replies with **usted**. Pronoun usage reflects *register* or social status and also whether the speaker feels that the other person is an equal (**tú**).

Dialog exercise: Students listen to the following sentences and correct them without seeing the dialog: 1. Te ves casada, Marisa. 2. Quería que empezaras ese proyecto. 3. Espero que no hayas tenido días libres últimamente. 4. Ojalá que usted no hubiera dicho esa mentira la semana pasada. 5. Yo no tendría tantos problemas con mi clase de gramática.

A The present-perfect subjunctive is formed with the present subjunctive of **haber** (**haya, hayas, haya, hayamos, hayáis, hayan**) plus a past participle.

Espero que ya hayas pagado la cuenta.   *I hope you have already paid the bill.*

B The present-perfect subjunctive is used when:

1. The verb in the main clause is present, future, or a command
2. The subjunctive is required in the dependent clause
3. The dependent verb describes either of the following:

a. An action that is to happen before the action described by the main verb.

 Vamos a Lima con tal que hayamos vendido la casa.   We'll go to Lima provided we have sold the house.

b. A past action or condition. It may still be going on at the time of the main verb, or the speaker may be focusing on the consequences of its being complete at the time of the main verb.

 Sentimos que el peluquero haya estado enfermo.   We're sorry the hairdresser has been sick.
 Espero que ya hayan visitado Cuzco.   I hope you've already visited Cuzco (for example, because now it's too late to go).

4. The present-perfect subjunctive may also be used after **ojalá** and expressions like **tal vez** to describe earlier actions.

 Ojalá que el agente haya mandado los boletos.   Let's hope that the agent has sent the tickets.
 Tal vez ya la haya visto.   Perhaps he has already seen her.

Compare the following pairs of sentences.

Espero que te paguen el sueldo.   I hope they pay you your salary.
Espero que te hayan pagado el sueldo.   I hope they've paid you your salary.

El sastre siente mucho que al cliente no le guste su trabajo.   The tailor is very sorry that the client doesn't like his work.
El sastre siente mucho que al cliente no le haya gustado su trabajo.   The tailor is very sorry that the client hasn't liked (doesn't like) his work.

C The past-perfect subjunctive is formed with the past subjunctive of **haber** (**hubiera, hubieras, hubiera, hubiéramos, hubierais, hubieran**[3]) plus a past participle.

 Esperaba que ya hubieras pagado la cuenta.   I was hoping you had already paid the check.

D In dependent clauses where a past subjunctive form is required and the verb in the main clause is past, the past-perfect subjunctive is used if the action described by the verb in the dependent clause took place before the action described by the verb in the main clause.

 Osvaldo negó que te hubiera pagado.   Osvaldo denied that he had paid you.
 No creían que hubiéramos estudiado para músicos.   They didn't believe that we had studied to be musicians.

[3]The **-se** variant (**hubiese, hubieses, hubiese, hubiésemos, hubieseis, hubiesen**) is commonly used in Spain, but the **-ra** form is more frequent in Spanish America.

> **ENCUESTA POP**
>
> Peruana de Opinión Pública necesita contratar de inmediato Entrevistadores de uno u otro sexo, de 25 a 40 años, para realizar encuestas y sondeos muy bien remunerados en la Gran Lima.
> Presentarse mañana Lunes de 9 a.m. a 5 p.m. en Jr. Colón 110, Of. 409, Miraflores.

But if the dependent verb refers to a simultaneous or anticipated action or condition, the past subjunctive is used. Compare the following sentences.

Esperaba que rebajaran el precio.	*I was hoping they would lower the price (were going to lower the price).*
Esperaba que hubieran rebajado el precio.	*I was hoping they had lowered the price.*
Ella dudaba que tuvieras tiempo.	*She doubted that you had time.*
Ella dudaba que hubieras tenido tiempo.	*She doubted that you had had time.*
Fue una lástima que José perdiera dinero en el negocio.	*It was a shame that José lost money in the business.*
Fue una lástima que José hubiera perdido dinero en el negocio.	*It was a shame that José had lost money in the business.*
Preferiría que él me lo dijera.	*I would prefer that he told it to me.*
Preferiría que él me lo hubiera dicho.	*I would prefer that he had told it to me.*

EJERCICIOS

A La tómbola. Con una expresión de cada columna, forme oraciones nuevas.

MODELO Isabel duda que tú hayas ganado tanto.
Isabel dudaba que ellas hubieran tomado tanto.

| Isabel duda
Isabel dudaba | que | ellas
yo
nosotros
tú
ella
Raúl | haya
hayas
haya
hubiera
hubieras
hubiera | hayamos
hayáis
hayan
hubiéramos
hubierais
hubieran | ganado
perdido
trabajado
estudiado
pedido
hecho
recibido
tomado
pagado
viajado | tanto |

B La sustitución

1. Es posible que *Lidia* haya trabajado de secretaria. (tú, su hija, ustedes, esa mujer)
2. Isabel dudaba que *Víctor* hubiera estudiado. (nosotros, yo, sus amigos, tú)
3. Me alegro que *tú* hayas escogido ese oficio. (nosotros, usted, las muchachas, Óscar)

C Noticias de la cuñada.
La señora Torres recibió una carta de su hermana Clara. Le cuenta las noticias a su esposo y él hace comentarios. Tome el papel del señor Torres y complete las oraciones.

MODELO Mi hermana dice que llovió mucho allá.
　　　　Siento mucho que . . . → **Siento mucho que haya llovido mucho allá.**

1. Mi cuñada ganó la lotería.
   Me alegro que . . .
2. Clara y su esposo fueron de vacaciones al Perú.
   Es estupendo que . . .
3. Primero pasaron una semana en Lima.
   Me parece buena idea que . . .
4. Luego vieron las ruinas.
   Tienen suerte de que . . .
5. Conocieron a unos indios que no hablaban español.
   Es natural que . . .
6. Clara dice que pudieron comprar muchos recuerdos lindos.
   No me sorprende que . . .

Additional phrases for oral presentation (students give reaction without cue): 1. Sacaron fotos buenísimas. 2. Fueron a unos mercados muy interesantes. 3. Aprendieron mucho sobre la cultura incaica. 4. No querían dejar el Perú.

D Pensamientos nostálgicos.
Patricia es de Lima pero ahora vive con su esposo, gerente de la Petroperú, en Pucallpa[4]. Ahora piensa en su familia en Lima. Cambie las oraciones de Patricia a la forma del pretérito perfecto de subjuntivo.

MODELO Es posible que se case mi hermanita. → **Es posible que se haya casado mi hermanita.**

1. Es una lástima que tío Ernesto no pueda venir a vernos.
2. Mis padres temen que yo no esté contenta aquí.
3. No creo que mi abuelo deje de trabajar.
4. Dudo que mi cuñado asista a muchas conferencias para agentes de viajes este verano.
5. No es posible que mi primo compre un coche caro.
6. Me alegro que mi tía vaya a trabajar fuera de la casa.

[4]**Pucallpa** is a jungle outpost in Peru's Amazonian interior, 900 kilometers by road over the towering Andes from Lima. Since oil was first discovered in the region, Pucallpa has become an oil boomtown, with scores of Peruvian and international oil companies operating on the network of rivers lacing the region.

Las profesiones y los oficios

El lago Titicaca.

E Si me lo hubieran dicho antes . . . María Luisa, costurera de ropa elegante en la capital, volvió a su pueblo para pasar las fiestas de Pascua Florida con sus amigos. La pobre María Luisa se puso triste al oír las noticias. Diga cuál fue su reacción a cada noticia.

MODELO   Mis mejores amigos se habían divorciado. → **Era una lástima que mis mejores amigos se hubieran divorciado.**

1. Mi hermano mayor se había casado.
   Creo que mi papá no estaba contento que . . .
2. Los vecinos se habían ido del barrio.
   Pienso que mis padres sentían mucho que . . .
3. Alguien había destruido mi coche.
   Me parecía extraño que . . .
4. El presidente había mandado que los profesores enseñaran en inglés.
   Parecía imposible que . . .
5. Mi ex-novio se había hecho militar.
   Me sorprendió que . . .
6. Nosotros habíamos perdido el mejor abogado del pueblo.
   Fue una lástima que . . .

CUESTIONARIO

1. ¿Es bueno que se haya inventado el automóvil? ¿El televisor? ¿La bomba atómica?   2. ¿Es posible que nuestros abuelos hayan sido más felices que nosotros?   3. ¿Cree usted que algunos seres de otros planetas hayan visitado este planeta?   4. ¿Preferiría usted que sus padres le hubieran dado otro nombre? ¿Cuál?   5. ¿Hablaría español bien si hubiera nacido en el Perú? ¿En el Brasil?   6. ¿Qué hubiera hecho si no hubiera venido a clase hoy?

Aural comprehension: Students correct the erroneous information: 1. El Callao es un puerto en el mar Atlántico de mucha importancia. 2. Muchos negocios ya no se abren al mediodía. 3. Se ha abolido la costumbre de dormir en las ciudades. 4. Se cambió el sistema porque los empleados no trabajaban bien.

II. Usos adicionales del pronombre se

- *En la unidad vecinal de Santa Marina en el Callao, Hilda habla con su primo de Puno[1].*

GILBERTO ¿Es cierto que en las ciudades se ha abolido la costumbre de dormir la siesta?

HILDA Sí, muchos negocios ya no se cierran al mediodía. Sin embargo se abren un poquito más tarde.

GILBERTO ¿Y por qué se cambió el sistema? Se dice que los empleados trabajan mejor después de un descanso.

HILDA Se publicó hace unos años un artículo en *El Comercio* que indicaba que era necesario reducir el consumo de petróleo[2].

GILBERTO Ah, sí, se paga mucho por el petróleo hoy en día.

HILDA Así que ahora tenemos media hora para almorzar, ¿te lo imaginas?

1. ¿Cuál es la costumbre que se ha abolido en las ciudades del Perú?   2. ¿Se cierran todos los negocios al mediodía? ¿Se abren a la misma hora que antes?   3. ¿Dónde se publicó un artículo interesante? ¿Qué decía el artículo?   4. ¿Cree usted que el nuevo sistema será bueno para el país?

In the Santa Marina public housing unit in Callao, Hilda is talking to her cousin from Puno. GILBERTO: Is it true that in the cities the custom of taking a nap has been abolished? HILDA: Yes, many businesses don't close at noon anymore. However, they open a little later. GILBERTO: And why was the system changed? It's said that employees work better after a rest. HILDA: A report was published a few years ago in *El Comercio* that said that it was necessary to reduce the consumption of gasoline. GILBERTO: Oh, yes, one pays a lot for gasoline nowadays. HILDA: So now we have half an hour for lunch, can you imagine (it)?

[1]**Callao**, adjacent to Lima, is a major port on the Pacific. **Puno**, on the shore of Lake Titicaca, is the commercial center of mountainous southeast Peru.

[2]Workers in large cities used to drive home for the midday meal, creating enormous traffic jams and wasting gasoline. Countries that eliminate the **siesta**, or long midday break, usually do so to discourage midday commuting, to conserve gasoline.

Las profesiones y los oficios

> **CUZCO**
> Se vende casona colonial, cerca a Plaza de Armas.
> **Razón:**
> Telfs. 462400 (Lima)
> 228982 (Cuzco).

Note that when this "impersonal **se**" is combined with a construction that also calls for **se**, such as a reflexive verb, **se** occurs only once: **Se acuesta muy tarde en España** *One goes to bed very late in Spain*. In these cases, **uno** or **uno** is often used with **se**, e.g., **Y el día siguiente uno se levanta tarde**.

A The pronoun **se** followed by a verb in the third-person singular is a construction frequently used when it is not important to express or identify the agent or doer of an action. This use of **se** is often translated in English with *one, people, we, you,* or a passive construction. It is known as the impersonal **se**.

Se sabe que llevar cheques de viajero es mejor que llevar dinero.	It's known (Everybody knows, It's common knowledge) that it's better to carry traveler's checks than to carry money.
¿Es cierto que ya no se duerme la siesta?	Is it true they (people) don't take a midday nap anymore?
Se cree que el poder de los antiguos sacerdotes incaicos era muy grande.	It is believed (People believe) that the power of the ancient Incan priests was very great.
Antes de tomar una copa, se dice "¡Salud!"	Before having a drink, one says "Cheers!"

B To report that something is done, without mentioning by whom, Spanish speakers frequently use **se** plus a verb in the third-person singular or plural. What in reality is the object of the action becomes in grammar the subject of the verb. The verb is singular or plural to agree with the grammatical subject.

Se habla español.	Spanish is spoken.
Se hablan español y quechua.	Spanish and Quechua are spoken.
Se vendían periódicos en los cafés de Puno.	Newspapers used to be sold in the cafés of Puno.

C The same structure is used to report unplanned events. Any person affected by the event may be mentioned with an indirect-object pronoun, with additional clarification if necessary. Contrast the straightforward sentence **Paré el coche** *I stopped the car* with the following:

Se paró.	It stopped.
Se me paró el coche.	My car stopped on me.
A Ana y a Beto se les paró el coche.	Ana and Beto's car stopped on them.
A Ana y a Beto se les pararon los coches.	Ana's and Beto's cars stopped on them.

This construction is often used to put a certain polite distance between an event and the person responsible for it, or to imply that the event was an accident. Compare the following pairs of sentences.

No olvides la dirección. — *Don't forget the address.*
Se me olvidó la dirección. — *I forgot the address (it slipped my memory).*

Lo dejé caer. — *I dropped it (let it drop).*
Se me cayó. — *It dropped (without my meaning to let it).*

La vendedora perdió los cheques. — *The saleswoman lost the checks.*
Se le perdieron los cheques a la vendedora. — *The saleswoman (unintentionally) lost the checks.*

Many verbs are used in this construction. **Acabar, caer, olvidar, perder,** and **romper** are about the most common.

Se nos acabó el inventario. — *The inventory ran out on us.*
Se me rompió la pierna. — *My leg broke.*

Another example that highlights the difference between Spanish and English: **Se me quedaron las llaves en el coche** *I left my keys in the car*.

EJERCICIOS

A La sustitución

1. En esta tienda se venden *libros*. (pan, zapatos, frutas, ropa, medicina)
2. Se necesita una *secretaria* bilingüe. (doctores, vendedora, profesores, actor)
3. A Juan se le olvidó el *boleto*. (libros, mapa, regalos, dirección)
4. *A Nilita* se le perdió el número. (A mí, A ti, A nosotros, Al vendedor)

B Háblame del Perú.
Susan es estudiante de intercambio *(exchange student)* en la Universidad de San Marcos. Quiere saber de las costumbres del Perú. Tome el papel de su amigo limeño Horacio y conteste las preguntas de Susan. Use **se** como en el modelo.

MODELO ¿Estudian lenguas los estudiantes? (Sí) → **Sí, se estudian lenguas.**

1. ¿Van ustedes a la playa en enero y febrero? (Sí)
2. ¿Siguen las universidades el sistema de semestres? (No)
3. ¿Ven los jóvenes muchas películas norteamericanas? (Sí)
4. ¿Cierran los comerciantes las tiendas al mediodía? (No)
5. ¿Juegan los muchachos mucho al fútbol? (Sí)
6. ¿Juegan mucho al béisbol? (No)
7. ¿Pagan mucho ustedes para asistir a la universidad? (No, nada)
8. ¿Come la gente tacos y enchiladas aquí? (No)
9. ¿Dónde compran tus padres la comida? ¿En los mercados? (Sí)
10. ¿Descubren los arqueólogos muchas ruinas cerca del Cuzco? (Sí)

C Otra edad, otro mundo. Vamos a suponer que vivimos en otra edad o hasta en otro mundo. Todo se hace de otra forma. Mencione unas cosas que se hacen de otra manera.

    MODELO   Se construyen las casas en un solo día.
                      Se celebran todos los cumpleaños el mismo día.

D La traducción

For numbers 1 through 4 and number 7, ensure that the verb phrase comes first in the student translations.

1. Spanish is spoken here.
2. You can't buy love.
3. Few large cars are sold in Peru.
4. Spanish teachers are needed.
5. Why does she always drop things?
6. It is said that Spanish is easier than French.
7. Wine is not served with the dinner.
8. How did Carlos forget his girlfriend's telephone number?

• **CUESTIONARIO**

1. ¿Cómo se dice *thief* en español? 2. ¿Qué se necesita cuando se viaja a otro país? 3. ¿Qué se dice del presidente? 4. ¿A qué hora se abren los bancos? ¿Y a qué hora se cierran? 5. ¿En qué países se juega mucho al béisbol? 6. ¿Qué lengua se habla en el Perú? ¿En Italia? ¿En el Brasil? ¿En Nueva Zelandia? 7. ¿Qué lenguas se enseñan en esta universidad? 8. ¿Dónde se vive muy bien? 9. ¿Se come mucha fruta en su casa? 10. ¿Se come bien en la cafetería de la universidad? 11. ¿Se puede fumar en la clase? ¿Se permite comer? 12. ¿Dónde se compran las medicinas?

Aural comprehension: Posible/Probable o Imposible/Improbable: 1. La agencia de publicidad es del Inca Garcilaso. 2. El diseño de que se habla aquí no tiene mucha importancia. 3. Joaquín cree que no es importante quien haya hecho el trabajo. 4. Carrillo dice que el sistema de Quesada es bueno para los empleados.

III. La forma enfática de los adjetivos posesivos

• *Hay un conflicto en la Agencia de Publicidad Carrillo y Quesada, en la Avenida Inca Garcilaso[1], Lima.*

CARRILLO	¿Cómo es posible que tú le hayas dicho al cliente que ese diseño es tuyo? ¡Tú sabes que la idea fue mía!
QUESADA	Pero, Joaquín, somos socios.
CARRILLO	Mira, socio, aunque el negocio es nuestro, de los dos, ¡eh! yo creo que es muy importante darle crédito a quien se lo merezca.
QUESADA	Para mí el sistema tuyo es muy infantil. Somos profesionales todos, ¿no es cierto?
CARRILLO	Pero con el sistema tuyo los empleados no tienen nada que puedan considerar como lo suyo propio.

1. ¿Qué hizo Quesada que ofendió a su socio Carrillo?   2. ¿Está usted de acuerdo con Carrillo? ¿Piensa usted que es importante darle crédito a quien le corresponda? 3. Según Quesada, ¿cómo es el sistema de su socio?   4. Según Carrillo, ¿cuál es el problema con el sistema del socio suyo? ¿Quién tiene razón?

There is a conflict at the Carrillo y Quesada Advertising Agency, on Avenida Inca Garcilaso, Lima. CARRILLO: How is it possible that you told the client that that design is yours? You know the idea was mine. QUESADA: But, Joaquín, we're partners. CARRILLO: Look partner, although the business is ours, both of ours, huh, I think it's important to give credit to the one who deserves it. QUESADA: For me (in my opinion) your system is very infantile. We're all professionals, right? CARRILLO: But with your system the employees don't have anything they can consider as their own.

---

[1] Inca Garcilaso de la Vega (1539–1616), son of an Incan princess and a Spanish conquistador, wrote a series of *Royal Commentaries* describing the Incan Empire and its conquest by Spanish forces led by **Francisco Pizarro** (1476–1541).

VISITING A SPANISH-SPEAKING COUNTRY

A trip to a Spanish-speaking country, for anyone who can arrange it, is likely to be a language-learning highlight. The trip will make you glad you've learned as much as you have and may very well inspire you to continue your study of the language. Various agencies have been set up to provide information about travel to Spain, Mexico, South America, and the Caribbean. Your professors, the office of international programs at your university, and local service clubs are good sources to check. Your Spanish department may even sponsor a program of study abroad in which you can spend a semester, a summer, or an entire academic year studying Spanish in a Spanish-speaking country. People are streaming abroad—why not you?

Once you find a way to visit one of the Hispanic countries, begin collecting information about it—its people, history, geography, places of interest, pastimes, customs, and values. Your university library and the tourist offices of the country or countries that you plan to visit can provide you with free information.

As you read more and more about the country and its culture, talk to people who know it first hand. Citizens of the country living in the United States can give you broad insights into the activities of the people, while U.S. citizens who have lived there can tell you how they adapted to the details of daily life. Both perspectives are essential and will help you know what to expect.

Polish your communication skills. Learn how to make simple requests and obtain information necessary to your survival—food, lodging, transportation—before arriving in the host country. Know social pleasantries such as shaking hands, the proper social distance, and other customs. Try to find out how you will be expected to act as well as to speak. Your efforts will be perceptible to your Spanish-speaking hosts and will be appreciated.

Finally, develop a realistic attitude toward your trip. Try to anticipate situations that might cause you to suffer "culture shock," and keep an open mind about values and customs that are unfamiliar to you. Being well prepared and flexible will help you make a success of your experiences in the Spanish-speaking world.

Las profesiones y los oficios

A Long-form possessive adjectives in Spanish follow the noun.

mío	my, of mine	**nuestro**	our, of ours
tuyo	your, of yours	**vuestro**	your, of yours

suyo
 his, of his
 her, of hers
 its, of its
 your, of yours
 their, of theirs

Like other **-o/-a** adjectives, long-form possessive adjectives change their endings to agree with the noun they modify, which is the object possessed, not the possessor.

Alberto, ¿dónde están las cartas tuyas?	Alberto, where are your letters?
Clara, ¿es éste el mapa suyo?	Clara, is this your map?
Son unos amigos suyos.	They're some friends of hers.

The long-form or stressed possessive adjectives are more emphatic then the unstressed short forms **mi, tu, su, nuestro,** and **vuestro.** They are often used to make a contrast.

Cartas sí hay, pero no encuentro las cartas mías.	Letters there indeed are, but I don't find my letters.

B Possessive pronouns have the same forms as the long forms of the possessive adjectives. They are usually preceded by the definite article. The article and the pronoun agree in gender and number with the noun referred to, which is omitted.

Voy a vender el (auto) mío porque ya no lo uso.	I'm going to sell mine (my car) because I don't use it anymore.
¿Dónde están las (maletas) tuyas?— En medio del cuarto.	Where are yours (your suitcases)?—In the middle of the room.
Su casa está a la derecha. La nuestra está a la izquierda.	Their house is on the right. Ours is on the left.
Mi hijo no salió con el suyo, Sr. López, ¿no es cierto?	My son didn't leave with yours, Mr. López, isn't that right?

C After the verb **ser** the definite article is usually omitted.

La roja es nuestra.	The red one is ours.
Esas guías no son tuyas.	Those guidebooks aren't yours.
¿Son míos estos pasajes?	Are these tickets mine?

D Since **suyo(-a)** and **suyos(-as)** have several meanings, depending on the possessor, these pronouns may be replaced by a prepositional phrase with **de**.

$$de + \begin{cases} él \\ ella \\ usted \\ ellos \\ ellas \\ ustedes \end{cases}$$

El traje mío es viejo. — *My suit is old.*
¿El suyo es nuevo? (¿El de usted es nuevo?) — *Yours is new?*

¿Y las llaves de Elena? — *And Elena's keys?*
Las suyas no están aquí. (Las de ella no están aquí.) — *Hers aren't here.*

EJERCICIOS

A La sustitución

1. Hace dos meses que un hijo mío está en el Perú. (amigas, hija, tíos, sobrinos)
2. Es la maleta suya. (pasaporte, libros, cámara, camisas, auto)
3. Perdimos las llaves nuestras. (cuaderno, zapatos, cosas, silla)

B Y la mía también.
Tome el papel de Ernesto y dígale a Jorge que la vida suya es muy parecida a la de él.

MODELO   Mi casa es pequeña. → **La casa mía es pequeña también.**

1. Mi amigo está allí.
2. Mi hermano vendió su negocio.
3. Nuestras hijas son enfermeras.
4. Dejé mi maleta en el hotel.
5. Mi abuela perdió su pasaporte anoche.
6. Mis tíos vendieron su casa.

Additional sentences for oral presentation: 1. Mi carro consume mucha gasolina. 2. Nuestro patio es muy pequeño para tener fiesta allí. 3. Mis hermanos vienen a quedarse por unos días.

C ¿Con quiénes trabajan?
Diga usted con quiénes trabajan las personas siguientes.

MODELO   yo / estudiantes → **Yo trabajo con unos estudiantes míos.**

1. médico / pacientes
2. nosotros / amigos
3. tú / parientes
4. jefe / secretarias
5. usted / tías
6. hombres de negocios / clientes

Las profesiones y los oficios

Cuzco. La Catedral data del siglo XVII.

D La vida mía y la tuya. El padre de Alberto le habla de las buenas épocas pasadas. Tome el papel de Alberto y responda con información del mundo actual.

MODELO   Mi apartamento era grandísimo. → **El mío es grandísimo también.**

1. Mi novia era guapísima.
2. Compraba mis zapatos en la Zapatería González.
3. Mis clases eran muy interesantes.
4. Mi compañero de cuarto era peruano.
5. Mis diversiones favoritas eran esquiar y bailar.
6. Mi negocio andaba bien.
7. Mis empleados vendían mucho.
8. Mi peluquero me atendía una vez al mes.

E Matilde la curiosa. Matilde ayuda a Dorotea a hacer la maleta para su viaje al Cuzco. Tome el papel de Dorotea y conteste que sí a las preguntas de Matilde.

MODELO   ¿Son de Luis estos pantalones? → **Sí, son suyos.**

1. ¿Es ésta tu falda?
2. ¿Son de Irene estas sandalias?
3. ¿Es de Luisito esta camisa?
4. ¿Son de ustedes estos pasaportes?
5. ¿Es éste tu vestido?
6. ¿Son de los niños estos zapatos?
7. ¿Son éstos tus cheques de viajero?
8. Y esta maleta, ¿es de Luis?

IV. Los adjetivos usados como sustantivos

- *En la Universidad San Antonio Abad en el Cuzco[1], dos estudiantes hablan sobre la arquitectura peruana.*

GUSTAVO ¿Sabes? Se dice que en Perú existen dos países, el Perú español y el indio.
LORENZO Sí, es verdad. Para verlo, sólo hay que comparar la arquitectura colonial con la incaica.
GUSTAVO Pues, yo prefiero la arquitectura contemporánea.
LORENZO Y yo la clásica.
GUSTAVO Sea lo que sea, hacen linda combinación, ¿no crees?

1. Según Gustavo, ¿cuáles son los dos países que existen en el Perú?   2. ¿Está de acuerdo Lorenzo? ¿Qué dos estilos de arquitectura compara él?   3. ¿Prefiere Gustavo la arquitectura clásica? ¿Y Lorenzo?

At the Universidad San Antonio Abad in Cuzco, two students are talking about Peruvian architecture.
GUSTAVO: You know? They say (it is said) that in Peru two countries exist, the Spanish Peru and the Indian (one). LORENZO: Yes, it's true. To see it, you only have to compare colonial architecture with the Incan (one). GUSTAVO: Well, I prefer contemporary architecture. LORENZO: And I (the) classical. GUSTAVO: Be that as it may, they make a lovely combination, don't you think?

[1] **Cuzco** was the capital of the pre-Conquest Incan Empire, which stretched from Chile to Ecuador. Spanish colonial structures resting on Inca foundations are to be seen in many parts of the city.

Two possible dialog adaptations: (1) Grammatical focus. Students talk about another place that has two facets, using the same grammatical structures, such as **las dos** *(name of college)*. (2) Cultural focus. You talk about other manifestaciones of **los dos Perus**, e.g., in music, **la música "señorial" de la costa, de la Lima aristocrática (como el vals) y la música indígena del interior andino, basada en la kena (un tipo de flauta) y el charango (instrumento que se parece un poco a la mandolina)**. If possible, provide for student access to this music.

A Repeating the same noun over and over in a sentence is usually poor style.

Leo la edición nueva y la edición vieja.   *I'm reading the new edition and the old edition.*

In Spanish, a noun that is modified by an adjective may be deleted unless its absence will cause confusion. The adjective that remains now functions as a noun (it is nominalized); it keeps the same ending as if the original noun were still expressed. (In English, the noun is not just dropped, but is replaced, usually by *one* or *ones*.)

Leo la edición nueva y la vieja.   *I'm reading the new edition and the old one.*

Las profesiones y los oficios   489

B The temptation to delete a noun in Spanish is especially strong when:

1. The noun is preceded by a demonstrative adjective or an article.

estos zapatos pequeños → estos pequeños	these small ones
la mano derecha → la derecha	the right one
uno vestido nuevo → uno nuevo	a new one

   Un becomes **uno** before a nominalized adjective.

un coche viejo → uno viejo	an old one

2. The adjective is an adjective of nationality or a descriptive adjective expressing color, size, height, and so forth.

La francesa baja que discute mucho es mi vecina.	The short French woman who argues a lot is my neighbor.
No me gusta el vino tinto; prefiero el blanco.	I don't like red wine; I prefer white.
Me gustan los ojos azules, pero me gustan más los verdes.	I like blue eyes, but I like green ones better.

C Adjective phrases may also be nominalized.

You might want to teach this structure for recognition only.

Leo la edición de la mañana y la de la tarde.	I read the morning edition and the afternoon one.
Encontraron mi bicicleta y la de mi hermana.	They found my bicycle and my sister's.

EJERCICIOS

A **La sustitución**

1. Martín dice que la *ropa* española es más interesante que la francesa. (música, cine, muchachas, literatura, lengua)
2. ¿No crees que los *ojos* verdes son más bonitos que los azules? (vestido, blusas, bicicleta, color, pantalones)
3. No me gusta la *arquitectura clásica;* prefiero la moderna. (vino blanco / tinto, clases difíciles / fáciles, películas nuevas / viejas)

B **Es tu cumpleaños, Anita. ¿Qué quieres hacer?** Es el cumpleaños de Anita, y su mamá la quiere complacer. Tome el papel de Anita y conteste las preguntas de su mamá.

MODELO ¿Quieres comer en el restaurante italiano o en el restaurante japonés?
→ **Quiero comer en el japonés.**

1. ¿Prefieres ir a la tienda nueva o a la tienda vieja?
2. ¿Quieres el vestido verde o el vestido amarillo?
3. ¿Deseas una fiesta grande o una fiesta pequeña?
4. ¿Prefieres un pastel grande o un pastel pequeño?
5. ¿Quieres que yo invite a los amigos peruanos o a los amigos chilenos?
6. ¿Prefieres bailar con el chico alto o con el chico guapo?
7. ¿Te gustaría un vino tinto o un vino blanco?
8. ¿Quieres que toquemos los discos de rock o los discos clásicos?

- **CUESTIONARIO**   Use numbers 3 or 6 as a basis for mini-conversations; you might play devil's advocate.

1. ¿Qué tipo de música prefiere usted, la clásica o la moderna?   2. ¿Qué autos le gustan más a usted, los americanos o los japoneses?   3. ¿Con qué mano come usted, con la izquierda o con la derecha?   4. ¿Con qué mano escribe?
5. ¿Cuál es el mejor gobierno, el democrático o el militar?

Machu Picchu, la ciudad sagrada de los incas

Eva y Juan acampan en un monte que da a las ruinas de la antigua ciudad incaica, Machu Picchu[1].

JUAN ¿Qué has hecho hasta ahora? Te levantaste tan temprano como un soldado.
EVA Pues, miraba estos muros imponentes. Antes de que llegaras tú, pensaba que es una lástima que los españoles hayan llegado al Perú[2].
JUAN ¿Por qué no me despertaste? ¿No crees que me hubiera encantado estar contigo cuando salió el sol? Pero esa costumbre tuya de no molestarme por la mañana . . .
EVA Me desperté a las cinco y tú dormías como una piedra, ¡como la piedra cansada, según se dice por aquí!
JUAN ¡Qué bien se descansa en este lugar! ¿No crees?
EVA Pero es una lástima que no haya sol desde que llegamos.
JUAN Mala suerte la mía. Había anticipado tanto este viaje . . .
EVA Pues, Juan, te digo la verdad. He estado aquí varias veces y las ruinas siempre me han impresionado más cuando hay niebla.

* * *

JUAN Mira esa piedra. Es como si la hubiera hecho un escultor moderno. Los

---

el muro *wall*   **imponente** *impressive*   **la piedra** *stone*   **anticipar** *to look forward to*

La fortaleza incaica Machu Picchu, descubierta en 1911.

        incas fueron arquitectos geniales. Se dice que si Pachacuti[3] hubiera nacido quinientos años más tarde, tendríamos hoy ciudades tan bien organizadas como la de Machu Picchu.

EVA   ¡Mira! ¿No es ese muchacho el que atendió la mesa nuestra en el restaurante en Aguas Calientes[4]?
JUAN Sí, es el mismo.
EVA   Uy, yo no creía que pudieras acordarte de él, con esa memoria horrible tuya tan mala . . .

                   *   *   *

Llega Tano, el camarero.

TANO Buenos días. Se ve bonita la ciudad al amanecer, ¿no es cierto?
EVA   No me imaginaba que pudiera haber una vista tan preciosa.
TANO Se dice que las vírgenes del sol se escondieron de los españoles en la selva Antisuyo[5]. Y todas las mañanas es como si reaparecieran a visitar su pueblo querido.

---

genial *geniuslike, inspired*   **el amanecer** *dawn*   **esconderse** *to hide*   **la selva** *jungle*   **reaparecer (zc)** *to reappear*

PREGUNTAS

1. ¿Qué hizo Eva después de despertarse? ¿En qué pensaba ella cuando llegó Juan?
2. ¿Está contento Juan que no lo haya despertado Eva?   3. ¿Con qué compara Eva a Juan?   4. ¿Se siente cansado Juan? ¿Por qué?   5. Según Eva, ¿cuándo impresionan más las ruinas, cuando hace sol o cuando hay niebla?   6. La piedra que ve Juan, ¿se parece a una obra clásica o a una moderna? ¿Cómo es?
7. ¿Cree usted que Pachacuti, el inca que construyó Machu Picchu, hubiera podido diseñar una ciudad contemporánea? ¿Por qué?   8. ¿Se sorprende Eva que Juan se haya acordado de Tano? ¿Por qué?   9. Según Tano, ¿cuándo se ve linda la ciudad de Machu Picchu?   10. Tano hace alusión a los españoles. ¿Puede usted imaginarse en qué piensa él?

Notas culturales

1. Machu Picchu is a remote fortress city of the Incas, located on a mountain peak rising out of the jungles 112 kilometers from Cuzco. It cannot be seen from the Urubamba river valley below and remained unknown to the Spaniards and the outside world until 1911, when an Indian boy showed it to the American archeologist Hiram Bingham. Temples, stairways, walls, and houses—many carved into the solid rock of the mountain—still stand, offering a unique glimpse into the life of the ancient Incas.

2. The Inca Empire, with a population estimated at 30 million persons, was highly organized and thriving when first challenged in 1532 by a band of 200 Spaniards led by Francisco Pizarro. With treachery, daring, 27 horses, and firearms, the Spaniards quickly toppled the empire's ruling structure and sacked its treasuries. Civil wars amongst the conquerors followed; in the chaos, much of the Incan civilization was swept away. Only the Mayan civilization in Mexico rivals the Incan in terms of cultural sophistication. The accomplishments of the Incas in engineering, botany, and the arts are awesome.

3. Pachacuti (or **Pachacútec,** 1400–1448), greatest of all the Incan rulers, expanded the empire to its maximum, extended its network of more than 18,000 kilometers of carefully constructed highways, and imposed the Quechua language throughout the realm.

4. Aguas Calientes, named for its thermal springs, is the last stop on the train from Cuzco before arriving at Machu Picchu. Tourists sometimes choose to spend the night there before pushing on to view the ruins the next morning.

5. The Virgins of the Sun were carefully sheltered Incan court attendants, or vestals, who fled from Cuzco as the Spaniards neared. Some scholars believe, on the basis of jewelry and female skeletons discovered at Machu Picchu, that they found refuge in that fortress; other researchers contend that they went further into the Antisuyo to cities still to be explored by modern scientists.

· Actividades ·

¿Cuál Profesión es? Escoja una profesión. Sus compañeros de clase le van a hacer preguntas hasta que sepan cuál es su profesión. Las siguientes preguntas servirán para empezar la inquisición.

1. ¿Es una profesión o un oficio?
2. ¿Es un trabajo principalmente de los hombres? ¿De las mujeres?
3. ¿Dónde trabajas? ¿Dentro de un edificio o afuera?
4. ¿Ganas mucho en esa profesión? ¿Cuánto? ¿Más de treinta mil dólares al año?
5. ¿Se necesita una preparación universitaria para esa profesión?
6. ¿Trabajas de día o de noche?
7. ¿Tienes que llevarte bien con el público en tu profesión?
8. ¿Trabajas para otra persona? ¿Para el gobierno o para una compañía?
9. ¿Es el trabajo tuyo un servicio social? Es decir, ¿ayudas a otras personas?
10. ¿Trabajas en las ciencias? ¿En las artes? ¿En los servicios sociales?

Solicite trabajo. Ya es tiempo de conseguir trabajo. En una hoja de papel, escriba la información necesaria para llenar la solicitud de empleo. Escoja un puesto que usted quisiera tener. Cuando haya terminado, entregue su papel a un compañero o a una compañera de clase. Uno de ustedes será el jefe o la jefa de personal de la compañía y el otro o la otra será el o la solicitante *(applicant)*. Durante la entrevista el o la solicitante responderá a las preguntas que se le hace. ¿Le ofrecerá a usted el puesto? ¿Cuánto será el sueldo? ¿Lo aceptará usted? Cambien de papeles y repitan.

Have students prepare application as homework in order to concentrate on interaction during class time. You might encourage skewed roles, e.g., overly enthusiastic interviewer or applicant, exaggerated claims (famous people as personal references), unlikely work history, etc.

CENTRAL DE CRÉDITOS, S.A.
Lima, Perú
Sucursal de Miami

SOLICITUD DE EMPLEO IGUALDAD DE OPORTUNIDAD DE EMPLEO PARA TODOS	*APPLICATION FOR EMPLOYMENT AN EQUAL OPPORTUNITY EMPLOYER*
Fecha:	Date:
Información personal	*Personal Information*
Nombre—apellido del padre, apellido de la madre, nombres:	Name—father's surname, mother's surname, given names:
Número de seguro social:	Social Security number:
Fecha de nacimiento (día / mes / año):	Date of birth (day / month / year):
Sexo: M F	Sex: M F
Dirección—calle, ciudad, estado, zona postal, teléfono:	Address—street, city, state, zip code, telephone:

Educación
Escuela primaria, escuela secundaria o colegio, universidad, instituto superior, cursos especializados—
    Nombre y dirección, fechas, fecha de graduación, grado, concentración:
Fluidez en idiomas—Hablar, escribir, leer:
Conocimiento de computadoras—Máquinas / lenguas:
Rapidez en mecanografía:
Otras habilidades:

Empleo solicitado
Puesto que solicita:
Sueldo que espera recibir:
Fecha en que puede comenzar a trabajar:
Tres referencias personales (nombre, dirección, teléfono):

Historia de empleo
Enumere en órden cronológico sus empleos anteriores comenzando con el más reciente. Incluya fecha, nombre de la firma, dirección, puesto, salario, motivo de renuncia:

Certificación
La información aquí suministrada es correcta y sujeta a verificación. Reconozco que si la información aquí suministrada resulta falsa, Central de Crédito, S.A., tiene el derecho a dar por terminado mi nombramiento de trabajo.
Firma del solicitante:

Para uso de la oficina de personal
Evaluación y comentarios:
Fecha de entrevista:
Firma del entrevistador o de la entrevistadora:
Departamento / posición:

Education
Grade school, high school, university, graduate school, special courses—
    Name and address, dates, graduation date, degree, major:

Language competence—Speak, write, read:
Knowledge of computers—Machines / languages:
Typing speed:
Other skills:

Position applied for
Position you are applying for:
Salary expected:
Date available for work:

Three personal references (name, address, telephone):

Employment history
List in chronological order your previous jobs starting with the most recent. Include date, employer's name, address, position, salary, and reason for leaving:

Certification
The information submitted herewith is correct and subject to verification. I understand that if the information submitted herewith is found to be false, Central de Crédito, S.A., has the right to terminate my employment.
Applicant's signature:

For use by the personnel office
Evaluation and comments:
Date of interview:
Interviewer's signature:

Department / position:

Las profesiones y los oficios

Vocabulario activo

· **Cognados**

anticipar	considerar	indicar (qu)	el pastor	el programador,	el rabí
clásico	contemporáneo	infantil	la profesión	la programadora	reducir (zc)
la combinatión	el crédito	el mecánico	profesional	publicar (qu)	la unidad
el conflicto	impresionar				

· **Sustantivos**

la agencia de publicidad	advertising agency
el amanecer	dawn
el consumo	consumption
el descanso	rest
el diseño	design
el muro	wall
la piedra	stone; rock
la selva	forest, woods; jungle
la unidad vecinal	public housing unit

· **Las profesiones y los oficios** *occupations*

el, la agente de viajes	travel agent
el agricultor, la agricultora	farmer
el ama *f* de casa	housewife
el bombero	fireman
el camionero, la camionera	truck driver
el, la comerciante	merchant, trader
la costurera	seamstress, dressmaker
el cura	curate, priest (colloquial)
el empleado, la empleada	employee
el estanciero, la estanciera	rancher
el hombre de negocios, la mujer de negocios	businessperson
el jardinero, la jardinera	gardener
el militar	military person, soldier
el peluquero, la peluquera	hairdresser
el rabino	rabbi
el sastre, la sastra	tailor
el socio, la socia	partner

· **Verbos**

esconderse	to hide (oneself)
olvidarse	to forget
reaparecer (zc)	to reappear

· **Otras palabras y expresiones**

genial	genius-like, inspired
hoy en día	nowadays
imponente	impressive, imposing
incaico	Inca, Incan
Se ha abolido la siesta.	They've abolished the siesta.
sea lo que sea	be that as it may
últimamente	lately
vecinal	neighboring; neighborhood (adj)

· **La forma enfática de los adjetivos posesivos**

> Don't forget the long-form possessive adjectives presented on page 486.

Capítulo dieciocho

Lectura IX

La vida cotidiana

Un paseo público en Oaxaca, México.

Frecuentemente, el extranjero que visita un país hispano tiene la impresión de que la gente vive en la calle. Por la mañana, como en todas partes del mundo, muchos salen a trabajar. Al mediodía, cuando vuelven a sus casas o van a un restaurante para comer, las calles se llenan. Más tarde, después de salir del trabajo, muchos empleados suelen° dar un paseo o reunirse con algún amigo para charlar y tomar un cafecito antes de volver a casa a cenar. Después de la cena, las calles se llenan otra vez. No es raro ver familias enteras que van al cine[1].

En general, la familia tiene un papel más importante en la sociedad hispana que en la anglosajona. En la misma casa, con el matrimonio y sus hijos, es común que viva algún abuelo u otro pariente. Aunque esto no les permita a los esposos mantener cierto nivel° de comunicación privada, no hay duda de que los ayuda mucho en el cuidado° de los niños y de la casa.

La familia pasa mucho tiempo reunida°. Generalmente, tanto el padre como los niños regresan a casa para la hora del almuerzo, que es la comida principal del día. Después, se quedan en la mesa conversando o jugando algún juego. Esta costumbre se llama "la sobremesa".

En los pueblos y comunidades pequeñas, la vida de la mujer todavía se limita° principalmente a la casa, los hijos y un pequeño grupo de amigos y parientes. Entre los jóvenes, el noviazgo avanza con lentitud° y según etapas fijadas° por la costumbre. Por lo general, las citas iniciales son en público. Sólo cuando la relación está ya avanzada hacia el matrimonio, el pretendiente° visita a su futura esposa como novio oficial en casa de la familia de ella.

tend to

level
care
together

is limited
con . . . slowly
según . . . according to stages established
suitor

[1]The pattern described is most characteristic of Hispanic cities in warm climates. Small towns are usually quiet after the **cena**. Large metropolises are abandoning the 2-hour midday **siesta**.

La Gran Vía, avenida principal de Bilbao, España.

Una comida en familia en un restaurante de México.

    La situación de los jóvenes que viven en ciudades más grandes es diferente. Allí, las escuelas mixtas° y las universidades han contribuido a crear un ambiente° de mayor libertad en las relaciones entre los sexos.

    Los amigos son una parte importante de la vida hispana. Aunque con los desconocidos el hispano se comporta° con más formalidad que el norteamericano, con los amigos es probable que se comporte con mayor intimidad°, una de cuyas manifestaciones más obvias es el contacto físico. Es común ver a dos o más mujeres que van tomadas del brazo°. También se puede ver a hombres que caminan abrazados°, sin que esto indique otra cosa más que amistad.

    Hoy día, muchas costumbres antiguas van cambiando, sobre todo en las grandes ciudades. Hay más mujeres que trabajan fuera de sus casas y, por lo tanto°, el número de ellas que sólo se dedica al hogar° y a los hijos disminuye°. Muchos empleados tienen que mudarse de ciudad con frecuencia y por eso no les es posible mantener estrechas° relaciones con sus amigos. Debido a esto, actualmente la vida en ciertas ciudades hispanas tiene mucho en común con la vida en los Estados Unidos. Algunos anticipan el día en que las costumbres van a ser las mismas° en todas partes; otros dicen que ese día no llegará jamás. ¿Quiénes tienen razón?

co-ed
atmosphere

conducts himself

intimacy
tomadas . . . *arm in arm* / *with their arms over each other's shoulder*

por . . . *therefore*
home / *diminishes*
close

the same

498   *Lectura IX*

Una diseñadora mexicana.

PREGUNTAS

1. ¿Qué impresión tiene frecuentemente un extranjero que visita un país hispano?
2. ¿Qué hacen los empleados después de salir del trabajo?
3. ¿Es común que vivan otras personas con el matrimonio y los hijos? ¿Qué otras personas? ¿Qué le parece a usted esta costumbre?
4. ¿Qué hace la familia durante la sobremesa? ¿Hace su familia lo mismo?
5. ¿Cuál es la situación de la mujer en los pueblos?
6. ¿Cómo es la situación de los jóvenes que viven en grandes ciudades?
7. ¿Con quién es formal el hispano? ¿Cuál es una manifestación de la intimidad?
8. ¿Por qué están cambiando las costumbres en las grandes ciudades?
9. ¿Qué anticipan algunas personas? ¿Qué dicen otras?
10. ¿Prefiere usted que en el mundo haya las mismas costumbres o que exista variedad?

La vida cotidiana

CAPÍTULO DIECINUEVE

EN CASA

Vocabulario. In this chapter you will talk about housing.

Gramática. You will discuss and use:
1. The present participle (the Spanish equivalent of the *-ing* form, as in **cantando** *singing*) and the progressive verb tenses formed with it
2. The neuter article **lo** and related structures
3. The Spanish definite article in places where the English-speaker would not expect to find *the*
4. Omission of the definite article

Cultura. The dialogs take place in the Ecuadoran cities of Guayaquil, Cuenca, Ambato, Latacunga, and Quito.

· La vivienda ·

1. el edificio de apartamentos
2. la casa
3. el césped
4. el garaje

· Las habitaciones de un apartamento ·

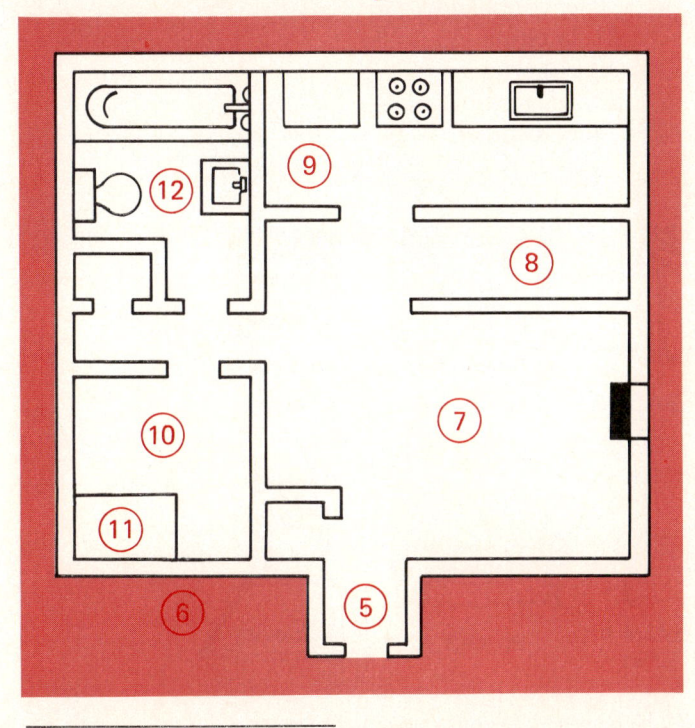

5. la entrada
6. el pasillo
7. la sala
8. el comedor
9. la cocina
10. el dormitorio, el cuarto de dormir, la alcoba
11. el ropero, el armario
12. el cuarto de baño, el baño

Note that in Mexico, **la recámara**[N] is generally used for *bedroom*.

Note that although **¿Dónde se encuentra el baño?** would be universally understood, there are many variants for *bathroom* (in the sense of *toilet*) which might be useful for students to recognize. These include: **el retrete, el servicio, el excusado, el wáter** (**el wáter closet** or **W.C.**).

---

el césped *lawn*   el pasillo *corridor, hall*   el ropero *closet*   el armario *closet; armoire, wardrobe*

En casa 501

• El baño y la cocina •

13. la ducha
14. la bañera
15. el lavamanos
16. el inodoro
17. el fregadero
18. el grifo
19. la nevera, el refrigerador
20. el congelador
21. la estufa
22. el horno
23. la cafetera
24. el tostador

• Los muebles •

la cama — la silla — la lámpara — el televisor o la televisión — la cómoda o el buró

el estante de libros — la mesita de noche — la butaca o el sillón — el sofá — la mesita — la alfombra

el fregadero *sink*   el grifo *faucet*   el congelador *freezer*   la estufa *stove*   el horno *oven*
la cómoda *bureau*   el estante de libros *bookcase*   la butaca *armchair*   la mesita *small table; coffee table*   la alfombra *rug*

502   *Capítulo diecinueve*

¿Para qué sirve? ¿Cuál es la función de los cuartos, de los aparatos y de los muebles siguientes?

MODELO   el cuarto de baño → **Es donde uno se baña.**

1. la sala   3. el garaje   5. el armario   7. el grifo
2. el comedor   4. la cocina   6. el horno   8. el congelador

Se alquila piso.   Mire bien la planta *(floor plan)*. Trabaje con un(a) compañero(a) y describa el apartamento.

MODELO   **El apartamento no es muy grande. Tiene cuatro habitaciones, . . .**

• **CUESTIONARIO**

Imagine que usted tiene el apartamento y los muebles de los dibujos. ¿En qué cuarto va a poner el sofá? ¿La cama? ¿La butaca? ¿La mesita de noche? ¿La estufa? ¿La nevera?

Dialog exercise: Students listen to the following sentences without looking at the dialog. They correct any departure from the dialog version: 1. Los vecinos de Jorge se están volviendo locos. 2. Se están mudando en este momento. 3. Suena como si estuvieran peleándose Bolívar y San Martín. 4. Están poniendo al papá de Jorge dentro de una caja.

I. El gerundio y los tiempos progresivos

• *El apartamento de la familia Duarte en la Avenida 9 de Agosto, Guayaquil[1].*

BEBA   ¿Qué será el ruido que están haciendo los vecinos? ¡Me estoy volviendo loca!
ARTURO Pues, me dijo Jorge que se mudan la semana próxima porque se les venció el contrato de arrendamiento. A lo mejor ya están empaquetando.
BEBA   Suena como si estuvieran peleándose.
ARTURO Es que el papá de Jorge es así. En vez de poner las cosas dentro de las cajas, probablemente las está tirando.

1. ¿Quiénes están haciendo mucho ruido?   2. Según Arturo, ¿qué estarán haciendo? ¿Por qué?   3. ¿Qué dice Beba del ruido?   4. ¿Cómo es el papá de Jorge? ¿Qué está haciendo él probablemente?

The Duarte family's apartment on Avenida 9 de Agosto in Guayaquil. BEBA: What could the noise be that the neighbors are making?. I'm going crazy. ARTURO: Well, Jorge told me that they're moving next week because their lease expired. It's likely that they're already packing. BEBA: It sounds as if they were fighting with each other. ARTURO: It's that Jorge's dad is like that. Instead of putting (placing) the things in the boxes, he's probably throwing them.

[1]August 9, 1822, is the date of a historic meeting in **Guayaquil** between the two liberators of South America, Simón Bolívar and José de San Martín. Guayaquil today is Ecuador's largest city, commercial center, and major Pacific port.

En casa

A Present participles in English end in *-ing*. In Spanish, present participles are formed by adding **-ando** to the infinitive stem of **-ar** verbs and **-iendo** to the infinitive stem of most **-er** and **-ir** verbs.

Students usually assimilate this form very easily to the point that the main pedagogical problem becomes overuse. If deficiencies exist at all, they will occur with students who use **ser** with the gerund instead of **estar** or other appropriate verbs.

hablar, hablando	speaking
comer, comiendo	eating
vivir, viviendo	living
Hablando de Otavalo[2], ¿sabes si se venden frazadas de lana en el mercado?	Speaking of Otavalo, do you know if they sell woolen blankets in the market?

B Present participles of verbs whose stem ends in a vowel take the ending **-yendo** rather than **-iendo**.

creer, creyendo	oír, oyendo
leer, leyendo	traer, trayendo

The present participle of **ir** is **yendo**.

C Those **-ir** verbs that change stem vowel **e** to **i** or **o** to **u** in the third-person preterit show the same change in the stem of the present participle.

decir, diciendo	preferir, prefiriendo
dormir, durmiendo	seguir, siguiendo
morir, muriendo	servir, sirviendo
pedir, pidiendo	

Poder is the only **-er** verb with a change in the present participle.

poder, pudiendo

D A present-tense form of **estar** may be combined with a present participle to form the present progressive. This tense is used to emphasize that an action is going on at the moment.

Los vecinos están haciendo mucho ruido.	The neighbors are making a lot of noise.
No puedo ahora, estoy comiendo.	I can't now, I'm eating.
La familia Wong está viviendo ahora en Quito.	The Wong family is now living in Quito.

[2]**Otavalo** (125 kilometers north of **Quito**, Ecuador's capital) is one of several towns in Ecuador with a famous weekly Indian market. Every Saturday Indians from higher up in the mountains arrive in Otavalo and sell woolen textiles and other handmade wares in the public marketplace.

LOMAS DE URDESA
Vendo lindo departamento 180 m2. sala-comedor amplios, sala de estar, 2 1/2 baños, 3 dormitorios, patios, garaje dos carros, etc. terraza. Telfs: 346400 - 346225 - 383078 - 386510.

*In Ecuador, **departamento** alternates with **apartamento**.*

E Verbs of motion, including **seguir, continuar, ir, venir,** and **andar,** are sometimes used instead of **estar** in a progressive tense to imply that an action is or was unfolding little by little or in spite of an interruption.

    Anda buscando apartamento.   *He's (going along) looking for an apartment.*

    Los vecinos siguen limpiando el patio.   *The neighbors keep on cleaning the patio.*

F Spanish speakers use progressive tenses much less than English speakers.

1. The simple present tense is used to describe actions generally going on in the present period.

    ¿Qué haces en estos días?—Escribo un libro sobre el Ecuador.   *What are you doing these days?—I'm writing a book about Ecuador.*

The progressive adds the sense that an action really is going on right now, perhaps at the same time as something else or in conflict with it.

    Apúrate, tus hermanas están esperando.   *Hurry up, your sisters are waiting.*

    ¿No vas a ayudarme?—No, estoy leyendo.   *Aren't you going to help me?—No, I'm reading.*

2. The Spanish progressive may not be used to refer to future actions; the present, **ir a** + infinitive, or future must be used instead.

    Nuestros vecinos piensan vender la casa.   *Our neighbors are thinking about selling the house.*

    Vamos a pintar la sala el sábado.   *We're painting the living room on Saturday.*

    Entregarán el sofá el mes próximo.   *They're delivering the sofa next month.*

3. **Ser, ir,** and **venir** are usually not used in the progressive. Use a simple tense instead.

    Joaquín dice que se va a Guayaquil.   *Joaquín says he's leaving for Guayaquil.*

En casa

Guayaquil, el puerto principal del Ecuador en el Pacífico.

G A form of **estar** in the imperfect may be combined with a present participle to form the past progressive tense. The tense indicates that an action was in progress at a given moment in the past.

¿Qué estaban haciendo los niños cuando llamé?	What were the children doing when I called?
Estaban jugando en la sala.	They were playing in the living room.
Cuando estuvimos en Guayaquil, la gente estaba celebrando el Día de la Independencia.	When we were in Guayaquil, the people were celebrating Independence Day.

You may want to teach this construction for recognition only. Students tend to use it when the simple imperfect would be appropriate.

H A preterit form of **estar** is sometimes used with a past participle to emphasize that an action going on in the past came to a halt.

Te estuve esperando anoche hasta las nueve.	I was waiting for you last night until nine.

I Object pronouns may precede the form of **estar** or verb of motion. Alternatively, they may be attached to the end of the present participle. In this case, an accent mark is written on the participle to show that the stress has not changed.

Se estaba afeitando en el baño. Estaba afeitándose en el baño. }	He was shaving in the bathroom.
Me lo está leyendo. Está leyéndomelo. }	She's reading it to me.

If needed, give a capsule review of object pronoun placement: A. *Before* the verb or auxillary in simple tenses (**Lo vi**), perfect tenses (**Lo han traído**), negative commands (**No me digas**), and indirect commands (**Que lo haga José**); B. *After* the verb in affirmative commands (**Llámame**); C. *Either* before or after the verb-plus-infinitive combinations (**Lo va a llamar, Quiere dejarnos**) and in progressive tenses (examples in part I).

Capítulo diecinueve

EJERCICIOS

A La sustitución

1. *María* está viajando por el Ecuador. (nosotros, los turistas, usted, yo, tú)
2. *El presidente* estaba hablando por teléfono. (yo, nosotros, tú, los novios)
3. En este momento estoy *leyendo*. (comer, bailar, estudiar, hablar, correr)
4. *Vamos* comprando muebles por todas partes. (estar, andar, seguir, venir)

B Piense y hable.
Termine las frases. Escoja el más apropiado de los dos verbos entre paréntesis y úselo en la forma progresiva.

MODELO   (tratar, hablar) El pobre Jacinto está __tratando__ de dormir pero los invitados están __hablando__ mucho.

1. (pedir, gastar) Los niños están ___ mucho dinero últimamente. ¿En qué lo estarán ___?
2. (divertirse, quedarse) Julia me contó en su carta que está ___ en un hotel elegante en Quito y que está ___ mucho.
3. (morir, leer) Yo estaba ___ una novela cuando me llamó mi tía para decirme que mi abuela estaba ___.
4. (construir, dejar) Nosotros estamos ___ un garaje en casa. Mientras tanto estamos ___ el coche en la calle.
5. (buscar, aprender, repetir) ¿Cuánto tiempo hace que ese joven anda ___ esposa? Sigue ___ lo mismo: estoy ___ mucho sobre las mujeres.
6. (decir, volver) Ese grifo roto me está ___ loca. Y Pepe sigue ___ que lo va a arreglar.
7. (subir, costar) Me parece que los precios están ___ muy rápido. La comida me está ___ más y más todas las semanas.
8. (bañarse, maquillarse, esperar) Estuve ___ a mi novia en el pasillo más de media hora. Su mamá dijo que estaba ___ pero creo que estaba ___.

C Hablando sobre nuestro país.
Tome el papel de Alfonso y diga lo que está pasando actualmente en el Ecuador.

MODELO   El país progresa mucho. →
El país está progresando mucho.

1. El presidente hace mucho por el país.
2. El gobierno controla la contaminación del agua.
3. Nosotros los ecuatorianos aprendemos mucho de la tecnología moderna.
4. Sin embargo, no se nos olvidan las costumbres tradicionales.
5. Los escritores ecuatorianos reciben premios internacionales.
6. La gente cree más en los políticos.
7. El progreso les duele a muchas personas.
8. Esas personas hablan como si fuera el fin del mundo.

En casa

D ¿Qué estarán haciendo?   Provide vocabulary if needed: **sembrar**, **planter** to plant; **regar** to water; **podar** to prune; **cosechar** to harvest.

   MODELO   una dependiente de Taquito King → Está vendiendo tacos.

   1. la presidenta
   2. el papá de usted
   3. un jardinero
   4. un agricultor ecuatoriano
   5. el cantante Julio Iglesias
   6. la médica
   7. una ladrona
   8. el bailarín Fernando Bujones

E Situación.   Vamos a imaginar que no estamos aquí en la clase. Estamos en otro lugar, haciendo otra cosa. Describa usted la escena.

   MODELO   Estoy bronceándome en una playa de España. Estoy diciéndoles a las chicas que lo siento pero que estoy descansando y por eso no puedo jugar al vólibol con ellas. Les estoy diciendo que pueden volver a invitarme mañana.

   Estoy esquiando en las montañas de la Argentina. Estoy pasando rápido cerca de unos jóvenes guapísimos, diciéndoles que tal vez nos volvamos a ver en el chalet esta noche.

Exercise D: Additional cues for oral presentation: 1. un carpintero 2. un mecánico automotriz (de automóviles) 3. un secretario 4. un pintor 5. un cocinero 6. el Papa (give **rezar**[N], **bendecir**[N])

RETAIN WHAT YOU HAVE LEARNED—LISTENING AND SPEAKING

After investing so much time and effort in your study of Spanish, of course you don't want to lose the skills you have acquired. One of the best ways to retain the Spanish you have learned and to increase your knowledge is to continue studying the language. Most universities offer intermediate and advanced Spanish courses dealing with such topics as culture of Spanish-speaking countries, literature, composition, and special-purpose courses for medical, business, and law-enforcement professionals.

If, like many students, you have room enough in your college career for just one or two years of Spanish, remember that you have barely scratched the surface of your second-language potential. Time and persistent effort are required to become fluent. Try to maintain your formal study of Spanish as long as possible, and continue to practice. Language skills, like growing plants, must be fed and nurtured to thrive.

If you live in a large urban area, you may be able to watch Spanish-language television programs or find films and public lectures in Spanish that you can attend in order to maintain your listening skills. Tapes of Spanish-language songs, poetry, drama, and language instruction are available almost everywhere.

To keep up your speaking skills, you need someone to talk to in Spanish. Many cities have clubs for people who are interested in Spain or Spanish-American countries. Those organizations provide good opportunities for listening to Spanish and speaking it. Check the club activities section in your local newspaper for the names of groups and their meeting dates. If you know anyone else who is interested in Spanish, perhaps you can start your own conversation group or just regularly meet with that person to talk. Don't be afraid to propose the idea—someone else who has studied Spanish has as much of an investment to protect as you do.

- **CUESTIONARIO**

1. ¿Está usted descansando ahora?   2. ¿Qué está haciendo usted en este momento?   3. ¿Cuáles son diez cosas que están pasando en el mundo en este momento?   4. ¿En qué estaba pensando usted hoy cuando entró a la clase?   5. ¿Qué estaba haciendo usted ayer a las ocho de la noche? ¿Y sus padres?   6. ¿Cuáles son cinco cosas que usted *no* estaba haciendo a las diez anoche?

Students adapt dialog: The sofa has been delivered and Casandra and her husband want to return it.

II. El artículo neutro **lo**

- *Los señores Fuentes buscan un nuevo sofá en una pequeña mueblería de la Calle Mariscal Sucre, Cuenca[1].*

CASANDRA	No es exactamente lo que teníamos en mente pero sí es un sofá lindo.
VENDEDOR	Sí, señora, y es de muy buena calidad.
CASANDRA	Lo más importante es que combina bien con la alfombra y las cortinas. ¿Nos lo pueden entregar para la semana próxima?
VENDEDOR	Se lo entregaremos lo más pronto posible.

1. ¿Es el sofá que miran lo que querían los señores Fuentes?   2. Para la señora Fuentes, ¿qué es lo más importante?   3. ¿Compraron los señores Fuentes el sofá?   4. ¿Cuándo se lo entregarán?

Mr. and Mrs. Fuentes are looking for a new sofa in a small furniture store on Calle Mariscal Sucre in Cuenca. CASANDRA: It's not exactly what we had in mind, but it is a pretty sofa. SALESMAN: Yes, ma'am, and it's (of) very good quality. CASANDRA: The most important (thing) is that it matches (well with) the rug and the curtains. Can you deliver it to us by next week? SALESMAN: We'll deliver it to you as soon as possible.

---

[1] Marshal **Antonio José de Sucre** (1795–1830) was Simón Bolívar's chief lieutenant and the commanding officer in a critical victory over the Spaniards on the slopes of the volcano **Pichincha** near Quito, gaining Ecuador's independence. Sucre was successively president of Bolivia and of **Gran Colombia**. Cuenca, Ecuador's third largest city, is an agricultural center in the Andes.

A The neuter article **lo** can be used with the masculine singular form of an adjective to express an abstract quality or idea.

Lo bueno de ser inquilino aquí es la seguridad.	The good part about being a tenant here is the security.
¿Qué es lo mejor de tu carrera? ¿Y lo peor?	What's the best thing about your career? And the worst?
Cuida lo suyo.	She takes care of that which (what) is hers.
Haremos lo posible.	We'll do what's possible (whatever we can).

En casa 509

If the adjective phrase refers to a specific person or thing whose gender is known, **el, la, los,** or **las** must be used instead of **lo**.

Este apartamento es el más grande del edificio.	This apartment is the largest in the building.
El más chiquito está en el primer piso.	The smallest is on the second floor.

B **Lo** can replace an adjective or refer to a whole idea previously stated.

¿Es demasiado cara la casa?—Sí, lo es.	Is the house too expensive?—Yes, it is.
¿Eres dueño de casa?—No, no lo soy. Soy inquilino.	Are you a homeowner?—No, I'm not. I'm a tenant.

C **Lo que** can be used to express something imprecise or to sum up a preceding idea[2].

Lo que quiero es que seas más generoso.	What I want is for you to be more generous.
Nuestra vecina pudo arreglar el grifo, lo que nos alegró mucho.	Our neighbor was able to fix the faucet, which pleased us a lot.
Luisa no entiende nada de lo que hace el gobierno	Luisa doesn't understand anything about what the government does.

EJERCICIOS

A La sustitución

1. Lo *bueno* de Quito es el clima. (interesante, bonito, mejor)
2. Lo que *no me gusta* es el ruido. (nos molesta, se espera, parece mentira, no es agradable)

---

[2]In the readings you may note the following. **Lo que** alternates with **lo cual. Lo que** (or **lo cual**) refers back to the general idea of a phrase, but not to a specific noun. To refer back to a specific noun, a gender-specifying form of **el que** (or **el cual**) is often used instead.

La novia de Pedro, con la que hablabas, está aquí.	Pedro's fiancée, with whom you were talking, is here.
Son crímenes de los cuales no sé nada.	They're crimes about which I know nothing.

Verb agreement with **lo** phrases is not simple. When **ser** links a **lo** phrase with a plural predicate, the verb is often plural. When two **lo** phrases form a compound subject, the verb is often singular.

Lo más caro fueron las alfombras.	The most expensive thing was the rugs.
Lo nuevo y lo bello del estilo me gusta.	The newness and beauty of the style please me.

B Lo que piensa Hortensia. Tome el papel de Hortensia, vendedora de bienes raíces *real estate*, y conteste las preguntas que le hace su hermano.

MODELO ¿Es interesante ser vendedora de bienes raíces? (. . . los clientes.) →
Pues, lo interesante son los clientes.

1. ¿Es ése un edificio bueno? (. . . las habitaciones grandes.)
2. ¿Es difícil encontrar inquilinos para los edificios modernos? (. . . encontrar inquilinos que puedan pagar tanto.)
3. ¿Es linda la oficina tuya? (. . . la vista.)
4. ¿Es elegante la casa nueva de los Andújar? (. . . el barrio.)
5. ¿Fue horrible la reunión que tuviste con el jefe ayer? (. . . la conducta del jefe mío.)
6. ¿Será necesario buscar trabajo en otra agencia? (. . . decirle al jefe que no me hable así.)

Zero in on one or more of these topics to help generate brief conversations about subtopics (particular sports, television shows, etc.).

C Dos puntos de vista. Casi todo tiene su lado positivo y su lado negativo. Indique lo bueno y lo malo de las cosas siguientes.

MODELO el cine → **Lo bueno son los artistas y la imaginación. Lo malo es la violencia.**

1. la universidad
2. este país
3. la familia de usted
4. un viaje
5. esta clase
6. los deportes
7. la televisión
8. el matrimonio

D ¿Le gusta o no le gusta? Exprese su opinión sobre las personas y cosas siguientes.

MODELO hacer / el presidente → **(No) Me gusta lo que hace el presidente.**

1. servirse / en la cafetería
2. yo / ver / en la televisión
3. comprarme / mi novio(a)
4. enseñar / los profesores
5. yo / leer / en el periódico
6. ocurrir en el mundo

• **CUESTIONARIO**

1. ¿Qué es lo mejor de su vida? ¿Y lo peor?   2. ¿Qué es lo que le gusta a usted de su familia? ¿Y de su casa?   3. ¿Qué es lo que no le gusta del presidente? ¿Y del país?   4. ¿Qué es lo que usted quiere de una clase? ¿De un amigo?   5. ¿Qué es lo interesante de esta ciudad?   6. ¿Sabe usted lo que está pasando en El Salvador? ¿En el Ecuador?

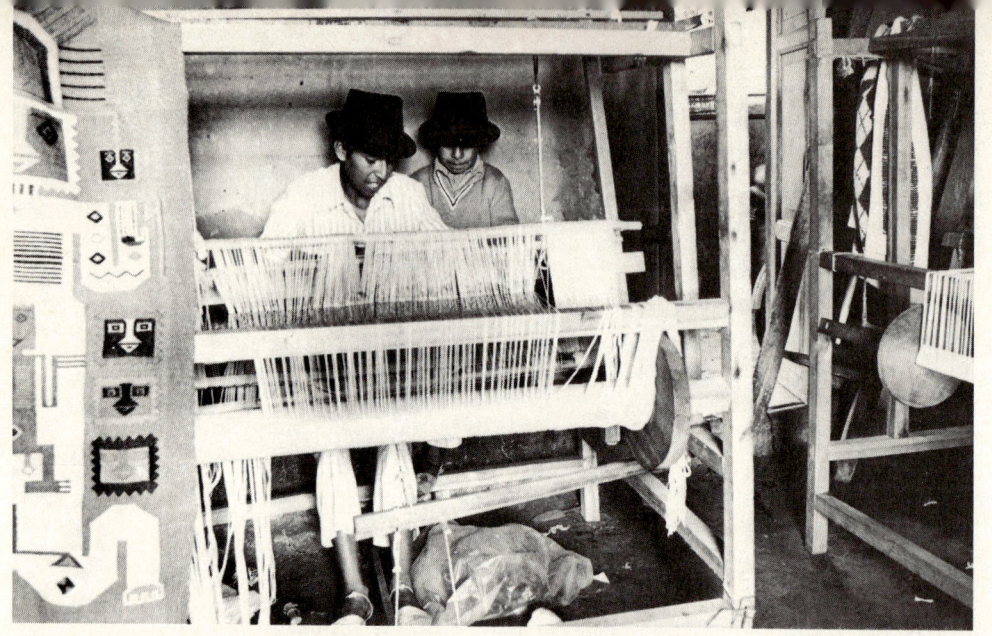

Un tejedor y su ayudante en Otavalo, Ecuador.

Aural comprehension: Posible/Probable o Imposible/Improbable: 1. A Toño le preocupa que Julia sea víctima de un robo. 2. Los boletos de avión son para ir a Moscú. 3. Toño comprará los zapatos abiertos que ha encontrado Julia. 4. A Toño le da vergüenza probarse los zapatos en el mercado.

III. Usos adicionales del artículo definido

- *Julia y Toño, turistas peruanos, visitan el mercado indio en Ambato[1].*

TOÑO Julia, ¡tienes la cartera abierta!
JULIA Ay, gracias por decírmelo. Tengo encima tantas cosas valiosas. Llevo los pasaportes, los boletos de avión y los cheques de viajero.
TOÑO ¿Viste esos zapatos? Se venden a 250 sucres el par.
JULIA No me gustan los zapatos cerrados, prefiero los abiertos. Tú sabes que siempre llevo sandalias.
TOÑO Entonces éstos te gustarán. Quítate los viejos y pruébatelos.

1. ¿Por qué es peligroso que Julia tuviera la cartera abierta?   2. ¿Cuánto valen los primeros zapatos que ve Toño? ¿Le gustan a Julia? ¿Por qué?   3. Y los otros zapatos que ve Toño, ¿son abiertos o cerrados? ¿Cómo se sabe?

Julia and Toño, Peruvian tourists, are visiting the Indian market in Ambato. TOÑO: Julia, your purse is open! JULIA: Oh, thanks for telling me. I have so many valuable things on me. I'm carrying our passports, the plane tickets, and the traveler's checks. TOÑO: Did you see those shoes? They're selling them for 250 sucres a pair. JULIA: I don't like closed shoes, I prefer open ones. You know that I always wear sandals. TOÑO: Then you'll like these. Take off the old ones and try them on.

---

[1]**Ambato** is a lovely small city at the foot of snowcapped Mount **Chimborazo** (elevation, 6,272 meters). Usually more than 20,000 Indians display their wares in its market every Monday.

Spanish and English differ in minor ways in their use of the definite article. Several of these differences have already been noted, such as the use of the article with titles (**la doctora Arias** . . . chapter 1), with certain country names (**el Ecuador** . . . chapter 2), and with dates and days of the week (**el lunes** . . . chapter 4). Here are several other uses that Spanish-speakers make of the definite article.

A With parts of the body, personal effects, and articles of clothing, when it is clear who the possessor is. The possessive adjective is not used in these instances.

El ama de casa se lava las manos.	*The housewife washes her hands.*
El vendedor se puso el abrigo.	*The salesman put on his coat.*
Se nos venció el contrato.	*Our lease expired.*

B Before a noun used in a general sense as representative of its class or type. The noun can be singular or plural, concrete or abstract.

Me gustan las casas más que los apartamentos.	*I like houses more than apartments.*
Así es la vida.	*That's life.*
¿Te importan el dinero y la fama?	*Do money and fame matter to you?*

But when the reference is to just part of the general class or type, the definite article is not used. Compare the following sentences.

Me gustan los zapatos abiertos.	*I like open shoes* (a type of shoe).
Siempre llevo zapatos abiertos.	*I always wear open shoes* (a few, not the entire type).

C With names of languages or fields of study, except after **en** and after **hablar, escribir, enseñar, estudiar, aprender,** and **leer,** when it is usually omitted.

Aprendo español.—El español es una lengua muy útil.	*I'm learning Spanish.—Spanish is a very useful language.*
Me gustan las ciencias: la biología, la química . . .	*I like sciences: biology, chemistry . . .*
¿Lees portugués?—Sí, pero no muy bien.	*Do you read Portuguese?—Yes, but not very well.*
¿Cómo se dice *miércoles* en portugués?—"Quarta-feira".	*How do you say* Wednesday *in Portuguese?*—"Quarta-feira."

D For rates and prices.

Aquí se venden chuletas a dos dólares la libra.	*Pork chops are sold here for two dollars a pound.*
Compré un aguardiente excelente a cincuenta sucres el litro.	*I bought an excellent liquor for fifty sucres a liter.*

En casa

E Before each noun in a series.

El sofá, la mesa y la alfombra son nuevos. — *The sofa, the table, and the rug are new.*
El plátano, el azúcar y el petróleo son tres productos importantes del Ecuador. — *Bananas, sugar, and oil are three important products from Ecuador.*

F With the preposition **a** + a time expression to mean *per*.

El abogado va de vacaciones dos veces al año. — *The lawyer goes on vacation twice a year.*
Pagamos el alquiler una vez al mes. — *We pay the rent once a month.*

EJERCICIOS

A La sustitución

1. Anita se puso el sombrero. (zapatos, falda, abrigo, blusa, suéter)
2. Me duele la cabeza. (ojos, estómago, espalda, piernas, pies)
3. Lo importante es la educación. (amor, amistad, dinero, éxito, verdad)
4. No le gusta la cerveza. (hoteles grandes, vino, exámenes, mentiras, guerra)

B Unas charlas.
Complete las conversaciones con el artículo definido o con el artículo neutro **lo** según se necesite. Recuerde que a veces se elimina el artículo en español.

IVÁN ¿Estudiaste una lengua extranjera en (1)____ escuela secundaria?
ROSA Sí, estudié (2)____ español. Tenía (3)____ clase tres veces a (4)____ semana.
IVÁN ¿Crees que (5)____ español es una lengua difícil?
ROSA Pues, para mí (6)____ más difícil fueron (7)____ verbos.

* * *

CLARA ¿Sabías que en ese mercado se venden (8)____ huevos a 25 sucres (9)____ caja?
MARÍA Sí, (10)____ sabía. Pero a (11)____ familia mía no le gustan mucho (12)____ huevos. Sólo comemos (13)____ huevos (14)____ domingos.

* * *

ANA Eva, tienes (15)____ vestido roto.
EVA Sí, (16)____ sé. Se me rompió cuando levanté (17)____ brazo para bajar (18)____ maleta en (19)____ tren.

* * *

TITO Se dice que (20)____ más importante de (21)____ vida es (22)____ amor.
PEPE Pero a veces creo que (23)____ personas prácticas entienden mejor (24)____ mundo que (25)____ románticas.

Indios caminando en Otavalo. En las colinas se cultivan maíz y batatas.

C Los valores básicos. Diga qué cosas cree usted que serán más valiosas para las personas citadas.

MODELO un rico → **Para un rico, lo más valioso será el dinero.**
 un viejo → **Para un viejo, lo más valioso será la vida.**

1. un revolucionario
2. un juez
3. un prisionero
4. una esposa
5. una pareja joven
6. un estudiante
7. un líder político
8. yo

Give the names of specific well-known people of topical interest, such as a currently popular singer, tennis player, or politician.

D Para completar. Cree sus propias oraciones.

MODELO Cuando me despierto, abro los ojos.

1. Ahora el petróleo cuesta . . .
2. Para mi novio(a), lo más importante es . . .
3. De las cuatro estaciones del año, me gusta más . . .
4. No hay clase . . .
5. Cuando me baño, primero me lavo . . . y luego . . .
6. Después de bañarme, me pongo . . .
7. Para vivir feliz, es necesario creer en . . .
8. Cuando estoy resfriado(a), me duele(n) . . .

• CUESTIONARIO

1. ¿Qué clase de comida le gusta más?   2. ¿Qué día de la semana le gusta menos? ¿Más?   3. ¿Cuáles son unas lenguas muy populares?   4. ¿Qué es lo más importante de la vida?   5. ¿Qué le duele a usted a veces?   6. ¿Qué ropa se pone usted cuando hace frío? ¿Calor?   7. ¿Qué cosas no le gustan?   8. ¿Cuánto cuesta la gasolina? ¿Un café?   9. ¿Le interesa a usted el arte? ¿La política? ¿La ecología?   10. ¿Qué piensa usted de (a) la educación, (b) la democracia, (c) los derechos personales?

En casa

IV. La supresión del artículo indefinido

- En la casa de la familia Gómez en Latacunga[1], Vilma habla con su hija mayor.

VILMA Eulalia, ven acá.
EULALIA Sí, mamá. ¿Qué quieres?
VILMA ¿Me haces un favor? Ve a la panadería y cómprame media docena de huevos, que voy a hacer unas galletitas.
EULALIA Sí, mamá, voy en seguida. Quizás vea a Heriberto. ¿Sabías que es panadero?
VILMA ¿Heriberto? ¿Panadero?
EULALIA Sí. También dicen que trabaja de carpintero los sábados.
VILMA ¡Qué vida! Ese muchacho no tiene ni un momento libre.

1. ¿Qué quiere Vilma que le compre Eulalia en la panadería? ¿Por qué?   2. ¿A quién verá Eulalia posiblemente?   3. ¿De qué trabaja el amigo de Eulalia? Y los sábados, ¿qué hace él?

In the Gómez family's house in Latacunga, Vilma is talking to her oldest daughter. VILMA: Eulalia, come here. EULALIA: Yes, Mom. What do you want? VILMA: Will you do me a favor? Go to the bakery and buy me a half-dozen eggs, (that) I'm going to make some cookies. EULALIA: Yes, Mom. I'm going right away. Maybe I'll see Heriberto. Did you know that he's a baker? VILMA: Heriberto? A baker? EULALIA: Yes. It's also said that he works as a carpenter on Saturdays. VILMA: What a life! That boy doesn't have even one free moment.

[1]**Latacunga** is another small city near Quito with a colorful Indian market.

Aural comprehension: Posible/Probable o Imposible/Improbable: 1. La panadería de Latacunga solamente vende pan. 2. Eulalia tiene catorce años. 3. Heriberto es hermano de Eulalia. 4. Herberto trabaja de sacerdote los domingos.

Spanish speakers omit the indefinite article in many situations where English speakers use *a* or *an*.

A Following the verb **ser**, the indefinite article is omitted before an unmodified noun that indicates profession, religion, nationality, or political affiliation.

Juan es { atleta. / católico. / socialista. / ecuatoriano. }   Juan is { *an athlete.* / *a Catholic.* / *a socialist.* / *an Ecuadoran.* }

Es un { buen atleta. / católico devoto. / socialista práctico. / ecuatoriano patriótico. }   He is a { *good athlete.* / *devout Catholic.* / *practical socialist.* / *patriotic Ecuadoran.* }

Capítulo diecinueve

B The indefinite article is not used before words such as **medio**, **otro**, and **cierto**. The latter agree in gender and number with the nouns they modify.

Quiero media docena de huevos.	*I want a half-dozen eggs.*
Encarnita compró otra mesita de noche.	*Encarnita bought another bedside table.*
Cierto poeta dijo eso.	*A certain poet said that.*

Note that *un otro (and related forms) is an error of high frequency. Combinations with **cierto** are sometimes possible.

C The indefinite article is usually omitted after **de** meaning *as*, and in negative expressions with **tener**.

Trabaja de agente.	*He works as an agent.*
No tiene hermano.	*She doesn't have a brother.*

D The indefinite article is also omitted in exclamations using ¡Qué! + noun.

¡Qué lástima!	*What a shame!*
¡Qué trabajador!	*What a worker!*
¡Qué casa más linda!	*What a pretty house!*

EJERCICIOS

A **¿Qué, quiénes son?** Haga oraciones usando las palabras como en el ejemplo.

MODELO esa señora / argentino → **Esa señora es argentina.**

1. mis amigos / protestante
2. Juan y José / pintor
3. Ana / doctor
4. nosotros / católico
5. los Pérez / cubano
6. Cervantes y García Márquez / escritor

B **Asociaciones.** ¿Qué profesiones, intereses políticos y nacionalidades asocia usted con las personas citadas?

MODELO Carlos Marx → **Carlos Marx fue periodista, filósofo, comunista y alemán.**

Additional names: 1. Evita Perón 2. Fidel Castro 3. Dr. Benjamin Spock 4. Mahatma Gandhi

1. Pablo Picasso
2. el Rey Juan Carlos
3. Alberto Einstein
4. Miguel de Cervantes
5. Pancho Villa
6. Pablo Neruda
7. Raúl Alfonsín
8. Juana de Arco
9. Jonas Salk
10. El Greco

If Raúl Alfonsín is no longer the Argentine chief of state, substitute another name.

C Cualidades y características. Ahora diga usted una característica o cualidad de las personas mencionadas en el ejercicio B.

MODELO   Picasso → **Picasso fue un pintor famoso.**

• **CUESTIONARIO**

*Use this opportunity to present the names of typical parties in Hispanic countries—such as **democráta cristiano**, **social demócrata**, **alianza popular**, **radical**, **liberal**, **conservador**, **comunista**—as well as of parties specific to particular countries, e.g., **aprista** in Perú, **peronista** in Argentina, and **Partido Revolucionario Institucional (PRI)** in Mexico.*

1. ¿Qué profesión u oficio tiene su padre?   2. ¿Es usted demócrata? ¿Republicano(a)? ¿Independiente?   3. ¿Qué quiere ser usted? ¿Médico(a)? ¿Abogado(a)? ¿Comerciante?   4. ¿Sabe usted el nombre de una socialista o comunista famosa? ¿De un pintor español? ¿De un héroe ecuatoriano? ¿De un escritor venezolano?

• *Una nueva casa—¿una nueva vida también?* •

En el restaurante del Hotel Colón, en Quito[1].

LAURA	Así que piensan mudarse a Quito. Pero, ¿cuándo?
RAÚL	Todavía no sabemos; tal vez el año próximo, cuando me jubile. Por ahora, estamos buscando casa.
LUIS	Lo que me sorprende es que ya puedas jubilarte. Yo ya estoy soñando con eso.
ESTELA	Raúl lleva treinta años trabajando para la misma compañía. ¡Cómo pasa el tiempo!, ¿verdad? Pero dejar Guayaquil[2] . . . quizás no sea lo más acertado. Además, nuestra hija, la que es secretaria, vive allá.
LAURA	Pues, nosotros estamos disfrutando de la vida. Tenemos los nietos . . . ¡ay, lo rápido que crecen! No creo que nos vayamos de la capital. No soy partidaria de los cambios. En eso, soy muy conservadora.
RAÚL	Yo, por el contrario, estoy buscando un cambio. La vida debe ser un cambio constante. Un amigo mío, que es ingeniero, no pasa más de dos años en el mismo lugar. Siempre está haciendo las maletas. Y lo envidio.
ESTELA	Yo no. Para el que le gusta, está bien; para mí no.
LUIS	Ni para mí. Eso de hacer las maletas . . . a propósito, ¿cambiaron la habitación del hotel que no les gustaba?
ESTELA	No. Pedí una habitación doble, con dos camas, pero no la conseguí.
RAÚL	Y lo peor es que los ascensores están funcionando mal. Imagínense . . . cinco pisos sin ascensor.
LAURA	Estábamos pensando que podrían quedarse en casa.
LUIS	¡Claro!, tenemos un dormitorio para huéspedes, con baño y una sala pequeña.
ESTELA	Lo que no quiero es molestar.
LAURA	¡Por favor! Arreglamos esa habitación esta mañana para ustedes. ¿Aceptan?
RAÚL	Bueno, si no les causamos problemas, ¡aceptamos! ¿Verdad, Estela?
ESTELA	Mil gracias. Creo que con ustedes estaremos mejor.

---

jubilarse *to retire*   **acertado(a)** *right, correct, proper*   **disfrutar de** *to enjoy; to use*   **partidario(a) de** *partial to*   **el cambio** *change*   **el ascensor** *elevator*

Capítulo diecinueve

La plaza principal de Quito.

PREGUNTAS

1. ¿Qué están buscando Estela y Raúl en Quito?   2. ¿Qué es lo que le sorprende a Raúl?   3. ¿Cree usted que Estela quiere mudarse a Quito? ¿Por qué?
4. Según Laura, ¿por qué están disfrutando de la vida ella y Luis?   5. ¿Qué hace el amigo de Raúl que es ingeniero?   6. ¿Pudieron cambiar de habitación Raúl y Estela?   7. ¿Qué pidió Estela?   8. ¿Qué estaban pensando Laura y Luis?
9. ¿Cómo es la habitación para huéspedes en la casa de ellos?   10. ¿Está usted mudándose constantemente o prefiere vivir siempre en el mismo lugar?

Notas culturales

1. **Quito,** the capital city of Ecuador (elevation 9,500 feet), has been aptly called "a great outdoor museum" because of its numerous buildings in the ornate Spanish colonial style. The city was founded in 1534 on the site of the capital of the pre-Inca kingdom of the Scyris, which had fallen to the Incas shortly before the arrival of the Spaniards. Because it is so close to the equator (**ecuador** in Spanish), there is little seasonal variation of temperature.

2. **Guayaquil** and **Quito** strongly dominate the life of Ecuador. Quito, the government center, located high in the Andes, is cold in climate, colonial in the predominating tone of its architecture, and, in the subjective opinion of many visitors, sophisticated and reserved in its social atmosphere. Guayaquil, at sea level, is in everything the opposite—sultry, modern, democratic, enthusiastic, and growing fast. Over 85 percent of Ecuador's foreign trade pours through this great port, which is also the banking center of the country. Both the port and the capital receive a steady influx of Indians migrating from the countryside, seeking to better their lives by joining the Spanish-speaking society, and willing to live for the time being in squalid shanties on the outskirts of town.

• Actividades •

Situación—los muebles y la personalidad. Se dice que los muebles revelan la personalidad de la gente que los compra. Abajo hay algunos dibujos de diferentes muebles. ¿Qué piensa usted de sus dueños? Diga dos cosas sobre el dueño de cada mueble.

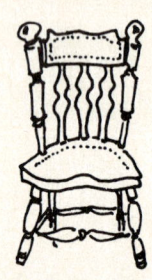

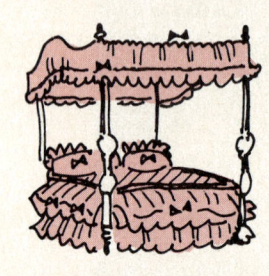

MODELO   La dueña será una persona vieja, probablemente una profesora.

Mi casa.   Prepare usted un plano o dibujo de su propia casa (o de la casa que quiere ganar en la lotería) e indique cada cuarto. En clase, describa su casa a sus compañeros y conteste las preguntas siguientes.

1. ¿Cuántos dormitorios tiene su casa?
2. ¿Es una casa de más de un piso?
3. ¿Cuál es su cuarto favorito?
4. ¿A qué parte de su casa va usted cuando quiere escaparse?
5. ¿Qué le gusta en particular de su casa? ¿Qué no le gusta?
6. ¿Tiene piscina *(swimming pool)* su casa? ¿Tiene patio?
7. ¿Cómo sería su casa ideal?

You might point out that typical features of the traditional Hispanic residence (patio in center; servants' quarters) have been altered to reflect new life-styles in the modern **urbanizaciones**[N].

Return to this exercise after students have internalized courtesy behavior patterns presented in the next chapter. North American students inevitably "come on stronger" (**son más bruscos**) than their Hispanic counterparts.

Situación—De visita en Guayaquil.   Divídanse en parejas. Usted acaba de llegar a Guayaquil y está hablando con el señor de la recepción en un hotel. Usted hizo una reservación para un cuarto doble, con aire acondicionado y un baño privado. Iba a costar 2000 sucres al día. El recepcionista le informa que ha habido un error pero que él puede darle una habitación sin aire acondicionado ni baño privado que le costará sólo 1200 sucres al día. Hace mucho calor en Guayaquil. Usted se enoja y quiere hablar con el gerente.

FABULOSO TOUR A GALAPAGOS

SALIDA: NOVIEMBRE 6   REGRESO: NOVIEMBRE 10

Viaje con nosotros a las maravillosas Islas encantadas, alojamiento en confortable hotel con alimentación completa. Paseos en cómodos yates. Compras de artesanías y joyas en coral. Acompañamiento de guías especializados. Obsequio de souvenirs. Transporte aéreo Guayaquil - Galápagos - Guayaquil.
Informes: TROPICAL TOURS. P. Carbo N° 531 y Vélez, 2° piso. Telfs.: 528873 - 529456 - 528251.

Vocabulario activo

Cognados

| constante | doble | funcionar | el garaje | la inconveniencia | el refrigerador |
| el contrato | | | | | |

Sustantivos

el cambio	change
la cartera	purse; wallet
la docena	dozen
la galletita	cookie
la mente	mind
el sucre	monetary unit of Ecuador

En casa

la alcoba	bedroom
la alfombra	rug
el aparato eléctrico	electric appliance
el armario	closet; armoire, wardrobe
el ascensor	elevator
la bañera	bathtub
el baño	bath; bathtub; bathroom
el buró	bureau; writing desk
la butaca	armchair
la cafetera	coffee pot, coffee maker
el césped	lawn
el comedor	dining room
la cómoda	bureau, chest of drawers
el congelador	freezer
el contrato de arrendamiento	lease
la cortina	curtain
el cuarto de baño	bathroom
el cuarto de dormir	bedroom
el dormitorio	bedroom
la ducha	shower
el estante de libros	bookcase
la estufa	stove
el fregadero	sink
el grifo	faucet
el horno	oven
el inodoro	toilet
el lavamanos	washbasin
la mesita	small table; coffee table
la mesita de noche	night table
la nevera	refrigerator; icebox
el pasillo	corridor, hall
el ropero	closet
el tostador	toaster
la vivienda	dwelling, lodging, house

Verbos

disfrutar de	to enjoy; to make use of
empaquetar	to pack
envidiar	to envy
jubilarse	to retire
tirar	to throw; to shoot
vencer (z)	to expire (lease)

Otras palabras y expresiones

acertado	right, correct; proper
conservador	conservative
en vez de	instead of
lo (+ adj)	The . . . thing, part
partidario de	partial to
por el contrario	on the contrary
tener en mente	to have in mind
valioso	valuable

En casa 521

CAPÍTULO VEINTE

LA COMUNICACIÓN Y LA CORTESÍA

Vocabulario. In this chapter you will use words and phrases that show consideration and good manners.

Gramática. You will discuss and use:
1. The future-perfect and conditional-perfect tenses
2. The sequence of tenses exhibited by two verbs in a sentence when one is subjunctive
3. The passive voice (as in *the men were helped by Dr. Ospina*)
4. Idioms with the verb **acabar,** which basically means *to finish*

Cultura. The dialogs take place in the Colombian cities of Medellín, Leticia, Cartagena, Santa Marta, and Bogotá.

Formal · · Informal

See notes on page 550

Los saludos

Buenos días / Buenas tardes / Buenas noches, don Enrique. ¿Cómo está?

Hola, Enrique. ¡Tanto tiempo! ¿Qué tal? / ¿Cómo te va?

Las presentaciones

—Le presento a la doctora Gutiérrez.

—Mucho gusto en conocerla.
—Igualmente. / El gusto es mío.

—Éste es mi amigo José. / Quiero que conozcas a mi amigo José.
—Hola, ¿qué tal?
—Encantada. / Mucho gusto.

Las despedidas

Ha sido un gran placer verla / conocerla.
Encantado de verla.

Hasta la próxima.

Saludos a tus padres.

Saludos y despedidas por carta

Estimado(a) señor(a / ita):
Distinguido(a) señor(a / ita):
Muy señor mío:

Cordialmente,
Atentamente /
 Respetuosamente,

Querido(a) . . . :
Hola, . . . :

Cariñosamente,
Un abrazo de Luisa

---

el saludo *greeting*   **la presentación** *introduction*   **encantado(a)** *delighted*   **la despedida** *farewell, leave-taking*   **el placer** *pleasure*   **hasta la próxima** *until next time*   **estimado** *dear, esteemed*   **distinguido(a)** *dear, distinguished*   **cariñosamente** *affectionately*

La comunicación y la cortesía 523

Y para felicitar . . .
¡Felicitaciones!
Variant: ¡**Felicidades!**
brindar . . .
¡Salud!
¡Provecho!
¡Buen provecho!
¡Que le aproveche!

pedir favores . . .
Tenga la bondad de . . .
¿Pudiera . . . ?
¿Quisiera . . . ?
¿Me puede / quiere . . . ?
Hágame / Hazme el favor de . . .
Por favor . . .

expresar compasión . . .
Lo siento.
¡Cuánto lo siento!
Lamento mucho . . .
¡Qué pena!
¡Qué lástima!

pedir aclaración . . .
¿Cómo?
¿Mande? *(México)*
¿Dígame?
¿Qué dijo usted (dijiste)?

disculparse . . .
Con permiso. ¿Puedo pasar?
Dispénse(n)me.
Perdóne(n)me.
Lo siento.

sorprenderse . . .
¡No me diga(s)!
¡Caramba!
¡Qué suerte!
¡Dios mío!
¡Es una barbaridad!
¡Qué locura!
¡Qué tontería más grande!

ponerse de acuerdo . . .
Claro.
Por supuesto.
Estoy de acuerdo.
Tiene(s) razón.
Así es.
Sin duda.

agradecer . . .
Gracias.
Muchas gracias.
Muchísimas gracias.
(Estoy) muy agradecido(a).
Le agradezco mucho.

Agasajos

El sitio perfecto para sus compromisos sociales:
PIÑATAS, QUINCE AÑOS, GRADOS, MATRIMONIOS
Y REUNIONES ESPECIALES.
Somos especialistas en hacerle quedar bien!
Cra. 46 No. 23-Sur-31 Bosque Zúñiga Tels.: 2769182 - 2350346 - Medellín

---

felicitar *to congratulate*   **brindar** *to toast*   **¡Salud!** *To your health! God bless you!* (sneeze)
¡Provecho! *Enjoy!*   **¡Buen provecho!** *Enjoy!*   **¡Que le aproveche!** *Enjoy!*   **Dispénse(n)me.** *Excuse me.*   **la bondad** *kindness*   **¡No me diga(s,n)!** *You're kidding!*   **¡Es una barbaridad!** *Incredible!*
¡Qué locura! *It's crazy!, What madness!*   **¡Qué pena!** *What a pity!, How sad!*   **Sin duda.** *Doubtless.*
la aclaración *clarification*   **¿Dígame?** *Pardon me?*   **agradecido(a)** *grateful, thankful*

El qué dirán. *What people will say.* Mire los dibujos y decida cuál sería una reacción apropiada frente a cada situación.

1 2 3 4

5 6 7

8 9 10

Situaciones. ¿Qué diría la gente en las siguientes situaciones?

MODELO   Una persona quiere brindar. Levanta la copa y dice algo. → **¡Salud!**

1. Un amigo le ofrece una empanada pero usted no tiene hambre.
2. Usted quiere pedirle $100 a un amigo.
3. Su padre le da una pulsera de esmeraldas *(emeralds)* a su mamá en su cumpleaños.
4. Una amiga le dice que se va a casar pronto.
5. Usted no oyó bien lo que le dijo el profesor y quiere que él se lo repita.
6. Usted va a un funeral y le dice algo a la viuda *(widow)*.
7. Un hombre le dice a usted que le gusta robar en las tiendas.
8. Usted está en Bogotá y está perdido(a). Ve a una señora y quiere pedirle ayuda para llegar al hotel.

To be full is best rendered as **estar satisfecho(a)** since many Hispanics consider **estar lleno(a)** somewhat crude. Note that in certain regions, you must leave some food on your plate to avoid continued entreaties to **repetir**.

La comunicación y la cortesía

Una fábrica en Medellín.

Oral note: **Ya hay planes para construir el primer metro colombiano en la ciudad de Medellín: el proyecto costará unos mil millones de dólares**. Students adapt dialog: conversation between Carlos and Guillermo.

I. El futuro y el condicional perfectos

- Dos mujeres en Medellín hablan de sus esposos, trabajadores en un buque carguero que baja por el Río Magdalena desde Puerto Berríos hasta el puerto de Barranquilla[1].

CAMELIA ¿Ya habrán llegado Carlos y Guille a Barranquilla?
TANA Lo dudo. Carlos te habría llamado, ¿no?
CAMELIA ¿Quién sabe? ¡Cuántas veces no le habré dicho que me preocupo cuando no tengo noticias de él!
TANA ¿Será que no encuentra teléfono?
CAMELIA Tú sabes que hay teléfonos por todas partes en Barranquilla. La verdad es que si Carlos hubiera querido llamarme, ya habría sonado el teléfono.

1. ¿Por qué cree Tana que Carlos y Guille no habrán llegado a Barranquilla?
2. ¿Qué le ha dicho muchas veces Camelia a Carlos? ¿Cree usted que Carlos le hace mucho caso a su esposa?   3. Según Camelia, ¿por qué no la ha llamado Carlos?

Two women in Medellín are talking about their husbands, workers on a freighter that is going down the Magdalena River from Puerto Berríos to the port of Barranquilla. CAMELIA: Can Carlos and Guille already have arrived in Barranquilla? TANA: I doubt it. Carlos would have called you, right? CAMELIA: Who knows? How many times I must have told him that I worry when I don't hear from him! TANA: Could it be that he can't find a telephone? CAMELIA: You know there are telephones everywhere in Barranquilla. The truth is that if Carlos had wanted to call me, the phone would already have rung.

[1]**Medellín** (population 1,200,000) is Colombia's second largest and most industrial city. **Barranquilla** (population 1,000,000), 450 kilometers downriver, is Colombia's leading Caribbean port. Colombia is a patchwork of regions isolated by three rugged mountain chains. The 1,800-kilometer **Río Magdalena** cuts through the mountains along a wide fault line and is a major artery of commerce, despite impassable stretches. **Puerto Berríos** on the Magdalena is a railhead connecting the Magdalena to Medellín.

A The future-perfect tense is formed with the future tense of the auxiliary verb **haber** plus a past participle.

habré	**habremos**	
habrás	**habréis**	+ hablado, comido, salido
habrá	**habrán**	

It expresses a future action with a past perspective—that is, an action that *will have taken place (or may have taken place)* by some future time. It can also express probability, an action that *must have or might have taken place*.

Habré terminado los estudios para el año 1990.	*I will have finished my studies by the year 1990.*
Ya para el mes próximo se habrán cogido las plantas de café.	*By next month the coffee plants will have been picked.*
El presidente de Colombia habrá decidido ayudar a los pobres.	*The president of Colombia must have decided to help the poor.*

B The conditional-perfect tense is formed with the conditional of **haber** plus a past participle.

Grammar point C: Although the conditional perfect is the written norm, in conversation many speakers use **hubiera** plus the past participle for both clauses. You might teach the conditional perfect for recognition only.

habría	**habríamos**	
habrías	**habríais**	+ hablado, comido, salido
habría	**habrían**	

It often corresponds to the English *would have* plus past participle.

Habríamos ido a la costa. ¿Qué habrían hecho ustedes?	*We would have gone to the coast. What would you have done?*

It is also used to express the probability that a past action happened prior to another point in the past.

El Sr. Restrepo habría pensado en abrir otra tienda antes del comienzo de la inflación.	*Mr. Restrepo probably had thought about opening another store before the onset of inflation.*

C The conditional perfect is also often used to express something that *would have* or *might have taken place if. . . .* Such sentences require the use of the past-perfect subjunctive in the *if*-clause and the conditional perfect in the main clause.

Si hubiera sabido que querías venir, te habría llamado.	*If I had known you wanted to come, I would have called you.*
¿Cómo habría sido su vida si hubiera nacido en el siglo diecinueve?	*What would your life have been like if you had been born in the nineteenth century?*
Habría celebrado mi cumpleaños si no hubiera celebrado el día de mi santo.	*I would have celebrated my birthday if I hadn't celebrated my saint's day.*

La comunicación y la cortesía

Los buques carqueros del río Magdalena son esenciales para el comercio de Colombia.

EJERCICIOS

A La sustitución

1. Para el lunes, habremos comprado el auto. (yo, Claudia, tú, mis padres)
2. Marcelo habría ido a la iglesia, ¿no? (Elena y Mónica, Tú, Sus padres, Los niños)
3. ¿Adónde habría ido usted? (tú, nosotros, tus amigos, el presidente)
4. Yo habría comido si hubiera tenido tiempo. (Joaquín, Mis amigos, Tú, Nosotros)

B Para el año 2000 . . .
Complete el párrafo que describe lo que habrá logrado *(achieved)* Antonio para el año 2000.

1. terminar	4. casarse	7. confesar	10. escribir
2. mudarse	5. tener	8. leer	11. vivir
3. conseguir	6. decir	9. ver	12. hacer

Para el año 2000 Antonio (1)___ los estudios. (2)___ para la ciudad. (3)___ un buen puesto. (4)___ con su novia Fátima. Antonio y Fátima (5)___ dos niños. Antonio le (6)___ la verdad a su esposa. (7)___ que quiere ser escritor. (8)___ todas las novelas de los escritores colombianos. (9)___ todo el país de Colombia. (10)___ más novelas que García Márquez.[2] (11)___ más de 30 años. (12)___ lo que había querido hacer.

[2]Gabriel García Márquez, Colombian author of *Cien años de soledad* and other novels, won the Nobel Prize for literature in 1982.

C Para el año nuevo de 1991.   Concha trata de predecir el futuro de su familia. Haga oraciones expresando sus predicciones.

MODELO   tú / terminar tus estudios → **Tú habrás terminado tus estudios.**

1. abuelito / cumplir ochenta años
2. mamá y papá / celebrar su aniversario número veinticinco
3. yo / casarse con Germán
4. él y yo / tener dos o tres hijos
5. yo / llegar a ser ingeniera
6. ustedes y yo / pasar juntos otros Días de la Independencia
7. tú / comprar tu primer auto
8. abuelito y abuelita / asistir a tu boda y a la mía

D Si hubiera tenido más tiempo . . .   La señora Villalobos ha pasado el mes de enero pensando en lo que habría hecho el año pasado si hubiera tenido tiempo. Hable por ella, diciendo lo que ella y la familia habrían hecho si hubieran tenido tiempo.

MODELO   mis hijos y yo / ir a Medellín → **Si mis hijos y yo hubiéramos tenido tiempo, habríamos ido a Medellín.**

1. yo / pasar un mes / en Bogotá
2. mi hija Sara / estudiar / antropología
3. nosotros / asistir / clases universitarias de noche
4. yo / comprar una casa elegante / para mi mamá
5. mamá y yo / visitar / todas las iglesias de Bogotá
6. mi esposo y yo / pasar / más tiempo juntos

E Si hubiera sido yo . . .   ¿Qué le diría usted a un amigo o a una amiga que hizo lo siguiente?   Assign as out-of-class preparation to save time.

MODELO   viajó a San Andrés[3] sin el traje de baño → **Te habrías divertido más si hubieras llevado el traje de baño.** o **No habrías tenido que comprar un nuevo traje de baño si no se te hubiera olvidado el tuyo.**

1. perdió el trabajo porque llegó tarde cinco veces
2. se levantó al mediodía porque se había acostado a las tres de la mañana
3. tiene un coche malísimo porque no lo probó antes de comprarlo
4. te invitó a un restaurante sin saber que los precios eran carísimos
5. sacó malas notas en biología porque no asistió nunca al laboratorio
6. le robaron la cartera porque la dejó encima de la mesa
7. se casó con una persona rica pero fea porque necesitaba dinero
8. no disfrutó de su viaje a Colombia porque no sabía hablar español
9. votó por un candidato malísimo porque no había leído nada antes de las elecciones
10. compró unos zapatos lindos pero muy anchos porque no se los probó en la tienda

---

[3]**San Andrés** is a Colombian island about an hour's flight north into the Caribbean. Its rolling surf, white beaches, and duty-free status have made it a popular place for fashionable Colombian jet-setters to spend **los puentes** 3-day weekends.

La comunicación y la cortesía

• **CUESTIONARIO**

1. ¿Cree que habremos terminado este capítulo para el viernes?   2. Para el año 2000, ¿habrá ocurrido una guerra terrible?   3. ¿Qué habrá pasado en su propia vida para el año 2000?   4. ¿Qué habrá hecho el presidente ayer?   5. ¿Qué habría hecho usted hoy si no hubiera venido a clase?   6. ¿Habría sido mejor el mundo si no se hubiera inventado la bomba atómica?

Students adapt dialog: Use same structure, but change scenario to another Hispanic country, or for humor, to your campus or town (**las maravillas de** College).

II. La sucesión de tiempos con el subjuntivo

• *La familia Pardo llega a una compañía turística en Leticia[1].*

EMPLEADO   Buenas tardes, señor. Perdone que le haya hecho esperar. ¿En qué puedo servirle?
GERARDO   Quisiera alquilar un bote. Quiero que mis hijos vean las maravillas de El Amazonas.
EMPLEADO   Se hace tarde. Sería mejor que volvieran mañana temprano.
GERARDO   De acuerdo. ¿Pudiera recomendar un hotel que tenga agua caliente? Pensábamos acampar pero . . .
EMPLEADO   No se les vaya a ocurrir esto. A ustedes se los comerían vivos. Me refiero a los mosquitos de la selva.

1. ¿De qué se disculpa el empleado?   2. ¿Por qué quiere Gerardo alquilar un bote?   3. ¿Cuál es la recomendación del empleado?   4. Según el empleado, ¿por qué no deben acampar en la selva?

The Pardo family arrives at a tourism company in Leticia. EMPLOYEE: Good afternoon, sir. I'm sorry I've made you wait. What can I do for you? GERARDO: I'd like to rent a boat. I want my children to see the wonders of the Amazon. EMPLOYEE: It's getting late. It would be better if you came back early tomorrow. GERARDO: All right. Could you recommend a hotel that has hot water? We were thinking about camping, but . . . EMPLOYEE: Don't even think of it. They'd eat you alive. I'm talking about the jungle mosquitoes.

---

[1]Leticia, 800 kilometers southeast by air over impenetrable jungle from **Bogotá**, Colombia's capital, is located on the **Río Amazonas**, 3,200 kilometers from its mouth on the Atlantic. The town is an expression of Colombia's hope to profit from the supposedly fabulous riches of **El Amazonas**.

When the subjunctive is required in a dependent clause, the particular subjunctive tense to use sometimes follows logically from the tense of the verb in the main clause. (Remember, however, that many dependent clauses require only the indicative.)

El mercado del puerto de Leticia, en el río Amazonas.

A A dependent clause usually takes the *present* or *present perfect subjunctive* when the verb in the main clause is:

1. In the present.

   Ramón quiere que vayamos con él a Medellín.
   Ramón wants us to go with him to Medellín.

   Es imposible que los niños de Sara se hayan portado tan mal.
   It's impossible that Sara's children have behaved so badly.

2. In the present perfect.

   La profesora les ha pedido a los estudiantes que la traten con respeto.
   The professor has asked the students to treat her with respect.

3. In the future.

   Saldremos para la costa después que lleguen del trabajo.
   We'll leave for the coast after they arrive from work.

   Hablaré con alguien que haya viajado por El Amazonas.
   I'll talk to someone who's traveled through the Amazon.

4. A command.

   Lee esta novela de García Márquez tan pronto como puedas.
   Read this García Márquez novel as soon as you can.

   Devuélvemela cuando hayas terminado de leerla.
   Return it to me when you've finished reading it.

In general, a compound tense is used in Spanish in the same way that a compound is used in English, as you can see from the examples. For instance, if you want to say *I am happy that they are winning*, you would say in Spanish **Me alegro de que ganen.** If you want to say: *I am happy that they have won*, you would say **Me alegro de que hayan ganado.**

La comunicación y la cortesía

B A dependent clause usually takes a verb in the *imperfect* or the *past-perfect subjunctive* when the verb in the main clause is:

1. In the preterit.

   ¿No me pediste que te comprara un recuerdo de Santa Marta?
   Didn't you ask me to buy you a souvenir from Santa Marta?

   Dudé que tú hubieras aceptado un puesto en esa compañía.
   I doubted that you had accepted a position in that company.

2. In the imperfect.

   Siempre le pedía a su esposo que le comprara una esmeralda[2].
   She was always asking her husband to buy her an emerald.

   No sabíamos que hubiera existido un pueblo indio en ese lugar.
   We didn't know an Indian town had existed in that place.

3. In the past perfect.

   Su madre había insistido en que José se disculpara.
   His mother had insisted that José apologize.

4. In the conditional.

   Me sorprendería que estuvieran equivocados.
   It would surprise me if they were wrong.

EJERCICIOS

A **La sustitución.** Haga oraciones nuevas, cambiando el verbo principal de la oración. Unos de los nuevos verbos requieren el uso del presente o imperfecto del subjuntivo en la segunda cláusula. Otros verbos requieren el presente o pasado del indicativo.

MODELO   Creo que vienen pronto. (Espero, Quería, Supe) →
Espero que vengan pronto.
Quería que vinieran pronto.
Supe que venían (vinieron) pronto.

1. Quiero que compren algo. (Deseaba, Prefiero, Es verdad, Es posible, Sé)
2. Le hablarán para que venga. (Le hablaron, Le escriben, La llaman, La llamaron)
3. Me alegro que no te hayas ido. (Me alegré, Creo, Espero, Esperaba, Es bueno)
4. Es posible que Juan haga eso. (Es cierto, Era imposible, Dudo, Es una lástima)

[2] For 400 years Colombia has been the world's principal source of emeralds.

B **Unas charlas.** Complete las conversaciones con la forma apropiada del subjuntivo.

RAMOS	El jefe nos dijo que (1)____ el café.	1. tomar
COSTA	Dígale al jefe que hasta que no nos (2)____ la compañía, el sindicato no nos permitirá que (3)____.	2. pagar 3. trabajar

* * *

MAGDA	No puedo asistir a la reunión a menos que los vecinos (4)____ cuidar a los niños. Les pediré que me (5)____ ese favor tan pronto como (6)____.	4. aceptar 5. hacer 6. llegar
GLORIA	Yo no creo que (7)____ problema para ellos. Llámame cuando tú (8)____ a salir.	7. ser 8. ir
MAGDA	De acuerdo. Te llamaré antes de que (9)____ a los niños a casa de los vecinos.	9. llevar

* * *

DONATO	¿Dónde estuviste anoche?	10. ver
RENATA	Tuve que quedarme en casa porque mi mamá quería que yo (10)____ un programa especial en la televisión.	11. poder 12. ir 13. conocer
DONATO	Es una lástima que no (11)____ ir al baile. Si (12)____, (13)____ al cantante preferido tuyo. El director le había pedido que (14)____ para los jóvenes. Luego él nos dio la mano a todos; claro que lo hizo para que todos (15)____ su último disco.	14. cantar 15. comprar

* * *

ROSA	Nosotras temíamos que a los turistas no les (16)____ las empanadas que les habíamos preparado.	16. gustar 17. ser
MANUEL	Me sorprendería que eso (17)____ verdad. ¡A todo el mundo le encantan las empanadas!	

* * *

VÍCTOR	¡No sabía que tú (18)____ bailar la cumbia[3]!	18. saber
PAULA	No quería que lo (19)____ mis amigos.	19. saber
VÍCTOR	¿Cómo la aprendiste?	20. enseñar
PAULA	Le pedí a Eduardo que me la (20)____. Si ustedes me (21)____ al comienzo, (22)____.	21. ver 22. reírse
VÍCTOR	Pues vamos al club para que todos te (23)____.	23. ver
PAULA	Ah, Víctor. Quisiera que (24)____ algo primero. No puedo bailar con nadie que no (25)____ Eduardo.	24. saber 25. ser

* * *

CARLOS	Estoy leyendo un libro interesantísimo acerca de Simón Bolívar. ¿Sabías que antes de que (26)____ a Colombia, vivió en la isla de Jamaica?	26. volver 27. vivir 28. quedarse
SILVIA	No sabía que Bolívar (27)____ en Jamaica.	
CARLOS	También dice que Bolívar quería que los países sudamericanos (28)____ organizados bajo un solo gobierno federal.	

[3]A popular Colombian dance.

C Hablemos de la cortesía. Responda a los comentarios con las expresiones entre paréntesis. Use o el indicativo o el subjuntivo.

> MODELO   Lo siguiente es una conversación entre dos vecinas colombianas. (Es posible) → **Es posible que lo siguiente sea una conversación entre dos vecinas colombianas.**

1. La cortesía representa más que las palabras "por favor" y "gracias". (Es cierto)
2. Los niños aprenderán la cortesía de los adultos. (Es necesario)
3. Muchos jóvenes colombianos viven con sus padres hasta que se casan. (Es verdad)
4. La mamá de Juanito no le habrá enseñado nada. (Es una pena)
5. El pobre Juan no sabe tratar a los otros con respeto. (¡Qué barbaridad!)
6. Juan hace lo posible por aprender solo. (Es verdad)
7. Marisa se disculpa cuando llega tarde. (Es probable)
8. Una persona cortés disfruta más de la vida. (Me parece que)

*Use this exercise to point out false cognates related to courtesy theme: (1) **educar, educado**, etc. can refer to formal instruction (**culto** would be used for a person of great knowledge), but it often refers to courtesy and good upbringing (**Lisa es una niña muy educada**); (2) **correcto** can be a cognate, but it often refers to behavior above reproach (**Es un joven muy correcto**).*

D Oraciones incompletas. Cree sus propias oraciones.

> MODELO   **Tengo un novio que es muy simpático y guapo. Dudo que mi hermana sepa mucho de Colombia.**

1. Siento mucho que . . .
2. Yo esperaba que la vida universitaria . . .
3. Sé que mi familia y yo . . . el verano que viene.
4. Algún día compraré una casa que . . .
5. Si yo no hubiera venido a clase hoy, . . .
6. Voy a estudiar para el examen tan pronto como . . .
7. El presidente teme que . . .
8. Yo habría estudiado para médico(a) si . . .
9. No seremos felices si . . .
10. Viajaría por todo el mundo si . . .

E ¿Qué opina usted? Dé su reacción a las noticias siguientes. Use una frase verbal como **Dudo, Me gusta, Creo, Es posible, Es verdad,** etc.

> MODELO   Martin Luther King murió en 1968. → **Es verdad que Martin Luther King murió en 1968. Lamento mucho que Martin Luther King haya muerto.**

1. En el mundo hay demasiada gente pobre.
2. Llovió anoche en esta ciudad.
3. Llueve mucho en Colombia en el invierno.
4. Los Beatles cambiaron nuestros gustos musicales.
5. No existe la verdadera democracia en este país.
6. Hay mucha gente que no sabe disfrutar de la vida.
7. Algunos hombres se creen superiores a las mujeres.
8. El año pasado la inflación subió mucho en la Argentina.

• **CUESTIONARIO**

1. ¿Espera usted que alguien le haya escrito hoy? ¿Quién?   2. ¿Viviría usted en Colombia aunque no supiera hablar español? ¿Por qué?   3. ¿Estaría usted a favor o en contra del divorcio si fuera abogado(a)?   4. ¿Qué habría hecho hoy si no hubiera venido a la universidad?   5. ¿Teme usted que haya una guerra nuclear pronto?   6. ¿Qué compraría si tuviera mucho dinero?   7. ¿Es probable que una mujer sea presidenta de este país?   8. ¿Qué clase de novio(a) buscaba usted cuando tenía dieciséis años?   9. ¿Qué clase de novio(a) busca ahora?
10. ¿Cree usted que la religión es más importante para los mayores que para los jóvenes?

III. La voz pasiva

Querida Inés:

Estoy aquí por unos días en Cartagena[1], una ciudad con magníficas iglesias que fueron construidas por los españoles en el siglo dieciséis. Esta ciudad tiene una rica historia de aventuras y revoluciones. Fue fundada en 1533 y once años más tarde fue saqueada por los piratas. Hoy tiene cerca de 375,000 habitantes.

Ayer fui a una fiesta que fue organizada por el Club Estudiantil de la Universidad de Bolívar. En esa fiesta me encontré con Telma y Alberto Sánchez a quienes los casó nuestro amigo, el padre Germán. ¿Los recuerdas?

Bueno, vuelvo a Bogotá el lunes entrante. Espero verte pronto.

Un abrazo de tu amiga,
Paulina

1. ¿Cuándo fueron construidas las iglesias de Cartagena?   2. ¿Cuándo fue fundada Cartagena?   3. ¿Qué pasó once años más tarde?   4. ¿Cuántos habitantes tiene hoy Cartagena?   5. ¿Quién organizó una fiesta en la universidad?
6. ¿Quién los casó a Telma y Alberto Sánchez?

Dear Inés,

I'm here for a few days in Cartagena, a city with magnificent churches that were built by the Spaniards in the sixteenth century. This city has a rich history of adventures and revolutions. It was founded in 1533 and eleven years later was sacked by the pirates. Today it has around 375,000 inhabitants.

Yesterday I went to a party that was organized by the Students' Club of the Universidad de Bolívar. At that party I met Telma and Alberto Sánchez, who were married by our friend, Father Germán. Do you remember them?

Well, I return to Bogotá this coming Monday. I hope to see you soon.

An embrace from your friend,
Paulina

---

[1] **Cartagena** is a picturesque port on Colombia's Caribbean coast. In the colonial period, vast quantities of gold and gems from the South American continent were collected there for shipment to Spain; despite 29 forts surrounding the city, it was repeatedly sacked in the 16th century by Francis Drake and other pirates. It is now an extremely popular center for international tourism and an export point for petroleum from Colombia's oilfields in the Magdalena valley.

Verbs occur in active and in passive constructions. In an active construction, the subject acts.

    La doctora Ospina atendió a esos hombres.   *Dr. Ospina helped those men.*

In a passive construction, the grammatical subject of the verb is acted upon.

    Esos hombres fueron atendidos por la doctora Ospina.   *Those men were helped by Dr. Ospina.*

A The passive voice in Spanish consists of a form of **ser** plus a past participle. The past participle behaves like an adjective, changing its ending to agree in gender and number with the subject. The agent, or doer of the action, is not always mentioned, but when it is, it is generally introduced by the preposition **por**.

> subject + **ser** + past participle + **por** + agent

Juan es muy respetado por sus amigos.	*Juan is very respected by his friends.*
El discurso fue pronunciado por el presidente.	*The speech was delivered by the president.*

B To express the state or condition resulting from an action, a form of **estar** is used; the past participle functions as an adjective, changing its ending to agree in gender and number with the subject. No agent is ever expressed. (This structure contrasts with the passive voice, which focuses on the action itself, not the results of the action left over in the present time.) Study the following pairs of sentences.

Los problemas han sido resueltos por el presidente.	*The problems have been solved by the president.*
Los problemas están resueltos.	*The problems are solved.*
Daniel y Blanca fueron muertos por un ladrón.	*Daniel and Blanca were killed by a thief.*
Daniel y Blanca están muertos.	*Daniel and Blanca are dead.*

C The passive voice is used less frequently in Spanish than in English. When no agent is expressed, **se** plus a verb in the third person is generally used instead. The verb is singular or plural to agree with its grammatical subject.

> Because of the relative infrequency of this construction, especially in conversation, you may want to teach it for recognition only.

Se habla español.	*Spanish spoken.*
Se necesita carpintero.	*Carpenter needed.*
Se necesitan trabajadores para pintar las casa del presidente.	*Workers are needed to paint the president's house.*

Capítulo veinte

Hoy día, Cartagena es conocida tanto como un lugar de diversiones como un puerto de exportación de petróleo.

EJERCICIOS

A   **La sustitución**

1. Ese *artículo* fue escrito hace dos años. (novela, periódico, cartas, cuentos)
2. La *cena* será organizada por el club. (el baile, las fiestas, la excursión)
3. En Colombia el *divorcio* no es aceptado por todos. (la religión, las invitaciones, el matrimonio)

B   **Infórmese sobre Colombia.**   Teresa y Tomás piensan viajar a Colombia en julio. Teresa está leyendo un libro recién publicado sobre el país. Tome el papel de Tomás y responda a lo que le dice su esposa. Use la voz pasiva.

MODELO   Colón no descubrió Colombia.—Sí, Colombia no . . . →
           Sí, Colombia no fue descubierta por Colón.

1. Pedro de Heredia fundó la ciudad de Cartagena en el año 1533.—Sí, la ciudad de Cartagena . . . en el año 1533.
2. Unos arqueólogos descubrieron unas ruinas interesantes cerca de Bogotá.—Sí, unas ruinas interesantes . . . cerca de Bogotá.
3. Algunos colombianos no querían a Bolívar.—Sí, Bolívar no . . .
4. García Márquez escribió otra novela interesante.—Sí, otra novela interesante . . .
5. Una revolución interrumpió una Conferencia Interamericana en Bogotá.—Sí, una Conferencia Interamericana en Bogotá . . . .
6. Los buques cargueros llevan los productos a los puertos.—Sí, los productos . . . a los puertos . . . .
7. Los agricultores cogieron el café el mes pasado.—Sí, el café . . . el mes pasado.

Reference is to the **Bogotazo**, a violent reaction to the assassination of Jorge Elicier Gaitán, a popular leftist politician and orator.

La comunicación y la cortesía   537

Cartagena 84
20 candidatas y una ex-Miss Universo

C ¿Por quién? Hace unos años la Conferencia Internacional de las Orquídeas *(orchids)* fue celebrada en Medellín. Las siguientes preguntas le fueron hechas a un empleado por su jefe. Tome el papel del empleado y conteste con la voz pasiva.

MODELO ¿Escribió Rosalía las cartas? → **Sí, las cartas fueron escritas por Rosalía.**

1. ¿Terminaron los trabajadores la construcción del nuevo edificio?
2. ¿Reservaron los ecuatorianos muchas habitaciones en los hoteles?
3. ¿Quién mandó las invitaciones? ¿Raúl?
4. ¿Organizaron tú y la secretaria el baile especial?
5. ¿Prepararán los cocineros muchas arepas[2] para los turistas?
6. ¿Compraron los norteamericanos muchas flores el año pasado?

D Dicho de otra manera. Julián siempre la corrige a Carol, su amiga norteamericana. Tome el papel de Julián y cambie las oraciones en la forma pasiva según el modelo.

MODELO Muchas novelas contemporáneas son traducidas. → **Se traducen muchas novelas contemporáneas.**

1. Cientos de libros serán publicados en Colombia este año.
2. La última novela de García Márquez fue traducida al inglés.
3. En muchas novelas los nombres de los lugares no son inventados.
4. Algunos nombres de los personajes de García Márquez sí fueron inventados.
5. La nueva edición no fue publicada en Colombia.
6. El libro es vendido en muchos países.
7. Miles de libros fueron comprados en Inglaterra.
8. También fue muy bien recibida en el Canadá.

• **CUESTIONARIO** Note that Kennedy remains a hero to many Hispanics because of his attention to Latin America and his Catholicism; **Ciudad Kennedy** is a huge housing project in Bogotá.

1. ¿Cómo se llama su novela favorita? ¿Por quién fue escrita? 2. ¿En qué año fue asesinado John F. Kennedy? ¿Por quién? 3. ¿Cuándo fue escrita la Declaración de Independencia? 4. ¿Dónde se vende buena comida en esta ciudad? 5. ¿A qué hora se abren los bancos? 6. ¿Qué lengua se habla en Colombia? 7. ¿Cómo se dice *It's raining* en español? 8. ¿Se prepara la sangría con cerveza o con vino?

---

[2]**Arepas** are rounded cornmeal rolls, crisp on the outside, sometimes with cheese inside, popular in both Colombia and Venezuela.

Dialog exercise: Students listen without looking at dialog and make each sentence conform to the original version: 1. La muchacha de Tolima ganó el concurso. 2. Según Luisa, la más bonita era una costarricense. 3. El año pasado los jueces cayeron de bruces. 4. Si no se hubiera caído, la colombiana habría ganado.

Un rascacielos bogotano.

Although this event is ficticious, a similar event occurred during a Miss Mexico competition several years ago. The last Colombian to win **Miss Universo** was more than twenty-five years ago.

IV. Expresiones con **acabar**

- Una pareja bogotana pasa las vacaciones en Santa Marta[1].

CÉSAR Acabo de oír que la muchacha de Tolima salió en segundo lugar en el concurso de Miss Universo[2].

LUISA ¡Qué barbaridad! Vi una foto de las competidoras y la nuestra era la más bonita.

CÉSAR ¿Te acuerdas del concurso del año pasado? La colombiana acababa de contestar las preguntas de los jueces cuando se cayó de bruces.

LUISA Claro que me acuerdo. ¡Qué pena, la pobre! Pero mira si no era preciosa. Con todo eso, ¡acabó por ganar!

1. ¿Cuál noticia acaba de oír César?   2. Según Luisa, ¿es una buena noticia? ¿Por qué?   3. ¿Qué le pasó a la muchacha colombiana el año pasado? ¿Perdió el concurso?   4. ¿A usted le gusta ver los concursos de belleza en la televisión? ¿Qué piensa de ellos? ¿Conoce usted a alguien que haya participado en un concurso de belleza?

A couple from Bogotá is spending their vacation in Santa Marta. CÉSAR: I just heard that the girl from Tolima came in second in the Miss Universe contest. LUISA: What an outrage! I saw a picture of the contestants and ours was the prettiest. CÉSAR: Do you remember last year's contest? The Colombian girl had just answered the judges' questions when she fell flat on her face. LUISA: Of course I remember. What a shame, the poor thing! But see how beautiful she was (if she wasn't beautiful). In spite of that (With all that), she ended up winning!

[1]**Santa Marta**, another port on the Caribbean with a rich colonial heritage, is the favorite vacation resort of the majority of Colombians and Venezuelans as well.
[2]**Tolima** is a **departamento**, or state, in central Colombia. Beauty contests are highly popular in Colombia and in South America generally; competitions form part of many regional and national celebrations.

La comunicación y la cortesía

> **EMPRESA IMPORTANTE DESEA CONTRATAR PROGRAMADOR-ANALISTA DE SISTEMAS**
> Con experiencia en sistema 38-IBM. Los interesados escribir al Anunciador N° 89, enviando hoja de vida.

A **Acabar** means *to end, to finish, to run out*.

Se nos acabó el tiempo y no pudimos terminar el examen.
We ran out of time and couldn't finish the exam.

B **Acabar de** + infinitive, in the present tense, means *to have just*. In the imperfect, it means *had just*.

Luis acaba de insultar a su hermana. — *Luis has just insulted his sister.*
Acabo de comprarle un anillo a mi novia. — *I've just bought my girlfriend a ring.*
Acabábamos de llegar cuando el teléfono sonó. — *We had just arrived when the telephone rang.*
Acababan de terminar una película documental sobre los acontecimientos en Colombia. — *They had just finished a documentary about the events in Colombia.*

C **Acabar bien** (**mal**) means *to have a happy (unhappy) ending*.

La película acabó bien. — *The film had a happy ending.*

D **Acabar por** + infinitive means *to end up (by)*.

Acabamos por cambiar de idea. — *We ended up changing our minds.*

Ejercicios

A La sustitución

1. Acabamos de oír las noticias. (yo, Elena y Luis, tú, papá, ustedes)
2. El jefe acabó por aceptar el honor. (cambiar su opinión, ponerse de acuerdo conmigo)
3. La película acabó bien. (Las clases, La conferencia, El trabajo, Los hijos)

RETAINING WHAT YOU HAVE LEARNED—READING AND WRITING

If you can't continue your study of Spanish by taking another course, reading in Spanish will help you maintain your language skills. Reading is the second-language skill that stays with you the longest once formal study has ended. You can subscribe to a Spanish-language magazine or newspaper, or check out books from the library. Investigate dual-language texts (books that have Spanish texts and English translations on facing pages) and simplified versions of novels and plays. Many booksellers specialize in importing Spanish-language books; your instructor can give you addresses, or you can find them in *Hispania*. Write for their catalogs.

An effective way to maintain and strengthen your writing skills in Spanish is to keep a journal or diary. You may already do this in English or have been required to keep one for another course. A journal can be of many different types, all of which provide excellent opportunities for composition. You may decide to write a daily letter to your diary, addressing it as you would a personal friend. This allows you to express personal opinions and emotions about things that are important to you. Some writers use a journal to recount their daily activities. This type of journal is excellent for developing and retaining practical, everyday vocabulary. A third type of journal amounts to a creative springboard: in it the writer begins to develop ideas that might be incorporated later in a short story or poem, or lead to a photograph or computer routine, or become a course of action in a career.

Writing letters in Spanish is another interesting way to retain composition skills. Having a pen pal in a Spanish-speaking country or, nearer home, a friend or classmate with whom you can exchange letters on a regular basis, will provide practice and incentive for retaining your writing skills in Spanish. The ultimate purpose of language is communication. The more you think about at least one other speaker of Spanish, the better you will be able to keep alive your Spanish-language skills.

B **Acaban de anunciar . . .**   Como el papá de Rogelio llegó tarde, no oyó el noticiero. Tome el papel de Rogelio y conteste las preguntas que le hace su papá sobre las noticias.

MODELO   ¿Ya escucharon las noticias? (Anita y yo) → **Sí, Anita y yo acabamos de escuchar las noticias.**

1. ¿Ya repitieron la conferencia del presidente? (el canal seis)
2. ¿Ya vieron al presidente? (mamá y yo)
3. ¿Ya supieron del terremoto en Guatemala? (yo)
4. ¿Ya hablaron de la huelga de trabajadores? (el reportero)
5. ¿Ya apagaron el televisor? (nosotros)
6. ¿Ya estudiaron sus lecciones? (Pepito y yo)
7. ¿Ya prepararon la cena? (mamá)
8. ¿Ya pusieron la mesa? (Pepito)

• CUESTIONARIO

1. La última película que vio usted, ¿acabó bien o mal?   2. ¿Acabó bien o mal la presidencia de Richard Nixon?   3. ¿Quién acaba de morir?   4. ¿Qué persona famosa acaba de hacer algo importante?   5. ¿Qué acaba de pasar en Europa?   6. ¿Qué acaba de hacer usted?

La comunicación y la cortesía

· *La que se va, los que se quedan* ·

Brenda, una especialista norteamericana en la informática, está trabajando provisoriamente en un rascacielos de Bogotá[1].

BRENDA   Tenga la bondad de dejar los programas allí. Hubiera deseado que los trajera más temprano, pero en fin . . .

NELSON   Lo siento. Nadie me lo dijo. Si lo hubiera sabido, habría venido antes. Creo que están bien. Fueron preparados con mucho cuidado.

BRENDA   Menos mal. En una hora habré terminado de calibrar esta computadora. Acabo de descubrir dónde está el error. Y debo apurarme porque me quedan solamente dos días.

NELSON   ¡Qué lástima que usted se vaya tan pronto! La semana próxima es nuestra fiesta patria[2], y le aseguro que se habría divertido.

BRENDA   Lamentablemente, no puedo quedarme. Si lo hubiera sabido antes, habría arreglado las cosas de otra manera.

Entra Máximo, jefe del departamento de mercadeo.

MÁXIMO   Con permiso . . . ¿Trabajando mucho?

BRENDA   Ya lo ves. Tengo prisa porque nuestra agencia en Miami me ha pedido que vuelva pasado mañana.

MÁXIMO   ¡No me digas! Realmente, lo lamento. Vamos a echarte de menos cuando te vayas.

NELSON   ¡Claro! Extrañarla y necesitarla. Aunque yo le haya dicho al principio que no creía que una mujer sería capaz de instalar este equipo, ahora me rectifico.

Entra Marina, redactora de anuncios para la compañía.

MARINA   ¿Habré oído bien? ¿Que una mujer no es capaz de trabajar con una computadora? ¡Cuidado, eh!

NELSON   Oíste mal. Acabo de decir que pensaba eso, no dije que sigo pensándolo.

BRENDA   Cuando haya terminado, veremos si soy capaz o no. Esperemos que lo sea. Y ahora quisiera seguir trabajando, si ustedes me lo permiten. Pero les agradezco y les retribuyo esas bonitas palabras[3]. Les aseguro que, si pudiera, me quedaría más tiempo aquí.

MÁXIMO   Yo hubiera jurado que Colombia no te gustaba.

MARINA   No conoces a Brenda. Yo sí la conozco y sé que se siente muy cómoda en nuestro país.

BRENDA   Exacto. Si me hubiera sentido mal aquí no me habría adaptado al lugar ni a las costumbres. Y ya ven que no ha sido así.

NELSON   ¡Si parece más colombiana que nosotros!

MÁXIMO   ¡Bueno, me rindo, me rindo! Y ahora te dejaremos en paz. Avísanos cuando hayas terminado, así salimos a comer juntos.

---

provisoriamente *temporarily*   **el rascacielos** *skyscraper*   **menos mal** *thank goodness*   **calibrar** *to program*   **la fiesta patria** *Independence Day*   **echar de menos** *to miss*   **extrañar** *to miss*   **al principio** *at the beginning*   **capaz** *capable*   **el equipo** *equipment*   **rectificarse (qu)** *to correct*   **retribuir** *to repay*   **jurar** *to swear*   **rendirse (i)** *to give up, to surrender*   **avisar** *to advise, to inform; to warn*

PREGUNTAS

1. ¿Qué le dice Brenda a Nelson cuando él trae los programas?   2. ¿Según Nelson, ¿cómo fueron preparados esos programas?   3. ¿Qué acaba de descubrir Brenda?   4. ¿Por qué debe apurarse Brenda? ¿Cuándo se va?   5. ¿Cree Nelson que Brenda se habría divertido en la fiesta patria?   6. ¿Quiénes van a echar de menos a Brenda cuando se vaya?   7. ¿Qué había dicho Nelson cuando ella llegó?   8. ¿Qué les agradece Brenda a sus amigos?   9. ¿Qué habría hecho Brenda si no le hubiera gustado Colombia?   10. ¿Podría usted adaptarse si tuviera que vivir en un país extranjero por un tiempo?

Notas culturales

1. **Bogotá,** Colombia's capital city, is situated at the foot of a sharply rising chain of high mountains. Attractive colonial churches and government structures cluster around its central **Plaza Bolívar,** but the prevailing note is modern—steel and glass skyscrapers and condominium complexes are seen everywhere. The city is one of the fastest growing large metropolises in the world; in 1985, its population was estimated to be over 4 million, up from 903,000 in 1955. Nearly 70 percent of Colombia's territory consists of sparsely inhabited tropical **llanos** and outright Amazonian **selva;** the rest of the territory is coastal or ruggedly mountainous. The country's many distinguished writers have earned for Bogotá the title of "the Athens of America."

2. Colombia's Independence Day is July 20.

3. Most Americans working or visiting in Hispanic countries need to overcome an inbred modesty about expressing their generous feelings and thoughts. For a fascinating study of factors influencing intercultural understanding, see Raymond L. Gordon, *Living in Latin America* (Skokie, Illinois: National Textbook Company and The American Council on the Teaching of Foreign Languages, 1974). To communicate successfully in Spanish, be friendly and polite, and acknowledge your feelings—mistakes of vocabulary and grammar are easily overlooked between friends, but a misreading of how the other person is feeling disrupts communication.

· Actividades ·

For an alternative activity, see **El Coctel de los Locos** in the Introduction to the *Instructor's Manual*.

El año 2000.   Divídanse en parejas. Escriba usted diez cosas que usted cree que su compañero(a) habrá hecho para el año 2000. Él (Ella) escribirá diez cosas que usted habrá hecho también. Luego, léanse uno a otro sus listas de predicciones. Digan si están de acuerdo o no con las predicciones.

MODELO   **Para el año 2000, tú te habrás casado tres veces.**
    También habrás ganado un millón de dólares.

Expresiones de cortesía: ¿es usted una persona cortés? En ciertas situaciones sociales, ¿sabe usted ser cortés? Trabjae con un(a) compañero(a) de clase y trate de responder a las situaciones siguientes con una expresión cortés (vea los dibujos). La persona que pregunta debe tener el libro abierto y la persona que responde debe tenerlo cerrado. Luego, cambien los papeles, repitan el ejercicio y evalúen sus respuestas (vea *Clave y Evaluación*).

1. si alguien le da un regalo
2. si alguien le da las gracias por un favor
3. si usted quiere pasar enfrente de alguien
4. si usted no conoce a alguien, pero quiere, por alguna razón, decirle su nombre
5. antes de beber vino o champaña
6. si usted tropieza con *(bump into)* alguien en el supermercado o en la calle
7. si alguien estornuda *(sneezes)*
8. si alguien viene a visitarlo(la); ustedes están en el aeropuerto
9. si su mejor amigo anuncia su boda
10. si alguien a quien usted no conoce le dice, "Me llamo Julio Rendón, a sus órdenes"
11. si usted va a entrar en un banco y ve que una señora (que lleva muchas cosas) también quiere entrar
12. después de decir, "Me llamo (su nombre)"
13. si usted está en un ascensor lleno de gente y quiere salir

Clave
1. Gracias. 2. No hay de qué. / De nada. 3. Perdón. 4. (Nombre y apellido), a sus órdenes. 5. Salud. 6. Perdón. 7. Salud. 8. Bienvenido(a). 9. Felicitaciones. 10. Mucho gusto. 11. Pase usted. 12. A sus órdenes. 13. Con permiso.

Evaluación
Respuestas correctas:

- 10–13 Usted as muy cortés: es una persona bien educada *(well brought up)*.
- 6–9 Usted es bastante cortés, pero . . .
- 0–5 ¡Qué horror! Usted todavía tiene mucho que aprender . . .

Entrevista. Cada estudiante debe escoger una de las preguntas siguientes. Luego debe ir de estudiante en estudiante haciéndoles la pregunta y escribiendo las respuestas. Por fin todos presentarán su información a la clase.

1. ¿Cómo eres?
2. ¿Cúando te pones triste?
3. ¿Qué vas a hacer el sábado que viene?
4. ¿Qué clase de películas prefieres?
5. ¿A quién admiras mucho? ¿Por qué?
6. ¿Cuáles son dos de tus posesiones favoritas?
7. ¿Qué te gusta hacer los domingos?
8. ¿Qué clase de novio o novia buscas?
9. Antes, ¿cómo eras?
10. ¿Qué no quieres que hagan tus amigos?
11. ¿Cuál es tu posición política?
12. ¿Qué temes o de qué tienes miedo?
13. Para mejorar tu vida, ¿qué quieres hacer?
14. ¿Qué te parecen este país y esta ciudad?
15. ¿Adónde quisieras viajar algún día y por qué?
16. ¿Qué cosas te ofenden?
17. ¿Cuándo estás más contento(a)?
18. Si pudieras volver a la vida en otra forma, ¿qué quisieras ser?
19. ¿Qué quieres hacer el verano que viene?
20. ¿Qué viaje interesante has hecho?

Vocabulario activo

- **Cognados**

adaptar	cordialmente	estimado	instalar	pasar	la revolución
la aventura	distinguido	expresar	lamentablemente	el pirata	temporalmente
el club	el, la especialista	el, la habitante	el mosquito	respetuosamente	el universo
la compasión					

- **Sustantivos**

		el bote	*boat*	el concurso	*contest, competition*
		el buque carguero	*freighter*	la despedida	*farewell, leave-taking*
la aclaración	*clarification, explanation*	el competidor, la competidora	*contestant, competitor*	el equipo	*equipment*
la bondad	*kindness*				

La comunicación y la cortesía

la locura	craziness, madness	Dispénse(n)me.	Excuse me.	echar de menos	to miss
la maravilla	marvel, wonder	extrañar	to miss	encantado	delighted
la pena	pain; sorrow; punishment; penalty	felicitar	to congratulate	entrante	next; entering; incoming
		fundar	to found		
		jurar	to swear	¡Es una barbaridad!	It's outrageous!; Incredible!
el placer	pleasure	rectificarse (qu)	to rectify, to correct		
la presentación	introduction; presentation	rendirse	to give up, to surrender	estudiantil	student (adj)
				Exacto.	Right.
el principio	beginning			Hasta la próxima.	Until next time.
el provecho	profit; progress	retribuir	to pay back, to repay		
el rascacielos	skyscraper			menos mal	lucky break; thank goodness
el redactor, la redactora	editor	saquear	to sack		
el saludo	greeting			¡No me diga(s,n)!	You're kidding!
		• **Otras palabras y expresiones**		por mucho	by far
• **Verbos**				¡Provecho!	Enjoy!
		agradecido	grateful, thankful	provisoriamente	temporarily
alquilar	to rent			¡Qué barbaridad!	What an outrage!; Incredible!
aprovechar	to make use of, to take advantage of	al principio	in the beginning		
		Así es.	That's the way it is (they are).	¡Que le aproveche!	Enjoy!
avisar	to advise, to inform; to warn	atentamente	respectfully	¡Qué locura!	It's crazy!, What madness!
		bogotano	pertaining to Bogotá, Colombia		
brindar (a)	to drink a toast (to)			¡Qué pena!	What a pity!
		¡Buen provecho!	Enjoy!	¡Salud!	Cheers!
calibrar	to program; to calibrate	caer de bruces	to fall on one's face	sin duda	doubtless, no doubt
descubrir	to discover	capaz	capable	tener la bondad de	to be so kind as to
disculparse	to apologize	cariñosamente	affectionately		
dispensar	to excuse	¿Dígame?	Pardon me?	vivo	alive, living

546 *Capítulo veinte*

Lectura X

El final: un principio

La familia Pacheco, de Sante Fé, Nuevo México.

Hemos recorrido°, paso a paso°, esta primera etapa del aprendizaje° de la lengua española. Y este fin es también un principio: es el principio de otra etapa que se abre.

Un idioma es la herramienta más viva que tenemos para enfrentar un mundo nuevo. Porque el idioma es mucho más que un conjunto de palabras, de verbos (difíciles, ¿verdad?), de reglas° gramaticales. Un idioma es la puerta de entrada al espíritu, a la cultura, a las creencias° de la gente que lo habla, que se expresa mediante° él, que lo usa y—frecuentemente—lo modifica.

Al aprender un idioma, aprendemos a convivir con° esa gente, a interpretar sus emociones, a entender su modo de pensar. Quizás se trate de° una de las experiencias más ricas, más vitales, que podemos alcanzar. Ampliar° las posibilidades del entendimiento es una de las aventuras más fascinantes que una persona puede emprender°.

Es un error pensar que aprendemos una lengua de una vez y para siempre°. A través de° nuevos estudios, de la práctica, de los viajes, el idioma se va enriqueciendo, crece, se expande; como cualquier experiencia humana, se va perfeccionando con el uso, con el paso de los años. Y, como cualquier experiencia humana, también puede perderse, borrarse°, llegar casi a desaparecer si se la descuida°.

Pero no debemos creer que ese idioma es un artículo de lujo que sólo habrá de servir para hacer algún viaje a España o a la América Hispánica o para leer una novela cuyo autor ha merecido el Premio Nobel, o para aspirar a un puesto en ciertas embajadas°.

surveyed / step by step / apprenticeship

rules
beliefs
by means of

get along with
se . . . *to be a matter of*
To broaden
to undertake

para . . . *forever*
Through

to fade away
neglect

embassies

547

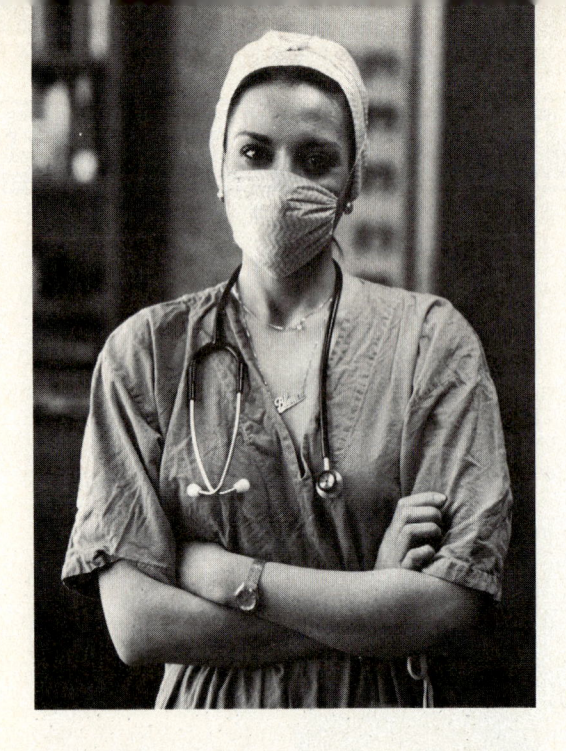

Una cirujana mexicana.

    Ese idioma puede servirnos para establecer una relación más profunda con nuestro vecino o con nuestra compañera de oficina. Puede servirnos para encontrar un empleo interesante en un área de nuestra especialidad que necesite la comunicación directa en esa lengua. Puede servirnos para ayudar a ciertas personas que no hablan inglés—recordemos a los nuevos inmigrantes que llegan continuamente.

    El español se vuelve cada vez más necesario en Norteamérica. En algunos lugares, como en Miami, casi compite con el inglés. En otros, sin llegar a esos extremos, es instrumento corriente° de trabajo y parte importante de la vida social.   *normal, everyday*

    Pensemos en todas las ventajas° que tenemos al hablar español, y sepamos aprovecharlas. Imaginemos . . . sólo imaginemos . . . :   *advantages*

    El señor José Alonso, cubano, simpático, es nuestro vecino. Imaginemos su sonrisa° si un día lo encontramos en la calle y le decimos "Hace tiempo que no lo veo. Pensé que se habría ido de vacaciones".   *smile*

    La señorita Teresa León, mexicana, elegante, trabaja con nosotros en la misma oficina. Imaginemos su sorpresa si un día le preguntamos "¿Tus abuelos viven en México o están aquí contigo?"

    Leemos un aviso en un periódico en el que solicitan un empleado que tenga nuestros conocimientos y que dice, además, *"working knowledge of Spanish, an asset"*. Imaginemos con qué satisfacción vamos a responder durante la entrevista "Sí, hablo español".

    El amigo de un amigo nuestro conoce a una señora peruana que desea abrir una cuenta en un banco, pero, ¡no habla ni una palabra de inglés! Imaginemos la alegría de esa señora cuando la llamemos por teléfono para decirle "Yo puedo ayudarla, señora, no se preocupe".

Lectura X

Estudiantes charlando en la Universidad de Barcelona.

Usted tiene en las manos un pequeño tesoro° que le ha sido difícil conseguir. También en sus manos queda la responsabilidad de no permitir que desaparezca. ¿Estamos de acuerdo?

Entonces: ¡Buena suerte!

treasure

PREGUNTAS

1. ¿Cree usted que necesita practicar el español, estudiarlo más o que ya conoce el idioma suficientemente bien?
2. ¿Ha aprendido usted solamente el idioma o, además, ciertas cosas que van más allá de lo estrictamente gramatical?
3. ¿Cree usted que, aunque no lo practique, no olvidará el español?
4. Para usted, ¿es un idioma extranjero un artículo de lujo?
5. ¿Para qué puede servirnos hablar español? Dé unos ejemplos.
6. ¿En qué lugares de los Estados Unidos es particularmente importante el español? ¿Lo es en su ciudad?
7. ¿Conoce usted a alguna persona hispana? ¿Ha tratado de hablar en español con esa persona?
8. ¿Conoce usted algún tipo de empleo que pida conocimientos de español? ¿En qué tipo de empleo y con qué fines se necesita el español?
9. ¿Hay en esta ciudad alguna institución que solicite voluntarios que hablen español para ayudar a ciertas personas?
10. ¿Qué aspectos del idioma fueron más difíciles para usted? Explique por qué. (Puede consultar la lista que sigue.)
    comprender / hablar / escribir / leer / el vocabulario / los verbos / la gramática / las expresiones idiomáticas / la construcción de las frases

El final: un principio

Notes on the chapter opening, pages 523–525.

Remind students that many of these expressions were presented in the preliminary chapter and elsewhere. Point out that the categories "formal" and "informal" are relative; in general, North Americans tend to be more casual than Hispanics, but there exist great regional variations. Caribbeans are often considered more direct and less reserved than those in inland, highland cities. Since this chapter focuses on Columbia, you might use it as a microcosm: the inland **bogotanos** have stereotyped perceptions of Caribbeans, including Colombian **costeños**, as lacking in the proper reserve. In *Cien años de soledad*, the **costeño** García Márquez portrays those from the interior (e.g., Fernanda) as stuffy and hypocritical.

Additional cultural points for oral presentation (and demonstration) might include the following, some of which are amplifications of information provided in student orientations and footnotes: (1) Proxemics: Hispanics have a smaller "personal space" than Anglo-Americans, as can be observed when both groups are standing conversing in a cocktail party setting. In an Anglo-Hispanic encounter, the North American often retreats from what he or she perceives as an intrusion into this space, thereby appearing distant, cold, or rude. (You can demonstrate this using two students.) (2) Physical contact is generally more extensive among Hispanics, e.g., the **abrazo** among males, women walking arm in arm, and frequent handshaking. Handshaking is indispensable even if leave-taking occurs shortly after initial introductions; leave-taking is done on an individual basis even at a large party—a generalized good-bye and a wave to the whole group is unacceptable. (3) The art of conversation is highly esteemed among Hispanics. Your silence can be misinterpreted as aloofness and will reinforce the stereotype of the **gringo** as **frío**. (4) Lending and borrowing of personal possessions is taken for granted among Hispanic friends and relatives, and specific permission is not necessary. Associated with this custom is the expression **A la orden**, which in certain contexts (e.g., if you admire someone's sweater, bicycle, etc.) means *It's yours when you need it*; whether or not the article will or could be lent is irrelevant.

REGULAR VERBS—SIMPLE TENSES

INDICATIVE

hablar	hablo	hablaba	hablé	hablaré	hablaría
hablando	hablas	hablabas	hablaste	hablarás	hablarías
hablado	habla	hablaba	habló	hablará	hablaría
	hablamos	hablábamos	hablamos	hablaremos	hablaríamos
	habláis	hablabais	hablasteis	hablaréis	hablaríais
	hablan	hablaban	hablaron	hablarán	hablarían
comer	como	comía	comí	comeré	comería
comiendo	comes	comías	comiste	comerás	comerías
comido	come	comía	comió	comerá	comería
	comemos	comíamos	comimos	comeremos	comeríamos
	coméis	comíais	comisteis	comeréis	comeríais
	comen	comían	comieron	comerán	comerían
vivir	vivo	vivía	viví	viviré	viviría
viviendo	vives	vivías	viviste	vivirás	vivirías
vivido	vive	vivía	vivió	vivirá	viviría
	vivimos	vivíamos	vivimos	viviremos	viviríamos
	vivís	vivíais	vivisteis	viviréis	viviríais
	viven	vivían	vivieron	vivirán	vivirían

REGULAR VERBS—PERFECT TENSES

INDICATIVE

he		había		habré		habría	
has		habías		habrás		habrías	
ha	hablado	había	hablado	habrá	hablado	habría	hablado
hemos	comido	habíamos	comido	habremos	comido	habríamos	comido
habéis	vivido	habíais	vivido	habréis	vivido	habríais	vivido
han		habían		habrán		habrían	

REGULAR VERBS—PROGRESSIVE TENSES

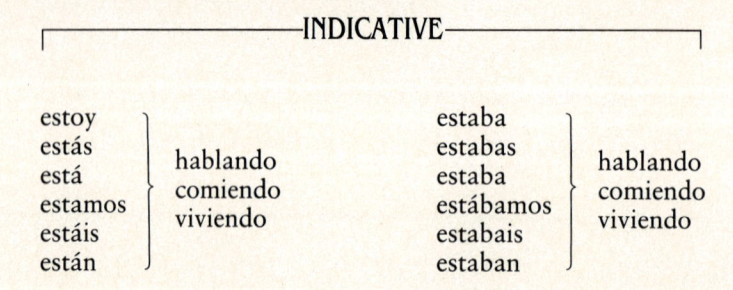

INDICATIVE

estoy		estaba	
estás		estabas	
está	hablando	estaba	hablando
estamos	comiendo	estábamos	comiendo
estáis	viviendo	estabais	viviendo
están		estaban	

REGULAR VERBS—SIMPLE TENSES

⌐——— SUBJUNCTIVE ———¬

hable	hablara (-se)	—
hables	hablaras (-ses)	habla (no hables)
hable	hablara (-se)	hable
hablemos	habláramos (-semos)	hablemos
habléis	hablarais (-seis)	hablad (no habléis)
hablen	hablaran (-sen)	hablen
coma	comiera (-se)	—
comas	comieras (-ses)	come (no comas)
coma	comiera (-se)	coma
comamos	comiéramos (-semos)	comamos
comáis	comierais (-seis)	comed (no comáis)
coman	comieran (-sen)	coman
viva	viviera (-se)	—
vivas	vivieras (-ses)	vive (no vivas)
viva	viviera (-se)	viva
vivamos	viviéramos (-semos)	vivamos
viváis	vivierais (-seis)	vivid (no viváis)
vivan	vivieran (-sen)	vivan

REGULAR VERBS—PERFECT TENSES

⌐——— SUBJUNCTIVE ———¬

haya		hubiera (-se)	
hayas		hubieras (-ses)	
haya	hablado	hubiera (-se)	hablado
hayamos	comido	hubiéramos (-semos)	comido
hayáis	vivido	hubierais (-seis)	vivido
hayan		hubieran (-sen)	

STEM-CHANGING, SPELLING-CHANGING, AND IRREGULAR VERBS

These charts contain the principal irregular verbs appearing in the text plus model verbs showing standard patterns of stem and spelling changes. The verbs are numbered for ease of reference to the patterns from the Spanish-English vocabulary. Forms containing an irregularity are printed in **bold type.** Throughout the text, verb changes have been indicated with parenthetical markers; verbs showing the patterns signaled are as follows:

STEM-CHANGING VERBS

i,i	pedir	26
ie	pensar	27
ie	perder	28
ie,i	sentir	36
ú	continuar	11
ue	contar	10
ue	jugar	23
ue	volver	44
ue,u	dormir	16
y	construir	9
y	creer	13

SPELLING-CHANGING VERBS

c	empezar	17
g	seguir	35
gu	pagar	25
gü	averiguar	3
í	esquiar	18
í	prohibir	31
j	coger	6
qu	buscar	4
z	convencer	12
zc	conducir	7
zc	conocer	8

Infinitive Present Participle Past Participle	\multicolumn{5}{c}{INDICATIVE}
	Present	Imperfect	Preterit	Future	Conditional
1. **andar** andando andado	ando andas anda andamos andáis andan	andaba andabas andaba andábamos andabais andaban	**anduve** **anduviste** **anduvo** **anduvimos** **anduvisteis** **anduvieron**	andaré andarás andará andaremos andaréis andarán	andaría andarías andaría andaríamos andaríais andarían
2. **avergonzar** avergonzando avergonzado	**avergüenzo** **avergüenzas** **avergüenza** avergonzamos avergonzáis **avergüenzan**	avergonzaba avergonzabas avergonzaba avergonzábamos avergonzabais avergonzaban	**avergoncé** avergonzaste avergonzó avergonzamos avergonzasteis avergonzaron	avergonzaré avergonzarás avergonzará avergonzaremos avergonzaréis avergonzarán	avergonzaría avergonzarías avergonzaría avergonzaríamos avergonzaríais avergonzarían

This verb combines the changes illustrated in charts 10, 3, and 17.

3. **averiguar (gü)** averiguando averiguado	averiguo averiguas averigua averiguamos averiguáis averiguan	averiguaba averiguabas averiguaba averiguábamos averiguabais averiguaban	**averigüé** averiguaste averiguó averiguamos averiguasteis averiguaron	averiguaré averiguarás averiguaremos averiguaréis averiguarán	averiguaría averiguarías averiguaría averiguaríamos averiguaríais averiguarían

In verbs ending in **guar**, **gu** changes to **gü** before **e**: averigüe.

4. **buscar (qu)** buscando buscado	busco buscas busca buscamos buscáis buscan	buscaba buscabas buscaba buscábamos buscabais buscaban	**busqué** buscaste buscó buscamos buscasteis buscaron	buscaré buscarás buscará buscaremos buscaréis buscarán	buscaría buscarías buscaría buscaríamos buscaríais buscarían

In verbs ending in **-car** the **c** changes to **qu** before **e**: ataqué, busqué, critiqué, provoqué, toqué.

5. **caer** **cayendo** **caído**	**caigo** caes cae caemos caéis caen	caía caías caía caíamos caíais caían	caí **caíste** **cayó** **caímos** **caísteis** **cayeron**	caeré caerás caerá caeremos caeréis caerán	caería caerías caería caeríamos caeríais caerían

6. **coger (j)** cogiendo cogido	**cojo** coges coge cogemos cogéis cogen	cogía cogías cogía cogíamos cogíais cogían	cogí cogiste cogió cogimos cogisteis cogieron	cogeré cogerás cogerá cogeremos cogeréis cogerán	cogería cogerías cogería cogeríamos cogeríais cogerían

In verbs ending in **-ger** or **gir**, the **g** changes to **j** before **a** or **o**: coja, proteja, corrija.

SUBJUNCTIVE

Present	Imperfect	Commands
ande	**anduviera (-se)**	—
andes	**anduvieras (-ses)**	anda (no andes)
ande	**anduviera (-se)**	ande
andemos	**anduviéramos (-semos)**	andemos
andéis	**anduviérais (-seis)**	andad (no andéis)
anden	**anduvieran (-sen)**	anden
avergüence	avergonzara (-se)	—
avergüences	avergonzaras (-ses)	**avergüenza (no avergüences)**
avergüence	avergonzara (-se)	**avergüenza**
avergoncemos	avergonzáramos (-semos)	avergoncemos
avergoncéis	avergonzarais (-seis)	avergonzad (no avergoncéis)
avergüencen	avergonzaran (-sen)	**avergüencen**
averigüe	averiguara (-se)	—
averigües	averiguaras (-ses)	averigua (no averigües)
averigüe	averiguara (-se)	**averigüe**
averigüemos	averiguáramos (-semos)	**averigüemos**
averigüéis	averiguareis (-seis)	averiguad (no averigüéis)
averigüen	averiguaran (-sen)	**averigüen**
busque	buscara (-se)	—
busques	buscaras (-ses)	busca (no busques)
busque	buscara (-se)	**busque**
busquemos	buscáramos (-semos)	**busquemos**
busquéis	buscarais (-seis)	buscad (no busquéis)
busquen	buscaran (-sen)	**busquen**
caiga	**cayera (-se)**	—
caigas	**cayeras (-ses)**	cae (no caigas)
caiga	**cayera (-se)**	**caiga**
caigamos	**cayéramos (-semos)**	**caigamos**
caigáis	cayerais (-seis)	caed (no caigáis)
caigan	**cayeran (-sen)**	**caigan**
coja	cogiera (-se)	—
cojas	cogieras (-ses)	coge (no cojas)
coja	cogiera (-se)	**coja**
cojamos	cogiéramos (-semos)	**cojamos**
cojáis	cogierais (-seis)	coged (no cojáis)
cojan	cogieran (-sen)	**cojan**

Infinitive Present Participle Past Participle	INDICATIVE				
	Present	Imperfect	Preterit	Future	Conditional
7. **conducir (zc)** conduciendo conducido	conduzco conduces conduce conducimos conducís conducen	conducía conducías conducía conducíamos conducíais conducían	**conduje** **condujiste** **condujo** **condujimos** **condujisteis** **condujeron**	conduciré conducirás conducirá conduciremos conduciréis conducirán	conduciría conducirías conduciría conduciríamos conduciríais conducirían

In verbs ending in **-ducir**, the **c** changes to **zc** before **a** or **o**: **conduzco, traduzca**.

| 8. **conocer (zc)**
conociendo
conocido | **conozco**
conoces
conoce
conocemos
conocéis
conocen | conocía
conocías
conocía
conocíamos
conocíais
conocían | conocí
conociste
conoció
conocimos
conocisteis
conocieron | conoceré
conocerás
conocerá
conoceremos
conoceréis
conocerán | conocería
conocerías
conocería
conoceríamos
conoceríais
conocerían |

In verbs ending in a vowel + **-cer** or **-cir**, the **c** changes to **zc** before **a** or **o**: **agradezca, conozca, parezca, ofrezca**.

| 9. **construir (y)**
construyendo
construido | **construyo**
construyes
construye
construimos
construís
construyen | construía
construías
construía
construíamos
construíais
construían | construí
construiste
construyó
construimos
construisteis
construyeron | construiré
construirás
construirá
construiremos
construiréis
construirán | construiría
construirías
construiría
construiríamos
construiríais
construirían |

In **construir** and **destruir**, a **y** is inserted before any ending that does not begin with **i**: **construyo, destruyo**, etc. An **i** changes to **y** between two vowels: **construyó, destruyó**.

| 10. **contar (ue)**
contando
contado | **cuento**
cuentas
cuenta
contamos
contáis
cuentan | contaba
contabas
contaba
contábamos
contabais
contaban | conté
contaste
contó
contamos
contasteis
contaron | contaré
contarás
contará
contaremos
contaréis
contarán | contaría
contarías
contaría
contaríamos
contaríais
contarían |

Numerous **-ar** verbs change their stem vowel from **o** to **ue** in the shoe-pattern forms of the present indicative and present subjunctive and in the affirmative **tú**-command.

| 11. **continuar (ú)**
continuando
continuado | **continúo**
continúas
continúa
continuamos
continuáis
continúan | continuaba
continuabas
continuaba
continuábamos
continuabais
continuaban | continué
continuaste
continuó
continuamos
continuasteis
continuaron | continuaré
continuarás
continuará
continuaremos
continuaréis
continuarán | continuaría
continuarías
continuaríamos
continuaríais
continuarían |

In verbs ending in **-uar**, the **u** changes to **ú** in the shoe-pattern forms of the present indicative and present subjunctive and in the affirmative **tú**-command.

SUBJUNCTIVE

Present	Imperfect	Commands
conduzca	**condujera** (-se)	—
conduzcas	**condujeras** (-ses)	conduce (**no conduzcas**)
conduzca	**condujera** (-se)	**conduzca**
conduzcamos	**condujéramos** (-́semos)	**conduzcamos**
conduzcáis	**condujerais** (-seis)	conducid (**no conduzcáis**)
conduzcan	**condujeran** (-sen)	**conduzcan**
conozca	conociera (-se)	—
conozcas	conocieras (-ses)	conoce (**no conozcas**)
conozca	conociera (-se)	conozca
conozcamos	conociéramos (-́semos)	conozcamos
conozcáis	conocierais (-seis)	conoced (**no conozcáis**)
conozcan	conocieran (-sen)	conozcan
construya	**construyera** (-se)	—
construyas	**construyeras** (-ses)	**construye** (**no construyas**)
construya	**construyera** (-se)	**construya**
construyamos	**construyéramos** (-́semos)	**construyamos**
construyáis	**construyerais** (-seis)	construid (**no construyáis**)
construyan	**construyeran** (-sen)	**construyan**
cuente	contara (-se)	—
cuentes	contaras (-ses)	**cuenta** (**no cuentes**)
cuente	contara (-se)	**cuente**
contemos	contáramos (-́semos)	contemos
contéis	contarais (-seis)	contad (**no contéis**)
cuenten	contaran (-sen)	**cuenten**
continúe	continuara (-se)	—
continúes	continuaras (-ses)	**continúa** (**no continúes**)
continúe	continuara (-se)	**continúe**
continuemos	continuáramos (-́semos)	continuemos
continuéis	continuarais (-seis)	continuad (**no continuéis**)
continúen	continuaran (-sen)	**continúen**

Infinitive Present Participle Past Participle	\multicolumn{5}{c	}{INDICATIVE}
	Present	Imperfect	Preterit	Future	Conditional

| 12. **convencer (z)**
convenciendo
convencido | **convenzo**
convences
convence
convencemos
convencéis
convencen | convencía
convencías
convencía
convencíamos
convencíais
convencían | convencí
convenciste
convenció
convencimos
convencisteis
convencieron | convenceré
convencerás
convencerá
convenceremos
convenceréis
convencerán | convencería
convencerías
convencería
convenceríamos
convencerías
convencerían |

In verbs ending in a consonant + **cer** or **-cir**, the **c** changes to **z** before **a** or **o**.

| 13. **creer (y)**
creyendo
creído | creo
crees
cree
creemos
creéis
creen | creía
creías
creía
creíamos
creíais
creían | creí
creíste
creyó
creímos
creísteis
creyeron | creeré
creerás
creerá
creeremos
creeréis
creerán | creería
creerías
creería
creeríamos
creeríais
creerían |

In verbs ending in **-eer**, the **i** changes to **y** between vowels. The stressed **i** of an ending takes a written accent: **creído**.

| 14. **dar**
dando
dado | doy
das
da
damos
dais
dan | daba
dabas
daba
dábamos
dabais
daban | di
diste
dio
dimos
disteis
dieron | daré
darás
daremos
daréis
darán | daría
darías
daría
daríamos
daríais
darían |

| 15. **decir**
diciendo
dicho | digo
dices
dice
decimos
decís
dicen | decía
decías
decía
decíamos
decíais
decían | dije
dijiste
dijo
dijimos
dijisteis
dijeron | diré
dirás
dirá
diremos
diréis
dirán | diría
dirías
diría
diríamos
diríais
dirían |

| 16. **dormir (ue,u)**
durmiendo
dormido | duermo
duermes
duerme
dormimos
dormís
duermen | dormía
dormías
dormía
dormíamos
dormíais
dormían | dormí
dormiste
durmió
dormimos
dormisteis
durmieron | dormiré
dormirás
dormirá
dormiremos
dormiréis
dormirán | dormiría
dormirías
dormiría
dormiríamos
dormiríais
dormirían |

Selected **-ir** verbs change their stem vowel from **o** to **ue** in the shoe-pattern forms of the present indicative and present subjunctive and in the affirmative **tú**-command. They show an additional stem-vowel change of **o** to **u** in the **nosotros** and **vosotros** forms of the present subjunctive, the **usted** and **ustedes** forms of the preterit, all forms of the imperfect subjunctive, and the present participle.

SUBJUNCTIVE

Present	Imperfect	Commands
convenza	convenciera (-se)	—
convenzas	convencieras (-ses)	convence (**no convenzas**)
convenza	convenciera (-se)	**convenza**
convenzamos	convenciéramos (´-semos)	**convenzamos**
convenzáis	convencierais (-seis)	convenced (**no convenzáis**)
convenzan	convencieran (-sen)	**convenzan**

Present	Imperfect	Commands
crea	**creyera** (-se)	—
creas	**creyeras** (-ses)	cree (no creas)
crea	**creyera** (-se)	crea
creamos	**creyéramos** (´-semos)	creamos
creáis	**creyerais** (-seis)	creed (no creáis)
crean	**creyeran** (-sen)	crean

Present	Imperfect	Commands
dé	diera (-se)	—
des	dieras (-ses)	da (no des)
dé	diera (-se)	**dé**
demos	diéramos (´-semos)	demos
deis	dierais (-seis)	dad (no deis)
den	dieran (-sen)	den

Present	Imperfect	Commands
diga	dijera (-se)	—
digas	dijeras (-ses)	di (no digas)
diga	dijera (-se)	diga
digamos	dijéramos (´-semos)	diga
digáis	dijerais (-seis)	decid (**no digáis**)
digan	dijeran (-sen)	digan

Present	Imperfect	Commands
duerma	durmiera (-se)	—
duermas	durmieras (-ses)	duerme (**no duermas**)
duerma	durmiera (-se)	**duerma**
durmamos	durmiéramos (´-semos)	**durmamos**
durmáis	durmierais (-seis)	dormid (**no durmáis**)
duerman	durmieran (-sen)	**duerman**

Verbos

Infinitive Present Participle Past Participle	Present	Imperfect	Preterit	Future	Conditional
17. **empezar** (c) empezando empezado	**empiezo** **empieza** **empieza** empezamos empezáis **empiezan**	empezaba empezabas empezaba empezábamos empezabais empezaban	**empecé** empezaste empezó empezamos empezasteis empezaron	empezaré empezarás empezará empezaremos empezaréis empezarán	empezaría empezarías empezaría empezaríamos empezaríais empezarían

In verbs ending in **-zar**, the **z** changes to **c** before an **e**: analicé, almorcé, comencé, empecé. (Empezar also follows stem-change pattern 27.)

18. **esquiar** (í) esquiando esquiado	**esquío** **esquías** **esquía** esquiamos esquiáis **esquían**	esquiaba esquiabas esquiaba esquiábamos esquiabais esquiaban	esquié esquiaste esquió esquiamos esquiasteis esquiaron	esquiaré esquiarás esquiará esquiaremos esquiaréis esquiarán	esquiaría esquiarías esquiaría esquiaríamos esquiaríais esquiarían

In verbs ending in **-iar**, the **i** changes to **í** in the shoe-pattern forms of the present indicative and present subjunctive and in the affirmative **tú**-command.

19. **estar** estando estado	**estoy** **estás** **está** estamos estáis **están**	estaba estabas estaba estábamos estabais estaban	**estuve** **estuviste** **estuvo** **estuvimos** **estuvisteis** **estuvieron**	estaré estarás estará estaremos estaréis estarán	estaría estarías estaría estaríamos estaríais estarían
20. **haber** habiendo habido	**he** **has** **ha** **hemos** habéis **han**	había habías había habíamos habíais habían	**hube** **hubiste** **hubo** **hubimos** **hubisteis** **hubieron**	**habré** **habrás** **habrá** **habremos** **habréis** **habrán**	**habría** **habrías** **habría** **habríamos** **habríais** **habrían**
21. **hacer** haciendo **hecho**	**hago** haces hace hacemos hacéis hacen	hacía hacías hacía hacíamos hacíais hacían	hice hiciste hizo hicimos hicisteis hicieron	haré harás hará haremos haréis harán	haría harías haría haríamos haríais harían
22. **ir** yendo ido	voy vas va vamos vais van	iba ibas iba íbamos ibais iban	fui fuiste fue fuimos fuisteis fueron	iré irás irá iremos iréis irán	iría irías iría iríamos iríais irían

SUBJUNCTIVE

Present	Imperfect	Commands
empiece	empezara (-se)	—
empieces	empezaras (-ses)	empieza (no empieces)
empiece	empezara (-se)	empiece
empecemos	empezáramos (-semos)	empecemos
empecéis	empezarais (-seis)	empezad (no empecéis)
empiecen	empezaran (-sen)	empiecen
esquíe	esquiara (-se)	—
esquíes	esquiaras (-ses)	esquía (no esquíes)
esquíe	esquiara (-se)	esquíe
esquiemos	esquiáramos (-semos)	esquiemos
esquiéis	esquiarais (-seis)	esquiad (no esquiéis)
esquíen	esquiaran (-sen)	esquíen
esté	estuviera (-se)	—
estés	estuvieras (-ses)	está (no estés)
esté	estuviera (-se)	esté
estemos	estuviéramos (-semos)	estemos
estéis	estuvierais (-seis)	estad (no estéis)
estén	estuvieran (-sen)	estén
haya	hubiera (-se)	—
hayas	hubieras (-ses)	he (no hayas)
haya	hubiera (-se)	haya
hayamos	hubiéramos (-semos)	hayamos
hayáis	hubierais (-seis)	habed (no hayáis)
hayan	hubieran (-sen)	hayan
haga	hiciera (-se)	—
hagas	hicieras (-ses)	haz (no hagas)
haga	hiciera (-se)	haga
hagamos	hiciéramos (-semos)	hagamos
hagáis	hicierais (-seis)	haced (no hagáis)
hagan	hicieran (-sen)	hagan
vaya	fuera (-se)	—
vayas	fueras (-ses)	vé (no vayas)
vaya	fuera (-se)	vaya
vayamos	fuéramos (-semos)	vayamos
vayáis	fuerais (-seis)	id (no vayáis)
vayan	fueran (-sen)	vayan

Verbos

Infinitive Present Participle Past Participle	\multicolumn{5}{c	}{INDICATIVE}
	Present	Imperfect	Preterit	Future	Conditional
23. **jugar (ue)** jugando jugado	**juego** **juegas** **juega** jugamos jugáis **juegan**	jugaba jugabas jugaba jugábamos jugábais jugaban	**jugué** jugaste jugó jugamos jugasteis jugaron	jugaré jugarás jugará jugaremos jugaréis jugarán	jugaría jugarías jugaría jugaríamos jugaríais jugarían

The verb **jugar** changes it stem vowel from **u** to **ue** in the shoe-pattern forms of the present indicative and present subjunctive and in the affirmative **tú**-command.

24. **oír** oyendo oído	oigo oyes oye **oímos** oís oyen	oía oías oía oíamos oíais oían	oí **oíste** oyó **oímos** **oísteis** **oyeron**	oiré oirás oirá oiremos oiréis oirán	oiría oirías oiría oiríamos oiríais oirían
25. **pagar (gu)** pagando pagado	pago pagas paga pagamos pagáis pagan	pagaba pagabas pagaba pagábamos pagabais pagaban	**pagué** pagaste pagó pagamos pagasteis pagaron	pagaré pagarás pagará pagaremos pagaréis pagarán	pagaría pagarías pagaría pagaríamos pagaríais pagarían

In verbs ending in **-gar**, the **g** changes to **gu** before an **e**: **llegué, pagué**.

26. **pedir (i,i)** **pidiendo** pedido	**pido** **pides** **pide** pedimos pedís **piden**	pedía pedías pedía pedíamos pedíais pedían	pedí pediste **pidió** pedimos pedisteis **pidieron**	pediré pedirás pedirá pediremos pediréis pedirán	pediría pedirías pediría pediríamos pediríais pedirían

Selected **-ir** verbs change their stem vowel from **e** to **i** in the shoe-pattern forms of the present indicative and present subjunctive and in the affirmative **tú**-command. They show an additional stem-vowel change of **e** to **i** in the **nosotros** and **vosotros** forms of the present subjunctive, the **usted** and **ustedes** forms of the preterit, all forms of the imperfect subjunctive, and the present participle.

27. **pensar (ie)** pensando pensado	**pienso** **piensas** **piensa** pensamos pensáis **piensan**	pensaba pensabas pensaba pensábamos pensabais pensaban	pensé pensaste pensó pensamos pensasteis pensaron	pensaré pensarás pensará pensaremos pensaréis pensarán	pensaría pensarías pensaría pensaríamos pensaríais pensarían

Numerous **-ar** verbs change their stem vowel from **e** to **ie** in the shoe-pattern forms of the present indicative and present subjunctive and in the affirmative **tú**-command.

SUBJUNCTIVE

Present	Imperfect	Commands
juegue	jugara (-se)	—
juegues	jugaras (-ses)	**juega (no juegues)**
juegue	jugara (-se)	**juegue**
juguemos	jugáramos (-semos)	**juguemos**
juguéis	jugarais (-seis)	**jugad (no juguéis)**
jueguen	jugaran (-sen)	**jueguen**
oiga	oyera (-se)	—
oigas	oyeras (-ses)	**oye (no oigas)**
oiga	oyera (-se)	**oiga**
oigamos	oyéramos (-semos)	**oigamos**
oigáis	oyerais (-seis)	**oíd (no oigáis)**
oigan	oyeran (-sen)	**oigan**
pague	pagara (-se)	—
pagues	pagaras (-ses)	**paga (no pagues)**
pague	pagara (-se)	**pague**
paguemos	pagáramos (-semos)	**paguemos**
paguéis	pagarais (-seis)	**pagad (no paguéis)**
paguen	pagaran (-sen)	**paguen**
pida	pidiera (-se)	—
pidas	pidieras (-ses)	**pide (no pidas)**
pida	pidiera (-se)	**pida**
pidamos	pidiéramos (-semos)	**pidamos**
pidáis	pidierais (-seis)	**pedid (no pidáis)**
pidan	pidieran (-sen)	**pidan**
piense	pensara (-se)	—
pienses	pensaras (-ses)	**piensa (no pienses)**
piense	pensara (-se)	**piense**
pensemos	pensáramos (-semos)	**pensemos**
penséis	pensarais (-seis)	**pensad (no penséis)**
piensen	pensaran (-sen)	**piensen**

Verbos

Infinitive Present Participle Past Participle	INDICATIVE					
	Present	Imperfect	Preterit	Future	Conditional
28. **perder** (ie) perdiendo perdido	**pierdo** **pierdes** **pierde** perdemos perdéis **pierden**	perdía perdías perdía perdíamos perdíais perdían	perdí perdiste perdió perdimos perdisteis perdieron	perderé perderás perderá perderemos perderéis perderán	perdería perderías perdería perderíamos perderíais perderían

Numerous -**er** and -**ir** verbs change their stem vowel from **e** to **ie** in the shoe-pattern forms of the present indicative and present subjunctive and in the affirmative tú-command.

29. **poder** **pudiendo** podido	**puedo** **puedes** **puede** podemos podéis **pueden**	podía podías podía podíamos podíais podían	**pude** **pudiste** **pudo** **pudimos** **pudisteis** **pudieron**	**podré** **podrás** **podrá** **podremos** **podréis** **podrán**	**podría** **podrías** **podría** **podríamos** **podríais** **podrían**
30. **poner** poniendo **puesto**	**pongo** pones pone ponemos ponéis ponen	ponía ponías ponía poníamos poníais ponían	**puse** **pusiste** **puso** **pusimos** **pusisteis** **pusieron**	**pondré** **pondrás** **pondrá** **pondremos** **pondréis** **pondrán**	**pondría** **pondrías** **pondría** **pondríamos** **pondríais** **pondrían**
31. **prohibir** (í) prohibiendo prohibido	**prohíbo** **prohíbes** **prohíbe** prohibimos prohibís **prohíben**	prohibía prohibías prohibía prohibíamos prohibíais prohibían	prohibí prohibiste prohibió prohibimos prohibisteis prohibieron	prohibiré prohibirás prohibirá prohibiremos prohibiréis prohibirán	prohibiría prohibirías prohibiría prohibiríamos prohibiríais prohibirían

In verbs with the stem root **ahi, ahu, ehi, ehu,** and **ohi,** the **i** when stressed is written **í.**

32. **querer** queriendo querido	**quiero** **quieres** **quiere** queremos queréis **quieren**	quería querías quería queríamos queríais querían	**quise** **quisiste** **quiso** **quisimos** **quisisteis** **quisieron**	**querré** **querrás** **querrá** **querremos** **querréis** **querrán**	**querría** **querrías** **querría** **querríamos** **querríais** **querrían**
33. **saber** sabiendo sabido	**sé** sabes sabe sabemos sabéis saben	sabía sabías sabía sabíamos sabíais sabían	**supe** **supiste** **supo** **supimos** **supisteis** **supieron**	**sabré** **sabrás** **sabrá** **sabremos** **sabréis** **sabrán**	**sabría** **sabrías** **sabría** **sabríamos** **sabríais** **sabrían**

Verbos

SUBJUNCTIVE

Present	Imperfect	Commands
pierda	perdiera (-se)	—
pierdas	perdieras (-ses)	**pierde (no pierdas)**
pierda	perdiera (-se)	**pierda**
perdamos	perdiéramos (-semos)	perdamos
perdáis	perdierais (-seis)	perded (no perdáis)
pierdan	perdieran (-sen)	**pierdan**
pueda	**pudiera (-se)**	
puedas	**pudieras (-ses)**	
pueda	**pudiera (-se)**	
podamos	**pudiéramos (-semos)**	
podáis	**pudierais (-seis)**	
puedan	**pudieran (-sen)**	
ponga	pusiera (-se)	—
pongas	pusieras (-ses)	pon (no pongas)
ponga	pusiera (-se)	ponga
pongamos	pusiéramos (-semos)	pongamos
pongáis	pusierais (-seis)	poned (no pongáis)
pongan	pusieran (-sen)	pongan
prohíba	prohibiera (-se)	—
prohíbas	prohibieras (-ses)	**prohíbe (no prohíbas)**
prohíba	prohibiera (-se)	**prohíba**
prohibamos	prohibiéramos (-semos)	prohibamos
prohibáis	prohibierais (-seis)	prohibed (no prohibáis)
prohíban	prohibieran (-sen)	**prohíban**
quiera	quisiera (-se)	—
quieras	quisieras (-ses)	quiere (no quieras)
quiera	quisiera (-se)	quiera
queramos	quisiéramos (-semos)	queramos
queráis	quisierais (-seis)	quered (no queráis)
quieran	quisieran (-sen)	quieran
sepa	supiera (-se)	—
sepas	supieras (-ses)	sabe (**no sepas**)
sepa	supiera (-se)	sepa
sepamos	supiéramos (-semos)	sepamos
sepáis	supierais (-seis)	sabed (**no sepáis**)
sepan	supieran (-sen)	sepan

Verbos

Infinitive Present Participle Past Participle	Present	Imperfect	Preterit	Future	Conditional
34. salir saliendo salido	salgo sales sale salimos salís salen	salía salías salía salíamos salíais salían	salí saliste salió salimos salisteis salieron	**saldré** **saldrás** **saldrá** **saldremos** **saldréis** **saldrán**	**saldría** **saldrías** **saldría** **saldríamos** **saldríais** **saldrían**
35. seguir (g) siguiendo seguido	**sigo** **sigues** **sigue** seguimos seguís **siguen**	seguía seguías seguía seguíamos seguíais seguían	seguí seguiste **siguió** seguimos seguisteis **siguieron**	seguiré seguirás seguirá seguiremos seguiréis seguirán	seguiría seguirías seguiría seguiríamos seguiríais seguirían

In verbs ending in **-guir**, the **gu** changes to **g** before **a** and **o**: sigo, siga. (**Seguir** also follows stem-change pattern 26.)

36. sentir (ie, i) sintiendo sentido	**siento** **sientes** **siente** sentimos sentís **sienten**	sentía sentías sentía sentíamos sentíais sentían	sentí sentiste **sintió** sentimos sentisteis **sintieron**	sentiré sentirás sentirá sentiremos sentiréis sentirán	sentiría sentirías sentiría sentiríamos sentiríais sentirían

Selected **-ir** verbs change their stem vowel from **e** to **ie** in the shoe-pattern forms of the present indicative and present subjunctive and in the affirmative **tú**-command. They show an additional stem-vowel change of **e** to **i** in the **nosotros** and **vosotros** forms of the present subjunctive, the **usted** and **ustedes** forms of the preterit, all forms of the imperfect subjunctive, and the present participle.

37. ser siendo sido	soy eres es somos sois son	era eras era éramos erais eran	fui fuiste fue fuimos fuisteis fueron	seré serás será seremos seréis serán	sería serías sería seríamos seríais serían
38. sonreír sonriendo sonreído	sonrío sonríes sonríe sonreímos sonreís sonríen	sonreía sonreías sonreía sonreíamos sonreíais sonreían	sonreí **sonreíste** sonrió **sonreímos** **sonreísteis** sonrieron	sonreiré sonreirás sonreirá sonreiremos sonreiréis sonreirán	sonreiría sonreirías sonreiría sonreiríamos sonreiríais sonreirían
39. tener teniendo tenido	tengo tienes tiene tenemos tenéis tienen	tenía tenías tenía teníamos teníais tenían	tuve tuviste tuvo tuvimos tuvisteis tuvieron	tendré tendrás tendrá tendremos tendréis tendrán	tendría tendrías tendría tendríamos tendríais tendrían

SUBJUNCTIVE

Present	Imperfect	Commands
salga	saliera (-se)	—
salgas	salieras (-ses)	sal (no salgas)
salga	saliera (-se)	salga
salgamos	saliéramos (-semos)	salgamos
salgáis	salierais (-seis)	salid (no salgáis)
salgan	salieran (-sen)	salgan
siga	siguiera (-se)	—
sigas	siguieras (-ses)	sigue (no sigas)
siga	siguiera (-se)	siga
sigamos	siguiéramos (-semos)	sigamos
sigáis	siguierais (-seis)	seguid (no sigáis)
sigan	siguieran (-sen)	sigan
sienta	sintiera (-se)	—
sientas	sintieras (-ses)	siente (no sientas)
sienta	sintiera (-se)	sienta
sintamos	sintiéramos (-semos)	sintamos
sintáis	sintierais (-seis)	sentid (no sintáis)
sientan	sintieran (-sen)	sientan
sea	fuera (-se)	—
seas	fueras (-ses)	sé (no seas)
sea	fuera (-se)	sea
seamos	fuéramos (-semos)	seamos
seáis	fuerais (-seis)	sed (no seáis)
sean	fueran (-sen)	sean
sonría	sonriera (-se)	—
sonrías	sonrieras (-ses)	sonríe (no sonrías)
sonría	sonriera (-se)	sonría
sonriamos	sonriéramos (-semos)	sonriamos
sonriáis	sonrierais (-seis)	sonreíd (no sonriáis)
sonrían	sonrieran (-sen)	sonrían
tenga	tuviera (-se)	—
tengas	tuvieras (-ses)	ten (no tengas)
tenga	tuviera (-se)	tenga
tengamos	tuviéramos (-semos)	tengamos
tengáis	tuvierais (-seis)	tened (no tengáis)
tengan	tuvieran (-sen)	tengan

Infinitive Present Participle Past Participle	\multicolumn{5}{c}{INDICATIVE}
	Present	Imperfect	Preterit	Future	Conditional
40. **traer** **trayendo** **traído**	**traigo** traes trae traemos traéis traen	traía traías traía traíamos traíais traían	**traje** **trajiste** **trajo** **trajimos** **trajisteis** **trajeron**	traeré traerás traerá traeremos traeréis traerán	traería traerías traería traeríamos traeríais traerían
40. **traer** **trayendo** **traído**	**traigo** traes trae traemos traéis traen	traía traías traía traíamos traíais traían	**traje** **trajiste** **trajo** **trajimos** **trajisteis** **trajeron**	traeré traerás traerá traeremos traeréis traerán	traería traerías traería traeríamos traeríais traerían
41. **valer** valiendo valido	**valgo** vales vale valemos valéis valen	valía valías valía valíamos valíais valían	valí valiste valió valimos valisteis valieron	**valdré** **valdrás** **valdrá** **valdremos** **valdréis** **valdrán**	**valdría** **valdrías** **valdría** **valdríamos** **valdríais** **valdrían**
42. **venir** **viniendo** venido	**vengo** **vienes** **viene** venimos venís **vienen**	venía venías venía veníamos veníais venían	**vine** **viniste** **vino** **vinimos** **vinisteis** **vinieron**	**vendré** **vendrás** **vendrá** **vendremos** **vendréis** **vendrán**	**vendría** **vendrías** **vendría** **vendríamos** **vendríais** **vendrían**
43. **ver** viendo **visto**	veo ves ve vemos veis ven	**veía** **veías** **veía** **veíamos** **veíais** **veían**	**vi** viste **vio** vimos visteis vieron	veré verás verá veremos veréis verán	vería verías vería veríamos veríais verían
44. **volver (ue)** volviendo **vuelto**	**vuelvo** **vuelves** **vuelve** volvemos volvéis **vuelven**	volvía volvías volvía volvíamos volvíais volvían	volví volviste volvió volvimos volvisteis volvieron	volveré volverás volverá volveremos volveréis volverán	volvería volverías volvería volveríamos volveríais volverían

Numerous -**er** and -**ir** verbs change their stem vowel from **o** to **ue** in the shoe-pattern forms of the present indicative and present subjunctive and in the affirmative **tú**-command.

SUBJUNCTIVE

Present	Imperfect	Commands
traiga	trajera (-se)	—
traigas	trajeras (-ses)	trae (no traigas)
traiga	trajera (-se)	traiga
traigamos	trajéramos (-semos)	traigamos
traigáis	trajerais (-seis)	traed (no traigáis)
traigan	trajeran (-sen)	traigan
traiga	trajera (-se)	—
traigas	trajeras (-ses)	trae (no traigas)
traiga	trajera (-se)	traiga
traigamos	trajéramos (-semos)	traigamos
tragáis	trajerais (-seis)	traed (no traigáis)
traigan	trajeran (-sen)	traigan
valga	valiera (-se)	—
valgas	valieras (-ses)	val (no valgas)
valga	valiera (-se)	valga
valgamos	valiéramos (-semos)	valgamos
valgáis	valierais (-seis)	valed (no valgáis)
valgan	valieran (-sen)	valgan
venga	viniera (-se)	—
vengas	vinieras (-ses)	ven (no vengas)
venga	viniera (-se)	venga
vengamos	viniéramos (-semos)	vengamos
vengáis	vinierais (-seis)	venid (no vengáis)
vengan	vinieran (-sen)	vengan
vea	viera (-se)	—
veas	vieras (-ses)	ve (no veas)
vea	viera (-se)	vea
veamos	viéramos (-semos)	veamos
veáis	vierais (-seis)	ved (no veáis)
vean	vieran (-sen)	vean
vuelva	volviera (-se)	—
vuelvas	volvieras (-ses)	vuelve (no vuelvas)
vuelva	volviera (-se)	vuelva
volvamos	volviéramos (-semos)	volvamos
volváis	volvierais (-seis)	volved (no volváis)
vuelvan	volvieran (-sen)	vuelvan

Vocabulario español-inglés

This vocabulary includes all Spanish words used in the text except most cardinal numbers; diminutives; superlatives in **-ísimo;** names of streets, monuments, cities, rivers, etc.; and personal names. A number in italic type following a word's equivalent indicates the chapter in which the word first appeared as passive vocabulary, for comprehension only. A number in roman type indicates the word's first appearance as active vocabulary. *CP* refers to the **Capítulo preliminar.** *L1* to *L10* refer to the ten interchapter **lecturas.** A number in parentheses in a verb entry refers to one of the numbered verb paradigms in **Verbos,** the verb charts on pages I-XXI.

The following abbreviations are used.

adj	adjective	*m*	masculine
adv	adverb	*pl*	plural
dir obj	direct object	*pp*	past participle
f	feminine	*recip*	reciprocal
indir obj	indirect object	*refl*	reflexive
inf	infinitive	*subj*	subject

a to; at, 1; **a menos que** unless, 15; **a veces** at times, sometimes, 4
abajo below; under, underneath; down, *19*
abierto open, 11
el **abecedario** alphabet, *CP*
el **abogado,** la **abogada** lawyer, 8
abolir: Se ha abolido la siesta. They have abolished the siesta. *18*
abrazar (c/17) to embrace, to hug, 9; **abrazados** *with their arms over each other's shoulders, L9*
el **abrazo** hug, embrace, 16
el **abrigo** coat, 8
abril April, 4
abrir to open, 3; *pp* **abierto,** 11; **Abra(n) el libro.** Open your book(s). *CP*
absolutamente absolutely, 14

absoluto absolute, 14
abstracto abstract, 13
la **abuela** grandmother, *CP,* 1
el **abuelo** grandfather, 1
los **abuelos** grandparents, 1
aburrido bored, boring, 2
aburrirse to become or get bored, 8
acá here, over here, 2; **por acá** around here, 2
acabar to finish; **acabar de** (+ *inf*) to have just (done something), 15; **acabarse** to run out (of something); to come to an end, *18*
acaso perhaps, *13*
el **accidente** accident, CP
la **acción** action, *1;* **el Día de Acción de Gracias** *U.S.* Thanksgiving Day, 14; **en acción** in action, *1*
el **acento** accent, *CP*
la **acentuación** stress, *CP*
aceptar to accept, 3

acerca de about, concerning, 6
acercarse (qu/4) (a) to approach, to come near (to), *12,* 14
acertado right, correct; proper, 19
la **aclaración** clarification, explanation, 20
acompañar to accompany, 6
aconsejar to advise, 14
acontecer (zc/8) to happen, 10
el **acontecimiento** event, happening, 10
acordarse (ue/10) (de) to remember, to think of, 11
acostar (ue/10) to put (someone to bed, 8; **acostarse** to go to bed, 8
acostumbrar(se) (a) to get used to, to become accustomed to, 11
la **actividad** activity, CP
activo active, CP
el **acto** act, 8

el **actor** actor, 7
la **actriz** actress, 7
actual current, present, 7
actualidad: en la actualidad at the present time, *L5*
actualmente at the present time, nowadays, CP
el **acueducto** aqueduct, *L6*
acuerdo: De acuerdo. OK, Agreed. 3; **¿De acuerdo?** OK? Do you agree?, 1; **estar de acuerdo** to be in agreement, 4; **ponerse de acuerdo (con)** to agree (with), to come to agree (with), 8
adaptar to adapt, 20
adelante forward; ahead, 14; **Adelante.** Come in., Go ahead. CP
además besides, 3
adentro inside, 7
adicional additional, 18
Adiós. Good-bye. CP
Adiosito. Bye-bye. CP
la **adivinanza** riddle, 8
adjetival adjectival, 15
el **adjetivo** adjective, 2
la **administración** administration, 10
el **administrador,** la **administradora** administrator, 13
admirable admirable, *15*
admirar to admire, *20*
¿adónde? where? to where? 2
adornar to adorn, *L7*
la **aduana** customs, customs house, 11
adulto adult, *4*
adverbial adverbial, *15*
la **advertencia** notice; warning; advice, 14
el **aeropuerto** airport, 1
afeitar(se) to shave (oneself), 8
el **aficionado,** la **aficionada** fan, enthusiast, 9
afirmativo affirmative, *14*
África Africa, *1*
africano African, *L2*
afuera outside, 3

las **afueras** suburbs, 7
la **agencia de publicidad** advertising agency, 18
la **agencia de viajes** travel agency, 2
el, la **agente** agent, 11; **el, la agente de viajes** travel agent, 18
agosto August, *CP,* 1
agradable pleasant, nice, 2
agradecer (zc/8) to thank (someone); to be grateful for (something), 13
agradecido grateful, thankful, 20
agrícola agricultural, 10
el **agricultor,** la **agricultora** farmer, 18
la **agricultura** agriculture, 10
el **agua** *f* water, 5; **el agua mineral** mineral water, 6
el **aguardiente** brandy; hard liquor, 4
la **aguja** needle, *13*
ahí there, 2
ahogar (gu/25) to drown, 13
ahora now, CP; **ahora mismo** right now, 15; **¿Ahora qué?** Now what?, *2*
ahorita *colloquial* right away; just now, 15
ahorrar to save (time, money), 17
ahorro: los ahorros savings, 17
el **aire** air, *CP,* 5; **con aire acondicionado** air-conditioned, *19;* **el aire libre** open air, outdoor(s), *15*
al *(contraction of* **a + el)** to the, CP
el **alba** *f* dawn, 13
el **alcalde** mayor, *14*
alcanzar (c/17) to attain; to overtake; to reach, *L6*
la **alcoba** bedroom, 19
el **alcohol** alcohol, CP
alegrarse (de) to be glad, happy (to), 10
alegre happy, 2
alegremente happily, 14
la **alegría** happiness, *L7,* 15

el **alemán** German language, 6
alemán, alemana German, 2
la **alfarería** pottery, 17
la **alfombra** rug, 19
algo something, anything, 3
el **algodón** cotton, 8
alguien somebody, someone, 13
alguno *(shortened form,* **algún)** some, any, 1; **algún día** someday, 10
aliado allied, *L5*
la **alianza** alliance, *L8*
el **alimento** food, *6;* **los alimentos** food, 17
el **alma** *f* soul, 11
el **almacén** department store, 5
almorzar (ue,c/10,17) to eat lunch, 6
el **almuerzo** lunch, 6
el **alojamiento** lodging, 11
alojarse to lodge, to room, 11
alquilar to rent, 20; **alquilarse** to be for rent, *19*
el **alquiler** rent, 17
alrededor around, *CP*
el **altiplano** high plateau, *15*
alto tall, high, 2; **¿Cuánto mide de alto . . . ?** How high (tall) is . . . ? 7; **en voz alta** aloud, *CP*
el **alumno,** la **alumna** pupil, student, 10
la **alusión** allusion, *18*
allá there, over there, 2; **más allá de** beyond, 16
allí there, 1
el **ama** *f* **de casa** housewife, 18
la **amabilidad** kindness, *L8*
amable pleasant, nice, kind, 2
amado beloved, 14
el **amanecer** dawn, 18
amar to love, *CP,* 8
amarillo yellow, 8
la **ambición** ambition, 2
el **ambiente** setting, ambiance, atmosphere, *1*
América America, *CP;* **la América Latina** Latin America, *L10;* **la América del Norte** North America, 2; **la América Central** Central

XXIV *Vocabulario español-inglés*

America, *2*; **la América del Sur** South America, *2*
americano American, *3*
el americano, la americana American, *5*
el amigo, la amiga friend, *CP, 2*
la amistad friendship, *10, 11*
el amor love, *6*; **mi amor** honey, *6*; **los amores** love affair, *16*
amoroso (pertaining to) love; loving, *L4*
ampliar to amplify, to expand, *L10*
el análisis analysis, *7*
analizar (c/17) to analyze, *20*
anaranjado orange, *8*
ancho wide, *2*
andar (1) to walk, to go, *9*; **¡Anda!** Go on!, Continue! *6*; **andar en bicicleta** to ride a bicycle, *11*; **andar mal** to go badly, *10*
el angelito baby; child who died, *14*
el anglicismo anglicism, *11*
anglosajón, anglosajona Anglo-Saxon, English-speaking, *L3*
el anillo ring, *14*
el animal animal, *10*
animarse to cheer up, *12*
el aniversario anniversary, *8, 14*
anoche last night, *9*
ansioso anxious, *15*
anteanoche night before last, *9*
el antecedente antecedent, *11*
antemano: de antemano beforehand, *13*
anterior previous, earlier, *17*
anterior (a) earlier (than), *L3*
antes (de) que before, *15*
antes (de) before, *4*
anticipar to anticipate; to look forward to, *18*
antiguo old, ancient; (*before noun*) former, *CP, 11*
antipático unpleasant, *2*
el antojito partysnack (*Mexico*), *14*
la antología anthology, *13*
la antropología anthropology, *3*
anual annual, *5*

anualmente annually, *L7*
la anulación annulment, *16*
anunciar to advertise; to announce, *20*
el anuncio advertisement, *8*
añadir to add, *14*
el año year, *3*; **el (Día de) Año Nuevo** New Year's (Day), *4*; **tener 26 años** to be 26 years old, *4*
apagar (gu/25) to turn off, to extinguish, *10*
el aparato eléctrico electric appliance, *19*
aparentar to pretend, to feign, *L8*
el apartamento apartment, *2*
aparte aside; apart, *15*
el apellido surname, last name, *5*
aplaudir to applaud, *14*
apoderarse de to take possession of, seize, *L3*
el apodo nickname, *5*
apoyar to support, to back, *L5*
el apoyo support, *L5*
aprender to learn, *3*; **aprender de memoria** to learn by heart, *12*
el aprendizaje apprenticeship, *L10*
aprobar (ue/10) to approve, *14*
apropiado appropriate, proper, *CP*
aprovechar to make use of, to take advantage of, *20*; **¡Que le aproveche!** Enjoy! *20*
aproximadamente approximately, *L5*
apurarse to worry; to hurry, *12, 15*
aquel, aquella *adj* that, *3*
aquél, aquélla *pron* that, that one, *3*
aquello *pron* that, *3*
aquellos, aquellas *adj* those, *3*
aquéllos, aquéllas *pron* those, *3*
aquí here, *CP, 1*
el árbol tree, *1*; **el árbol genealógico** family tree, *1*
arder to burn, *12*
el área area, *L10*
la arepa Venezuela, Colombia

cornmeal roll, *20*
el arete earring, *17*
la Argentina Argentina, *2*
argentino Argentine, *CP, 2*
el arma *f* weapon, *7*
armar to arm, *L5*
el armario closet; armoire, wardrobe, *19*
el arqueólogo, la arqueóloga archeologist, *10*
el arquitecto, la arquitecta architect, *8*
la arquitectura architecture, *3*
el arrayón myrtle, *16*
arreglar to fix; to arrange, *13*; **arreglarse** to fix oneself up, *12*; **arreglarse las uñas** to do one's nails, *12*
arriba above; up, upward, *17*
¡Arriba las manos! Hands up! *11*
el arroz rice, *CP, 6*
el arte *f*: **las artes** the arts, *3*; **las bellas artes** fine arts, *13*
la artesanía craftsmanship, *17*
el artículo article, *1*
artificial artificial, *L7*
el, la artista artist, *1*
artístico artistic, *13*
asado: la carne asada roast beef, *2*
el asalto assault, *5*
la asamblea assembly, *L5*
el ascensor elevator, *19*
asegurar to assure, *17*
asesinar to assassinate, to murder, *10*
el asesinato assassination, murder, *10*
el asesino assassin, murderer, *11*
así so, thus, *CP, 5*; **así como** just as, *L5*; **Así es.** That's the way it is (they are). *20*
Así mismo. Exactly. *8*
así que so, *4*
el asiento seat, *13*
la asignatura course, subject, *3*
asistir to attend (class), *CP*
la asociación association, *4*
asociar to associate, *10*
el aspecto aspect, *L10*

Vocabulario español-inglés XXV

aspirante aspiring, 13
aspirar a to aspire to, *L10*
la **aspirina** aspirin, 4
el, la **astronauta** astronaut, *3*
la **astronomía** astronomy, *L8*
asumir to assume (power, etc.), *L5*
asustado scared, frightened, 15
asustarse to be scared, frightened, 15
atacar (qu/4) to attack, 10
la **atención** attention, 7; **poner atención** to pay attention, 7
atender (ie/28) to assist, to attend to (someone), *CP*
atentamente respectfully, 20
el **Atlántico** Atlantic, *L1*
el, la **atleta** athlete, 9
el **atletismo** athletics; track and field, 9
atómico atomic, *18*
atrás (de) behind, 2
atrevido daring, bold, *16*
la **aula** classroom, *CP*
aumentar to increase, *L5*
el **aumento** increase, rise; raise (salary), 10; **el aumento de precios** price increase, 10
aún still, yet, *L8*
aunque although; though, *L3*, 13
el **auto** car, automobile, *1, 3*; **en auto** by car, 4
el **autobús** bus, 1
la **automatización** automation, 5
el **automóvil** automobile, 7
autónomo autonomous, *3*
el **autor**, la **autora** author, *12*, 13
el **autorretrato** self-portrait, 13
el **autostop** hitchhiking, 11
hacer autostop to hitchhike, 11
avanzado advanced, *L8*
avanzar (c/17) to advance, *L9*
la **avena** oats, oatmeal, 6
la **avenida** avenue, 1
la **aventura** adventure, *L6*, 20
avergonzado ashamed, embarrassed, 15
avergonzarse (2) to be ashamed, embarrassed, 15

averiguar (ü/3) to find out; to investigate, *12*
la **aviación** aviation, 11
el **avión** plane, 2; **en avión** by plane, 2
avisar to advise, to inform; to warn, 20
el **aviso** warning; advertisement, *CP*
¡ay! oh! 5
ayer yesterday, 9
el **aymará** Aymará (*language spoken by Indians native to Bolivia*), 15
el, la **aymará** Aymará (*Indian native to Bolivia*), 15
la **ayuda** help, *L8*, 6
el, la **ayudante** helper, *19*
ayudar to help, 5
el **azafate** tray, *8*
el **azafrán** saffron, *8*
el, la **azteca** Aztec, *L8*
el **azúcar** sugar, 6
el **azucarero** sugar bowl, 14
azul blue, *L2*, 8
azul marino navy blue, 17
el **azulejo** *glazed blue tile*, 11

B

el **bailador**, la **bailadora** dancer, 7
bailar to dance, *CP*, 1
el **bailarín**, la **bailarina** dancer, ballerina, *9*, 13
el **baile** dance, 3
bajar to go down, *10*; **bajar (de)** to get out, off (*transportation*); to go down; to lower, 2
bajo *adj* short, low, *L5*, 2
bajo *prep* under, *L5*
el **ballet** ballet, *L4*
la **banana** banana, *CP*
el **banco** bank, 5
la **bandera** flag, banner, *CP*
el **banderillero** *bullfighter who affixes ribboned darts to bull's neck*, *L7*

bañar(se) to bathe (oneself), 8
la **bañera** bathtub, 19
el **baño** bath; bathtub; bathroom, 19; **el traje de baño** bathing suit, 8
el **bar** bar, 11
barato cheap, inexpensive, 2
la **barba** beard, *L8*
barbaridad: ¡Es una barbaridad! It's outrageous!; Incredible! 20; **¡Qué barbaridad!** What an outrage!; Incredible! 20
el **barco** boat, ship, 11; **por, en barco** by boat, 11
la **barra** bar, *3*
el **barril** barrel, *3*
el **barrio** neighborhood, 5
básico basic, *Prefacio*
la **base** base; basis, 9
a base de on the basis of, based on, *12*
básicamente basically, *L8*
la **basílica** basilica, *8*
el **básquetbol** basketball, 9
bastante *adj* sufficient, enough, *L8*
bastante *adv* pretty, fairly, rather, *L8*
la **basura** garbage, trash, 5
la **bata** bathrobe, dressing gown, 8
la **batata** sweet potato, *19*
el **bateador**, la **bateadora** batter, 9
beber to drink, 3
la **bebida** drink, 6
el **béisbol** baseball, *CP* 9
Belice Belize, *L1*
la **belleza** beauty, 14
bello beautiful, 2
besar to kiss; 8; **Te beso** Love (*closing of letter*), 11
el **beso** kiss, 16
la **Biblia** Bible, 7
la **biblioteca** library, 2
la **bicicleta** bicycle, 1; **andar en bicicleta** to ride a bicycle, 11; **en bicicleta** by bicycle, 11
bien well, fine, OK; good, *CP*
el **bien** good, *L7*; **Está bien.**

Fine. 5; **Estoy bien.** I'm fine. 1; las **bienes raíces** real estate, *19*; **¡Muy bien!** Very good! CP; **¡Qué bien!** How nice! 1; **Todo bien.** Everything's fine. 8
el **bienestar** well-being, *L5*
bienvenida: dar la bienvenida to welcome, 11
Bienvenido(a). Welcome. 11
el **bikini** bikini, 8
bilingüe bilingual, 6
el **billar** billiards, 9
el **billete** ticket; bill *(money), 17*
la **biología** biology, 3
el **biólogo**, la **bióloga** biologist, 3
el **bistec** steak, *6,* 6
el **bizcocho** cookie, 14
el **blanco** blank, *11*
blanco white, 3
el **blanquillo** Mexico, U.S. Southwest egg, *6*
el **bloqueo** traffic jam, 5
la **blusa** blouse, 8
la **boca** mouth, 12; **En boca cerrada no entran moscas.** Silence is golden. *11*
la **boda** wedding, 14; las **bodas** wedding celebration, 14; las **bodas de plata (oro, diamante)** silver (gold, diamond) wedding anniversary, 14
la **bodega** small grocery store, *5*
bogotano *pertaining to Bogotá, Colombia,* 20
el **bohemio**, la **bohemia** Bohemian, 13
la **boina** beret, cap, 8
el **boleto** ticket, 11
el **bolívar** *monetary unit of Venezuela, 17*
Bolivia Bolivia, 2
boliviano Bolivian, 2
la **bolsa** pocketbook, purse, 7
la **bomba** bomb, *18*
el **bombero** fireman, 18
la **bondad** kindness, 20; **tener la bondad de** to be so kind as to, 20

bonito pretty, beautiful, 2; **Está bonito.** It's nice out. 4
bordar to embroider, *13*
el, la **boricua** Puerto Rican, 5
la **Borinqueña** *Puerto Rican national anthem, 5*
borrarse to disappear, *L10*
el **bosque** forest, woods, *1*
bostezar (c/17) to yawn, 10
la **bota** boot, 8
el **bote** boat, 20
la **botella** bottle, *11*
el **botón** button, *11*
el **boxeador** boxer, 9
el **Brasil** Brazil, 2
brasileño Brazilian, 2
bravo wild, fierce, CP
el **brazo** arm, 12; **tomados del brazo** arm-in-arm, *L9*
breve brief, short, *7*; **en breve** in brief, shortly, *5*
brindar (a) to drink a toast (to), 20
el **bronceador** suntan lotion, 8
broncearse to get a tan, sunburn, *19*
bruces: caer de bruces to fall on one's face, 20
bueno *(shortened form,* **buen)** good, CP; **Buenas noches.** Good night. CP; **Buenas tardes.** Good afternoon. CP; **Bueno.** Good; OK; Well . . . 1; **Buenos días.** Good morning, Hello. CP
el **buque carguero** freighter, 20
burlarse de to make fun of, 12
el **buró** bureau; writing desk, 19
el **burrito** *wheat tortilla, 6*
el **burro** donkey, CP
buscar (qu/4) to look for, 1
la **butaca** armchair, 19

C

el **caballo** horse, 9; **montar a caballo** to ride horseback, 9
el, la **cabecilla** ringleader; rebel leader, *L5*

caber: No cabe esperanza. There's no hope. *L5*
la **cabeza** head, 4; **tener dolor de cabeza** to have a headache, 4
cada each, every, 7
caer(se) (5) to fall (down), 9; **caer de bruces** to fall on one's face, 20
el **café** coffee; café, CP
la **cafetera** coffee pot, coffee maker, 19
la **cafetería** cafeteria, CP
la **caja** box; cashier's window, 12
el **cajero**, la **cajera** cashier, 10
la **calavera** skull, 14
el **calcetín** sock, 8
la **calculadora** calculator, CP
el **caldo gallego** Gallician soup, stew, *12*
el **calendario** calendar, 4
calibrar to program; to calibrate, 20
la **calidad** quality, 17
caliente hot, 4
calmarse to calm down, 12
el **calor** heat, warmth, 4; **Hace (mucho) calor.** It's (very) hot. 4; **tener calor** to be hot, 4
el **calzón** underpants, 8
los **calzoncillos** men's undershorts, 8
callado silent, quiet, 10
callarse to be quiet, silent, 12
la **calle** street, 1; **la calle mayor** main street, 2
la **cama** bed, 4; **ir a la cama** to go to bed, 4
la **cámara** camera, *18*; **la Cámara de Diputados** Chamber of Deputies, *1*
la **camarera** waitress, *3,* 7
el **camarero** waiter, *3,* 7
cambiar to change, 2; **cambiar de idea** to change one's mind, 2; **cambiar de lugar** to move from place to place, 3
el **cambio** change, 19; **en cambio** on the other hand, *L8*
caminar to walk, 1

Vocabulario español-inglés

el **camino** road, way, 6
el **camión** truck; *in Mexico and U.S. Southwest* bus, 5, 12
el **camionero**, la **camionera** truck driver, 18
la **camisa** shirt, 8
la **camiseta** undershirt, 8
la **campaña** campaign; countryside, 6
el **campeón**, la **campeona** champion, 9
el **campesino**, la **campesina** farmer; peasant, *14*
el **campo** country(side); field, 4
el **canal** channel, 10
la **canasta** basket, 9
el **cáncer** cancer, *16*
la **canción** song, 7
la **cancha** court (sports), 9
el **candidato**, la **candidata** candidate, 6
la **canoa** canoe, 14
cansarse to become or get tired, 8
el, la **cantante** singer, *L4,* 13
cantar to sing, 1
el **cantar** epic poem, *12*
el **canto** song, singing, *12*
capaz capable, 20
la **capital** capital (city), CP
el **capítulo** chapter, *CP,* 1
la **captura** capture, *L8*
capturar to capture, *L8*
la **cara** face, *12;* **cara o sello** heads or tails, *10*
el **carácter** character, 15
la **característica** characteristic; trait, *12*
característico characteristic, *L4*
¡Caramba! Gosh! 4
caraqueño Caracan, 17
la **cárcel** jail, *13*
cardinal cardinal, *3*
la **carreta** wheelbarrow, *3*
cargar (**gu**/25) to carry (a load); to burden; to charge, *L7*
el **Caribe** Caribbean, *L1,* 11
cariño honey, sweetheart, 8
cariñosamente affectionately, 20

cariñoso affectionate, loving, 14
la **carne** meat, 6; **la carne asada** roast beef, 2
caro expensive, dear, 2
el **carpintero**, la **carpintera** carpenter, 7
la **carrera** avenue, boulevard, *16;* race (sports); run (baseball), 9; field of study; career, 3; **hacer carrera** to score a run, 9
la **carretera** road; highway, 5
el **carro** car; streetcar, *3, 5*
la **carta** card, letter, CP; **robar cartas** to draw cards, *3*
el **cartaginés**, la **cartaginesa** Carthaginian, *L6*
el **cartel** poster, *L5*
la **cartera** purse; wallet, 19
el **cartero** mail deliverer, *14*
la **casa** house, home, 1; **en casa** at home, 1; **sin casa** homeless, 10
casado married, 2; **el recién casado, la recién casada** newlywed, 16; **la vida de casado** married life, 16
el **casamiento** marriage; wedding, 16
casarse to get married, 8; **casarse con** to marry, 8
casi almost, *L2,* 4
el **caso** case, *L3,* 7; **en caso de que** in case, 15; **hacer caso de** to pay attention to, to notice, 15
la **castañuela** castinet, *L4*
la **Castilla** Castile, *L6*
el **castillo** castle; fortress, 12
la **casualidad** accident, chance, 11; **por casualidad** by chance, 16; **Qué casualidad.** What a coincidence.11
el **catalán** Catalan (language), *L2*
catalán, catalana Catalan, *8*
el **catalán**, la **catalana** Catalan, 8
Cataluña Catalonia, 8
la **catarata** waterfall, 7
el **catarro** cold *(illness),* 12; **tener catarro** to have a cold, 12

la **catedral** cathedral, 2
católico Catholic, 4
el **caudillo** military leader, *L5*
la **causa** cause, *CP,* 13
causar to cause, 16
cazar (c/17) to hunt, 14
la **cazuela** stew; stew pot, *6*
la **celebración** celebration, 1
celebrar to celebrate, 1
celos: tener celos to be jealous, 4
celosamente jealously, 14
celoso jealous, 7
el, la **celta** Celt, *L6*
céltico Celtic, *L2*
el **cementerio** cemetery, 14
el **cempoalzúchil** *Mexico* marigold, 14
la **cena** supper, 6
cenar to eat supper, 1
la **censura** censorship, 10
el **centro** center, 2; downtown, 4
Centroamérica Central America, 9
la **cerámica** pottery, 4
cerca (de) close to, near (to), nearby, 1
cercano close, nearby, 10
cerdo: la chuleta de cerdo pork chop, 6
la **ceremonia** ceremony, *L7*
cerrado closed, 1
En boca cerrada no entran moscas. Silence is golden. *11*
cerrar (ie/27) to close, 5; **cerrarse** (ie/10) to close, *L6;* **Cierre(n) el libro.** Close your book(s). CP
el **cerro** hill, 1
la **certeza** certainty, *14*
la **certificación** certification, *18*
el **certificado** certificate, 3
la **cerveza** beer, 5
el **césped** lawn, 19
ciao: Ciao. Bye. 2
el **cielo** heaven; sky, 14
cien, ciento one hundred, CP
la **ciencia** science, 3; **las ciencias naturales** natural science(s), 3; **las ciencias políticas** political science, 3; **las ciencias**

sociales social science(s), 3
científico scientific, 10
el **científico,** la **científica** scientist, 5
cierto true; certain, sure, CP; **Cierto.** You're right. 13
la **cifra** figure, number, cipher, 3
el **cigarro** cigar, 3
el **cine** movies; movie theater, CP 5
el **cinturón** belt, 8
circular to circulate, L8
el **cirujano,** la **cirujana** surgeon, L10
la **cita** appointment; date, 5; **hacer cita** to make a date, an appointment, 5; **tener una cita** to have a date, an appointment, 16
citar to quote, to cite, L5
la **ciudad** city, CP, 1
el **ciudadano,** la **ciudadana** citizen, L3
civil civil, 16
la **civilización** civilization, CP
claramente clearly, 14
claro light (color); clear, 8; **¡Claro!** Of course! 5; **¡Claro que no!** Of course not! 15; **¡Claro que sí!** Of course! 3
la **clase** kind, type, 6; classroom, class, CP; **la sala de clase** classroom, CP
clásico classic, 18
la **cláusula** clause, 13
clavar to nail, 13; **clavar los ojos en** to fix the eyes on; to stare, 13
la **clave** key, 13
el **clavo** nail, 14, 17
el, la **cliente** client, customer, 12
el **clima** climate, L1, 4
la **clínica** clinic, 12, 15
el **club** club, 20
la **coca** coca, CP
la **cocina** kitchen, 6
cocinar to cook, 6
el **cocinero,** la **cocinera** cook, 14
el **coche** car, 4
coger (j/6) to catch, 9; to answer (the telephone), 12; to pick, 20
el **cognado** cognate, CP
la **cola** tail, 17
coleado: los toros coleados *a rodeo event,* 17
la **colección** collection, 11
colectivo collective, L8
el **colegio** institute; high school, 3
colgar (ue,gu/10,25) to hang up (the telephone), 13
Colombia Colombia, 2
colombiano Colombian, 2
la **colonia** colony, L5
colonial colonial, 2
el **colonizador,** la **colonizadora** colonizer, colonist, L3
el **color** color, 8; **¿De qué color es?** What color is it? 8
la **columna** column, 14
el **collar** necklace; collar, 17
la **combinación** slip, 8; combination, 18
combinar to combine, 3
la **comedia** play; comedy, farce, 8
el **comedor** dining room, 19
comentar to comment, 10
el **comentario** commentary, 9
comenzar (ie,c/17,27) to begin, 5
comer(se) to eat, 1, 3
comercial commercial, 2, 17
el, la **comerciante** merchant, trader, 18
el **comercio** commerce, business, 3
comestible: los comestibles food, 17
cometer to commit, 12
cómico funny, comic, 7
la **comida** food; meal; *Mexico, U.S. Southwest* lunch, 2
el **comienzo** beginning, 8
como like; how; as, CP, 2; **así como** just as, L5; **como siempre** as usual, 9
cómo: ¿Cómo? What?, Come again?; How? CP; **¿Cómo es Chicago?** What's Chicago like? L1; **¿Cómo está(s)?** How are you? 1; **¡Cómo no!** Certainly. CP; **¿Cómo se dice . . . ?** How do you say . . . ? CP **¿Cómo se llama?** What is your name? CP
la **cómoda** bureau, chest of drawers, 19
cómodo comfortable, 2
el **compañero,** la **compañera** companion, 6; **el compañero (la compañera) de clase** classmate, 6; **el compañero (la compañera) de cuarto** roommate, 3; **el compañero (la compañera) de trabajo** coworker, colleague, 8
la **compañía** company, 6
la **comparación** comparison, 12
comparar to compare, 10
compartir to share, 12
la **compasión** compassion, sympathy, 20
el **competidor,** la **competidora** contestant, competitor, 20
competir to compete, 9
complacer (zc/8) to please, 15
el **complemento** object *(grammar),* 5; **complemento indirecto** indirect object, 6; **complemento directo** direct object, 5
completar to complete, 9
completo complete, 14
complicado complicated, 6
comportarse to act, to behave, to conduct oneself, L9
el **compositor,** la **compositora** composer, 13
compra: de compras shopping, 1
comprar to buy, 1; **ir de compras** to go shopping, 4
comprender to comprise, L8; to comprehend, to understand, 3; **No comprendo.** I don't understand. CP
comprometerse (con) to become or get engaged (to), 16
comprometido engaged, 16
el **compromiso** engagement, betrothal; commitment, 16

Vocabulario español-inglés XXIX

compuesto composed, *L5*
la **computadora** computer, *CP*
común common, *L5;* **en común** in common, *L5*
la **comunicación** communication, 16
comunicar (qu/4) to communicate, 8
la **comunidad** community, *L7*
comunista Communist, 2
con with, 1; **Con permiso.** Excuse me. *CP;* **¿con quién?** with whom? 2; **con tal que** provided that, 15
la **concentración** concentration; major *(college),* 18
concentrar to concentrate, *L5*
el **concepto** concept, *L5*
el **concierto** concert, 7
la **conclusion** conclusion, 9
el **concurso** contest, competition, 20
el **conchero** *type of Mexican musician,* 14
la **condición** condition, *7, 15;* **ponerse, estar en buenas condiciones** to get, be in good shape, 12
el **condicional** conditional, *16*
conducir (zc/7) to drive, 7
la **conducta** conduct, behavior, *19*
el **conductor,** la **conductora** conductor; driver, *13*
la **conferencia** conference; lecture, 2
confesar (ie/27) to confess, 8
la **confianza** confidence, *8*
el **conflicto** conflict, 18
confundido confused, *17*
el **congelador** freezer, 19
el **Congreso** Congress, 2
la **conjugación** conjugation, *7*
la **conjunción** conjunction, *15*
conjuntivo conjunctive, *15*
el **conjunto** ensemble, 7
conmigo with me, 6
conocer (zc/8) to know, be acquainted with; to meet, 7
conocido known, *L6*
el **conocido,** la **conocida** acquaintance, *14*

el **conocimiento** knowledge, *L6*
la **conquista** conquest, *L6*
el **conquistador,** la **conquistadora** conqueror, *L7*
conquistar to conquer, *L6*
la **consecuencia** consequence, *L5*
conseguir (i,g/35) to get; to achieve, 7
el **consejero,** la **consejera** counselor, *L5*
el **consejo** piece of advice, 7; **los consejos** advice, 7
conservador conservative, 19
conservar to conserve, 6
la **consideración** consideration; meditation, *12*
considerar to consider, *L5, 18*
la **consonante** consonant, *CP*
constante constant, 19
constantemente constantly, *19*
la **constitución** constitution, *CP*
la **construcción** construction, structure, 4
construir (y/9) to construct, to build, 11
el **consulado** consulate, 11
consultar to consult, 11
el **consumidor,** la **consumidora** consumer, 17
el **consumo** consumption, 18
el **contacto** contact, *L9*
la **contaminación** pollution, 5
contaminado contaminated, polluted, *11*
contar (ue/10) to count; to tell (a story), 6; **contar con** to count on, 6
contemporáneo contemporary, *13, 18*
el **contenido** contents, *Contenido*
contento happy, 2
contestar to answer, 1
el **contexto** context, *16*
contigo with you, 6
el **continente** continent, *L5,* 11
continuamente continually, *L10*
contra against, 5
la **contracción** contraction, *2*
contrario opposite, *12;* **al contrario** on the contrary, *13;* **por el contrario** on the

contrary, 19
el **contraste** contrast, *L1*
el **contrato** contract, 19; **el contrato de arrendamiento** lease, 19
la **contribución** contribution, *L6*
contribuir (y/9) to contribute, 16
el **control** control, 10; **el control de la natalidad** birth control, 10
controlar to control, *12*
la **contusión** contusion, bruise, 12
convencer (z/12) to convince, *15;* **convencerse** to become convinced, 10
conveniente convenient; suitable, *12*
el **convento** convent, 12
la **conversación** conversation, 5
conversar to converse, *L9*
convertir (ie,i/36) to convert, *L6*
convivir con to live together with, *L10*
la **copa** wineglass; cup, goblet, 6; **tomar una copa** to have a drink, 8
la **copita** small glass, wineglass, 6
el **corazón** heart, 12
la **corbata** necktie, 8
cordialmente cordially, 20
correctamente correctly, 14
correcto correct, *13, 14*
el **corredor,** la **corredora** runner, 9
corregir (i,i,j/26,6) to correct, *20*
el **correo** mail, 2
la oficina de correos post office, 2
el **correr** running, racing, 9
correr to run, 3
corresponder: A quien corresponda. To whom it may concern. 2
la **corrida de toros** bullfight, 9
corriente current, *L10;* **al corriente** up to date, *11*
corrupto corrupt, *L5*
el **corte** cut; style of clothing, 8

cortés courteous, 14
las Cortes Parliament, *1*
la cortesía courtesy, 7
la cortina curtain, 19
corto short, 2
la cosa thing, 2
coser to sew, 7
cosmético: los cosméticos cosmetics, 17
cosmopólita cosmopolitan, *L1*
la costa coast, *CP,* 4
Costa Rica Costa Rica, *L1*
costar (ue) to cost, 6
el, la costarricense Costa Rican, 10
costarricense Costa Rican, 10
el costarriqueño, la costarriqueña Costa Rican, 10
la costilla rib, 12
costo: el costo de la vida cost of living, 10
la costumbre custom, 1; de costumbre as usual, usually, 15
la costurera seamstress, dressmaker, 18
cotidiano daily, *L7*
crecer (zc/8) to grow, 11
el crédito credit, 18
la creencia belief, *L10*
creer (y/13) to believe, *CP;* Creo que no. I don't think so. 3
el, la creyente believer, 10
el crimen crime, 5
el, la criminal criminal, 5
criollo creole, 2; comidas criollas home-style food, 2
la crisis crisis, *L5*
el cristal glass, crystal, 7
el cristianismo Christianity, *L7*
el cristiano, la cristiana Christian, *L6*
criticar (qu/4) to criticize, *12*
crítico critical, *L6*
la cronología chronology, *11*
cronológico chronological, *18*
crudo raw, 13
cruel cruel, CP
la cruz cross, 2; **la Cruz Roja** Red Cross, 10

cruzar (c/17) to cross, *L1*
el cuaderno notebook, workbook, CP
la cuadra city block, 2
el cuadro picture; frame, 13
¿cuál(es)? which? which one(s)? 2
la cualidad quality, characteristic, trait, *19*
cualquiera, cualesquiera any, 16; cualquier, cualesquier *short form used before noun,* 16
cuando when, *2,* 4; de vez en cuando sometimes, from time to time, 4
¿cuánto (-a, -os, -as)? how much? how many? 2; ¿Cuánto mide de alto . . . ? How high (tall) is . . . ? 7; en cuanto as soon as, 15
cuarto fourth, 4; la una y cuarto one fifteen, 5
el cuarto room; bedroom, 1; el cuarto de atrás back room, 12; el cuarto de baño bathroom, 19; el cuarto de dormir bedroom, 19
los cuatrillizos quadruplets, 10
Cuba Cuba, *L1*
cubano Cuban, 2
el cubano, la cubana Cuban, *L1*
cubanoamericano Cuban-American, *L3,* 9
el cubierto place setting, 6
cubrir to cover, 11; *pp* cubierto, 11
la cuchara spoon, 6
el cuchillo knife, 6
la cuenta bill, check, 7
darse cuenta (de) (que) to notice; to realize (that), 10; tener en cuenta to take into account, *L5*
el, la cuentista story writer, 13
el cuento story, tale, *8,* 13
la cuerda string, cord, *L4*
el cuerpo body, *L5,* 12
la cuestión matter; question, 10
el cuestionario questionnaire, list of questions, *1*

la cueva cave, *L6*
el cuidado care; concern, 4; ¡Cuidado! Careful! *9;* tener cuidado to be careful, 4
cuidadosamente carefully, 14
cuidadoso careful, 14
cuidar de to take care of, *L5,* 17
el cuido care, *L9*
culpable guilty, *10*
cultivar to cultivate, *19*
el culto religion; cult; worship, *L8*
la cultura culture, 1
cultural cultural, *L6*
la cumbia *a kind of dance from Colombia,* 20
el cumpleaños birthday, 4
cumplir to comply; to fulfill; to carry out, *12,* 16
la cuñada sister-in-law, 1
el cuñado brother-in-law, 1
los cuñados brother(s) and sister(s)-in-law, 1
la cuota quota; dues, CP
el cura curate, priest *(colloquial),* 18
el curandero, la curandera folk healer, 7
curarse to be cured, 12
la curiosidad curiosity, 7
curioso curious, *L7*
el curso course, 6
cuyo whose, 8

CH

el cha-cha-chá cha-cha-cha, CP
el chalet chalet, *19*
la chamaca *Mexico, U.S. Southwest* girl, kid, 7
el chamaco *Mexico, U.S. Southwest* boy, kid, 7
el champaña champagne, *20*
la chaqueta jacket, 8
la charla chat, *5*
charlar to chat, *5*
el charlatán, la charlatana charlatan, 12

Vocabulario español-inglés XXXI

el **charro** *Mexican cowboy musician*, 6
che *regionalism* hey, 2
el **cheque** check, 11
el **cheque de viajero** traveler's check, 11
la **chica** girl; kiddo, CP
  chicano Chicano; Mexican-American, boy, guy; kiddo, CP; small, little, 2
  Chile Chile, CP, 2
  chileno Chilean, 2
el **chiste** joke, 15
  ¡Chitón! Hush! 2
  chocar (qu/4) to collide; to shock, 12
el **chocolate** chocolate, CP
la **chuleta de cerdo** pork chop, 6
el **churrasco** barbecued meat, 15
la **churrasquería** place where barbecued meat is served, 15
el **churro** *kind of doughnut*, 12

D

la **dama** lady, 13
el, la **danzante** dancer, 7
  danzar (c/17) to dance, 4
  dar (14) to give, 7; **dar a** (+ *place*) to face, look out on, 14; **dar la bienvenida a** to welcome, 11; **dar las dos** to strike two (o'clock), 10; **dar por terminado** to terminate, 18; **dar un golpe** to hit, to get a hit, 9; **dar un paseo** to take a walk, go for a stroll, 7; **darle hambre, sed, sueño (a alguien)** to make (someone) hungry, thirsty, sleepy, 7; **darle las gracias (a alguien)** to thank (someone), 7; **darle orgullo (a alguien)** to make (someone) proud, 15; **darle rabia (a alguien)** to make (someone) angry, 5; **darle risa (a alguien)** to make (someone) laugh, 15; **darle vergüenza (a alguien)** to shame (someone), 15; **darse cuenta (de) (que)** to notice, to realize (that), 10; **Dio en el clavo.** You hit the nail on the head. 14
datar (de) to date from, 18
el **dato, los datos** data, 3, 6
de of; from; about; made of, 1; **¿de dónde?** from where? 2; **¿de quién?** whose? 2; **¿De veras?** Really? 11; **Es de Goya.** It's by Goya. 3
debajo (de) under, below; underneath, 2
deber to owe; (+ *inf*) must, have to, should, ought to (do something), 2
debido: debido a due to, L5
débil weak, 2
la **década** decade, L5
decaer (5) to decay, L6
decente decent; respectable, 15
decidir to decide, 3; **decidir por** to decide in favor of, L5
décimo tenth, 4
decir (15) to say, to tell, 6; **¿Cómo se dice . . . ?** How do you say . . . ? CP; *pp* **dicho**, 11; **¿Dígame?** Pardon me? 20; **el qué dirán** what people will say; gossip, 20; **¡No me diga(s,n)!** You're kidding! 20; You don't say. 16
la **decisión** decision, 9
la **declaración** declaration; statement, 12
la **Declaración de Independencia** Declaration of Independence, 3
declarar to declare, 10
decorar to decorate, 11
dedicarse to devote oneself, L9
el **dedo** finger; toe, 12
defender(se) (ie/28) to defend (oneself), 10
la **definición** definition, 11
definido definite, 19
definitivamente definitely; definitively, 15
dejar to leave (something), L5, 11; **dejar embarcado** *Mexico* to stand (someone) up, 11; **dejar plantado** to stand (someone) up, 11
del (*contraction of* **de** + **el**) of the, 2
el **delantal** apron, 13
delante (de) in front (of), 2
delgado thin, 2
delicioso delicious, 2
demasiado too, too much; *pl* too many, 10
la **democracia** democracy, L5
democrático democratic, L5
el **demonio** demon, L7
la **demora** delay, 5
demostrativo demonstrative, 3
el, la **dentista** dentist, 5
dentro (de) in, inside (of), 2
el **departamento** department, 12; state, 20
depender (de) to depend (on), 4; **Depende.** It depends. 4
el, la **dependiente** salesclerk; shop assistant; clerk, 17
el **deporte** sport, 9
el, la **deportista** athlete, 9
deportivo (pertaining to) sports, 9
deprimente depressing, 15
deprimido depressed, 15
deprimirse to become or get depressed, 15
derecho *adv* straight; straight ahead; *adj* right, 2; **a la derecha** to the right, 2; **el derecho** right; law, 4
los **derechos humanos** human rights, 10
derrocar (qu) to overthrow (a government), L5
derrumbar to knock down, tear down, 12
derrumbarse to collapse, 10
desagradable unpleasant, disagreeable, 2
el **desamparado**, la **desamparada** homeless person, person who lives in the street, bag person, 5
desaparecer (zc/8) to disappear,

Vocabulario español-inglés

L10
desarrollarse   to develop, *L8*
el desarrollo   development, 15
el desastre   disaster, 10
el desayuno   breakfast, 6
descansar   to rest, *3, 5*
el descanso   rest, 18
el, la descendiente   descendent, *L3*
el desconocido, la desconocida   stranger, 11
describir   to describe, 3; *pp* descrito 7
la descripción   description, *2*
el descubrimiento   discovery, *L5*
descubrir   to discover, *L2*, 20; *pp* descubierto, *11*
descuidar   to neglect, *L10*
desde   from, since, *4, 6*
desde hace   for (a period of time), 11
desear   to want, to wish, 1
desechar   to throw out, *L5*
el desempleo   unemployment, 5
el deseo   desire, *L5*
el desfile   parade, *5*
deshacer (21)   to undo; to destroy; to take apart, 12
el desierto   desert, 4
la desigualdad   inequality, *12*
la desilusión   disapointment; disillusionment, *L4*
desintegrar   to disintegrate, *L6*
el desorden   disorder, 5
despacio   slow, slowly, *13*
el despacho   office, 13
la despedida   farewell, leave-taking, 20
despertar (ie/27)   to awaken (someone), to wake (someone) up, 5
despertarse   to awaken, to wake up, 8
después (de)   after; later, afterwards, then, *3, 5*
después (de) que   after, 15
destruir (y/9)   to destroy, 11
el detalle   detail, 9; **al detalle** retail, 17
el, la detallista   retailer, 17
el detective   detective, *3*

detrás (de)   behind, 2
la deuda   debt, *L5*
devolver (ue/44)   to return (something), 6
devoto   devout, *19*
el día   day, CP; **al día** per day, a day, 9; **algún día** someday, 10; **día a día** day by day, *L8;* **el (Día de) Año Nuevo** New Year's (Day), 4; **el Día de Acción de Gracias** *U.S.* Thanksgiving Day, 14; **el día de fiesta** holiday, *1;* **el Día de la Independencia** Independence Day, 4; **el Día de la Raza** Columbus Day, 4; **el Día de las Madres** Mother's Day, 14; **el Día de los Enamorados** *U.S.* Valentine's Day, 14; **el Día de los Inocentes** similar to April Fool's Day, 4; **el Día de los Muertos** *Mexico* Day of the Dead, 14; **el Día de Reyes** Epiphany, 4; **el Día de Todos los Santos** All Saints Day, 4; **el Día del Petróleo** *Mexico* Oil Industry Day, 14; **el día feriado** day off, 4; **el día festivo** holiday, 4; **el plato del día** today's special, special, 6; **hoy día** nowadays, 6; **hoy en día** nowadays, 18; **todos los días** every day, 3; **un día** someday, 8
el diablo   devil, *L7*
el diálogo   dialog, *CP*
el diamante   diamond, *12,* 14
diariamente *adv* daily, 14
diario *adj* daily, 8
el diario   diary, journal, 5
dibujar   to draw; to sketch, *12*
el dibujo   drawing, sketch, *12*
el diccionario   dictionary, 1
diciembre   December, 4
el dictado   dictation, *3*
el dictador, la dictadora   dictator, 10
la dictadura   dictatorship, *L5*
el dicho   saying, 6; **mejor dicho**

rather; properly speaking, 4
diferente   different, *L1,* 11
difícil   difficult, *CP,* 2
la dificultad   difficulty, *19*
diminutivo   diminutive, *17*
el dinero   money, 3
Dios   God, 2; **¡Dios mío!** My goodness!, My God! 2; **Gracias a Dios.** Thank God. 5; **Por Dios.** Good Lord. 16
el diploma   diploma, 5
diplomático   diplomatic, *L6*
el diptongo   diphthong, *CP*
el diputado, la diputada   representative, delegate, deputy, 1
la dirección   address; direction, 16
directamente   directly, 14
directo   direct, 14
el director, la directora   director, 6
la disciplina   discipline, *12*
el disco   record, 7
la discoteca   disco, discotheque, 7
la discriminación   discrimination, 5
disculparse   to apologize, 20
el discurso   speech, 10
discutir   to discuss; to argue, *L5*
la disensión   dissension, *L6*
el diseñador, la diseñadora   designer, *8*
el diseño   design, *8,* 18
disfrutar (de)   to enjoy; to make use of, 19
disminuir (y)   to diminish, *L9*
disparar   to shoot; to throw, 14
dispensar   to excuse, 20; **Dispénse(n)me.** Excuse me. 20
la distancia   distance, *L5*
la distinción   distinction, 8
distinguido   distinguished, *L5,* 20
distinguirse (g/35)   to be distinguished, *L8*
distinto   distinct, *L7*
el distrito   district, 3
la diversión   entertainment, diversion, 7
divertido   amusing, funny, 9
divertirse (ie,i/36)   to have fun, a good time, 8

Vocabulario español-inglés   XXXIII

dividir to divide, *CP*
divino divine, *13*
divorciarse to get divorced, *16*
el **divorcio** divorce, *16*
doblar to bend; to fold; to double, *12*
doble double, *19*
doblemente doubly, *L6*
la **docena** dozen, *19*
el **doctor,** la **doctora** doctor, *CP*
el **documental** documentary, *10*
el **dólar** dollar, *3*
doler (ue/44) to hurt, *6*
el **dolor** pain, ache; suffering, *4*; **dolor de garganta** sore throat, *12*; **¡Qué dolor!** It hurts!, What pain!, How sad! *12*; **tener dolor de cabeza, estómago** to have a headache, stomachache, *4*
dominante dominant, *L8*
domingo Sunday, *3, 4*
dominicano Dominican, *L1*
don *title of respect used before man's first name, CP, 1*
donde where, *L1, 4*; **¿dónde?** where?, *2*; **¿adónde?** to where? *2*
doña *title of respect used before woman's first name, 1*
dormir (ue,u/16) to sleep, *6*; **dormir la siesta** to take a nap, *11*
dormirse to doze, to fall asleep, *8*
el **dormitorio** bedroom, *19*
dos: de dos en dos two by two, *12*
el **drama** play, drama, *1*
dramático dramatic, *13*
la **ducha** shower, *19*
la **duda** doubt, *13, 14*; **sin duda** doubtless, no doubt, *20*
dudar to doubt, *14*
dudoso doubtful, *14*
el **duelo** duel, *L7*
el **duende** goblin, *4*
el **dueño,** la **dueña** owner, *6*
dulce sweet, *6*; **el pan dulce** cake; sweet rolls, *6*
durante during, *6*

durar to last, *L5, 16*
duro hard, *14*

E

e and (*replaces* y *before words beginning* i *or* hi), *14*
echar to throw, *L5*; **echar de menos** to miss, *20*
la **ecología** ecology, *19*
la **economía** economy, *5*
económico economic, economical, *4*
el **Ecuador** Ecuador, *CP, 2*
el **ecuador** equator, *19*
ecuatoriano Ecuadoran, *2*
la **edad** age, *9*
la **edición** edition, *18*
el **edificio** building, *2*; **el edificio de apartamentos** apartment building, *17*
la **educación** education *7*
educar: bien (mal) educado well (badly) brought up, *20*
educativo educational, *14*
los **EE.UU.** (los Estados Unidos) U.S., *L3*
eficaz efficient, *11*
egoísta selfish, egotistical, *3*
el **ejemplo** example, *L7*; **por ejemplo** for example, *3*
el **ejercicio** exercise, *CP, 7*; **hacer ejercicio** to exercise, *7*
el **ejército** army, *10*
el the, *CP*; **el de** that of, *L4, 9*; **el que** the one that, *6*
él he, *CP, 1*; *obj of prep* him, it, *6*; **de él** his, of his, *5*
El Salvador El Salvador, *L1, 3*
la **elección** election, *10*
el **elefante** elephant, *CP, 1*
la **elegancia** elegance, *8*
elegante elegant, stylish, *CP, 14*
elegir (i,i,j/26,6) to elect, *L5*
el **elemento** element, *L4, 15*
elevarse to rise, *11*
eliminar to eliminate, to leave out, *19*
ella she, *1*; *obj of prep* her, it, *6*; **de ella** her, of hers, *5*

ellos, ellas they, *1*; *obj of prep* them, *6*; **de ellos, de ellas** their, of theirs, *5*
la **embajada** embassy, *L10*
embarazada pregnant, *7*
embarcar (qu/4): **dejar embarcado** *Mexico* to stand (someone) up, *11*
la **emoción** emotion, *L4, 15*
la **empanada** meat pie, *2*
empaquetar to pack, *19*
el **emperador** emperor, *L6*
la **emperatriz** empress, *L6*
empezar (ie,c/17,27) to begin, to start, *CP, 5*
el **empleado,** la **empleada** employee, *12, 17*
el **empleo** job, employment, *5*
emprender to undertake, *L10*
empujar to push, *15*
en in, on; at, *CP, 1*; **en auto, en coche** by car, *4*; **en cuanto** as soon as, *15*; **en español** in Spanish, *CP*; **en seguida** right away, *6*
enamorado (de) in love (with), *8, 11*
el **enamorado,** la **enamorada** person in love, *14*; **el Día de los Enamorados** *U.S.* Valentine's Day, *14*
enamorarse (de) to fall in love (with), *8*
encabezar (c/17) to head, to lead, *L8*
encantado delighted, *20*
encantar to delight, *6*; **Me encantan las naranjas.** I love oranges. *6*
el **encargado,** la **encargada** representative; person, in charge, *11*
encargarse (gu/25) to take charge, to be in charge, *15*
la **encarnación** incarnation, *12*
encima (de) over, above, on top (of), *2*; **No tengo plata encima.** I don't have any money on me. *3*
encontrar (ue/10) to find, *L2, 6*
encontrarse (ue/10) (**con**) to

XXXIV *Vocabulario español-inglés*

meet, to come across, 8
encubierto hidden; behind the scenes, *L5*
el **encuentro** encounter, meeting, 7
la **encuesta** public opinion poll; survey, *3*
la **enchilada** *rolled tortilla served with chili,* 7
el **enemigo,** la **enemiga** enemy, *L6*
la **energía** energy, 7
enero January, 4
enfadado annoyed; angry, 15
enfadarse to become or get annoyed, angry, 15
enfático emphatic, *18*
enfermarse to become or get sick, 8
la **enfermedad** sickness, illness, 12
el **enfermero,** la **enfermera** nurse, *12*
enfermo sick, 1
enfrentar(se) to face; to cope with, *L7*
enfrente (de) in front (of), before, 2
el **enlace** linking, CP
enojado angry, 15
enojarse to become or get angry, 8
el **enojo** anger, 5
enorme enormous, *L5*
enriquecer (zc/8) to enrich, *L10*
la **ensalada** salad, 6
el, la **ensayista** essayist, 13
el **ensayo** essay, 13
enseñar to teach; to show, 1
ensuciarse to get dirty, 8
entender (ie/28) to understand; to hear, 5
el **entendimiento** understanding, *L10*
enterar to inform, *10*
enterarse (de) to find out (about), 9
entero whole, entire, 12
la **entonación** intonation, *1*
entonces then, in that case, 1
la **entrada** admission ticket; entrance, 5, 8; inning, 9; entrée, main dish, 6

entrante next; entering; incoming, 20
entrar (a; *in Spain:* **en)** to enter, 16
entre between, 2
entregar (gu/25) to hand over; to give, 9
la **entrevista** interview, *1*
el **entrevistador,** la **entrevistadora** interviewer, *18*
entrevistar to interview, *13*
entristecerse (zc/8) to get or become sad, 8
el **entusiasmo** enthusiasm, *13*
entusiásticamente enthusiastically, 14
entusiástico enthusiastic, 14
enumerar to enumerate; to list, *18*
la **envidia** envy, *2*
envidiar to envy, 19
épico epic, *L6*
la **época** epoch; time, age, *L6, 14*
el **oequipaje** baggage, luggage, 11
el **equipo** equipment, 20; team, 9
equivocado mistaken, 5
el **error** error, mistake, CP, 7
el **escándalo** scandal, CP
el **escaparate** show window, 8
escaparse to escape, *19*
la **escena** scene, 13
el **escenario** stage; scene, setting; scenario, 13
el **escocés,** la **escocesa** Scot, *L2*
escoger (j/6) to choose, *7,* 14
esconder(se) to hide (oneself), *13, 18*
escribir to write, 3; **¿Cómo se escribe?** How is it spelled? CP; **Escriba(n).** Write. CP; *pp* **escrito** CP, 11
el **escritor,** la **escritora** writer, *L6,* 13
el **escritorio** desk, CP
la **escritura** writing, *L8*
escuchar to listen (to), CP, 5; **escuchar a la puerta** to eavesdrop, 7
la **escuela** school, 2
el **escultor,** la **escultora** sculptor, 13

la **escultura** sculpture, 13
ese, esa *adj* that, *L1,* 3
ése, ésa *pron* that (one), 3
esencial essential, *L8*
el **esfuerzo** effort; spirit, courage, 12
eso *pron* that, 3; **No sé nada de eso.** I don't know anything about that. 6; **por eso** that's why, 1; **¿Y eso qué?** So what?, And what of it? 15
esos, esas *adj* those, 3
ésos, ésas *pron* those (ones), 3
el **espacio** space, room, *3, 6*
la **espalda** back, 12
España Spain, 1
el **español** Spanish, CP
español, española *adj* Spanish, 2
especial special, CP
la **especialidad** specialty, *L10*
el, la **especialista** specialist, 20
especializado specialized; special, *18*
especialmente especially, 14
el **espectáculo** spectacle, *L7*
el **espectador,** la **espectadora** spectator, 9
el **espectro solar** solar spectrum, 8
el **espejo** mirror, 4
la **esperanza** hope, *L5,* 15; **No cabe esperanza.** There's no hope. *L5*
esperar to wait for; to hope, 3; **esperar en la cola,** to wait in line, 5
el **espíritu** spirit; soul, *L10*
espiritual spiritual, *L7*
espléndido splendid, *L6*
la **esposa** wife, 1
el **esposo** husband, 1
los **esposos** husband and wife; married couple(s); spouses, 1
el **esquí** ski, skiing, CP
el **esquiador,** la **esquiadora** skier, 9
esquiar (í/18) to ski, 4
la **esquina** corner, 2
la **estabilidad** stability, *L5*
establecer (zc/8) to establish, *L5*

Vocabulario español-inglés XXXV

la **estación** station, 11; season, 4
estacionar to park, 4
el **estadio** stadium, 3
la **estadística** statistic(s), 3
estadístico statistical, 6
el **estado** state, condition, 4
el **estado libre asociado** U.S. commonwealth, 5
los **Estados Unidos** the United States, 2
el **estanciero, la estanciera** rancher, 18
el **estante** shelf; bookcase, 19
el **estante de libros** bookcase, 19
el **estaño** tin, 15
estar (19) to be, 1; ¿**Cómo está(s)?** How are you? 1; **Está bien.** OK, Fine. 5; **Está bonito.** It's nice out. 4; **Está(n) en su casa.** Make yourself (yourselves) at home, 14; **Está nublado.** It's cloudy. 4
estar de acuerdo to be in agreement, 4; **estar de buen humor** to be in a good mood, 13; **estar de visita** to be visiting, 7; **estar en las mismas** to be in the same situation, 10; **estar por** (+ *inf*) to be ready to (do something), 16; **Estoy bien.** I'm fine. 1; **Ya está.** Everything's OK. 13
la **estatua** statue, CP
este, esta *adj* this, 3
éste, ésta *pron* this (one), 3
este east, 2; **al este** to the east, 2
estético esthetic, L6
estilizado stylized, L6
el **estilo** style, 2
estimado esteemed; dear, 16, 20
esto this, CP
estoico stoic, CP
el **estómago** stomach, 4; **tener dolor de estómago** to have a stomachache, 4
estornudar to sneeze, 20
estos, estas *adj* these, 3

éstos, éstas *pron* these (ones), 3
estrecho narrow, 16
la **estrella** star, 10, 13; **Nada nuevo bajo las estrellas.** Nothing new under the sun. 10
el **estrés** stress, 5
estrictamente strictly, L10
estricto strict, 12
la **estructura** structure, L8
el, la **estudiante** student, CP
el, la **estudiante de intercambio** exchange student, 18
estudiantil *adj* student, 20
estudiar to study, CP, 1
el **estudio** study, 3
la **estufa** stove, 19
estupendamente wonderfully, 14
estupendo wonderful, great, 1
la **etapa** stage (of development); lap (of race), L9
etcétera etcetera, L2
eterno eternal, L7, 16
Europa Europe, CP
europeo European, L2
el **europeo, la europea** European, L2
la **evaluación** evaluation, 18
evaluar to evaluate, 20
evidente evident, L2, 14
exactamente exactly, 1
exacto exact, L7
Exacto. Right. 20
el **examen** test, exam, CP, 3
excelente excellent, CP
la **excepción** exception, 13
excepto except, 6
exclusivo exclusive, 17
la **excolonia** ex-colony, L5
la **excursión** excursion, tour, trip, 11
la **excusa** excuse, 7
exhibir to exhibit, 8
el, la **exigente** demanding person, 6
exigir (j/6) to require, to demand, 14
el **exilado, la exilada** exile, L3
la **existencia** existence, CP
existir to exist, 3

el **éxito** success, CP; **tener éxito** to be successful, 4
expander to expand, L10
la **experiencia** experience, 9
experimentado experienced, 11
el **experimento** experiment, 10
experto expert; experienced, 13, 9
explicar (qu/4) to explain, L2, 13
la **exploración** exploration, 15
exponer to exhibit; to expose, 13
la **exportación** exportation; export, 20
la **exposición** exhibition, 13
expresar to express, L5
la **expresión** expression, CP; **la expresión idiomática** idiomatic expression, 4
externo external, CP
extranjero foreign, L5
el **extranjero, la extranjera** foreigner, 5
extrañar to miss (the presence of), 20
extraño strange, odd, 11
extraordinario extraordinary, amazing, 8, 14
extremo extreme, L1

F

la **fábrica** factory, 5
fácil easy, 2
fácilmente easily, 8, 14
el **factor** factor, L8
facultad: la facultad de medicina the school of medicine, 3
la **falda** skirt, 8
falso false, CP
la **falta** lack, 16
falta: Me hace falta más espacio. I need more space. 6
fallecer (zc/8) to pass away, to die, 13
la **familia** family, CP, 1
familiar familiar, 14
famoso famous, L1

el **fanático, la fanática** fan; fanatic, 9
fantástico fantastic, 6, 11
la **farmacia** drugstore, pharmacy, 1
fascinante fascinating, 9
fascinar to fascinate, 17
fastidiado disgusted, annoyed, bored, 15
fastidiarse to get disgusted, annoyed, bored, 15
fatal fatal, 7
el **favor** favor, 7; **a favor de** in favor of, L5; **por favor** please, CP
favorito favorite, 2
febrero February, 4
la **fecha** date (on a calendar), 4
el **federación** federation, 10
federal federal, 3
la **felicidad: ¡Felicidades!** Congratulations! CP
la **felicitación: ¡Felicitaciones!** Congratulations! CP
felicitar to congratulate, 20
feliz happy, 2
felizmente happily, fortunately, 14
femenino feminine, 15
el **fenicio, la fenicia** Phoenician, L6
feo ugly, 2
el **feria** fair, 12
feriado: el día feriado day off, 4
la **ferretería** hardware store, 17
el **ferrobús** *one-car train, similar to tram*, 15
el **ferrocarril** railway, 3, 11
la **festividad** festivity, L7
feudal feudal, CP
el **fichero** file, 5
el **fideo** noodle, 6
la **fiebre** fever, 4; **tener fiebre** to have a fever, 4
la **fiesta** party; holiday; celebration, 7; **el día de fiesta** holiday, L2; **la Fiesta del Grito de Dolores** *Mexican holiday*, 14; **la fiesta patria** Independence Day, 20

la **figura** figure, L6
fijar to fix; to fasten; to establish, L9
fijo fixed; firm, 14
la **fila** aisle, row, 3
la **filigrana** filigree, 16
las **Filipinas** Philippines, 13
la **filosofía** philosophy, 1
el **filósofo, la filósofa** philosopher, L6
el **fin de semana** weekend, 7
fin: Fin. The end. 8; **a fines de** towards the end of, L6; **por fin** finally, 9
el **final** end; finale, L7
final final, CP
finalmente finally, CP
la **firma** signature, 18
firme firm, L5
la **física** physics, 3
físico physical, 7
el **físico** physicist, 3
el **flamenco** flamenco *(dance, music)*, L4, 16
el **flan** caramel custard, 6
la **flor** flower, 1
florecer (zc/8) to flower; to thrive, to flourish, L6
la **fluidez** fluency, 18
el **folklore** folklore, L4
folklórico folkloric, 7
la **forma** form, 7; **en buena forma** in good shape, 12
formal formal, L9
la **formalidad** formality, L9
formar to form, L3
formidable formidable, L6
la **fórmula** formula, 13
formular to formulate, 12
el **formulario** form, 3
la **fortaleza** fortress, L8
la **fortuna** fortune, 11
la **foto** photo, picture, 1, 7; **sacar fotos** to take photos, pictures, 7
la **fotografía** photography, L4
la **fotonovela** *short novel told with captioned photos; photo comic book*, 11
fracturado fractured, 12
frágil fragile, 4

francés, francesa French, 2
Francia France, 2
el **frasco** bottle, 12
la **frase** phrase; sentence, 11
la **frazada** blanket, 17
frecuente frequent, L7
frecuentemente frequently, 7
el **fregadero** sink, 19
frente: frente a in front of, 2
fresco: Hace fresco. It's cool. 4
la **frescura** freshness; coolness, 15
el **fríjol** kidney bean, 6
frío: Hace (mucho) frío. It's (very) cold. 4; **tener frío** to be cold, 4
la **frontera** frontier, border, 4
el **frontón** jai alai court; wall, 9
frustrar to frustrate, 17
la **fruta** fruit, 6
el **fuego** fire, L7; **los fuegos artificiales** fireworks, L7
fuera: fuera de control out of control, 4
fuerte strong, 2
la **fuerza** force; strength, 6
fumar to smoke, 14
la **función** show, performance; function, 13
funcionar to function, L5, 19
el **funcionario, la funcionaria** functionary; public employee, 7
fundar to found, 20
el **funeral** funeral, 20
furioso furious, 15
el **fútbol** soccer, 9; **el fútbol americano** football, 9
el, la **futbolista** soccer player; *U.S.* football player, 9
futuro *adj* future, 15; **el futuro** future, 6

G

las **gafas de sol** sunglasses, 8
la **galaxia** galaxy, 15
la **galería** gallery, 13
el **gallego** Galician *(language)*, L2
la **galleta** cracker, 17
la **galletita** cookie, 19

la **gallina**   hen, *CP*
el **gallo**   rooster, *14*
   gana: tener ganas de (+ *inf*)   to feel like (doing something), *4*
el **ganador,** la **ganadora**   winner, *9*
   ganar   to win; to earn, *3, 9*; **No se ganó Zamora en una hora.**   Rome wasn't built in a day. *12*
la **ganga**   bargain, *8*
el **garaje**   garage, *19*
   garantizar (c/17)   to guarantee, *15*
la **garganta**   throat, *12*
   gastar   to spend (money); to waste, *17*
el **gaucho**   gaucho, Argentine cowboy, *2*
el **gazpacho**   a cold, spicy soup, *16*
el **gemelo,** la **gemela**   twin, *8*
la **generación**   generation, *1, 15*
el **general**   general, *10*
   general *adj*   general, *3;* **en general**   in general, *L4;* **por lo general**   in general, *L9*
   generalmente   generally, *6*
el **género**   gender, *1*
   generoso   generous, *7*
   genial   genius-like, inspired, *18*
el **genio**   genius, *4*
la **gente**   people, *2*
la **geografía**   geography, *3*
   geográfico   geographic, *L1*
la **geología**   geology, *CP*
el **gerente**   manager, *18*
   germánico   Germanic, *L6*
el **gerundio**   gerund, *19*
el **gimnasio**   gymnasium, gym, *12*
el **gitano,** la **gitana**   gypsy, *L4, 16*
   gobernar   to govern, *L8*
el **gobierno**   government, *1*
el **golf**   golf, *9*
el, la **golfista**   golfer, *9*
el **golfo**   gulf, *11*
   golpe: dar un golpe   to hit, to get a hit, *9*; **el golpe de estado**   coup d'état, overthrow of the government, *L5*
la **goma**   rubber, *8*
   gordo   fat, *2;* **el gordo** *colloquial*   first prize (in lottery), *17*
el **gorrión**   sparrow, *13*
   gozar (c/17) (**de**)   to enjoy, *L5*
la **gracia**   grace, *9, 12;* **el Día de Acción de Gracias** *U.S.*   Thanksgiving Day, *14;* **gracias**   thanks, thank you, *CP*
   gracias: darle las gracias (a alguien)   to thank (someone), *7;* **Gracias a Dios.**   Thank God. *5;* **Mil gracias.**   Thanks a million. *5*
   gracioso: ¡Qué gracioso!   How amusing! *4*
el **grado**   degree, *18*
la **graduación**   graduation, *18*
el **grafito**   graffiti, *5*
la **grámatica**   grammar, *1*
   gramatical   grammatical, *L10*
   grande (*shortened form,* **gran**)   big, large, great, *2*
   grano: al grano   to the point, *3*
   grave   grave, serious, *12*
   gravemente   gravely, seriously, *14*
el **griego,** la **griega**   Greek, *L6*
el **grifo**   faucet, *19*
la **gripe**   grippe, flu, *12*
   gris   grey, *3*
   gritar   to shout, to cry, *14*
el **grito**   shout, cry, *14*
el **grupo**   group, *L5*
la **guagua**   *Caribbean, Miami* bus, *5*
el **guante**   glove, *8*
   guapo   handsome, beautiful, *2*
   guardar   to keep; to put away, *1;* **guardar la casa**   to stay home, *4*
el **guardia**   guard, *5*
la **Guardia Nacional**   National Guard, *L5*
   guasa: Pura guasa.   It's just talk. *6*
   Guatemala   Guatemala, *CP*
la **guerra**   war, *L3, 10;* **en guerra**   at war, *10*
   guerrero   warrior; warlike, *L8*
la **guerrilla**   small war, *CP*

el **guerrillero**   guerrilla fighter, *10*
el, la **guía**   guide, *13, 16*
la **guía**   guidebook, *11*
la **guitarra**   guitar, *CP, 7*
   gustar   to be pleasing; to like, *6;* **¿Le gusta(n) . . . ?**   Do you like . . . ? *CP;* **Me gusta(n) . . .**   I like . . . *CP*
el **gusto: Mucho gusto.**   Glad to meet you. *CP*
las **Guyanas**   the Guyanas, *L1*

H

   haber (20): **Deben haber elecciones libres.**   They ought to have free elections. *10;* **hay**   there is, there are, *CP;* **hay nubes, neblina, niebla.**   It's cloudy, foggy, misty (hazy). *4;* **hay que** (+ *inf*)   it is necessary (to do something), one must, *5;* **No hay de qué.**   You're welcome. *CP;* **¿Qué hay?**   What's up? *5;* **¿Qué hay de nuevo?**   What's new? *10*
la **habilidad**   ability, skill, *7*
la **habitación**   room, *4*
el, la **habitante**   inhabitant, *L3, 20*
el **habla**   speech, *L5*
   hablar   to talk; to speak, *CP, 1;* **¿Habla español?**   Do you speak Spanish? *CP;* **hablar sin rodeos**   to tell it like it is, *12*
   hacer (21)   to do; to make, *4; pp* **hecho**, *11;* **¿Con qué se hace . . . ?**   What's . . . made with? *6;* **Hace (muy) buen, mal tiempo.**   It's (very) nice, bad weather. *4;* **Hace (mucho) calor, frío, sol, viento.**   It's (very) hot, cold, sunny, windy. *4;* **Hace fresco.**   It's cool. *4;* **hace unos días**   a few days ago, *11;* **hace . . . que** (+ *pres*) (**hacía . . . que** + *imperf*)   for (period of time), *11;* **hace . . . que** (+ *pret*)   ago, *11;* **hacer carrera**   to score a run, *9;*

hacer caso de to pay attention to, to notice, 15; **hacer cita** to make an appointment, a date, 5; **hacer ejercicio** to exercise, 7; **hacer juego con** to match, to go with, 17; **hacer la maleta** to pack one's suitcase, 4; **hacer proyectos** to make plans, 13; **hacer un papel** to play a role, *12,* 13; **hacer un viaje** to take a trip, 4; **hacer una pregunta** to ask a question, CP; **hacerse** to become or get (through conscious effort), 8; **hacerse el ridículo (la ridícula)** to make a spectacle of oneself, 14; **Me hace falta más espacio.** I need more space. 6
hacia toward(s), 6
la **hacienda** ranch, *L8*
hallar to find, *L1,* 3
el **hambre** hunger, 4; **darle hambre (a alguien)** to make (someone) hungry, 7; **tener hambre** to be hungry, 4
hartarse (de) to be fed up (with), 13
hasta until, CP; even, 6; **Hasta la próxima.** Until next time. 20; **Hasta luego.** See you later. CP; **Hasta mañana.** See you tomorrow. *CP;* **hasta que** until, 15; **Hasta pronto.** See you soon. 5
hay there is, there are (*see* **haber**), CP; **hay que** (+ *inf*) it's necessary (to do something), one must, 5; **No hay de qué.** You're welcome. CP; **¿Qué hay de nuevo?** What's new? What's up? 5
el **hecho** fact, 3; **de hecho** in fact, 3
el **helado** ice cream, 6
la **herencia** heritage; inheritance, *L2,* 17
herido injured, wounded, 12
el **herido, la herida** injured, wounded person, 10

la **hermana** sister, *CP,* 1
el **hermano** brother, 1
los **hermanos** brother(s) and sister(s); siblings, 1
hermoso beautiful, pretty, 2
el **héroe** hero, 4
la **heroína** heroine, 4
la **herramienta** tool, 17
el **hielo** ice, *17*
la **hija** daughter, child, 1
el **hijo** son, child, 1
los **hijos** children; offspring, 1
el **hipódromo** race track, 11
hispánico Hispanic, *L1*
el **hispano, la hispana** Hispanic (person), *L1,* 6
Hispanoamérica Hispanic America, *L4*
hispanoamericano Hispanic American, *L4*
histérico hysterical, 12
la **historia** history; story, *CP,* 3
históricamente historically, *10*
histórico historical, *L1,* 16
el **hogar** home, *L9*
la **hoja** sheet (paper), *18*
hola hi, CP
el **hombre** man, 1
el **hombre de negocios** businessman, 18
hombre: ¡Hombre! Man! 9
Honduras Honduras, *CP*
Honduras Británica Belize; British Honduras, 10
el **honor** honor, *20*
honrado honest, honorable, *15*
honrar to honor, *L7*
la **hora** hour, time, 5; **¿A qué hora?** At what time? 5; **las horas de visita** visiting hours, 15; **¿Qué hora es?** What time is it? 5; **¿Qué hora tienes?** What time do you have? *4*
el **horario** schedule, timetable, 11
la **hormona** hormone, *1*
el **horno** oven, 19
horrible horrible, CP
horriblemente horribly, 14
el **horror** horror, *CP*
horrorizarse to be horrified, 10
el **hospital** hospital, CP

el **hotel** hotel, *CP,* 2
hoy today, *CP,* 1; **hoy día** nowadays, 6; **hoy en día** nowadays, 18
la **huelga** strike, 5
el **huérfano, la huérfana** orphan, 13
la **huerta** large vegetable garden; orchard, *6*
el **huerto** orchard; vegetable garden, 6
el **hueso** bone, 12
el **huésped, la huéspeda** guest, lodger; host, 11
el **huevo** egg, 6
la **humanidad: las humanidades** humanities, 3
humilde humble, *L8*
el **humor** humor; mood, 13; **estar de buen humor** to be in a good mood, 13
hundirse to sink, 11
el **huracán** hurricane, 10

I

ibérico Iberian, *L6*
el **ibero, la ibera** Iberian, *L6*
la **idea** idea, *L1,* 4; **Buena idea.** Good idea. 4; **no tener la menor idea** not to have the least idea, 3
el **ideal** ideal, *L5*
ideal *adj* ideal, 2
identificar (qu/4) to identify, *3*
el **idioma** language, *L5*
idiomático: la expresión idiomática idiomatic expression, *4*
ido: de ida y vuelta round-trip, 11
la **iglesia** church, 2
ignorante ignorant; unaware, *13*
igual the same, equal, even, 4
la **igualdad** equality, *12*
Igualmente. Likewise. CP
ilegalmente illegally, *6*
la **imaginación** imagination, *L1*
imaginario imaginary, *11*

Vocabulario español-inglés

imaginarse to imagine, to suppose, 8
imitar to imitate, 11
impacientarse (por) to become or get impatient (about), 14
impaciente impatient, 14
el **impacto** impact, 10
impedir (i,i/26) to prevent, 14
el **imperativo** imperative, *12*
el **imperfecto** imperfect, *10*
el **imperio** empire, *L5*
el **impermeable** raincoat, 8
la **implicación** implication, 16
imponente impressive, imposing, 18
imponer (30) to impose, *L5*
la **importancia** importance, 3; **(no) tener importancia** (not) to be important, 3
importante important, *CP*
importar to matter, to be important, 6
imposible impossible, *CP*, 14
la **impresión** impression, *L9*
impresionante impressive, *18*
impresionar to impress, 18
inapropiado inappropriate, *13*
el, la **inca** Inca, *15*
incaica Inca, Incan, *L8*, *18*
el **incendio** fire, 10
incluir (y/9) to include, *18*
inclusive included; including, *L5*
incompleto incomplete, 8
la **inconveniencia** inconvenience, 19
el **inconveniente** inconvenience, *L5*
increíble incredible, 6
el **incremento** increase, *L5*
la **independencia** independence, 4; **el Día de la Independencia** Independence Day, 4; **la Declaración de Independencia** Declaration of Independence, *3*
independiente independent, *L5*
la **indicación** indication; hint, *12*
indicar (qu/4) to indicate, *15*, *18*
el **indicativo** indicative, *1*

indígena Indian; native, indigenous, *L4*
indio Indian, *L2*
el **indio**, la **india** Indian, *L2*, 10
indirecto indirect, *6*
indocumentado without necessary papers; illegal alien, *L3*
la **industria** industry, *19*
la **infamia** infamy, *CP*
infantil infantile, childish, 18
la **infidelidad** infidelity, unfaithfulness, 16
infiel unfaithful, 7
infinitivo infinitive, *15*
la **inflación** inflation, 3
la **influencia** influence, *L2*
la **influenza** influenza, 12
la **información** information, 1
informarse to become informed, 10
la **informática** computer science, 3
el **informe** report, *CP*
la **ingeniería** engineering, *CP*, 3
el **ingeniero**, la **ingeniera** engineer, *4*, 8
Inglaterra England, 2
el **inglés** English (language); Englishman, *CP*, 1
inglés, inglesa English, *CP*, 2
la **inglesa** Englishwoman, 1
inhalar to inhale, *7*
inicial initial, *L9*
inmediatamente immediately, *9*, 10
el, la **inmigrante** immigrant, 4
inocente innocent, 15; **el Día de los Inocentes** similar to April Fool's Day, 4
el **inodoro** toilet, 19
inolvidablemente unforgettably, 14
el **inquilino**, la **inquilina** tenant, 6
la **inquisición** inquiry; inquisition, *18*
la **inscripción** registration, 3
insistir (en) to insist (on), 3
insolencia: ¡Qué insolencia! What gall (nerve, insolence)! 7
la **inspección** inspection, 15
instalar to install, 20

la **institución** institution, *L5*, 16
el **instituto** institute, 3
el **instituto superior** graduate school, *18*
la **instrucción** instruction, *12*
el **instructor**, la **instructora** instructor, teacher, *Prefacio*
el **instrumento** instrument, *L4*
insuficiente insufficient, *L5*
insultar to insult, 8
el, la **insurgente** insurgent, rebel, 3
intelectual intellectual, *L7*
la **inteligencia** intelligence, 12
inteligente intelligent, 2
la **intención** intention, 16; **tener la intención (de)** to intend (to), to plan (to), 16
interamericano inter-American, *20*
el **intercambio** interchange; exchange, *18*
el **interés** interest, *L5*, 11
interesante interesting, 1
interesar to interest, 6
interesarse (en) to be interested (in), *14*
interior interior; inner; internal, *12*
internacional international, *19*
interno internal, *L5*
interpretar to interpret, *L10*
la **interrogación** interrogation, question, 3
interrogativo: la palabra interrogativa question word, *2*
interrumpir to interrupt, 3
la **interrupción** interruption, *16*
la **intervención** intervention, 10
la **intimidad** intimacy, *L9*
íntimo intimate, *6*
invadir to invade, *L6*
el **invasor**, la **invasora** invader, *L6*
la **invención** invention, *9*
inventar to invent, 6
el **inventario** inventory, *CP*, 17
investigar to investigate, 10
el **invierno** winter, 4
invisible invisible, *17*
la **invitación** invitation, 7

el **invitado**, la **invitada** guest, 2
invitar to invite, 7
la **inyección** injection, 12
ir (22) to go, 4; *pp* **ido**, 11; **Ana va bien en sus estudios.** Ana's doing well in her studies. 5; **¿Cómo le va?** How are you? How's it going? 5; **ir a la cama** to go to bed, 5; **ir de compras** to go shopping, 4; **ir de vacaciones** to go on vacation, 4; **irse** to leave, go away, 8; **No se les vaya a ocurrir esto.** Don't even think of it. 20; **Vamos.** Let's go. 3
irlandés, irlandesa Irish, 4
el **irlandés**, la **irlandesa** Irish person, L2
irregular irregular, 7
la **isla** island, *L1*, 4
Israel Israel, *CP*
Italia Italy, 1
italiano Italian, 1
el **italiano**, la **italiana** Italian, 1
el **itinerario** itinerary, *1*
izquierdo left, 2; **a la izquierda** to the left, 2

J

jactarse to brag, to boast, 8
el **jai alai** jai alai, 9
el, la **jalisciense** Jaliscan *(person from the state of Jalisco, Mexico)*, 7
Jamaica Jamaica, *20*
jamás never, ever, 14
el **jamón** ham, 6
la **Januca** Chanukah, 4
el **Japón** Japan, 2
japonés, japonesa Japanese, 2
el **jarabe tapatío** Mexican hat dance, 7
el **jardín** garden *(for display)*, 6
el **jardinero**, la **jardinera** gardener, 18
los **jeans** jeans, 8
el **jefe**, la **jefa** *(or* la **jefe)** boss, head, chief, 3
la **jerigonza** Spanish pig Latin; gibberish, 7
el **jinete**, la **jineta** horseback rider, 9
el **jit** hit *(baseball)*, 11
el **jogging** jogging, 9
el **jonrón** homerun, *11*
joven young, 2
el **joven** young man, 3
la **joven** young woman, young lady, 3
la **joya** gem; jewel, 17; **las joyas** jewelry, 17
la **joyería** jewelry store, 17
jubilarse to retire, *17*, 19
judío Jewish, *L6*
el **juego** game, 5; **el juego de video** videogame, 5; **hacer juego con** to match, to go with, 17; **los Juegos Olímpicos** Olympic Games, 9
jueves Thursday, 4
el, la **juez** judge, 16
el **jugador**, la **jugadora** player, 9
jugar (ue/23) to play (game, sport), 6
el **juglar** minstrel; juggler, *L4*
el **jugo** juice, 6
julio July, *CP*, 4
junio June, 4
la **junta** council; junta, *L5*
junto: juntos together, 1
jurar to swear, 20
juvenil juvenile, 13

K

el **kilo** kilo, kilogram, 17
el **kilómetro** kilometer, 2
el **kindergarten** kindergarten, *6*

L

la the, *CP*
la *dir obj* you, her, it, 5
la de that of, *L4*
la que the one that, 6
laboral labor, *L5*
el **laboratorio** laboratory, *CP*; **el laboratorio de lenguas** language laboratory, *CP*
ladino *Guatemala, pertaining to Indians who speak Spanish*, 10
el **lado** side, 4; **al lado de** next to, beside, 2
el **ladrón**, la **ladrona** thief, 5
el **lago** lake, 4
lamentablemente lamentably, 20
lamentar to lament, be sorry, regret, *10*
la **lámpara** lamp, 5
la **lana** wool, 8
el **lanzador**, la **lanzadora** pitcher *(sports)*, 9
lanzar (c/17) to pitch, *9*
el **lápiz** pencil, *CP*
largo long, 2
las *(see* **los)**; **las doce** twelve o'clock, 5
la **lástima** pity, 1; **¡Qué lástima!** What a shame! 1
lastimarse to hurt oneself, 9
el **latín** Latin *(language)*, *L6*
Latinoamérica Latin America, *8*
latinoamericano Latin American, 2
el **lavamanos** washbasin, 19
lavar(se) to wash (oneself), 8
le *indir obj* (to, for) you, him, her, it, 6; *(in Spain) dir obj* him, *5*
leal loyal, *CP*
la **lección** lesson, *CP*, 2
la **lectura** reading, *L1*
la **leche** milk, *CP*, 5
la **lechuga** lettuce, 6
leer (y/13) to read, 3; **Lea(n) en voz alta.** Read aloud. *CP*
el **legado** legacy, *L6*
legislativo legislative, *L5*
la **legumbre** vegetable, 6
lejos (de) far (from), 2
la **lengua** language, 3
el laboratorio de lenguas language laboratory, *CP*
lentamente slowly, 14

Vocabulario español-inglés XLI

la **lentitud** slowness, *L9*
lento slow, *2*
el **león** lion, *13*
les *indir obj* (to, for) you, them, 6; *(in Spain) dir obj* them, *5*
la **letra** letter, *L1, 13;* **la letra mayúscula** capital letter, *L1*
el **letrero** sign, poster, notice, *3*
el **levantamuertos** *Mexico, a kind of strong drink, 14*
levantar to get (someone) up; to raise, 8; **Levante(n) la mano.** Raise your hand. *CP;* **levantarse** to get up, *8*
la **ley** law, *CP*
la **leyenda** legend, *L8*
la **liberación** liberation, *L8*
liberal liberal, *CP*
liberar to liberate, *L8*
la **libertad** liberty, *7*
el **libertador**, la **libertadora** liberator, *L5*
libre free; unoccupied, 7; **tiempo libre** free time, *7*
la **librería** bookstore, *CP*
el **libro** book, *CP*
el **líder** leader, *10*
limeño *pertaining to Lima, Peru, 18*
limitar to limit, *L9*
limpiar to clean, *CP*
lindo pretty, *2*
la **línea** line, *5*
la **línea de llegada** finish line, *9*
la **lingüística** linguistics, *3*
la **liquidación** sale, *8*
la **lista** list, *20*
listo ready, *4*
literario literary, *10*
el **literato**, la **literata** literary person, *17*
la **literatura** literature, *3*
lo *dir obj* you, him, it, 5; *neuter article,* 19; **lo +** *adj* the *(adj)* thing, part, etc., 19; **lo mismo** the same thing, 6; **lo que** what, that which, *19*
local local, *17*
loco crazy, *CP, 8*
la **locura** craziness, madness, *20*

¡Qué locura! It's crazy!, What madness! *20*
lograr to achieve; to obtain, *20*
la **loma** mound *(sports);* small hill, *9*
el **loro** parrot, *CP;* **¡Habla como un loro!** You're completely fluent (speak like a parrot)! *CP*
los, las the, 1; *dir obj* you, them, 1; **los, (las) de** those of, *L4*
los (las) dos both, *9*
los (las) que the ones that, *6*
la **lotería** lottery, *14*
la **lucha** fight, *L5*
luchar to fight, *10*
luego then, next; later, *L1;* **Hasta luego.** See you later. *CP;* **luego que** as soon as, *15*
el **lugar** place, *2, 3;* **cambiar de lugar** to move from place to place, 3; **el lugar del empleo** workplace, 5; **palabra de lugar** location word, *2;* **tener lugar** to take place, *L7*
el **lujo** luxury, *L8*
la **luna** moon, *3*
la **luna de miel** honeymoon, *16*
lunar lunar, *CP*
lunes Monday, *CP, 1*
la **luz** light, *9*

LL

la **llamada** call, *12*
llamar to call, 1; **¿Cómo se llama?** What is your name? *CP;* **llamarse** to be named, *8*
la **llanera** plainswoman, *17*
llanero *pertaining to the plains, 17*
el **llanero** plainsman, cowboy, *17*
el **llano** plain, *17*
la **llave** key (door), *15*
la **llegada** arrival, *5, 11*
la línea de llegada finish line, *9*
llegar (gu/25) to arrive, 1; **llegar a ser** to become or get

to be, 8; **llegar tarde** to be late, arrive late, *5*
llenar to fill, *7*
llevar to carry; to take (along); to wear, *1*
llevarse (con) to get along (with), *8*
llorar to cry, *8*
llover (ue/44) to rain, 4; **Llueve.** It's raining; It rains. *4*
la **lluvia** rain, *4*

M

la **maceta** flowerpot; vase, *17*
la **madre** mother, 1; **el Día de las Madres** Mother's Day, 14; **la Madre Patria** Mother Country, *L5;* **la Madre-Tierra** Mother Earth, *L7*
la **madrina** godmother, *14*
el **maestro** master; teacher, *L4*
el **maíz** corn, *6*
majo: Nos vemos, majo. See you later, handsome. *8*
mal badly, *9*
el **mal** evil, *L7;* **menos mal** lucky break; thank goodness, *20*
la **maleta** suitcase, 4; **hacer la maleta** to pack one's suitcase, *4*
malo *(shortened form,* **mal***)* bad, *2*
la **mamá** mom, mother, *CP, 1*
mami mom, *5*
mandar to send, 1; to command, to order, 14; **¿Mande?** *Mexico* What? Come again? *CP*
el **mandato** command, *CP*
el **mando** command; control; rule, *L8*
mandón, mandona bossy, *14*
manejar to drive, *12*
la **manera** manner; way, *11*
el **maní** peanut, *9*
la **manifestación** demonstration, *10*

el **maniquí** mannequin; model, 12
la **mano** hand, CP; **tener buena mano con las matas** *(regional)* to have a green thumb, 6
mantener (39) to maintain, 12
la **mantequilla** butter, 6
el **manto** mantle, cloak, L7
el **manual** textbook; manual, *Prefacio*
la **manzana** apple, 5, 6; **la Manzana Grande** the Big Apple (New York City), 5
mañana tomorrow, 1; morning, 5; **de la mañana** A.M., 5; **Hasta mañana.** See you tomorrow. CP; **por la mañana** in the morning, 5
el **mapa** map, 1
maquillarse to put on makeup, 8
la **máquina** machine, 6
la **máquina de escribir** typewriter, 12
el **mar** sea, 2; **por mar** by sea, 11
el **maratón** marathon, 9
la **maravilla** marvel, wonder, L6, 20
maravilloso marvelous, 7
marcharse to leave, to go away, 11
mareado dizzy; seasick, 12
el **mariachi** *Mexican musician,* 7
el **marido** husband, 16
marrón brown, 8
martes Tuesday, 4
marzo March, 4
más more; most; plus, CP; **más de** + *number* more than, 7; **más... que** more... than, 1, 7
la **máscara** mask; masquerade, L7
la **mata** plant, shrub, 6; **tener buena mano con las matas** *(regional)* to have a green thumb, 6
el **matador, la matadora** bullfighter; killer, L7
matar to kill, 14

las **matemáticas** mathematics, CP, 3
la **materia** matter; subject, CP
la **matrícula** tuition; matriculation, 17
matrimonial matrimonial, 16
el **matrimonio** marriage, matrimony; married couple, L6, 16
máximo maximum; top, 10
maya Mayan, 11
el, la **maya** Mayan, L8
mayo May, 4
mayor greater; larger; older; greatest; largest; oldest, 12; main; major, 2; **al por mayor** wholesale, 17; **la mayor parte** the majority, L2
la **mayoría** majority, 6
el, la **mayorista** wholesaler, 17
mayúsculo: la letra mayúscula capital letter, CP
me *dir obj* me, 5; *indir obj* (to, for) me, 6; *refl,* 8; **Me llamo... My name is...**, CP
el **mecánico** mechanic, 18
la **mecanografía** typing, 18
la **media** stocking, 8
mediado: hasta mediados del siglo until about the middle of the century, L5
la **medianoche** midnight, 12
mediante by means of, L10
la **medicina** medicine, 3
el, la **médico** doctor, 3
la **medida** size; measurement, 17
medieval medieval, L4
el **medio** middle, half, 11; means, 5; **en medio de** in the middle of, 5; **media hora** half hour, 5; **las dos y media** two-thirty, 5
el **mediodía** noon, 11
medir (i,i/26) to measure, 7; **¿Cuánto mide de alto...?** How high (tall) is...? 7
el **Mediterráneo** Mediterranean, L1
mejor better, best, 5; **a lo**

mejor maybe, chances are, 16; **mejor dicho** rather; properly speaking, 4
mejorar to improve, 10
la **melodía** melody, L4
el **melodrama** melodrama, 16
la **memoria** memory, 4; **aprender de memoria** to learn by heart, 12; **tener memoria** to have a good memory, 4
mencionar to mention, L3, 15
la **menina** young lady-in-waiting, 13
menor smaller; lesser; younger; smallest; least; youngest, 12; **no tener la menor idea** not to have the least idea, 3
menos minus; less, CP; **a menos que** unless, 15; **echar de menos** to miss, 20; **las tres menos cuarto** quarter to three, 5; **menos de** + *number* less than, 12; **menos mal** lucky break; thank goodness, 20; **menos que** less than, 12
la **mente** mind, 19; **tener en mente** to have in mind, 19
mentir (ie,i/36) to lie, 5
la **mentira** lie, 10; **¡Parece mentira!** You wouldn't believe it! 10
el **menú** menu, 6
el **mercadeo** marketing, 15
el **mercado** market, 7
la **mercancía** merchandise, 17
merecer (zc/8) to merit, 7
el **merengue** *a kind of dance,* L4
la **merienda** afternoon snack, 4
el **mes** month, 4
la **mesa** table, CP
la **mesera** waitress, 3
el **mesero** waiter, 3
la **meseta** plateau, L1
la **mesita** small table; coffee table, 19; **la mesita de noche** night table, 19
el **mesón** inn, 14
mestizo *of mixed ancestry,* L2
metal metal, 7

Vocabulario español-inglés XLIII

el **método** method, *L5*
el **metro** subway, *5*
mexicano Mexican, *2*
el **mexicano**, la **mexicana** Mexican, *CP*
México Mexico, *CP, 1*
el **méxico-americano**, la **méxico-americana** Mexican-American, *L3*
la **mezcla** mixture, *L2*
mezclarse to mix; to intermarry, *L6*
la **mezclilla** *Mexico* denim, *3*
la **mezquita** mosque, *L6*
mi my, *CP, 2*
mí *obj of prep* me, myself, *6*
el **miedo** fear, *4*; **tener miedo** to be afraid, *4*
el, la **miembro** member, *8*
mientras (**que**) while, *5*; **mientras tanto** meanwhile, *L6*
miércoles Wednesday, *4*
mil thousand, *3*; **Mil gracias.** Thanks a million. *5*
el **milagro** miracle, *10*
milagroso miraculous, *12*
militar military, *L3, 10*
el **militar** military person, soldier, *18*
la **milla** mile, *9*
el **millón** million, *3*
el **millonario**, la **millonaria** millionaire, *16*
la **mina** mine, *15*
mineral mineral, *6*
el **minero** miner, *15*
el **mínimo** minimum, *12*
ministro: el primer ministro prime minister, *1*
la **minoría** minority, *5*
el **minuto** minute, *5*
mío my; (of) mine, *18*
mirar to look (at); to watch, *1*
la **misión** mission, *L3*
mismo same, *5*; self, *13*; **ahora mismo** right now, right away, *15*; **al mismo tiempo** at the same time, *L7;* **Así mismo.** Exactly. *8*; **estar en las mismas** to be in the same situation, *10*; **lo mismo** the same thing, *6*
misterioso mysterious, *11*
la **mitad** half, *10*
mixto mixed; co-ed, *L9*
la **mochila** backpack, *1*
la **moda** fashion, *8*; **de moda** in style; in fashion, *8*
el, la **modelo** model, *13*
el **modelo** model; example; style, *CP, 17*
modernismo modernism, *10*
moderno modern, *2*
modificar (**qu**/4) to modify, *L10*
el **modo** way, *8;* **de modo que** so that, with the result that, *L8; de todos modos* anyway, in any case, *2*; **el modo de ser** way of life; lifestyle, *L6;* **el modo subjuntivo** subjunctive mood, *13*
el **mojado**, la **mojada** *colloquial* wetback (Mexican illegally in U.S.), *6*
el **mole** spicy chicken dish, *6*
molestar to bother, *6*
el **momento** moment, *11*
la **momia** mummy, *11*
la **monarquía** monarchy, *1*
la **moneda** coin, money, *14*
monótono monotonous, *16*
el **monstruo** monster, *15*
la **montaña** mountain, *1*
montañoso mountainous, *7*
montar to mount, *L7;* **montar a caballo** to ride horseback, *9*
el **monte** mount, mountain, *8*
la **morada** dwelling place, *12*
morir (**ue,u**/16) to die, *6*; *pp* **muerto**, *11*; **morirse** to die, *9*
mortal mortal, *L6*
el **mosaico** mosaic, *3*
la **mosca** fly, *11;* **En boca cerrada no entran moscas.** Silence is golden. *11*
el **mosquito** mosquito, *20*
mostrar (**ue**/10) to show, *6*

el **motel** motel, *15*
el **motivo** motive, reason, *18*
la **motocicleta** motorcycle, *12*
el **motor** motor, *CP*
mover (**ue**/44) to move, *12*
moverse (**ue**/44) to move, *9, 12*
la **muchacha** girl, *4*
el **muchacho** boy, *4*
mucho *adj* a lot (of), much; *pl* many; *adv* a lot, very much, *CP*; **Muchas gracias.** Thank you very much. *CP*; **Mucho gusto.** Glad to meet you. *CP*; **por mucho** by far, *20*
mudarse to move, *8*
el **mueble** piece of furniture, *5;* **los muebles** furniture, *5*
la **mueblería** furniture store, *17*
la **muerte** death, *11*
muerto dead, *11*; **el muerto**, **la muerta** dead person, *10*; **el Día de los Muertos** *Mexico* Day of the Dead, *14*
la **mujer** woman, *1*
la **mujer de negocios** businesswoman, *18*
mundial *adj* world, *9, 11*; **la Serie Mundial** World Series, *9*
el **mundo** world, *L1, 4*; **el Nuevo Mundo** New World, *L5;* **en todo el mundo** in the whole world, *2*; **todo el mundo** everybody, *2*
municipal municipal, *5*
el **mural** mural, *7*
la **muralla** wall, rampart, *12*
el **muro** wall, *18*
el **museo** museum, *1*
la **música** music, *L1, 7*
musical musical, *L4*
el, la **músico** musician, *13*
el, la **músico** musician, *L4*
el **muslo** thigh, *12*
el **musulmán**, la **musulmana** Mussulman, Moslem, *L6*
muy very, *CP*; **¡Muy bien!** Very good! *CP* **muy de noche** very late, *10*

N

nacer (zc/8) to be born, 9
el **nacimiento** birth; Nativity scene, 14
la **nación** nation, CP
nacional national, 3
la **nacionalidad** nationality, 2, 5
nacionalizar to nationalize, L5
nada nothing, not anything, 5; **De nada.** You're welcome. CP; **Nada nuevo bajo las estrellas.** Nothing new under the sun. 10; **No sé nada de eso.** I don't know anything about that. 6
el **nadador,** la **nadadora** swimmer, 9
nadar to swim, 7
nadie nobody, no one, not anyone, L5, 14
los **naipes** (playing) cards, 7
la **naranja** orange, 6
la **nariz** nose, 12
la **natación** swimming, 9
la **natalidad** birth rate, 10; **el control de la natalidad** birth control, 10
el, la **natural** native, 10
natural natural; normal, 2
la **náusea** nausea, 12; **sentir náuseas** to feel nauseated, 12
la **Navidad** Christmas, 4
neblina: Hay neblina. It's foggy. 4
necesario necessary, 7
necesitar to need, 1
negar (ie/27) to deny, 14
negativo negative, 14
el **negocio** business, 3; **los negocios** business, 3
negro black, 4
el **nene,** la **nena** colloquial baby, infant; kid, CP
nervioso nervous, 9
neutro neutral, 19
nevar (ie/27) to snow, 4; **Nieva.** It's snowing; It snows. 4

la **nevera** refrigerator; icebox, 19
ni: Ni modo. Mexico No way.; What does it matter? 14; **ni . . . ni** neither . . . nor, 12; **ni . . . tampoco** neither, either, 4; **ni yo tampoco** me neither, 4
Nicaragua Nicaragua, L1
nicaragüense Nicaraguan (person), 10
la **niebla: Hay niebla.** It's foggy, misty. 4
la **nieta** granddaughter, 1
el **nieto** grandson, 1
los **nietos** grandchildren, 1
la **nieve** snow, 4
el **nilón** nylon, 8
ninguno (shortened form, **ningún**) none, not any, no, not one, neither (of them), 7
la **niña** girl; child, 1
el **niño** boy; child, 1
los **niños** boys; children, 1
el **nivel** level, L9
no no, not, CP; **¿no?** right? true? 1; **No hay de qué.** You're welcome. CP
el, la **noble** noble, L8
la **noche** night, CP; **de la noche** P.M. (after 7:00), 5; **esta noche** tonight, 3; **muy de noche** very late, 10; **la Noche Vieja** New Year's Eve, 14; **por la noche** at night, 5
la **Nochebuena** Christmas Eve, 4
el **nombramiento** naming; appointment, 18
nombrar to name, L5
el **nombre** name, 5; **en nombre de** in the name of, L6
el **noreste** northeast, L2
normal normal, 7
el **noroeste** northwest, L2
norte north, 2; **al norte** to the north, 2
Norteamérica North America, 2
norteamericano North American, 2
nos dir obj us, 5; indir obj (to,

for) us, 6; refl ourselves, 8; recip each other, one another, 8
nosotros, nosotras we, 1; obj of prep us, 6
nostálgico nostalgic, homesick, 18
la **nota** grade; musical note, CP
notable notable; distinguished, 8
la **noticia** (piece of) news, 9; **las noticias** news, 9
el **noticiero** news program, 10
la **novela** novel, 11, 13
el, la **novelista** novelist, 13
noveno ninth, 4
la **novia** girlfriend; fiancée; bride; newlywed, 7
el **noviazgo** engagement, courtship, 16
noviembre November, 4
el **novio** boyfriend; fiancé; groom; newlywed, 7; **los novios** couple in love intending to marry or recently married; engaged couple; bride and groom; newlyweds, 16
la **nube** cloud, 4; **en las nubes** in the clouds, 2; **Hay nubes.** It's cloudy. 4
nublado: Está nublado. It's cloudy. 4
nuclear nuclear, 20
nuestro our, (of) ours, 5
Nueva Zelandia New Zealand, 18
nuevo new, 1; **de nuevo** again, 7; **el Nuevo Mundo** New World, L5; **Nada nuevo bajo las estrellas.** Nothing new under the sun. 10; **¿Qué hay de nuevo?** What's new? 10
la **nuez** nut, 6
el **número** number, CP
numeroso numerous, L5
nunca never, 4

Vocabulario español-inglés XLV

Ñ

ñoño whiny; silly; feeble-minded, *6*

O

o or, *CP*, *1*
o . . . o either . . . or, *14*
obedecer (zc/8) to obey, *L8*
el objeto object, *5*
la obligación obligation, *17*
la obra play; (artistic) work, *7*; **la obra de arte** work of art, *11*; **la obra maestra** masterpiece, *13*
el obrero, la obrera worker, *10*
observar to observe, *14*
obtener (39) to obtain, *7*
obvio obvious, *14*
la ocasión occasion, *L7*
occidental Occidental, Western, *L6*
el océano ocean, *L1*, *11*
el Océano Pacífico Pacific Ocean, *11*
octavo eighth, *4*
octubre October, *CP*
la ocupación occupation, job, *18*
ocupado busy, *8*
ocupar occupy, *L3*
ocurrir to occur, *3*; **No se les vaya a ocurrir esto.** Don't even think of it. *20*
odiar to hate, *8*
odioso odious, hateful, *12*
oeste west, *2*; **al oeste** to the west, *2*
ofender to offend, *15*
la oferta sale, offering, *17*; offer, *13*; **en oferta** on sale, *17*
oficial official, *CP*
la oficina office, *CP*; **la oficina de correos** post office, *2*; **la oficina de inscripciones** registration office, *3*
el oficio occupation, *18*
ofrecer (zc/8) to offer, *7*
el oído (inner) ear; sense of hearing, *12*
oír (24) to hear, *CP*, *6*; **Oye.** Listen. *7*
ojalá (que) I (we, let's) hope (that); hopefully, *13*; **¡Ojalá que sí!** I (We) hope so! Hopefully, yes! *5*
el ojo eye, *L2*, *9*
olímpico: los Juegos Olímpicos Olympic Games, *9*
el olor smell, odor, *CP*
olvidar(se) to forget, *L7*, *18*
la ópera opera, *13*
opinar to think; to judge, *13*
la opinión opinion, *9*
oponerse (30) to oppose, to object, *11*
la oportunidad opportunity, *5*
el opresor, la opresora oppressor, *L8*
el optimismo optimism, *L5*
optimista optimistic, *5*
la oración sentence; prayer; oration, *8*
oral: el (examen) oral oral (exam), *8*
el orden order, *1*; **a sus órdenes** at your service, *20*
el ordenador *Spain* computer, *12*
ordinal ordinal, *4*
la oreja (outer) ear, *12*
la orfebrería gold or silver work, *16*
la organización organization, *L8*
organizar (c/17) to organize, *2*
el orgullo pride, *6*; **darle orgullo (a alguien)** to make (someone) proud, *15*
orgulloso proud, *L2*, *15*
el origen origin, *4*
original original, *13*
originar to originate, *L5*
el oro gold, *14*
la orquesta orchestra, *13*
la orquídea orchid, *20*
os *dir obj* you, *5*; *indir obj* (to, for) you, *6*; *refl* yourselves, *8*
oscuro dark; obscure, *L2*, *8*
el otoño autumn, fall, *4*
otro other; another, *2*; **el uno al otro** each other, one another, *8*; **otra vez** again, *CP*

P

el pabellón bandstand, *14*
la paciencia patience, *5*
el, la paciente patient, *12*
el Pacífico Pacific, *11*
el padre father, *1*
los padres parents; fathers, *1*
el padrino godfather, *14*
los padrinos godparents; godfathers, *14*
el paganismo paganism, *L7*
pagar (gu/25) to pay (for), *1*
la página page, *CP*
el país country, *2*
el País Vasco Basque Country, *9*
la paja straw, *8*
la palabra word, *CP*
el palacio palace, *11*
la pampa tall-grass prairie, *2*
el pan bread, *6*
el pan de muertos *Mexico*, a kind of bread eaten on the Day of the Dead, *14*
el pan dulce cake; sweet rolls, *6*
la panadería bakery, *L3*, *17*
el Panamá Panama, *CP*, *2*
panameño Panamanian, *2*
panamericano Panamerican, *3*, *10*
el pantalón pants, *8*; **los pantalones** pants, *8*
la pantimedias pantyhose, *8*
el pañuelo scarf, *8*
el papa Pope, *10*
la papa potato, *6*
el papá dad, father, *CP*, *1*; **mis papás** my parents, my folks, *2*
el papel paper; role, *CP*; role, *L4*, *13*; **hacer un papel** to play a role, *12*, *13*
el par pair, *12*; **sin par** peerless; without equal, *13*
para for; to; in order to, *CP*, *3*; **para que** so that, *15*

XLVI *Vocabulario español-inglés*

el **paraguas** umbrella, 6
el **Paraguay** Paraguay, *CP,* 2
  paraguayo Paraguayan, 2
  parar to stop, 2
  parecer (zc/8) to seem, to appear, 6; ¡**Parece mentira!** You wouldn't believe it! *10;* **parecerse** to resemble, *10;* ¿**Qué le parece?** What do you think? 6
  parecido (a) similar (to), like, 6; **bien parecido** good-looking, *15*
la **pared** wall, *CP*
la **pareja** pair, couple, *13*
el **paréntesis** parenthesis, *11*
el, la **pariente** relative, *1*
el **parlamento** parliament, *1*
el **parque** park, *L1*
el **parque zoológico** zoo, *11*
la **parra** grapevine, *3*
el **párrafo** paragraph, *15*
la **parte** part, *L2, 16;* **a todas partes** everywhere, *7;* **en todas partes** everywhere, *1;* **la mayor parte** the majority, *L2*
  participar to participate, *9*
el **participio pasado** past participle, *11*
  particular special, particular, *L5*
la **partida** (tennis, chess) match, game, *9*
  partidario de partial to, *19*
el **partido** (political) party, *7;* match, game *(sports), 9*
  partir: a partir de from, after, *L5*
el **pasado** past, *L5;* **la semana pasada** last week, *9*
el **pasaje** ticket, *11*
el **pasajero, la pasajera** passenger, *2*
el **pasaporte** passport, *CP*
  pasar to spend (time); to happen, *L1, 4;* to pass, *20;* **Pase.** Come in. *CP;* ¿**Qué pasa?** What's going on? *5;* ¿**Qué te pasa?** What's the matter with you? *6*

pasarse: pasar(se) un examen to take an exam, *8*
el **pasatiempo** hobby, pastime, *5*
la **Pascua (Florida)** Easter, *4*
  pasear(se) to (take a) walk; to wander, *8*
el **paseo** walk, stroll; walk, boulevard; ride, short trip, *7;* **dar un paseo** to take a walk, go for a stroll, *7*
el **pasillo** corridor, hall, *19*
  pasivo passive, *20*
el **paso** passage, *L10;* image or sculpture carried through streets for Holy Week, *L7;* step, *CP;* **paso a paso** step by step, *L10;* **primeros pasos** first steps, *CP*
el **pastel** pie, pastry, *6*
la **pastilla** pill, tablet; lozenge, *12*
el **pastor** minister; pastor, *18*
la **patata** *Spain* potato, *13*
el **patinaje** skating, *9*
  patinar to skate, *7*
el **patio** patio, inner courtyard, *3*
el **pato** duck, *14*
la **patria** homeland, country, *L3, 15;* **la fiesta patria** Independence Day, *20;* **la Madre Patria** Mother Country, *L5*
  patriótico patriotic, *19*
  patrón, patrona patron, *L7*
el **patrono** employer, *18*
el **payador** gaucho singer, *L4*
la **paz** peace, *9, 10*
el **pecho** chest, *12*
el **pedido** request, *12*
  pedir (i,i/26) to ask (for something); to request, *7*
el **peinado** hairdo, hairstyle, *15*
  peinarse to comb one's hair, *8*
la **pelea** fight, *9*
  pelear to fight, to quarrel, *13*
la **película** movie, film, *5*
el **peligro** danger, *4*
  peligroso dangerous, *15*
el **pelo** hair, *L2, 6;* ¡**Me tomas el pelo!** You're kidding me!, You're putting me on!, You're pulling my leg! *6*

la **pelota** ball, *7*
la **peluquería** hairdresser's, *15*
el **peluquero, la peluquera** hairdresser, *18*
la **pena** pain; sorrow; punishment; penalty, *20;* ¡**Qué pena!** What a pity!, How sad! *20;* **valer la pena** to be worthwhile, *10*
  penetrar to penetrate, *L6*
la **península** peninsula, *11*
el, la **peninsular** *person born in Spain, L8*
el, la **penitente** penitent, *L7*
el **pensamiento** thought, *14*
  pensar (ie/27) to think, *5;* **pensar** (+ *inf*) to intend, plan (to do something), *5;* **pensar de** to think of, have an opinion of, *5;* **pensar en** to think of, think about, *5*
la **pensión** boardinghouse, *3, 7*
  peor worse; worst, *10, 12*
  pequeño small, *2*
la **percusión** percussion, *L4*
  perder (ie/28) to lose, *5;* **perder el autobús, el tren** to miss the bus, the train, *5;* **perder el tiempo** to waste time, *5*
  perdido lost, *2*
  Perdón. Pardon me. *CP*
  perdonar to pardon, to forgive, to excuse, *14;* **Perdone.** Pardon me. *1*
  perecer (zc/8) to perish, *10*
el **peregrino, la peregrina** pilgrim, *14*
  perezoso lazy, *2*
  perfeccionar to perfect, *L10*
  perfectamente perfectly, *14*
  perfecto perfect, *12*
el **periódico** newspaper, *9*
el, la **periodista** journalist, *8*
el **período** period (of time), *L5*
  permanente permanent, *L5*
  permiso: Con permiso. Excuse me. *CP*
  permitir to permit, *12, 13*
  pero but, *CP, 1*
la **perra** female dog, *3*
el **perro** dog, *CP*

Vocabulario español-inglés **XLVII**

la **persona**   person, *1*
el **personaje**   character (in story, play), *13;* **el personaje principal**   protagonist, *13*
personal   personal, *3*
la **personalidad**   personality, *12*
pertenecer (zc/8)   to belong, *9*
el **Perú**   Peru, *CP, 2*
peruano   Peruvian, *2*
pesar   to weigh, *L7;* **a pesar de**   in spite of, *16*
la **pesca**   fishing, *9*
el **pescado**   fish, *6; slang* jerk, *7*
el **pescador**, la **pescadora**   fisher, *9*
pescar (qu/4)   to fish, go fishing, *4*
la **peseta**   *monetary unit of Spain, 11*
el **peso**   *monetary unit in many Hispanic countries, 3;* weight, *7;* **unos pesos de más**   money to spare, *17*
el **petróleo**   gasoline; petroleum, oil, *L5, 14;* **el Día del Petróleo**   *Mexico* Oil Industry Day, *14;* **Sudaba petróleo.**   He had a tough time. *10*
petrolero   pertaining to petroleum, *L5*
el, la **pianista**   pianist, *13*
el **piano**   piano, *7*
el **picador**   *horseman in a bullfight armed with a spear, L7*
picar (qu/4)   to itch; to hurt; to sting, *12*
el **pie**   foot, *8;* **a pie**   on foot, *11;* **de pie**   standing, *8;* **ponerse de pie**   to stand up, *8*
la **piedra**   stone; rock, *18*
la **piel**   skin, *L2*
la **pierna**   leg, *12*
el **pijama**   pijamas, *8*
la **píldora**   pill, *12*
la **pimienta**   pepper, *6*
pintar   to paint, *7*
el **pintor**, la **pintora**   painter, *3*
la **pintura**   painting, *3;* paint, *17*
la **piña**   pineapple, *6*
la **piñata**   *suspended crock or balloon filled with candy, 14*

piramidal   pyramidal, *L8*
la **pirámide**   pyramid, *3*
el **pirata**   pirate, *20*
la **piscina**   pool, *19*
el **piso**   floor; apartment, *1;* **el primer piso**   second floor, *4*
la **pista**   track, *9*
la **pizarra**   chalkboard, *CP*
el **placer**   pleasure, *20*
el **plan**   plan, *3*
planchar   to iron, *10*
planear   to plan, *16*
el **planeta**   planet, *15*
la **planta**   plant, *11;* floor plan, *19;* **la planta baja**   ground floor, *4*
plantar: dejar plantado   to stand (someone) up, *11*
el **plástico**   plastic, *8*
la **plata**   silver; money *(colloquial), 2*
la **plataforma**   platform, *L7*
el **plátano**   banana; plantain, *6*
el **platillo**   saucer, *6*
el **plato**   dish, plate, *6;* **el plato del día**   today's special, special, *6;* **el plato principal**   main course, *6*
la **playa**   beach, *L1, 4*
la **plaza**   plaza, square, place, *1*
pleno: en pleno invierno   in the middle of winter, *4*
la **pluma**   pen, *CP*
el **pluscuamperfecto**   past perfect, *11*
la **población**   population, *L2,* 10
pobre   poor, *2;* **¡Pobre de usted!**   Poor you! *7*
la **pobreza**   poverty, *5*
poco   little; *pl* few, *5;* **poco a poco**   little by little, *L6;* **un poco**   a little, *5*
poder (29)   to be able, can, *CP,* 6
el **poder**   power, *L5*
poderoso   powerful, *L6*
el **poema**   poem, *L6*
la **poesía**   poetry, *L6, 13;* **las poesías**   poetical works, poems, *13*
el **poeta**   poet, *1*
la **poetisa**   poetess, *13*

polaco   Polish, *L2*
el **policía**, la **mujer policía**   police officer, *1*
la **policía**   police force, *5*
politécnico   polytechnic, *3*
la **política**   politics, *10*
político   political, *3*
el, la **político**   politician, *17;* **las ciencias políticas**   political science, *3*
el **pollito**, la **pollita**   chick, chicken, *CP, 6*
el **pollo**   chicken, *6*
el **poncho**   poncho, *11, 17*
poner (30)   to put, to place, *7;* to turn on; to light, *10; pp* **puesto**, *11;* **poner atención**   to pay attention, *7;* **ponerse**   to become or get (temporarily); to put on (clothes), *8;* **ponerse de acuerdo (con)**   to agree (with), to come to agree (with), *8;* **ponerse de pie**   to stand up, *8*
popular   popular, *CP,* 9
poquito: un poquito   a little bit, *12*
por   for; by; through; times *(math), CP, 2;* because of, on account of, for the sake of, *16;* **por acá**   around here, *2;* **por aquí**   around here, *11;* **por ejemplo**   for example, *3;* **por el contrario**   on the contrary, *19;* **por eso**   that's why, *1;* **por favor**   please, *CP;* **por fin**   finally, *9;* **por la noche**   at night, *3;* **por lo general**   in general, *L9;* **por lo tanto**   therefore, *L9;* **¿por qué?**   why? *2;* **por ser**   because of, due to, *18;* **Por supuesto.**   Of course. *1*
porque   because, *1*
portarse   to behave, to act, *13,* 15
Portugal   Portugal, *2*
el **portugués**   Portuguese (language), *12*
portugués, portuguesa   Portuguese, *2*

XLVIII   *Vocabulario españõl-inglés*

la **posada** home; lodging, shelter; inn, *14*; las **Posadas** *Mexico, Christmas festivity lasting 9 days, 14*
la **posesión** possession, *20*
posesivo possessive, *5*
la **posibilidad** possibility, *L10*
posible possible, *L1, 14*
la **posición** position, *18*
positivo positive, *19*
el **poso** sediment, *12*
postal: la tarjeta postal postcard, *7*
postergar (gu/25) to delay, to postpone; to pass over *(promotions), 17*
posterior (a) later (than), *L3*
el **postre** dessert, *6*
el **pozole** Mexican stew, *7*
la **práctica** practice, use, *L10*
prácticamente practically, *CP*
practicar (qu/4) to practice, *7*
prático practical, *3*
precaver to take precautions, *10*
el **precio** price, *2*
precioso neat; precious, lovely, beautiful, *9*
preciso precise; necessary; clear, *14*
el **precursor** precursor, *17*
predecir (15) to predict, *20*
la **predicción** prediction, *20*
predominar predominate, *L2*
el **prefacio** preface, *Prefacio*
la **preferencia** preference, *8*
preferir (ie,i/36) to prefer, *5*
la **pregunta** question, *CP*
preguntar to ask (a question), *7*
prehistórico prehistoric, *15*
preliminar preliminary, *CP*
el **premio** prize, award, *9*
el **Premio Nobel** Nobel Prize, *4*
prender to turn on, to light; to seize, to grasp, *10*
la **prensa** press, *10*
preocupar to preoccupy, *6*
preocuparse to worry, *8*
la **preparación** preparation, *7*
preparar to prepare, *2*
el **preparativo** preparation, *11*

la **preparatoria** preparatory school, *3*
la **preposición** preposition, *3*
la **presencia** presence, *L3*
la **presentación** introduction; presentation, *CP, 20*
presentar to present; to introduce, *CP*
presente present, *L6*
el **presente** present, *1*
la **presidencia** presidency, *L5*
el **presidente, la presidenta** president, *CP*
prestar to lend, *1*
el **pretendiente** suitor, *L9*
el **pretérito** preterit, *9*
el **pretérito perfecto** present perfect, *11*
la **primaria** elementary school, *3*
la **primavera** spring, *CP, 4*
primero *(shortened form,* **primer***)* first, *CP, 4*; **el primer ministro** prime minister, *1*; **primeros pasos** first steps, *CP*
el **primo, la prima** cousin, *1*
la **princesa** princess, *13*
principal principal, main, *1, 13*; **el plato principal** main course, *6*
principalmente principally, *18*
el **principio** beginning, *20*; **a principios de** at the beginning of, *L8*; **al principio** in the beginning, *20*
prisa: tener prisa to be in a hurry, *3*
el **prisionero, la prisionera** prisoner, *19*
privado private, *5*
privilegiado privileged, *L8*
probable probable, *14*
probablemente probably, *11*
probar (ue/10) to try; to test; to taste; to prove, *12*; **probarse** to try on, *8*
el **problema** problem, *1*; **No hay problema.** (There's) no problem. *1*; **¡Qué problema!** What a problem! *5*
el **procesamiento** *(also* **proceso***)* (data, word) processing, *12*

la **procesión** procession, *14*
proclamar to proclaim, *L6*
la **producción** production, *12*
producir (zc/7) to produce, *9*
el **producto** product, *L2*
la **profecía** prophecy, *L8*
la **profesión** profession, *11, 18*
profesional professional, *18*
el **profesor, la profesora** teacher, *CP*
el **profesorado** faculty, *3*
profundo profound, deep, *16*
el **programa** program, *1*
la **programación** programming, *12*
el **programador, la programadora** programmer, *18*
programar to program, *7*
progresar to progress, *15*
progresivo progressive, *16*
el **progreso** progress, *2*
prohibir (í/31) to prohibit, to forbid, *13, 14*
la **promesa** promise, *16*
prometer to promise, *3*
la **prometida** fiancée, *16*
el **prometido** fiancé, *16*
promulgar (gu/25) to spread, to promulgate, *L5*
el **pronombre** pronoun, *1*
el **pronosticador, la pronosticadora** forecaster, futurist, *16*
pronosticar (qu/4) to foretell, to predict, *16*
el **pronóstico** forecast, prediction, *16*
pronto soon, *5*; **Hasta pronto.** See you soon. *5*; **tan pronto como** as soon as, *15*
la **pronunciación** pronunciation, *CP, 1*
pronunciar: pronunciar un discurso to deliver a speech, *10*
propio own, *6*
propósito: a propósito by the way, *1*
próspero prosperous, successful, *L3*
proteger (j/6) to protect, *12*
protestante Protestant, *19*

Vocabulario español-inglés **XLIX**

protestar to protest, 10
el provecho profit; progress, 20; **¡Provecho!** Enjoy! 20; **¡Buen provecho!** Enjoy! 20
la provincia province, *L1*
provisional provisional, 16
provisoriamente temporarily, 20
próximo next, 4; **Hasta la próxima.** Until next time. 20
el proyecto project; plan, 13; **hacer proyectos** to make plans, 13
la prueba proof; test, quiz, 14
la psicología psychology, 3
publicar (qu/4) to publish; to publicize, 18
la publicidad publicity; advertising, 13
público public, 5
el pueblo people; town, *L2*, 10
el puente bridge, *L6*; colloquial three-day weekend, *20*
la puerta door, CP; **escuchar a la puerta** to eavesdrop, *7*
el puerto port; harbor, 11
Puerto Rico Puerto Rico, *L1*
puertorriqueño Puerto Rican, 2
el puertorriqueño, la puertorriqueña Puerto Rican, *L1*
pues well; then; for, because, *CP*, 1
el puesto position, job, 5
el pulgar thumb, 12
la pulsera bracelet, 16
el punto point, *7*; **en punto** on the dot, *5*; **el punto de vista** point of view, *19*
el puño fist, 9
la pupila pupil *(eye)*, 13
puro: Pura guasa. It's just talk. 6

Q

que *conjunction* that, 3; *pron* that, which, who, whom, 8; *rel pron* that, which, who, whom, 2; **A que eres de . . .** I bet you're from . . . , 2; **el, la que** the one that, 6; **lo que** what, that which, 19; **qué + *noun* + más + *adj!*** What a . . . ! 7; **¡qué . . . !** what (a) . . . !; how . . . ! 1; **¿qué?** what? 1; **¡Qué bien!** How nice! 1; **Qué casualidad.** What a coincidence. 11; **¿Qué es esto?** What is this? CP; **¿Qué hay?** What's up? 5; **¿Qué hay de nuevo?** What's new? 10; **¡Qué insolencia!** What gall (nerve, insolence)! 7; **¡Qué lástima!** What a shame! 1; **¿Qué pasa?** What's going on? 5; **¡Qué problema!** What a problem! 5; **¡Qué rabia!** How maddening! 5; **¡Qué suerte!** What luck! 1; **¿Qué tal?** How are you doing? CP; **¿Qué tal la comida?** How's the food? 6; **¿Y eso qué?** So what?, And what of it? 15
el quechua Incan language, 15
quedar to stay, to be left over, CP; **quedarse** to stay, to remain, 8
quejarse to complain, 8
querer (32) to want; to love, like, 5; *preterit* to try, 9; **Fue sin querer.** It was unintentional. *13;* **quiero** I want, CP
querido darling, dear, 10
el queso cheese, 6
quien who, whom; the one who, 2, 8; **¿de quién?** whose? 1; **¿quién(es)?** who? *1, 2*; **¿Quién sabe?** Who knows? CP
la química chemistry, 3
quinto fifth, 4
quitarse to get ride of, 15; to take off, 8
quizá perhaps, *13*
quizás perhaps, 3

R

el rabí rabbi, 18
la rabia anger, 5; **darle rabia (a alguien)** to make (someone) angry, 5; **¡Qué rabia!** How maddening! 5
el rabino rabbi, 18
el radio radio *(set)* CP
la radio radio *(broadcast; medium)*, CP; radio, 7
la radiodifusión radio broadcasting, *10*
la raíz root, *5;* **las bienes raíces** real estate, *19*
el ranchero, la ranchera Mexico rancher, 7
rápidamente rapidly, fast, CP
la rapidez rapidity; speed, *18*
rápido fast, rapid, *1*, 14
la raqueta de tenis tennis racket, 1
raro rare; strange; scarce, 4
el rascacielos skyscraper, 20
el ratito a little while, 7
la raza race, *L2*, 6; **el Día de la Raza** U.S. Columbus Day, *4*
la razón reason, 3; **no tener razón** to be wrong, mistaken, 4; **tener razón** to be right, 4
la reacción reaction, *12*
real royal, 13
la Real Academia Española Royal Spanish Academy, *13*
la realidad reality, CP
el realismo realism, 13
realista realistic, 13
realizarse (c/17) to come to pass, *L5*
realmente really, 14
reaparecer (zc/8) to reappear, 18
rebajado reduced; marked down; on sale, 17
rebajar to lower; to reduce; to mark down, 17
rebelde rebellious, *L6*
la rebelión rebellion, *L8*
la recepción reception, *19*
el, la recepcionista receptionist, 4
el receptor de la radiodifusión

Vocabulario español-inglés

radio receiver, *10*
la **receta** prescription; receipt, *12*
recibir to receive, *3*
recién recently, lately, newly, *11*; **el recién casado, la recién casada** newlywed, *16*
reciente recent, *L5*
recíproco reciprocal, *8*
la **recomendación** recommendation, *20*
recomendar (ie/27) to recommend, *14*
reconocer (zc/8) to recognize, *18*
la **reconquista** reconquest, *L6*
recordar (ue/10) to remember, *5*
recorrer to run over, to survey, *L10*
rectificar (qu/4) to rectify, to correct, *20*
el **recuerdo** souvenir, *7*
recuperar to recuperate; to recover, *15*
el **recurso** resource; recourse, *15*
la **red** net, *9*
el **redactor**, la **redactora** editor, *20*
reducir (zc/7) to reduce, *18*
reelegir (i,i,j/26,6) to reelect, *L5*
el **refectorio** refectory, dining hall, *15*
la **referencia** reference, *18*
reflejar to reflect, *L4*
reflexivo reflexive, *8*
el **refrán** proverb, *6*
el **refresco** soft drink, soda, *3*
el **refrigerador** refrigerator, *19*
refugiarse to take refuge, *L6*
el **regalo** gift, present, *4*
regatear to bargain, *17*
el **régimen** regime, *L3*
la **región** region, *CP*, *1*
la **regla** rule, *L10*
el **reglamento** regulation, *10*
regresar to return, to go back, *1*
regular regular, *9*, *14*

regularmente regularly, *14*
el, la **rehén** hostage, *7*
la **reina** queen, *CP*
el **reino** kingdom; reign, *L6*
reírse (38) (de) to laugh (at), *15*
la **relación** relation, relationship, *6*
relacionarse to be related, *13*
relativo relative, *8*
la **religión** religion, *12*
religioso religious, *14*, *16*
el **reloj** watch; clock, *5*
remoto remote, *L7*
rendirse (i,i/26) to give up, to surrender, *20*
la **renuncia** resignation, *18*
el **reparto** cast *(theater),* *13*
el **repaso** review, *61*
repetir (i,i/26) to repeat, *7*; **Repita(n).** Repeat. *CP*
el **reportaje** news story; report(ing), *10*
el **reportero**, la **reportera** reporter, *20*
la **representación** representation; performance, *L7*
el, la **representante** representative, *10*
representar to represent; to perform, *12*
representativo representative, *L5*
la **república** republic, *L1*
la **República Dominicana** Dominican Republic, *L1*
republicano republican, *L5*
requerir (i,i/26) to require; to notify, *20*
el **requisito** requirement, *11*
resentido resentful, *L8*
la **reservación** reservation, *11*
reservar to reserve, *16*
resfriado: estar resfriado to have a cold, a chill, *12*
resfriarse to catch a cold, a chill, *12*
el **resfrío** cold; chill, *12*; **tener resfrío** to have a cold, *12*
la **residencia estudiantil** dormitory, student residence, *4*
residencial residential, *15*

la **resistencia** resistance, *L8*
resolver (ue/44) to solve; to resolve, *11*; **resuelto**, *11*
respetar to respect, *20*
el **respeto** respect, *12*
respetuosamente respectfully, *20*
responder to respond, to answer, *3*
responsable responsible, *10*
la **responsabilidad** responsibility, *L10*
la **respuesta** reply, answer, *CP*
la **restauración** restoration, *L5*
el **restaurante** restaurant, *CP*
el **resto** rest, remainder, *12*
el **resultado** result, *10*; **como resultado de** as a result of, *10*
resultar to result; to prove to be, *18*
retirarse to withdraw, *L5*
el **retrato** portrait, *7*, *13*
retribuir (y/9) to pay back, to repay, *20*
reunido together, *L9*
la **reunión** meeting, *10*
reunirse (ú/11) to meet, *L5*, *14*
revés: al revés backwards, *4*
revisar to examine, to check, to inspect; to revise; to review, *11*
la **revista** magazine, *9*
la **revolución** revolution, *3*, *20*
revolucionario revolutionary, *L8*
el **rey** king, *CP*, *1*; **el Día de Reyes** Epiphany, *4*
la **ría** estuary, *12*
rico rich, *2*
ridículo ridiculous, *1*
el **riel** rail, *3*
la **rima** rhyme, *13*
el **río** river, *2*
la **riqueza** richness, *L5*
risa: darle risa (a alguien) to make (someone) laugh, *15*
el **ritmo** rhythm, *L4*, *14*
el **rito** rite, *L7*
robar to rob, to steal, *20*; **robar**

Vocabulario español-inglés **LI**

cartas   to draw cards, *3*
el **robo**   theft, *5*
el **rock**   a rock dance, *7*
rodar (ue/10) to roll; to film, to shoot (film), *13;* **Más vale rodear que rodar.**   It's better to bend than to break. *6*
rodear: Más vale rodear que rodar.   It's better to bend than to break. *6*
el **rodeo**   rodeo, *6;* **hablar sin rodeos**   to tell it like it is, *12*
rogar (ue,gu/10,25)   to beg, to pray, *14*
rojo   red, *8;* **la Cruz Roja**   Red Cross, *10*
romance   Romance *(language), L2*
el **romano,** la **romana**   Roman, *L6*
romántico   romantic, *13*
romper   to break, *11; pp* **roto,** *11;* **romperse**   to break (up), *8*
la **ropa**   clothes; clothing, *8;* **la ropa interior**   underwear, *8*
el **ropero**   closet, *19*
rosado   pink, *2*
rubio   blond, *L2*
el **ruido**   noise, *2*
la **ruina**   ruin, *CP, 10*
ruinoso   ruinous, decayed, *5*
rural   rural, *5*
Rusia   Russia, *CP*
la **rutina**   routine, *8*

S

sábado   Saturday, *4*
saber (33)   to know (facts, information); to learn, to find out, *7;* **saber** (+ *inf)* to know how (to do something), *7;* **Lo sabe todo.**   He (She) knows all about it. *11;* **No sé nada de eso.**   I don't know anything about that. *6*
el **sabio,** la **sabia**   wise person; sage; scientist, *L6*
sabroso   delicious, *2, 6*

sacar (qu/4) to take out, *5;* **sacar fotos**   to take pictures, *7*
el **sacerdote**   priest, *14*
el **saco**   suit coat, *8*
el **sacrificio**   sacrifice, *L8*
sagrado   holy, *8*
la **sal**   salt, *6*
la **sala**   room, living room, *1;* **la sala de clase**   classroom, *CP;* **la sala de espera**   waiting room, *12;* **la sala de estar**   living room, *13*
el **salario**   salary, *12*
la **salida**   departure, exit, *5, 11*
salir (34)   to go out, to leave; to come out; to appear, *7;* **salir de vacaciones**   to go on vacation, *7;* **Va a salir todo bien.**   Everything will turn out just fine. *6*
salón: el salón de té   tearoom, *4*
la **salsa**   *a kind of dance, 1*
el **salto**   waterfall, *7*
la **salud**   health, *12*
¡Salud!   Cheers!, To your Health! *CP, 20*
saludar   to greet, *8*
el **saludo**   greeting, *20*
salvar   to save, *12*
la **samba**   *a kind of dance, L4*
la **sandalia**   sandal, *8*
el, la **sandinista**   *supporter of Nicaraguan revolutionary government, 10*
el **sándwich**   sandwich, *6*
la **sangre**   blood, *11*
la **sangría**   *drink made with wine and fruit, 20*
sanguinario   bloody, *L8*
sano   healthy, *7*
santo   holy, *L7;* **el santo** *(shortened form,* **san**), **la santa**   saint, *4;* day of the saint for whom one is named, *14;* **el Día de Todos los Santos**   All Saints Day, *4*
saquear to sack, *20*
el **saqueo**   looting, *L5*
la **sardana**   Catalan dance, *8*
el **sastre,** la **sastra**   tailor, *18*
la **sastrería**   tailor's shop, *17*

el **satírico,** la **satírica**   satirist, *L6*
la **satisfacción**   satisfaction, *L10*
el **saxofón**   saxophone, *9*
se   (to) him, her, it, you, them, *7;* **refl**   himself, herself, itself, yourself, yourselves, themselves; *recip*   each other, *8*
la **sección**   section, *10*
seco   dry, *4*
el **secretario,** la **secretaria**   secretary, *11*
el **secreto**   secret, *CP*
la **secundaria**   junior high school, *3*
secundario   secondary, *15*
la **sed**   thirst, *4;* **darle sed (a alguien)**   to make (someone) thirsty, *7;* **tener sed**   to be thirsty, *4*
la **seda**   silk, *8*
seguida: en seguida   right away, *6*
seguir (i,i,g/35)   to follow; to continue, *6, 7;* **seguir un curso**   to take a course of study, *7*
según   according to, *5*
segundo   second, *4*
seguramente   surely, certainly, *15*
la **seguridad**   security, *5*
seguro   sure, certain, *L5, 14*
el **seguro social**   social security, *18*
la **selección**   selection, *17*
seleccionar   to select, to choose, *13*
la **selva**   forest, woods; jungle, *18*
sello: cara o sello   heads or tails, *10*
el **semáforo**   traffic light, *2*
la **semana**   week, *L1, 4;* **el fin de semana**   weekend, *7*
el **semestre**   semester, *11*
la **semilla**   seed, *10*
el **Senado**   Senate, *1*
el **senador,** la **senadora**   senator, *1*
sencillo   simple, *10*
sensacional   sensational, *14*
sensacionalmente   sensationally, *14*

sentarse (ie/27) to sit down, 8
el **sentido** sense, 15
el **sentido de humor** sense of humor, 15
el **sentimiento** feeling, 15
sentir (ie,i/36) to feel; to be sorry, 5; **Lo siento.** I'm sorry. 3; **sentir náuseas** to feel nauseated, 12; **sentirse** to feel *(health)*, 8
el **señor (Sr.)** man, gentleman, Mr., Sir, CP
la **señora (Sra.)** woman, lady, Mrs., ma'am, CP
los **señores (Sres.)** Mr. and Mrs.; gentlemen, 1
la **señorita (Srta.)** young lady, Miss, CP
la **separación** separation, 16; **la separación provisional** trial separation, 16
separar to separate, *L2,* 12
septiembre September, 4
séptimo seventh, 4
ser (37) to be, CP; **el modo de ser** way of life; lifestyle, *L6;* **el ser** being, *L7;* **el ser humano** human being, *L7;* **o lo que sea** or whatever, *13;* **por ser** because of, due to, *18;* **sea lo que sea** be that as it may, 18
la **Serie Mundial** World Series, 9
serio serious, CP
el **servicio** service, *L7*
la **servilleta** napkin, 6
servir (i,i/26) to serve; to be of use, 6; **¿Para qué sirven?** What are they good for? 12; **Tus consejos me sirven.** Your advice is good. 7
el **sexo** sex, 9
sexto sixth, 4
si if, CP, 5
sí yes, CP
siempre always, *L1,* 4; **como siempre** as usual, 9
para siempre forever, *L10*
la **siesta** nap, 11
el **siglo** century, *3,* 4
el **significado** meaning, 9

significar (qu/4) to mean, *13*
siguiente following, *12*
la **sílaba** syllable, CP
el **silencio** silence, 9
silencioso silent, *L7*
el **silogismo** syllogism, CP
la **silueta** silhouette, CP
la **silla** chair, CP
simbolizar (c/17) to symbolize, *L7*
similar similar, *L2*
Simón: Dice Simón . . . Simon says . . . , *12*
simpático pleasant, nice, 2
sin without, 5; **sin casa** homeless, 10; **sin duda** doubtless, no doubt, 20; **sin embargo** nevertheless; however, 6; **sin que** without, 15
la **sinagoga** synagogue, 16
el **sindicato** union, 5
singular singular, *7*
sino except, *15*
sinónimo synonymous, 8
el **síntoma** symptom, 12
siquiera even; although, 14; **ni siquiera** not even, 14
la **sirena** mermaid, 13
el **sistema** system, 7
el **sitio** place, spot, site, 11
la **situación** situation, 10
sobra: sobras y picos odds and ends, CP
sobre about; over, above; on, upon, 1; **sobre todo** above all, especially, 9
la **sobremesa** after dinner conversation, *L9*
sobrevivir to survive, 12
la **sobrina** niece, 1
el **sobrino** nephew, 1
los **sobrinos** niece(s) and nephew(s); nephews, 1
social social, 7
el, la **socialista** socialist, *L5*
la **sociedad** society, *L8*
el **socio, la socia** partner, *7, 18*
la **sociología** sociology, 1
el **sociólogo, la socióloga** sociologist, 14

sociopolítico sociopolitical, *L5*
el **sofá** sofa, 5
sofocar (qu/4) to suffocate, 11
el **sol** sun, 4; **Hace (mucho) sol.** It's (very) sunny. 4; **tomar el sol** to sunbathe, 11
el **soldado** soldier, *L5,* 18
la **soledad** solitude, *20*
soler (ue/44) (+ *inf*) to be in the habit of (doing something); to usually, to tend to (do something), *L9*
el, la **solicitante** applicant, *18*
solicitar to solicit, *15*
la **solicitud** application, *18*
solitario solitary, *L4*
solo single; alone, CP, 11
sólo only, 4
soltero single, unmarried, 2
la **solución** solution, 6
el **sombrero** hat, 8; **el sombrero de vaquero** cowboy hat, 7
sonar (ue/10) to ring; to sound, 12
la **sonata** sonata, 13
sonreírse (38) to smile, 15
la **sonrisa** smile, *L10*
soñar (ue/10) (con) to dream (about), 6
la **sopa** soup, 6
sorprendente surprising, 14
sorprender to surprise, 14
sorprendido surprised, 15
la **sorpresa** surprise, *L10*
el **sospechoso** suspect, *3*
el **sostén** (*also* el **sujetador**) bra, 8
sport: vestirse de sport to dress casually, 8
su your, his, her, their, its, one's, 5
subir (a) to climb, to rise; to board, to get on, 10
subrayar to underline, *17*
el **subte** (= **subterráneo**) *Argentina* subway, *5*
el **subway** U.S. subway, *5*
suceder to happen, 10
la **sucesión** succession; sequence, *20*
el **suceso** event, happening, CP
la **suciedad** dirt, dirtiness, 6

Vocabulario español-inglés LIII

el **sucre**   *monetary unit of Ecuador,* 19
la **sucursal**   branch office, 18
Sudamérica   South America, 2
sudamericano   South American, 2
sudar: Sudaba petróleo.   He had a tough time. 10
la **suegra**   mother-in-law, 1
el **suegro**   father-in-law, 1
los **suegros**   parents-in-law, 1
el **sueldo**   salary, 15
el **suelo**   floor, 12
el **sueño**   sleep; dream, 4; **darle sueño (a alguien)**   to make (someone) sleepy, 7; **tener sueño**   to be sleepy, 4
la **suerte**   luck, 1; **¡Qué suerte!**   What luck! 1; **tener (mala) suerte**   to have (bad) luck, 4
el **suéter**   sweater, 8
suficiente   sufficient, L10
el **sufragio**   suffrage, L5
el **sufrimiento**   suffering, 15
sufrir   to suffer, 3
la **sugerencia**   suggestion, 12
el **sujeto**   subject, 1; **sujeto a**   subject to, 18
suministrar   to administer; to provide, to supply, 18
superior   superior, 20
la **superioridad**   superiority, L6
el **superlativo**   superlative, 12
el **supermercado**   supermarket, 10
la **superpoblación**   overpopulation, 5
supervisar   to supervise, 8
el **supervisor, la supervisora**   supervisor, 12
suponer (30)   to suppose, 18
supremo   supreme, L8
la **supresión**   suppression; omission, 19
supuesto: por supuesto   of course, 1
sur   south, 2; **al sur**   to the south, 2
el **suroeste**   southeast, L3
el **sustantivo**   noun, CP
sustantivo *adj* noun, 14

la **sustitución**   substitution, 1
suyo   your, his, her, its, their; (of) yours, his, hers, its, theirs, 18

T

la **taberna**   tavern, 16
el **taco**   *corn cake,* 18
tal   such, L6; **con tal que**   provided that, 15; **¿Qué tal?**   What's up?, How are you doing? CP; **¿Qué tal la comida?**   How's the food? 6; **tal vez**   perhaps, 13
talento   talent, 12
la **talla**   size, 17
también   also, 1
tampoco   neither, not either, 4; **ni . . . tampoco**   neither, (not) either, 4; **ni yo tampoco**   me neither, 4
tan   as, so, 12; **tan . . . como**   as . . . as, 12; **tan pronto como**   as soon as, 15
el **tango**   tango, L4
tanto   so much, as much; so, such; *pl* so many, as many, 3; **por lo tanto**   therefore, L9; **Tanto tiempo.**   It's been so long. 5
el **tapatío, la tapatía**   *person from Guadalajara, Mexico,* 7
el **tapiz**   tapestry, 17
la **tarde**   afternoon, 1; **Buenas tardes.**   Good afternoon. CP; **de la tarde**   P.M. *(noon to 7:00),* 5; **esta tarde**   this afternoon, 3; **llegar tarde**   to be late, arrive late, 5; **más tarde**   later, 3; **por la tarde**   in the afternoon, 5; **tarde**   late, 4, 5
la **tarea**   homework, 4
la **tarjeta**   card; postcard, 14
la **tarjeta postal**   postcard, 7
el **taxi**   taxi, 16
la **taza**   cup, 6

te   *dir obj* you, 5; *indir obj* (to, for) you, 6; *refl* yourself, 8
el **té**   tea, 4
teatral   theatrical, 13
el **teatro**   theater, 3
técnico   technical, L7
la **tecnología**   technology, 19
el **tejedor, la tejedora**   weaver, 19
tejer   to knit; to sew; to weave, 13
la **tela**   cloth, fabric, 17
telefónico   (pertaining to the) telephone, 9
el **teléfono**   telephone, CP, 7; **por teléfono**   on the telephone, 7
televisar   to televise, 10
la **televisión**   television, CP
el **televisor**   television set, 1
temer   to fear; to be afraid, L5, 14
la **temperatura**   temperature, L1
templado   temperate, 15
temprano   early, 4, 5
el **tenedor**   fork, 6
tener (39)   to have, to possess, 3; **Lo tienes merecido.**   You deserve it. 18; **no tener la menor idea**   not to have the slightest idea, 3; **no tener razón**   to be wrong, mistaken, 4; **¿Qué hora tienes?**   What time do you have? 4; **tener (26) años**   to be (26) years old, 4; **tener buena mano con las matas**   *regional* to have a green thumb, 6; **tener calor, frío**   to be hot, cold, 4; **tener celos**   to be jealous, 4; **tener cuidado**   to be careful, 4; **tener dolor de cabeza**   to have a headache, 4; **tener dolor de estómago**   to have a stomachache, 4; **tener en cuenta**   to take into account, L5; **tener en mente**   to have in mind, 19; **tener éxito**   to be successful, 4; **tener fiebre**   to have a fever, 4; **tener ganas (de)**   (+ *inf*) to feel like

(doing something), 4; **tener hambre** to be hungry, 4; **(no) tener importancia** (not) to be important, 3; **tener la bondad de** to be so kind as to, 20; **tener la intención (de)** to intend (to), to plant (to), 16; **tener lugar** to take place, *L7;* **tener memoria** to have a good memory, 4; **tener miedo** to be afraid, 4; **tener prisa** to be in a hurry, 3; **tener que** (+ *inf*) to have to (do something), 4; **tener razón** to be right, 4; **tener resfrío (catarro)** to have a cold, 12; **tener sed** to be thirsty, 4; **tener sueño** to be sleepy, 4; **tener (mala) suerte** to have (bad) luck, 4; **(no) tener tiempo** (not) to have time, 3; **tener tos** to have a cough, 12; **tener una cita** to have a date, appointment, 16; **teñir: Quiero que me tiñan el pelo.** I want them to dye my hair. 15

el **tenis** tennis, 1; **la raqueta de tenis** tennis racket, 1

el, la **tenista** tennis player, 7

la **tensión** tension, 10

tercero (*shortened form,* **tercer**) third, 4

terco stubborn, *13*

terminar (con) to end, to finish, 1

el **termómetro** thermometer, 12

el **terremoto** earthquake, 10

el **terreno** land, *L6*

terrible terrible, *CP*

terriblemente terribly, 14

el **territorio** territory, *L3*

el **terror** terror, 7

el **tesoro** treasure, *L10*

el **testimonio** testimony, *L6*

el **texto** text, textbook, *CP,* 1

ti *obj of prep* (to, for) you, yourself, 6

la **tía** aunt, 1

el **tico, la tica** Costa Rican, 10

el **tiempo** weather, 4; time (on a clock), 3; tense, *1;* **al mismo tiempo** at the same time, *L7;* **con el tiempo** with time, *L6;* **con tiempo** ahead of time, 11; **Hace (muy) buen tiempo.** It's (very) nice weather. 4; **Hace (muy) mal tiempo.** It's (very) bad weather. 4; **¿Qué tiempo hace hoy?** What's the weather like today? 4; **(no) tener tiempo** (not) to have time, 3; **tiempo libre** free time, 7

la **tienda** store, shop, 2; **la tienda por departamentos** department store, 17

la **tierra** land, homeland, earth, ground, *L1*

el **tigre** tiger, *5*

el **tío** uncle, 1

los **tíos** aunt(s) and uncle(s); uncles, 1

típico typical, 2

el **tipo** guy, 9; type, 1

tirar to throw; to shoot, 19

el **título** title; degree; diploma, *15*

la **tiza** chalk, CP

la **toalla** towel, 8

tocar (**qu/4**) to touch; to play (*musical instrument*), *CP,* 7; **tocarle a uno** to be one's turn, 10

todavía still, yet, 3

todo all, every; everything, *CP,* 3; **a todas partes** everywhere, 7; **de todos modos** anyway, in any case, 2; **el Día de Todos los Santos** All Saints Day, 4; **en todas partes** everywhere, *1;* **en todo el mundo** in the whole world, 2; **sobre todo** above all, especially, 9; **Todo bien.** Everything's fine. 8; **todo el mundo** everybody, 2; **todos** everybody, 4; **todos los días** every day, 3; **Va a salir todo bien.** Everything will turn out just fine. 6

tolerar tolerate 16

tolteca Toltec *L8*

el, la **tolteca** Toltec (*person*) *L8*

tomar to take; to drink; to eat 1; **¡Me tomas el pelo!** You're kidding me!, You're putting me on!, You're pulling my leg! 6; **tomados del brazo** arm-in-arm, *L9;* **tomar el sol** to sunbathe, 11; **tomar el té** to have tea, *4;* **tomar once** to have an afternoon snack, 4; **tomar una copa** to have a drink, 8

el **tomate** tomato, 6

la **tómbola** raffle drum, *1*

el **tono** tone, *L7*

la **tontería** foolishness, nonsense, 13

tonto silly, foolish, stupid, *CP,* 2

el **toreo** bullfighting, 9

el **torero** bullfighter, 9

el **torneo** tournament, *14*

el **tornillo** screw, 17

el **toro** bull, 9; **los toros coleados** *a rodeo event,* 17

la **torre** tower, 11; **la torre a taladros** oil rig, *17*

la **torta** cake, 14

la **tortilla** *flat corncake,* 3

la **tos** cough, 12; **tener tos** to have a cough, 12

el **tostador** toaster, 19

total total, 14

totalmente totally, 14

trabajador hard-working, 2

el **trabajador, la trabajadora** worker, *L3*

trabajar to work, 1; **trabajar de** to work as, 3

el **trabajo** work, job, 5; **el Día del Trabajo** *U.S.* Labor Day, 4

el **tractor** tractor, 10

la **tradición** tradition, *L1*

tradicional traditional, *8,* 14

tradicionalmente traditionally, *L4*

la **traducción** translation, *1*

traducir (**zc/7**) to translate, 7

Vocabulario español-inglés **LV**

traer (40) to bring, 7
el **tráfico** traffic, 2
la **tragedia** tragedy, 8
trágico tragic, CP
el **traje** suit, 8; el **traje de baño** bathing suit, 8
tranquilamente calmly, 5
el **transcurso** lapse (of time), 11
la **transformación** transformation, 3
transformarse to be transformed, L7
transmitir to transmit, 16
el **transporte** transportation, 5
trasladar to transfer, to move, 11
tratar: tratar (de + *inf*) to try (to do something), L5, 15; **tratarse de** to treat, to deal with, L10
través: a través de through, L10
travieso mischievous, 14
tremendo tremendous, 10
el **tren** train, 2; en tren by train, 2
la **tribu** tribe, L6
el **triptongo** triphthong, CP
triste sad, 2
la **tristeza** sadness, L7
el **triunfo** triumph; trophy, CP, 15
tropical tropical, L1, 4
el **trovador**, la **trovadora** troubador, L4
tu your, 5
tú *subj* you, CP, 1
la **tumba** tomb, L6
el, la **tunante** rogue; crook, 14
el **turismo** tourism, 11
el, la **turista** tourist, 1
turístico *adj* tourist, 11
tuyo your, (of) yours, 18

U

u or (replaces o before words beginning o- or ho-), 17
últimamente lately, 18
último last; latest, 8
un, una a, an, one, CP
unánime unanimous, 9
unicameral unicameral, single-house (Congress), L5
único unique; only one, CP; el único the only one, L5
la **unidad** unity; unit, L5, 18
la **unidad vecinal** public housing unit, 18
unido united, 5
la **unificación** unification, L5
unificar (qu/4) to unify, L5
unir to unite, 6; **unirse** to unite; to join together, L6
universal universal, CP
la **universidad** university, CP
universitario *adj* university, 3
el **universo** universe, 20
uno: el uno al otro each other, one another, 8
unos, unas some, several, 1
la **uña** (finger, toe) nail, 12
urbano urban, 5
urgente urgent, 3
el **Uruguay** Uruguay, CP, 2
uruguayo Uruguayan, 2
usar (de) to use (as), CP
uso use, 14
usted (Ud.), **ustedes** (Uds.) you, CP; **de usted(es)** your, 5
útil useful, CP; **expresiones útiles** useful expressions, CP
la **uva** grape, CP

V

la **vaca** cow, 2
las **vacaciones** vacation, 2; **estar de vacaciones** to be on vacation, 2; **ir de vacaciones** to go on vacation, 4; **salir de vacaciones** to go on vacation, 7
vacío empty, vacant, 6
la **valentía** bravery, valor, 15
valer (41) to be worth, 10; **Más vale así.** It's better this way. 10; **Más vale irse.** It's better to leave. 6; **Vale.** *Spain* OK; Good; That's right. 8; **valer la pena** to be worthwhile, 10
valioso valuable, 19
el **valor** value, 7
el **vals** waltz, 2
el **vaquero** cowboy, 7; el **sombrero de vaquero** cowboy hat, 7
la **vara** rod; twig; stick, 3, 7
variado varied, 4
variar to vary, L7
la **variedad** variety, L4
varios various; several, 5
vasco Basque, 9
el **vasco** Basque (language), L2
el **vasco**, la **vasca** Basque, 12
el **vaso** (drinking) glass, 6
vasto vast, L6
vecinal neighboring; *adj* neighborhood, 18
vecino neighboring, L5
el **vecino**, la **vecina** neighbor, 5
vencer (z/12) to defeat, 9; to expire (lease), 19
el **vendedor**, la **vendedora** salesperson, 17
vender to sell, 3
venezolano Venezuelan, 2
Venezuela Venezuela, CP, 2
la **venganza** vengeance, revenge, 13
venir (42) to come, 5; la **semana que viene** next week, 7; **Venga(n) a la pizarra.** Come to the chalkboard. CP
venta: en venta on sale, 17
la **ventaja** advantage, L10
la **ventana** window, CP
ver (43) to see, L5, 7; *pp* **visto**, 11; **Te ves cansado.** You look tired. 18
el **verano** summer, 4
verbal verbal, 20
el **verbo** verb, 1
la **verdad** truth, 1; ¿**verdad**? right? true?, 1
verdaderamente really, truly, 14

verdadero authentic, true, 10
verde green, 8
las **verduras** greens, 6
la **vergüenza** shame, embarrassment, 15; **darle vergüenza (a alguien)** to shame (someone), 15
la **verificación** verification, 18
el **vestido** dress, 8
vestirse (i,i/26) to get dressed, 8; **vestirse de sport** to dress casually, 8
la **vez, las veces** time(s), occasion(s), 6; **a veces** at times, sometimes, 4; **de vez en cuando** sometimes, occasionally, 4; **en vez de** instead of, 19
viajar to travel, 1
el **viaje** trip, 1; **¡Buen viaje!** Have a good trip! 11; **el viaje de negocios** business trip, 11; **estar de viaje** to be on a trip, 2; **¡Feliz viaje!** Have a good trip! 2; **hacer un viaje** to take a trip, 4
el **viajero, la viajera** traveler, 11; **el cheque de viajero** traveler's check, 11
el **vicepresidente, la vicepresidente** vicepresident, L5
la **vícitima** victim, 1
la **victoria** victory, L3
la **vida** life, 1, 3; **el costo de la vida** cost of living, 10; **la vida de casado** married life, 16; **La vida es una tómbola.** That's the breaks; Life's a game, a raffle. 1
viejo old, 2
el **viento** wind, 4; **Hace (mucho) viento.** It's (very) windy. 4

viernes Friday, 4
Vietnam Vietnam, 17
la **villa** villa, country house, 3
el **vínculo** link, bond, L5
el **vino** wine, 2; **el vino tinto** red wine, 2
la **violencia** violence, 19
violento violent, 9
violeta violet, purple, 8
el **violín** violin, 13
la **virgen** virgin; Blessed Virgin, 14
el **visigodo, la visigoda** Visigoth, L6
la **visita** visit, 7; **estar de visita** to be visiting, 7; **las horas de visita** visiting hours, 15
el, la **visitante** visitor, 15
visitar to visit, 1
la **vista** view; sight, 3, 4
vital vital, L10
la **vitamina** vitamin, 6, 12
la **viuda** widow, CP
la **viudita** little widow, 13
el **viudo** widower, 2
la **vivienda** dwelling, lodging, house, 19
vivir to live, 1, 3; **¡Viva . . . !** Long live . . . ! 3
el **vocabulario** vocabulary, CP
la **vocal** vowel, CP
volar (ue/10) to fly, 6
el **volcán** volcano, L1
el **vólibol** volleyball, 9
el **volumen** volume, 2
la **voluntad** will, L5
el **voluntario, la voluntaria** volunteer, 10
volver (ue/44) to return, to go back, 6; *pp* **vuelto**, 11; **volver a ser** once again be, L5; **volverse** to become *(relatively permanently)*, 8; **volverse**

loco to go crazy, 8
vosotros, vosotras *subj, obj of prep* you, 6
votar to vote, 6
el **voto** vote, 6
la **voz** voice, L4, 13; **en voz alta** aloud, CP; **en voz baja** in a low voice, 13
el **vuelo** flight, 8
vuelta: de ida y vuelta round-trip, 11
vuestro your, (of) yours, 5
vulgar vulgar; common, L6

Y

y and, CP
ya already, now, 4; **Ya está.** Everything's OK. 13; **ya no** any longer, no longer, 5; **ya que** since, inasmuch as, 15
yo I, CP
Yo no. Not me. 11

Z

Zamora: No se ganó Zamora en una hora. Rome wasn't built in a day. 12
la **zapatería** shoe store, 12
el **zapatero, la zapatera** shoemaker, 17
la **zapatilla** slipper, 8
el **zapato** shoe, 5
el **zapato de tenis** tennis shoe, 8
zapoteca Zapotec, 11
el **zapoteca** Zapotec (language), 7
la **zarzuela** *Spanish musical comedy*, 13
el **zócalo** *Mexico* central square, 3
la **zona** zone, 15

Vocabulario español-inglés LVII

English-Spanish Vocabulary

A number in parentheses in a verb entry refers to one of the numbered verb paradigms in **Verbos**, the verb charts on pages I–XXI. The following abbreviations are used.

adj	adjective	*pl*	plural
adv	adverb	*pp*	past participle
dir obj	direct object	*prep*	preposition
f	feminine	*pret*	preterit
indir obj	indirect object	*recip*	reciprocal
inf	infinitive	*refl*	reflexive
m	masculine	*subj*	subject
n	noun	*v*	verb
obj of prep	object of preposition		

a, an un, una
able: be able poder (ue/44)
abolish: They have abolished the siesta. Se ha abolido la siesta.
about de, acerca de, sobre; **be about to** estar (19) por (+ *inf*)
about de, acerca de, sobre; **be about to** estar (19) por (+ *inf*)
absolutely absolutamente
accept aceptar
accident el accidente; la casualidad
accompany acompañar
according to según
ache el dolor
achieve conseguir (i,g/35)
acquainted: be acquainted with conocer (zc/8)
act *n* el acto; *v* (*behave*) portarse
activity la actividad
actor el actor
actress la actriz

adapt adaptar
address (*street*) la dirección
admission ticket la entrada
advantage el provecho; **take advantage of** aprovechar
adventure la aventura
advertisement el anuncio, el aviso
advertising la publicidad
advice los consejos; la advertencia; **piece of advice** el consejo
advise aconsejar; avisar
affectionate cariñoso
affectionately cariñosamente
afraid: to be afraid tener (39) miedo
after *conj* después (de) que; *prep* después de
afternoon la tarde; **Good afternoon.** Buenas tardes.; **in the afternoon** por la tarde; **this afternoon** esta tarde
again otra vez, de nuevo
against contra
age la edad; la época
agency la agencia

agent el, la agente; **travel agent** el, la agente de viajes
ago hace . . . que (+ *pret*); **a few days ago** hace unos días
agree: (come to) agree (with) ponerse de acuerdo (con)
agreement el acuerdo; **to be in agreement** estar (19) de acuerdo; **Agreed.** De acuerdo.
agriculture la agricultura
ahead adelante; **straight ahead** derecho
air el aire
airport el aeropuerto
aisle la fila
alcohol el alcohol
all todo (-a, -os, -as)
almost casi
alone solo
along: get along (with) llevarse (con)
already ya
also también
although aunque; siquiera
always siempre
A.M. de la mañana

American americano
amusing divertido; **How amusing!** ¡Qué gracioso!
ancient antiguo
and y; (*before* i *or* hi) e
anger el enojo, la rabia
angry enojado, enfadado; **get angry** enojarse, enfadarse; **make** (*someone*) **angry** darle (14) rabia (a alguien)
anniversary el aniversario; **silver (gold, diamond) wedding anniversary** las bodas de plata (oro, diamante)
announcement el anuncio
annoyed enfadado, fastidiado; **get annoyed** enfadarse, fastidiarse
annulment la anulación
another otro; *recip* nos, os, se
answer *n* la respuesta; *v* contestar, responder; **answer the telephone** coger (j/6) el teléfono
anthropology la antropología
anticipate anticipar
anxious ansioso
any algún, alguno (-a, -os, -as); cualquier(a), cualesquier(a); **not any** ningún, ninguno (-a, -os, -as)
anything algo; **not anything** nada
anyway de todos modos
apartment el apartamento; **apartment building** el edificio de apartamentos
apologize disculparse
appear parecer(se) (zc/8)
apple la manzana
appliance (electric) el aparato eléctrico
appointment la cita; **have an appointment** tener (39) una cita; **make an appointment** hacer (21) cita
approach *v* acercarse (qu/4)
approve aprobar (ue/10)
April abril
archeologist el arqueólogo, la arqueóloga

architecture la arquitectura
Argentina la Argentina
Argentine argentino
arm el brazo
armchair la butaca
army el ejército
arrange arreglar
arrival la llegada
arrive llegar (gu/25)
art el arte *f;* **fine arts** las bellas artes
artist el, la artista
as como; **as . . . as** tan . . . como; **as if, as though** como si; **as much (many) . . . as** tanto . . . como; **as soon as** en cuanto (que), luego que, tan pronto como; **inasmuch as** ya que
ashamed avergonzado; **be ashamed** avergonzarse (2)
ask preguntar; **ask a question** hacer (21) una pregunta; **ask for** pedir (i,i/26)
asleep: fall asleep dormirse (16)
aspirin la aspirina
assassinate asesinar
assassination el asesinato
assist atender (ie/28)
assure asegurar
at a; en; **at times** a veces
athlete el, la atleta
athletics el atletismo
attack atacar (qu/4)
attend (*class*) asistir; **attend to** (*someone*) atender (ie/28)
attention la atención; **pay attention** poner (30) atención, hacer (21) caso (de)
August agosto
aunt la tía
author el autor, la autora
automobile el auto, el automóvil, el coche, el carro
autumn el otoño
avenue la avenida
awaken (*someone*) despertar (ie/27); (*oneself*) despertarse
award el premio
away: go away irse (22), marcharse; **pass away** fallecer (zc/8); **right away** en seguida; **take away** quitarse

B

back la espalda
backpack la mochila
backwards al revés
bad mal, malo; **It's very bad out.** Hace muy mal tiempo.
baggage el equipaje
bakery la panadería
ball (*sports*) la pelota
banana la banana; el plátano
bank el banco
bargain *n* la ganga; *v* regatear
base la base
baseball el béisbol
basis la base
basket la canasta
basketball el básquetbol
Basque vasco; **Basque Country** el País Vasco
bath el baño
bathe (*oneself*) bañar(se)
bathrobe la bata
bathroom el cuarto de baño
bathtub la bañera, el baño
batter (*sports*) el bateador, la bateadora
be ser (37); estar (19); (*place*) quedar; **be able** poder (ue/29); **be acquainted with** conocer (zc/8); **be born** nacer (zc/8); **be in a good mood** estar de buen humor; **be in a hurry** tener (39) prisa; **be in agreement** estar de acuerdo; **be in good shape** estar en buenas condiciones; **be named** llamarse; **be of use** servir (i,i/26); **be on vacation** estar de vacaciones; **be worth** valer (41)
beach la playa
bean: kidney bean el fríjol
beautiful hermoso, bello, bonito, guapo

LX *English-Spanish vocabulary*

beauty la belleza
because porque, pues; **because of** a causa de, por
become *(through conscious effort)* hacerse, llegar a ser; *(temporarily)* ponerse (30); *(relatively permanently)* volverse (ue/44); *for* become convinced, sad, *etc., see* convinced, sad, *etc.*
bed la cama; **go to bed** ir (22) a la cama, acostarse (ue/10); **put** *(someone)* **to bed** acostar (a alguien)
bedroom el cuarto (de dormir), la alcoba, el dormitorio
beer la cerveza
before *conj* antes (de) que; *prep (time)* antes (de); *(place)* enfrente (de)
beforehand de antemano
beg rogar (ue,gu/10,25)
begin comenzar, empezar (ie,c/17,27)
beginning el comienzo, el principio; **in the beginning** al principio
behave portarse
behind atrás (de), detrás (de)
believer el, la creyente
beloved amado
below debajo (de)
belt el cinturón
bend doblar
beside al lado de
besides además
best mejor
better mejor
between entre
beyond más allá de
Bible la Biblia
bicycle la bicicleta; **by bicycle** en bicicleta; **ride a bicycle** andar (1) en bicicleta
big gran, grande; **bigger, biggest** más grande; mayor
bikini el bikini
bilingual bilingüe
bill la cuenta
billiards el billar

biologist el biólogo, la bióloga
biology la biología
birth el nacimiento
birthday el cumpleaños
black negro
blanket la frazada
block: city block la cuadra
blouse la blusa
blue azul; **navy blue** azul marino
board subir (a)
boardinghouse la pensión
boast jactarse
boat el barco, el bote; **by boat** por, en barco
body el cuerpo
Bolivia Bolivia
Bolivian boliviano
bone el hueso
book el libro
bookcase el estante (de libros)
bookstore la librería
boot la bota
bored aburrido; **get bored** aburrirse, fastidiarse
boring aburrido
born: be born nacer (zc/8)
boss el jefe, la jefa
both los dos, las dos
bother molestar
bottle el frasco
boulevard el paseo
box la caja
boy el niño, el muchacho, el chico
boyfriend el novio
bra el sostén
bracelet la pulsera
brag jactarse
brandy el aguardiente
Brazil el Brasil
Brazilian brasileño
bread el pan
break (up) romper
breakfast el desayuno
bride la novia
bring traer (40)
brother el hermano
brother-in-law el cuñado
bruise la contusión

build construir (y/9)
building el edificio; **apartment building** el edificio de apartamentos
bull el toro
bullfight la corrida de toros
bullfighter el torero
bullfighting el toreo
bureau el buró, la cómoda
burn arder
bus el autobús, *(Caribbean, Miami)* la guagua
business el negocio; el comercio; **businessperson** el hombre (la mujer) de negocios; **business trip** el viaje de negocios
busy ocupado
but pero
butter la mantequilla
buy comprar
by por; **by the way** a propósito

C

café el café
cake la torta, el pastel, el pan dulce
calculator la calculadora
calendar el calendario
call *n* la llamada; *v* llamar
calm down calmarse
campaign la campaña
can *v* poder (ue/44)
candidate el candidato, la candidata
canoe la canoa
cap la boina
capable capaz
capital *(city)* la capital
car el auto, el coche, el carro; **by car** en auto (coche, carro)
Caracan caraqueño
card la carta; la tarjeta; **playing cards** los naipes
care: to take care of cuidar de
career la carrera

English-Spanish vocabulary LXI

careful cuidadoso; **be careful** tener (39) cuidado
carefully cuidadosamente
Caribbean el Caribe
carpenter el carpintero, la carpintera
carry llevar
case el caso; **in case** en caso de que; **in that case** entonces
cashier el cajero, la cajera
cashier's window la caja
cast *(theater)* el reparto
Catalan catalán, catalana
Catalonia Cataluña
catch coger (j/16)
cathedral la catedral
Catholic católico
cause *n* la causa; *v* causar
celebrate celebrar
celebration la celebración, la fiesta
cemetery el cementerio
censorship la censura
center el centro
century el siglo
certain cierto, seguro
Certainly. Cómo no.
certificate el certificado
chair la silla; **armchair** la butaca
chalk la tiza
chalkboard la pizarra
champion el campeón, la campeona
chance la casualidad; **by chance** por casualidad
change cambiar; **change one's mind** cambiar de idea
channel el canal
Chanukah la Januca
chapter el capítulo
character el carácter; *(in a play)* el personaje
charlatan el charlatán, la charlatana
chat charlar
cheap barato
check *n (restaurant)* la cuenta; *(bank)* el cheque; *v* revisar; **traveler's check** el cheque de viajero

Cheers! ¡Salud!
cheese el queso
chemistry la química
chest el pecho; **chest of drawers** la cómoda
chicken el pollo
chief el jefe, la jefa; el caudillo
child el hijo, la hija; el niño, la niña; **children** los niños
childish infantil
Chilean chileno
chill el resfrío; **have a chill** estar (19) resfriado
chocolate el chocolate
choose seleccionar; escoger (j/6)
chop: pork chop la chuleta de cerdo
Christmas la Navidad; **Christmas Eve** la Nochebuena
church la iglesia
city la ciudad
civilization la civilización
class la clase
classic clásico
classroom la sala de clase
clear claro
clearly claramente
clerk el, la dependiente
client el, la cliente
climate el clima
climb subir (a)
clinic la clínica
clock el reloj
close *v* cerrar (ie/27); *adj* cercano; *adv* cerca (de)
closed cerrado
closet el armario, el ropero
cloth la tela
clothing la ropa
cloud la nube
cloudy nublado; **It's cloudy.** Está nublado, Hay nubes.
club el club
coast la costa
coat el abrigo; **suit coat** el saco
coffee el café
coincidence: What a coincidence. Qué casualidad.
cold *n (illness)* el catarro, el resfrío; **be (feel) cold** tener (39) frío; **have a cold** tener catarro, resfrío; estar resfriado; **It's (very) cold.** *(weather)* Hace (21) (mucho) frío.
collapse derrumbarse
collide chocar (qu/4)
Colombia Colombia
Colombian colombiano
colonial colonial
color el color; **What color is it?** ¿De qué color es?
Columbus Day el Día de la Raza
comb one's hair peinarse
combination la combinación
combine combinar
come venir (42); **Come in.** Adelante, Pase.; **come near to** acercarse (qu/4); **come out** salir (34)
comedy la comedia
comfortable cómodo
command mandar
comment comentar
commerce el comercio
commercial comercial
commitment el compromiso
communicate comunicar
communication la comunicación
communist comunista
company la compañía
compare comparar
compassion la compasión
compete competir
competition el concurso
competitor el competidor, la competidora
complain quejarse
complete *v* completar; *adj* completo
complicated complicado
composer el compositor, la compositora
computer la computadora; **computer science** la informática
concert el concierto
conclusion la conclusión

condition la condición, el estado
conference la conferencia
confess confesar (ie/27)
conflict el conflicto
congratulate felicitar; **Congratulations!** ¡Felicidades!
Congress el Congreso
conservative conservador
conserve conservar
consider considerar
constant constante
constitution la constitución
construct construir (y/9)
construction la construcción
consulate el consulado
consult consultar
consumer el consumidor, la consumidora
consumption el consumo
contemporary contemporáneo
contest el concurso
contestant el competidor, la competidora
continent el continente
continue continuar (11), seguir (i,i,g/35)
contract el contrato
contrary: on the contrary por el contrario
control *n* el control; *v* controlar; **birth control** el control de la natalidad
convent el convento
conversation la conversación
convinced: become convinced convencerse (z/12)
cook *n* el cocinero, la cocinera; *v* cocinar
cookie el bizcocho, la galletita
cool: It's cool. *(weather)* Hace fresco.
cordially cordialmente
corn el maíz
corner la esquina
correct *v* rectificar (qu/4); *adj* correcto, acertado
correctly correctamente
corridor el pasillo
cosmetics los cosméticos

cost *n* el costo; *v* costar (ue/10); **cost of living** el costo de la vida
Costa Rican el tico, la tica
cotton el algodón
cough la tos; **have a cough** tener (39) tos
count contar (ue/10); **count on** contar con
country el país; *(homeland)* la patria
country(side) el campo, la campaña
couple la pareja
courage la valentía, el esfuerzo
course *(school)* la asignatura, el curso; **main course** *(meal)* el plato principal; **Of course.** Claro que sí, Por supuesto.; **Of course not.** Claro que no.; **take a course of study** seguir un curso
court *(sports)* la cancha; *(jai alai)* el frontón
courteous cortés
courtesy la cortesía
courtyard *(inner)* el patio
cousin el primo, la prima
cover *v* cubrir
coworker el compañero (la compañera) del trabajo
cracker la galleta
craftsmanship la artesanía
craziness la locura
crazy loco; **go crazy** volverse (44) loco; **It's crazy!** ¡Qué locura!
credit el crédito
creole criollo
crime el crimen
criminal el, la criminal
cross *n* la cruz; *v* cruzar; **Red Cross** la Cruz Roja
cruel cruel
cry *n* el grito; *v (tears)* llorar; *(shout)* gritar
crystal el cristal
Cuban cubano
culture la cultura
cup la taza, la copa
curate el cura

cured: to be cured curarse
curiosity la curiosidad
current actual
curtain la cortina
custard: caramel custard el flan
custom la costumbre
customer el, la cliente
customs, customs house la aduana
cut el corte

D

dad el papá
daily *adj* diario; *adv* diariamente
dance *n* el baile; *v* bailar
dancer el bailarín, la bailarina; el bailador, la bailadora; el, la danzante
danger el peligro
dangerous peligroso
dark oscuro
darling querido
data el dato, los datos
date *n* la cita; *(on calendar)* la fecha; **have a date** tener (39) una cita; **make a date** hacer (21) cita
daughter la hija
dawn el alba *f;* el amanecer
day el día; **Day of the Dead** *(Mexico)* el Día de los Muertos; **day off** el día feriado; **every day** todos los días; **per day** al día
dead muerto
dear caro, querido
December diciembre
decide decidir
declare declarar
decorate decorar
deep profundo
defeat vencer (z/12)
definitely definitivamente
definitively definitivamente
delay la demora
delicious delicioso, sabroso
delight encantar
delighted encantado

English-Spanish vocabulary LXIII

deliver (a speech) pronunciar (un discurso)
demand exigir (j/6)
demonstration la manifestación
dentist el, la dentista
deny negar (ie/27)
department el departamento; **department store** el almacén, la tienda por departamentos
departure la salida
depend (on) depender (de); **It depends.** Depende.
depressed deprimido; **get depressed** deprimirse
depressing deprimente
deputy el diputado, la diputada
describe describir
desert el desierto
design el diseño
desk el escritorio; **writing desk** el buró
dessert el postre
destroy destruir (y/9), deshacer (21)
detail el detalle
development el desarrollo
diamond el diamante; **diamond anniversary** las bodas de diamante
diary el diario
dictator el dictador, la dictadora
dictionary el diccionario
die morir(se) (ue,u/16), fallecer (zc/8)
different diferente
difficult difícil
dining hall el refectorio
dining room el comedor
diploma el diploma
direct *adj* directo
direction la dirección
directly directamente
director el director, la directora
dirt la suciedad
dirty: get dirty ensuciarse
disaster el desastre
discotheque la discoteca
discover descubrir
discrimination la discriminación

disgusted fastidiado; **get disgusted** fastidiarse
dish el plato; **main dish** la entrada, el plato principal
disorder el desorden
distinction la distinción
distinguished distinguido
district el distrito
divine divino
divorce el divorcio; **get divorced** divorciarse
dizzy mareado
do hacer (21); **How are you doing?** ¿Qué tal?
doctor el médico, la médica; el doctor, la doctora
documentary el documental
dollar el dólar
door la puerta
dot: on the dot en punto
double *v* doblar; *adj* doble
doubt *n* la duda; *v* dudar; **no doubt** sin duda
doubtful dudoso
doubtless sin duda
downtown el centro (de la ciudad)
doze dormirse (ue,u/16)
dozen la docena
drama el drama
dream *n* el sueño; *v* soñar (ue/10)
dress *n* el vestido; **dress casually** vestirse de sport; **get dressed** vestirse (i,i/26)
dressmaker la costurera
drink *n* la bebida; *v* beber, tomar; **drink a toast (to)** brindar (a); **have a drink** tomar una copa; **soft drink** el refresco
drive conducir (zc/7), manejar
driver: truck driver el camionero, la camionera
drown ahogar (gu/25)
drugstore la farmacia
dry *adj* seco
duck el pato
during durante

dye: I want them to dye my hair. Quiero que me tiñan el pelo.

E

each cada; **each other** nos, os, se; el uno (la una, etc.) al otro (a la otra, etc.)
ear *(outer)* la oreja; *(inner)* el oído
earlier anterior; más temprano
early temprano
earn ganar
earring el arete
earthquake el terremoto
easily fácilmente
east este; **to the east** al este
Easter la Pascua (Florida)
easy fácil; suelto
eat comer(se), tomar; **eat lunch** almorzar (ue,c/10,17); **eat supper** cenar
economic, economical económico
economy la economía
Ecuador el Ecuador
Ecuadoran ecuatoriano
editor el redactor, la redactora
education la educación
effort el esfuerzo
egg el huevo
egotistical egoísta
eighth octavo
either o; **either . . . or** o . . . o; **not either** tampoco
El Salvador El Salvador
election la elección
elegant elegante
element el elemento
elephant el elefante
elevator el ascensor
embarrassed avergonzado; **be embarrassed** avergonzarse (2)
embarrassment la vergüenza
embrace *n* el abrazo; *v* abrazar (c/17)
emotion la emoción
employee el empleado, la

empleada; **public employee** el funcionario, la funcionaria
employment el empleo
empty *adj* vacío
end terminar (con)
energy la energía
engaged comprometido; **engaged couple** los novios; **get engaged (to)** comprometerse (con)
engagement el compromiso; el noviazgo
engineer el ingeniero, la ingeniera
engineering la ingeniería
England Inglaterra
English inglés, inglesa
enjoy disfrutar (de); **Enjoy!** ¡Que le aproveche!, ¡Provecho!, ¡Buen provecho!
enter entrar (a, *in Spain:* en)
entertainment la diversión
enthusiastic entusiástico
enthusiastically entusiasticamente
entire entero
entrance *n* la entrada
entrée la entrada
envy *v* envidiar
Epiphany el Día de Reyes
epoch la época
equal igual; **without equal** sin par
equipment el equipo
error el error
especially especialmente, sobre todo
essay el ensayo
essayist el, la ensayista
esteemed estimado
eternal eterno
even *adj* igual; *adv* hasta; siquiera; **not even** ni siquiera
event el acontecimiento, el suceso
ever jamás
every cada; todo; **every day** todos los días
everybody todo el mundo, todos

everything todo
everywhere a todas partes
evident evidente
exactly exactamente; **Exactly.** Así mismo.
exam el examen; **to take an exam** pasar(se) un examen
examine revisar
excellent excelente
except excepto
exclusive exclusivo
excursion la excursión
excuse *v* dispensar; **Excuse me.** Dispénse(n)me., Con permiso.
exercise *n* el ejercicio; *v* hacer (21) ejercicios
exhibit exhibir
exhibition la exposición
exist existir
existence la existencia
exit la salida
expensive caro
experience la experiencia
experienced experto
experiment el experimento
expert experto
expire *(lease)* vencer (z/12)
explain explicar (qu/4)
express expresar
extraordinary extraordinario
eye el ojo

F

fabric la tela
face *n* la cara; *v* dar a (+ *place*)
fact el hecho; **in fact** de hecho
factory la fábrica
fair la feria
fall *n (season)* el otoño; *v* **fall (down)** caer(se) (5); **fall asleep** dormirse (16); **fall in love (with)** enamorarse (de)
false falso
family la familia
fan el aficionado, la aficionada;

el fanático, la fanática
fanatic el fanático, la fanática
fantastic fantástico
far (from) lejos (de); **by far** por mucho
farmer el agricultor, la agricultora
fascinate fascinar
fascinating fascinante
fashion la moda
fast *adj* rápido; *adv* rápidamente
fat gordo
fatal fatal
father el padre, el papá; **father-in-law** el suegro
faucet el grifo
favorite favorito
fear *n* el miedo; *v* temer
February febrero
fed up: be fed up with hartarse (de)
feel sentir (ie,i/36); *(health)* sentirse; **feel like (doing something)** tener (39) ganas de (+ *inf*)
feeling el sentimiento
feminine femenino
fever la fiebre; **to have a fever** tener (39) fiebre
few pocos (-as)
fiancé el novio, el prometido
fiancée la novia, la prometida
field el campo; **field of study** la carrera; **track and field** el atletismo
fifth quinto
fight luchar, pelear
file *(office)* el fichero
filigree la filigrana
film *n* la película; *v* rodar (ue/10)
final final
finally por fin, finalmente
find hallar, encontrar (ue/10); **find out (about)** enterarse de; aprender; saber *pret*
fine *adj* bien; **Everything's fine.** Todo bien.; **fine arts** las bellas artes; **I'm fine.**

English-Spanish vocabulary LXV

Estoy bien.; **It's fine.** Está bien.
finger el dedo
finish terminar (con); **finish line** la línea de llegada
fire el incendio
fireman el bombero
first primer, primero
fish *n* el pescado; *v* pescar (qu/4)
fisher el pescador, la pescadora
fishing la pesca
fist el puño
fix arreglar
fixed *(firm)* fijo
flight el vuelo
floor el suelo; el piso
flower la flor
flowerpot la maceta
flu la gripe
fly volar (ue/10)
foggy: It's foggy. Hay niebla.
fold doblar
folkloric folklórico
follow seguir (i,i,g/35)
food la comida; los alimentos; los comestibles
foolish tonto
foolishness la tontería
foot el pie; **on foot** a pie
football el fútbol americano
football player *(U.S.)* el, la futbolista
for para; por; *(period of time)* desde, desde hace, hace que . . . (+ *pres*), hacía que . . . (+ *imperf*); *(because)* pues
forbid prohibir (í/31)
force la fuerza
foreigner el extranjero, la extranjera
forest la selva
forget olvidar(se)
fork el tenedor
form el formulario
former *(before noun)* antiguo
fortunately felizmente
forward adelante
found fundar
fourth cuarto
fractured fracturado

fragile frágil
France Francia
free libre; suelto
freezer el congelador
freighter el buque carguero
French francés, francesa
frequently frecuentemente
Friday viernes
friend el amigo, la amiga
friendship la amistad
frightened asustado; **be frightened** asustarse
from de; *(period of time)* desde
front: in front of delante, enfrente (de), frente a
fruit la fruta
fun: have fun divertirse (ie,i/36); **make fun of** burlarse de
function *n* la función; *v* funcionar
functionary el funcionario, la funcionaria
funny divertido
furious furioso
furniture los muebles
future *n* el futuro; *adj* futuro

G

gallery la galería
game el juego; *(sports)* el partido, la partida; videogame el juego de video
garage el garaje
garbage la basura
garden *(fruit, vegetable)* el huerto
gardener el jardinero, la jardinera
gasoline el petróleo
gem la joya
general *n* el general; *adj* general
generally generalmente
generation la generación
generous generoso
geography la geografía
German alemán, alemana
get *(obtain)* conseguir (i,i,j/35); *(become, through conscious*

effort) hacerse, *(temporarily)* ponerse (30), *(relatively permanently)* volverse (ue/44); **get in good shape** ponerse en buenas condiciones; **get on** subir (a); **get out, off** bajar (de); **get rid of** quitarse de; **get to be** llegar (gu/25) a ser; **get** *(someone)* **up** levantar; **get up** levantarse; **get used to** acostumbrar(se) (a); *for* get angry, depressed, *etc. see* angry, depressed, *etc.*
gift el regalo
girl la niña, la muchacha, la chica
girlfriend la novia
give dar (14); **give up** rendirse (i,i/26)
glad alegre; **Glad to meet you.** Mucho gusto.
glass *(drinking)* el vaso
glove el guante
go ir (22); andar (1); **go away** irse (22), marcharse; **go back** regresar, volver (ue/44); **go crazy** volverse loco; **go down** bajar (de); **go for a stroll** dar un paseo; **go on vacation** ir de vacaciones; **go out** salir (34); **go shopping** ir de compras; **go to bed** ir a la cama, acostarse (ue/10); **How's it going?** ¿Cómo le va?; **Let's go.** Vamos.; **What's going on?** ¿Qué pasa?
God Dios; **My God!** ¡Dios mío!; **Thank God.** Gracias a Dios.
godfather el padrino
godmother la madrina
godparents los padrinos
gold el oro; **golden anniversary** las bodas de oro
golf el golf
golfer el, la golfista
good buen, bueno; bien; **Good afternoon.** Buenas tardes.; **Good morning.** Buenos días.; **Good night.** Buenas noches.
good-bye adiós; **bye** ciao;

bye-bye adiosito
Gosh! ¡Caramba!
government el gobierno
grade la nota
graffiti el grafito
grandchildren los nietos
granddaughter la nieta
grandfather el abuelo
grandmother la abuela
grandparents los abuelos
grandson el nieto
grasp prender
grateful agradecido; **to be grateful for** *(something)* agradecer (zc/8)
gray gris
great estupendo
green verde
greens las verduras
greet saludar
greeting el saludo
groom el novio
grow crecer (zc/8)
guarantee garantizar (c/17)
guard el guardia
guest el huésped, la huéspeda
guide el, la guía
guidebook la guía
guitar la guitarra
gulf el golfo
guy el tipo, el chico
gymnasium, gym el gimnasio
gypsy el gitano, la gitana

H

hair el pelo
hairdo el peinado
hairdresser el peluquero, la peluquera; **hairdresser's** la peluquería
hairstyle el peinado
half la mitad; el medio
ham el jamón
hand la mano; **hand over** entregar (gu/25)
handsome guapo
hang up *(the telephone)* colgar (ue,gu/10,25)
happen pasar, acontecer (zc/8), suceder

happening el acontecimiento, el suceso
happily alegremente, felizmente
happiness la alegría
happy alegre, contento, feliz; **be happy** alegrarse (de)
harbor el puerto
hard duro
hardware store la ferretería
hard-working trabajador
hat el sombrero; **cowboy hat** sombrero de vaquero
hate odiar
have tener (39); **have a cold** tener catarro, resfrío; estar resfriado; **have a cough (fever, good memory, headache, stomachache)** tener tos (fiebre, memoria, dolor de cabeza, dolor de estómago); **have a date** tener una cita; **have a drink** tomar una copa; **have an opinion of** pensar (ie/27) (+ *inf*); **have fun, a good time** divertirse (ie,i/36); **have just** *(done something)* acabar de (+ *inf*); **have (bad) luck** tener (mala) suerte; **(not) have time** (no) tener tiempo; **have to** *(do something)* deber (hay que, tener que) (+ *inf*); **have to** *(do something)* deber (hay que, tener que) (+ *inf*); **not have the least idea** no tener la menor idea
he él
head la cabeza
headache: have a headache tener (39) dolor de cabeza
health la salud; **To your health!** ¡Salud!
hear oír (24), entender (ie/28)
hearing: sense of hearing el oído
heart el corazón
heat el calor
heaven el cielo
Hello. Buenos días.
help *n* la ayuda; *v* ayudar
her *poss adj* su, suyo; *obj of prep* ella; *dir obj* la; *indir obj* le

here aquí; **around here** por aquí, por acá; **(over) here** acá
heritage la herencia
hero el héroe
heroine la heroína
hers el suyo
herself *refl* se; **she herself** ella misma
hey che *(regionalism)*
Hi! ¡Hola!
hide *(oneself)* esconder(se)
high alto
high school el colegio
highway la carretera
hill el cerro; **small hill** la loma
him *dir obj* lo; *indir obj* le; *obj of prep* él
himself *refl* se; **he himself** él mismo
his *poss adj* su; de él; suyo; *poss pron* el suyo
Hispanic hispano
historical histórico
history la historia
hit dar un golpe
hitchhike hacer (21) autostop
hitchhiking el autostop
hobby el pasatiempo
holiday la fiesta, el día festivo
holy sagrado
home la casa; la posada; **at home** en casa; **stay home** guardar la casa
homeland la patria
homeless sin casa; **homeless person** el desamparado, la desamparada
homework la tarea
honey *(term of affection)* cariño; mi amor
honeymoon la luna de miel
hope *n* la esperanza; *v* esperar; **I (We) hope so!** ¡Ojalá que sí!
hopefully ojalá (que)
horrible horrible
horribly horriblemente
horrified: be horrified horrorizarse

English-Spanish vocabulary LXVII

horse el caballo
horseback: horseback rider el jinete, la jineta; **ride horseback** montar a caballo
hospital el hospital
host el huésped, la huéspeda
hot caliente; **be (feel) hot** tener calor; **It's (very) hot** *(weather)*. Hace (mucho) calor.
hotel el hotel
hour la hora; **half hour** media hora; **visiting hours** las horas de visita
house la casa
housewife el ama *f* de casa
how como; ¿cómo?; **How amusing.** Qué gracioso.; **How are you?** ¿Cómo está(s)?; **How are you doing?** ¿Qué tal? ¿Cómo le va?; **How do you say . . . ?** ¿Cómo se dice . . . ?; **How maddening!** ¡Qué rabia!; **how much (many)?** ¿cuánto (-a, -os, -as)?
however sin embargo
hug *n* el abrazo; *v* abrazar (c/17)
human humano
humanities las humanidades
humor el humor
hundred cien, ciento
hunger el hambre; **be hungry** tener (39) hambre; **make (someone) hungry** darle (14) hambre (a alguien)
hunt cazar (c/17)
hurricane el huracán
hurry apurarse; **be in a hurry** tener prisa
hurt doler (ue/44); picar (qu/4); **hurt oneself** lastimarse
husband el esposo, el marido
hysterical histérico

I

I yo
ice cream el helado
icebox la nevera
idea la idea; **Good idea.** Buena idea.; **not to have the least idea** no tener (39) la menor idea
if si
illness la enfermedad
imagine imaginarse
imitate imitar
immediately inmediatamente
immigrant el, la inmigrante
impact el impacto
impatient impaciente; **to become or get impatient (about)** impacientarse (por)
implication la implicación
importance la importancia
important importante; **be important** importar, tener (39) importancia
imposing imponente
impossible imposible
impress impresionar
impressive imponente
improve mejorar
in en; dentro (de)
inasmuch as ya que
Inca, Incan incaico
incoming entrante
inconvenience la inconveniencia
increase el aumento; **price increase** el aumento de precios
incredible increíble
independence la independencia; **Independence Day** el Día de la Independencia
Indian indio
indicate indicar (qu/4)
inexpensive barato
infidelity la infidelidad
inflation la inflación
influenza la influenza
inform informar
information la información
informed: become informed informarse
inhabitant el, la habitante
inheritance la herencia
injection la inyección
injured herido

inn el mesón; la posada
inning la entrada
innocent inocente
inside (of) dentro (de)
insist (on) insistir (en)
inspect revisar
inspection la inspección
install instalar
instead of en vez de
institute el instituto
institution la institución
insult insultar
intelligence la inteligencia
intelligent inteligente
intention la intención
intend (to) pensar (+ *inf*), tener (39) la intención (de)
interest *n* el interés; *v* interesar
interesting interesante
interrupt interrumpir
intervention la intervención
introduce presentar; **I'd like to introduce you to . . .** Le presento a . . .
introduction la presentación
invent inventar
inventory el inventario
investigate investigar
invitation la invitación
invite invitar
Irish irlandés, irlandesa
iron planchar
island la isla
it *obj of prep* él, ella, ello; *dir obj* lo, la
Italian italiano
Italy Italia
itch picar (qu/4)
its *poss adj* su; suyo; *poss pron* el suyo
itself *refl* se

J

jacket la chaqueta
jai alai el jai alai
January enero
Japan el Japón
Japanese japonés, japonesa
jealous celoso; **be jealous**

English-Spanish vocabulary

tener (39) celos
jealously celosamente
jeans los jeans
jewel la joya
jewelry las joyas; **jewelry store** la joyería
job el empleo, el trabajo, el puesto
jogging el jogging
joke el chiste
journal el diario
judge el, la juez
juice el jugo
July julio
June junio
jungle la selva
just: **have just** (*done something*) acabar de (+ *inf*)
juvenile juvenil

K

keep guardar
kid: **You're kidding!** ¡No me diga(s,n)!
kilometer el kilómetro
kind *n* la clase; *adj* amable
kindness la bondad
king el rey
kiss *n* el beso; *v* besar
kitchen la cocina
knife el cuchillo
knock down derrumbar
know (*a fact; how to*) saber (33); (*someone; a place; a subject matter*) conocer (zc/8)

L

Labor Day el Día del Trabajo
laboratory el laboratorio; **language laboratory** el laboratorio de lenguas
lack la falta
lady la dama
lake el lago
lamp la lámpara
language la lengua; **language laboratory** el laboratorio de lenguas

last *adj* último; *v* durar; **last name** el apellido; **last week** la semana pasada
late tarde; **very late** muy de noche; tardísimo
lately recién, últimamente
later más tarde; (*afterwards*) después; **See you later.** Hasta luego.
latest último
Latin American hispanoamericano; latinoamericano
laugh (at) reírse (38/de); **make (someone) laugh** darle (14) risa (a alguien)
law el derecho
lawn el césped
lawyer el abogado, la abogada
lazy perezoso
leader el líder
learn aprender, saber (33) *pret*
lease el contrato de arrendamiento
leave salir (34); irse (22), marcharse; **leave behind** dejar
lecture la conferencia
left izquierdo; **to the left** a la izquierda
leg la pierna
lend prestar
less menos; **lesser, least** menor
lesson la lección
lettuce la lechuga
liberal liberal
liberty la libertad
library la biblioteca
lie *n* la mentira; *v* (*tell a falsehood*) mentir (ie,i/36)
life la vida
light *n* la luz; *v* poner (30), prender; *adj* (*color*) claro
like *adv, prep* como; *v* gustar; (*a person*) querer; **Do you like books?** ¿Te gustan los libros?; **They like music.** Les gusta la música.
likewise igualmente
line la línea; **finish line** la línea de llegada

linguistics la lingüística
liquor (*hard*) el aguardiente
listen (to) escuchar; **Listen.** Oye.
literature la literatura
little pequeño, chico, poco; **a little** un poco
live vivir; **Long live . . . !** ¡Viva . . . !
living room la sala
lodge alojarse
lodger el huésped, la huéspeda
lodging el alojamiento, la posada, la vivienda
long largo
longer *adv:* **any longer, no longer** ya no
look (*seem*) parecer (zc/8); **look at** mirar; **look for** buscar (qu/4); **look out on** dar (14) a (+ *place*)
lose perder (ie/28)
lost perdido
lot *adj, adv* mucho
lotion: **suntan lotion** el bronceador
love *n* el amor; *v* amar, querer (32); **fall in love (with)** enamorarse (de); **I love oranges.** Me encantan las naranjas. **in love with** enamorado (de); **love affair** los amores
lovely precioso
low bajo
lower rebajar
luck la suerte; **Good luck!** ¡Buena suerte!, ¡Provecho!; **have (bad) luck** tener (39) (mala) suerte; **What luck!** ¡Qué suerte!
luggage el equipaje
lunch el almuerzo, (*Mexico, U.S. Southwest*) la comida; **eat lunch** almorzar (ue,c/10,17)

M

machine la máquina
madness la locura; **What madness!** ¡Qué locura!

English-Spanish vocabulary

magazine la revista
mail el correo
main mayor, principal; **main street** la calle mayor
major mayor, principal
majority la mayoría
make hacer (21); **made of** de; **make** *(someone)* **angry, hungry, proud, sleepy, thirsty** darle rabia, hambre, orgullo, sueño, sed (a alguien); **make fun of** burlarse de; **make** *(someone)* **laugh** dar(le) risa (a alguien); **make plans** hacer (21) proyectos; **make use of** aprovechar, disfrutar de
makeup: to put on makeup maquillarse
man el hombre
manner la manera
many muchos (-as); **as, so many** tantos (-as); **how many?** ¿cuántos (-as)?; **too many** demasiados (-as)
map el mapa
marathon el maratón
March marzo
market el mercado
marketing el mercadeo
marriage el casamiento, el matrimonio
married casado; **married couple** el matrimonio
marry *(get married to)* casarse con
marvel la maravilla
marvelous maravilloso
masterpiece la obra maestra
match *n (sports)* el partido; *v* hacer juego con
mathematics las matemáticas
matriculation la matrícula
matter *n* la materia; la cuestión; *v* importar
May mayo
me *dir, indir obj* me; *obj of prep* mí; **not me** yo no; **with me** conmigo
meal la comida
means el medio

measure medir (i,i/26)
meat la carne
meat pie la empanada
mechanic el mecánico
medicine la medicina
meet conocer (zc/8); encontrarse (ue/10) (con); reunirse (ú/11)
meeting la reunión
member el, la miembro
memory la memoria; **to have a good memory** tener (39) memoria
mention mencionar
merchandise la mercancía
merchant el, la comerciante
merit merecer (zc/8)
mermaid la sirena
metal metal
Mexican mexicano
Mexico México
middle el medio; **in the middle of** en medio de
midnight la medianoche
mile la milla
military *adj* militar; **military person** el militar
milk la leche
million el millón; **Thanks a million.** Mil gracias.
mind la mente; **to have in mind** tener en mente
mine *n* la mina; *poss pron* el mío
miner el minero
mineral *adj* mineral; **mineral water** el agua mineral
minister el pastor
minority la minoría
minus menos
minute el minuto
miracle el milagro
miraculous milagroso
mirror el espejo
mischievous travieso
miss *(presence of someone, something)* extrañar, echar de menos; *the bus, the train)* perder (ie/28) (el autobús, el tren)

Miss (la) señorita (Srta.)
mistake el error
mistaken equivocado
model el modelo; *(person)* el, la modelo
modern moderno
mom la mamá; la mami
moment el momento
monarchy la monarquía
Monday lunes
money el dinero
monotonous monótono
month el mes
mood el humor; **be in a good mood** estar (19) de buen humor
more más; **more than** más que; más de (+ *number*)
morning la mañana; **in the morning** por la mañana
most más
motel el motel
mother la madre; la mamá; **mother-in-law** la suegra; **Mother's Day** el Día de las Madres
motorcycle la motocicleta
mountain la montaña
mountainous montañoso
mouth la boca
move moverse (ue/44); mudarse; trasladarse; *(from place to place)* cambiar de lugar
movie la película; **movie theater, movies** el cine
Mr. (el) señor (Sr.)
Mrs. (la) señora (Sra.)
much *adj* mucho; *adv* mucho; **as, so much** tanto; **how much?** ¿cuánto?; **too much** demasiado; **very much** muchísimo
murder el asesinato
museum el museo
music la música
musician el, la músico
must deber (+ *inf*), hay que (+ *inf*), tener (39) que (+ *inf*)

my mi; el . . . mío
myself *refl* me; *obj of prep* mí;
  I myself yo mismo (-a)

N

nail *n* el clavo; *(finger, toe)* la uña; *v* clavar
name el nombre; **be named** llamarse; **What's your name?** ¡Cómo te llamas?, ¿Cómo se llama?
nap la siesta; **take a nap** dormir (ue,u/16) la siesta
napkin la servilleta
nation la nación
national nacional
nationality la nacionalidad
natural natural
nausea la náusea; **feel nauseated** sentir (ie,i/36) náuseas
near *adv* cerca; *prep* cerca de; **come near to** acercarse (qu/4)
nearby *adj* cercano; *adv* cerca
necessary necesario; **it is necessary (to do something)** hay que (+ *inf*)
necklace el collar
necktie la corbata
need necesitar
neighbor el vecino, la vecina
neighborhood el barrio
neighboring vecinal
neither tampoco; **me neither** ni yo tampoco; **neither (of them)** ningún, ninguno (-a); **neither . . . nor** ni . . . ni
nephew el sobrino
nervous nervioso
net la red
never jamás, nunca
nevertheless sin embargo
new nuevo; **What's new?** ¿Qué hay de nuevo?
New Year's (Day) el (Día de) Año Nuevo; **New Year's Eve** la Noche Vieja
newly recién

newlywed el recién casado, la recién casada; el novio, la novia
news las noticias; **news program** el noticiero; **news story** el reportaje; **piece of news** la noticia
newspaper el periódico
next *adj* próximo; entrante; *adv* luego; **next week** la semana que viene
nice amable, simpático, agradable; **How nice.** ¡Qué bien!; **It's very nice out.** Está muy bonito, Hace muy buen tiempo.
niece la sobrina
night la noche; **at night** por la noche
ninth noveno
nobody nadie
noise el ruido
none ningún, ninguno (-a)
nonsense la tontería
noodle el fideo
noon el mediodía
normal normal
north norte; **to the north** al norte
North American norteamericano
nose la nariz
not no; **not any** ningún, ninguno (-a); **not anybody** nadie; **not anything** nada; **not either** tampoco; **not me** yo no
note *(music)* la nota
notebook el cuaderno
nothing nada
notice *n* el letrero; la advertencia; *v* hacer (21) caso (de), darse (14) cuenta (de) (que)
novel la novela
novelist el, la novelista
November noviembre
now ahora; **right now** ahora mismo
nowadays hoy (en) día, actualmente
number el número
nut la nuez
nylon el nilón

O

oatmeal la avena
object oponerse (30)
observe observar
obtain obtener (39)
obvious obvio
occupation el oficio
occur ocurrir
ocean el océano; **Pacific Ocean** el Océano Pacífico **It's one (two) o'clock.** Es la una (Son las dos).; **strike one (two) o'clock** dar la una (las dos)
October octubre
odd extraño
of de; **of the** del, de la (los, las)
offend ofender
offer *n* la oferta; *v* ofrecer (zc/8)
office la oficina, el despacho
official oficial
oil el petróleo; **Oil Industry Day** *(Mexico)* el Día del Petróleo
OK de acuerdo; bien, bueno. *(Spain)* vale
old viejo, antiguo; **older, oldest** más viejo, mayor
on en; sobre; **on top (of)** encima (de)
one un, uno; **no one** nadie; **one another** nos, os, se; **the one(s) that** el (la, los, las) que
only sólo
open *v* abrir; *adj* abierto
opera la ópera
opportunity la oportunidad
oppose oponerse (30)
optimistic optimista
or o; *(before* o *or* ho*)* u; **either . . . or** o . . . o
orange *n* la naranja, *(Mexico)*

English-Spanish vocabulary LXXI

la china; *adj* anaranjado
orchard   el huerto
orchestra   la orquesta
order   mandar; **in order to** para
organize   organizar (c/17)
origin   el origen
orphan   el huérfano, la huérfana
other   otro; **each other**   nos, os, se; el uno (la una, etc.) al otro (a la otra, etc.)
ought to (**do something**)   deber (+ *inf*)
our, (**of**) ours   nuestro
ourselves   *refl* nos; *obj of prep* nosotros (-as)
outside   afuera
oven   el horno
over   encima (de), sobre
overpopulation   la superpoblación
owe   deber
own   *adj* propio
owner   el dueño, la dueña

P

P.M.   *(noon to 7:00)* de la tarde; *(after 7:00)* de la noche
pack   empaquetar
page   la página
pain   el dolor, la pena
paint   *n* la pintura; *v* pintar
painter   el pintor, la pintora
painting   la pintura
pair   el par; la pareja
palace   el palacio
Panama   el Panamá
Panamanian   panameño
Panamerican   panamericano
pants   el pantalón; los pantalones
pantyhose   la pantimedias
paper   el papel
Paraguay   el Paraguay
Paraguayan   paraguayo
pardon   perdonar; **Pardon me.**   Perdón, Perdone.; **Pardon me?**   ¿Dígame?,

(Mexico) ¿Mande?
parents   los padres; **parents-in-law**   los suegros
park   estacionar
parliament   el parlamento
part   la parte
participate   participar
partner   el socio, la socia
party   la fiesta
pass   pasar; **pass away**   fallecer (zc/8)
passenger   el pasajero, la pasajera
passport   el pasaporte
pastime   el pasatiempo
pastry   el pastel
patience   la paciencia
patio   el patio
pay (**for**)   pagar (gu/25); **pay attention**   poner (30) atención; hacer (21) caso (de)
peace   la paz
peanut   el maní
pen   la pluma
pencil   el lápiz
peninsula   la península
people   la gente, el pueblo
pepper   la pimienta
perfectly   perfectamente
performance   la función
perhaps   tal vez, quizás
perish   parecer (zc/8)
permit   permitir
person   la persona; **person in charge**   el encargado, la encargada
Peru   el Perú
Peruvian   peruano
petroleum   el petróleo
pharmacy   la farmacia
philosophy   la filosofía
photo   la foto; **take photos** sacar (qu/4) fotos
physicist   el físico
physics   la física
pianist   el, la pianista
piano   el piano
picture   el cuadro; la foto; **take pictures**   sacar (qu/4) fotos
pie   la tarta, el pastel; **meat**

pie   la empanada
pijamas   el pijama
pilgrim   el peregrino, la peregrina
pill   la píldora, la pastilla
pineapple   la piña
pink   rosado
pirate   el pirata
pitcher *(sports)*   el lanzador, la lanzadora
pity   la lástima
place   *n* el lugar, el sitio; la plaza; *v* poner (30); **move from place to place**   cambiar de lugar; **place of work, workplace**   el lugar del empleo; **place setting**   el cubierto
plan   *n* el plan, el proyecto; *v* planear; pensar (ie/27) (+ *inf*), tener (39) la intención de; **make plans**   hacer (21) proyectos
plane   el avión; **by plane**   en avión
plantain   el plátano
plastic   el plástico
plate   el plato
play   *n* la comedia, el drama, la obra; *v (game, sport)* jugar (ue/23), *(musical instrument)* tocar (qu/4); **play a role**   hacer (21) un papel
player   el jugador, la jugadora
plaza   la plaza
pleasant   amable, agradable
please   por favor; *v* complacer (zc/8); **be pleasing**   gustar
pleasure   el placer
plus   y; más
pocketbook   la bolsa
poet   el poeta, la poetisa
poetry   la poesía
police (**force**)   la policía; **police officer**   el policía, la mujer policía
political   político; **political science**   las ciencias políticas
politics   la política
pollution   la contaminación

English-Spanish vocabulary

poor pobre; **Poor you!** ¡Pobre de usted!
Pope el papa
popular popular
population la población
port el puerto
portrait el retrato; **self-portrait** el autorretrato
Portuguese portugués, portuguesa
position el puesto
possess tener (39)
possible posible
post office la oficina de correos
postcard la tarjeta postal
poster el letrero
postpone postergar (gu/25)
potato la papa; *(Spain)* la patata
pottery la cerámica, la alfarería
poverty la pobreza
practical práctico
practically prácticamente
practice *v* practicar (qu/4)
pray rogar (ue,gu/10,25)
precious precioso
precise preciso
prefer preferir (ie,i/36)
pregnant embarazada
preoccupy preocupar
preparation el preparativo
prepare preparar
prescription la receta
present *n* el regalo; *adj* actual
presentation la presentación
president el presidente, la presidenta
press la prensa
pretty bonito, hermoso, lindo
prevent impedir (i,i/26)
previous anterior
price el precio
pride el orgullo
priest el sacerdote, el cura *(colloquial)*
prime minister el primer ministro
princess la princesa
principal *adj* principal
private privado

prize el premio
probable probable
problem el problema; **(There's) no problem.** No hay problema.
procession la procesión
produce producir (zc/7)
profession la profesión
professional profesional
profit el provecho
profound profundo
program *n* el programa; *v* programar, calibrar; **news program** el noticiero
programmer el programador, la programadora
progress el progreso
prohibit prohibir (í/31)
project el proyecto
promise *n* la promesa; *v* prometer
pronunciation la pronunciación
proof la prueba
protagonist el personaje principal
protect proteger (j/6)
protest *v* protestar
proud orgulloso; **make (someone) proud** darle orgullo (a alguien)
prove probar (ue/10)
provided that con tal que
psychology la psicología
public *n* el público; *adj* público
publicity la publicidad
publish publicar (qu/4)
Puerto Rican *(person)* el puertorriqueño, la puertorriqueña; el, la boricua; *adj* puertorriqueño
pupil *(eye)* la pupila; *(student)* el alumno, la alumna
pure puro
purple violeta
purse la bolsa, la cartera
push empujar
put poner (30); **put on** *(clothes)* ponerse; **put on makeup** maquillarse; **put (someone) to bed** acostar (ue/10)
pyramid la pirámide

Q

quality la calidad
quarrel pelear
question la pregunta; la cuestión; **ask a question** hacer (21) una pregunta
quiet silencioso, callado; **be quiet** callarse
quiz la prueba

R

rabbi el rabí; el rabino
race *(population category)* la raza; *(sports)* la carrera; **race track** el hipódromo
racing el correr
radio la radio
railway el ferrocarril
rain *n* la lluvia; *v* llover (ue/44); **It's raining, It rains.** Llueve.
raincoat el impermeable
raise *n (salary)* el aumento; *v* levantar
rancher el estanciero, la estanciera; *(Mexico)* el ranchero, la ranchera
rapid rápido
rapidly rápidamente
rare raro
rather mejor dicho
raw crudo
read leer (y/13)
ready listo; **be ready to (do something)** estar (19) por (+ *inf*)
realism el realismo
realistic realista
reality la realidad
realize (that) darse (14) cuenta (de) (que)
really verdaderamente;

realmente; **Really?** ¿De veras?
reappear reaparecer (zc/8)
reason la razón
rebel el, la insurgente
receipt la receta
receive recibir
recently recién
receptionist el, la recepcionista
recommend recomendar (ie/27)
record el disco
recourse el recurso
recover recuperar
rectify rectificar (qu/4)
red rojo; **Red Cross** la Cruz Roja
reduce reducir (zc/7), rebajar
reduced rebajado
refrigerator el refrigerador, la nevera
region la región
registration la inscripción
regular regular
regularly regularmente
regulation el reglamento
relative el, la pariente
religious religioso
remain quedarse
remember acordarse (ue/10) (de), recordar (ue/10)
rent *n* el alquiler; *v* alquilar
repay retribuir (y/9)
repeat repetir (i,i/26)
report(ing) el reportaje
representative el diputado, la diputada; el encargado, la encargada
request pedir (i,i/26)
require exigir (j/6)
requirement el requisito
resemble parecer(se) (zc/8)
reservation la reservación
resolve resolver (ue/44)
resource el recurso
respectfully respetuosamente; *(closing of letter)* atentamente
respond responder
rest *n* el descanso; *v* descansar
restaurant el restaurante
result el resultado; **as a result of** como resultado de

retail al detalle
retailer el, la detallista
retire jubilarse
return regresar, volver (ue/44); **return** *(something)* devolver (ue/44)
review revisar
revolution la revolución
rhyme la rima
rhythm el ritmo
rib la costilla
rice el arroz
rich rico
rid: get rid of quitarse
riddle la adivinanza
ride *n* el paseo; **ride a bicycle** andar (1) en bicicleta; **ride horseback** montar a caballo
ridiculous ridículo
right *adj, adv* derecho; *n* el derecho; **Right?** ¿Verdad?; **right away** en seguida; **right now** ahora mismo; **That's right.** Cierto, *(Spain)* Vale.; **to the right** a la derecha; **You're right.** Cierto.
ring *n* el anillo; *v* sonar
rise *v* subir (a); elevarse
river el río
road el camino, la carretera
roast beef la carne asada
rock la piedra; *(music)* el rock
role el papel; **play a role** hacer (21) un papel
romantic romántico
room *n* el cuarto, la habitación; el espacio; *v* alojarse; **back room** el cuarto de atrás; **bathroom** el (cuarto de) baño; **bedroom** el cuarto (de dormir), la alcoba, el dormitorio; **classroom** la sala de clase; **dining room** el comedor; **living room** la sala (de estar); **tearoom** el salón de té; **waiting room** la sala de esperar
roommate el compañero (la compañera) de cuarto
round-trip de ida y vuelta
row la fila

royal real
rubber la goma
rug la alfombra
ruin la ruina
run (baseball) *n* la carrera; *v* correr; **score a run** hacer (21) carrera
runner el corredor, la corredora
running el correr

S

sad triste; **get, become sad** entristecerse (zc/8)
saint el santo, la santa; **All Saints Day** el Día de Todos los Santos
salad la ensalada
salary el sueldo
sale la venta; *(special price)* la oferta, la liquidación; **for sale** en venta; **on sale** *(at lower price)* rebajado
salesclerk el, la dependiente
salesperson el vendedor, la vendedora
salt la sal
same mismo; igual
sandal la sandalia
sandwich el sándwich
Saturday sábado
saucer el platillo
save salvar; *(time, money)* ahorrar
savings los ahorros
say decir (15)
saying el dicho
scandal el escándalo
scared asustado; **be scared** asustarse
scarf el pañuelo
scene la escena
schedule el horario
school la escuela; **high school** el colegio
science la ciencia; **computer science** la informática; **natural (political, social) science(s)** las ciencias naturales (políticas, sociales)
scientific científico

LXXIV *English-Spanish vocabulary*

screw el tornillo
sculptor el escultor, la escultora
sculpture la escultura
sea el mar; **by sea** por mar
seamstress la costurera
seasick mareado
season la estación
second *adj* segundo
secretary el secretario, la secretaria
section la sección
security la seguridad
see ver (43)
seed la semilla
seem parecer(se) (zc/8)
seize prender
select seleccionar
self mismo
self-portrait el autorretrato
selfish egoísta
sell vender
senator el senador, la senadora
send mandar
sensational sensacional
sensationally sensacionalmente
sense of hearing el oído
separation la separación; **trial separation** la separación provisional
separate separar
September septiembre
serious grave
seriously gravemente
serve servir (i,i/26)
setting *(place at table)* el cubierto; *(theater)* el escenario
seventh séptimo
several varios, unos
sew coser
shame *n* la vergüenza; *v* darle vergüenza; **What a shame!** ¡Qué lástima!
shape: get, be in good shape ponerse (30), estar (19) en buenas condiciones
shave afeitar(se)
she ella
shelf el estante
ship el barco; **by ship** por, en barco
shirt la camisa

shock chocar (qu/4)
shoe el zapato; **shoe store** la zapatería
shoemaker el zapatero, la zapatera
shoot tirar, disparar; *(film)* rodar (ue/10)
shopping: go shopping ir de compras
short corto, bajo
should (do something) deber (+ *inf*)
shout *n* el grito; *v* gritar
show *n* el grito; *v* gritar
show *n* la función; *v* mostrar (ue/10)
shower la ducha
sick enfermo
sickness la enfermedad
side el lado
sight la vista
sign el letrero
silent silencioso, callado; **be silent, quiet** callarse
silhouette la silueta
silk la seda
silly tonto
silver la plata; **silver anniversary** las bodas de plata
simple sencillo
since desde; ya que
sing cantar
singer el, la cantante
single solo; *(unmarried)* soltero
sink *n* el fregadero; *v* hundirse
sister la hermana
sister-in-law la cuñada
sit down sentarse (ie/27)
site el sitio
situation la situación
sixth sexto
skate *v* patinar
skating el patinaje
ski *n* el esquí; *v* esquiar (í/18)
skier el esquiador, la esquiadora
skiing el esquí
skirt la falda
skull la calavera
sky el cielo

skyscraper el rascacielos
sleep *n* el sueño; *v* dormir (ue,u/16); **go to sleep, fall asleep** dormirse
sleepy: be sleepy tener sueño
slip *(clothing)* la combinación
slipper la zapatilla
slow lento
slowly lentamente
small pequeño, chico; **smaller, smallest** más pequeño, chico; menor
smile sonreírse (38)
smoke *v* fumar
snack: afternoon snack la merienda
snow *n* la nieve; *v* nevar (ie/27); **It's snowing, It snows.** Nieva.
so *adv* si; así; *conj* así que; **so much, many** tanto (-a, -os, -as); **so that** para que
soccer el fútbol; **soccer player** el, la futbolista
social social
sociology la sociología
sock el calcetín
soda el refresco
sofa el sofá
soldier el soldado, el militar
solution la solución
solve resolver (ue/44)
some algún, alguno (-a, -os, -as); unos (-as)
somebody alguien
someday algún día
someone alguien
something algo
sometimes a veces, de vez en cuando
son el hijo
song la canción
soon pronto; **as soon as** en cuanto que, luego que, tan pronto como; **See you soon.** Hasta pronto.
sorry: be sorry sentir (ie,i/36); **I'm sorry.** Lo siento.
soul el alma *f*
sound *v* sonar (ue)
soup la sopa

English-Spanish vocabulary LXXV

south sur; **to the south** al sur
South America la América del Sur
South American sudamericano
souvenir el recuerdo
space el espacio
Spain España
Spanish español, española
sparrow el gorrión
speak hablar
special especial
specialist el, la especialista
spectator el espectador, la espectadora
speech el discurso; **deliver a speech** pronunciar un discurso
spend *(time)* pasar; *(money)* gastar
spoon la cuchara
sport *n* el deporte; *adj* deportivo
spouses los esposos
spring la primavera
square *(city)* la plaza; **central square** *(Mexico)* el zócalo
stadium el estadio
stage el escenario
stand (up) ponerse de pie; **standing** a pie
star la estrella
stare clavar los ojos en
start comenzar, empezar (ie,c/17,27)
state el estado
station la estación
statistic(s) la estadística
statistical estadístico
statue la estatua
stay home guardar la casa
steak el bistec
still *adv* todavía
sting picar (qu/4)
stocking la media
stomach el estómago
stomachache: to have a stomachache tener (39) dolor de estómago
stone la piedra
stop parar
store la tienda; **department store** el almacén, la tienda por departamentos; **furniture store** la mueblería; **hardware store** la ferretería; **jewelry store** la joyería; **shoe store** la zapatería
story el cuento, la historia; **story writer** el, la cuentista; **tell a story** contar (ue/10)
stove la estufa
straight (ahead) derecho
strange raro, extraño
stranger el desconocido, la desconocida
straw la paja
street la calle; **main street** la calle mayor; **street person, person who lives in the street** el desamparado, la desamparada
strength la fuerza
stress el estrés
strike *n* la huelga; *v* **strike (two o'clock)** dar (14) (las dos)
stroll *n* el paseo; **go for a stroll** dar (14) un paseo
strong fuerte
student el, la estudiante; el alumno, la alumna; *adj* estudiantil; **student residence** la residencia estudiantil
study *n* el estudio; *v* estudiar
stupid tonto
style el estilo; *(of clothing)* el corte
subject la asignatura; la materia
suburbs las afueras
subway el metro
success el éxito
successful: be successful tener éxito
suffer sufrir
suffering el sufrimiento; el dolor, la pena
suffocate sofocar (qu/4)
sugar el azúcar; **sugar manufacturer** el azucarero
suit el traje; **bathing suit** el traje de baño; **suit coat** el saco
suitcase la maleta; **to pack one's suitcase** hacer (21) la maleta
summer el verano
sun el sol; **It's (very) sunny.** Hace (mucho) sol.
sunbathe tomar el sol
Sunday domingo
sunglasses las gafas de sol
supermarket el supermercado
supervise supervisar
supper la cena; **eat supper** cenar
suppose imaginarse
sure cierto, seguro
surname el apellido
surprise sorprender
surprising sorprendente
surrender rendirse (i,i/26)
survive sobrevivir
swear jurar
sweater el suéter
sweet dulce
sweetheart cariño
swim nadar
swimmer el nadador, la nadadora
swimming la natación
symptom el síntoma
synagogue la sinagoga
synonymous sinónimo
system el sistema

T

table la mesa; **coffee table** la mesita; **night table** la mesita de noche
tablet *(medicine)* la pastilla
tailor el sastre, la sastra; **tailor's shop** la sastrería
take tomar; **take (along)** llevar; **take a course of study** seguir (35) un curso; **take a nap** dormir (ue,u/16) la siesta; **take advantage of** aprovechar; **take an exam** pasar(se) un examen; **take care of** cuidar de; **take off** *(clothes)* quitarse; **take out**

LXXVI *English-Spanish vocabulary*

sacar (qu/4); **take photos, pictures** sacar (qu/4) fotos
talk hablar
tall alto
taste probar (ue/10)
tavern la taberna
tea el té
teach enseñar
teacher el profesor, la profesora
team el equipo
tearoom el salón de té
telephone *n* el teléfono; *adj* telefónico; **hang up (the telephone)** colgar (ue,gu/10,25); **on the telephone** por teléfono
televise televisar
television la televisión; **television set** el televisor
tell decir (15); **tell a story** contar (ue/10)
temporarily provisoriamente
tenant el inquilino, la inquilina
tennis el tenis; **tennis player** el, la tenista; **tennis racket** la raqueta de tenis
tension la tensión
tenth décimo
terribly terriblemente
terror el terror
test *n* la prueba, el examen; *v* probar (ue/10)
text, textbook el texto
thank (someone) darle gracias (a alguien), agradecer(le) (zc/8) (a alguien); **Thank God.** Gracias a Dios.; **Thank you very much.** Muchas gracias.; **Thanks, Thank you.** Gracias.; **Thanks a million.** Mil gracias.
thankful agradecido
Thanksgiving Day *(U.S.)* el Día de Acción de Gracias
that *adj* ese, esa; aquel, aquella; *conj* que; **that (one)** *pron* ése, ésa; eso; aquél, aquélla; aquello; *rel pron* que; **that of** el, la de; **that which** lo que; **that's why** por eso; **the one(s) that** el, la los, las que

the el, la, los, las
theater el teatro
theatrical teatral
theft el robo
their su; de ellos, ellas; suyo
theirs el suyo
them *obj of prep* ellos, ellas; *dir obj* los, las; *indir obj* les
themselves *refl* se
then entonces, luego, pues
there allí, ahí; (over) **there** allá; **there is, there are** hay
thermometer el termómetro
these *adj* estos (-as); *pron* éstos (-as)
they ellos (-as)
thief el ladrón, la ladrona
thigh el muslo
thin delgado
thing la cosa
think pensar (ie/27); **I don't think so.** Creo que no.; **think of** *(have an opinion)* pensar de, *(reflect on)* pensar en, *(remember)* acordarse (ue/10) (de)
third tercer, tercero
thirst la sed
thirsty: be thirsty tener (39) sed; **make (someone) thirsty** darle (14) sed (a alguien)
this *adj* este, esta; esto; **this (one)** *pron* éste, ésta
those *adj* esos (-as), aquellos (-as); *pron* ésos (-as); aquéllos (-as); **those of** los, las de
though aunque; siquiera
thousand mil
throat la garganta; **sore throat** el dolor de garganta
through por
throw tirar, echar
thumb el pulgar
Thursday jueves
thus así
ticket el boleto; el billete; el pasaje; **admission ticket** la entrada
time la hora; la vez *(pl* veces); el tiempo; la época; **ahead of time** con tiempo; **at times** a

veces; **At what time?** ¿A qué hora?; **from time to time** de vez en cuando; **have a good time** divertirse (ie,i/36); **(not) have time** (no) tener tiempo; **times** *(math)* por; **What time is it?** ¿Qué hora es?
timetable el horario
tin el estaño
tired: get tired cansarse
to a; *(in order to)* para
toast: drink a toast (to) brindar (a)
toaster el tostador
today hoy
toe el dedo
together juntos
toilet el inodoro; *(bathroom)* el baño
tolerate tolerar
tomato el tomate
tomorrow mañana
tonight esta noche
tool la herramienta
top: on top of encima (de)
totally totalmente
touch tocar (qu/4)
tour la excursión
tourism el turismo
tourist *n* el, la turista; *adj* turístico
toward(s) hacia
towel la toalla
tower la torre
town el pueblo
track la pista; **race track** el hipódromo; **track and field** el atletismo
tractor el tractor
trader el, la comerciante
tradicional tradicional
traffic el tráfico; **traffic jam** el bloqueo; **traffic light** el semáforo
tragedy la tragedia
tragic trágico
train el tren; **by train** en tren
transfer trasladar
translate traducir (zc/7)
transportation el transporte
travel viajar

English-Spanish vocabulary LXXVII

travel agency la agencia de viajes
traveler el viajero, la viajera; **traveler's check** el cheque de viajero
tree el árbol
trip el viaje; la excursión; **be on a trip** estar (19) de viaje; **business trip** el viaje de negocios; **Have a good trip!** ¡Feliz viaje!; **short trip** el paseo; **take a trip** hacer (21) un viaje
triumph el triunfo
tropical tropical
truck driver el camionero, la camionera
true verdadero, cierto
truly verdaderamente
truth la verdad
try *v* probar (ue/10); querer (32) *pret;* tratar de (+ *inf*); **try on** probarse (ue/23)
Tuesday martes
tuition la matrícula
turn: turn off *(lights, etc.)* apagar (gu/25); **turn on** *(lights, etc.)* poner (30), prender
type el tipo, la clase
typical típico

U

ugly feo
umbrella el paraguas
uncle el tío
under bajo, debajo (de)
underpants el calzón
undershirt la camiseta
undershorts *(men's)* los calzoncillos
understand comprender, entender (ie/28)
underwear la ropa interior
undo deshacer (21)
unemployment el desempleo
unfaithful infiel
unfaithfulness la infidelidad
unforgettably inolvidablemente
union el sindicato

unit la unidad
unite unir
United States los Estados Unidos
universe el universo
university *n* la universidad; *adj* universitario
unless a menos que
unmarried soltero
unoccupied libre
unpleasant antipático, desagradable
until hasta (que)
upon sobre
urgent urgente
Uruguay el Uruguay
Uruguayan uruguayo
us *dir, indir obj* nos; *obj of prep* nosotros (-as)
use *n* el uso; *v* usar; **be of use** servir (i,i/26); **make use of** aprovechar, disfrutar de
used: get used to acostumbrar(se) (a)
usual: as usual como siempre

V

vacation las vacaciones; **be on vacation** estar (19) de vacaciones; **go on vacation** ir (22) de vacaciones
Valentine's Day *(U.S.)* el Día de los Enamorados
valuable valioso
value el valor
varied variado
various varios
vase la maceta
vegetable la legumbre
Venezuela Venezuela
Venezuelan venezolano
very muy
view la vista
violet violeta
violin el violín
visit *n* la visita; *v* visitar
visiting: be visiting estar (19) de visita; **visiting hours** las horas de visita

vitamin la vitamina
voice la voz; **in a low voice** en voz baja
volleyball el vólibol
volunteer el voluntario, la voluntaria
vote *n* el voto; *v* votar

W

wait (for) *v* esperar; **wait in line** esperar en la cola, hacer (21) cola
waiter el camarero, el mesero
waiting room la sala de espera
waitress la camarera, la mesera
wake up despertar(se) (ie/27)
walk *n* el paseo; *v* andar (1), caminar; **take a walk** dar (14) un paseo
wall la pared, la muralla, el muro
wallet la cartera
want querer (32), desear
war la guerra; **at war** en guerra
warn avisar
warning el aviso, la advertencia
wash *(oneself)* lavar(se)
washbasin el lavamanos
waste gastar; **waste time** perder (ie/28) el tiempo
watch *n* el reloj; *v* mirar
water el agua *f;* **mineral water** el agua mineral
waterfall la catarata
way el camino; la manera
we nosotros (-as)
weak débil
weapon el arma *f*
wear llevar
weather el tiempo; **It's (very) nice (bad) weather.** Hace (muy) buen (mal) tiempo.; **What's the weather like?** ¿Qué tiempo hace?
wedding la boda, el casamiento; **wedding celebration** las bodas
Wednesday miércoles

English-Spanish vocabulary

week la semana
weekend el fin de semana
welcome *v* dar (14) la bienvenida; **Welcome.** Bienvenido (-a).; **You're welcome.** De nada, No hay de qué.
well *adj, adv* bien; *interj* bueno, pues
west oeste; **to the west** al oeste
what ¿qué?; ¿cuál?; *rel pron* lo que; **What (did you say)?** ¿Cómo?, *(Mexico, U.S. Southwest)* ¿Mande?; **What (a) . . . !** ¡Qué . . . !; **What a shame.** Qué lástima.; **What color is it?** ¿De qué color es?; **What gall (nerve, insolence)!** ¡Qué insolencia!; **What is this?** ¿Qué es esto?; **What is your name?** ¿Cómo se (te) llama(s)?; **What luck.** Qué suerte.; **What time is it?** ¿Qué hora es? **What's going on?** ¿Qué pasa?; **What's new?** ¿Qué hay de nuevo?; **What's the weather like?** ¿Qué tiempo hace?; **What's up?** ¿Qué hay?
when cuando; ¿cuándo?
where donde, ¿dónde?; **to where?** ¿adónde?
which ¿cuál(es)?, ¿qué?; *rel pron* que; **that which** lo que
while *conj* mientras (que); *n* el rato; **a little while** el ratito
white blanco
who ¿quién?; *rel pron* que, quien
whole entero
wholesale al por mayor
wholesaler el, la mayorista
whom ¿(a, de) quién?; *rel pron* que, (a, de) quien
whose cuyo; de quien; ¿de quién?
why? ¿por qué?
wide ancho
wife la esposa
wild bravo
win ganar
wind el viento; **It's (very) windy.** Hace (mucho) viento.
window la ventana; **cashier's window** la caja; **show window** el escaparate
wine el vino; **red wine** el vino tinto
wineglass la copa
winner el ganador, la ganadora
winter el invierno
wish querer (32), desear
with con
without sin, sin que
woman la mujer
wonder la maravilla
wonderful estupendo
wonderfully estupendamente
woods la selva
wool la lana
word la palabra
work *n* el trabajo, *(artistic)* la obra; *v* trabajar; **place of work, workplace** el lugar del empleo; **work as** trabajar de
workbook el cuaderno
worker el obrero, la obrera
world *n* el mundo; *adj* mundial; **in the whole world** en todo el mundo
worry preocuparse, apurarse
worse, worst peor
worth: be worth valer (41)
worthwhile: be worthwhile valer la pena
wounded herido
write escribir
writer el escritor, la escritora; **story writer** el, la cuentista
wrong: be wrong no tener (39) razón

Y

yawn bostezar (c/17)
year el año; **be 26 years old** tener (39) 26 años
yellow amarillo
yes sí
yesterday ayer
yet todavía
you *subj* tú, vosotros (-as), usted(es) (Ud., Uds.); *obj of prep* ti, vosotros (-as), usted(es); *dir obj* te, os, lo, la, los, las; *indir obj* te, os, le, les; **with you** contigo, con vosotros (-as), con usted(es)
young joven; **younger, youngest** más joven; menor
your *poss adj* tu, de ti, tuyo; vuestro, de vosotros; su, de usted, suyo
yours el tuyo, el suyo, el vuestro
yourself, yourselves *refl* te, os, se; *obj of prep* ti, vosotros (-as), usted(es)

Z

zoo el parque zoológico

Glossary of Grammatical Terms

As you learn Spanish, you may come across grammatical terms in English with which you are not familiar. The following glossary is a reference list of grammatical terms and definitions with examples. You will find that these terms are used in the grammatical explanations of this book. If the terms are unfamiliar to you, it will be helpful to refer to this list.

adjective a word used to modify, qualify, define, or specify a noun or noun equivalent. (*intricate* design, *volcanic* ash, *medical* examination)

    demonstrative adjective designates or points out a specific item (*this* area)

    descriptive adjective provides description (*narrow* street)

    interrogative adjective asks or questions (*Which* page?)

    possessive adjective indicates possession (*our* house)

    predicate adjective forms part of the predicate, complements a verb phrase (His chances are *excellent*.)

    In Spanish, the adjective form must agree with or show the same gender and number as the noun it modifies.

    See **clause, adjective.**

adverb a word used to qualify or modify a verb, adjective, another adverb, or some other modifying phrase or clause (soared *gracefully*, *very* sad)

See **clause, adverbial.**

agreement the accordance of forms between subject and verb, in terms of person and number, or between tenses of verbs (The *bystander witnessed* the accident but *failed* to report it.)
In Spanish, the form of the adjective must also conform in gender and number with the modified noun or noun equivalent.

antecedent the noun or noun equivalent referred to by a pronoun (The *book* is interesting, but it is difficult to read.)

article a determining or nondetermining word used before a noun

    definite article limits, defines, or specifies (*the* village)

    indefinite article refers to a nonspecific member of a group or class (*a* village, *an* arrangement)
In Spanish, the article takes different forms to indicate the gender and number of a noun.

auxiliary a verb or verb form used with other verbs to construct certain tenses, voices, or moods (He *is* leaving. She *has* arrived. You *must* listen.)

clause a group of words consisting of a subject and a predicate and functioning as part of a complex or compound sentence rather than as a complete sentence.

    adjective clause functions as an adjective (The ad calls for someone *who can speak Spanish*.)

    adverbial clause functions as an adverb (*Clearly aware of what he was saying,* he answered our questions.)

    dependent clause modifies and is dependent upon another clause (*Since the rain has stopped,* we can have a picnic.)

    main clause is capable of standing independently as a complete sentence (If all goes well, *the plane will depart in twenty minutes*.)

    noun clause functions as subject or object (I think *the traffic will be heavy*.)

cognate a word having a common root or being of the same or similar origin and meaning as a word in another language (*university* and *universidad* in Spanish)

command See **mood (imperative).**

comparative   level of comparison used to show an increase or decrease of quantity or quality or to compare or show inequality between two items (*higher* prices, the *more* beautiful of the two mirrors, *less* diligently, *better* than)

comparison   the forms an adjective or adverb takes to express change in the quantity or quality of an item or the relation, equal or unequal, between items

conditional   a verb construction used in a contrary-to-fact statement consisting of a condition or an *if*-clause and a conclusion (If you had told me you were sick, *I would have offered* to help.)
See **mood (subjunctive)**.

conjugation   the set of forms a verb takes to indicate changes of person, number, tense, mood, and voice

conjunction   a word used to link or connect sentences or parts of sentences

contraction   an abbreviated or shortened form of a word or word group (can't, we'll)

diminutive   a form of a word, usually a suffix added to the original word, used to indicate a smaller or younger version or variety and often expressive of endearment (duck*ling*, pup*py*, novel*lette*)

diphthong   in speech, two vowel sounds changing from one to the other within one syllable (s*oi*l, b*oy*)

gender   the class of a word by sex, either biological or linguistic. In English, almost all nouns are classified as masculine, feminine, or neuter according to the biological sex of the thing named; in Spanish, however, a word is classified as feminine or masculine (there is no neuter classification) on the basis of grammatical form or spelling.

idiom   an expression that is grammatically or semantically unique to a particular language (*I caught a cold. Happy birthday.*) It must be learned as a unit because its meaning cannot be derived from knowing its parts.

imperative   See **mood**.

indicative   See **mood**.

infinitive   the basic form of the verb, and the one listed in dictionaries, with no indication of person or number; it is often used in verb constructions and as a verbal noun, usually with "to" in English or with "-ar," "-er" or "-ir" in Spanish.

inversion   See **word order (inverted)**.

mood   the form and construction a verb assumes to express the manner in which the action or state takes place
   imperative mood used to express commands (*Walk* to the park with me.)
   indicative mood   the form most frequently used, usually expressive of certainty and fact (My neighbor *walks* to the park every afternoon.)
   subjunctive mood used in expressions of possibility, doubt, or hypothetical situations (If I *were* thin, I'd be happier.)

noun   a word that names something and usually functions as a subject or an object (*lady, country, family*)
See **clause, noun**.

number   the form a word or phrase assumes to indicate singular or plural (*light/lights, mouse/mice, he has/they have*)
   cardinal number used in counting or expressing quantity (*one, twenty-three, 6,825*)
   ordinal number refers to sequence (*second, fifteenth, thirty-first*)

object a noun or noun equivalent
  direct objective receives the action of the verb (The boy caught a *fish*.)
  indirect object affected by the action of the verb (Please do *me* a favor.)
  prepositional object completes the relationship expressed by the preposition (The cup is on the *table*.)

orthographic See **verb (orthographic-changing)**.

participle a verb form used as an adjective or adverb and in forming tenses
  past participle relates to the past or a perfect tense and takes the appropriate ending (*written* proof, the door has been *locked*)
  present participle assumes the progressive "-ing" ending in English (*protesting* loudly; will be *seeing*)
  In Spanish, a participle used as an adjective or in an adjectival phrase must agree in gender and number with the modified noun or noun equivalent.

passive See **voice (passive)**.

person designated by the personal pronoun and/or by the verb form
  first person the speaker or writer *(I, we)*
  second person the person(s) addressed *(you)*
  In Spanish, there are two forms of address: the familiar and the polite.
  third person the person or thing spoken about *(she, he, it, they)*

phrase a word group that forms a unit of expression, often named after the part of speech it contains or forms
  prepositional phrase contains a preposition *(in the room, between the window and the door)*

predicate the verb or that portion of a statement that contains the verb and gives information about the subject (He *laughed*. My brother *commutes to the university by train*.)

prefix a letter or letter group added at the beginning of a word to alter the meaning (*non*committal, *re*discover)

preposition a connecting word used to indicate a spatial, temporal, causal, affective, directional, or some other relation between a noun or pronoun and the sentence or a portion of it (We waited *for* six hours. The article was written *by* a famous journalist.)

pronoun a word used in place of a noun
  demonstrative pronoun refers to something previously mentioned in context (If you need hiking boots, I recommend *these*.)
  indefinite pronoun denotes a nonspecific class or item (*Nothing* has changed.)
  interrogative pronoun asks about a person or thing (*Whose* is this?)
  object pronoun functions as a direct, an indirect, or a prepositional object (Three persons saw *her*. Write *me* a letter. The flowers are for *you*.)
  possessive pronoun indicates possession (The blue car is *ours*.)
  reciprocal pronoun refers to two or more persons or things equally involved (María and Juan saw *each other* today.)
  reflexive pronoun refers back to the subject (They introduced *themselves*.)
  subject pronoun functions as the subject of a clause or sentence (*He* departed a while ago.)

radical See **verb (radical-changing)**.

reciprocal construction See **pronoun (reciprocal)**.

reflexive construction See **pronoun (reflexive)**.

sentence a word group, or even a single word, that forms a meaningful complete expression
  declarative sentence states something and is followed by a period (The museum contains many fine examples of folk art.)

Glossary of grammatical terms LXXXIII

exclamatory sentence exhibits force or passion and is followed by an exclamation point (*I want to be left alone!*)

interrogative sentence asks a question and is followed by a question mark (*Who are you?*)

subject a noun or noun equivalent acting as the agent of the action or the person, place, thing, or abstraction spoken about (*The fishermen* drew in their nets. *The nets* were filled with the day's catch.)

suffix a letter or letter group added to the end of a word to alter the meaning or function (lik*eness,* transport*ation,* joy*ous,* love*ly*)

superlative level of comparision used to express the utmost or lowest level or to indicate the highest or lowest relation in comparing more than two items (*highest* prices, the *most* beautiful, *least* diligently)

absolute superlative when a very high level is expressed without reference to comparison (the *very beautiful* mirror, *most diligent, extremely well*)

tense the form a verb takes to express the time of the action, state, or condition in relation to the time of speaking or writing

   future tense relates something that has not yet occurred (It *will* exist. We *will* learn.)

   future perfect tense relates something that has not yet occurred but will have taken place and be complete by some future time (It *will have* existed. We *will have* learned.)

   past tense relates to something that occurred in the past, distinguished as **preterit** (It *existed*. We *learned*.) and **imperfect** (It *was* existing. We *were learning*.)

   past perfect tense relates to an occurrence that began and ended before or by a past event or time spoken or written of (It *had existed*. We *had learned*.)

   present tense relates to now, the time of speaking or writing, or to a general, timeless fact (It *exists*. We *learn*. Fish *swim*.)

   present perfect tense relates to an occurrence that began at some point in the past but was finished by the time of speaking or writing (It *has existed*. We *have learned*.)

   progressive tense relates an action that is, was, or will be in progress or continuance (It *is* happening. It *was* happening. It *will be* happening.)

triphthong in speech, three vowel sounds changing from one to another within one syllable (*wire, hour*)

verb a word that expresses action or a state or condition (*walk, be, feel*)

   intransitive verb no receiver is necessary (The light *shines*.)

   orthographic-changing verb undergoes spelling changes in conjugation (infinitive: buy; past indicative: bought)

   radical-changing verb undergoes a stem-vowel change in conjugation (infinitive: draw; past indicative: drew)

   transitive verb requires a receiver or an object to complete the predicate (He *kicks* the ball.)

voice the form a verb takes to indicate the relation between the expressed action or state and the subject

   active voice indicates that the subject is the agent of the action (The child *sleeps*. The professor *lectures*.)

   passive voice indicates that the subject does not initiate the action but that the action is directed toward the subject (I *was contacted* by my attorney. The road *got slippery* from the rain. He *became* tired.)

word order the sequence of words in a clause or sentence

   inverted word order an element other than the subject appears first (*If the weather permits*, we plan to vacation in the country. *Please* be on time. *Have* you met my parents?)

   normal word order the subject comes first, followed by the predicate (*The people celebrated the holiday.*)

Índice Gramatical

a, 97-99; **al** + infinitive, 412; contraction with **el**, 56, 98; **ir a** + infinitive, 114; personal **a**, 99, 384, 402; with relative pronouns, 228-229; with verbs of motion, 113
abrir, past participle, 291
acabar, 412, 483, 540-541
acaso, with indicative or subjunctive, 348*n*
accent marks, 19, 42*n*, 59, 66*n*, 88*n*, 167, 290, 317, 319, 361, 425, 506
¿adónde? 59, 98
adjective clauses, 401-402; indicative vs. subjunctive in, 401-402
adjectives, 65-67; absolute superlative of, 331; agreement with noun, 66-67; comparisons of equality, 323, of inequality, 103*n*, 330-331; defined, 29; demonstrative, 88-89; forms of, to reflect gender and number, 66-67, 88-89, 140-141, 486; irregular comparatives, 330-331; long-form possessive, 486-487; of nationality, 20, 66, 490; past participles used as, 290-291; plural of, 66-67; position of, 67, 117, 140; possessive, 140-141, 486-487; predicate, 66, 71; regular comparatives, 330; shortened forms of, 21, 67, 94, 120, 384; short-form possessive, 140-141; stressed possessive, 486-487; **su(s)** clarification, 141; superlative of, 330-331; unstressed possessive, 140-141; used as nouns, 489-490; with **lo**, 509-510; with **ser** and **estar**, 66-67, 71
adverbial clauses, 406, 409; indicative vs. subjunctive in, 406, 409
adverbs, 55; absolute superlative of, 331; comparisons, of equality, 323, of inequality, 103*n*, 330-331; formation of with **-mente**, 387-388; irregular comparatives, 331; position of, 387-388; regular comparatives, 330; superlative of, 330-331
affirmative and negative expressions, 383-384; affirmative commands, *see* commands
agreement, defined, 29; of adjective and noun, 66-67; of articles, 11, 40-42; of pronouns, 30-31
al (**a** + **el**), 56; **al** + infinitive, 412
almorzar, present subjunctive, 357
alphabet, 7
a.m., 150-151

andar, as auxiliary in progressive tenses, 504; imperfect subjunctive, 453; preterit, 250
aquel, 88; **aquél**, 88
-ar verbs: *see* verbs
articles, agreement of, 11, 40-42; contraction with **a** or **de**, 56, 98; definite, 40-42, 122, 134*n*, 174*n*, 220*n*, 223*n*, 513-514; omission of definite, 42, 123, 486, 513; forms to show gender and number, 40-42; indefinite, 11, 40-42; omission of indefinite, 71*n*, 116, 516-517; neuter **lo**, 509-510; use with days, dates, 122-123, with infinitives, 412, with names of countries and continents, 53, 98*n*, with titles, 42
as . . . as, 323
as much (many) as, 323
aunque, with + indicative or subjunctive, 409

be: *see* **ser, estar**
become, 225
buscar, command forms, 316; present subjunctive, 357; preterit, 243

capitalization, 20, 30*n*, 53*n*, 66*n*, 98*n*, 122
cardinal numbers, 0-30, 11; *31-101*, 20-21; *101 and above*, 94-95; instead of ordinal numbers, 120; punctuation of, 95; use with dates, 123
cien(to), 20-21, 94
classroom expressions, 6, 15-16
clause, defined, 347*n*; adjective clauses, 401-402; adverbial clauses, 406; noun clauses, 373-374, 378-380
cognates, false, 13, 204; recognition of, 12-13, 202-203
comenzar, present subjunctive, 357
commands, **nosotros** (*let's*), 114, 360-362, third-person (indirect), 361, **tú**, 323, 362, **vosotros**, 360-362, **usted(es)**, 16, 316-317, 360-361; familiar, informal = **tú, vosotros**, 323; formal = **usted(es)**, 316-317; forms as subjunctive forms, 360-361; infinitive as, 413; negative **tú**, 323, 360-361; negative **usted(es)**, 316, 320, 360-361; orthographic or spelling changes in, 316; position of pronouns with 319, 320; **vamos**, 361; **vamos a** + infinitive as alternative to, 114, 362

LXXXV

como, 228; **¿cómo?**, 59; **como si**, 459; **tan (tanto) . . . como**, 323

comparisons, of equality, 323; of inequality, 103*n*; of inequality followed by **de** or **que**, 190*n*, 330; using irregular forms, 330-331

conditional, formation of, 431; in softened requests, 432; not the only equivalent for *would*, 431; to indicate probability in the past, 432; usage, 431-432; verbs with irregular stems in, 431; with *if*-clauses, 459

conditional perfect, 527

conducir, present indicative, 192; preterit, 251

conjugated forms, defined, 145*n*

conjunctions, adverbial conjunctions, 196*n*, 406, 409; adverbial conjunctions that take the subjunctive, 406, 409; o → u, 464; y → e, 464

conmigo, contigo, 166

conocer, present indicative, 192, 196; present subjunctive, 354; special meaning in the preterit, 255: vs. **saber**, 192*n*, 196

consonants, 8-9, 73, 101, 125, 126, 153, 176, 206, 230, 256

construir, imperfect subjunctive, 453; present subjunctive, 354-355

continuar, as auxiliary in progressive tenses, 505

contractions **al** and **del**, 56, 98

courtesy, expressions of, 15-16, 523-524, 543

creer, imperfect subjunctive, 453; present participle, 504; preterit, 243

¿cuál(es)? 59-60; vs. **¿qué?**, 60

cuando, 409; **¿cuándo?** 59

¿cuánto? 59-60

cubrir, past participle, 291

cuyo, 229

dar, command forms, 317; imperfect subjunctive, 453; present indicative, 192; present subjunctive, 355; preterit, 252; special expressions with, 193

dates and days of the week, 20, 122-124

de, 97-98; after comparisons of inequality, 190*n*, 330; and prepositional pronoun as alternative to **su** or **suyo**, 141, 487; contraction with **el**, 56, 98; time expressions with, 150-151; to indicate possession, 71, 98; with dates, 124; with relative pronouns, 234-235

¿de acuerdo? 34

deber, expressions of obligation with, 147; in softened requests, 455; to indicate probability, 147

decir, command forms, 323; conditional, 431; future, 426; imperfect subjunctive, 453; past participle, 291; present indicative, 189; present participle, 504; present subjunctive, 354-355; preterit, 251; with subjunctive, 380

definite articles: *see* articles

del (**de** + **el**), 56, 98

demonstrative adjectives, 88-89

demonstrative pronouns, 88-89

descubrir, past participle, 291

destruir, imperfect subjunctive, 453; present subjunctive, 354-355

diminutives, 466

diphthongs, 4, 18, 45-46

direct object, defined, 99; with personal **a**, 99

direct-object pronouns, 144-145; with commands, 319-320; with infinitives, 145, 204; with other object pronouns, 201, 204, 320; with past participles, 295; with present participles, 506

division of words into syllables, 17-18

don, doña, 27*n*

¿dónde? 59; **¿de dónde?** 59

dormir, present participle, 504; present subjunctive, 356; preterit, 247

e switched for *y*, 464

each other, 223

either, not . . . either, 383-384

el cual, el que, 510*n*

empezar, command forms, 316; present subjunctive, 357; preterit, 243

encontrar, present subjunctive, 356

entender, present subjunctive, 356

equality: *see* comparisons

-er verbs: *see* verbs

escribir, past participle, 291

ese, ése, 88-89

estar, command forms, 317; imperfect subjunctive, 453; present indicative, 30; present subjunctive, 355; preterit, 250-251; used to form progressive tenses, 504-506; uses of, 71; vs. **ser**, 71, 536; with adjectives, 71, 290; with past participle to show resulting state or condition, 290-291, 536; with weather expressions, 108-111

este, éste, 88-89

esto, eso, aquello, 89

exclamation marks, 2

exclamations, 2

future, formation of, 425; **ir a** + infinitive as alternative, 114, 427; present indicative as

alternative, 327, 427; to indicate probability in the present, 426; usage, 425-426; verbs with irregular stems in, 426; vs. progressive tenses, 505; vs. subjunctive, 427
future perfect, 527

gender, of nouns, 40-42; reflected by adjectives, 66-67, 88-89, 140-141, 486; reflected by numbers, 94, 120; reflected by pronouns, 30-31, 88, 144, 486
gerund: *see* present participle
get, 225
greetings, 2
grammatical terms, defined, 28-29; see Glossary, pages LXXXI–LXXXIV
gustar, 16, 174-175

haber, as auxiliary verb, 294-295, 476-477, 527; conditional, 431; future, 426; **hay**, 12; **hay que** + infinitive, 148, 412; imperfect, 294; imperfect subjunctive, 453, 477*n*; present indicative, 294; present subjunctive, 355; preterit, 251; used to form conditional perfect, 527, future perfect, 527, past perfect, 294-295, past-perfect subjunctive, 477, present perfect, 294-295, present-perfect subjunctive, 476
hacer, command forms, 323; conditional, 431; future, 426; imperfect subjunctive, 453; in time expressions, 304; in weather expressions, 108-109, 111; past participle, 291; present indicative, 110; present subjunctive, 354; preterit, 250-251; used in questions but replaced by specific verb in answers, 110; **hacerse**, 225
hay, 12; **hay que** + infinitive, 148, 412
health expressions, 116

idioms, with **acabar**, 540; with **dar**, 193; with **hacer**, 108-109, 111, 304; with **poner**, 192; with **tener**, 116, 147
if-clauses, 459, 527
imperative: *see* commands
imperfect, formation of, 266; not the only equivalent for *would*, 431; usage, 267, 299-300; verbs irregular in, 266; vs. conditional, 431; vs. other past tenses, 299-300; vs. preterit, 270-272
imperfect subjunctive, formation of, 453; after **ojalá (que)**, 455; in *if*-clauses, 459; in softened requests, 455; -**ra** and -**se** forms, 455, 477*n*; used after **como si**, 459; uses of, 454-455; vs. past-perfect subjunctive, 478

impersonal: impersonal expressions with subjunctive, 378-379; reflexive **se** as impersonal subject, 482-483
indefinite articles: *see* articles
indicative, defined (mood), 347; in *if*-clauses, 459; vs. subjunctive, 347, 379-380, 401-402, 409, 459
indirect-object pronouns, 170; **le, les** replaced by **se**, 204; with commands, 319-320; with infinitives, 170, 204; with other object pronouns, 201, 204, 320; with past participles, 295; with present participles, 506; with verbs like **gustar**, 174-175; with verbs like **olvidarse**, 483
inequality: *see* comparisons
infinitive, after **al**, 412; after prepositions, 406, 409, 412; as a noun, 412; as a verb complement, 181, 412; defined, 29, 145*n*; in place of commands, 413; in place of subjunctive verb, 374, 379, 406, 409; uses of, 412-413; with object pronouns, 145, 170, 204, 219
information questions, 59-60
interrogative, adjectives and pronouns: *see* question words; word order, *see* word order
intonation, 34, 59, 276; question formation by, 34, 276
introductions, 2, 4
ir, as auxiliary in the progressive tenses, 504; command forms, 317, 323, 361, 362; imperfect, 266-267; imperfect subjunctive, 453; **ir a** + infinitive, 114, 427; past participle, 290; present indicative, 113; present participle, 504; present subjunctive, 355; preterit, 252; **vamos**, 361; **vamos a** + infinitive, 114, 362
-**ir** verbs: *see* verbs
irregular comparatives, 330-331
irregular verbs: *see* entries for individual verbs and **Verbos**, pages I–XXII.
-**ísimo**, 331

jugar, present indicative, 164*n*, present subjunctive, 357

know, 192, 196

leer, imperfect subjunctive, 453; present participle, 504; preterit, 243
let's-command: *see* commands
like (**gustar**), 16, 172-173
linking, 14
lo, as article, 509; neuter **lo**, 509-510; object pronoun, 144; **lo cual, lo que**, 510
long-form possessives, 486-487

Índice Gramatical LXXXVII

llegar, command forms, 316; present subjunctive, 357; preterit, 243; **llegar a ser**, 231

más, in comparison of adjectives, 103*n*, 330-331; in comparison of adverbs, 103*n*, 330-331; **más de**, 190*n*, 330; **más que**, 190*n*, 330-331
-**mente**, used to form adverbs, 387-388
merecer, present indicative, 192
metric equivalents, height and weight, 190*n*
months, 20, 109
morir, imperfect subjunctive, 453; past participle, 291; present participle, 504; present subjunctive, 356; preterit, 247
must, must have, conditional, 432; verbs and verbal constructions expressing obligation, 147-148

nacer, preterit, 243
names, capitalization of, 20; of countries, 53
negative, and affirmative words, 383-384; commands: *see* commands; sentence formation, 34, 295
neither, neither . . . nor, 383-384
neuter demonstrative pronouns, 89; **lo**, 509-510
nicknames, 155
ningún, 383-384
no, 34, 383-384; ¿no? 34
nominalization, 412, 489-490
noun clauses, 373-374
nouns, adjectives used as, 489-490; defined, 28; gender and number, 40-42; indirect-object nouns, 170; infinitives, as, 412
number of nouns, 40, 42
numbers, cardinal numbers, *0-30*, 11, *31-101*, 20-21, *101 and above*, 94-95, use with dates, 123; ordinal numbers, *1st-10th*, 119-120; punctuation, 95

o changed to **u**, 464
object pronouns: direct, 144-145, 319-320; indirect, 170, 319-320; position with commands, 319-320, with infinitives, 145, 170, 204, 219, with past participles, 295, with present participles, 506; prepositional, 169-170; two object pronouns together, 201, 204, 217, 320
obligation, expressions of, 147-148
ofrecer, present indicative, 192
oír, present indicative, 192; present subjunctive, 354-355

ojalá, 347-348, 455, 477
olvidar(**se**), 483
ordinal numbers, 119-120
orthographic (spelling) changing verbs, 192, 243, 357

pagar, present subjunctive, 357
para, 435, 437-438
parecer, present indicative, 192
participles: *see* past participles, present participles
passive voice, 536; **se** reflexive used for, 482, 536
past participles, formation, 290-291; in perfect tenses, 294-295; irregular, 290-291; negative works with, 295; object pronouns with, 295; used as adjectives, 290-291; with **estar**, 290, 536; with **ser**, 536
past perfect, 294-295; vs. other past tenses, 299-300
past-perfect subjunctive, 477; in *if*-clauses, 527
past progressive, 506
past subjunctive: *see* imperfect subjunctive
past tense: *see* imperfect, preterit
pedir, imperfect subjunctive, 453; present participle, 504; present subjunctive, 356; vs. **preguntar**, 199
pensar, imperfect subjunctive, 453; present subjunctive, 356; plus **de, en**, 137*n*
personal **a**, 99
pitch, 276
pluperfect: *see* past perfect
plural, of adjectives, 66-67, 88, 140-141, 486; of articles and nouns, 40, 42; of days of the week, 123; of numbers, 94-95
p.m., 150-151
poder, conditional, 431; future, 426; imperfect subjunctive, 453, 455; present participle, 504; present subjunctive, 356; preterit, 250-251; special meanings in the preterit, 255; vs. **saber**, 197
poner, command forms, 323; conditional, 431; future, 426; imperfect subjunctive, 453; past participle, 291; present indicative, 192; present subjunctive, 354; preterit, 250-251; special expressions with, 192
ponerse, 225
por, 435-437
¿**por qué**? 59
possession, 71, 98
possessive adjectives, long-form or stressed, 486-487; short-form or unstressed, 140-141

possessive pronouns, 486-487
preferir, present participle, 504
preguntar vs. **pedir**, 199
prepositions, 54, 166; following verbs, 85; plus infinitives, 406, 409, 412; with object pronouns, 141, 166-167, 170; with relative pronouns, 228-229
present indicative, formation of, -**ar** verbs, 36, -**er** verbs, 84, -**ir** verbs, 84-85, spelling-changing verbs, 192, stem-changing verbs, 137, 163-164, 189; irregular forms, *see* entries of individual verbs; used to express future meaning, 37, 427; vs. imperfect subjunctive after **como si**, 459
present participles, 504-506
present perfect, 294-295; vs. other past tenses, 299-300
present-perfect subjunctive, 476-477
present progressive, 504-506
present subjunctive, after certain constructions with **creer, pensar**, 379-380; command forms as forms of, 351, 360-361; formation of, 351; in adjective clauses, 401-402; in adverbial clauses, 406, 409; in noun clauses, 373-374, 378-380; spelling-changing verbs, 357; stem-changing verbs, 356; verbs irregular in, 354-355; vs. indicative, 347, 379-380, 401-402, 409; vs. infinitive, 374, 379, 406, 409; with **ojalá** 347-348; with **acaso, quizás, tal vez,** 347-348
preterit, formation of, regular verbs, 242-243, spelling-changing verbs, 243, stem-changing verbs, 247; of **ir** and **ser**, 252; verbs irregular in, 250-252; verbs with special meanings in, 255; vs. imperfect, 270-272; vs. other past tenses, 299-300
probability, conditional perfect to express, 527; future to express, 426; in past, conditional to express, 432
producir, preterit, 251
progressive tenses, past, 506; present, 504-505; object pronouns with the progressive tenses, 506; to be avoided with **ir, ser, venir,** 505; vs. future, 505
pronouns, defined, 29; demonstrative, 88-89; direct-object, 144-145, 319-320; indirect-object, 170, 319-320; interrogative, 59-60; **le, les** replaced by **se,** 204; neuter, 89; possessive, 486-487; prepositional object, 167-168; reciprocal, 223; reflexive, 216-217, 319-320; relative, 228-229; **se** for passive, 482; subject, 30-31; two object pronouns together, 201, 204, 219, 320; with commands, 319-320; with infinitives, 145, 170, 204, 219; with participles, 295; with progressive tenses, 506
pronunciation, *consonants*, overview, 8-9; **b** and **v,** 73; **c,** 230; **ch,** 206; **d,** 125; **g** and **j,** 126; silent **h,** 14*n*, 45*n*, 206; **ll** and **y,** 183; **m** and **n,** 256; **ñ,** 183; **p** and **t,** 153; **qu,** 230; **r** and **rr,** 101; **s** and **z,** 230; **x,** 126*n*, 256; *diphthongs,* 4, 18, 45-46; *improvement of,* 332; *intonation,* 34, 59, 276; *linking,* 14; *rhythm,* 276; *stress,* 17-19, 36, 42*n*, 66*n*, 242, 266, 319, 361; *syllabication,* 17-18; *triphthongs,* 4, 18; *vowels,* 3, 44-45
punctuation, exclamations, 2; questions, 2; numbers, 95

que, in comparisons, 190*n*, 323, 330-331; in noun clauses, 373-374; in third-person commands, 361; relative pronoun, 228
qué, in exclamations, 517; question word, 59-60; vs. **cuál,** 60
querer, conditional, 431; future, 426; imperfect subjunctive, 453, 455; preterit, 250; special meanings in the preterit, 255
questions words, 59-60
questions, information, 59-60; punctuation of, 2; tag, 34; yes/no, 34
quien, 229; ¿**quién (es)?** 59
quizás, with indicative or subjunctive, 348*n*

reciprocal constuction, 223; **el uno al otro,** 223
reflexive pronouns, forms, 216-217; position of, 216-217, 319-320, 361; **se** as impersonal subject, 482-483
reflexive verbs, 215-217; **nosotros** commands, 361; special meaning of certain verbs when reflexive, 217, 225; with **se** as replacement for passive, 482
relative pronouns, 228-229
reported speech, 300
resolver, past participle, 291
rhythm, 276
romper, past participle, 291

saber, command forms, 317; conditional, 431; future, 426; imperfect subjunctive, 453; present indicative, 192, 196; present subjunctive, 355; preterit, 250-251, special meanings in the preterit, 255; vs. **conocer,** 192*n*, 196; vs. **poder,** 197
sacar, present subjunctive, 357

Índice Gramatical LXXXIX

salir, command forms, 323; conditional, 431; future, 426; past participle, 290; present indicative, 192; present subjunctive, 354

se, impersonal subject, 482-483; reciprocal pronoun, 223; reflexive pronoun, 216-217; replaces **le** or **les**, 204; replaces true passive, 482; with verbs like **olvidarse**, 482-483

seasons, 20, 109

seguir, in forming progressive tenses, 504; present participle, 504; preterit, 247

sentir, present subjunctive, 356

sequence of tenses, 300, 454, 476-478, 531-532

ser, command forms, 317, 323; imperfect, 266-267; past participle, 290; present indicative, 63; present subjunctive, 355; preterit, 252; to form the passive, 536; uses of, 71; vs. **estar**, 71, 536; with past participles, 536

servir, present participle, 504; preterit, 247

shortened forms of adjectives: *see* adjectives

si, in conditional sentences, 459; indicative or subjunctive after, 459

spelling-changing verbs: present indicative, 192; present participle, 504; present subjunctive, 357; preterit, 243; *see* entries for particular tenses; *see also* **Verbos**, pages I–XXII.

stem-changing verbs: present indicative, 137, 163-164, 189, 216; present participle, 504; present subjunctive, 356; preterit, 247; *see* entries for particular tenses; *see also* **Verbos**, pages I–XXII.

stress, 17-19, 36, 42*n*, 66*n*, 242, 266, 319, 361

stressed possessives, 486-487

su(s), clarification of, 141

subject, defined, 29

subject pronouns, 30-31; **se** as impersonal, 482-483; use with imperfect, 267

subjunctive, *defined* (mood), 347; *imperfect subjunctive*: formation of, 453; in *if*-clauses, 459; in softened requests, 455; **-ra** and **-se** forms, 455; used after **como si**, 459; used after **ojalá que**, 455; uses of, 454-455; *present subjunctive*: command forms as forms of, 351, 360-361; formation, regular verbs, 351, spelling-changing verbs, 357, stem-changing verbs, 356; verbs irregular in, 354-355; after **acaso, quizás, tal vez**, 347-348; after **aunque**, 409; after certain constructions with **creer, pensar**, 379-380; after **ojalá (que)**, 347-348; in adjective clauses, 401-402; in adverbial clauses, 406-409; in noun clauses, 373-374, 378-380; vs. future, 427; vs. indicative 347, 379-380, 401-402, 409; vs. infinitive, 374, 379, 406, 409; with impersonal expressions, 378-379; *past-perfect subjunctive*, 477; in *if*-clauses, 527; *present-perfect subjunctive*, 476-477; *sequence of tenses with the subjunctive*, 454, 476-478, 531-532

superlative, absolute, 331; of adjectives and adverbs, 330-331

surnames, 155

syllabication, 17-18

tag questions, 34

tal vez with indicative or subjunctive, 347-348, 477

tan . . . como, 327

tanto . . . como, 327

telling time, 116*n*, 150-151

tener, command forms, 323; conditional, 431; future, 426; imperfect subjunctive, 453; omission of personal **a** with, 99; present indicative, 91; present subjunctive, 354-355; preterit, 250-251; special expressions with, 116, **tener que** + infinitive, 147, 412; uses with and without personal **a**, 99

time, 116*n*, 150-151

titles of respect, **don, doña** plus first name, 27*n*; use of definite article with, 42

tocar, present subjunctive, 357; preterit 243

traducir, present indicative, 192; preterit, 251

traer, imperfect subjunctive, 453; present indicative, 192; present subjunctive, 354-355; preterit, 251

triphthongs, 4, 18

tú vs. **usted**, 30, 476*n*

u switched for **o**, 464

-ucir, present tense of verbs ending in, 192; preterit of verbs ending in, 251

un, uno, una, 11, 40-42, 94, 490

usted, abbreviations for, 30*n*; vs. **tú**, 30, 476*n*

valer, conditional, 431; future, 426; present subjunctive, 354

venir, command forms, 323; conditional, 431; future, 426; imperfect, 266-267; imperfect subjunctive, 453; present indicative, 137; preterit, 250; used to form progressive tenses, 504

ver, imperfect, 266-267; imperfect subjunctive, 453; past participle, 291; present indicative, 192; present subjunctive, 354

verbs, defined, 28-29; *see also* commands, indicative, reflexive, spelling-changing verbs, stem-changing verbs; *see also* entries for particular tenses and individual verbs; *see also* **Verbos**, pages I–XXII.
¿**verdad**? 34
vestirse, present subjunctive, 356
voice, passive, 536; **se** reflexive used for, 536
volver, imperfect subjunctive, 453; past participle, 291; **volverse**, 225
vowels, 3, 44-45

weather expressions, 108-109, 111
week, days of, 20, 122-124

word order: negation, 34, 295, 383; of adjectives and nouns, 67, 117, 140-141; of adverbs and verbs, 387-388; of affirmative statements, 117; of information questions, 59-60; of object pronouns, 145, 170, 201, 204, 219, 319-320; of reflexive pronouns, 217, 319-320; of tag and yes/no questions, 34

y changed to **e**, 464
year, months of, 20, 109; seasons of, 20, 109
yes/no questions, 34
you, forms to express, 30-31